FRANCESCO GALGANO, ISTITUZIONI DI DIRITTO PRIVATO - VIII ed.

FRANCESCO GALGANO
emerito di diritto civile nell'Università di Bologna

ISTITUZIONI
DI
DIRITTO PRIVATO

CON TAVOLE DI COMPARAZIONE GIURIDICA

Ottava edizione

a cura di Nadia Zorzi Galgano

Wolters Kluwer CEDAM

Finito di stampare nel mese di marzo 2017
Stampato da L.E.G.O. S.p.A
Viale dell'industria, 2 - 36100 VICENZA

INDICE-SOMMARIO

Capitolo primo
IL DIRITTO PRIVATO

Capitolo secondo
LE FONTI DEL DIRITTO
E L'INTERPRETAZIONE DELLA LEGGE

Capitolo terzo
LE PERSONE

Capitolo quarto
I BENI E LA PROPRIETÀ

Capitolo quinto
IL POSSESSO

Capitolo sesto
I MODI DI ACQUISTO DELLA PROPRIETÀ

Capitolo settimo
I DIRITTI REALI SU COSE ALTRUI

Capitolo ottavo
LA COMUNIONE

Capitolo nono
L'OBBLIGAZIONE

Capitolo decimo
L'ADEMPIMENTO E L'INADEMPIMENTO

Capitolo undicesimo
IL CONTRATTO

Capitolo dodicesimo
VALIDITÀ E INVALIDITÀ DEL CONTRATTO

Capitolo tredicesimo
EFFICACIA E INEFFICACIA DEL CONTRATTO

Capitolo quattordicesimo
LA RAPPRESENTANZA

Capitolo quindicesimo
GLI EFFETTI DEL CONTRATTO

Capitolo sedicesimo
RISOLUZIONE E RESCISSIONE DEL CONTRATTO

Capitolo diciassettesimo
CRITERI DI COMPORTAMENTO DEI CONTRAENTI E DI INTERPRETAZIONE DEL CONTRATTO

Capitolo diciottesimo
SINGOLI CONTRATTI

Capitolo diciannovesimo
I FATTI ILLECITI

Capitolo ventesimo
ALTRI ATTI O FATTI FONTE DI OBBLIGAZIONI

Capitolo ventunesimo
RESPONSABILITÀ DEL DEBITORE E GARANZIA DEL CREDITORE

Capitolo ventiduesimo
CIRCOLAZIONE E ALTRE VICENDE DEL CREDITO
E DEL CONTRATTO

Capitolo ventitreesimo
PRESCRIZIONE E DECADENZA

Capitolo ventiquattresimo
LA FAMIGLIA

Capitolo venticinquesimo
LE SUCCESSIONI A CAUSA DI MORTE

Capitolo ventiseiesimo
L'ACQUISTO DELL'EREDITÀ E DEI LEGATI. LE DONAZIONI

Capitolo ventisettesimo
LA TUTELA DEI DIRITTI

TAVOLE DI COMPARAZIONE GIURIDICA

PREFAZIONE

Questa è l'edizione ridotta, concepita per i corsi di primo livello del nuovo ordinamento degli studi, del ***Diritto privato****, del professor Francesco Galgano, giunto nel 2017 alla diciassettesima edizione, cui sono stati apportati i necessari aggiornamenti, oltre che i miglioramenti suggeriti dalla rilettura.*

La riduzione, che ha dimezzato il volume base, è stata eseguita con questi criteri:

a) le parti per così dire generali sono rimaste pressoché inalterate, soprattutto per ciò che attiene ad obbligazioni e contratti;

b) è stato eliminato tutto ciò che fa parte dei programmi di materie specialistiche (diritto commerciale, diritto industriale, diritto fallimentare), e perciò in questa edizione ***compact*** *mancano capitoli relativi ad impresa, società, invenzioni, segni distintivi, concorrenza, fallimento;*

c) la trattazione dei singoli contratti è contenuta nei limiti dei contratti classicamente civilistici, con omissione dei contratti d'impresa, ai quali sono tuttavia dedicati i pertinenti riferimenti nella parte generale su obbligazioni e contratti.

Anche in questa edizione ridotta il testo si apre alla comparazione giuridica, realizzata nel modo visivamente più sintetico per mezzo di carte geografiche che mostrano l'area di espansione dei principali principi di diritto civile. Questa sia pure sintetica traccia vuole assolvere una duplice funzione: ha la funzione, didattica, di mostrare la relatività nello spazio dei principi del diritto civile odierno; ma ha pure una funzione informativa, tanto più necessaria quanto più si sviluppa la globalizzazione della società del nostro tempo, che ci impone di conoscere il diritto che vige oltre i nostri confini nazionali.

Alcune ***avvertenze*** *per il lettore:*

I. Gli ***articoli di legge*** *non seguiti da indicazione della fonte sono articoli del codice civile.*

La costante citazione, nel discorso o tra parentesi, degli articoli del codice civile e delle leggi vuole essere un invito a studiare confrontando sistematicamente il testo legislativo, in modo da acquistare progressivamente capacità di orientamento entro il sistema della legge.

II. I numeri fra **parentesi** *(ad esempio: 12.4.) sono richiami ad altre parti del volume, cui il discorso fa esplicito o implicito rinvio: il primo numero si riferisce al capitolo, il secondo al paragrafo.*

La prefazione è stata scritta personalmente dal professor Francesco Galgano e si è deciso di mantenerla inalterata apportando solo le marginali correzioni correlate al cambiamento della data.

FRANCESCO GALGANO

Capitolo primo

IL DIRITTO PRIVATO

1. Il diritto

Alla preliminare domanda, che cosa è il diritto, si può rispondere solo per approssimazioni successive. Lo si può definire, in prima approssimazione, come un sistema di regole per la soluzione di conflitti fra gli uomini; se ne può identificare la ragion d'essere nel carattere di perenne contesa che assume la convivenza umana: nei conflitti che si generano entro quella più elementare forma di convivenza che è la famiglia come nei grandi conflitti da cui è percorsa la società nel suo insieme, nella contesa fra gli uomini per l'appropriazione delle risorse, in quella per la ripartizione della ricchezza prodotta.

La funzione del diritto è, anzitutto, di proibire l'uso della violenza per la soluzione dei conflitti: è, quindi, di risolvere i conflitti con l'applicazione di regole predeterminate, le quali stabiliscono quale fra gli interessi in conflitto sia degno di protezione e debba prevalere e quale non sia degno di protezione e debba soccombere. Queste regole compongono, nel loro insieme, un **sistema**: esse non provvedono, isolatamente, a questo o a quel possibile conflitto; ciascuna concorre con le altre ad assolvere una funzione complessiva, che è di adeguare i rapporti fra gli uomini, in tutta la loro varietà e complessità, ad un dato **modello** di ordinata convivenza, di realizzare un equilibrio generale e, il più possibile, stabile fra i diversi interessi in conflitto nella società.

Questi sistemi di regole mutano nel **tempo**, o si diversificano nello **spazio**. Ogni epoca storica ha avuto un suo diritto, quantunque sia dato di ritrovare elementi di continuità nel corso del tempo (tutti gli odierni diritti del continente europeo, ad esempio, recano tracce della loro comune matrice nel diritto dei romani). Ogni società nazionale ha, a sua volta, un suo diritto, anche se è possibile constatare, pure per questo riguardo, elementi di uniformità, specie per grandi aree geografiche: forti uniformità, ad esempio, fra i diversi sistemi dell'Europa continentale; altrettante uniformità fra il diritto britannico e quello statunitense.

È ora prematuro soffermarsi sui fattori che fanno evolvere il diritto nel corso del tempo e che lo diversificano nello spazio; per ora basti solo segnalare, sotto il primo aspetto, quel fondamentale elemento di rottura nelle tradizioni del diritto che è stata, tra la fine del Settecento e il principio dell'Ottocento, la transizione dall'antica società agricola alla moderna società industriale, ossia la sostituzione di un modo di produzione prevalentemente basato sullo sfruttamento delle risorse della terra con un altro modo di produzione, reso possibile dagli sviluppi della tecnologia e basato sulla utilizzazione delle macchine e sull'impiego del lavoro salariato nell'industria. Non è solo cambiata l'organizzazione economica della società, cioè la regolazione giuridica dei rapporti economici; è profondamente cambiata anche la sua organizzazione civile: basti pensare al tramonto dell'antica famiglia patriarcale, propria della società rurale, e all'avvento della moderna famiglia coniugale, funzionale alle esigenze di una società industriale. L'antica famiglia patriarcale, di origine romana, si fondava sulla patria potestà perpetua (estesa, fin che fosse in vita il padre, sui figli e sui nipoti) e sulla unità del patrimonio familiare; fu soppressa, al principio dell'Ottocento, dal *code Napoléon*: la nascente società industriale esigeva grande mobilità della forza lavoro e libera disponibilità della ricchezza.

L'organizzazione giuridica. Per ordinare una società secondo il diritto è necessaria un'apposita organizzazione: occorre, in primo luogo, che ad una superiore autorità sia riconosciuta la preliminare funzione di creare regole per la soluzione dei conflitti; occorre, in secondo luogo, che ad una superiore autorità sia attribuita l'ulteriore funzione di applicare quelle regole per risolvere i conflitti di volta in volta insorti. Anche queste forme di organizzazione sociale sono mutate nel tempo e tuttora si differenziano nello spazio. Se consideriamo la società nella quale viviamo, constatiamo che almeno tre ordini di autorità sono investiti del potere di creare il diritto: una autorità nazionale, ossia lo Stato; una autorità sovranazionale, che è l'Unione europea; una serie di autorità infrastatuali, che sono le regioni e gli enti locali. Il potere di creare il diritto è, inoltre, separato dal potere di applicarlo: il primo spetta ad appositi organi dello Stato (il parlamento, il governo), della Unione europea (il parlamento europeo e il consiglio), delle regioni e degli enti locali (i consigli regionali, i consigli provinciali e comunali); il secondo è esercitato da un separato organo dello Stato, l'autorità giudiziaria (che applica il diritto statuale, sovranazionale e infrastatuale), e da un separato organo dell'Unione europea, la Corte di giustizia. Ma in altre società del nostro tempo troviamo forme notevolmente diverse di organizzazione giuridica. Si segnala, sotto questo aspetto, il sistema di *common law* (v. tavola n. 1) del precedente giudiziario vincolante: le pronunce dei giudici, oltre che risolvere il caso concreto sottoposto al loro esame, vincolano tutti i giudici che saranno successivamente chiamati a risolvere casi analoghi; e così l'autorità giudiziaria è essa stessa, in quei paesi, un organo che crea il diritto.

Nelle società primitive il diritto si componeva di poche e semplici regole; nelle società evolute dell'antichità, come in quella romana, aveva già raggiunto un notevole grado di complessità. L'intensità dei rapporti economici, il livello delle culture, la molteplicità degli interessi sociali in conflitto fra loro e l'acutezza dei conflitti sono i principali fattori che rendono complesso un sistema di diritto. Nel nostro tempo esso presenta caratteri di estrema complessità: ci si può subito rendere conto degli aspetti quantitativi di questa complessità se si pensa alla grande estensione dei codici (il codice civile italiano è di quasi tremila articoli) e alle migliaia di leggi che vengono ogni anno varate in ciascuno Stato; e si può cominciare a comprenderne anche gli aspetti qualitativi se si considera che ciascuna regola di diritto è solo un frammento di un **sistema unitario**, e l'unità del sistema comporta che essa deve essere applicata in modo coordinato con ogni altra regola dei codici e delle tante altre leggi vigenti. Indice di questo aspetto qualitativo della complessità del diritto sono le migliaia di controversie che ogni anno si instaurano nei tribunali: si tratta, molte volte, di controversie che nascono da sicura trasgressione del diritto, ed il giudice deve solo reprimere la trasgressione e applicare il diritto al caso concreto; ma altrettante volte proprio il diritto da applicare appare incerto, e il compito spesso non facile del giudice sta nello stabilire quale fra le diverse regole che coesistono entro il sistema (ciascuna delle parti in lite ne invoca a proprio favore una diversa) è la regola secondo la quale risolvere il conflitto.

Gli altri sistemi di regole. Un successivo grado di approssimazione alla definizione del diritto sta nel distinguere il sistema di regole, in cui il diritto consiste, da altri sistemi di regole che governano la convivenza umana, come i principi della **morale**, basati sulla distinzione fra il bene e il male, le regole del costume, che distinguono tra ciò che è corretto e ciò che è scorretto, i comandamenti delle **religioni**, concepiti come regole di fonte sovranaturale ecc. I contenuti di queste regole spesso coincidono con contenuti del diritto: uccidere o rubare è un reato per il diritto, è un male per la morale, è un peccato per le religioni. Talvolta il diritto richiama, facendole proprie, le regole del costume (come quando l'art. 1175 del codice civile impone al debitore e al creditore di «comportarsi secondo le regole della correttezza» o come quando il successivo art. 2598 impone agli imprenditori di rispettare, nella concorrenza, i «principi della correttezza professionale»). Ma altre volte i contenuti dei diversi sistemi di norme non coincidono: il matrimonio è indissolubile per la religione cattolica, ma non per il diritto, che ammette il divorzio; uccidere per salvare se stesso è, come vedremo, giuridicamente lecito, ma è azione moralmente censurabile; una regola del costume esige di pagare i debiti di gioco, ma il diritto, anche questo vedremo, non lo impone affatto.

Questi diversi sistemi di regole hanno, talvolta, una intrinseca forza obbligante superiore a quella del diritto (i più si astengono dall'uccidere o dal rubare per ubbidienza ad un principio morale ancor prima che per timore della legge); ma sono sistemi di regole ai quali si ubbidisce solo per **interiore adesione** ai valori che esprimono, non per esterna costrizione. Il diritto si distingue, all'opposto, per il carattere della **coercitività**: esso non consiste solo in un sistema di regole che prescrivono o che proibiscono dati comportamenti; è, altresì, un sistema organizzato per imporre l'osservanza delle proprie regole. I modi mediante i quali il diritto si rende coercitivo sono molteplici; e per ora non possiamo indicarli che sommariamente. Quando è materialmente possibile, vengono eliminate le conseguenze della trasgressione: così ad esempio, chi esegue una costruzione in violazione del diritto riceve un ordine di demolizione e, se trasgredisce anche questo ordine, la costruzione sarà demolita, con spese a suo carico, per disposizione dell'autorità giudiziaria. Così, ancora, chi non paga un proprio debito può essere assoggettato ad esecuzione forzata: i suoi beni saranno venduti per disposizione dell'autorità giudiziaria e, con il ricavato della vendita, verrà soddisfatto il suo creditore. Per i casi in cui non è materialmente possibile eliminare le conseguenze della trasgressione (come eliminare le conseguenze di un omicidio? l'osservanza del diritto è, anche se con minor efficacia, assicurata dalla minaccia delle **sanzioni**, che per le più gravi trasgressioni, qualificate come reati, assumono il carattere della pena (chi uccide sa che, se sarà scoperto, verrà condannato alla pena della reclusione non inferiore a ventun anni).

Legittimazione del diritto. L'interrogativo più arduo che si cela entro la domanda, che cosa è il diritto, è quello che riguarda la sua legittimazione. Il diritto è posto, si è già detto, da una superiore autorità ed obbliga tutti coloro che a quella autorità sono sottoposti. È, da un punto di vista puramente formale, un insieme di comandi ai quali si deve ubbidire; si legittima, sempre da un punto di vista formale, solo in forza del **potere** di cui sono investite l'autorità che lo emana e quella che ha il compito di farlo osservare. Ma il punto di vista solo formale non basta a far comprendere l'essenza del fenomeno: il diritto vigente in un dato tempo e in un dato luogo è, in larga misura, l'espressione della società di quel tempo e di quel luogo, il riflesso di quella data civiltà, la traduzione in regole di comportamento delle forme di vita economica e civile di quella società. Esso vige perché **accettato**, se non da tutti, dalla maggior parte di coloro che vi sono sottoposti: la sua legittimazione, da un punto di vista sostanziale, non è l'autorità, ma è il **consenso**.

Autorità e consenso sono i termini del perenne dibattito intorno al diritto: le concezioni **volontaristiche** lo riducono tutto ad autorità, ad espressione di volontà sovrana; le concezioni **organicistiche** lo spiegano, all'opposto, come spontanea autorganizzazione della società, che si dà un potere sovrano solo per reprimere gli ineliminabili casi di devianza. La storia offre materia per prendere posizione in questo dibattito: mostra che tra autorità e consenso c'è sempre uno scarto, che è particolarmente sensibile nelle società governate da **regimi dispotici**, dove il diritto si mostra solo, o prevalentemente, con il suo volto formale, come espressione di autorità (anche se l'esperienza storica prova che i tiranni possono solo fino a un certo punto o solo per tempi limitati imporre un diritto non accettato dalla società ad essi sottoposta). Non è un caso che le concezioni volontaristiche del diritto siano state elaborate in tempi di dispotismo: nel Seicento, all'epoca delle monarchie assolute, Hobbes definiva il diritto come «ciò che il sovrano comanda», non vi trovava altro elemento di consenso se non il desiderio dell'uomo di sottoporsi ad una autorità pur di trovare la garanzia dell'ordine e della pace sociale, una difesa contro la violenza generalizzata (contro «la guerra di tutti contro tutti», diceva Hobbes).

A ridurre, il più possibile, lo scarto fra autorità e consenso sono rivolti i **regimi democratici**, nei quali il diritto è creato da assemblee elette a suffragio universale e periodicamente rinnovate. Qui, il diritto si legittima, di fronte alla società che vi è sottoposta, in forza del consenso sociale che sorregge gli organi che lo formano. È l'ideale che, nel Settecento, aveva animato il pensiero di Rousseau: quello di costruire un sistema politico in virtù del quale gli uomini potessero, assoggettandosi ad una autorità, «ubbidire a se stessi». Le società democratiche del nostro tempo, pur senza raggiungerlo, si avvicinano a questo ideale: le trasformazioni che si producono nella società possono, attraverso i meccanismi della rappresentanza parlamentare, tradursi in trasformazioni del diritto; gli antagonismi che agitano la società, gli interessi delle diverse classi e dei diversi gruppi tra loro in conflitto possono trovare forme adeguate di coordinamento e di equilibrio.

2. La norma giuridica

L'unità elementare del sistema del diritto è la norma giuridica; il sistema nel suo complesso, ossia l'insieme delle norme che lo compongono, prende il nome di **ordinamento giuridico**. Per indicare più norme tra loro coordinate per assolvere una funzione unitaria si suole parlare di **istituto** (e si parla, ad esempio, di istituto della proprietà per indicare, complessivamente, le norme sulla proprietà; di istituto della responsabilità civile per designare, complessivamente, le norme che pongono le condizioni per la risarcibilità del danno da fatto illecito).

Ciascuna norma, presa a sé, consiste in un comando o precetto, formulato in termini generali ed astratti; coloro ai quali la norma si rivolge, imponendo o proibendo dati comportamenti, sono i suoi destinatari. Il testo delle leggi è, tradizionalmente, diviso in articoli, numerati in ordine progressivo; e gli articoli sono spesso divisi in commi. Orbene, ciascun articolo di legge o, se diviso in commi, ciascun comma può contenere una o più norme, ossia una o più proposizioni precettive, che prescrivono cioè un dato comportamento.

Il discorso delle norme giuridiche, comunque sia formulato, è sempre un discorso in **funzione precettiva**; esso si distingue dal discorso descrittivo o assertivo, con il quale si comunicano conoscenze o si esprimono convincimenti. Spesso, tuttavia, le norme giuridiche sono formulate in termini apparentemente **descrittivi**: si consideri, ad es., l'art. 3 comma 1° Cost., che esprime la proposizione secondo la quale «tutti i cittadini hanno pari dignità sociale e sono eguali davanti alla legge, senza distinzione di sesso, di razza, di lingua, di religione, di opinioni politiche, di condizioni personali e sociali». Questa norma, come ogni norma giuridica, va intesa in senso precettivo: a tutti i cittadini **deve essere riconosciuta** pari dignità sociale, le diverse condizioni personali o sociali, in essa menzionate, **non debbono** essere assunte come ragioni di un trattamento che discrimini tra loro i cittadini.

Le norme giuridiche sono, si è detto, precetti generali e astratti: sono precetti **generali** perché non si rivolgono a singole persone, ma ad una serie di persone; sono precetti **astratti** perché non riguardano fatti concreti, ma una serie ipotetica di fatti. Esse sono regole per la soluzione di conflitti; ma sono regole **precostituite** a tal fine: non sono create quando il conflitto è già insorto, bensì prima del suo insorgere e per l'eventualità che insorga. Un comando individuale e concreto è, all'opposto, il provvedimento con il quale il giudice, applicando norme generali ed astratte, risolve un conflitto già insorto: questo comando, che è la **sentenza**, si rivolge a singole persone e riguarda un fatto determinato.

Questa precostituzione delle regole per la soluzione dei conflitti assolve, in primo luogo, la funzione di assicurare **uniformità** di soluzioni e di predeterminare, secondo il già segnalato scopo di ogni sistema di diritto, l'assetto complessivo della società, di adeguarla ad un dato modello generale di convivenza sociale. Corrisponde, ancora, a quel principio di civiltà giuridica che è la **certezza** del diritto: i singoli debbono sapere in anticipo, per potersi regolare di conseguenza, quali sono i comportamenti giuridicamente leciti e quali i comportamenti giuridicamente illeciti, quali sono gli interessi protetti dal diritto e quali gli interessi non protetti (e vedremo poi che a questa esigenza di certezza si collega anche il principio secondo il quale le leggi dispongono solo per l'avvenire e non hanno effetto retroattivo). Un diritto per norme generali ed astratte, bisogna però aggiungere subito, soddisfa questa esigenza di certezza in modo solo relativo: per quella complessità del diritto, di cui si è detto nel paragrafo precedente, e per le difficoltà di interpretazione che spesso le singole norme presentano non è sempre agevole avere una sicura conoscenza preventiva di ciò che è lecito e di ciò che è illecito, né è sempre agevole prevedere quale potrà essere, in caso di controversia, la decisione del giudice.

Civil law e common law. Al modello del diritto generale ed astratto, precostituito all'insorgere dei conflitti, si contrappone il diverso modello del diritto creato dallo stesso giudice, in relazione ad un conflitto già insorto e sottoposto alla sua decisione. Questo diverso modello, detto *common law*, vige nei paesi anglosassoni: là il giudice crea, egli stesso, la norma secondo la quale risolvere il conflitto; mentre **assume** carattere eccezionale (anche se, in progresso di tempo, importanza crescente) la legge che precostituisce norme generali ed astratte. In questi paesi, tuttavia, vige il già ricordato principio del precedente giudiziario vincolante, sicché la norma creata dal giudice finisce con l'assumere, per i giudici che successivamente affronteranno casi analoghi, lo stesso valore di una norma generale ed astratta. La differenza, rispetto al sistema continentale, detto sistema di *civil law*, sta essenzialmente nel diverso modo di creare norme destinate, pur sempre, a diventare generali ed astratte: anche per sentenze dei giudici, e partendo dai casi concreti, anziché solo per leggi, che muovono da ipotesi prefigurate in astratto (tavola n. 1).

Il grado di generalità e di astrattezza delle norme giuridiche può essere più o meno elevato. Il più alto grado è raggiunto dalle norme che si rivolgono, indistintamente, a **chiunque** (ad es., l'art. 575 c.p.: «chiunque cagiona la morte di un uomo è punito con la reclusione» ecc.) o che si riferiscono a **qualunque fatto** (ad es., l'art. 2043 c.c.: «qualunque fatto doloso o colposo, che cagiona ad altri un danno ingiusto obbliga colui che ha commesso il fatto a risarcire il danno»). Sono le norme dette di **diritto comune** o di **diritto generale**; e sono tali anche le norme che prendono in considerazione specifiche condizioni, come ad es., quella di proprietario, di creditore o di debitore, di coniuge, di genitore e così via, nelle quali chiunque può, almeno in astratto, venirsi a trovare. Sono, invece, di **diritto speciale** le norme con limitato grado di generalità ed astrattezza: esse delimitano la serie dei soggetti cui si rivolgono o dei fatti cui si riferiscono, sottraendoli all'applicazione del diritto generale. Riguardano specifiche categorie professionali, specifiche situazioni sociali o temporali o locali: sono pur sempre norme generali ed astratte, ma questo loro carattere è circoscritto entro la serie di soggetti o di fatti cui si riferiscono. Ne parleremo ancora nel prossimo capitolo, quando potremo stabilire il rapporto fra la generalità ed astrattezza delle norme giuridiche ed il **principio di uguaglianza**.

3. Diritto privato e diritto pubblico

Tutto il diritto si scompone in due grandi sistemi di norme, che si distinguono tra loro con il diverso nome di diritto privato e di diritto pubblico. La terminologia è antica, risale al diritto romano; ma il suo significato è più volte mutato nel corso del tempo, e sarebbe vano ricercarne il significato attuale nel senso comune dei concetti di «privato» e di «pubblico».

Solo in via di prima approssimazione si può dire, ripetendo l'insegnamento tradizionale, che diritto privato corrisponde a diritto che regola i **rapporti fra privati** e che diritto pubblico equivale a diritto che regola i rapporti ai quali **partecipa lo Stato**, o altro ente pubblico. Di vero, in un simile criterio di distinzione, c'è solo questo, che i rapporti fra privati non possono essere regolati se non dal diritto privato (così, per intenderci, i rapporti fra il signor A e il signor B, fra il proprietario A e l'inquilino B, fra l'imprenditore A e il lavoratore B e così via). Non si può dire, invece, che i rapporti ai quali partecipa lo Stato, o altro ente pubblico, siano regolati sempre e soltanto dal diritto pubblico: essi possono essere tanto rapporti di diritto privato quanto rapporti di diritto pubblico.

Ancora in via di prima approssimazione si può dire, ripetendo i termini della distinzione tracciata dai Romani, che il diritto privato attiene alla protezione di **interessi particolari** (l'«utilità dei singoli», dicevano i Romani) e che il diritto pubblico protegge **l'interesse generale** della collettività (la «prosperità di Roma», secondo le fonti romane). Di vero, anche qui c'è solo questo: allo Stato, e agli altri enti pubblici, si chiede di realizzare l'interesse generale, e solo ai privati è lecito soddisfare interessi particolari. Ma il diritto privato è in sé neutro rispetto al tipo di interessi da realizzare: ci sono paesi come la Gran Bretagna e gli Stati Uniti d'America, dove l'attività degli apparati esecutivi dello Stato, diretta a realizzare l'interesse generale, si svolge prevalentemente nelle forme del diritto privato (per intenderci: i rapporti fra lo Stato ed il signor B sono regolati dalle stesse norme applicabili ai rapporti fra il signor A ed il signor B). Ed anche nell'Europa continentale lo Stato e gli enti pubblici agiscono, assai spesso, secondo le norme del diritto privato: comprano o vendono, danno o prendono in locazione, partecipano a società per azioni o esercitano direttamente imprese come qualsiasi privato, ubbidendo alle stesse norme che regolano i rapporti fra privati.

Il significato attuale della distinzione fra diritto privato e diritto pubblico, per quanto la materia formi oggetto di molte dispute, è nei suoi termini generali assai semplice. Possiamo dire che il **diritto privato** è il «diritto» senza ulteriore qualificazione: la sua più esatta denominazione è quella di **diritto comune**, applicabile tanto nei rapporti fra soggetti privati quanto nei rapporti ai quali partecipa lo Stato o altro ente pubblico (rapporti fra privati ed ente pubblico, rapporti fra enti pubblici). Gli istituti caratteristici del diritto privato, come la proprietà, il contratto, la responsabilità civile, l'impresa e così via, valgono sia per i soggetti privati sia per i soggetti pubblici: proprietario, contraente, responsabile per fatto illecito, imprenditore, può essere un privato cittadino come può essere lo Stato o altro ente pubblico. Le norme del codice civile o delle altre leggi, che regolano questi istituti, sono norme indifferentemente applicabili a soggetti privati e pubblici, salvo che non sia espressamente precisato che si applicano soltanto ai primi.

Solo quegli istituti che presuppongono, come soggetto, un singolo essere umano, come ad esempio gli istituti del diritto di famiglia o delle successioni a causa di morte, sono, ovviamente, applicabili solo a soggetti privati (ma questi istituti non valgono per gli enti pubblici come non valgono per qualsiasi ente o persona giuridica, anche privata).

Dal diritto privato il **diritto pubblico** si distingue sulla base di due specifici presupposti: anzitutto perché riguarda solo i rapporti ai quali partecipa lo Stato o altro ente pubblico; inoltre, perché riguarda quei rapporti — ed è questo il suo elemento caratterizzante — ai quali lo Stato o altri enti pubblici partecipano quali enti **dotati di sovranità**. Possiamo definire il diritto pubblico come il sistema di norme che regola i presupposti, le forme e i modi di esercizio della sovranità, ossia della potestà di comando della quale sono investiti gli apparati dello Stato e gli altri enti pubblici che concorrono con essi nell'esercizio della sovranità (come le regioni, gli enti locali ecc.). Il concetto di diritto pubblico è, perciò, implicito nel concetto di **Stato di diritto**: questo è lo Stato che esercita la sovranità, come la esercita lo Stato moderno, secondo precostituite norme di legge; queste norme regolatrici dell'esercizio della sovranità sono, appunto, il diritto pubblico.

È diritto pubblico, in particolare, quello che regola: *a*) **l'organizzazione dello Stato**, cioè i modi di formazione, la composizione e le attribuzioni dei suoi apparati legislativi, esecutivi e giudiziari, nonché i modi di formazione e le attribuzioni degli apparati degli altri enti pubblici; *b*) i **rapporti autoritativi**, cioè basati sull'esercizio di poteri sovrani, che lo Stato o altro ente pubblico stabilisce con singoli individui o con enti.

Il diritto pubblico si articola, a sua volta, in sotto-sistemi. **Il diritto costituzionale** (che non coincide con il diritto posto dalla costituzione, giacché esistono paesi, come la Gran Bretagna, che hanno un diritto costituzionale pur non avendo una costituzione) attiene alle regole fondamentali di organizzazione dello Stato-comunità (le libertà e i doveri fondamentali del cittadino) e dello Stato-apparato (a quali organi e secondo quali regole spetta l'esercizio delle funzioni sovrane); il **diritto amministrativo** riguarda i compiti e l'attività degli apparati dell'esecutivo e degli enti pubblici (cosiddetta pubblica amministrazione); il **diritto penale** regola la potestà punitiva dello Stato: stabilisce quali fatti costituiscono reato e quali pene si possono applicare a chi li commette; il **diritto processuale** attiene all'esercizio della giurisdizione, ossia dell'attività dei giudici di applicazione del diritto ai casi concreti, e si distingue in diritto processuale civile (di applicazione del diritto privato), diritto processuale penale (di applicazione del diritto penale), diritto processuale amministrativo (di applicazione del diritto amministrativo).

La possibilità, per gli apparati dello Stato o per gli altri enti pubblici, di stabilire con i privati rapporti autoritativi, basati sulla sovranità, può essere concessa dal diritto con maggiore o minore larghezza. In alcuni paesi appare riconosciuta più estesamente, in altri paesi assai meno. In Italia, come negli altri paesi del continente europeo, vige il modello (di origine francese) del cosiddetto **Stato a diritto amministrativo**: l'attività degli apparati dell'esecutivo dello Stato e quella degli enti pubblici si svolge, prevalentemente, per atti autoritativi (o cosiddetti **atti amministrativi**), regolati dal diritto amministrativo. Ma un diritto amministrativo non esiste ovunque: in Gran Bretagna e negli altri paesi che ne hanno seguito l'esempio vige l'opposto modello dello **Stato a diritto comune**, e la pubblica amministrazione agisce secondo il diritto privato (perciò, lo strumento principale dell'amministrazione è, in quei paesi, il contratto fra la pubblica autorità e il privato, mentre all'atto autoritativo si fa ricorso nelle materie, come la pubblica sicurezza e la difesa, per le quali non se ne può fare a meno).

In ogni caso, i principi dello Stato di diritto esigono ovunque che la pubblica amministrazione non possa fare uso di poteri autoritativi se non quando la legge la autorizzi a farne uso: in mancanza di una norma di legge, che le riconosca poteri autoritativi, essa resta **sottoposta al diritto privato comune**. Se sussistono i presupposti di legge, ad esempio, la pubblica amministrazione può, con atto d'autorità, espropriare i beni dei privati o può requisirli; se mancano i presupposti di legge per un atto di autorità, essa può ugualmente procurarsi quei beni, ma li dovrà comperare o li dovrà prendere in locazione, comportandosi come qualsiasi privato. Ancora: pur sussistendo i presupposti di legge per l'espropriazione o per la requisizione, la pubblica amministrazione può ugualmente preferire comperare o prendere in locazione. Essa ha, di regola, la facoltà di agire secondo il diritto amministrativo o secondo il diritto privato (e la seconda soluzione può, in concreto, rivelarsi meglio rispondente alle esigenze pubbliche, perché può consentire una più rapida, anche se più costosa, acquisizione del bene). L'applicazione del diritto privato caratterizza poi un intero e vasto settore dell'attività pubblica: quello dell'attività economica. Le imprese esercitate dallo Stato o da altri enti pubblici sono sottoposte, salvo alcune eccezioni, alle medesime norme applicabili alle imprese private.

Il diritto privato si rivela, a questo riguardo, come il diritto meglio adeguato allo svolgimento di attività imprenditoriali e, perciò, come più rispondente al perseguimento delle finalità di interesse generale che le attività economiche pubbliche debbono realizzare.

4. Diritto oggettivo e diritti soggettivi

La parola «diritto» ha un doppio significato: la si impiega, in senso oggettivo, per indicare le norme giuridiche, ossia le norme che prescrivono agli individui dati comportamenti; ma la si impiega anche, in senso soggettivo, per indicare la pretesa di un soggetto a che altri assuma il comportamento prescritto da una norma. Così, ad esempio, si parla del diritto di proprietà in senso oggettivo quando si fa riferimento alle norme del codice civile e delle altre leggi che regolano quel rapporto fra gli uomini, avente ad oggetto le cose, che va sotto il nome di proprietà; si parla, invece, del diritto di proprietà in senso soggettivo quando si fa riferimento all'insieme delle pretese che quelle norme riconoscono al proprietario di una cosa nei confronti di ogni altro soggetto.

Del diritto abbiamo fin qui parlato in senso oggettivo: come norma, generale ed astratta, che regola i rapporti fra gli uomini, imponendo loro di assumere dati comportamenti (ossia prescrivendo **obblighi**) o imponendo loro di non assumere dati comportamenti (ossia prescrivendo **divieti**); in una parola: imponendo **doveri**. Secondo la generale, già descritta, funzione del diritto, che è la soluzione non violenta dei conflitti fra gli uomini, ogni norma giuridica dispone in ordine ad un possibile **conflitto di interessi**. Essa stabilisce quale, fra gli interessi in conflitto, sia degno di protezione e debba prevalere e quale, invece, non sia degno di protezione e debba soccombere: prescrive obblighi o divieti per impedire la realizzazione di interessi valutati come non degni di tutela e per consentire la realizzazione di interessi valutati come degni di tutela.

Del diritto dobbiamo ora dire in senso soggettivo, e dalla considerazione delle norme che regolano i rapporti fra gli uomini passare alla considerazione dei rapporti che le norme regolano. Li si definisce, in quanto regolati da una norma giuridica, come **rapporti giuridici**: ogni rapporto fra gli uomini regolato dal diritto oggettivo è, per ciò stesso, un rapporto giuridico. Entro il rapporto giuridico possiamo distinguere fra un soggetto, cosiddetto **soggetto passivo**, al quale una norma impone un dovere, e un altro soggetto, cosiddetto **soggetto attivo**, nell'interesse del quale quel dovere è imposto. La medesima norma che impone un dovere al primo soggetto abilita il secondo a pretendere dal primo l'osservanza del dovere impostogli: in questa correlazione fra il dovere di un soggetto e la pretesa di un altro soggetto è la struttura fondamentale del rapporto giuridico.

Il diritto soggettivo è un **interesse protetto** dal diritto oggettivo. Lo si può, più analiticamente, descrivere come la pretesa di un soggetto ad esigere da un altro soggetto l'osservanza di un dovere che una norma impone al secondo nell'interesse del primo. Si consideri, ad esempio, la norma del codice civile secondo la quale «qualunque fatto doloso o colposo, che cagiona ad altri un danno ingiusto, obbliga colui che ha commesso il fatto a risarcire il danno» (art. 2043). Questa norma impone un dovere ad un soggetto: il dovere di risarcire i danni da lui cagionati; ma il dovere gli è imposto nell'interesse di un altro soggetto, di quello che ha subito il danno. La pretesa di questo secondo soggetto di ottenere l'osservanza, da parte del primo, del dovere impostogli dalla norma è un diritto soggettivo.

Si noti però che la tecnica di formulazione dei precetti non segue sempre lo schema della imposizione di un dovere ad un soggetto, alla quale si ricollega il riconoscimento del diritto di un altro soggetto di pretendere l'osservanza del dovere altrui. Spesso la tecnica di formulazione dei precetti appare rovesciata: la norma riconosce un diritto ad un soggetto, ossia gli riconosce la pretesa di esigere da altri un dato comportamento; ed al riconoscimento del diritto di un soggetto si ricollega il dovere di comportamento altrui. Significativa è, ad esempio, la norma sul diritto di proprietà: il codice civile riconosce al proprietario il «diritto di godere e disporre delle cose in modo pieno ed esclusivo» (art. 832). Qui alla pretesa direttamente riconosciuta al soggetto attivo, quella di godere e disporre delle cose con esclusione degli altri, si ricollega il dovere dei soggetti passivi, quello di astenersi da ogni comportamento che leda il diritto del proprietario.

Non sempre le norme di diritto oggettivo che prescrivono doveri sono traducibili in norme che riconoscono diritti soggettivi. Non attribuiscono diritti soggettivi quelle norme di diritto pubblico che impongono obblighi o divieti a protezione di **interessi solo generali**, ossia di interessi che il diritto oggettivo riferisce all'intera società e che nessun singolo membro di questa può considerare anche come proprio interesse. Così, ad esempio, proteggono un interesse valutato solo come generale le norme che impongono a tutti l'obbligo di concorrere alle spese pubbliche, pagando le imposte e le tasse (art. 53 Cost.) o quelle che, in vista della difesa nazionale, impongono l'obbligo del servizio militare (art. 52 Cost.) o le norme che vietano, a protezione della pubblica sicurezza, le riunioni di cittadini armati (art. 17 Cost.) o le associazioni segrete oppure quelle con organizzazione a carattere militare (art. 18 comma 2° Cost.). In questi casi la pretesa di esigere l'osservanza degli obblighi o dei divieti imposti dal diritto oggettivo spetta al soggetto che impersona l'intera società, ossia allo Stato o ad altro ente pubblico, con esclusione di ogni diritto soggettivo dei singoli. Nel rapporto giuridico che queste norme instaurano, al dovere del soggetto passivo si contrappone un **potere sovrano** del soggetto attivo detto anche **potestà di imperio**: così, negli esempi ora fatti, il potere dello Stato, o di altri enti pubblici, di esigere il pagamento dei tributi, il potere dello Stato di esigere la prestazione del servizio militare, quello di impedire le riunioni armate o di punire coloro che vi abbiano partecipato e così via.

Spesso tuttavia, norme poste a tutela di interessi generali della società proteggono, al tempo stesso, anche l'interesse particolare dei suoi singoli membri; e con il potere sovrano di esigerne l'osservanza, spettante allo Stato o ad altro ente pubblico, concorre il **diritto soggettivo** dei singoli. Così è, ad esempio, per le norme che prescrivono, a protezione dell'interesse generale ad un'equa e razionale utilizzazione del suolo, divieti di costruzioni o limiti alla facoltà di costruire: l'ente pubblico, nella specie il comune, ha il potere sovrano di esigerne l'osservanza e può, come si è già accennato, ordinare la demolizione delle costruzioni illegalmente eseguite. Ma al potere sovrano dell'ente pubblico si aggiunge, in questi casi, il diritto soggettivo dei singoli: a questi, come meglio vedremo a suo luogo, è riconosciuto il diritto di ottenere il risarcimento del danno che l'illegittima, costruzione abbia cagionato loro e, in certi casi, anche il diritto di ottenere la riduzione in pristino, ossia la demolizione della costruzione illegale (art. 872 comma 2°).

Entro la categoria dei diritti soggettivi si distinguono due grandi sottocategorie: i diritti assoluti e i diritti relativi. Sono **diritti assoluti** quei diritti che sono riconosciuti ad un soggetto **nei confronti di tutti**: alla pretesa di un determinato soggetto attivo è qui correlativo il dovere di una moltitudine indeterminata di soggetti passivi. Tipico diritto assoluto è il diritto di proprietà: il diritto del proprietario è il diritto di escludere chiunque dalla utilizzazione della cosa che forma oggetto della sua proprietà; ad esso corrisponde il dovere di tutti di astenersi dalla utilizzazione della cosa di proprietà altrui. Alla serie dei diritti assoluti appartengono, come si vedrà, i **diritti reali** (tra i quali è il diritto di proprietà), che sono diritti assoluti sulle cose; e i **diritti della personalità**, ossia i diritti assoluti riconosciuti a tutela della persona umana (diritto alla vita, all'integrità fisica, all'onore, al nome, alla riservatezza ecc.).

Sono, invece, **diritti relativi** i diritti che spettano ad un soggetto **nei confronti di una o più persone** determinate o determinabili. Così, fra quelli già menzionati, il diritto al risarcimento del danno: esso spetta, nei termini dell'art. 2043, a chi ha subito il danno nei confronti di «colui che ha commesso il fatto», e, dunque nei confronti di una o più persone determinate. Alla serie dei diritti relativi appartengono i **diritti di credito**, che sono diritti ad una prestazione avente valore economico; e i **diritti di famiglia**, ossia i diritti reciproci fra i componenti la famiglia, che sono diritti a comportamenti non aventi valore economico (diritto dei coniugi fra loro, fra i genitori e i figli minori ecc.).

Il dovere correlativo al diritto di credito assume il nome di **obbligazione** o di **debito**; ed il rapporto giuridico fra il creditore ed il debitore è detto **rapporto obbligatorio**. I doveri correlativi ai diritti di famiglia vengono distinti dalle obbligazioni con il nome di **obblighi**.

Abbiamo fin qui ragionato sul presupposto che le norme giuridiche impongano obblighi o divieti. Ora bisogna precisare che ci sono norme le quali espongono i loro destinatari a situazioni che non sono propriamente definibili né come obbligo (dovere di comportarsi in un certo modo), né come divieto (dovere di non comportarsi in un certo modo). Una ulteriore situazione è la cosiddetta **soggezione**: ricorre quando una norma espone un soggetto a subire, passivamente, le conseguenze di un atto altrui. La situazione attiva, correlativa ad una soggezione, si definisce come **potere**, e può trattarsi tanto di un potere riconosciuto dal diritto pubblico, quando di un potere riconosciuto dal diritto privato. È, nel caso, un **potere sovrano**: così il già ricordato potere, spettante allo Stato o ad altri enti pubblici in base all'art. 42 comma 3° Cost., di espropriare i beni dei privati nei casi previsti dalla legge e per motivi di interesse generale. A questo potere di espropriare non è correlativo un dovere del privato proprietario, il quale non deve fare o non fare alcunché: egli, semplicemente, subisce le conseguenze di un atto altrui (conseguenze che, in questo caso, consistono nella perdita del diritto di proprietà sul bene espropriato).

Ai poteri riconosciuti dal diritto privato si dà, comunemente, il nome di **diritti potestativi**: così, ad esempio, il diritto di recesso dal contratto, come il diritto che in dati casi spetta all'imprenditore di licenziare il proprio dipendente, oppure il diritto di questo alle dimissioni volontarie. Il lavoratore nel primo caso e l'imprenditore nel secondo si trovano in una situazione di semplice **soggezione** al diritto potestativo altrui (il diritto di licenziare o il diritto di dimettersi); subiscono le conseguenze dell'altrui recesso dal contratto (conseguenze che, in entrambi i casi, consistono nella cessazione del rapporto di lavoro).

Diverso tanto dal dovere (obbligo o divieto) quanto dalla soggezione è l'**onere**. Si definisce come tale il comportamento che il soggetto è libero di osservare o di non osservare, ma che **deve** osservare **se** vuole realizzare un dato risultato. È il caso, ad esempio, dell'onere della prova, previsto dall'art. 2697: «chi vuol far valere un diritto in giudizio deve provare i fatti che ne costituiscono il fondamento». Qui il soggetto è tenuto ad un dato comportamento («deve provare i fatti» ecc.) solo se vuole realizzare un dato risultato (se «vuole far valere un diritto in giudizio»). Egli è libero di dare o di non dare la prova del proprio diritto; ma, se non la dà, non conseguirà il risultato cui l'onere della prova è preordinato, ossia non otterrà una sentenza che riconosca il suo diritto.

Il diritto soggettivo è, come si è detto, un interesse protetto dal diritto oggettivo: il soggetto portatore dell'interesse protetto **coincide** con il soggetto titolare del diritto. Ma questa coincidenza può mancare: può accadere che il diritto oggettivo attribuisca ad un soggetto una pretesa a protezione di un interesse altrui. In tal caso non si parla più di diritto soggettivo, ma si parla di **potestà**. Era il caso della potestà dei genitori sui figli minori: ai primi è riconosciuta, come vedremo, una serie di pretese sui secondi; ma veniva riconosciuta loro non nel proprio interesse, bensì nell'interesse dei figli. La l. 10 dicembre 2012, n. 219 ha sostituito la potestà dei genitori con la **responsabilità genitoriale**. Le potestà sono **poteri propri** del soggetto, anche se spettantigli nell'interesse altrui; non vanno confuse con i **poteri derivati** in forza dei quali un soggetto è abilitato ad agire nell'interesse altrui per incarico conferitogli dallo stesso interessato (è, vedremo, il caso della rappresentanza); o vi è abilitato per provvedimento della pubblica autorità (così tutori, curatori, amministratori giudiziari ecc.), e in tal caso il potere di provvedere all'interesse altrui prende il nome di **ufficio**.

5. Fatti giuridici, atti giuridici, negozi giuridici

Il diritto oggettivo è norma che regola i rapporti fra gli uomini, imponendo loro doveri o riconoscendo loro diritti. È, al tempo stesso, norma che prevede **fatti**, al verificarsi dei quali i doveri o i diritti si costituiscono, si modificano o si estinguono. Così ad esempio, nella norma dell'art. 2043 del codice civile: essa fa riferimento a «qualunque fatto doloso o colposo, che cagioni ad altri un danno ingiusto»; ed al verificarsi del fatto così descritto, qualificato anche come «**fatto illecito**», ricollega l'obbligazione, per il danneggiante, di risarcire il danno ed il correlativo diritto del danneggiato di ottenere il risarcimento.

I fatti giuridici. Si suole definire, nei termini più generali, come **fatto giuridico** ogni accadimento, naturale o umano, al verificarsi del quale l'ordinamento giuridico ricollega un qualsiasi effetto giuridico, costitutivo o modificativo o estintivo di rapporti giuridici. Fatto giuridico può essere un **accadimento naturale**, del tutto indipendente dall'opera dell'uomo. Se un fiume, ad esempio, trasporta terra da monte a valle, modificando l'estensione dei fondi rivieraschi, i proprietari dei fondi a valle acquistano la proprietà della maggiore estensione che il loro fondo ha ricevuto (art. 941): qui nuovi diritti di proprietà si sono costituiti come conseguenza di un semplice evento naturale, al di fuori di ogni concorso dell'opera dell'uomo. Può anche accadere che il concorso dell'opera dell'uomo ci sia, ma che resti giuridicamente irrilevante: così, ad esempio, il proprietario del suolo acquista la proprietà dei frutti naturali che da esso provengono (art. 821); ma ne acquista la proprietà per il solo accadimento di un fatto naturale, quale la nascita dei frutti del suolo, indipendentemente dalla circostanza che si tratti di frutti spontanei (come può accadere per alberi, arbusti ecc.) o che siano il prodotto dell'opera di coltivazione (come nel caso del grano, degli ortaggi ecc.) (art. 820).

Fatto giuridico può essere, inoltre, un **fatto umano**. È il caso in cui la costituzione, la modificazione o l'estinzione di un rapporto giuridico si produce solo come effetto di un consapevole e volontario comportamento dell'uomo. È, ad esempio, il già menzionato «**fatto** doloso o colposo» o «**fatto** illecito» di cui all'art. 2043: qui il termine «fatto» è usato con riferimento ad un comportamento umano, sia esso doloso (ossia intenzionale) oppure colposo (ossia dovuto a negligenza, imperizia o imprudenza). Altrettanto si può dire per l'acquisto della proprietà (per occupazione, come vedremo) delle cose di nessuno: il pescatore, ad esempio, diventa proprietario del pesce che cattura; e ne diventa proprietario per effetto di un fatto consapevole e volontario, come è appunto la cattura del pesce.

La categoria così delimitata è, a sua volta, il punto di partenza di molteplici classificazioni. Si distingue fra fatti o atti **leciti** e fatti o atti **illeciti**, a seconda che siano conformi oppure contrari al diritto; si distingue fra comportamenti **discrezionali** e comportamenti **dovuti** (comunemente detti atti dovuti), a seconda che il soggetto sia libero di compierli oppure vi sia obbligato (tipico atto dovuto è il pagamento di un debito).

Tutti i fatti umani fin qui considerati producono effetti solo in quanto siano fatti consapevoli e volontari dell'uomo, indipendentemente dalla circostanza che l'uomo ne abbia voluto gli effetti giuridici e, anzi, anche se l'autore del fatto non li voleva affatto. Così il fatto illecito produce l'effetto di obbligare chi lo ha commesso a risarcire il danno cagionato solo in quanto fatto doloso o colposo, e questa obbligazione sorge quantunque non possa dirsi che l'autore del fatto abbia voluto un simile effetto.

I fatti giuridici producono effetti nei confronti del soggetto che li ha posti in essere sul solo presupposto che questi goda della capacità naturale di intendere e di volere. Ciò si desume dall'art. 2047, che esonera da responsabilità per fatto illecito l'incapace di intendere e di volere. Se ne arguisce che basta la capacità naturale di intendere e di volere affinché si producano gli effetti dell'occupazione, dell'invenzione e cosí via.

Gli atti giuridici. Una sottocategoria dei fatti giuridici è quella degli **atti giuridici**: li si può definire come gli atti **destinati a produrre effetti giuridici**. Il codice civile li menziona, con norma generale, all'art. 2: perché essi possano produrre effetti non basta, come per i fatti giuridici, la capacità naturale di intendere e di volere; occorre la legale capacità di agire.

Se ne conoscono due specie fondamentali:

a) le dichiarazioni di volontà.

Si distinguono, entro la vasta categoria dei fatti umani, per lo specifico ruolo che in essi svolge la **volontà** dell'uomo: l'effetto giuridico, costitutivo, modificativo o estintivo di rapporti giuridici, non si ricollega alla sola volontarietà del comportamento umano, ma all'ulteriore estremo della cosiddetta **volontà degli effetti**. Non basta, come per il fatto umano in genere, che il soggetto abbia voluto il fatto: qui occorre, perché l'effetto giuridico si produca, che il soggetto abbia altresì voluto l'effetto.

È il caso del contratto, che è atto giuridico risultante dall'accordo di due (contratto bilaterale) o più parti (contratto plurilaterale), **diretto** a costituire, regolare o estinguere un rapporto giuridico patrimoniale (art. 1321): se A vende una cosa a B, si produce quale effetto giuridico il trasferimento della proprietà della cosa dal primo al secondo; e questo effetto si produce solo in quanto la loro volontà sia diretta a produrlo. La differenza specifica è, perciò, questa: mentre il fatto umano in genere produce gli effetti che il diritto gli ricollega purché fatto consapevole e volontario (non importa poi se chi lo ha posto in essere abbia voluto, oltre che il fatto, anche gli effetti che il diritto gli ricollega), l'atto di volontà, al contrario, non produce effetti se risulta che il soggetto non li aveva voluti. Così la vendita, la donazione, la permuta ecc. determinano l'effetto giuridico dell'acquisto della proprietà della cosa oggetto del contratto in quanto alla produzione di questo effetto giuridico è rivolta la volontà delle parti; e non determinano questo effetto se, come può accadere nel caso della simulazione (che a suo luogo esamineremo), risulti da altra fonte che esso non era voluto dalle parti;

b) le dichiarazioni di scienza.

Il linguaggio legislativo indica con il nome di **atti**, oltre che gli atti o dichiarazioni di volontà, anche gli atti o **dichiarazioni di scienza**. Con questi il soggetto dichiara di avere conoscenza di un fatto giuridico: così, ad esempio, la dichiarazione con la quale il creditore dichiara di avere ricevuto il pagamento del proprio credito (cosiddetta quietanza di pagamento: art. 1199); così la confessione, che è la dichiarazione di fatti a sé sfavorevoli e favorevoli ad altri.

L'effetto delle dichiarazioni di scienza non è, come per le dichiarazioni di volontà, di costituire o modificare o estinguere rapporti giuridici, ma è di **provare** l'esistenza di fatti giuridici, di per sé costitutivi o modificativi o estintivi di rapporti. Si tratta, a rigore, di fatti umani, produttivi di effetti (probatori) solo in quanto siano fatti consapevoli e volontari, indipendentemente dalla circostanza che ne siano voluti gli effetti. Vedremo che la legge equipara, per molti aspetti, le dichiarazioni di scienza ai fatti giuridici, impedendo una ricerca sulla volontà degli effetti. Ma sono fatti ai quali possono conseguire effetti di particolare gravità per il dichiarante; e vedremo che, per specifici aspetti, la legge equipara le dichiarazioni di scienza alle dichiarazioni di volontà; sotto l'aspetto, soprattutto, della capacità di agire (3.2.): fra gli «atti» che il minore di diciotto anni non può compiere (art. 2) sono ricomprese, oltre che le dichiarazioni di volontà, anche le dichiarazioni di scienza e, in particolare, la confessione (art. 2731).

Ritroviamo una traccia di questa classificazione dei fatti giuridici nell'art. 1173, che identifica le fonti delle obbligazioni: è detto che queste «derivano da contratto, da fatto illecito, o da ogni altro atto o fatto idoneo a produrle in conformità dell'ordinamento giuridico». Qui il contratto è qualificato come **atto**, per il riferimento ad «ogni altro atto»; il fatto illecito è qualificato come **fatto**, per il riferimento ad «ogni **altro** fatto». Nel codice civile si parla, costantemente, di **fatto**, ad esempio di «fatto proprio» (art. 948) o di «fatto del terzo» (art. 1381) per designare fatti volontari dell'uomo. Gli «atti», diversi dal contratto, sono invece gli **atti unilaterali**, cui fanno riferimento, ad esempio, gli artt. 1324 e 1987 ss. (promessa unilaterale al pubblico, promessa di pagamento ecc.): atti unilaterali di volontà diretti, come il contratto, a produrre effetti giuridici.

Quale l'elemento comune a dichiarazioni di volontà ed a dichiarazioni di scienza? Quale l'elemento che, nel sistema del codice civile, identifica l'essenza dell'atto, permettendo di distinguerlo dal fatto giuridico? Possiamo dire che dai fatti giuridici, che hanno valore anche fuori del diritto, come fatti della realtà naturale o dell'esperienza umana, e che assumono l'appellativo di fatti giuridici solo in quanto il diritto attribuisca loro un qualche effetto, gli atti giuridici si distinguono per essere fatti **solo giuridici**: essi hanno valore solo nel mondo del diritto ed esclusivamente per gli effetti giuridici che producono. Per chi ami le metafore dirò che i fatti giuridici sono fatti «trovati» dal diritto, che attribuisce loro effetti giuridici; e che gli atti giuridici sono atti «creati» dal diritto, affinché possano produrre effetti giuridici.

I negozi giuridici. Bisogna però segnalare che il corrente linguaggio dei giuristi talvolta non rispetta questo schema di classificazione: si considerano come fatti giuridici i fatti naturali; come atti giuridici i fatti umani (e, perciò, si parla di «atti illeciti», anziché di fatti illeciti, di «atti dovuti», anziché di fatti dovuti ecc.); mentre si impiega il concetto, estraneo al linguaggio legislativo, di **negozio giuridico** per indicare gli atti di volontà, ossia quelli che per il codice civile rientrano fra gli «atti giuridici» (contratti e atti unilaterali).

In Germania, con il codice civile del 1900, il negozio giuridico è diventato una categoria legislativa: un apposito titolo del primo libro, dedicato alla «dichiarazione di volontà», precede il titolo relativo al «contratto». Il nostro codice civile non ha seguito l'esempio tedesco: ha ignorato la categoria del negozio giuridico; è rimasto fedele al modello francese ed ha regolato, come categoria generale, solo il contratto (v. la tavola di comparazione n. 4); mentre l'art. 1324 ha reso applicabili le norme sul contratto, in quanto compatibili, agli atti unilaterali (che per la teoria del negozio giuridico si dovrebbero definire come negozi giuridici unilaterali); ma solo — si deve aggiungere — agli atti unilaterali **fra vivi** (esclusi, perciò, gli atti unilaterali a causa di morte, come il testamento, sottoposto solo alle specifiche norme del secondo libro del codice civile) e aventi **contenuto patrimoniale** (esclusi così quegli atti unilaterali che, come il riconoscimento di figlio naturale, non hanno un tale contenuto).

Nella scelta del legislatore italiano del 1942 c'è l'applicazione di quel metodo di legislazione che, al tempo della codificazione, fu definito come il «metodo dell'economia»; c'è il ripudio di concetti giuridici astratti (o ancora più astratti di quanto già non sia astratto il concetto di contratto in generale); c'è la propensione ad adeguare i concetti giuridici alla tipologia economico-sociale: se il negozio giuridico è pura astrazione (o, come è stato detto, «volatilizzazione della realtà»), il contratto ha, quanto meno, un suo referente reale nell'**atto di scambio**; e la regolazione legislativa del contratto è il più diretto rapporto con la realtà della vita economico-sociale. D'altra parte, l'accorgimento adottato dall'art. 1324, di rendere le norme sui contratti applicabili agli atti unilaterali solo «in quanto compatibili», instaura la necessità di una verifica, di volta in volta, della ricorrenza o no per ciascuna norma sul contratto delle condizioni per l'applicazione agli atti unilaterali.

La Francia e l'intero mondo di *common law* ignorano il concetto di negozio giuridico (e là è ignorato anche dal linguaggio dottrinale). Nella realtà odierna, caratterizzata dalla crescente diffusione internazionale di modelli contrattuali concepiti, il più delle volte, negli Stati Uniti e, dunque, secondo le categorie concettuali proprie del *common law*, l'uso del concetto di negozio giuridico è destinato a scomparire anche nei paesi che hanno tuttora l'abitudine di impiegarlo.

Capitolo secondo

LE FONTI DEL DIRITTO E L'INTERPRETAZIONE DELLA LEGGE

1. Il sistema delle fonti del diritto

Di fonti del diritto si può parlare in due sensi: come fonti di produzione e come fonti di cognizione del diritto. **Fonti di produzione** sono i modi di formazione delle norme giuridiche; **fonti di cognizione** sono i testi che contengono le norme giuridiche già formate. Così la legge, che è la principale fonte del diritto, viene in considerazione come fonte di produzione allorché facciamo riferimento al procedimento di formazione delle leggi, regolato dagli artt. 70 ss. Cost.; viene in considerazione, invece, come fonte di cognizione allorché ci riferiamo ad una data legge già formata, contenente norme giuridiche già vigenti, e la indichiamo con la sua data ed il suo numero.

Le fonti del diritto che interessano il nostro paese sono di due ordini: fonti del **diritto nazionale**, basate sulla sovranità dello Stato italiano; fonti del **diritto sovranazionale**, basate sui poteri dell'Unione europea. Alla indicazione delle fonti del diritto è dedicato l'art. 1 delle «Disposizioni sulla legge in generale», che precedono il codice civile e sono comunemente dette, in forma abbreviata, **preleggi**. Ma è una indicazione oggi incompleta, giacché quelle disposizioni, entrate in vigore insieme al codice civile, risalgono al 1942 e non tengono conto né della Costituzione della Repubblica, entrata in vigore nel 1948, né della Comunità europea, istituita nel 1957 (ed ora Unione europea), né dell'autonomia legislativa delle regioni, resa operante nel 1970, in attuazione della Costituzione. Le preleggi si limitano ad indicare come fonti del diritto: 1) le leggi; 2) i regolamenti; 3) gli usi. Oggi il sistema delle fonti deve essere così completato:

1) i Trattati e i regolamenti dell'Unione Europea;
2) la Costituzione e le leggi costituzionali;
3) le leggi ordinarie dello Stato;
4) le leggi regionali;
5) i regolamenti;
6) gli usi.

A questo ordine di successione delle varie fonti del diritto corrisponde una vera e propria **gerarchia** tra le norme giuridiche da esse prodotte: le norme contenute in fonti di grado superiore vincolano l'attività produttiva di norme mediante fonti di grado inferiore; queste non possono produrre norme in contrasto con quelle già formate da fonti di grado superiore, pena la **illegittimità** delle norme che risultino in contrasto. Così le leggi ordinarie non possono contrastare con le norme della Costituzione; i regolamenti non possono contrastare con le leggi ordinarie.

Dobbiamo ora distintamente considerare la posizione gerarchica delle diverse fonti di produzione del diritto nazionale:

a) la Costituzione è la **legge fondamentale** della Repubblica: deve, formalmente, la sua posizione sovraordinata rispetto alle altre leggi dello Stato alla sua natura di **costituzione rigida**. È una legge per modificare la quale occorre uno speciale procedimento, il procedimento di revisione costituzionale, regolato dagli artt. 138 s. Cost., che è diverso dall'ordinario procedimento di formazione delle leggi (sono dette, invece, **elastiche** le costituzioni che, come il nostro antico Statuto albertino del 1848, possono essere modificate con l'ordinario procedimento di formazione delle leggi e, dunque, di qualsiasi legge).

Lo stesso procedimento previsto per la revisione costituzionale vale per le altre **leggi costituzionali**: queste sono le leggi emanate in materia per le quali la Costituzione formula una **riserva** di legge costituzionale, ossia dispone che solo con legge costituzionale si possono regolare determinate materie (così gli artt. 71, 116, 117, 132, 137 Cost.). In altri, numerosi casi, la Costituzione formula semplici riserve di legge, da intendersi come riserva di legge ordinaria (si è già visto ad esempio che, per l'art. 42 comma 3° Cost., la proprietà privata può essere espropriata «nei casi previsti dalla legge»): il che significa che date materie, quelle cui si riferisce la riserva di legge, non possono essere regolate con fonti di grado inferiore alla legge. A volte la riserva di legge è assoluta; altre volte è riserva di legge solo relativa; il che significa che la legge ordinaria, nel regolare la materia, può fare rinvio, per una sua più analitica disciplina, a fonti di grado inferiore.

Una norma di legge che sia in contrasto con la Costituzione o con le altre leggi costituzionali si dice **costituzionalmente illegittima**. A giudicarla tale non è però abilitato qualsiasi giudice: un apposito organo giurisdizionale, la **Corte costituzionale**, ha fra le altre la specifica funzione di giudicare sulla legittimità costituzionale delle leggi e degli altri atti aventi forza di legge dello Stato e delle regioni (art. 134 Cost.). Questo giudizio ha carattere solo eventuale: ad esso si perviene se, nel corso di un processo civile o penale o amministrativo, una delle parti o lo stesso giudice abbia sollevato questione di legittimità costituzionale di una norma di legge, e se la controversia non possa essere decisa indipendentemente dalla soluzione della questione di legittimità costituzionale. Il giudice, se la questione è stata sollevata dalle parti, si pronuncia solo sulla sua «non manifesta infondatezza»; quindi rimette gli atti alla Corte costituzionale e, in attesa di questa, sospende il processo (l. 11 marzo 1953 n. 87, artt. 23 s.). Se la Corte costituzionale dichiara illegittima una norma di legge, questa cessa **di avere efficacia** dal giorno successivo alla pubblicazione della sentenza (art. 136 comma 1°), che è perciò una sentenza dotata di effetto generale, non limitato alle parti del giudizio: essa elimina definitivamente dall'ordinamento giuridico la norma giudicata come costituzionalmente illegittima;

b) le **leggi ordinarie**, intese come fonti di produzione del diritto, sono quel procedimento di formazione di norme giuridiche che è regolato dagli artt. 70 ss. Cost. (l'iniziativa del governo o di ciascun membro del parlamento o dei consigli regionali o l'iniziativa popolare, la approvazione separata da parte di ciascuno dei due rami del parlamento, la promulgazione da parte del presidente della Repubblica). Ma va subito osservato che molte leggi tuttora vigenti — e, fra queste, tutti i codici in vigore: il codice civile, il codice di procedura civile, il codice penale, il codice di procedura penale, il codice della navigazione — sono state formate in epoca anteriore alla Costituzione e, in particolare, durante la dittatura fascista, secondo un procedimento autoritario di formazione delle leggi. Esse sono, tuttora, fonti di cognizione del diritto italiano, sebbene non formate secondo gli odierni modi di produzione legislativa del diritto.

Alle leggi ordinarie sono equiparati atti del governo aventi forza di legge ordinaria: i **decreti-legge**, che il governo può emanare, ai sensi dell'art. 77 comma 2° Cost., solo «in casi straordinari di necessità e di urgenza» (ma che, nella prassi, sono diventati un ordinario strumento di legislazione) e che perdono efficacia sin dall'inizio se, entro sessanta giorni, il parlamento non li abbia convertiti in legge; i **decreti legislativi** (o leggi delegate), che il governo emana per delega del parlamento, sulla base di una legge di delegazione che fissa i principi e i criteri direttivi cui il governo deve attenersi, definisce l'oggetto dell'attività legislativa delegata e il tempo entro il quale la delega deve essere esercitata (art. 76 Cost.);

c) le **leggi regionali** sono il portato dell'**autonomia**, anche legislativa, che la Costituzione riconosce alle regioni nelle materie indicate nell'art. 117 Cost. o in altre materie che possono essere indicate con successive leggi costituzionali. L'autonomia legislativa delle regioni comporta una limitazione interna della sovranità dello Stato, che nelle materie di competenza legislativa regionale può, con propria legge, dettare solo i «principi fondamentali», mentre è riservata alle regioni, a ciascuna per il proprio territorio, la legislazione analitica. Il rapporto gerarchico fra leggi nazionali e leggi regionali si pone, perciò, in questi termini: le leggi regionali non possono essere in contrasto con i principi, fondamentali posti con legge statale; e sull'eventuale contrasto giudica la Corte costituzionale, su ricorso del governo (art. 127 comma 4° Cost., art. 31 l. n. 87 del 1953). Ma, se lo Stato invade con propria legge la competenza regionale, la regione può essa stessa sollevare davanti alla Corte costituzionale la questione di legittimità della legge statale (art. 32 l. n. 87 del 1953). Ma le leggi regionali non possono (così precisa l'art. 117 Cost. nel testo riformato nel 2001) toccare l'«ordinamento civile e penale», ossia il diritto privato e il diritto penale, che sono materie riservate alla competenza legislativa dello Stato;

d) i **regolamenti** sono una fonte normativa sottordinata alla legge: non possono contenere norme contrarie alle disposizioni di legge (art. 4 comma 2° preleggi); sulla loro legittimità giudica, questa volta, il giudice ordinario. Vengono emanati dal governo (art. 3 comma 1° preleggi) o da altre autorità (art. 3 comma 2°): oggi dalle regioni, oltre che dalle province e dai comuni, e da autorità diverse dagli enti territoriali, come la Banca d'Italia o la Commissione nazionale per le società e la borsa (Consob).

Si distingue, tradizionalmente, fra regolamenti governativi di esecuzione, emanati per regolare nei particolari materie già regolate dalla legge, e regolamenti governativi indipendenti, destinati a regolare materie non regolate da alcuna legge. Si era però dubitato della legittimità del potere regolamentare indipendente, che si traduce in virtuale potere legislativo del governo, con possibile violazione delle prerogative costituzionali del parlamento (oltre che della Corte costituzionale); e si era dubitato, altresì, che regolamenti di esecuzione potessero essere emanati fuori dei casi in cui la legge stessa avesse previsto, per la propria esecuzione, l'emanazione di un apposito regolamento.

I regolamenti governativi hanno avuto tuttavia una forte rivalutazione, alla luce della politica cosiddetta della «delegificazione», mirante ad alleggerire le funzioni del parlamento e, al tempo stesso, a rendere più agevole l'attività di normazione. La legge n. 400 del 1988, art. 17, ha espressamente riconosciuto al governo il potere di emanare regolamenti indipendenti, purché non si tratti di materia coperta da riserva di legge, e gli ha altresì riconosciuto un generale potere di emanare regolamenti di esecuzione, anche in difetto di esplicita previsione della legge cui il governo intende dare esecuzione. La delegificazione si è spinta fino al punto di consentire l'emanazione di regolamenti con efficacia equivalente alla legge. Il che è possibile a due condizioni:

1) che la materia da regolare non sia coperta, per la Costituzione, da riserva assoluta di legge;

2) che una legge autorizzi il governo a disciplinare per regolamento una data materia fissando le regole generali cui il governo dovrà attenersi.

La più rilevante innovazione introdotta con la legge n. 400 del 1988 sta nel fatto che il governo può essere con legge autorizzato ad abrogare per regolamento precedenti norme di legge, con effetto dalla entrata in vigore delle norme regolamentari di abrogazione.

I regolamenti emanati dalle «altre autorità» non possono derogare, oltre che alle leggi, ai regolamenti governativi (art. 4, comma 2°, prel.). Di particolare importanza, per il diritto privato, sono i regolamenti comunali in materia edilizia, ai quali rinvia lo stesso codice civile (art. 871 ss.), nonché i regolamenti della Banca d'Italia e della Consob;

e) all'ultimo livello della gerarchia delle fonti si collocano gli **usi** o, secondo un'altra espressione, le **consuetudini**.

Questi sono una fonte **non scritta** e **non statuale** di produzione di norme giuridiche: consistono nella pratica uniforme e **costante** di dati comportamenti, seguita con la convinzione che quei comportamenti siano giuridicamente obbligatori. Non basta il solo fatto della generalizzazione di un dato comportamento: non è uso, come fonte del diritto, la cosiddetta **prassi**, ossia il consueto modo di comportarsi degli operatori di un dato settore (la **prassi** seguita dalle banche, quella seguita dalle pubbliche amministrazioni e così via); né è tale l'atteggiamento conformistico che, spesso, gli individui assumono (come il dare la mancia: cosiddetto regalo d'uso) e che pure, come vedremo, è per altri aspetti rilevante per il diritto. Occorre, per aversi un uso come fonte di diritto, la convinzione che quel comportamento generalizzato sia ubbidienza ad una non scritta norma di diritto (nel dare la mancia ci si conforma ad una pratica generalizzata, ma si sa di non esservi obbligati). Si ritiene, ad esempio, che sia uso in senso tecnico il segreto bancario: le banche si rifiutano sistematicamente di fornire alle pubbliche amministrazioni (e, in particolare, al fisco) notizie sui propri clienti nella convinzione, pur in mancanza di una norma di legge in tal senso, di essere giuridicamente tenute al segreto; e c'è voluta una legge per consentire al fisco di superarlo per colpire i «grandi evasori» (d.p.r. 15 luglio 1982 n. 463).

In epoca anteriore alle codificazioni moderne le consuetudini erano una fra le più importanti fonti di diritto. Conservano, tuttora, grande importanza nei paesi anglosassoni, dove formano, insieme alle pronunce dei giudici (cui è riconosciuto, come si è già avvertito, valore di precedente giudiziario vincolante), la **common law**, mentre al diritto scritto si dà il nome di **civil law** (v. tavola n. 1). Nel sistema italiano, in particolare, il primato del diritto statuale sul diritto consuetudinario si manifesta in due principi (art. 8 preleggi):

1) nelle materie non regolate da leggi o da regolamenti le consuetudini hanno piena efficacia (cosiddetti usi *praeter legem*). Qui la mancanza di norme statuali di regolazione della materia rivela come si tratti di materia che lo Stato (o altro ente pubblico con potere normativo) non ha interesse a regolare: queste materie possono, perciò, essere regolate da una fonte non statuale come la consuetudine. Questa resta, tuttavia, una fonte sottordinata alle altre fonti, secondo la gerarchia posta dall'art. 1 delle preleggi: se una norma di legge o di regolamento interviene, successivamente, a regolare la materia, la consuetudine cessa, automaticamente, di avere efficacia;

2) nelle materie regolate da leggi o da regolamenti la consuetudine ha efficacia solo in quanto sia da essi richiamata (cosiddetti usi *secundum legem*). I richiami agli usi sono alquanto frequenti, come vedremo, nel codice civile:

questo regola, in certi casi, determinati rapporti con principi di carattere generale e rimette, per il resto, agli eventuali usi (così, ad esempio, gli artt. 1326, 1374), oppure pone norme regolatrici di determinati rapporti, ma precisa che esse non valgono se, nella materia, esiste un uso diverso (così, ad esempio, gli artt. 892, 1454).

Ogni decisione circa l'esistenza di una consuetudine e la sua efficacia è rimessa al giudice. Le eventuali raccolte scritte di usi, alle quali provvedono appositi enti a ciò autorizzati (come le camere di commercio), non trasformano gli usi in fonti scritte; hanno solo un valore di prova: provano l'esistenza dell'uso fino a prova contraria (art. 9 preleggi), che può essere data con ogni mezzo.

Il diritto dell'Unione Europea. Ad un livello sovraordinato rispetto alle fonti di diritto interno, inclusa fra esse la stessa Costituzione (fatte salve solo le norme sui diritti dell'uomo), si collocano, nella gerarchia delle fonti, il **Trattato sull'Unione Europea**, il **Trattato sul funzionamento dell'Unione Europea**, la **Carta dei diritti fondamentali dell'Unione Europea** e i **Regolamenti** emanati dal parlamento e dal consiglio della Unione Europea nelle materie fissate dai Trattati. L'adesione del nostro, come di altri paesi europei, a questo ente sovranazionale ha comportato una limitazione della sovranità dello Stato, consentita dagli artt. 11 e 117, comma 1°, della Costituzione, con la conseguente possibilità per questo ente di esercitare, nelle materie stabilite dai Trattati, diretti poteri normativi entro i singoli paesi membri, oltre che diretti poteri giurisdizionali, con le sentenze della Corte di giustizia, per l'applicazione del diritto comunitario. Perciò, il giudice dello Stato è tenuto a disapplicare le norme interne che risultino in contrasto con le norme dell'Unione. Nel riconoscere la preminenza del diritto dell'Unione europea sul diritto interno incompatibile, si parla di primato del diritto dell'Unione europea.

Il ruolo della Unione europea nella formazione del diritto va oltre gli stessi regolamenti: essa rivolge, come diremo più oltre, **direttive** vincolanti ai singoli Stati membri per la formazione di un diritto europeo uniforme; e, perciò, esercita anche una ulteriore indiretta funzione creatrice del diritto.

2. Efficacia della legge nel tempo

Le leggi e i regolamenti diventano obbligatori o, come anche si dice, entrano in vigore solo a seguito della loro **pubblicazione** (che per le leggi e i regolamenti dello Stato è eseguita nella **Gazzetta ufficiale**) e, se non è diversamente disposto, il **quindicesimo giorno** successivo ad essa (art. 73 comma 3° Cost., art. 10 preleggi). La loro obbligatorietà è, dunque, subordinata ad un adempimento, come la pubblicazione, diretto a renderli **conoscibili** da parte di chi deve osservarli; ma si tratta, va precisato, di una conoscibilità **astratta**, ossia della virtuale possibilità, per ciascun destinatario, di conoscerli attraverso la loro pubblicazione: leggi e regolamenti, una volta pubblicati, obbligano anche chi si fosse trovato in concreto, nella assoluta impossibilità di venirne a conoscenza. Vale il tradizionale principio secondo il quale **l'ignoranza della legge non scusa** (principio esplicito nell'art. 5 c.p.): si impone l'esigenza di sottrarre l'obbligatorietà del diritto a ogni possibile disputa circa la sua effettiva conoscenza da parte dei singoli.

Le leggi, o singole norme in esse contenute, cessano di avere efficacia o per espressa disposizione di una legge successiva (art. 15 preleggi) o per **referendum** popolare (art. 75 Cost.) o per sentenza di illegittimità costituzionale (art. 136 Cost.). In questi casi si parla di **abrogazione espressa**; ma una norma di legge può perdere efficacia anche per incompatibilità con una nuova disposizione di legge oppure perché una nuova legge regola l'intera materia (art. 15 preleggi), e si dice allora che la precedente norma è stata **tacitamente abrogata**.

Altro principio generale, che si collega alle già segnalate esigenze di certezza del diritto, è quello secondo il quale la legge non dispone che per l'avvenire: essa **non ha effetto retroattivo** (art. 11 preleggi). Questo principio assume valore di precetto costituzionale, vincolante la legislazione ordinaria, solo per le leggi penali: solo a queste fa riferimento la Costituzione, allorché stabilisce che nessuno può essere punito se non in forza di una legge che sia entrata in vigore prima del fatto commesso (art. 25 comma 2°). Rispetto al diritto privato, invece, la irretroattività della legge risulta sancita solo da una **norma generale** di legge ordinaria (quale è il codice civile, con le relative preleggi); e, in quanto norma di legge ordinaria, essa è derogabile da altre leggi ordinarie, che possono attribuire a se stesse effetto retroattivo.

3. L'interpretazione della legge

L'applicazione della legge è applicazione di norme generali ed astratte a rapporti fra gli uomini: essa traduce in comandi particolari e concreti, quali sono le sentenze dei giudici, le generali ed astratte previsioni della legge. Questa traduzione non è però meccanica; presuppone, da parte di chi deve applicare la legge, una preliminare e, spesso, complessa operazione, diretta a stabilire: *a*) quale è, fra le tante, la norma entro la cui generale ed astratta previsione può essere fatto rientrare il caso da risolvere e, perciò, quale è la norma da tradurre in comando particolare e concreto; *b*) quale è il significato da attribuire alle norme: sia alle norme delle quali si esclude l'applicazione, in quanto il giudizio di non applicabilità presuppone l'attribuzione di un significato, sia a quelle giudicate come le norme da applicare, in quanto le si applicherà secondo il significato che si attribuisce loro.

Questa preliminare operazione, attributiva di un significato alle norme e selettiva di esse, è **l'interpretazione**: una operazione che deve essere, essa stessa, condotta secondo criteri fissati dalla legge. L'art. 12 delle preleggi stabilisce, anzitutto, che nell'applicare la legge non si può ad essa attribuire altro senso se non quello fatto palese: *a*) dal «significato proprio delle parole secondo la connessione di esse» (criterio cosiddetto di **interpretazione letterale**); *b*) dalla «intenzione del legislatore» (criterio cosiddetto di **interpretazione teleologica**).

La legge va, dunque, interpretata alla lettera, senza possibilità per l'interprete di attribuirle liberamente un senso; e questo criterio di interpretazione letterale impone al giudice di attenersi strettamente al diritto posto con la legge dello Stato, impedendogli di erigersi egli stesso, in sede di libera interpretazione della legge, a creatore del diritto. Anche il criterio di interpretazione teleologica tende a questo risultato: le parole sono solo il mezzo mediante il quale si esprime l'«intenzione del legislatore»; e come tali vanno interpretate: esse debbono essere prese alla lettera, ma non fino al punto di attribuire alla norma un senso diverso da quello che, dal contesto della legge, risulta corrispondere alla **finalità** che la norma si propone. L'interpretazione da prescegliere deve essere dunque, quella che risulti il più possibile aderente al senso letterale delle parole e, al tempo stesso, il più possibile corrispondente all'intenzione del legislatore, quale si desume dalla legge.

Il «legislatore» è antica espressione metaforica con la quale non si indicano gli artefici di quella specifica legge, i componenti l'organo legislativo che ne ha formato il testo, bensì l'**ideale creatore** del sistema legislativo, di quella come di ogni altra legge di cui si compone l'ordinamento giuridico. Le relazioni illustrative che accompagnano le leggi, i verbali delle discussioni parlamentari o dei lavori preparatori svolti da commissioni di esperti possono offrire, a volte, utili elementi di giudizio per ricostruire, storicamente, le finalità di una legge, ma non sono vincolanti per l'interprete, che è vincolato solo da ciò che dalla legge si può ricavare: se c'è contrasto fra l'intenzione che si desume dalla legge e quella che emerge dai lavori preparatori, la prima prevale sulla seconda.

Se poi l'organo legislativo, di fronte alle dispute insorte sulla ricostruzione della intenzione del legislatore, vuole imporre la sua interpretazione del testo legislativo, non ha che un mezzo: fare una nuova legge, recante la sua interpretazione della legge precedente (cosiddetta interpretazione autentica); ma non sarà la sua intenzione storica ad imporsi, bensì il testo della nuova legge.

L'interpretazione secondo l'intenzione del legislatore può dare luogo alla cosiddetta **interpretazione estensiva**, con la quale si attribuisce alle parole della legge un significato più ampio di quello letterale. Eccone un esempio: il ricordato art. 3 Cost. stabilisce che «tutti i **cittadini** hanno pari dignità sociale e sono eguali davanti alla legge». Si è inteso, con ciò, escludere che il principio di uguaglianza non valga per gli stranieri? Sicuramente no: la norma deve, allora, essere interpretata secondo la sicura intenzione del legislatore e, anziché «cittadini», vi si deve leggere uomini (come all'«uomo» fa riferimento il precedente art. 2). All'interpretazione estensiva si contrappone quella **restrittiva**, con la quale si dà alle parole un significato più ristretto di quello comune, giudicato come più aderente all'intenzione del legislatore. Una interpretazione restrittiva è, ad esempio, quella che la Corte costituzionale dà all'art. 117 Cost., allorché ritiene che il potere legislativo delle regioni, nelle materie indicate da questo articolo, riguardi solo il potere di porre norme di diritto pubblico e non anche norme di diritto privato.

L'analogia. Ogni ordinamento giuridico statuale rivendica a sé il carattere della **completezza**: esso non può ammettere di avere lacune; deve essere in grado di dare una soluzione di ogni possibile conflitto che si generi fra coloro che vi sono sottoposti. Ma il legislatore non può avere tanta fantasia da prevedere tutti i possibili conflitti, da precostituire una regola per ogni possibile caso. A colmare le eventuali lacune si provvede con l'applicazione **analogica** del diritto: «se una controversia non può essere decisa con una precisa disposizione, si ha riguardo alle disposizioni che regolano **casi simili o materie analoghe**» (art. 12 comma 2° preleggi). La mancanza di una precisa norma di legge non autorizza, dunque, il giudice a creare liberamente, a propria discrezione, la regola secondo la quale risolvere il conflitto. Egli deve, pur sempre, ricercarla entro l'ordinamento giuridico dello Stato: se non in una norma che prevede quel caso (che non c'è), in una che contempli un caso analogo, il caso che presenti il maggior grado di analogia con quello sul quale deve pronunciarsi. Di ogni norma di legge il giudice può, perciò fare una duplice applicazione: ne fa **applicazione diretta**, allorché applica una norma di legge ad un caso da essa previsto; ne fa **applicazione analogica**, allorché applica una norma di legge ad un caso analogo a quello da essa previsto.

L'applicazione analogica incontra però un duplice limite (art. 14 preleggi): non possono essere applicate a casi simili le norme **penali** (il che corrisponde al principio dell'art. 1 c.p., per il quale nessuno può essere punito se non per un fatto espressamente previsto dalla legge come reato, e con le pene da essa previste) e le norme **eccezionali**, ossia quelle che fanno eccezione a regole generali. In questo caso c'è una norma, la regola generale appunto, secondo la quale decidere la controversia: il giudice dovrà applicarla anche se, in casi simili al caso in esame, il legislatore abbia apportato alla regola generale una eccezione. Si noti che la natura eccezionale di una norma ne impedisce l'applicazione analogica, ma non l'interpretazione estensiva, che è pur sempre applicazione diretta della norma, anche se estensivamente interpretata.

Può accadere che il giudice non solo non trovi una norma che preveda il caso da risolvere, ma non trovi neppure norme relative a casi analoghi a materie simili, delle quali fare applicazione analogica. Egli dovrà, allora, decidere «secondo i **principi generali dell'ordinamento giuridico dello Stato**» (art. 12 comma 2° preleggi). Questi non sono principi sanciti da testuali norme di legge (altrimenti il giudice avrebbe una norma di legge della quale fare applicazione diretta), ma sono **principi non scritti** che si ricavano per induzione da una pluralità di norme e che rappresentano le direttive fondamentali cui appare essersi ispirato il legislatore. Avremo modo di identificarne diversi: il principio della libera circolazione della ricchezza, quello della conservazione del contratto, quello della protezione del contraente più debole e così via.

L'attribuzione di significato alle norme, la ricerca di norme regolatrici di casi analoghi e l'identificazione dei principi generali sono operazioni funzionali all'applicazione del diritto a casi concreti. Il giudice le compie ogniqualvolta è chiamato a decidere una controversia; e le conclusioni alle quali perviene circa il significato delle norme, l'esistenza degli estremi dell'analogia, la vigenza di un implicito principio generale sono conclusioni dotate di **autorità**, della medesima autorità che è propria delle sentenze. Essa valgono, perciò, solo per il caso concreto deciso con quella sentenza: altri giudici, che decidano casi identici, o lo stesso giudice che sia successivamente chiamato a decidere un nuovo caso identico al precedente, possono pervenire a conclusioni diverse. Nel nostro sistema non vige il principio (proprio del diritto anglosassone) del precedente giudiziario vincolante; e questa possibilità, per nuovi giudici come per lo stesso giudice, di rivedere l'interpretazione già data ad una norma è, anch'essa, un modo di riaffermare la sovranità della legge dello Stato, la sola dotata di generale efficacia obbligatoria.

Ciò non impedisce, tuttavia, che una certa autorevolezza venga, di fatto, attribuita ai cosiddetti **precedenti di giurisprudenza**, ossia alle soluzioni uniformemente date da più giudici ad una medesima questione interpretativa (uniformità di soluzioni che fa apparire probabile che alla medesima soluzione gli stessi o altri giudici perverranno in futuro), oppure alla soluzione che ad una questione interpretativa sia stata data dalla Cassazione, che è l'organo giudiziario al quale ogni controversia può essere portata in ultima istanza (e che si presume, anche se neppure la Cassazione è vincolata dai propri precedenti, confermerà la soluzione già data). Alla conoscenza dei precedenti di giurisprudenza si attribuisce, perciò, molta importanza: esistono molte riviste specializzate che periodicamente pubblicano un gran numero di sentenze, nonché pubblicazioni specializzate, i «repertori», che annualmente diffondono, ordinate per materia, migliaia di «massime», ossia di conclusioni interpretative della legge, estratte da tutte le sentenze che le riviste specializzate hanno pubblicato nel corso dell'anno. Esiste anche, presso la Cassazione, un apposito «ufficio del massimario» e c'è, da qualche tempo, un elaboratore elettronico che memorizza, sempre per «massime», tutte le sentenze già emanate da questo supremo organo giudiziario: i terminali di questo elaboratore, distribuiti sul territorio nazionale, permettono a giudici, avvocati, notai ecc. di conoscere rapidamente, per ogni questione interpretativa che insorga, se esistano e quali siano i precedenti di giurisprudenza della Cassazione.

Dalla interpretazione del giudice, che è funzionale all'applicazione della legge ai casi concreti, si distingue l'attività interpretativa, detta interpretazione dottrinale, di quei ricercatori specializzati nella interpretazione del diritto che sono i **giuristi**. È un'attività che si basa sullo studio sistematico del diritto e che ha la sua collocazione istituzionale nei Dipartimenti e nelle Scuole di giurisprudenza delle università: il suo prodotto è, in definitiva, la formazione di astratti progetti o modelli di interpretazione della legge, consegnati in saggi, in trattati, in commentari delle leggi, in manuali di diritto, ai quali i giudici possono attingere quando sono chiamati ad affrontare questioni interpretative. A differenza della interpretazione del giudice, che ha carattere autoritativo, quella del giurista non è, formalmente, vincolante: si impone solo per la forza di convinzione che gli argomenti prospettati riescono ad esercitare.

Va infine menzionata, fra i criteri di interpretazione della legge, l'interpretazione **secondo il diritto dell'Unione Europea.** Il criterio è esplicitamente enunciato dall'art. 1 comma 4° della legge n. 287 del 1990 sulla tutela della concorrenza e del mercato, il quale impone di questa legge una interpretazione «effettuata in base ai principi dell'ordinamento delle Comunità europee in materia di disciplina della concorrenza». Così la locuzione «impresa» adottata da questa legge, che pure è legge di diritto interno, va intesa non nel senso che ad essa attribuisce il diritto interno, ma nel diverso, e più lato, significato che le attribuisce il diritto comunitario.

4. Il diritto internazionale privato

La statualità del diritto e, quindi, la sua nazionalità è tra i fenomeni caratteristici del diritto del nostro tempo. Con essi contrastano la transnazionalità dei mercati e, più in generale, dei rapporti fra gli uomini: contratti intercorrono, sempre più frequentemente, fra cittadini di Stati diversi; stranieri possono essere proprietari di beni sul territorio di altri Stati; rapporti di famiglia possono stabilirsi fra cittadini di diversa nazionalità e così via. Di qui una serie di problemi: con quale diritto regolare i rapporti fra cittadini di Stati diversi? con quale diritto regolare i rapporti che cittadini stranieri costituiscono sul territorio di un altro Stato?

Il rinvio alla legge straniera. Il principio della statualità del diritto non comporta, necessariamente, che sul territorio di ciascuno Stato si applichi sempre e soltanto il diritto di quello Stato. Ciascuno Stato può, nella sua sovranità, autonomamente stabilire che a certi rapporti si applichi, anziché il diritto da esso prodotto, quello prodotto da altri Stati; può, conseguentemente, richiedere a propri giudici di applicare, anziché il proprio diritto, il diritto di altri Stati. Ciò accade in forza di una norma di diritto statuale che **rinvia**, per la regolazione di certi rapporti, al diritto di altri Stati; e questo rinvio, appunto perché fatto da una norma dello Stato, non è rinuncia alla sovranità: è, esso stesso, espressione di sovranità dello Stato.

La materia è regolata da una serie di norme, dette norme di **diritto internazionale privato**, che risolvono i problemi sopra indicati, stabilendo quando il giudice italiano deve applicare il diritto italiano e quando, invece, il diritto di altri Stati. La loro fonte è nella l. 31 maggio 1995, n. 218, che ha introdotto una vasta ed organica riforma della materia. A loro volta gli altri Stati hanno proprie norme di diritto internazionale privato che risolvono, dal loro punto di vista, i medesimi problemi. Ma anche le norme di diritto internazionale privato sono espressione della statualità del diritto; e ciascun Stato formula a propria discrezione le proprie norme di diritto internazionale privato, senza tenere in alcun conto le norme formulate dagli altri Stati, con la conseguente possibilità di **conflitti**: può accadere, così, che al rapporto fra due cittadini di Stati diversi entrambi gli Stati di appartenenza pretendano di applicare il proprio diritto, muovendo ciascuno da una diversa norma di diritto internazionale privato; può accadere, all'opposto, che per quel rapporto entrambi gli Stati rinviino al diritto straniero.

Per superare questi possibili conflitti vengono spesso stipulate **convenzioni internazionali**, con le quali più Stati si impegnano reciprocamente ad adottare norme omogenee di diritto internazionale privato; e sono convenzioni diverse dalle convenzioni di diritto uniforme, perché non realizzano, a differenza di quelle, un diritto a contenuto uniforme nei diversi Stati, ma concordano i criteri in base ai quali ciascuno Stato applica il proprio **diverso** diritto. Ma queste convenzioni, sebbene numerose, si riferiscono solo a specifiche materie (l'Italia ha aderito a tre convenzioni dell'Aja del 1905 in materia di matrimonio, a due convenzioni di Ginevra del 1930 e del 1931 sui conflitti di legge in materia di cambiale e di assegno; alla Convenzione di Roma del 19 giugno 1980 sulle obbligazioni contrattuali): per le materie non regolate da convenzioni internazionali o rispetto agli Stati che non vi abbiano aderito la possibilità di conflitto permane. Nella Unione europea, agli strumenti normativi per la soluzione di conflitti di diritto internazionale privato costituiti dalle convenzioni internazionali si affiancano oggi due Regolamenti, rispettivamente, il Regolamento n. 864/2007 sulla legge applicabile alle obbligazioni extracontrattuali (cd. Roma II) e il Regolamento n. 593/2008 sulla legge applicabile alle obbligazioni contrattuali (cd. Roma I), il quale ha sostituito (con l'eccezione della Danimarca) la convenzione di Roma del 1980.

Ciascuno Stato risolve il conflitto facendo valere sia la propria sia la **altrui** norma di diritto internazionale privato: vale il principio secondo il quale, quando la legge dello Stato rinvia ad una legge straniera, questa va applicata tenendo conto del rinvio da essa fatta ad altra legge, sempre che il medesimo rinvio sia ammesso anche dalla legge straniera oppure si tratti di rinvio alla legge italiana (art. 13 l. n. 218 del 1995).

La legge nazionale. Le nostre norme adottano, fondamentalmente, due criteri, che applicano alternativamente alle diverse materie. Uno è il criterio della **legge nazionale**: è il criterio per il quale il giudice italiano applica il diritto italiano oppure il diritto straniero a seconda che si tratti di regolare rapporti relativi a cittadini o a stranieri. Così si applica, in Italia, la legge nazionale dello straniero per ciò che attiene allo stato e alla capacità delle persone (artt. 20 e 23 l. n. 218 del 1995) e ai rapporti di famiglia (artt. 29 e 30 l. cit.): perciò, ad esempio, il giudice italiano considererà maggiorenne un sedicenne se, secondo la legge del suo paese, la maggiore età si consegue a sedici anni. Le persone giuridiche sono regolate dalla legge del luogo dove sono state costituite; ma si applica la legge italiana se in Italia è situata la sede dell'amministrazione o se vi si trova l'oggetto principale dell'ente (art. 25 l. cit.).

Le cose si complicano quando si tratta di rapporti misti, intercorrenti fra cittadini italiani e stranieri (o fra stranieri di diversa nazionalità).

In linea di principio a ciascuna delle parti si applicherà la propria legge nazionale: così i requisiti per contrarre matrimonio saranno quelli imposti a ciascuno degli sposi dalla propria legge (art. 27 l. cit.). Per specifici rapporti valgono criteri diversi: *a*) nei rapporti personali fra coniugi di diversa nazionalità vale la legge dello Stato in cui la vita matrimoniale è prevalentemente localizzata (art. 29 l. cit.); ed il medesimo criterio vale anche per la separazione personale e per il divorzio (art. 31 l. cit.). Tuttavia, se è invece applicabile il regolamento n. 1259/2010/UE relativo a una cooperazione rafforzata nel settore della legge applicabile al divorzio e alla separazione personale, si applica la legge scelta di comune accordo dalle parti (purché scelta secondo uno dei criteri indicati dal regolamento). Ancora il criterio della legge nazionale vale per le successioni a causa di morte: ovunque si trovino i beni ereditari, si applica la legge nazionale del defunto (art. 46 l. cit.).

La legge del luogo. L'altro criterio è quello della **legge del luogo**: in materia di possesso, proprietà ed altri diritti reali su cose mobili o immobili vale la legge del luogo nel quale le cose si trovano (art. 51 l. cit.); e così la proprietà di stranieri in Italia è regolata dalla legge italiana, la proprietà di italiani all'estero dalla legge del paese dove i beni si trovano.

Per le obbligazioni da contratto l'art. 57 l. n. 218 del 1995 richiama la Convenzione di Roma del 19 giugno 1980 (ed oggi il rinvio è da intendersi al Regolamento 593/2008, cd. Roma I): si applica la legge del paese nel quale risiede, al momento della conclusione del contratto, la parte che deve eseguire la prestazione caratteristica (o, se la parte in questione è una persona giuridica, dove questa ha l'amministrazione centrale). In questa materia, tuttavia, è fatta salva in ogni caso la diversa volontà delle parti, espressa al momento della conclusione del contratto o in un momento successivo, e che costituisce il criterio **prioritario** per la scelta della legge applicabile. Le parti possono scegliere la legge nazionale di uno dei due contraenti (ed è, di norma, una scelta imposta dal contraente più forte) oppure la legge di un paese terzo; possono totalmente sottoporre il contratto ad una data legge nazionale oppure possono sottoporlo, per certi aspetti, a una legge nazionale e, per altri aspetti, ad un'altra (cosiddetto *shopping* del diritto). Ancora: la scelta può essere implicita, ossia desumersi dalla lingua o dal contenuto del contratto, come dalla clausola relativa alla nazionalità del giudice o degli arbitri che dovranno dirimere le eventuali controversie relative all'interpretazione o all'esecuzione del contratto.

Come accennato, il Regolamento dell'Unione europea, 17 giugno 2008, n. 593, introduce come norma di conflitto, da applicare all'interno dell'Unione europea, il criterio della legge scelta dalle parti o, in difetto di scelta, la legge del venditore o quella del prestatore di servizi o, per i contratti immobiliari, la legge del paese dove l'immobile è situato.

In fatto di scelta del diritto applicabile l'autonomia dei contraenti non è illimitata. La norma, che fa salva la diversa volontà delle parti, vale solo per i **contratti internazionali** ossia per quei contratti che o per la diversa nazionalità delle parti o, pur con parti di uguale nazionalità, per elementi di natura oggettiva, come il luogo di esecuzione del contratto, presentino punti di collegamento con più Stati. Due contraenti italiani, che concludano un contratto destinato ad essere eseguito in Italia (e, dunque, un contratto privo di criteri di collegamento con altri Stati), non possono sottrarre il contratto all'applicazione della legge italiana. Altro fenomeno è quello per il quale l'indicazione del diritto di un altro paese vale solo a determinare il contenuto del contratto a norma dell'art. 1322, comma 1°; qui il diritto straniero risulterà applicabile non come tale, ma come contenuto convenzionale di un contratto retto dal diritto nazionale, valido solo nel rispetto delle norme imperative di quest'ultimo.

Per le obbligazioni da fatto illecito vale, invece, la legge del luogo dove si è verificato l'evento (Regolamento del parlamento europeo e del consiglio dell'11 luglio 2007, n. 864), ed il principio vale anche per arricchimento senza giusta causa, gestione di affari altrui, responsabilità precontrattuale. La promessa unilaterale è regolata dalla legge del luogo in cui viene manifestata (art. 58), quale che sia il luogo di ricezione da parte del destinatario.

Trattamento dello straniero. Alle singole norme che, a seconda della materia, adottano il criterio della legge nazionale e quello della legge del luogo si aggiungono altre due norme che contengono affermazioni di principio. Una è quella che pone un generale limite all'applicazione del diritto italiano al cittadino straniero: lo straniero, nelle materie in cui si applica la legge italiana, è sempre sottoposto agli obblighi da questa previsti, ma è ammesso a fruire dei diritti civili riconosciuti dall'ordinamento italiano solo a **condizione di reciprocità** (art. 16 preleggi), ossia solo se la sua legge nazionale ha norme di diritto internazionale privato che consentono allo straniero di fruire dei diritti civili da essa riconosciuti ai propri cittadini. Così lo straniero potrà avere proprietà in Italia, protette dal diritto italiano, solo se lo Stato al quale appartiene consente al cittadino italiano di avere proprietà sul suo territorio. Il limite delle condizioni di reciprocità si è però attenuato a seguito della Costituzione: per l'art. 2 «la Repubblica riconosce e garantisce i **diritti inviolabili dell'uomo**»; e lo straniero è, perciò, protetto nei suoi diritti inviolabili di uomo (come il diritto alla salute, il diritto alla libertà personale, il diritto all'onore ecc.) indipendentemente dalla ricorrenza della condizione di reciprocità.

Di ciò hanno preso atto la l. 6 marzo 1998, n. 40, recante norme sulla condizione dello straniero, ed il successivo d.lgs. 25 luglio 1998, n. 286, Testo unico sull'immigrazione e sulla condizione dello straniero: l'art. 2, comma 1°, d.lgs. cit., dispone che «allo straniero comunque presente alla frontiera o nel territorio dello Stato sono riconosciuti i diritti fondamentali della persona umana previsti dalle norme di diritto interno, dalle convenzioni internazionali in vigore e dai principi di diritto internazionale generalmente riconosciuti».

Ma questi testi normativi hanno fatto di più: l'art. 2, comma 2°, d.lgs. cit., stabilisce che lo straniero «regolarmente soggiornante nel territorio dello Stato» — ossia munito della carta o del permesso di soggiorno rilasciatogli a norma del successivo art. 5 — «gode dei diritti in materia civile attribuiti al cittadino italiano, salvo che le convenzioni internazionali in vigore per l'Italia e il presente Testo unico dispongano diversamente». A questo modo l'art. 16 prel. ha subito una forte limitazione del proprio ambito di applicazione: la condizione di reciprocità vale per gli stranieri non soggiornanti in Italia o per quelli che vi soggiornino non regolarmente, ossia che siano privi della carta o del permesso di soggiorno, o per non averlo chiesto o perché sia stato rifiutato loro.

Ancora: non sono più stranieri, agli effetti dell'art. 16 prel., i cittadini dell'Unione europea, che ai sensi del d.lgs. n. 286 del 1998 non sono considerati stranieri (art. 1) e che per l'art. 21 del Trattato sul funzionamento dell'Unione Europea, hanno, in quanto cittadini dell'Unione, il diritto di «soggiornare liberamente nel territorio degli Stati membri».

Ordine pubblico internazionale. L'altra norma di principio pone, per converso, un generale limite all'applicazione nel territorio italiano del diritto straniero, il quale non è applicabile in Italia quando i suoi effetti siano contrari all'**ordine pubblico** (art. 16, comma 1°, l. n. 218 del 1995). È il cosiddetto ordine pubblico **internazionale**: concetto diverso dall'ordine pubblico interno (sul quale ci soffermeremo ampiamente a suo luogo), che costituisce un limite alla validità dei contratti. Qui si fa riferimento a quei principi fondamentali di civiltà giuridica che sono posti a salvaguardia di essenziali valori umani o sociali. La norma straniera non eseguibile in Italia per contrarietà all'ordine pubblico è sostituita dalla norma richiamata da altri criteri di collegamento o, in mancanza, dalla norma italiana regolatrice della materia (art. 16, comma 2°, l. cit.).

Sono da considerarsi di ordine pubblico internazionale, anzitutto, i principi fondamentali della nostra Costituzione e quelli relativi ai diritti e ai doveri dei cittadini: così, ad esempio, il giudice italiano non potrà applicare, perché in contrasto con l'ordine pubblico, norme del diritto di famiglia di uno Stato che ammetta la poligamia o che disconosca l'uguaglianza dei sessi e collochi la donna in posizione di assoluta subordinazione rispetto all'uomo. Ma va segnalata la tesi, spesso seguita dalla giurisprudenza, secondo la quale l'ordine pubblico internazionale attiene non solo ai principi fondamentali del nostro ordinamento giuridico, ma anche a quelli riconosciuti dai Trattati fondativi e dalla Carta dei diritti fondamentali dell'Unione europea, nonché dalla Convenzione europea dei diritti dell'uomo. In base a questo criterio è stata applicata in Italia anche una norma permissiva straniera contrastante con una norma proibitiva italiana.

Conoscenza del diritto straniero. Il giudice può, secondo le norme di diritto internazionale privato, essere tenuto ad applicare il diritto straniero; ed è altresì tenuto a conoscerlo (art. 14 l. cit.). L'antico principio secondo il quale **il giudice conosce il diritto** (*iura novit curia*) non vale solo per il suo diritto nazionale: il diritto straniero non deve essere provato dalla parte che ha interesse alla sua applicazione, anche se essa deve collaborare con il giudice alla ricerca della norma straniera applicabile, ove questa risulti di difficile reperimento. E solo se la ricerca si riveli insuperabile, il giudice applicherà la legge italiana.

Capitolo terzo

LE PERSONE

SOMMARIO: 1. Condizione giuridica della persona: la capacità giuridica, il nome, la sede. — 2. La capacità di agire: condizione dei minori, dei soggetti sottoposti ad amministrazione di sostegno, degli interdetti, degli inabilitati. — 3. La persona fisica e la persona giuridica. — 4. Classificazione delle persone giuridiche: enti pubblici e privati. — 5. Continua: associazioni e fondazioni. – 6. I diritti della personalità.

1. Condizione giuridica della persona: la capacità giuridica, il nome, la sede

Per il diritto l'uomo è una persona o, secondo un'altra espressione, un **soggetto di diritto**. La prima è l'espressione usata dal codice civile, e figura già nel titolo dato al primo libro, dedicato alle persone e alla famiglia; la seconda è di uso dottrinale: entrambe indicano l'attributo che all'uomo è riconosciuto nel mondo del diritto, quello di centro di imputazione o punto di riferimento di diritti e di doveri. Nella nostra civilità ogni uomo è, in quanto tale, una persona: egli assume questo attributo al momento della nascita e lo conserva fino al momento della morte.

Si definisce come **capacità giuridica** l'attitudine dell'uomo ad essere titolare di diritti e di doveri, l'espressione è equivalente a quella di soggettività giuridica o di personalità giuridica. Questa attitudine alla titolarità di diritti e di doveri si acquista, per l'art. 1 comma 1° del codice civile, al momento stesso della **nascita** (momento che si considera coincidente con l'inizio della respirazione polmonare); perdura fino al momento della morte, che si considera coincidente con la cessazione definitiva di ogni attività elettrica cerebrale (a norma della l. 12 agosto 1993, n. 301 in materia di prelievi ed innesti di cornea, nonché della l. 29 dicembre 1993, n. 578, in tema di accertamento e certificazione della morte, richiamata dalla l. 1° aprile 1999, n. 91, in materia di prelievi e trapianti di organi e tessuti).

Il già concepito non ancora nato è privo, per il diritto, della capacità giuridica: la legge, come vedremo a suo luogo, gli riserva dei diritti (come il diritto alla successione del padre, che sia morto durante la gestazione della moglie); ma l'acquisto di questi diritti è subordinato all'evento della nascita (art. 1 comma 2°). Se questo evento non si verifica (se la madre abortisce o non partorisce un essere vivo), la riserva a favore del concepito perde ogni efficacia, e i diritti a lui riservati andranno ad altri. Non importa poi che il nato muoia subito dopo: egli ha avuto, anche se per pochi istanti, la capacità giuridica, ed ha acquistato i diritti a lui riservati. Stabilire se sia nato vivo può, in certi casi, assumere decisiva importanza: se è nato vivo, anche se muore subito dopo, i diritti da lui acquistati andranno a chi è, per legge, suo erede e che può essere persona diversa da quella che avrebbe ereditato se il concepito non fosse nato vivo. Fuori dei casi in cui la legge glieli riserva (o consente che gli vengano riservati per contratto o per testamento, come poi vedremo), il concepito non acquista diritti: la giurisprudenza, ad esempio, negava a chi sia nato dopo l'uccisione del padre il diritto al risarcimento del danno, che ora, invece, viene riconosciuto perché il figlio subisce l'evento lesivo del proprio diritto non già al momento della morte del padre, bensì a partire dal momento della propria nascita, ossia da quando avverte privazioni sotto il profilo del diritto al mantenimento ovvero lesioni alla prospettiva di vita futura.

La nascita è dichiarata da uno dei genitori o da un loro procuratore speciale oppure dal medico o dalla ostetrica o da altre persone che abbiano assistito al parto, rispettando l'eventuale volontà della madre di non essere nominata. La dichiarazione è resa, entro dieci giorni, all'ufficiale dello stato civile del comune in cui la nascita è avvenuta oppure, entro tre giorni, alla direzione sanitaria dell'ospedale o della casa di cura dove ha avuto luogo il parto (art. 30 del nuovo ordinamento dello stato civile, approvato con d.p.r. 3 novembre 2000, n. 396, modificato a seguito della disciplina di riforma sullo stato di figlio, legge 219 del 2012 e atti integrativi, nonché dal d.lgs. n. 5/2017 emanato in attuazione della legge 76 del 2016 sulle unioni civili). Questa dichiarazione dà luogo alla formazione dell'**atto di nascita**, che l'ufficiale di stato civile iscrive nei registri dello stato civile (artt. 28 ss. ordinamento dello stato civile cit.). Negli stessi registri vengono iscritti gli altri atti che influiscono sullo stato civile della persona (l'adozione, il riconoscimento quale figlio «nato al di fuori del matrimonio», il matrimonio ecc.) e, alla morte della persona, l'**atto di morte** (artt. 71 ss. ordinamento dello stato civile). Gli atti dello stato civile hanno **forza probatoria**: fanno fede, fino a prova contraria, della verità di ciò che è stato dichiarato all'ufficiale di stato civile; e provano fino a querela di falso ciò che l'ufficiale di stato civile attesta essere stato dichiarato alla sua presenza (art. 451).

Ogni persona è identificata con un **nome**, che consta del nome in senso stretto, o prenome, e del cognome (art. 6 comma 2°). Il prenome le è dato, a propria scelta, da chi dichiara la nascita all'ufficiale di stato civile o, se il dichiarante se ne astiene, dallo stesso ufficiale dello stato civile (art. 71 comma 3° ordinamento dello stato civile). Il cognome, se si tratta di figlio nato da genitori coniugati tra loro, è quello del padre. Di recente la Corte Costituzionale, con pronuncia dell'8 novembre 2016, n. 286, ha tuttavia dichiarato l'illegittimità della "norma" che prevede l'automatica attribuzione del cognome paterno al figlio nato nel matrimonio, in presenza di una diversa concorde volontà dei genitori. Se si tratta di figlio nato fuori del matrimonio e riconosciuto (o se la paternità o maternità viene accertata in giudizio), il cognome è quello del genitore che lo ha riconosciuto per primo (o la cui paternità o maternità è stata accertata); se è stato riconosciuto contemporaneamente da entrambi i genitori, il cognome è quello del padre (art. 262). Tuttavia, se la filiazione nei confronti del padre è stata accertata o riconosciuta successivamente al riconoscimento della madre, il figlio può assumere il cognome del padre, aggiungendolo, anteponendolo o sostituendolo a quello della madre, già divenuto suo autonomo segno di identità personale (art. 262, comma 2°).

Altrimenti il neonato è iscritto nei registri dello stato civile come figlio di ignoti, ed il cognome gli è dato, a propria scelta, dallo stesso ufficiale di stato civile (art. 71 comma 4° ordinamento dello stato civile). Se successivamente il figlio viene riconosciuto (o se è stata accertata la genitorialità), viene ripresa la regola precedente: il figlio può mantenere il cognome precedentemente attribuitogli dall'ufficiale dello stato civile, già divenuto segno di identità personale, anteponendolo, aggiungendolo o sostituendolo al cognome del genitore che per primo lo ha riconosciuto o al cognome di entrambi i genitori, per il caso di riconoscimento non contestuale dei medesimi (art. 262, comma 3°).

Nel caso di figlio minorenne, il giudice decide circa l'assunzione del cognome del genitore, previo ascolto del minore, che abbia compiuto dodici anni, o anche di età inferiore ove capace di discernimento.

Nelle ipotesi e con le procedure previste dall'ordinamento dello stato civile (artt. 153 s.) la persona, divenuta maggiorenne, può ottenere di cambiare sia il prenome sia il cognome.

Il **domicilio** è il luogo in cui la persona ha stabilito la sede principale dei suoi affari o interessi (art. 43 comma 1°); coincide normalmente, ma non necessariamente, con la **residenza**, che è il luogo della dimora abituale della persona (art. 43 comma 2°). Si può svolgere la propria attività professionale in un comune (ed avervi, quindi, il domicilio) ed abitare in un altro (dove si ha la residenza). Così è il caso dei coniugi: marito e moglie, che non siano separati, hanno la stessa residenza; ma possono avere domicili diversi, ossia stabilire in luoghi diversi la sede principale dei loro affari o interessi (art. 45 comma 1°). Dal domicilio generale della persona, che è la sede **principale** dei suoi affari (il luogo in cui l'imprenditore ha la sede dell'impresa, il professionista il proprio studio e così via), si distingue il **domicilio speciale**, che la persona può eleggere, con atto scritto, per determinati atti o affari (art. 47), ad esempio agli effetti della esecuzione di un contratto.

Dalla residenza si distingue la semplice **dimora**, che è il luogo in cui la persona attualmente soggiorna, anche se non corrisponde al luogo in cui soggiorna abitualmente (come, ad esempio, la seconda casa per il fine settimana o per le vacanze o come l'appartamento o la camera presa in locazione per il periodo degli studi). Ma non è dimora il semplice **soggiorno**, il luogo in cui si prende alloggio occasionalmente o momentaneamente (come l'albergo in cui si alloggia durante un viaggio di affari o una vacanza).

Assenza e morte presunta. Se una persona scompare dal luogo del suo ultimo domicilio o della sua ultima residenza e non se ne hanno più notizie (non si sa se sia viva o morta), può sorgere anzitutto il problema di provvedere alla conservazione del suo patrimonio. Coloro che presumono di esserne i successori e qualsiasi altro interessato o il pubblico ministero possono chiedere al tribunale dell'ultimo domicilio o dell'ultima residenza la nomina di un **curatore** dello scomparso (art. 48). Trascorsi due anni dal giorno cui risale l'ultima notizia, il tribunale può dichiarare l'assenza della persona (art. 49) e immettere nel **possesso temporaneo** dei beni dell'assente coloro che ne sarebbero stati eredi se l'assente fosse morto (art. 50): costoro ne hanno l'amministrazione e fanno proprie le rendite che i beni producono (art. 52); ma non possono alienarli o ipotecarli o darli in pegno (art. 54). Se l'assente ricompare, gli dovranno essere restituiti i beni; ma non (salvo alcune eccezioni) le rendite nel frattempo percepite (art. 56).

Se poi trascorrono dieci anni dall'ultima notizia dell'assente, il tribunale ne può dichiarare con sentenza la **morte presunta**, e può dichiararla anche se non era stata a suo tempo dichiarata l'assenza (art. 58). La sentenza produce gli stessi effetti della morte naturale, e li produce alla data della presunta morte: si apre, da quella data, la **successione ereditaria**; coloro che furono immessi nel possesso temporaneo dei beni ne acquistano la **piena disponibilità**; il coniuge può contrarre nuovo matrimonio (artt. 63 s.). Può accadere però che il presunto morto ricompaia: gli dovranno allora essere restituiti i beni, ma nello stato in cui si trovano. Se erano stati venduti, avrà diritto di conseguire i beni nei quali il prezzo era stato reinvestito (art. 66); ma, se il danaro realizzato dalla vendita è stato consumato, non avrà diritto a nulla. Il nuovo matrimonio del coniuge è nullo, ma ne sono fatti salvi gli effetti civili (art. 68). Se invece era stato chiesto l'accertamento della morte, il nuovo matrimonio contratto dal coniuge è comunque valido (anche nell'eventualità in cui la morte fosse avvenuta successivamente alla data del matrimonio).

2. La capacità di agire: condizione dei minori, dei soggetti sottoposti ad amministrazione di sostegno, degli interdetti, degli inabilitati

Altro dalla capacità giuridica, che è l'attitudine del soggetto alla, titolarità di diritto e di doveri, è la **capacità di agire**, che è, invece, l'attitudine del soggetto a compiere **atti giuridici**, mediante i quali acquistare diritti o assumere doveri. La prima spetta, dal momento stesso della nascita, ad ogni essere umano; la seconda presuppone un essere umano in grado di provvedere ai propri interessi: essa si consegue con il raggiungimento della **maggiore età**, ossia al compimento del diciottesimo anno (art. 2).

Determinati atti giuridici, eccezionalmente, sono consentiti al minore: così il sedicenne, accertata la sua maturità psico-fisica, può essere dal tribunale autorizzato, per gravi motivi, a contrarre matrimonio (art. 84 comma 2°); ancora il sedicenne può riconoscere il figlio nato fuori del matrimonio, e può essere autorizzato dal giudice anche in età inferiore, avuto riguardo alle circostanze e all'interesse del figlio (art. 250 ult. comma).

Il minore acquista diritti ed assume doveri per mezzo di coloro che sono i suoi legali rappresentanti. Egli è sottoposto alla **responsabilità dei genitori** (art. 316) o, in mancanza di genitori viventi, alla cura di un **tutore** nominato dal tribunale, in funzione di giudice tutelare (artt. 343 s.). Ai genitori, o al tutore, spetta la **legale rappresentanza** del minore: essi amministrano i beni di cui il minore sia proprietario (per averli, ad esempio, ricevuti in eredità o in donazione); compiono, in suo nome, gli **atti giuridici** mediante i quali il minore acquista diritti o assume doveri (danno in locazione i suoi beni, esigono i suoi crediti ecc.).

I genitori possono però compiere gli atti di **straordinaria amministrazione** (come alienare o ipotecare o dare in pegno i beni del minore o accettare o rinunciare ad eredità, contrarre mutui ecc.) solo per necessità o utilità evidente del minore e previa autorizzazione del giudice tutelare; non possono, inoltre, riscuotere capitali spettanti al minore se non previa autorizzazione dello stesso giudice, che ne determina le modalità di impiego (art. 320). Maggiori limiti incontrano i poteri di rappresentanza del tutore: questi non può, senza autorizzazione del giudice tutelare, **comperare beni** in nome del minore (ad esempio, investire il danaro del minore in immobili o in titoli), eccettuati solo i beni necessari per l'uso del minore o per l'amministrazione del suo patrimonio; mentre deve richiedere, per i più importanti atti di straordinaria amministrazione, l'autorizzazione del tribunale (artt. 374 s.).

Questa sostituzione del legale rappresentante al minore nel compimento di atti giuridici in suo nome vale solo per gli atti che non abbiano carattere strettamente **personale**. Ci sono atti, come ad esempio il matrimonio o il riconoscimento di figlio naturale o il testamento, oppure, come l'iscrizione ad un partito politico, che implicano scelte assolutamente personali: il minore non può compierli, perché incapace di agire (il minore di sedici anni, se si tratta di riconoscimento di figlio naturale); ma neppure li può compiere, in suo nome, chi esercita su di lui la legale rappresentanza.

Il sedicenne che sia autorizzato dal tribunale a contrarre matrimonio è, dalla data del matrimonio, **emancipato** (art. 390). La emancipazione comporta l'acquisto della piena capacità di agire limitatamente agli atti di **ordinaria amministrazione** (art. 394 comma 1°). Per gli atti di straordinaria amministrazione deve, invece, essere autorizzato dal giudice tutelare (art. 394 comma 3°) ed assistito da un **curatore**, che sarà il coniuge se maggiorenne o, altrimenti, la persona nominata dal giudice tutelare e scelta, preferibilmente, fra i genitori (art. 392). La necessaria assistenza del curatore comporta che l'atto dell'emancipato, per essere valido, deve recare il consenso del curatore (art. 394 comma 3°).

Le persone fisiche maggiorenni possono trovarsi ad essere prive in tutto o in parte di autonomia e, come tali, sono soggette a misure di protezione, la più importante delle quali è la figura dell'**amministrazione di sostegno**, introdotta nel codice civile, agli artt. 404-413, dalla legge 9 gennaio 2004, n. 6. Si tratta di misura di protezione di carattere generale, sempre preferibile, perché costruita su misura, così come un vestito di sartoria, e dotata di caratteristiche specifiche rispondenti a tutte le esigenze presenti nel caso concreto, in modo più adeguato alle necessità di effettiva tutela richieste a favore del beneficiario. Rimangono ancora presenti le tradizionali misure di protezione dell'interdizione e dell'inabilitazione, le sole a essere previste nell'originaria versione del codice civile.

Il presupposto per la nomina di un amministratore di sostegno è uno stato di infermità o una menomazione fisica o psichica che provoca l'impossibilità, anche parziale o temporanea, di provvedere ai propri interessi (art. 404). Non necessariamente, dunque, una condizione personale che agisca sulla capacità di intendere e di volere, potendo l'impossibilità di provvedere ai propri interessi essere provocata da una qualsiasi infermità, anche non mentale, o da una menomazione, anche solo fisica.

La nomina dell'amministratore di sostegno avviene con decreto del giudice tutelare (art. 405, comma 1°), su ricorso, oltre che dei soggetti legittimati all'istanza di interdizione, dello stesso beneficiario, anche se interdetto o inabilitato, e in tal caso il ricorso sarà accompagnato dalla istanza di revoca della interdizione o della inabilitazione (art. 406, commi 1° e 2°). Il decreto di nomina deve, fra l'altro, indicare gli atti che l'amministratore di sostegno può compiere in nome e per conto del beneficiario e gli atti che questi può compiere solo con l'assistenza del primo (art. 405, comma 5°). Per il resto, il beneficiario conserva la capacità di agire (art. 409, comma 1°), e può, in ogni caso, compiere gli atti necessari a soddisfare gli interessi della vita quotidiana (art. 409, comma 2°).

Il maggiore di età può trovarsi in condizioni di abituale **infermità mentale** che lo renda incapace di provvedere ai propri interessi. In questi casi, anziché essere tutelato attraverso la sempre preferibile nomina di un amministratore di sostegno, egli può, con sentenza, essere interdetto, ossia **privato della capacità di agire**. La sentenza di interdizione è pronunciata dal tribunale su istanza del coniuge o di persona stabilmente convivente oppure di un parente o di un affine prossimo, oppure del pubblico ministero (art. 417). Con la stessa sentenza è nominato un **tutore** dell'interdetto, che ha gli stessi poteri di legale rappresentanza del tutore del minore (art. 424).

Uno stato di interdizione, implicante la privazione della capacità di agire, è previsto dal codice penale (art. 32) per chi sia stato condannato all'ergastolo o alla pena della reclusione per un tempo non inferiore a cinque anni. Si tratta, in questo caso, di **legale incapacità di agire**, che la legge ricollega direttamente alla condanna penale, e di uno stato di incapacità stabilito non a protezione dell'interdetto, come nel caso dell'infermo di mente, ma come pena accessoria alla sanzione penale, per una più intensa punizione del condannato. All'interdetto legale si applicano, anche per ciò che riguarda l'amministrazione dei suoi beni e la rappresentanza negli atti ad essa relativi, le stesse norme previste per l'interdizione giudiziale.

Lo stato di infermità mentale può non essere talmente grave da giustificare la totale privazione della capacità di agire: le medesime persone legittimate alla domanda di interdizione possono, allora, chiedere, sempre nel caso in cui non venga scelta la preferibile opzione di nomina di un amministratore di sostegno, l'**inabilitazione** (art. 415 comma 1°), e lo stesso tribunale, al quale sia stata chiesta l'interdizione dell'infermo di mente, può ritenere più congruo limitarsi a dichiararlo inabilitato (art. 418). Possono essere inabilitati anche i **prodighi**, ossia coloro che sperperano il proprio patrimonio, e coloro che fanno abituale abuso di **bevande alcooliche** o di **sostanze stupefacenti**, se espongono sé o la famiglia a grave pregiudizio economico (art. 415 comma 2°). All'inabilitato è nominato un **curatore**: la sua posizione corrisponde a quella del minore emancipato (art. 424).

Un discorso a sé va fatto per il sordomuto e per il cieco dalla nascita o dalla prima infanzia. Essi sono, in linea di principio, pienamente capaci di agire (salva la preclusione per il cieco, in quanto non può leggere e scrivere, di fare testamento segreto: art. 604 comma 3°; l. n. 18 del 1975, art. 2). Tuttavia, la loro minorazione fisica può, in mancanza di una adeguata educazione, influire negativamente sullo sviluppo psichico e renderli in parte o, addirittura, in tutto incapaci di provvedere ai loro interessi. Essi possono allora essere **inabilitati** o, se si accerta la loro totale incapacità, **interdetti** (art. 415 comma 3°), a meno che, sia comunque preferita l'opzione di nomina di un amministratore di sostegno che presenta caratteristiche di protezione meno limitative, e in ogni caso, più adeguate alle specifiche esigenze di tutela presenti nel concreto.

3. La persona fisica e la persona giuridica

L'attributo di persona non è dal diritto riconosciuto soltanto all'uomo; sono altrettante **persone**, per il codice civile, anche le organizzazioni collettive, come gli enti pubblici, le associazioni, le fondazioni, le società, i consorzi e così via. Dell'uomo si dice che è una **persona fisica**; alle organizzazioni collettive si dà, per distinguerle dall'uomo, il nome di **persone giuridiche**.

Nel sistema del codice civile, che si apre con le norme sulle «persone», le persone fisiche e quelle giuridiche vengono presentate come due specie di un medesimo genere: il genere è la persona, il soggetto di diritto, il centro di imputazione o di riferimento di rapporti giuridici, entro questo genere il codice civile colloca, quali specie, la persona fisica (artt. 1 s.) e la persona giuridica (artt. 11 s.). Le norme dei successivi libri del codice civile, che fanno indistinto riferimento al proprietario, al creditore, al debitore ecc. sono riferibili, in linea di principio, sia alle persone fisiche sia alle persone giuridiche: esse si applicano al proprietario, creditore, debitore persona fisica come al proprietario, creditore, debitore persona giuridica. Ci sono però norme che, per la particolare natura di rapporti che regolano, sono suscettibili di trovare applicazione solo a persone fisiche: così i rapporti di famiglia non possono, manifestamente, instaurarsi che fra persone fisiche, le successioni per causa di morte sono successioni per la morte di una persona fisica, e via dicendo.

È persona giuridica ogni soggetto di diritto diverso dalla persona fisica: ogni centro di imputazione di rapporti giuridici che il diritto fa corrispondere, anziché ad un singolo essere umano, ad una organizzazione collettiva di uomini. Una associazione, una fondazione, una società sono organizzazioni collettive formate, pur sempre, da esseri umani; dal diritto sono, tuttavia, considerate come un soggetto a sé stante, ulteriore rispetto alle singole persone fisiche che compongono l'organizzazione collettiva. Si dice, perciò, che la persona giuridica è dotata di una propria **capacità giuridica** che le permette di essere titolare di **propri** diritti e di **propri** doveri, di avere la proprietà di **propri** beni, di essere responsabili per **propri** debiti e così via.

Ancora: le organizzazioni collettive agiscono, pur sempre, per mezzo di uomini: hanno assemblee o consigli di amministrazione nei quali esseri umani discutono e prendono deliberazioni; hanno amministratori che, nei rapporti esterni, concludono contratti e, in genere, compiono atti giuridici in nome della organizzazione collettiva. Orbene, la volontà che si forma nelle assemblee o nei consigli di amministrazione è, giuridicamente, imputata alla persona giuridica; gli atti compiuti in suo nome dagli amministratori sono atti riferiti alla persona giuridica, ossia sono atti gli effetti giuridici dei quali investono la persona giuridica. Il che permette di dire che alla persona giuridica è riconosciuta, oltre che una propria capacità giuridica, anche una propria **capacità di agire**: essa compie atti giuridici per mezzo delle persone fisiche che agiscono come suoi **organi**.

Si è discusso a lungo se le persone giuridiche siano «soggetti artificiali», pure creazioni del diritto, secondo la cosiddetta teoria della **finzione**, o se il diritto si limiti, invece, a prendere atto della effettiva esistenza, già nella realtà sociale, di altri soggetti oltre agli esseri umani, secondo l'opposta teoria della **realtà** (o teoria **organica**), per la quale le persone giuridiche sono altrettanti organismi sociali dotati, al pari dell'uomo, di una propria volontà e portatori di un proprio interesse, distinti dalla volontà e dagli interessi delle persone fisiche dei membri: una sorta di «omoni», come è stato ironicamente detto, o di «macroantropi» (e la teoria della realtà va anche sotto il nome di concezione antropomorfica della persona giuridica). Entrambe le teorie, sorte nell'Ottocento, hanno riscosso grande credito ed avuto, come hanno tuttora, i loro seguaci; oggi tendono, entrambe, ad essere superate da una diversa teoria, che mette in evidenza la natura essenzialmente **linguistica** del concetto di persona giuridica, come concetto che riassume una speciale disciplina di rapporti facenti capo, pur sempre, ad esseri umani. Si dice che «persona giuridica» è una immagine del **parlare figurato**, giustificata dal fatto che le norme regolatrici delle organizzazioni collettive danno luogo a situazioni **analoghe** (ma soltanto analoghe, non identiche) a quelle che si verificano per il sorgere di un soggetto di diritto. Quest'ultima teoria è stata recentemente accolta anche dalla Cassazione.

Nel moderno discorso giuridico l'uso del concetto di persona giuridica è insostituibile: non possiamo fare a meno di parlare, salvo complicare enormemente il discorso, di proprietà della società o della associazione, di debito o di credito della società o della associazione, di contratti da essa stipulati, di fatti illeciti da essa commessi e così via. Bisogna però avere coscienza del fatto che la soggettività giuridica delle organizzazioni collettive non è della stessa natura di quella dell'uomo, e che ogni proposizione formulata con riferimento a persone giuridiche è **traducibile** in una proposizione formulata con riferimento alle persone fisiche che le compongono o che agiscono in loro nome. Questa consapevolezza permette di sventare i cosiddetti **abusi della personalità giuridica**: accade, assai spesso, che un ente dotato di personalità giuridica (normalmente, una società per azioni o a responsabilità limitata) venga costituito da più persone non per perseguire, attraverso una organizzazione collettiva, le finalità che, per legge, sono proprie di questa (la finalità di esercitare collettivamente un'impresa, propria delle società), ma al solo scopo di frapporre lo «schermo» di un nuovo soggetto di diritto fra sé ed altri — fra sé e i propri creditori, fra sé ed il fisco ecc. — per sottrarsi alle pretese dei creditori, per evadere il fisco e così via.

4. Classificazione delle persone giuridiche: enti pubblici e privati

Le persone giuridiche si distinguono, anzitutto, in persone giuridiche pubbliche (art. 11), solitamente denominate come **enti pubblici**, e persone giuridiche private (art. 1 d.p.r. 10 febbraio 2000, n. 361).

Sono enti pubblici, in primo luogo, lo Stato e gli altri enti pubblici territoriali: regioni, province, comuni. Il carattere distintivo di questa prima serie di enti pubblici, idoneo a distinguerli dagli enti privati, è nel **potere sovrano**, o potestà di imperio, che ad essi spetta. Sono le forme di organizzazione politica della comunità nazionale, secondo il disegno costituzionale: «la Repubblica si riparte in Regioni, Province e Comuni» (art. 114 Cost.). La sovranità, che per l'art. 1 comma 2° Cost. «appartiene al popolo», è esercitata nelle forme della elezione, a suffragio universale e diretto, del parlamento della Repubblica e dei consigli regionali, provinciali e comunali. Regioni, province e comuni sono altrettanti «enti autonomi» (artt. 115, 128 Cost.), che concorrono con lo Stato, ciascuno nell'ambito delle proprie attribuzioni, nell'esercizio della sovranità. Li si definisce come **enti territoriali** perché sono enti esponenziali di una data comunità, stanziata su un determinato territorio (la comunità, rispettivamente, nazionale o regionale o provinciale o comunale), ed hanno il compito di provvedere alla generalità dei bisogni della comunità.

Dagli enti pubblici territoriali si distinguono altri enti pubblici, ai quali sono affidati **compiti specifici**: possono essere monosettoriali o plurisettoriali, a seconda che abbiano una o più funzioni; nazionali o locali, a seconda del loro raggio di azione. Ne esiste una enorme varietà: dagli enti di previdenza alle università, agli enti fieristici. Una serie vasta e importante è quella degli **enti pubblici economici**, aventi per oggetto esclusivo o principale l'esercizio di una attività commerciale (art. 2201).

Altro criterio di classificazione è quello che identifica, in antitesi agli enti pubblici territoriali, gli **enti strumentali** dello Stato e degli altri enti territoriali: questo criterio mette in evidenza l'esistenza di enti che svolgono attività proprie dello Stato o di altro ente territoriale, che questo potrebbe esercitare direttamente, con l'azione di propri organi e di propri apparati, ma che preferisce affidare ad altri enti pubblici appositamente creati. La ragione di questa preferenza è, di regola, l'esistenza di una più efficiente e più razionale organizzazione del pubblico potere, soddisfatta con la costituzione di enti dotati di un proprio patrimonio, di un proprio bilancio e di un personale sottratto al rapporto di dipendenza gerarchica dall'esecutivo dello Stato o dell'altro ente territoriale di cui sono strumento. Il loro rapporto strumentale, o di servizio si manifesta nel fatto che lo Stato, o altro ente territoriale, ha spesso il potere di nominare e di revocare gli amministratori e sempre quello di formulare direttive per l'attuazione dei fini istituzionali dell'ente (ma **direttive**, ossia atti di indirizzo programmatico, non già **ordini**, ossia istruzioni sul compimento di singoli atti, possibili solo all'interno di un rapporto gerarchico, che qui manca).

Gli enti pubblici territoriali hanno la cosiddetta **doppia capacità**, di diritto pubblico e di diritto privato. La prima è la potestà sovrana o potestà di imperio che l'ente pubblico può esercitare sulle cose e nei confronti delle persone, il suo potere di emanare **atti autoritativi** (gli atti amministrativi), vincolanti per i loro destinatari anche contro la loro volontà. La seconda è invece, l'attitudine riconosciuta all'ente pubblico di essere titolare di diritti e di doveri (capacità giuridica) e di compiere atti giuridici (capacità di agire) allo stesso modo dei soggetti privati. Questa doppia capacità è, tuttavia, presente solo negli enti pubblici territoriali: è, di regola, assente negli enti pubblici strumentali, i quali hanno **solo la capacità di diritto privato**. I loro beni sono oggetto del comune diritto di proprietà, i loro dipendenti sono ad essi legati dal comune contratto di lavoro, gli atti che pongono in essere con i terzi sono atti di **autonomia contrattuale**, in tutto sottoposti al codice civile.

Si può dire che tutti gli enti pubblici, territoriali e no, hanno in comune fra loro questo carattere: ciascuno di essi persegue **fini pubblici**, è destinato a soddisfare interessi valutati come **pubblici interessi**, come interessi generali della collettività. Si deve però ricordare che fini di tal natura possono essere perseguiti anche mediante enti privati, come nel caso delle società a partecipazione statale.

Persone giuridiche private sono le organizzazioni collettive costituite secondo le norme del codice civile. Esse sono, nel senso già precisato, persone giuridiche di **diritto comune**. I tipi più importanti sono le associazioni, le fondazioni, le società. I primi due tipi sono regolati nel primo libro del codice, e ne parleremo subito; le società sono, invece, regolate nel quinto libro.

5. Continua: associazioni e fondazioni

Le **associazioni** sono una manifestazione della natura sociale, e non puramente individuale, dell'uomo; una forma di stabile **organizzazione collettiva** attraverso la quale vengono perseguiti scopi superindividuali.

A questa duplice natura, individuale e collettiva, della personalità umana fa riferimento l'art. 2 Cost., che assegna alla Repubblica il compito di garantire i diritti inviolabili dell'uomo «sia come **singolo** sia nelle **formazioni sociali** ove si svolge la sua personalità». Ma la nozione di formazione sociale è molto più estesa del concetto di associazione: comprende tanto le organizzazioni collettive **volontarie**, come le **associazioni** (e le società) che si costituiscono o alle quali si aderisce per libera volontà, quanto le organizzazioni collettive **necessarie**, come gli enti pubblici territoriali (regioni, province, comuni) o come la famiglia, alle quali l'individuo può trovarsi ad appartenere indipendentemente da un suo atto di volontà.

L'associazione si costituisce per **contratto**, il contratto di associazione, mediante il quale più persone si impegnano al perseguimento di uno **scopo di natura ideale** o, comunque, di natura **non economica**. Questa natura dello scopo perseguito distingue le associazioni, dalle società, che perseguono lo scopo della divisione degli utili realizzati con l'esercizio di una attività economica (art. 2247), e le distingue anche dalle cooperative, il cui scopo mutualistico (art. 2511) è, come diremo, pur sempre uno scopo di natura economica.

Sono associazioni i più diversi gruppi che perseguono scopi di carattere culturale, filantropico, assistenziale, sportivo, ricreativo e così via. Sono associazioni i **partiti politici**: con essi — secondo la formula dell'art. 49 Cost. — i cittadini si associano liberamente per concorrere con metodo democratico a determinare la politica nazionale. Sono associazioni i sindacati (art. 39 Cost.), che si propongono il miglioramento delle condizioni di vita dei lavoratori ad essi iscritti.

All'associazione, una volta costituita, possono aderire nuovi membri; e i membri che ne fanno parte possono, in qualsiasi momento, uscirne con la dichiarazione di recesso. L'associazione agisce per mezzo dei propri **organi**: gli associati, riuniti in **assemblea**, formano l'organo sovrano dell'associazione, competente ad assumere le decisioni di maggiore importanza; gli **amministratori**, nominati dall'assemblea, costituiscono l'organo esecutivo.

La fondazione può essere definita come la stabile organizzazione predisposta per la destinazione di un patrimonio privato ad un determinato scopo di natura ideale. Questo può essere uno scopo di natura assistenziale (come nelle fondazioni che erogano assistenza ai poveri) o di natura culturale (fondazioni che gestiscono biblioteche o centri di studio o che erogano premi) o di natura scientifica (fondazioni che gestiscono centri di ricerca) e così via.

Anche la fondazione si colloca, come l'associazione, nel novero delle organizzazioni collettive mediante le quali i privati perseguono scopi superindividuali. Tra le due figure intercorrono, tuttavia, sensibili elementi di differenziazione:

a) l'atto costituivo della fondazione è un **atto unilaterale**, produttivo di effetti giuridici in virtù della sola dichiarazione di volontà del fondatore, che può essere — e normalmente è — una sola persona, la quale destina in tutto o in parte i propri beni al perseguimento di una finalità ideale. La fondazione può essere costituita anche per **testamento** (art. 14): in questo caso l'atto di fondazione diventerà efficace, come ogni disposizione a causa di morte, solo al momento della apertura della successione;

b) la fondazione ha un solo organo, formato dagli **amministratori**, che vengono nominati nei modi previsti dall'atto di fondazione. Essi sono vincolati, nel disporre dei beni della fondazione, al perseguimento dello scopo assegnato dal fondatore; e solo l'autorità pubblica, che sull'amministrazione esercita il più penetrante controllo (art. 25), può modificare la destinazione del patrimonio (artt. 28, 31 comma 2°).

Le associazioni e le fondazioni conseguono il riconoscimento della personalità giuridica in forza dell'iscrizione nel registro delle persone giuridiche, istituito presso le prefetture; e la relativa domanda è fatta alla prefettura nella cui provincia è stabilita la sede dell'ente (art. 1 d.p.r. 10 febbraio 2000, n. 361, cit.). Questa forma di riconoscimento è prevista dal codice civile con norma di portata generale: vale, oltre che per le associazioni e per le fondazioni, per «le altre istituzioni di carattere privato». Le società, all'opposto, conseguono la personalità giuridica con modalità speciale: l'art. 13 le sottrae all'applicazione delle norme sulle persone giuridiche; l'art. 2331 permette loro di acquistare la personalità giuridica con la iscrizione nel registro delle imprese.

Associazioni non riconosciute. Il codice civile distingue fra associazioni riconosciute come persone giuridiche e associazioni non riconosciute come persone giuridiche (artt. 36 s.). Le prime sono le associazioni che hanno chiesto ed ottenuto questo riconoscimento, le seconde sono quelle che non l'hanno chiesto (non l'hanno mai chiesto, ad esempio, i partiti ed i sindacati) o che, pur avendolo chiesto, non lo hanno ottenuto (e la ragione del diniego è, di regola, la mancanza di un patrimonio sufficiente al raggiungimento dello scopo).

La diversa condizione giuridica nella quale l'associazione versa a seconda che sia o no riconosciuta è solo in parte coerente con il concetto di persona giuridica. In linea di principio, il dire che una associazione o, più in generale, una organizzazione collettiva è persona giuridica equivale a dire che essa è un **soggetto di diritto** a sé stante, distinto dalle persone dei membri. Il dire, per contro, che un'associazione o altra organizzazione collettiva non è una persona giuridica dovrebbe significare, sempre in linea di principio, che essa non è un autonomo soggetto di diritto, e si risolve nella pluralità dei suoi membri. Ma così **non è**: la condizione giuridica delle associazioni non riconosciute è, per molti aspetti, **parificata** a quella delle associazioni riconosciute come persone giuridiche; ed è constatazione ormai generale che anche alle prime competa, come alle seconde, la qualità di soggetti di diritto distinti dalle persone dei membri. Dal riconoscimento della personalità giuridica derivano **ulteriori e specifiche prerogative**, delle quali non godono le associazioni non riconosciute.

I tratti che differenziano l'associazione riconosciuta da quella non riconosciuta si sono progressivamente ridotti, anche per effetto della legge 22 giugno 2000, n. 192:

a) le associazioni **riconosciute** possono acquistare beni, mobili e immobili, e possono acquistarli sia a titolo oneroso sia a titolo gratuito. Le associazioni **non riconosciute** potevano anch'esse acquistare beni ma solo a titolo oneroso: il loro fondo comune, infatti, è formato dai contributi degli associati e dai «beni acquistati con questi contributi» (art. 37). Tuttavia, la legge ora citata ha innovato, consentendo anche agli enti non riconosciuti di conseguire eredità, legati e donazioni;

b) delle obbligazioni assunte da una associazione **riconosciuta** risponde solo l'associazione con il suo patrimonio, con esclusione di una personale responsabilità dei singoli associati.

È, invece, stabilito, per le associazioni **non riconosciute**: 1) che «per le obbligazioni assunte dalle persone che rappresentano l'associazione i terzi possono far valere i loro diritti sul fondo comune»; 2) che «delle obbligazioni stesse rispondono anche personalmente e solidalmente le persone che hanno agito in nome e per conto dell'associazione» (art. 38). Qui c'è, anzitutto, un elemento di identità: delle obbligazioni assunte in nome di una associazione l'**associato**, in quanto tale, **non è mai personalmente responsabile**, sia che faccia parte di una associazione riconosciuta oppure di una associazione non riconosciuta.

L'elemento che differenzia le associazioni non riconosciute sta, invece, nella diversa posizione degli **amministratori**: essi sono, nelle associazioni non riconosciute, **personalmente responsabili** delle obbligazioni assunte in nome dell'associazione, qualora il fondo comune non basti a soddisfare i diritti dei creditori; mentre nelle associazioni riconosciute risponde verso i creditori solo l'associazione con il suo patrimonio.

Questo elemento di differenziazione ha una precisa ragion d'essere, che si ricollega ai presupposti del riconoscimento: il prefetto provvede all'iscrizione nel registro delle persone giuridiche solo se sia dimostrato che «il patrimonio risulti adeguato al raggiungimento dello scopo» (art. 1 d.p.r. n. 361 del 2000). L'accertata esistenza di un patrimonio di per sé sufficiente al raggiungimento dello scopo è così valutata come idonea garanzia dei creditori dell'associazione riconosciuta; la mancanza, per contro, di un corrispondente accertamento in relazione al fondo comune dell'associazione non riconosciuta fa apparire necessaria la responsabilità personale, quanto meno, di coloro che dirigono l'associazione.

Si parla di **comitati** (artt. 39-42) quando fondi destinati ad uno specifico scopo di pubblica utilità (soccorso, beneficenza ecc.) sono raccolti per pubblica sottoscrizione da una pluralità di promotori, che rispondono illimitatamente per le obbligazioni assunte, mentre i sottoscrittori sono tenuti solo ad eseguire le oblazioni promesse.

La tanto attesa riforma, più volte progettata ma mai giunta a traguardo, del titolo II del primo libro del codice civile sta per giungere a compimento. È già stata in proposito emanata la legge delega n. 106/2016 di riforma del c.d. "terzo settore", che fissa i criteri e i principi generali a cui il legislatore delegato, cioè il Governo, deve attenersi nella corrispondente emanazione dei decreti legislativi necessari.

Fra le modifiche che verranno introdotte è presente la revisione della disciplina delle persone giuridiche di cui al Libro I del codice civile (associazioni, fondazioni e altre istituzioni di carattere privato senza scopo di lucro). Fra i principi informatori al riguardo compaiono: le informazioni contenute negli statuti e negli atti costitutivi; la previsione di obblighi di trasparenza e di informazione verso terzi; la previsione di una disciplina sulla conservazione del patrimonio degli enti; la previsione di un regime di responsabilità limitata degli enti riconosciuti come persone giuridiche e di responsabilità degli amministratori; la previsione di norme volte ad assicurare i diritti degli associati.

6. I diritti della personalità

Ci sono diritti soggettivi che sono **creati** dal diritto oggettivo, secondo quel processo di soggettivazione che abbiamo a suo luogo descritto; ma ci sono diritti soggettivi che si dicono **solo trovati** dal diritto oggettivo: sono **i diritti dell'uomo**, che si considerano esistenti indipendentemente da ogni diritto oggettivo che li riconosca e che questo si limita a garantire. A differenza di ogni altro diritto soggettivo, la cui esistenza dipende dalla mutevole valutazione dello Stato-ordinamento — mutevole nel tempo e nello spazio, a seconda dei diversi sistemi politici e sociali — i diritti dell'uomo, detti anche diritti della persona umana o diritti della personalità, si considerano come diritti spettanti all'**uomo in quanto tale**, indipendentemente dal tipo di sistema politico o sociale entro il quale egli vive, e come diritti che ogni Stato ha il dovere di riconoscere e di garantire. Sono il diritto alla vita, all'integrità fisica, alla salute, al nome, all'onore, alla libertà personale, all'espressione del pensiero, alla riservatezza e altri ancora, la cui identificazione è principalmente rimessa, nei diversi Stati, alle Carte costituzionali.

Vanno aggiunte le fonti di diritto internazionale, come la Convenzione europea dei diritti dell'uomo del 1950, e le fonti di diritto comunitario, come la Carta di Nizza del 2000, sui «diritti fondamentali dell'Unione europea», poi recepita nel Trattato di Lisbona del 2009.

Alcune di queste convenzioni predispongono anche strumenti di protezione dei diritti dell'uomo, lesi da atti legislativi o amministrativi o giurisdizionali degli Stati aderenti. Così hanno efficacia vincolante le decisioni della Corte europea dei diritti dell'uomo, istituita con la Convenzione del 1950: gli Stati aderenti sono tenuti, a norma degli artt. 43 e 54 della Convenzione, a dare esecuzione alle sentenze della Corte, che può anche pronunciare la condanna dello Stato ad un equo indennizzo a favore della parte lesa (art. 50). L'art. 117 della nostra Costituzione, nel testo riformato nel 2001, ha imposto al legislatore nazionale «il rispetto dei vincoli internazionali», finendo così con il collocare le Dichiarazioni dei diritti, ratificate dall'Italia, in posizione sovraordinata rispetto alla legge nazionale.

Si è discusso se i principi enunciati dalle Convenzioni internazionali sulla salvaguardia dei diritti umani possano ricevere diretta applicazione da parte dei giudici nazionali. Alcune sentenze della Corte costituzionale sono nel senso che il giudice nazionale debba rimettere alla Corte la questione di costituzionalità delle contrastanti norme di diritto interno. Il conflitto sembrerebbe risolto dall'art. 6, comma 3°, del Trattato dell'Unione europea (nel testo modificato dal Trattato di Lisbona), a norma del quale «i diritti fondamentali, garantiti dalla Convenzione europea per la salvaguardia dei diritti dell'uomo e delle libertà fondamentali e risultanti dalle tradizioni costituzionali comuni agli Stati membri, fanno parte del diritto dell'Unione in quanto principi generali». Al riguardo, tuttavia, una sentenza della Corte di Giustizia UE del 2012 (causa C-571/10), si è pronunciata in linea con la Corte Costituzionale, con decisione pregiudiziale interpretativa e ha stabilito che il rinvio operato da quella formula alla CEDU, non impone al giudice nazionale di applicare direttamente le disposizioni della Convenzione, disapplicando la norma di diritto nazionale in contrasto con essa. Appare però legittimo sostenere che, quando le norme CEDU riconoscano diritti fondamentali equivalenti a quelli confluiti nella Carta dei diritti fondamentali dell'Unione europea, valga anche a loro riguardo il principio della diretta applicabilità del diritto dell'Unione Europea.

Ai diritti fondamentali la nostra Costituzione fa riferimento nell'art. 2: «la Repubblica riconosce e garantisce **i diritti inviolabili dell'uomo**, sia come singolo sia nelle formazioni sociali ove si svolge la sua personalità». Questo loro carattere di inviolabilità ha un duplice referente: sono diritti dell'uomo inviolabili da parte della **pubblica autorità**, nell'esercizio delle sue funzioni legislative, esecutive o giudiziarie; sono, inoltre, diritti dell'uomo inviolabili da parte **degli altri uomini**, nell'ambito dei rapporti fra privati. Sotto il primo aspetto, del quale qui non ci occuperemo, vengono in considerazione le specifiche norme che, nella Costituzione, proclamano l'inviolabilità della libertà personale (art. 13), del domicilio (art. 14), della segretezza nelle comunicazioni (art. 15) e così via; sotto il secondo aspetto assumono rilievo la protezione penale e la protezione civile dei diritti della personalità.

Ci occuperemo qui solo della **protezione civile** dei diritti della personalità, quale risulta dal codice civile e da altre leggi: norme specifiche riguardano il diritto all'integrità fisica (art. 5), il diritto al nome (artt. 7-9), il diritto sulla propria immagine (art. 10), il diritto morale d'autore e di inventore (artt. 2577 comma 2°, 2589). Ma più generale protezione civile deriva, come vedremo a suo luogo, dalle norme che, agli artt. 2043 s., riconoscono un **diritto al risarcimento** e, se possibile, alla **reintegrazione in forma specifica** (art. 2058) a chiunque abbia subito un «danno ingiusto»; e tale può essere anche la lesione di un diritto della personalità, dal diritto all'integrità fisica al diritto all'onore, alla libertà personale ecc.

I diritti della personalità si classificano, fra **i diritti assoluti**: sono cioè diritti protetti nei confronti di tutti; un altro loro carattere distintivo sta nell'essere **diritti indisponibili**: sono diritti che il loro titolare non può alienare, ai quali non può rinunciare. Alla indisponibilità si collega la **imprescrittibilità**: sono diritti che non si prescrivono, che non si estinguono cioè per il non uso prolungato nel tempo.

Il carattere della indisponibilità emerge, rispetto al diritto alla **vita** e al diritto all'**integrità fisica**, dalla norma che vieta gli atti di disposizione del proprio corpo «quando cagionino una **diminuzione permanente** della integrità fisica» (art. 5). Non la cagionano, ad esempio, il prelievo del sangue in piccola quantità (cosiddetta «donazione» del sangue); non la cagiona neppure il prelievo di un rene, bastando l'altro rene ad assicurare la funzione di depurazione del sangue e, quindi, l'integrità fisica. Non si potrebbe dire altrettanto per il trapianto della cornea (da persona vivente), giacché il prelievo in questo caso pregiudicherebbe irrimediabilmente la funzione visiva (altro discorso vale, ovviamente, per il prelievo di parti di un cadavere a scopo di trapianto, regolato dalla legislazione speciale).

Impropriamente si parla qui di «atto di disposizione»: il consenso alla trasfusione del sangue o al trapianto di un rene non obbligano il consenziente, che può sempre revocare il proprio consenso. È, manifestamente, inconcepibile in questa materia una esecuzione forzata del consenso dato (inconcepibile anche nell'ipotesi, un tempo assai diffusa, della donna che si sia impegnata a cedere, a scadenze prestabilite, i propri capelli ad una fabbrica di parrucche: come immaginare, in questo caso, una sottoposizione della persona al taglio forzato dei capelli?).

Neppure si tratta di un consenso che, in nome di un incapace, possa essere dato dal suo legale rappresentante: l'esercizio dei diritti della personalità ha carattere strettamente personale: ciò che il minore non può consentire non possono, in suo nome, consentirlo neppure i genitori.

Al diritto sul proprio corpo si collega anche il principio costituzionale per il quale nessuno può essere obbligato ad un determinato trattamento sanitario se non per legge (art. 32 comma 2° Cost.). Fuori dei casi espressamente previsti dalla legge, che sono quelli delle vaccinazioni, delle schermografie obbligatorie e simili (dove si impone l'esigenza di proteggere la salute pubblica), il medico non può, senza il consenso del paziente, sottoporlo a cure mediche o ad interventi chirurgici, neppure se il trattamento sanitario sia necessario per salvargli la vita. Se il paziente sia in stato di incoscienza, l'intervento medico o chirurgico senza il suo consenso si giustificherà sulla base del generale principio dello stato di necessità (art. 2045); se il paziente è un incapace, il consenso è dato dal suo legale rappresentante (qui, trattandosi di proteggere la salute dell'incapace, è ammesso il consenso in nome altrui). Ma nel caso specifico dell'**aborto** della minorenne o della donna interdetta è necessario anche il consenso della donna; non solo: la volontà di abortire della donna incapace e l'autorizzazione del giudice tutelare possono rendere superfluo il consenso dei genitori o dell'esercente la rappresentanza legale (l. n. 194 del 1978).

Non ha, invece, una specifica protezione civile il diritto all'**onore**, che è il diritto alla dignità e al decoro personale e alla considerazione sociale. Il contenuto di questo diritto si desume dalle norme del codice penale che puniscono la diffamazione (art. 595), quale offesa alla reputazione altrui, arrecata comunicando con più persone per mezzo della stampa o di altri mezzi di comunicazione di massa, anche in via telematica e l'ingiuria, oggi non più reato, quale offesa all'onore o al decoro della persona presente, attualmente comunque integrante un fatto illecito di rilevanza solo civilistica.

In linea di principio, chi lede l'altrui onore non è ammesso a provare, a propria discolpa, la **verità o la notorietà** del fatto attribuito alla persona offesa (art. 596 comma 1° c.p.). Si lede l'onore altrui anche se si dà della prostituta a chi lo sia effettivamente o a chi abbia pubblica fama di essere tale: nessuno perde il diritto al rispetto del proprio onore, quale che sia la propria condotta di vita. In sede penale, l'accertamento della verità del fatto può essere chiesto dalla persona offesa (è la cosiddetta querela con facoltà di prova), ed è sempre ammesso quando la persona offesa sia un pubblico ufficiale o quando il fatto attribuito sia un reato per il quale pende o si inizia un processo penale (art. 596 comma 3° c.p.). Ma, anche in questi casi (si definisce, ad esempio, come ladro chi è sotto processo per furto), si potrà essere condannati per ingiuria o per diffamazione nonostante l'accertamento della verità del fatto, se il modo con il quale il fatto era stato attribuito appare in sé lesivo del diritto all'onore (artt. 596 comma 4° c.p.).

Un diritto della personalità spetta a ciascuno sul proprio **nome**. Se ne comprende il senso se si considera che il nome è il mezzo di identificazione della persona: il segno che permette al soggetto di riferire a sé qualità personali e vicende della vita umana. Il diritto al nome è protetto dall'art. 7 sotto un duplice aspetto:

a) come diritto all'**uso del proprio nome**, ossia come diritto di identificare se stessi con il proprio nome e come diritto di essere dagli altri identificati con esso. È protetto, sotto questo aspetto, contro chi contesti alla persona o le impedisca l'uso del proprio nome o contro chi la identifichi con un nome diverso dal suo;

b) come diritto all'**uso esclusivo** del proprio nome. È protetto, sotto questo secondo aspetto, contro chi usurpi il nome altrui per identificare sé (attribuendo a sé la rinomanza acquisita da altri) o per indicare una cosa (scegliendo, ad esempio, come marchio di un prodotto industriale il nome di una persona) o faccia comunque indebito uso del nome altrui (ad esempio, apponendolo in calce ad un manifesto o ad un documento politico).

In entrambi i casi l'azione mira ad ottenere dal giudice una sentenza che ordini la cessazione del fatto lesivo; e della sentenza può essere altresì ordinata dal giudice la pubblicazione in uno o più giornali. Non occorre che l'attore provi di avere subito un danno; basta, se il nome è stato usurpato, che il fatto appaia suscettibile di recargli pregiudizio, anche non economico; e neppure questo si richiede nel caso della contestazione dell'uso del nome. Oltre che il nome, è protetto lo pseudonimo, o nome d'arte, quando abbia acquistato la stessa importanza del nome (art. 9). Un diritto al nome è comunemente riconosciuto, oltre che alle persone fisiche, anche alle **persone giuridiche** (e alle associazioni non riconosciute), con riferimento alla denominazione dell'associazione o della fondazione o della società: il che equivale a dire che è protetto, oltre che il nome degli individui singoli, anche quello che identifica le loro organizzazioni collettive.

Il diritto alla immagine. Una protezione analoga a quella del nome è attribuita all'immagine della persona. L'art. 10, integrato dall'art. 96 della legge sul diritto d'autore, ricerca il punto di equilibrio fra due opposte esigenze: da un lato, la protezione del diritto del singolo alla **riservatezza**, a sottrarre la propria immagine e gli atteggiamenti della propria vita privata agli occhi di estranei; dall'altro lato, la protezione del diritto di **informazione** del pubblico, del diritto di cronaca della stampa. L'equilibrio è così raggiunto: è vietato esporre o pubblicare l'immagine altrui senza il consenso della persona ritratta, salvo che non si tratti di persona notoria (uomini politici, attori, atleti ecc.) oppure che l'immagine sia stata pubblicata nel contesto di un avvenimento svoltosi in pubblico (durante una manifestazione, una cerimonia ecc.), e sempre che la pubblicazione non rechi pregiudizio alla dignità della persona. Perciò, neppure il diritto di informazione giustifica la divulgazione di immagini che riproducono fatti o atteggiamenti della vita intima di persona notoria (e, senza il suo consenso, non si può pubblicare neppure l'immagine di una attrice cinematografica, se questa vi appare ritratta in atteggiamento intimo).

I diritti della personalità costituiscono una serie aperta; il loro catalogo è in continua espansione. La diffusione degli strumenti di comunicazione di massa e l'applicazione dei ritrovati della tecnica espongono a nuove insidie la personalità umana, sconosciute al tempo della codificazione. Vengono, correlativamente, in considerazione nuovi aspetti della personalità, che reclamano protezione; vengono identificati nuovi «diritti inviolabili dell'uomo» da garantire a norma dell'art. 2 Cost.

Il diritto all'identità personale. Al di là del diritto al nome e del diritto all'onore è stato individuato dalla giurisprudenza un ulteriore e autonomo diritto alla **identità personale**, definito come il diritto a che non sia travisata la propria immagine politica, etica o sociale con l'attribuzione di azioni non compiute dal soggetto o di convinzioni da lui non professate. L'elemento differenziale rispetto al diritto all'onore sta nel fatto che il diritto all'identità personale è leso anche se le azioni o le convinzioni attribuite al soggetto non sono di per sé disonorevoli e lesive della sua reputazione. La falsa attribuzione altera, tuttavia, l'identità della persona, che non risulta solo dal nome, ma anche dalla sua immagine ideale, quale emerge dalla sua storia personale e dalle convinzioni professate.

Casi emblematici di lesione del diritto alla identità personale: una coppia di giovani aveva dato il proprio consenso per la riproduzione della propria fotografia su una rivista, ma altri aveva utilizzato la fotografia per formare un manifesto di propaganda politica; i due giovani insorsero perché quel manifesto ingenerava nel pubblico la falsa opinione che essi condividessero l'obiettivo politico propagandato (nella specie, l'abrogazione del divorzio). Un uomo politico insorge contro chi diffonde, nel corso di una campagna elettorale, la falsa notizia che egli, in tempi lontani, aveva accettato la propria candidatura in una data lista elettorale, alterando così la sua immagine e la sua «credibilità» politica. Il diritto all'identità personale viene riconosciuto, come i diritti della personalità in genere, anche agli enti collettivi e, in particolare, a partiti politici, lesi nella loro «identità ideologica».

Diritto alla riservatezza. Al di là del diritto all'immagine, la giurisprudenza protegge — in forme e con limiti corrispondenti — un più generale diritto alla riservatezza: diritto a che non siano divulgati, con la stampa, la televisione e altri strumenti di comunicazione di massa, fatti attinenti alla **vita privata** della persona, anche se di per sé veri e di per sé non lesivi della sua dignità; tali, perciò, da non integrare gli estremi della lesione del diritto all'onore e da non legittimare la specifica protezione penale di questo e la conseguente protezione civile in base agli artt. 2043 s. Un generale riconoscimento del diritto alla riservatezza è nell'art. 8 della citata Convenzione europea per la salvaguardia dei diritti dell'uomo e delle libertà fondamentali, ratificata dall'Italia nel 1955: «ogni persona ha diritto al rispetto della sua vita privata e familiare, del suo domicilio e della sua corrispondenza», ed oggi autonomamente ripreso anche nella Carta dei diritti fondamentali dell'UE. Sotto alcuni aspetti il diritto alla riservatezza è penalmente protetto dall'art. 617-*bis* c.p., che punisce chi, fuori dei casi previsti dalla legge, installa apparati o strumenti al fine di intercettare comunicazioni o convenzioni telefoniche o telegrafiche.

Il trattamento dei dati personali. Gravi minacce alla riservatezza possono derivare dalla diffusione dell'informatica. I **computer** possono essere utilizzati, e vengono sempre più largamente utilizzati, per la tenuta delle cosiddette **banche dei dati**, ossia per la sistematica raccolta e memorizzazione di informazioni. Queste possono essere notizie di carattere obiettivo, come le informazioni sui prezzi o sui cambi o su ogni altro dato di mercato, o come le informazioni meteorologiche, le informazioni bibliografiche, giudiziarie ecc.; ma possono essere, e spesso sono, notizie di carattere soggettivo, ossia notizie sul conto di persone, di imprese, di enti.

Il grande bisogno di informazione, proprio del nostro tempo, si collega per un verso alle esigenze di governo della complessa società odierna (banche dei dati tenute dalle **pubbliche amministrazioni**); si riconnette per altro verso alle esigenze operative di chi entro una società ad alta complessità, come è la nostra società, deve prendere decisioni, effettuare scelte, elaborare programmi di produzione ecc. (banche dei dati tenute da imprese o da enti).

Una normazione di portata generale è intervenuta con il «codice in materia di protezione dei dati personali» (d.lgs. 30 giugno 2003, n. 196), diretto a garantire che «il trattamento dei dati personali si svolga nel rispetto dei diritti, delle libertà fondamentali, nonché della dignità delle persone fisiche, con particolare riferimento alla riservatezza e alla identità personale», nonché a garantire «i diritti delle persone giuridiche e di ogni altro ente o associazione» (art. 2 comma 1°).

La portata generale della legge è enunciata dall'art. 1, che ha cura di precisare che «chiunque ha diritto alla protezione dei dati personali che lo riguardano». Nel «chiunque» della norma occorre però distinguere fra persone fisiche e persone giuridiche: le prime sono sottratte all'applicazione della legge se effettuano il trattamento «per fini esclusivamente personali» (ad esempio per tenere un indirizzario), sempre che i dati non siano destinati ad una comunicazione sistematica (cioè non occasionale) o alla diffusione (art. 5, comma 3°). Il principio è ribadito dalla Carta dei diritti fondamentali dell'Unione europea, nel testo attuale in vigore dal dicembre 2009, all'art. 8, che riconosce ad «ogni individuo» il «diritto alla protezione dei dati di carattere personale che lo riguardano».

Gli interessati sono comunque tenuti, anche se effettuano trattamenti di dati per fini personali, ad adottare le misure minime che gli artt. 33 ss. impongono per garantire la sicurezza dei dati, anche al fine di evitare la perdita accidentale o l'accesso di terzi non autorizzato o non conforme alle finalità della raccolta (come nel caso dell'avvocato che, omettendo le dovute misure di sicurezza, renda possibile ad un terzo di apprendere l'indirizzo privato di un cliente, figurante nell'indirizzario dello studio).

Il concetto base della legge è quello espresso con la formula «trattamento dei dati personali» (art. 2). Per «dato personale» si intende qualsiasi informazione relativa a persone fisiche che siano identificate o identificabili; «trattamento» è l'attività consistente:

a) nella raccolta e conservazione dei dati (banca dati in senso stretto);

b) nella loro elaborazione (ossia, selezione, raffronto, interconnessione, utilizzazione);

c) nella loro comunicazione all'esterno, consistente nel portarli a conoscenza di destinatari determinati, diversi dall'interessato (e diversi dalle persone incaricate di compiere le operazioni di trattamento: art. 19), o nella loro diffusione, intesa come comunicazione ad un pubblico indifferenziato;

d) nel loro blocco (cioè conservazione senza ulteriore elaborazione), nella loro cancellazione o distruzione.

Si noti che il trattamento, cui la legge fa riferimento, non è solo quello che si avvale dell'ausilio di mezzi elettronici. Ciò l'art. 5 tiene a precisare per evitare una indiretta elusione della legge, attuata con il trasporto su materiale cartaceo dei risultati acquisiti elettronicamente.

La legge distingue fra «titolare» e «responsabile» del trattamento: il primo è la persona, fisica o giuridica, o la pubblica amministrazione cui competono le decisioni circa le finalità e le modalità del trattamento; il secondo è il soggetto preposto dal primo alle operazioni di trattamento dei dati (art. 4). Sul titolare incombe uno specifico obbligo: egli deve notificare ad una apposita autorità, che è il Garante per la protezione dei dati personali (organo collegiale i cui membri sono eletti dal Parlamento), che intende procedere ad un trattamento dei dati personali; e la notificazione deve essere trasmessa mediante il sito del Garante, utilizzando un apposito modello *online*. L'obbligo di notifica al Garante non riguarda tutti i dati oggetto di trattamento, ma solo alcuni specifici trattamenti espressamente menzionati che presentano particolari rischi per l'interessato, fra i quali figurano i trattamenti relativi a dati biometrici, genetici, di geolocalizzazione, nonché a dati sensibili ai fini della procreazione medicalmente assistita) (artt. 37 ss.).

Il Garante tiene un registro dei trattamenti notificategli, vigila sulla loro conformità alla legge e può vietarli se la loro effettuazione può arrecare pregiudizio rilevante agli interessati (art. 154).

Il diritto alla riservatezza è protetto già nella fase *sub a*), relativa alla raccolta dei dati, ed è protetto nei confronti di qualsiasi soggetto, pubblico o privato, che proceda alla raccolta: i dati possono essere raccolti solo per scopi determinati, debbono essere pertinenti allo scopo, debbono essere aggiornati e debbono essere conservati in modo da consentire l'identificazione dell'interessato per un tempo non superiore a quello necessario per lo scopo della raccolta (art. 11). Inoltre, l'interessato deve essere previamente informato, anche oralmente, delle finalità della raccolta e delle modalità del trattamento cui i dati sono destinati, nonché della identità del responsabile (art. 13).

Se poi al trattamento dei dati personali procede un privato o un ente pubblico economico, allora occorre il consenso scritto dell'interessato, che può essere dato per l'intero trattamento o per singole sue operazioni (art. 23). Il consenso è però superfluo, a norma dell'art. 24, se i dati sono raccolti in esecuzione di un obbligo di legge o se i dati provengono da pubblici registri, conoscibili da chiunque, o se il loro trattamento è effettuato nell'esercizio della professione di giornalista (sul punto si sofferma l'art. 137) o se è necessario per la salvaguardia della vita o dell'integrità fisica dell'interessato, che non possa prestare il proprio consenso per impossibilità fisica o per incapacità di intendere o di volere, e in altri casi ancora. Quanto ai soggetti pubblici diversi dagli enti pubblici economici, il trattamento di dati personali è ad essi consentito anche senza il consenso dell'interessato, ma solo se il trattamento è inerente allo svolgimento delle loro funzioni istituzionali (art. 18).

Una considerazione particolare ricevono i cosiddetti **dati sensibili**, ossia tali da rivelare l'origine razziale o etnica, le convinzioni religiose, filosofiche o di altro genere, le opinioni politiche, l'adesione a partiti e sindacati, i dati idonei a rivelare lo stato di salute e la vita sessuale. Il loro trattamento da parte di privati richiede, oltre che il consenso scritto dell'interessato, l'autorizzazione del Garante per la protezione dei dati personali; da parte di soggetti pubblici il trattamento dei dati sensibili è consentito solo se autorizzato da espressa disposizione di legge (art. 26). Gli esercenti le professioni sanitarie e gli organismi sanitari pubblici possono trattare i dati idonei a rivelare lo stato di salute anche senza l'autorizzazione del Garante se si tratta di dati indispensabili per la tutela della salute dell'interessato; se invece si tratta di tutelare la salute collettiva, occorre l'autorizzazione del Garante (art. 76).

Punto centrale della legge è quello relativo ai diritti riconosciuti all'interessato (art. 7). Questi ha diritto:

1) di conoscere, mediante l'accesso al registro tenuto dal Garante, l'esistenza di trattamenti di dati che lo riguardano, con l'indicazione del titolare, del responsabile e delle finalità del trattamento;

2) ha diritto di ottenere la cancellazione dei dati trattati in violazione della legge e di quelli dei quali non sia più necessaria la conservazione in relazione agli scopi per i quali i dati siano stati raccolti. È,

sotto quest'ultimo aspetto, il riconoscimento del cosiddetto **diritto all'oblio**: diritto di ottenere che siano cancellati quei dati sul suo conto che hanno perduto ogni utilità ai fini del trattamento, sicché la loro conservazione, non più giustificata dalle finalità della raccolta, potrebbe prestarsi ad utilizzazioni anomale;

3) ha diritto all'aggiornamento, alla rettificazione, alla integrazione dei dati;

4) ha diritto di opporsi al trattamento di dati personali raccolti a fini di informazione commerciale o di invio di materiale pubblicitario o di vendita diretta o per ricerche di mercato.

I diritti in parola possono essere dall'interessato fatti valere davanti all'autorità giudiziaria o davanti al Garante (artt. 141 ss.).

L'interessato che subisca danno per l'altrui trattamento dei suoi dati personali ha diritto al risarcimento. L'art. 15 della legge richiama al riguardo l'art. 2050 c.c., relativo al danno cagionato nell'esercizio di attività pericolose. La valenza di questo richiamo attiene alla prova liberatoria: il danneggiante può liberarsi da responsabilità per il danno subito dall'interessato solo con la prova di avere adottato tutte le misure idonee ad evitare il danno.

Il trattamento automatizzato dei dati personali altrui si giustifica, come sopra si è avvertito, per le esigenze di governo della complessa società del nostro tempo e per le esigenze di programmazione e di azione delle imprese. Ma questa è la giustificazione e, al tempo stesso, il limite alla utilizzazione dei trattamenti in questione; un limite che l'art. 14 oppone anche alle pubbliche autorità: «nessun atto o provvedimento giudiziario o amministrativo che implichi una valutazione del comportamento umano può essere fondato unicamente su un trattamento automatizzato di dati personali volto a definire il profilo o la personalità dell'interessato». Non si può porre a fondamento di un provvedimento, ad esempio di una sentenza penale di condanna, la sola circostanza che da un trattamento automatizzato dei dati personali dell'imputato emergano elementi che depongono a suo sfavore.

La materia è stata oggetto di un'importante riforma da parte del legislatore europeo mediante l'emanazione del Reg. (UE) 2016/679 del 27 aprile 2016 relativo alla protezione delle persone fisiche con riguardo al trattamento dei dati personali, nonché alla libera circolazione di tali dati (regolamento generale sulla protezione dei dati). La nuova disciplina, entrata in vigore il 24 maggio 2016, troverà applicazione diretta in tutti i Paesi membri dell'UE a decorrere dal 25 maggio 2018 (art. 99).

Capitolo quarto

I BENI E LA PROPRIETÀ

1. I beni

Per indicare l'attitudine delle cose a soddisfare bisogni umani si suole adoperare, tradizionalmente, il concetto di **bene**. Sono beni, anzitutto, le risorse della natura, come le terre fertili, i minerali del sottosuolo, le energie insite negli elementi naturali; sono tali, inoltre, le cose che l'uomo stesso produce, utilizzando o trasformando le risorse della natura: così i prodotti della coltivazione del suolo, i minerali estratti dal sottosuolo, i prodotti dell'industria e così via. Sono beni ancora, sia le cose che soddisfano direttamente i bisogni umani (cosiddetti **beni di consumo**, come gli alimenti, gli indumenti, le case di abitazione ecc.), sia le cose che li soddisfano indirettamente, ossia che servono a creare altri beni a loro volta idonei a soddisfare bisogni umani. Sono i beni produttivi o **mezzi di produzione**: dai primitivi strumenti per la coltivazione dei campi alle moderne macchine industriali, fino agli odierni impianti nucleari. Non sono beni tutte le altre innumerevoli cose del mondo dalle quali l'uomo non può trarre, o non può ancora trarre, alcuna utilità (così, ad esempio, i giacimenti minerari di altri pianeti, ai quali l'uomo non può attingere).

Ci sono beni che la natura offre in quantità, se non proprio illimitata (nulla, in un ambiente limitato come il nostro ambiente naturale, è in quantità illimitata), certamente superiore ai bisogni dell'uomo o alle possibilità di utilizzazione nelle attività umane. Si pensi alla luce del sole, all'aria dell'atmosfera, all'acqua del mare; si pensi, ancora, alle energie che sono insite in questi elementi naturali e che l'uomo è in grado di sfruttare: dal vento che spinge le imbarcazioni a vela e le pale degli antichi mulini fino all'energia solare della quale si tentano oggi le prime utilizzazioni. Di queste cose, proprio per la loro abbondanza, tutti possono fruire a volontà; la loro essenza, ai fini del nostro discorso, sta in ciò: l'uso che ciascuno ne faccia, per ampio che sia, non impedisce il contemporaneo uso da parte degli altri. Nella civiltà romana erano definite, e tuttora le si definisce, come le **cose comuni di tutti**: sono cose che appartengono a tutti o, ciò che è lo stesso, che non appartengono a nessuno, per la semplice ragione che nessuno ha interesse a stabilire con esse un rapporto di **appartenenza**, che ne riservi a sé l'uso con esclusione dell'uso degli altri.

Altrettanto non può dirsi per molte altre cose, come il suolo e i suoi prodotti o come i minerali del sottosuolo e le energie ricavate da questi: la natura non offre sconfinate distese di terre fertili, inesauribili giacimenti di minerali. Qui il rapporto fra l'uomo e le cose è un impari rapporto: la loro utilizzazione da parte di alcuni implica **esclusione** del loro uso da parte degli altri. E ciò trasforma il rapporto fra l'uomo e le cose in un rapporto **fra gli uomini**: costituisce materia di conflitto fra i singoli, fra i gruppi sociali, fra i popoli; e di un conflitto che mira all'**appropriazione** delle risorse della natura e delle altre cose che sono ricavate dalla loro utilizzazione o dalla loro trasformazione.

Su queste cose gli uomini hanno interesse a stabilire un rapporto di **appartenenza**, che ne riservi a sé l'utilizzazione, impedendo che altri possa utilizzarle. E solo di queste cose si occupa il diritto: questo regola i rapporti fra gli uomini, nelle molteplici manifestazioni della vita sociale; si occupa delle cose solo in quanto esse siano materia di possibile conflitto fra gli uomini. Perciò, il concetto giuridico di bene è più ristretto del concetto corrente, prima descritto: sono **beni**, per il codice civile, solo «le cose che possono formare oggetto di diritti» (art. 810), ossia le cose che l'uomo aspira a fare **proprie**, a fare oggetto di un **proprio diritto**, che escluda gli altri dalla loro utilizzazione. Non sono beni, giuridicamente, le **cose comuni di tutti**, perché nessuno ha interesse a farle oggetto di un proprio diritto.

Sono beni per il diritto, anche le **energie naturali**, se «hanno un valore economico» (art. 814). Il che vale quanto dire che esse sono beni solo se sono in quantità limitata e se, per procurarsele, si è disposti a sborsare una somma di danaro che ne rappresenta il **valore economi-**

co. In realtà, sono beni le energie naturali rese attive dall'uomo e cedute per un dato prezzo dal produttore ai consumatori. Così l'energia elettrica ricavata industrialmente dal petrolio o dal carbone nelle centrali elettriche e quella prodotta trasformando energia atomica nelle centrali nucleari hanno un valore economico (si pensi al prezzo per chilowattora dell'elettricità). Qui la definizione giuridica utilizza, anziché l'attitudine della cosa a formare oggetto di diritti, la sua attitudine a formare oggetto di **scambio**. I due criteri sono però destinati ad integrarsi: possiamo dire, in generale, che sono beni in senso giuridico solo le cose suscettibili di valutazione economica. Possiamo anche dire, in via preliminare, che ogni sistema giuridico:

1) asseconda, in misura che varia da sistema a sistema, la propensione di ciascun uomo a fare proprie le cose e ad utilizzarle per il proprio vantaggio, escludendo gli altri dalla loro utilizzazione. Riconosce, cioè, il **diritto di proprietà**: il diritto, secondo la definizione che ne dà il nostro codice civile sulla base di una consolidata tradizione, e che analizzeremo nel prossimo paragrafo, «di godere e disporre delle cose in modo pieno ed esclusivo» (art. 832);

2) regola i conflitti fra gli uomini per l'appropriazione delle cose determinando i **modi di acquisto della proprietà**. La regola fondamentale, universalmente accolta, è il divieto dell'uso della forza per l'appropriazione dei beni. Il principio, da noi codificato all'art. 922, è che la proprietà si acquista solo «nei modi stabiliti dalla legge»; e, perciò, chi si appropria delle cose in un modo diverso da quelli, pur numerosi come vedremo, che sono previsti dalla legge non ne acquista la proprietà, non riceve la protezione del diritto;

3) fonda la categoria, presente già nella civiltà romana, dei **beni pubblici**. Sono beni che, essendo considerati di utilità generale, vengono sottratti ad ogni possibilità di appropriazione da parte dei singoli e sono qualificati, come beni appartenenti alla **società nel suo insieme**. In epoca moderna, sono beni che appartengono allo Stato o ad altri enti pubblici, cui è affidato:

a) il compito di consentirne il disciplinato **uso da parte di tutti**; e questa è la condizione giuridica dei beni rientranti nel demanio naturale (art. 822), come il lido del mare, la spiaggia, i porti, i fiumi, i torrenti, i laghi; oppure

b) il compito di utilizzarli in un modo da volgerli **a vantaggio di tutti**; e questa è la condizione giuridica di altri beni, che formano il patrimonio indisponibile dello Stato (art. 826), come le foreste, le miniere, le cave, le torbiere, che per la loro natura di fondamentali risorse economiche (si pensi, soprattutto, alle miniere, quali fonti di materie prime e di energia) si esclude possano formare oggetto di appropriazione da parte di privati.

La proprietà pubblica delle cose può anche assolvere la funzione di proteggere la natura o di salvaguardare il patrimonio culturale. Così per le l. n. 968 del 1977 e n. 157 del 1992, cui faremo in seguito riferimento, la fauna selvatica è patrimonio indisponibile dello Stato; così, per il codice civile, sono beni demaniali le cose immobili di valore storico, archeologico o artistico e le cose mobili inserite in musei, pinacoteche, biblioteche (art. 822 comma 2°); sono patrimonio indisponibile dello Stato le cose di valore storico, archeologico, artistico ritrovate nel sottosuolo (art. 826 comma 2°).

I beni demaniali sono inalienabili (art. 823); di essi non si può acquistare la proprietà neppure a titolo originario, mediante il possesso (art. 1145). I beni del patrimonio indisponibile non possono essere sottratti alla loro destinazione se non nei modi stabiliti dalla legge (art. 828 comma 2°). Si parla, invece, di patrimonio disponibile dello Stato quando si fa riferimento a beni che lo Stato acquista in forza della sua capacità di diritto privato e sui quali esercita il comune diritto di proprietà.

Ai beni demaniali ed ai beni patrimoniali indisponibili si addice, in ragione della loro inalienabilità, la qualificazione di **cose fuori commercio**, secondo la locuzione usata, con implicito riferimento ad essi, dall'art. 1145. Questi beni non solo non possono essere alienati a privati: il loro possesso — stabilisce la norma ora citata — «è senza effetto»; perciò, i privati non ne possono acquistare la proprietà neppure mediante il possesso, secondo quei modi di acquisto della proprietà a titolo originario di cui si dirà più oltre.

Taluni **beni pubblici**, come quelli demaniali, possono essere confusi con le **cose comuni di tutti**, data la loro destinazione all'uso da parte di tutti. La differenza sta nella limitatezza dei primi, che comporta la loro attribuzione allo Stato, cui spetta di garantire il disciplinato uso di tutti. Ma il concetto di cosa comune a tutti è, anch'esso, un concetto relativo, dipendente dallo sviluppo della civiltà umana. Eccone un esempio significativo: l'etere (ossia l'aria atmosferica considerata nella sua capacità conduttrice di suoni) era fino a ieri qualificato non un bene, ma una cosa comune di tutti, della quale ciascuno poteva fare uso a proprio piacimento e senza limiti. Ma con il moltiplicarsi delle emittenti radiotelevisive si è dovuto constatare che l'etere non consente una disponibilità illimitata di «frequenze» (cioè la possibilità di trasmissione): l'uso intensivo da parte di alcuni, di chi ha per primo installato le emittenti, impedisce l'uso da parte di altri, preclude l'altrui possibilità di servirsi dell'etere. E così l'etere ha cessato di essere cosa di tutti; la tendenza odierna è di considerarlo bene pubblico, appartenente allo Stato, che ne disciplina l'utilizzazione da parte dei privati, distribuendo le frequenze, assegnando turni ecc.

4) pone **limiti** alla proprietà e impone **obblighi** al proprietario: ne parleremo nel prossimo paragrafo.

2. I diritti sulle cose: la proprietà e gli altri diritti reali

I diritti sulle cose assumono, tradizionalmente, il nome di diritti **reali** (dal latino: diritto sulla cosa). Nel nostro sistema giuridico sono in tutto sette: la proprietà, che è il diritto fondamentale; e, inoltre, i diritti di superficie, di enfiteusi, di usufrutto, di uso, di abitazione, di servitù. Ogni diritto reale consiste di una o più facoltà che il suo titolare può esercitare sulla cosa e che, nel loro insieme compongono il cosiddetto **contenuto** del diritto. La proprietà è, fra i diritti reali, il diritto che consente la più ampia sfera di facoltà che un soggetto possa esercitare su una cosa; ed una sfera di facoltà potenzialmente illimitate. Rispetto alla proprietà gli altri sei diritti reali si presentano:

1) come diritti **limitati** o **parziali** o **minori**, in quanto caratterizzati da un più limitato contenuto, che in alcuni casi si esaurisce in una sola facoltà;

2) come diritti **su cosa altrui**, perché si esercitano su cose di cui altri è proprietario: essi coesistono, sulla cosa, con l'altrui diritto di proprietà, il cui contenuto **si riduce** per permettere che la medesima cosa formi oggetto di altri diritti reali.

Dei singoli diritti reali su cosa altrui diremo in un apposito capitolo; si dovrà, preliminarmente, esaminare il diritto di proprietà, il quale è, secondo la già ricordata nozione dell'art. 832, che ora si dovrà scomporre in ciascuno dei suoi elementi, «il diritto (*a*) di godere e (*b*) disporre delle cose (*c*) in modo pieno ed (*d*) esclusivo, (*e*) entro i limiti e (*f*) con l'osservanza degli obblighi stabiliti dall'ordinamento giuridico».

Gli elementi (*a*) e (*b*) identificano le facoltà che spettano al proprietario:

a) la facoltà di **godere delle cose**.

È la facoltà del proprietario di utilizzare la cosa: implica, in linea di principio, la possibilità di usarla o di non usarla, di decidere come usarla, di trasformarla e, al limite, di distruggerla.

Per le **cose fruttifere** la facoltà di godimento del proprietario include il diritto di fare propri i frutti della cosa, siano essi frutti naturali o civili. Sono **frutti naturali** quelli che provengono direttamente dalla cosa, eventualmente con il concorso dell'opera dell'uomo: così i prodotti agricoli, quelli delle miniere, cave o torbiere, i parti degli animali. Sono **frutti civili** il danaro che il proprietario ricava dalla cessione ad altri del godimento della cosa: così gli interessi dei capitali dati a prestito, le rendite degli immobili, come il canone che il proprietario riceve per la cosa data in locazione, e così via (art. 820).

I frutti naturali sono, finché non avviene la separazione dalla cosa madre, parte di questa: perciò, la vendita del fondo agricolo comporta, automaticamente, la vendita dei frutti ancora pendenti. Solo con la **separazione** i frutti diventano cose a sé stanti e, chiunque ne abbia attuato la separazione (raccolto i prodotti del suolo, estratto i minerali del sottosuolo ecc.), essi appartengono al **proprietario** della cosa madre, salvo che la legge non disponga diversamente (e vedremo più oltre le eccezioni alla regola). Prima della separazione si può disporre dei frutti, ma come di **cosa futura**. I frutti civili si acquistano giorno per giorno, finché dura il diritto del proprietario di percepirli (art. 821);

b) la facoltà di **disporre** delle cose.

È la cosiddetta **disposizione giuridica** delle cose, che si contrappone al godimento, inteso come **disposizione materiale**: è la facoltà di vendere o di non vendere la cosa, di donarla o di non donarla, di lasciarla per testamento a Tizio o a Caio, di costituire sulla cosa diritti reali minori a favore di altri e così via.

Alla facoltà di disposizione delle cose inerisce anche la facoltà del proprietario di costituire su di esse le **garanzie reali**, come l'ipoteca e il pegno (detti anche diritti reali di garanzia, in antitesi agli altri, detti diritti reali di godimento), per garantire l'adempimento di un debito proprio o altrui.

Sotto l'aspetto della facoltà di disporre, viene in considerazione quella qualità delle cose che la scienza economica definisce come **valore di scambio**: il proprietario, vendendole, ne realizza il contro-valore in danaro. Ci sono cose, come i prodotti dell'industria destinati al consumo o come le merci di cui si fa commercio, che vengono fabbricati solo per essere posti in vendita o che vengono acquistati solo come valori di scambio, ossia per essere rivenduti. Per l'industriale o per il commerciante la proprietà di queste cose è, essenzialmente, facoltà di disposizione; la facoltà di godimento non viene in considerazione. Verrà in considerazione solo per il compratore finale, cioè per il consumatore, che aspira alla proprietà delle cose per il loro **valore d'uso**.

Gli elementi (*c*) e (*d*) indicano i generali caratteri riconosciuti alle facoltà di godere e di disporre del proprietario:

c) la **pienezza** del diritto di proprietà.

Il proprietario può godere e disporre delle cose «in modo pieno»: può farne, cioè, tutto ciò che non sia espressamente vietato. Per sapere se il proprietario può fare o non fare qualcosa non occorre trovare una norma di legge che gli consenta di fare o di non fare: una norma di legge occorre, invece, per **imporgli** di fare o di non fare. In mancanza di una norma in tal senso — questa è la «pienezza» della proprietà — il proprietario gode di facoltà illimitate: può godere e disporre delle cose a proprio piacimento.

La pienezza del diritto di proprietà viene meno quando sulla cosa siano costituiti diritti reali minori che limitino fortemente la facoltà di godimento del proprietario. In tal caso non si parla più di **piena** proprietà, ma di **nuda proprietà**. Tuttavia, la proprietà resta, anche in questo caso, potenzialmente piena: nel momento in cui il diritto reale minore si estingue il contenuto del diritto di proprietà si espande e riacquista, automaticamente, tutta la sua pienezza (cosiddetta **elasticità** della proprietà);

d) l'**esclusività** del diritto di proprietà.

Il proprietario può godere e disporre delle cose «in modo esclusivo»: può, cioè, **escludere** chiunque altro dal godimento e dalla loro disposizione. È quel carattere della proprietà che determina il fenomeno già descritto nel paragrafo precedente: il rapporto fra l'uomo e la cosa è trasformato in un **rapporto fra gli uomini**, nella pretesa del singolo di servirsi delle cose con esclusione degli altri. Il diritto di proprietà rende legittima questa pretesa: la chiusura del fondo, che è diritto del proprietario (art. 841), rende visiva questa esclusività della proprietà, con l'evidenza di un recinto posto intorno ad un terreno o di una porta chiusa davanti ad una casa.

La pretesa del proprietario è protetta, contro chiunque la violi, dall'autorità giudiziaria: è protetta, anzitutto, con l'applicazione delle norme del codice penale che puniscono il furto, l'appropriazione indebita, la violazione di domicilio ecc. È protetta, inoltre, dalla possibilità per il proprietario di rivolgersi al giudice con **azioni civili**, che sono le azioni petitorie, le azioni possessorie e le azioni di nunciazione, di cui ci occuperemo più oltre.

Gli elementi (*e*) e (*f*) costituiscono altrettanti **correttivi** ai caratteri di pienezza e di esclusività del diritto di proprietà. Con essi l'ordinamento giuridico ricerca il punto di equilibrio fra opposti interessi: fra l'interesse del proprietario, da un lato, a godere e disporre delle cose a proprio piacimento e per il proprio vantaggio e, dall'altro lato, l'interesse dell'intera collettività, e dei suoi singoli componenti, ad un impiego della ricchezza che vada a vantaggio generale o, quanto meno, non arrechi pregiudizio alla collettività o ai singoli. Questo risultato è perseguito con una duplice tecnica legislativa: limitando il contenuto del diritto di proprietà (*e*); imponendo obblighi al proprietario (*f*). Il punto di equilibrio fra questi opposti interessi è quanto mai mutevole; dipende dall'evolversi dei rapporti di forza politici e sociali entro la società. Si evolve, conseguentemente, il contenuto del diritto di proprietà: il volto concreto che, al di là della definizione dell'art. 832, questo diritto assume è quello che risulta dalla estensione e dalla qualità dei limiti alla proprietà e degli obblighi al proprietario che la mutevole legislazione in materia introduce. Qui ci limitiamo ad alcuni punti essenziali:

e) i **limiti** alla facoltà di godere e di disporre.

Un generale e tradizionale limite alla facoltà di godimento è, anzitutto, nel divieto degli **atti di emulazione** (art. 833): il proprietario non può giovarsi della sua cosa per compiere atti che non abbiano altro scopo se non quello di nuocere o recare molestia ad altri (come l'innalzare un muro, privo di utilità per il proprietario del fondo, con lo specifico scopo di togliere al vicino la vista del panorama, o come il tenere ad alto volume il suono della propria radio solo per recare molestia ai vicini).

Con riferimento alla proprietà dei suoli la **facoltà di godimento** è, come vedremo a suo luogo, per vari aspetti limitata: il proprietario di un terreno non può scegliere, a proprio piacimento, se destinarlo all'agricoltura o all'industria o alla edilizia abitativa. La legislazione urbanistica, pur nel suo contrastato evolversi, è pervenuta ad alcuni punti fermi: spetta ai comuni, secondo i criteri generali fissati dalle regioni, determinare l'assetto del territorio mediante appositi **piani regolatori**, che stabiliscono quali aree del territorio comunale sono destinate all'agricoltura, quali ad insediamenti industriali o commerciali e quali all'edilizia residenziale. Qui l'interesse generale ad un uso equilibrato del suolo, basato sul razionale coordinamento delle esigenze dell'agricoltura, dell'industria e della residenza abitativa, prevale sull'interesse particolare del singolo proprietario che, fra le tre destinazioni sopra indicate, sarebbe indotto a preferire per il proprio suolo quella idonea a procurargli la più alta rendita, non importa se in contrasto con l'utilità generale;

f) gli **obblighi** del proprietario.

Un tradizionale obbligo del proprietario del suolo è di consentirne l'accesso al vicino che abbia necessità di entrarvi per eseguire opere sul proprio fondo (deve, ad esempio, edificarvi una costruzione e non può fare a meno di passare per il fondo altrui) oppure a chi voglia riprendere la cosa propria che vi si trovi accidentalmente (il pallone che vi è caduto, i resti dell'aereo che vi è precipitato) o l'animale che vi si sia riparato, salvo che non preferisca consegnare lui stesso la cosa (art. 843).

Il proprietario di terreni destinati all'agricoltura ha l'obbligo di provvedere alla loro coltivazione. Viene qui in considerazione il fatto che la terra è una fondamentale risorsa, il cui sfruttamento corrisponde all'interesse generale: sia per la ricchezza che dalla sua coltivazione si ricava, sia per le possibilità di lavoro e, quindi, di sostentamento che la coltivazione della terra offre. La l. n. 440 del 1978 stabilisce che le terre incolte possono essere assegnate per la coltivazione a chi ne faccia richiesta: è una forma di affitto forzato, per il quale il coltivatore paga un canone calcolato secondo criteri determinati dalla legge.

Il codice civile, per la verità, impone un generale divieto al proprietario di beni produttivi che interessino la produzione nazionale (i fondi agricoli, gli stabilimenti industriali) di abbandonare la coltivazione o, comunque, di astenersi dalla utilizzazione del bene, prevedendo la drastica sanzione della espropriazione del bene da parte dello Stato, previo pagamento di una giusta indennità. Altrettanto è stabilito per il proprietario che lasci deperire i propri beni con l'effetto di nuocere gravemente al decoro delle città o alle ragioni dell'arte e della sanità pubblica (art. 838). Ma questa rigorosa disposizione non ha trovato applicazione.

3. Le cose oggetto di diritti: la classificazione dei beni

Il linguaggio giuridico impiega, indifferentemente, i concetti di cosa e di bene, anche se l'art. 810 attribuisce al secondo, come si è visto, un significato più ristretto del primo (non sono beni le cose comuni di tutti): così, come si è appena constatato, l'art. 832 definisce la proprietà come un diritto sulle **cose**, là dove si deve leggere diritto sui **beni**. Valga, perciò, questa avvertenza preliminare: sotto il nome ora di «cose» ora di «beni» il codice civile regola soltanto i beni in senso giuridico.

Altra avvertenza: sono beni, per l'art. 810, le cose che possono formare oggetto di diritti, e pertanto non solo quelle che appartengono a qualcuno, ma anche le cose che, pur non appartenendo a nessuno, possono formare oggetto di proprietà. Così, ad esempio, i pesci che vivono nel mare: il mare è cosa comune di tutti, ma i pesci sono **beni**, anche se beni di nessuno finché restano nel loro ambiente naturale. Con la cattura essi diventano proprietà di chi li ha catturati (è, come vedremo, quel modo di acquisto della proprietà che va sotto il nome di occupazione). Tra i beni si suole, perciò, distinguere fra **beni in patrimonio**, che sono beni di proprietà di qualcuno, e **beni di nessuno** (detti anche *res nullius*), che non hanno un proprietario, pur potendo averlo.

La fondamentale distinzione dei beni è quella che intercorre fra i beni immobili e i beni mobili. Sono **beni immobili** il suolo, le sorgenti e i corsi d'acqua; inoltre, tutto ciò che è incorporato al suolo: naturalmente, come gli alberi, o artificialmente, come le costruzioni, anche se unite al suolo in modo transitorio (come i chioschi, le edicole ecc.), nonché i galleggianti che siano saldamente e permanentemente assicurati alla riva. La categoria è, dunque, vasta; ma una posizione di rilievo assumono i suoli e le costruzioni edilizie. Al suolo oggetto di proprietà si dà il nome di **fondo**: i suoli destinati all'agricoltura e alle relative costruzioni sono detti **fondi rustici**; i suoli edificabili per insediamenti industriali o commerciali o per insediamenti abitativi sono detti **fondi urbani**.

Sono **beni mobili** tutti gli altri beni (art. 812), comprese tra essi le **energie naturali** (art. 814), delle quali si è detto. La categoria dei beni mobili si ricava, perciò, per esclusione: sono mobili tutti quei beni che non sono considerati dalla legge come immobili. Tra essi c'è il danaro, che è bene mobile per eccellenza; ci sono i prodotti del suolo e del sottosuolo (i frutti naturali di cui si è detto nel precedente paragrafo), che diventano cose mobili nel momento della separazione dal suolo; molti beni produttivi, come gli strumenti di lavoro, i macchinari ecc., e ci sono le innumerevoli cose che l'industria produce e che il commercio distribuisce per il consumo.

L'importanza della distinzione fra beni mobili e beni immobili si rivelerà in tutta la sua estensione nel corso dei capitoli seguenti. Si può, fin d'ora, anticipare che la condizione giuridica dei mobili e degli immobili è profondamente diversa e che le differenze si manifestano, soprattutto, nella cosiddetta legge di **circolazione dei beni**, ossia nelle norme che regolano il passaggio dei beni da un proprietario ad un altro.

I beni mobili circolano in modi assai **rapidi**, passano da un proprietario all'altro in forme molto semplici: l'esigenza dominante è di favorire al massimo, rendendola la più ampia e la più veloce possibile, la circolazione della ricchezza. Ed il favore per la circolazione si spinge, come si vedrà nei prossimi capitoli, fino al punto di sacrificare, in alcuni casi, l'interesse individuale del singolo proprietario di fronte all'interesse generale alla circolazione della ricchezza. Vale il principio dell'economia liberale per il quale quanto più la ricchezza presente circola tanto più essa contribuisce alla creazione di nuova ricchezza. È, del resto, un principio intuitivo; e si pensi, anzitutto, alle cose produttive: quanto più ne è favorita la circolazione tanto maggiori diventano le probabilità che esse possano trovare un migliore utilizzatore, che ne accresca la produttività. Ma il discorso vale per ogni bene, anche di consumo: quanto più ampia e più rapida è la circolazione dei beni presenti tanto maggiore è la quantità di nuovi beni che si possono immettere nel mercato, tanto maggiori sono cioè le possibilità di sviluppo delle attività produttive.

La circolazione dei beni immobili è, invece, assai meno rapida, caratterizzata da forme più complesse: qui il favore per la circolazione è più attenuato, trova maggiore protezione l'interesse individuale del proprietario a conservare la proprietà. Sotto l'aspetto della circolazione la proprietà immobiliare si presenta come la forma di proprietà più garantita dalla legge.

In una condizione intermedia fra mobili e immobili si trovano i beni mobili iscritti in **pubblici registri**, come gli autoveicoli, le navi e gli aeromobili. La loro legge di circolazione, come vedremo, presenta analogie con quella degli immobili; ma, per il resto, sono sottoposti alle norme proprie dei beni mobili (art. 815).

Più cose mobili formano una **universalità di cose** se appartengono ad un medesimo proprietario ed hanno una **destinazione unitaria**. Così, ad esempio, una collezione di quadri o una biblioteca, così un gregge o una mandria. La condizione giuridica delle universalità, vedremo poi, si distacca, per qualche aspetto, da quella dei beni mobili e tende ad essere assimilata a quella degli immobili.

Il loro proprietario può disporre dell'universalità nel suo insieme (ad esempio, vendere la biblioteca), e allora l'atto di disposizione comprende i singoli beni mobili che la compongono, anche se non sono espressamente menzionati; ma può anche disporre, separatamente dal tutto, dei singoli beni (art. 816).

Sono **pertinenze** le cose, mobili o immobili, destinate durevolmente al **servizio** o ad **ornamento** di un'altra cosa, mobile o immobile (art. 817). Così, le scialuppe di salvataggio di una nave sono cose mobili al servizio di altra cosa mobile; così l'arredo di un albergo è un insieme di cose mobili legate da rapporto pertinenziale di servizio all'immobile adibito ad albergo; così il *garage* di una villa è un immobile al servizio di un altro immobile; e la statua collocata nel giardino è cosa mobile posta ad ornamento di un immobile. Il rapporto pertinenziale stabilito fra più cose influisce sulla **circolazione delle pertinenze** (art. 818): gli atti o i rapporti che hanno per oggetto la cosa principale comprendono, se non sono escluse, anche le pertinenze. Chi vende la nave vende, senza bisogno di menzionarle espressamente nell'atto di vendita, anche le scialuppe; ma si intende che si può vendere la nave senza le scialuppe, escludendole dalla vendita. D'altra parte, le pertinenze possono formare oggetto di separati atti o rapporti: si possono vendere le scialuppe senza vendere la nave.

Il rapporto pertinenziale può essere costituito solo dal proprietario della cosa principale (o da chi ha su di essa altro diritto reale); non occorre, invece, che egli sia anche proprietario della pertinenza, che può appartenere ad altri. Può accadere, perciò, che il proprietario trasferisca la cosa principale senza escludere dall'atto di trasferimento le pertinenze, che non gli appartengono. Orbene, il rapporto pertinenziale fa sì che l'acquirente della cosa principale acquisti anche le pertinenze, salvo che egli non fosse in **mala fede** al momento dell'acquisto, ossia sapesse che le pertinenze non appartenevano al venditore. Se però la cosa principale è un immobile o un mobile registrato, il proprietario della pertinenza può rivendicarla anche nei confronti dell'acquirente di buona fede, se il suo diritto sulla pertinenza risulta da atto avente data certa anteriore al trasferimento (art. 819).

Il rapporto pertinenziale collega fra loro più cose che restano, pur sempre, una **pluralità di cose**; non va confuso con il rapporto di connessione per il quale più cose vengono tra loro unite in modo da formare un'**unica cosa**. Così un'automobile è un unico bene, formato dal montaggio di una pluralità di beni (la carrozzeria, il motore, le ruote ecc.). Si parla, in tal caso, di **cosa composta**: ciascuna delle cose che formano la cosa composta non può essere separata dalle altre senza che la cosa risultante dalla loro unione perda la propria identità (un'automobile senza ruote cessa di essere un'automobile). Qui sta la differenza rispetto alle pertinenze, che possono essere sottratte al rapporto di servizio senza che l'identità della cosa principale venga alterata. Così è per i cosiddetti accessori dell'automobile: la radio, ad esempio, che su questa sia stata montata è solo una pertinenza dell'automobile; la si può togliere senza che l'automobile cessi di essere tale.

Altre classificazioni delle cose, il cui senso si rivelerà nel corso dei prossimi capitoli:

a) **cose fungibili** e **cose infungibili**: le prime appartengono ad un genere (e sono dette anche **beni di genere**), all'interno del quale ogni bene è indifferentemente sostituibile con altri. Così il danaro: un biglietto di banca è sostituibile con qualsiasi altro biglietto di banca del medesimo importo; così i capi di una medesima specie di bestiame o le unità di peso di un medesimo minerale o di una medesima derrata agricola; così qualsiasi oggetto prodotto in serie, come le copie di un medesimo libro, le autovetture di una medesima marca e di un medesimo modello, le equivalenti unità di misura di una medesima stoffa e così via. Le seconde (dette anche **beni di specie**) sono quelle che esistono in unico esemplare (dall'opera d'arte al manufatto dell'artigiano) o che, comunque, presentano propri caratteri distintivi (come è sempre per gli immobili: un dato ettaro di terreno o un dato appartamento è, se non altro per la sua ubicazione, un bene non sostituibile con un altro ettaro di terreno o con un altro appartamento). Le une sono prese in considerazione in rapporto al peso, al numero, alla misura (tot quintali di grano, tot barili di petrolio, tot copie di un libro, tot metri di stoffa); le altre in rapporto alla loro identità (quel dato dipinto, quel dato terreno);

b) **cose consumabili** e **cose inconsumabili**: le prime sono quelle che si estinguono per l'uso (come gli alimenti, il carburante ecc.); le seconde sono i beni che consentono un uso ripetuto nel tempo, anche se l'uso può deteriorarli (come le autovetture, gli indumenti ecc.).

4. La proprietà fondiaria

Il **fondo**, sia esso fondo rustico o fondo urbano, è delimitato nello spazio tanto in senso orizzontale quanto in senso verticale. La sua delimitazione orizzontale è di carattere geometrico: il fondo ha dei **confini** che segnano il limite del diritto del proprietario. In passato si utilizzava un criterio geometrico anche per determinare la proprietà in senso verticale: si concepiva il fondo come una sorta di piramide rovesciata avente il vertice al centro della terra e la base all'infinito; si riconosceva così al proprietario il diritto di godere e di disporre in modo esclusivo di tutto il sottosuolo e di tutto lo spazio sovrastante il suolo. Nel nostro tempo questo criterio geometrico è abbandonato e sostituito con un diverso criterio che pone un limite alla estensione della proprietà in senso verticale.

La proprietà del suolo si estende sì al **sottosuolo** e a tutto ciò che questo contiene (escluse, come si è detto, le miniere, le cave e le torbiere, nonché le cose di interesse storico, archeologico o artistico); si estende sì allo **spazio sovrastante**; ed il proprietario può eseguire scavi nel sottosuolo ed effettuarvi opere, come può utilizzare lo spazio sovrastante innalzando costruzioni, alberi o altro. Ma il suo diritto non è illimitato: il proprietario del suolo, dispone il codice civile, non può opporsi ad attività altrui che si svolgano a tale profondità nel sottosuolo o a tale altezza nello spazio sovrastante che egli non abbia **interesse** ad escluderle (art. 840).

Il criterio che consente di identificare il limite della proprietà in senso verticale è, dunque, di natura **economica**: la proprietà si estende fin dove il proprietario del suolo può dimostrare di avere un interesse ad esercitare il suo diritto esclusivo. Oltre questo limite, che è elastico e non misurabile in metri di profondità o di altezza, il sottosuolo e lo spazio aereo sono da considerarsi **cose comuni di tutti**. Così il proprietario di un fondo situato su una collina non può impedire che, alla base di questa, venga scavata una galleria, se lo scavo è effettuato a tale profondità, rispetto al suo fondo, da non pregiudicare la stabilità delle costruzioni che si trovano o che possono essere edificate. Così il proprietario del suolo non può impedire il sorvolo degli aerei, se questo non avviene a quota così bassa da provocare vibrazioni pericolose per le sue costruzioni.

In ogni caso il proprietario del suolo ha, fin dove il suo interesse lo giustifica, un *ius excludendi alios*, a norma dell'art. 832, dallo spazio aereo soprastante o dal sottosuolo, non già un semplice interesse da contemperare con le esigenze della produzione, secondo il diverso criterio adottato per le immissioni dell'art. 844.

I confini del fondo segnano, in senso orizzontale, il limite entro il quale ciascun proprietario esercita la facoltà di godimento insita nel suo diritto di proprietà. In linea di principio, l'attività di godimento di ogni proprietario deve essere contenuta entro i propri confini. Significativa è la norma in materia di **stillicidio**: il proprietario deve costruire i tetti in maniera che le acque piovane scolino sul suo terreno e non in quello del vicino (art. 908). Sempre in linea di principio, il proprietario deve astenersi dal compiere sul proprio fondo, o nel sottosuolo (art. 840), opere che possano recare danno al vicino, ossia ledere il suo diritto. Così chi scava un pozzo per estrarre acqua dal sottosuolo deve farlo in modo da evitare (arrivando, ad esempio, ad una vena o falda più profonda) di togliere acqua al preesistente pozzo del vicino (art. 911).

Ma fra proprietari confinanti è spesso inevitabile che il godimento di uno interferisca con il godimento dell'altro, limitandolo o pregiudicandolo. Così, negli abitati, ciascuna costruzione preclude a ciascun'altra la vista del panorama (e se un proprietario, che a ciò riconnetta particolare importanza, come ad esempio il proprietario di un albergo in zona turistica, vuole assicurare per sempre alla propria costruzione la vista del panorama, deve ottenere, come poi si vedrà, la costituzione sul fondo del vicino di una servitù di non edificare o di non sopraelevare). Per alcuni aspetti queste interferenze trovano nella legge specifici criteri di contemperamento: alla facoltà di godimento di ciascun proprietario fondiario sono imposti limiti atti a conciliare il godimento del suo fondo con il godimento del fondo confinante.

5. Le distanze legali

Un proprio limite alla facoltà di godimento è nelle norme che impongono, a protezione del diritto del vicino, di rispettare determinate **distanze minime** nel costruire edifici, scavare pozzi o fosse, collocare tubi, piantare alberi:

a) le **costruzioni** su fondi confinanti, se non sono unite o in aderenza tra loro, debbono essere tenute a distanza di **almeno tre metri**, salve le maggiori distanze previste dai regolamenti locali (art. 873): distanza ritenuta il **minimo indispensabile** perché le costruzioni vicine non si tolgano reciprocamente aria e luce e non pregiudichino la sicurezza reciproca (e bisogna aggiungere che i regolamenti comunali prescrivono, di solito, distanze di **gran lunga maggiori**).

Risulta favorito, fra due proprietari confinanti, quello che costruisce per primo (principio cosiddetto della **prevenzione temporale**): egli può costruire a meno di un metro e mezzo dal confine o sullo stesso confine, costringendo l'altro, se intende costruire a sua volta, o ad arretrare il fronte della propria costruzione, in modo da rispettare la distanza di legge, o ad avanzarlo per costruire in **appoggio** al muro del vicino (pagando la metà del valore del muro, che diventa muro in comproprietà) o in **aderenza** ad esso e pagando il valore del suolo del vicino che abbia occupato con la sua costruzione (artt. 874-77).

Se il secondo, invece, costruisce in modo da violare la distanza legale dalla preesistente costruzione, il primo può esigere la **riduzione in pristino** (art. 872), ossia la demolizione di quella parte della costruzione che eccede le distanze consentite. Il favore legislativo per chi costruisce per primo si manifesta anche nel fatto che il vicino, costretto ad arretrare il fronte della propria costruzione, non ha diritto di farsi indennizzare per il valore del suolo rimasto inedificabile.

Del muro già esistente sul confine il vicino può servirsi, oltre che per costruire in appoggio o in aderenza, anche per **innestare** un capo del proprio muro: in tal caso non dovrà però pagare la metà del valore del muro al quale innesta il proprio, rendendolo comune; ma dovrà solo corrispondere una **indennità** per l'innesto (art. 876).

I regolamenti comunali, oltre che prevedere distanze fra le costruzioni maggiori dei minimi di legge, talvolta prescrivono distanze non fra le costruzioni, bensì **dal confine**, con il risultato di rimuovere il principio della prevenzione temporale: sarà così soggetto alla riduzione in pristino anche chi costruisca per primo. I regolamenti spesso prescrivono anche limiti massimi di **altezza** o di **volume** delle costruzioni, in rapporto alla diversa classificazione urbanistica del territorio, e prescrizioni di tal genere sono contenute anche in leggi, nazionali o regionali. Queste ulteriori prescrizioni diverse dalle distanze legali, non sono poste nell'interesse particolare dei proprietari confinanti, ma nel già menzionato interesse generale ad un razionale ed equilibrato uso del territorio. La violazione di queste ulteriori prescrizioni da parte del singolo proprietario potrà indurre il Comune ad ordinare la demolizione; non attribuisce però al vicino, come nel caso di violazione di norme sulle distanze, il diritto alla riduzione in pristino, ma solo l'azione per il risarcimento del danno che provi di avere subito (art. 872);

b) **pozzi, cisterne** e **tubi**, debbono essere collocati ad almeno due metri dal confine (art. 889); i **fossi** debbono essere ad una distanza dal confine uguale alla loro profondità (art. 891);

c) gli **alberi** di alto fusto (il cui tronco, prima di ripartirsi in rami, superi l'altezza di tre metri) debbono essere piantati ad almeno tre metri dal confine, salvo i diversi regolamenti o usi locali; gli altri alberi ad un metro e mezzo; le viti e le siepi a mezzo metro (art. 892). Il vicino, comunque, può recidere le radici o chiedere al proprietario di tagliare i rami che superino il confine (art. 896).

L'interesse di ciascun proprietario a ricevere aria e luce dalle finestre del proprio edificio è in conflitto con l'interesse del vicino a non trovarsi esposto a sguardi indiscreti o a minacce della sicurezza propria e dei propri beni. La legge distingue fra luci e vedute: sono **luci** le aperture nel muro che non consentono di affacciarsi sul fondo del vicino; sono **vedute** quelle che, invece, consentono di affacciarvisi. Per le luci che si aprono sul fondo del vicino non sono prescritte distanze minime dal confine, ma debbono essere munite di inferriate e grate fisse (per garantire la sicurezza del vicino) e debbono (per proteggere il vicino da sguardi indiscreti) essere collocate ad una altezza dal suolo del vicino e dal pavimento interno prescritta dalla legge: il lato inferiore deve essere ad una **altezza** non minore di due metri e mezzo dal pavimento o dal suolo del luogo al quale si vuole dare luce e aria, se esse sono al piano terreno, e non minore di due metri se sono ai piani superiori; il lato inferiore, inoltre, deve essere ad una altezza non minore di due metri e mezzo dal suolo del fondo vicino (art. 901).

Le vedute, invece, debbono essere aperte ad una distanza di almeno un metro e mezzo dal confine (art. 905). Il vicino che, nei casi sopra indicati, abbia il diritto di costruire in aderenza o di ottenere la comproprietà del muro, può accecare le luci (art. 904); non può, invece, chiudere le vedute: se la costruzione del vicino è dotata di vedute, egli dovrà costruire alla distanza legale (art. 907).

6. Muri, fossi, siepi, alberi di confine

Il muro di confine si presume **comune** ai proprietari dei fondi che esso divide, salvo che uno dei due proprietari non provi che è soltanto suo. Quando i due edifici hanno altezze diverse, la presunzione cessa riguardo alla porzione di muro che si innalza oltre l'edificio più basso (art. 880).

Al principio generale, secondo il quale il muro di confine si presume comune, si fa eccezione (in aggiunta al caso di edifici confinanti con altezze diverse) in altri due casi: se il muro divide campi, cortili, giardini od orti, si presume che esso appartenga al proprietario verso il fondo del quale sia diretto il **piovente** del muro; e, se manca il piovente e ci sono **sporti** o **vani** che si addentrano oltre la metà dello spessore del muro e sono stati costruiti con esso, si presume che questo appartenga al proprietario del fondo, dalla parte del quale si trovano gli sporti od i vani (art. 881).

Se il muro di confine è di proprietà di uno solo dei proprietari confinanti, l'altro può renderlo comune (per tutta l'altezza o per una parte di essa) pagando al primo la metà del valore della parte che diviene comune (**comunione forzosa**); ma deve renderlo comune per tutta la lunghezza del confine del proprio terreno (art. 874).

Ciascuno dei comproprietari del muro di confine potrà sopraelevarlo (in tal caso il vicino ha diritto di rendere comune anche la sopraelevazione), appoggiarvi una costruzione, immettervi travi, chiavi e catene fino a 5 cm dalla superficie che guarda sul fondo vicino; il proprietario di questo può fare altrettanto obbligandolo ad accorciare la trave fino alla metà del muro (artt. 884-85).

Le spese di riparazione o di ricostruzione, se sono necessarie e non sono state cagionate dal fatto di uno dei due comproprietari, gravano su entrambi, salvo che uno dei due non rinunci al muro e alla porzione di terreno sottostante (art. 882).

Se due terreni, posti nell'abitato e appartenenti a due diversi proprietari, non hanno **mura di cinta**, ciascuno dei due proprietari può costringere l'altro a contribuire per metà nelle spese per costruirlo: l'altezza del muro, se i regolamenti locali o le parti non dispongono diversamente, deve essere di tre metri (art. 886).

Se i due terreni sono a dislivello, accade altrettanto per la parte di muro che si erge sul terreno più in alto, mentre il resto del muro, cioè quello che va dal terreno inferiore fino all'altezza di quello superiore, è completamente a carico del proprietario di quest'ultimo: il muro, naturalmente, deve essere costruito per metà del suo spessore su un terreno e per metà sull'altro (art. 887).

I fossi e le siepi, come il muro divisorio, si presumono **comuni** ai proprietari confinanti; è però salva la prova contraria. Quando poi soltanto uno dei proprietari confinanti si serva del **fosso** per gli scoli delle acque o quando dalla parte del suo terreno si trovino da almeno tre anni il getto di terra, ammucchiato per scavare o per approfondire il fosso, o lo spurgo estrattovi per pulirlo, si presume che il fosso appartenga solo a lui. La siepe, se recinge uno solo dei fondi o è tutta dalla parte di quest'ultimo, si presume che appartenga al proprietario di esso (artt. 897-98).

Analogamente, gli **alberi** situati sul confine tra due terreni si presumono comuni e non possono essere tagliati senza il consenso di entrambi i proprietari confinanti, che riconoscano necessario od opportuno il taglio (art. 889).

7. Le immissioni

Le interferenze fra il godimento di un fondo e il godimento di un altro fondo trovano un ulteriore criterio legale di regolazione nel caso delle **immissioni**, da un fondo all'altro, di fumo, di calore, di rumori e, in genere, in tutti i casi di propagazione di sostanze inquinanti, di vibrazioni e così via. Qui il godimento di un proprietario, che abbia ad esempio installato sul proprio fondo una officina meccanica o uno stabilimento industriale, entra in conflitto con il godimento del vicino, che riceve sul proprio fondo le moleste immissioni di rumori o di fumo ecc. da altri provocate.

Il criterio legale per la soluzione del conflitto è quello della **normale tollerabilità** (art. 844): il proprietario di un fondo non può impedire le immissioni o le propagazioni provenienti dal fondo vicino se esse non superino la capacità di sopportazione dell'uomo medio, la soglia oltre la quale risultano intollerabili da parte dell'uomo di media tollerabilità. Solo in caso contrario il vicino potrà pretendere l'adozione di misure o l'applicazione di disposizioni anti-rumore, anti-inquinamento ecc. e, se ciò non bastasse, potrà ottenere la cessazione dell'attività molesta.

È, chiaramente un criterio di favore per le **attività produttive**, considerate fonti, di prosperità generale. L'art. 844 mitiga, tuttavia, questo favore aggiungendo che, nell'applicare il criterio della normale tollerabilità, il giudice deve contemperare le esigenze della produzione con le **ragioni della proprietà** (come, ad esempio, l'interesse del proprietario di una vicina costruzione residenziale a non subire una diminuzione del valore di scambio del proprio immobile). Perciò, la tollerabilità sarà giudicata con maggiore indulgenza nel rapporto fra un grande stabilimento industriale e una piccola costruzione residenziale; ma con maggiore rigore nel rapporto fra una piccola officina meccanica e un grande centro residenziale. Altri complementari criteri di legge sono le **condizioni dei luoghi** (a chi abita in una zona industriale si può chiedere, una maggiore tolleranza) e la **priorità di un dato uso** (fra il proprietario di una rumorosa officina e quello di una vicina abitazione è più protetto quello dei due che per primo ha dato la diversa destinazione al proprio fondo).

La soluzione radicale di questi conflitti sta, evidentemente, nel prevenirli: spetta ai piani regolatori di separare fra loro le diverse forme di utilizzazione del territorio e di tenere le aree destinate ad attività industriali lontane da quelle assegnate alle costruzioni abitative.

Le propagazioni nocive sono prese in considerazione dal codice civile solo sotto l'aspetto dei rapporti **fra proprietari**; ma è chiaro che esse possono pregiudicare, oltre che le ragioni della altrui proprietà, anche un diritto che spetta a tutti, proprietari e non proprietari, ossia il **diritto alla salute** di quanti sono esposti alle propagazioni. Nell'odierna civiltà industriale il fenomeno assume pericolose proporzioni: si pensi, soprattutto, all'inquinamento atmosferico o all'inquinamento delle acque provocato dagli scarichi industriali. Sotto questo aspetto, più che il codice civile, assume rilievo il codice penale, che punisce i delitti colposi contro la salute pubblica, nonché specifiche leggi che impongono l'adozione di particolari accorgimenti tecnici per impedire o, quanto meno, attenuare il danno alla salute pubblica, come la l. n. 615 del 1966 sull'inquinamento atmosferico, sulla quale ci soffermeremo più avanti.

8. Le acque private

Tutte le acque, a norma dell'art. 1 della l. n. 36 del 1994 e dell'art. 144 del d.lgs. 3 aprile 2006, n. 152, sono bene pubblico, appartenente al demanio; la loro utilizzazione da parte dei privati, sul cui fondo scorrano o sgorghino corsi d'acque, è in linea di principio ammessa solo in forza di concessione amministrativa. Tuttavia l'art. 28 della legge del 1994 come poi l'art. 167 del successivo decreto legislativo, rende libera l'utilizzazione delle acque sotterranee per usi domestici, incluso l'innaffiamento di orti e giardini e l'abbeveraggio del bestiame, e libera altresì, per i proprietari di fondi rustici o urbani, la raccolta delle acque piovane.

Perciò le norme che, agli artt. 909-913 del codice civile, regolano il diritto del proprietario del suolo sulle acque che non siano acque pubbliche sopravvivono alla riforma del 1994 solo nei limiti del citato art. 28 di questa legge o in quanto dirette a regolare l'esercizio dei diritti nascenti da concessione amministrativa o l'adempimento dei doveri che sul concessionario incombono nei confronti degli altri proprietari fondiari.

Ciò che, in ogni caso, viene in considerazione come oggetto di un diritto di utilizzazione è il **deflusso di acqua** che sul fondo sgorga o che vi scorre, una entità simile, sotto questo aspetto, alle energie naturali (anch'esse beni, a norma dell'art. 814, in quanto **flusso**): si esprime in modo appropriato l'art. 812, comma 1°, allorché colloca fra i beni immobili **le sorgenti e i corsi d'acqua**; meno felice è la rubrica dell'art. 909, che allude alle **acque esistenti sul fondo**.

Dal fatto che viene qui in considerazione un elemento naturale concepito come **flusso** derivano le particolarità della sua disciplina. Il proprietario del fondo ha diritto di utilizzare le acque e può anche disporne a favore di altri (costituendo a loro vantaggio una servitù di attingere acqua); ma, dopo essersene servito, non può sviarle a danno degli altri fondi (art. 909): deve permettere che le acque defluiscano nei fondi altrui perché altri possano a loro volta servirsene.

Il proprietario può utilizzare per l'irrigazione dei campi e per i suoi usi domestici acque che attraversano o costeggiano il suo fondo. Il proprietario a valle, per contro, non può rifiutarsi di ricevere le acque che naturalmente defluiscono dai fondi a monte (art. 913): non può, cioè, erigere difese che ne impediscano il deflusso. Per il caso di controversia fra proprietari circa l'uso di queste acque, il giudice deve, anche qui, **conciliare** gli interessi dei singoli proprietari con i più generali interessi connessi all'agricoltura e all'industria, e può anche assegnare un'indennità al proprietario che abbia subito un pregiudizio (art. 912).

9. Le azioni a difesa della proprietà

Il diritto di proprietà, come ogni altro diritto, fruisce di protezione giurisdizionale. Il proprietario può agire in giudizio, ossia davanti all'autorità giudiziaria, nei confronti di chiunque violi il suo diritto: otterrà dal giudice un provvedimento che ristabilisce, d'autorità, il diritto violato.

Nel linguaggio processuale chi agisce in giudizio si dice che propone un'**azione**; chi agisce è detto **attore**, mentre la persona contro la quale l'azione è proposta è il **convenuto**. A difesa, in particolare, del diritto di proprietà sono previste dal codice civile specifiche azioni, dette azioni **petitorie**. Sono:

a) **l'azione di rivendicazione** (art. 948): spetta a chi si dichiara proprietario di una cosa della quale altri abbia il possesso o la detenzione; mira ad ottenere dal giudice **l'accertamento** del diritto di proprietà e la condanna del possessore o detentore alla **restituzione** della cosa.

Se nel corso del giudizio il convenuto ha, per fatto proprio, perduto il possesso (ad esempio, ha ceduto la cosa ad un terzo), l'attore può agire direttamente contro il nuovo possessore; ma può anche proseguire l'azione nei confronti del possessore originario per ottenerne la condanna a ricuperare, a sue spese, il possesso della cosa o, in mancanza, a corrispondergliene il valore, oltre al risarcimento del danno.

L'azione di rivendicazione è resa alquanto ardua dal fatto che l'attore deve dare la **prova**, spesso non facile, del proprio diritto di proprietà. Di questa prova, e del modo in cui darla, diremo più oltre; ora va chiarito che la rivendicazione non è la sola azione che consenta al proprietario di ottenere la restituzione della cosa. Può ottenerla anche esercitando, se ne ricorrono i presupposti, le **azioni possessorie**, delle quali potremo dire solo alla fine del prossimo capitolo; e in tal caso egli è esonerato dall'onere di provare la proprietà, dovendo solo dare la prova del fatto materiale d'essere stato spogliato dal convenuto del possesso della cosa. Inoltre un'azione di restituzione può essere basata su un contratto: così il proprietario che ha dato in locazione la cosa non ha bisogno, per ottenerne la restituzione, di provarne la proprietà: gli basta dare la prova del contratto di locazione dal quale deriva, per il detentore, l'obbligazione di restituzione. In conclusione: l'azione di rivendicazione presuppone che il proprietario non abbia altro titolo per ottenere la restituzione della cosa se non il proprio diritto di proprietà;

b) **l'azione negatoria** (art. 949): spetta al proprietario contro chi pretende di avere diritti reali minori sulla cosa (usufrutto, servitù ecc.); mira ad ottenere dal giudice l'accertamento della **inesistenza** del diritto altrui e l'ordine, rivolto al convenuto, di cessare le eventuali turbative o molestie della proprietà, ossia i comportamenti che, dal punto di vista del convenuto, costituiscono esercizio del suo preteso diritto sulla cosa.

L'attore si limiterà a dare la prova del proprio diritto di proprietà (la prova di un fatto negativo, come l'inesistenza del diritto altrui, non sarebbe concepibile), mentre incombe sul convenuto l'onere di provare l'esistenza del suo preteso diritto sulla cosa, contestato dall'attore. Si deve, anche qui avvertire che l'attore, per far cessare le molestie o le turbative altrui può esercitare altresì una azione possessoria, **l'azione di manutenzione**, ricorrendone i presupposti di cui diremo alla fine del prossimo capitolo;

c) **l'azione di regolamento di confini** (art. 950): spetta a ciascuno dei proprietari immobiliari confinanti, quando è incerto il confine che separa i due fondi; mira alla **determinazione** del confine, per l'accertamento del quale è ammesso qualsiasi mezzo di prova.

Questa azione non va confusa con l'azione di **apposizione di termini**, che presuppone invece un confine **certo** e incontroverso: spetta a ciascun confinante per ottenere che, a **spese comuni** (questa è la sola materia della contesa), siano apposti i segni o «termini» del confine (art. 951).

Il diritto di proprietà **non si prescrive**: non si estingue, come accade ad ogni altro diritto (art. 2934), per il solo fatto che il suo titolare si astenga dall'esercitarlo; permane in capo al suo titolare (e permane, nel corso delle generazioni, in capo ai successivi eredi) anche se per decenni (o per secoli) non viene esercitato. La legge esige — questa è la tradizionale ragione dell'imprescrittibilità del diritto di proprietà — che ogni bene abbia un proprietario, al quale potersi rivolgere per esigere l'adempimento delle disposizioni che concernono il regime dei beni (altro è, come vedremo, la perdita della proprietà delle cose mobili per **abbandono**). La proprietà si perde per non uso solo se al non uso del diritto da parte del proprietario corrisponde — come vedremo in seguito — il possesso della cosa prolungato nel tempo da parte di altri, ossia se opera, a favore altrui, quello specifico modo di acquisto della proprietà che è l'**usucapione**. E in tal caso la estinzione del diritto di proprietà per non uso è qualificata dal fatto che altri è diventato proprietario del bene. Tutto ciò il codice civile non dice con riferimento al diritto di proprietà ma, ciò che è lo stesso, con riferimento all'**azione di rivendicazione**: «l'azione di rivendicazione **non si prescrive**, salvi gli effetti dell'acquisto della proprietà da parte di altri per usucapione» (art. 948 ult. comma). Altrettanto vale per le altre azioni a difesa della proprietà.

Capitolo quinto

IL POSSESSO

SOMMARIO: 1. Concetto di possesso. — 2. Diritti del possessore nella restituzione al proprietario. — 3. Le azioni possessorie. — 4. Le azioni di nunciazione.

1. Concetto di possesso

Proprietà e possesso sono, giuridicamente, situazioni fra loro diverse, anche se il linguaggio corrente attribuisce spesso ai due termini un significato equivalente. La prima è una situazione **di diritto**: è il diritto sulla cosa definito dall'art. 832; il secondo è una situazione **di fatto**: l'art. 1140 lo definisce come il potere sulla cosa che si manifesta in una attività corrispondente all'esercizio del diritto di proprietà. È la differenza fra titolarità ed esercizio del diritto: fra l'essere proprietari di una cosa e il **comportarsi come** proprietari di essa.

Di regola il proprietario è anche possessore: ha, cioè, il diritto sulla cosa e, di fatto, lo esercita. Ma può accadere che il proprietario non possieda la cosa e che altri, non proprietario, ne abbia il possesso: è il caso, per fare un primo esempio, del furto (il derubato resta proprietario della cosa, ma non è più possessore, il ladro ne ha il possesso senza esserne proprietario); è il caso, per fare un altro esempio, della cosa consegnata dal venditore al compratore a seguito di una vendita nulla (il venditore ne è rimasto proprietario, il compratore ne ha il possesso). Questo potere di fatto sulla cosa, che è il possesso, ha una protezione giuridica **autonoma**, separata dalla protezione del diritto di proprietà: di questa protezione giuridica può valersi, come vedremo, anche il proprietario che sia possessore, agendo come possessore anziché come proprietario; ma può altresì valersene il possessore non proprietario e può valersene, come pure vedremo, anche nei confronti del proprietario.

Oltre che possesso corrispondente al diritto di proprietà (cosiddetto **possesso pieno**) può esserci possesso corrispondente al contenuto di altri diritti reali o alla comproprietà: si può possedere l'usufrutto, la superficie e così via, si può essere compossessori ossia comportarsi di fatto da usufruttuari, da superficiari ecc., essendo titolari del relativo diritto oppure no (**possesso minore**).

Dal possesso si deve distinguere la semplice **detenzione**, che consiste nell'avere la cosa nella propria materiale disponibilità: ad esempio, abitare un appartamento, coltivare un fondo, fare uso di un automezzo. Occorre, per essere possessore, l'**animo** o l'**intenzione di possedere**, ossia l'intenzione di comportarsi come proprietario della cosa (o, nel possesso di altri diritti reali, come usufruttuario, come superficiario ecc.). Perciò è possessore, negli esempi ora fatti, chi abita un appartamento o coltiva un fondo o usa un automezzo senza riconoscere in altri il proprietario e, perciò, senza pagare ad altri un canone di locazione o di affitto o di noleggio. Il che può accadere perché il possessore è egli stesso proprietario, ma può anche accadere perché il proprietario trascura, di esercitare il proprio diritto ed altri, possessore non proprietario, lo esercita in suo luogo.

Non è, invece, possessore chi **detenga** la cosa per **un titolo** (ad esempio, per contratto di locazione, o di affitto o di noleggio) che implichi riconoscimento dell'altruità della cosa. Si può detenere la cosa altrui nel proprio interesse, come negli esempi fin qui fatti, oppure nell'interesse altrui cioè per ragioni di servizio: è il caso della detenzione, da parte del lavoratore, degli strumenti di lavoro appartenenti al datore di lavoro; della detenzione, da parte del vettore, delle merci da trasportare e così via. In questi casi il proprietario, pur non essendo detentore della cosa, ne resta possessore: egli esercita, di fatto, il suo diritto riscuotendo i canoni o, comunque, pretendendoli dal detentore, impartendo direttive al lavoratore che impiega i suoi strumenti di lavoro e così via.

Si può, dunque, possedere in due modi: o **direttamente**, detenendo la cosa con l'animo di considerarla propria; oppure **indirettamente**, per mezzo di altri che ne abbia la detenzione (art. 1140 comma 2°). E in questa seconda situazione può trovarsi sia il proprietario possessore sia il possessore non proprietario, come ad esempio colui che si arroghi di fatto i diritti del proprietario e riscuota dal detentore i canoni di locazione.

Possesso e detenzione sono, concettualmente, situazioni ben differenziate. Ma altro è la loro concettuale distinzione, altro la prova, in concreto, che una data situazione di fatto sia possesso o detenzione. Al riguardo vige una **presunzione**: chi esercita il potere di fatto sulla cosa, ossia ne è materiale detentore, si presume **possessore** (si presume, cioè, il suo animo di possedere), salvo che non si provi che egli ha cominciato a esercitarlo come semplice detentore (art. 1141 comma l°), e cioè sulla base di un titolo (locazione, trasporto ecc.) che implicava il riconoscimento dell'altrui possesso.

Il semplice detentore può trasformarsi in possessore; ma non basta, a questo effetto, un mero mutamento del suo interno atteggiamento psicologico, ossia l'insorgere in lui dell'animo di possedere. Neppure basta un qualsiasi fatto esteriore, rivelatore del mutato atteggiamento psicologico. Il custode, ad esempio, al quale abbiamo lasciato in deposito la nostra automobile o i nostri bagagli (egli è un detentore per ragioni di servizio) non si tramuta in possessore nel momento in cui li faccia sparire con l'animo di appropriarsene. L'art. 1141 comma 2° (nonché gli artt. 1164 e 1102 comma 2°) consente in due soli casi la cosiddetta **interversione del possesso**, ossia il mutamento della detenzione in possesso:

a) quando il titolo per il quale si ha la materiale disponibilità della cosa venga mutato per causa proveniente da un terzo: detengo, ad esempio, a titolo di locazione, ma un **terzo**, arrogandosi i diritti del proprietario, mi vende la cosa o me la lascia in eredità. Dal momento di questa vendita o dell'apertura della successione ereditaria (che non trasferisce la proprietà perché il terzo venditore o testatore non è proprietario) cesso di detenere e, in forza del nuovo titolo (la vendita, la successione ereditaria), comincio a possedere (e si intende che il detentore si tramuta in possessore anche nell'ipotesi in cui a vendergli la cosa, già da lui detenuta, o a lasciargliela in eredità sia il vero proprietario: qui egli diventa sia proprietario sia possessore della cosa);

b) quando il detentore faccia **opposizione** contro il possessore, ossia si vanti apertamente proprietario della cosa (poco importa che effettivamente lo sia) e faccia constare al possessore, o con esplicita dichiarazione (opposizione espressa) o con atti concreti (opposizione tacita), che intende tenere la cosa come propria (opposizione tacita sarà, ad esempio, quella dell'affittuario del fondo che cessa di pagare il canone al proprietario, gli interdice di accedere sul fondo, si rifiuta di restituirglielo alla scadenza dell'affitto, e, più in generale, gli impedisce ogni atto di esercizio del suo diritto).

Fuori da questi casi il detentore che si appropri della cosa detenuta non è, giuridicamente, possessore: l'originario titolo per il quale deteneva (il contratto di deposito nell'esempio di prima) gli preclude l'acquisto del possesso e la possibilità di fruire della relativa protezione. E ciò quantunque il proprietario non possa più dire di possedere per mezzo di altri ed abbia, perciò, perduto il possesso: della cosa nessuno è possessore. Perciò, diventa possessore il ladro, che si appropria di cosa altrui da altri detenuta, ma non chi commette appropriazione indebita di cosa già in sua detenzione. Nella stessa situazione versa anche l'erede a titolo universale di chi ha commesso appropriazione indebita.

La protezione giuridica del possesso prescinde dallo stato di buona o di mala fede del possessore, ed è, perciò, possessore — e sia pure possessore di mala fede — anche il ladro, il ricettatore ecc. Ma il possessore di buona fede fruisce, come vedremo, di una protezione giuridica maggiore. È in **buona fede** chi possiede la cosa ignorando di ledere l'altrui diritto (art. 1147 comma 1°), cioè ignorando l'altruità della cosa; è, per contro, in mala fede chi sa di possedere la cosa altrui. Ma lo stato di buona fede è escluso dalla **colpa grave** (art. 1147 comma 2°): è in mala fede chi, pur ignorando l'altruità della cosa, poteva venirne a conoscenza usando un **minimo di diligenza**, come nel caso di chi faccia incauto acquisto di una cosa rubata, in presenza di circostanze (ad esempio il prezzo troppo basso) tali da ingenerare il sospetto che il venditore non ne fosse il proprietario, ma il ladro o il ricettatore.

A questo riguardo interviene una presunzione di legge: il possessore **si presume** in buona fede, salvo prova contraria; onde profitta della più estesa protezione giuridica del possesso di buona fede anche il possessore del quale non si riesca a provare la mala fede. Inoltre basta, perché il possesso sia considerato di buona fede, che il possessore fosse **originariamente** in buona fede, anche se successivamente abbia acquistato coscienza dell'altruità della cosa (art. 1147 comma 3°).

A diversi, effetti, come vedremo, conta la **durata** del possesso. Per la prova di questa durata il possessore è assistito da due presunzioni: chi prova di essere possessore attuale e, al tempo stesso, prova di avere posseduto anche in tempo più remoto si presume abbia posseduto anche nel tempo **intermedio** (art. 1142); chi prova il possesso attuale e, al tempo stesso, il titolo in forza del quale possiede (ad esempio, il contratto di acquisto dell'immobile) si presume che abbia posseduto dalla data del titolo (art. 1143).

Sia agli effetti della durata del possesso sia a quelli della qualificazione del possesso (se di buona o di mala fede) vale il principio secondo il quale il possesso dell'erede **continua** quello del defunto (e i due periodi si sommano), conservandone l'originaria qualificazione (**successione nel possesso**): se il possesso del defunto era di buona fede, resta tale quello dell'erede, anche se questi sia personalmente in mala fede; e, se era di mala fede nel defunto, continua ad esserlo nell'erede (art. 1146 comma 1°). Non c'è, invece, automatica continuazione del possesso nella successione a titolo particolare, ma solo una facoltà in tal senso (cosiddetta **accessione del possesso**) attribuita al successore: l'acquirente può, se gli giova, sommare al proprio il possesso dell'alienante (art. 1146 comma 2°); e può non giovargli se l'alienante era possessore di mala fede.

2. Diritti del possessore nella restituzione al proprietario

Al possesso, benché mera situazione di fatto, sono attribuiti molteplici effetti di diritto. In questo capitolo ne esaminiamo solo alcuni; altri, di centrale importanza entro il sistema del diritto privato, li ritroveremo nel prossimo capitolo: vedremo che, in presenza di date condizioni, il possesso è modo di **acquisto della proprietà**.

Il possessore può non essere proprietario: nei suoi confronti il proprietario può esercitare l'azione di rivendicazione e, data la prova del diritto di proprietà, ottenere la restituzione della cosa (art. 948). Nel frattempo la cosa ha prodotto **frutti** e il possessore li ha percepiti (ha, ad esempio, coltivato il fondo e raccolto i prodotti, ha dato in locazione l'appartamento e riscosso i canoni): a chi spettano i frutti? Spetterebbero, a rigore, al proprietario della cosa, secondo il principio generale dell'art. 821; ma la rigida applicazione di questo appare ingiusta rispetto al possessore di buona fede, che ha utilizzato la cosa nella convinzione di esserne proprietario. Perciò, l'art. 1148 distingue: il possessore di **buona fede** — ecco un primo effetto giuridico del possesso — fa propri i frutti (quelli maturati fino al momento della domanda giudiziale di restituzione); il possessore di **mala fede** deve, invece, restituirli (o restituire l'equivalente in danaro). Il proprietario non deve, però, trarre profitto dagli investimenti finanziari altrui: al possessore di mala fede è dovuto il rimborso delle spese incontrate per la produzione e il raccolto (art. 1149).

Il possessore, inoltre, può avere eseguito riparazioni della cosa o averle apportato miglioramenti. Ogni possessore, anche di mala fede, ha diritto al rimborso delle spese fatte per le **riparazioni straordinarie** (escluse, cioè, quelle relative all'ordinaria manutenzione della cosa); il possessore di buona fede ha, inoltre, diritto ad una indennità pari al maggior valore che la cosa ha conseguito per effetto dei **miglioramenti** apportati, mentre al possessore di mala fede spetta solo la minor somma fra l'aumento di valore della cosa e l'importo delle spese affrontate (art. 1150).

Al possessore spetta, a tutela delle proprie ragioni, il **diritto di ritenzione**: egli può rifiutarsi di restituire la cosa al proprietario fino a quando questi non gli abbia corrisposto le indennità dovutegli (art. 1152).

3. Le azioni possessorie

Al possesso è, tradizionalmente, riconosciuta **protezione giurisdizionale**: vedremo tra un istante che il possessore, sia o no proprietario, che sia stato da altri spossessato della cosa oppure sia da altri molestato nel suo possesso può rivolgersi al giudice ed ottenere, con procedimento rapido, un provvedimento che ordina la reintegrazione del possesso o la cessazione delle molestie.

Dalle cosiddette **azioni petitorie**, che sono le azioni a difesa della proprietà, si distinguono così le **azioni possessorie**, che sono azioni a difesa del possesso. Sono:

a) l'azione di **reintegrazione** o **di spoglio** (art. 1168): spetta al possessore che sia stato violentemente od occultamente spossessato di una cosa mobile o immobile (**violentemente**: con l'uso della forza o con minacce; **clandestinamente**: di nascosto dal possessore). Può essere esercitata entro **un anno** dallo spoglio o, se questo è stato clandestino, dalla sua scoperta; e consente al possessore spogliato di ottenere, sulla semplice notorietà del fatto in sé dello spoglio, la reintegrazione del possesso, ossia l'ordine rivolto dal giudice all'autore dello spoglio (o a chi ha da questo acquistato la cosa, con la consapevolezza dell'avvenuto spoglio: art. 1169) di restituire la cosa al possessore. Trascorso l'anno, il possesso si consolida nelle mani dell'autore dello spoglio, e la restituzione della cosa potrà essere ottenuta con l'azione di rivendicazione, solo dal proprietario;

b) l'azione di **manutenzione** (art. 1170), che riguarda solo i beni immobili e le universalità di mobili ed ha un duplice campo di applicazione: 1) spetta al possessore che sia **molestato** (ossia impedito, ostacolato) nel possesso della cosa o, secondo un'altra espressione, che abbia subito **turbative** del possesso (ad esempio, a causa di immissioni moleste provenienti da un vicino stabilimento industriale, che superino la normale tollerabilità, o a causa dello scarico di altrui detriti sul suo fondo ecc.); 2) spetta, inoltre, al possessore che abbia subito uno **spoglio non violento o clandestino**. Può essere esercitata, anche qui, entro **un anno** dalle turbative o dallo spoglio e mira ad ottenere, nel primo caso, un provvedimento che ordini la cessazione delle molestie e, nel secondo, la restituzione della cosa.

L'azione di reintegrazione, in quanto basata sull'altrui fatto violento o clandestino, è data a **qualsiasi possessore**, indipendentemente dalla durata del suo possesso e dal modo con il quale egli se lo era procurato. L'azione di manutenzione, invece, è data solo se il possesso durava, continuo e ininterrotto, da **oltre un anno** e non era stato conseguito in modo violento o clandestino oppure, se conseguito in tal modo, se è trascorso **almeno un anno** da quando la violenza o clandestinità è cessata (art. 1170 comma 2°). Perciò l'azione di reintegrazione può essere esercitata anche dal ladro ed anche, al limite, dal ladro che si fosse impossessato della cosa il giorno prima d'esserne, a sua volta, spogliato. L'azione di manutenzione, invece, potrà essere esercitata dal ladro (di una universalità di mobili) solo dopo avere per almeno un anno posseduto la cosa alla luce del sole, comportandosi agli occhi di tutti come il suo proprietario.

Perché il possesso, che è una situazione di fatto, riceve protezione giurisdizionale? È evidente che il possessore spogliato non è, necessariamente, più meritevole di tutela dell'autore dello spoglio: il primo può, anch'egli, essersi procurato il possesso per spoliazione altrui. Può, insomma, trattarsi di due ladri, e non c'è, nel confronto fra i due, ragione per la quale il primo ladro debba essere giudicato degno di maggior protezione del secondo. Si sogliono addurre, per giustificare questa protezione, superiori esigenze attinenti all'**ordine pubblico**: se chiunque potesse liberamente impossessarsi di ciò che altri possiede senza esserne (o senza poter provare di esserne) proprietario, si legittimerebbero spoliazioni a catena, e l'ordine pubblico ne sarebbe gravemente pregiudicato. È stato così introdotto, per antica tradizione, il principio per il quale il possessore può, anche se non proprietario, ottenere dal giudice la protezione della già conseguita situazione di fatto: ma è principio che solo indirettamente protegge il possessore: esso ha, direttamente, di mira la salvaguardia dell'ordine pubblico. Questo è uno dei tanti casi — il sistema del codice civile ne è disseminato — in cui la protezione di interessi individuali è solo il mezzo mediante il quale vengono perseguiti interessi di ordine collettivo.

Le azioni possessorie spettano al possessore, anche se non proprietario; ma di esse può avvalersi — e normalmente si avvale — **anche il proprietario**, che sia stato spogliato del possesso o molestato nel godimento del bene. In tal caso egli non agisce come proprietario, ma **come possessore**; e le azioni possessorie gli offrono una protezione assai più rapida di quella che otterrebbe con le azioni petitorie, essendo dispensato dall'onere della prova, spesso difficile, della proprietà del bene.

Le azioni possessorie spettano al possessore nei confronti di chiunque, **anche nei confronti del proprietario**. Lo si desume dall'art. 705 c.p.c.: il convenuto nel giudizio possessorio non può difendersi eccependo di essere il proprietario della cosa; né può iniziare il giudizio petitorio finché il giudizio possessorio non sia stato definito e la decisione non sia stata eseguita. La ragione del divieto è evidente: il proprietario, che sia stato privato del possesso della cosa, ha tutto il diritto di riottenerlo; ma deve, per realizzare questo risultato, esercitare in giudizio quella apposita azione che è l'**azione di rivendicazione**, e deve attendere la sentenza che, accertato il suo diritto di proprietà, ordini al possessore di restituirgli la cosa. Egli non può, invece, farsi giustizia da sé, riprendendosi la cosa di propria mano. Si intende poi che, nei confronti del proprietario, la protezione del possessore è solo **provvisoria**: vinto il giudizio possessorio e ottenuta la restituzione della cosa, il possessore soccomberà nel successivo giudizio petitorio, e dovrà definitivamente consegnarla al proprietario.

All'art. 705 c.p.c. va ora aggiunta la riserva: «salvo che ne derivi o possa derivarne un **pregiudizio irreparabile** al convenuto» (così Corte Cost., 3 febbraio 1992, n. 25). Era stato prospettato il rischio che il possessore, vinto il giudizio possessorio, facesse sparire il bene, privando il proprietario della possibilità di ricuperarlo con il successivo giudizio petitorio. La riserva introdotta dalla Corte Costituzionale consente al proprietario, convenuto in giudizio possessorio, di fronteggiare questa eventualità con la richiesta, sulla dimostrazione dell'irreparabile pregiudizio, di un sequestro giudiziario del bene.

Oltre che al possessore, l'azione di reintegrazione spetta (non, invece, l'azione di manutenzione) anche al detentore, che non detenga per ragioni di servizio o di ospitalità (art. 1168 comma 2°). Spetta, dunque, a chi detenga **nel proprio interesse**, come ad esempio l'inquilino dell'appartamento, l'affittuario del fondo (e non per ragioni di servizio, ossia nell'interesse altrui, come il dipendente che detiene gli strumenti di lavoro o il meccanico che detiene la vettura da riparare); e detenga sulla base di un **rapporto stabile** (non per ragioni di ospitalità, come nel caso di chi abita una villa come ospite del proprietario). La detenzione ha così una **protezione autonoma** da quella del possesso: il detentore, che abbia subito uno spoglio violento o clandestino, non ha bisogno di rivolgersi al possessore perché agisca con l'azione di reintegrazione; può agire, e ottenere la reintegrazione, egli stesso (deve però rivolgersi al possessore perché non gli è data l'azione di manutenzione, se ha subito uno spoglio violento o clandestino o se è stato solo molestato nella detenzione). E l'azione, per corrente interpretazione, è data al detentore anche nei **confronti del possessore**: così spetta, ad esempio, all'inquilino contro il locatore che (non importa se a ragione o a torto, perché non si può fare giustizia da sé) lo abbia buttato fuori dall'appartamento.

4. Le azioni di nunciazione

Sono azioni che spettano sia al possessore, indipendentemente dalla prova della proprietà, sia al proprietario non possessore o al titolare di altro diritto reale; ed hanno la funzione di **prevenire un danno** che minaccia la cosa: Sono:

a) la **denuncia di nuova opera**: è la denuncia all'autorità giudiziaria di una nuova opera, da altri intrapresa, dalla quale si ha motivo di temere possa derivare un danno alla cosa di cui si è possessori, o proprietari o titolari di altro diritto reale (il vicino, ad esempio, ha iniziato una costruzione a distanza dal confine inferiore alla distanza di legge). L'azione può essere esercitata fino a quando l'opera non sia terminata e purché non sia trascorso un anno dal suo inizio (art. 1171);

b) la **denuncia di danno temuto**: è la denuncia all'autorità giudiziaria di un danno grave e imminente che si teme possa derivare alla cosa di cui si è possessori o proprietari o titolari di altro diritto reale, dall'edificio o da altra cosa altrui (l'edificio del vicino, ad esempio, minaccia di crollare, travolgendo il proprio edificio) (art. 1172).

Queste azioni, dette azioni di nunciazione, danno luogo ad un giudizio che si svolge in due fasi: in **una prima fase** l'autorità giudiziaria, in base ad una **sommaria** cognizione del fatto, emette provvedimenti provvisori e urgenti, con i quali può vietare la continuazione dell'opera (eventualmente imponendo al **denunciante** il pagamento di una cauzione) o subordinarne la continuazione a particolari cautele, che escludano la possibilità di danno (e, se del caso, imponendo il pagamento di una cauzione, questa volta, al denunciato); può ordinare demolizioni, riparazioni urgenti e così via; la **seconda fase**, che è il giudizio **di merito**, conduce alla decisione definitiva circa l'effettiva esistenza del pericolo di danno e l'illiceità del comportamento del denunciato.

Le azioni di nunciazione sono ammesse anche nei confronti della pubblica amministrazione se si basano sulla situazione di pericolo creata, non dall'opera pubblica in sé, ma dalle sue modalità di esecuzione, in violazione delle regole poste dalla prudenza e dalla tecnica a salvaguardia dei diritti altrui.

Capitolo sesto

I MODI DI ACQUISTO DELLA PROPRIETÀ

1. Acquisto a titolo originario e a titolo derivativo

La proprietà si può acquistare solo nei modi previsti dalla legge: l'art. 922 ne enuncia nove, facendo riserva degli «altri modi stabiliti dalla legge». I modi di acquisto indicati nell'art. 922 vanno distinti in due grandi categorie: alcuni sono modi di acquisto a titolo originario (occupazione, invenzione, accessione, specificazione, unione, commistione, usucapione); altri a titolo derivativo (contratti, successione a causa di morte).

Si ha acquisto a **titolo derivativo** quando si acquista sulla cosa il diritto di proprietà già spettante ad un precedente proprietario. Ricorre quando la cosa è, dal suo precedente proprietario, trasferita ad un nuovo proprietario in forza di un **contratto** (ad esempio, contratto di vendita), cui la legge riconosce effetto traslativo della proprietà (art. 1376); oppure quando, alla morte di un soggetto, si attua **la successione** nei suoi beni da parte di un altro o di altri soggetti (così gli eredi e i legatari, come vedremo, acquistano la proprietà dei beni lasciati dal defunto).

A chi trasferisce il diritto si dà il nome di **dante causa**; a chi lo acquista quello di **avente causa**. L'essenza dell'acquisto a titolo derivativo è nel fatto che l'avente causa acquista la proprietà della cosa **solo se** e **solo come** il dante causa ne era proprietario. Così, se la cosa era di un terzo, e questi vittoriosamente la rivendica (art. 948), l'avente causa non avrà acquistato nulla. D'altra parte, se la cosa era gravata da diritti reali (ad esempio, usufrutto, servitù) o da garanzie reali di terzi (pegno, ipoteca), essa si trasferisce dal dante causa all'avente causa continuando ad essere gravata dai medesimi diritti altrui.

Si ha, invece, acquisto **a titolo originario** quando il diritto di proprietà che si acquista sulla cosa è indipendente dal diritto di un precedente proprietario. Ciò accade non solo quando non c'è un precedente proprietario della cosa o quando il precedente proprietario l'ha abbandonata (si tratta, allora, di cosa di nessuno e chiunque, come si vedrà nel prossimo paragrafo, può acquistarne la proprietà per occupazione). Può accadere anche quando (come in tutti gli altri modi di acquisto a titolo originario, diversi dall'occupazione) la cosa ha un precedente proprietario e, tuttavia, il diritto di questo è destinato a soccombere di fronte al diritto di chi acquista a titolo originario.

Conseguenza del titolo originario dell'acquisto è che la proprietà si acquista, a differenza di quanto accade nei modi di acquisto a titolo derivativo, libera da ogni diritto altrui che avesse gravato il precedente proprietario. Onde l'acquisto della proprietà a titolo originario, oltre che determinare l'estinzione del diritto del precedente proprietario, fa estinguere anche i diritti reali e le garanzie reali in precedenza costituiti sulla cosa.

Dei modi di acquisto a titolo derivativo ci occuperemo diffusamente in seguito, parlando dei contratti e delle successioni. Qui diremo dei modi di acquisto a titolo originario, avvertendo che di un modo di acquisto a tale titolo abbiamo già detto a proposito dei **frutti**: il proprietario e il possessore di buona fede che per gli artt. 821 e 1148 fanno propri i frutti della cosa, ne acquistano la proprietà a titolo originario. Altro modo di acquisto a titolo originario già visto è quello relativo alle **pertinenze** non appartenenti al proprietario della cosa principale.

2. L'occupazione e l'invenzione

L'occupazione è il modo con il quale si acquista la proprietà delle **cose mobili** che **non appartengono a nessuno** (art. 923): richiede un elemento materiale, l'impossessamento della cosa, ed un elemento psicologico, l'intenzione di fare propria la cosa.

Possono essere di nessuno solo le cose **mobili**: i beni immobili che non appartengono a nessun privato (cosiddetti **beni vacanti**) sono di proprietà dello Stato o, se situati nel territorio delle regioni a statuto speciale, di proprietà di queste ultime (art. 827). È il caso dei terreni rupestri, dei ghiacciai, dei terreni abbandonati dal mare (per questi ultimi una esplicita previsione è all'art. 942 comma 3°).

Il codice civile considera cose di nessuno, suscettibili di occupazione, due serie di cose: anzitutto le cose abbandonate. Queste diventano cose di nessuno dopo l'**abbandono** (detto anche **derelizione**) da parte del proprietario, il quale si è liberato del possesso della cosa con l'**intenzione** di rinunciare alla proprietà. Così, ad esempio, ci si libera della proprietà di ciò che si getta via o dei rifiuti solidi che si depongono negli appositi contenitori (e sono cose che, se non hanno più alcun valore per chi le abbandona, possono acquistarne per chi provvede alla loro raccolta, come nel caso del riciclaggio industriale dei rifiuti solidi urbani).

Una seconda serie di cose, che il codice civile considera di nessuno, sono gli animali che formano oggetto di caccia o di pesca: la selvaggina, cioè, e i pesci. La caccia e la pesca sono le forme nelle quali si attua il loro impossessamento e, con l'impossessamento, l'acquisto della proprietà per occupazione. Ora però il principio vale solo per la pesca; le esigenze di protezione della natura hanno indotto a modificare la condizione giuridica della fauna selvatica: questa non è più cosa di nessuno; è diventata, con le l. n. 968 del 1977 e n. 157 del 1992, **patrimonio indisponibile dello Stato**.

Di acquisto della proprietà per occupazione si può parlare anche in una terza serie di ipotesi, non menzionate dal codice civile: è l'occupazione delle cose mobili **altrui** con il consenso, espresso o tacito, del proprietario. Si pensi a chi coglie fiori o raccoglie legna sul fondo altrui, con il consenso del proprietario; o a chi raccoglie funghi o tartufi nei boschi, dove la raccolta non sia vietata: o chi peschi in fiumi, torrenti o laghi, dove non esista un divieto di pesca. Qui non si tratta di cose di nessuno: sono frutti naturali del fondo o della foresta o del corso d'acqua, e appartengono, per l'art. 821, al proprietario del fondo o allo Stato, essendo le foreste e i corsi d'acqua patrimonio pubblico, (artt. 822 s.). Tuttavia il consenso, espresso o tacito, del proprietario rende queste cose suscettibili di occupazione.

Dopo la ricordata l. n. 968 del 1977 rientra in questo ordine di ipotesi, nei limiti e alle condizioni in cui la caccia è ancora permessa, anche l'acquisto per occupazione della proprietà della selvaggina. Il cacciatore commette furto, perché si appropria della cosa altrui, se cattura la selvaggina fuori dei casi di caccia consentita, acquista, invece, la proprietà della selvaggina se, essendo permessa la caccia, sussisteva il consenso del proprietario all'occupazione.

Dalle cose abbandonate si distinguono le **cose smarrite**: di queste il proprietario ha perduto il possesso senza rinunciare alla proprietà. Hanno ancora un proprietario; non possono, perciò, formare oggetto di occupazione. Chi trova una cosa mobile, che le circostanze fanno presumere sia stata smarrita e non abbandonata (un portafogli perduto per la strada, un soprabito dimenticato in un locale pubblico) deve restituirla al proprietario o, se non lo conosce, consegnarla al sindaco (in pratica all'ufficio comunale degli oggetti smarriti) del luogo in cui l'ha trovata (art. 927), che ne rende noto il ritrovamento per mezzo di pubblicazione nell'albo pretorio (art. 928). Al ritrovatore è dovuto dal proprietario un premio, pari ad un decimo del valore della cosa (art. 930).

Trascorso un anno dalla pubblicazione senza che lo smarritore si presenti, questi perde la proprietà della cosa e ne diventa proprietario il ritrovatore (art. 929): è l'acquisto della proprietà per **invenzione** (o **ritrovamento**).

Sempre per invenzione si può acquistare la proprietà di un **tesoro**. È tale, per l'art. 932, ogni cosa mobile di pregio, nascosta o sotterrata di cui nessuno può provare di essere proprietario (come, ad esempio, il classico scrigno di monete d'oro sepolto secoli addietro dai pirati). Se il ritrovamento è fatto dal proprietario del fondo, il tesoro è suo; se è fatto da altri, spetta per metà al proprietario del fondo e per metà al ritrovatore. La regola non vale però per le cose di interesse storico o archeologico (antiche statue, vasi ecc.), che per legge appartengono allo Stato (art. 826 comma 2°).

3. L'accessione, l'unione, la commistione e la specificazione

Secondo un antico e generale principio la proprietà di una cosa qualificabile come **principale** fa acquistare la proprietà delle cose qualificabili come ad essa **accessorie**.

È il modo di acquisto della proprietà per **accessione**, del quale si conoscono tre forme:

1) accessione di cosa **mobile** a cosa **immobile**.

Qui si manifesta la preminenza della proprietà immobiliare: ogni bene che venga materialmente unito ad un bene immobile **accede** a questo, ossia diventa proprietà del proprietario del bene immobile (art. 934). A questo modo, ad esempio, il proprietario del suolo, che dia incarico ad una impresa edile di costruire un edificio, diventa proprietario di questo: egli ne diventa proprietario, acquistandolo a titolo originario, man mano che i materiali di costruzione di proprietà dell'impresa vengono uniti al suolo.

Può accadere che qualcuno costruisca su suolo altrui, usando materiali propri, **all'insaputa** del proprietario del suolo (ad esempio, perché ha, per errore nella identificazione dei lotti di un'area di recente edificabilità, scambiato il suolo altrui per il proprio). In tal caso il proprietario del suolo ha facoltà di scelta fra il tenersi la costruzione, pagando una somma pari al costo dell'opera o al maggior valore conseguito dal suolo, oppure l'obbligare l'altro a demolire la costruzione (art. 936).

Diverso è il caso in cui il proprietario sia **a conoscenza** delle opere altrui: ad esempio A compera un terreno da B e, quindi, vi costruisce un edificio. Successivamente il contratto di vendita da A a B viene dichiarato nullo dall'autorità giudiziaria. Poiché la sentenza che dichiara la nullità ha effetto retroattivo, risulterà che B ha costruito sul terreno di A, al quale spetta la proprietà della costruzione per il principio di accessione. A dovrà pagare a B, a sua volta, o il costo dell'opera o il valore della stessa; ma non potrà, in questo caso, esigere la demolizione (art. 936 comma 5°).

Può anche accadere che, nel costruire sul proprio fondo, il proprietario sconfini in buona fede, occupando con la costruzione parte di un fondo contiguo. In tal caso il giudice può, su richiesta del costruttore, attribuirgli la proprietà della parte del fondo altrui occupata, obbligandolo però a pagare il doppio del suo valore (art. 938);

2) accessione di cosa **immobile** a cosa **immobile**.

Sono ipotesi di limitata importanza, salvi i profili di tutela ambientale, che sono stati valutati dalla legge n. 37 del 1994, modificativa di alcuni articoli del codice civile. È il caso dell'alluvione: fiumi o torrenti trasportano, impercettibilmente, la terra da monte a valle, modificando l'estensione dei fondi rivieraschi: il proprietario del fondo a valle acquista, per accessione, la proprietà della maggior estensione che il suo fondo ha ricevuto (art. 941). È, ancora, il caso dell'avulsione; qui la corrente stacca da un fondo e trasporta più a valle o sull'altra riva una parte considerevole e riconoscibile di suolo; chi ha ricevuto l'incremento ne diventa proprietario, ma deve un'indennità all'altro proprietario (art. 944). Diverso è però il caso del corso d'acqua che, insensibilmente, si ritira da una riva portandosi sull'altra: il terreno abbandonato, secondo la modifica apportata alla norma originaria, appartiene al demanio pubblico (art. 942, comma 1°).

Se nel fiume si forma un'isola, questa appartiene al demanio pubblico (art. 945); ugualmente se un fiume o un torrente si forma un nuovo letto, abbandonando l'antico, al demanio resta l'alveo abbandonato (art. 946), quale che sia la causa, naturale o artificiale, del fenomeno (art. 947);

3) accessione di cosa **mobile** a cosa **mobile**.

Se le cose mobili appartenenti a diverso proprietario sono unite (**unione**) o sono mescolate (**commistione**) in modo da formare un tutt'uno inseparabile (ad esempio, la vernice di X è stata usata per verniciare l'automobile di Y, oppure la partita di ferro di X è stata fusa con la partita di carbonio di Y, formando una partita di acciaio), il proprietario della cosa principale (nell'esempio precedente, il proprietario dell'automobile) diventa proprietario del tutto, pagando all'altro il valore della sua cosa. Se nessuna delle cose unite o mescolate può essere considerata principale (come nel precedente esempio della fusione fra ferro e carbonio), si dovrà ancora distinguere: se la cosa che ne risulta può formare oggetto di separazione senza notevole deterioramento, «ciascuno conserva la proprietà della cosa sua ed ha diritto di ottenerne la separazione»; altrimenti si avrà comproprietà della cosa risultante dall'unione o dalla commistione, in proporzione del valore delle cose spettanti a ciascuno (art. 939).

La **specificazione** è il modo di acquisto della proprietà della materia altrui da parte di chi la adopera per formare una nuova cosa: così lo scultore che faccia una statua con il marmo altrui o il falegname che costruisca un mobile con il legno altrui diventano proprietari della statua o del mobile, ma dovranno al proprietario della materia usata il prezzo di questa. Se, tuttavia, il valore della materia usata sorpassa notevolmente quello della mano d'opera (l'orefice, ad esempio, ha fabbricato un monile con oro altrui), la proprietà della cosa spetta al proprietario della materia, che dovrà all'utilizzatore il prezzo della mano d'opera (art. 940).

4. Il possesso di buona fede dei beni mobili

La proprietà si può acquistare, a titolo originario, **mediante il possesso**: è un principio che vale sia per i beni mobili sia per i beni immobili; ma per questi ultimi occorre, come vedremo nel prossimo paragrafo, un possesso **continuato** nel tempo. Il possesso dei beni mobili può, invece, determinare l'acquisto **istantaneo** della proprietà, nel momento stesso in cui lo si consegue.

Il principio è di centrale importanza nel sistema del diritto privato: ha la funzione di rendere rapida e sicura la **circolazione** dei beni mobili; offre la possibilità di un acquisto del bene a titolo originario, dove un ostacolo impedisce il suo trasferimento a titolo derivativo. Si suol dire, tradizionalmente, che **possesso vale titolo**. Il principio si manifesta in due ipotesi:

1) acquisto di cosa mobile **da non proprietario**: colui al quale è alienata una cosa mobile da chi non ne è proprietario ne acquista la proprietà mediante il **possesso**, purché sia in **buona fede** al momento della consegna e sussista un **titolo idoneo** al trasferimento della proprietà (art. 1153).

È l'ipotesi in cui una persona abbia inteso acquistare un bene mobile a titolo derivativo, ad esempio con un contratto di vendita; e tuttavia, il suo dante causa non era proprietario di bene: non lo era, ad esempio, perché aveva a sua volta acquistato il bene con un contratto invalido, che non gli aveva perciò procurato la proprietà; o non lo era, più semplicemente, perché aveva rubato il bene. In questi casi il trasferimento della proprietà non si può attuare a titolo derivativo: nessuno, lo abbiamo avvertito al principio di questo capitolo, può trasferire un bene che non è suo. Senonché l'acquisto della proprietà avviene, in questi casi, a **titolo originario**: la proprietà si acquista mediante il possesso, purché il possessore sia in **buona fede**, ossia ignori che il suo dante causa non era proprietario, e sussista un **titolo** — che nel nostro esempio, è il contratto di vendita — astrattamente idoneo al trasferimento della proprietà;

2) alienazione della stessa cosa mobile **a più persone**: se qualcuno aliena la stessa cosa, con successivi contratti, a diverse persone, ne acquista la proprietà quella tra esse che per prima ha conseguito, in buona fede, il **possesso** della cosa, anche se il suo contratto è successivo a quello dell'altra (art. 1155).

È un'applicazione del precedente principio: il secondo acquirente, avendo acquistato da chi aveva già alienato la cosa, acquista da non proprietario; ma, se è in buona fede, ossia se ignora la precedente alienazione, acquista la proprietà mediante il possesso.

L'importanza di questo modo di acquisto della proprietà sta nella **sicurezza** che attribuisce al compratore di cosa mobile: a questo è sufficiente, per essere sicuro di avere comprato bene, conseguire in buona fede il possesso della cosa. Egli sa che, se non è diventato proprietario a titolo derivativo, **comunque lo è diventato a titolo originario**. È, perciò, liberato da una possibile remora a comperare; compera senza il rischio di dover restituire la cosa ad un terzo che se ne dimostri proprietario. E la sicurezza del compratore si traduce in un vantaggio per il venditore: questi venderà più facilmente la cosa – – e, se si tratta di un commerciante, venderà le proprie merci in maggiore quantità — vendendo a chi è sicuro di comperare bene ciò che compera. Così l'intera **circolazione dei beni** è resa più sicura e, al tempo stesso, più ampia e più rapida: più rapida perché ciascun successivo compratore, trovando nel possesso la immediata sicurezza del proprio acquisto, è dispensato dallo svolgere indagini per accertare se il venditore sia effettivamente proprietario di ciò che gli vende.

Ne resta sacrificato, come è evidente, l'interesse del terzo proprietario: ad esempio, l'interesse del derubato, il cui bene sia passato dal ladro a un ricettatore e da questo ad un acquirente di buona fede. La polizia potrà scoprire il ladro, risalire al ricettatore e, infine, ritrovare la cosa rubata; ma, se la ritrova nelle mani di un possessore di buona fede, questi non sarà tenuto a restituirla. In altri Paesi (v. la tavola n. 2) il derubato ha sempre diritto alla restituzione della cosa, anche nei confronti del possessore di buona fede. Per il codice civile italiano, invece, l'interesse del derubato è destinato a soccombere di fronte ad un interesse valutato come di ordine superiore: l'interesse collettivo ad una sicura, ampia e rapida circolazione dei beni mobili. Basti pensare che la produzione industriale è, fondamentalmente, produzione di beni mobili: quanto più ampia e più rapida è la circolazione dei beni, tanto maggiore è la quantità di beni si possono immettere sul mercato; tanto maggiore può essere la produzione industriale.

Nello stesso modo si acquistano, oltre alla proprietà, altri diritti reali su cose mobili (usufrutto, uso) e il pegno (art. 1153 ult. comma). Non si può invece, acquistare mediante il possesso la proprietà di **universalità di mobili**, né quella dei **mobili iscritti in pubblici registri** (art. 1156): le prime (si pensi ad una biblioteca o ad una pinacoteca) perché non sono destinate alla circolazione e non presentano, perciò, le stesse esigenze di sicura e rapida circolazione; i secondi perché sottoposti ad una forma di pubblicità che, come vedremo nel prossimo paragrafo, ne consente l'equiparazione ai beni immobili.

5. L'usucapione

Il possesso è, come si è visto, un potere di fatto sulla cosa che corrisponde al contenuto del diritto di proprietà: si può essere possessore di un bene, ossia comportarsi come suo proprietario, senza averne il diritto; e, correlativamente, si può essere proprietario del bene senza averne il possesso. Può accadere che una simile situazione si protragga nel tempo: che un bene abbia, per anni, un possessore non proprietario, ed un proprietario non possessore. Al protrarsi di questa situazione la legge ricollega una precisa conseguenza: il proprietario non possessore perde il diritto di proprietà; il possessore non proprietario lo acquista. È l'**usucapione** (detta anche **prescrizione acquisitiva**): l'acquisto della proprietà, a titolo originario, mediante il possesso continuato nel tempo.

È irrilevante, agli effetti dell'usucapione, che il possesso sia di **buona fede** o di **mala fede**, ossia che il possessore non avesse o avesse conoscenza della altruità della cosa posseduta. Questa circostanza, come vedremo tra poco, può interferire solo sulla durata del possesso necessaria per usucapione, che è più breve per il possesso di buona fede. Perciò, può acquistare la proprietà per usucapione anche il ladro, se conserva il possesso della cosa rubata per tutto il tempo necessario. Occorre però che il possesso sia goduto alla luce del sole: se è stato conseguito, come nel caso del ladro, in modo **violento o clandestino**, il tempo utile per l'usucapione comincia a decorrere solo da quando sia cessata la violenza o la clandestinità (art. 1163). Perciò, finché il ladro tiene nascosta la refurtiva, l'usucapione non decorre: decorrerà solo dal momento in cui la possiederà sotto gli occhi di tutti.

Il fondamento dell'usucapione è in un'esigenza di ordine generale, che è quella di eliminare le situazioni di incertezza circa l'appartenenza dei beni, di assicurare la **certezza dei diritti** sulle cose. Una incertezza sulla appartenenza dei beni nuoce all'interesse generale, costituisce una remora alla circolazione della ricchezza: chi vuole comperare può essere indotto a rinunciarvi se non è sicuro di comperare bene, se è in dubbio sulla qualità di proprietario del venditore, e teme, perciò, di essere esposto al rischio che un terzo, dimostrandosi proprietario della cosa, possa vittoriosamente rivendicarla. Un dubbio di tal genere, moltiplicato per il numero di tutti i possibili aspiranti compratori, si tradurrebbe in un freno notevole alla **circolazione dei beni** e, perciò, in un limite allo sviluppo economico. Di qui l'usucapione: una consolidata situazione di fatto, quale è il possesso di un bene protratto per un certo tempo, è di per se stessa considerata modo di acquisto della proprietà. Chi compera sa di comperare bene se compera da chi ha posseduto la cosa per il tempo necessario per usucapirla: egli sa che il venditore, se per avventura non era proprietario in origine, lo è comunque diventato per effetto del possesso continuato nel tempo.

L'usucapione vale a semplificare la **prova** in giudizio del diritto di proprietà. La prova sarebbe impossibile, specie per i beni immobili, se si dovesse provare d'avere acquistato la proprietà a titolo derivativo: occorrerebbe provare d'avere validamente acquistato da un proprietario, e che il dante causa aveva a sua volta validamente acquistato da un proprietario, e così fino al primo proprietario del bene, secoli e secoli addietro (è la cosiddetta **prova diabolica**). L'usucapione rende agevole la prova della proprietà: basta provare d'avere posseduto il bene per il tempo necessario per acquistare la proprietà a titolo originario e, se lo si possiede da un tempo minore, si può sommare al proprio, come si è detto a suo luogo, il possesso del dante causa; oppure si può provare che per il tempo necessario all'usucapione ha posseduto il dante causa, dimostrandosi così acquirenti a titolo derivativo da un proprietario a titolo originario.

Il tempo necessario per acquistare la proprietà mediante il possesso varia a seconda delle diverse specie di beni: occorrono, di regola, **venti anni** per i beni immobili (art. 1158), e per le universalità di mobili (art. 1160); **dieci anni** per i beni mobili registrati (art. 1162 comma 2°).

Quando un immobile sia stato acquistato in buona fede da chi non ne è proprietario, in forza di un titolo idoneo a trasferire la proprietà e debitamente trascritto (situazione analoga a quella che per i beni mobili consente, come si è visto nel precedente paragrafo, l'acquisto immediato della proprietà mediante il possesso), bastano **dieci anni** dalla data della trascrizione (art. 1159). Quando una medesima situazione ricorra per i beni mobili registrati, bastano **tre anni** dalla trascrizione (art. 1162 comma 1°).

Anche le cose mobili si acquistano per usucapione quando mancano i presupposti, esaminati nel precedente paragrafo, per un acquisto immediato all'atto del conseguimento del possesso. Se manca il titolo idoneo, ma c'è possesso di buona fede, occorrono **dieci anni**; se, invece, il possesso è di mala fede occorrono **venti anni** (art. 1161).

Oltre che il diritto di proprietà, si acquistano per usucapione anche gli altri diritti reali su beni immobili o mobili; e perciò può esserci acquisto del diritto di superficie, di usufrutto, di servitù e così via mediante il possesso continuato nel tempo. La durata del possesso necessaria per l'usucapione di questi diritti è la stessa durata richiesta per l'usucapione della proprietà.

Una nuova forma di usucapione, limitata ai **piccoli** fondi **rustici** e, senza determinazioni quantitative, ai **fondi rustici montani**, è stata introdotta dall'art. 1159-*bis*: l'usucapione ventennale si compie qui in **quindici anni**, quella decennale in **cinque anni**. È una forma di usucapione che, nell'inerzia del proprietario terriero, favorisce la formazione della proprietà del coltivatore (in assonanza con alcune norme costituzionali, come quelle degli artt. 44 e 47 comma 2° Cost.), riducendo i termini dell'usucapione comune, ordinaria o abbreviata.

Capitolo settimo

I DIRITTI REALI SU COSE ALTRUI

1. Concetto di diritto reale su cosa altrui

Con il diritto di proprietà possono coesistere, sulla medesima cosa, altri diritti, appartenenti a soggetti diversi dal proprietario: sono il diritto di superficie, l'usufrutto, l'uso e l'abitazione, l'enfiteusi, le servitù, che nelle prossime pagine esamineremo distintamente. Hanno, come la proprietà, il carattere di **diritti reali**, ossia di diritti sulla cosa; assumono, tradizionalmente, il nome di diritti reali **su cosa altrui** (per i romani *iura in re aliena*) perché presuppongono, necessariamente, che altri sia il proprietario della cosa sulla quale si esercitano. Ma di essi si parla anche come di diritti reali **minori** o **parziari** o **limitati**.

Abbiamo già accennato al modo con il quale si attua la coesistenza, su una medesima cosa, del diritto di proprietà di un soggetto con i diritti reali spettanti ad altri soggetti: la costituzione di questi diritti riduce il contenuto del diritto di proprietà, limita cioè le facoltà spettanti sulla cosa al proprietario, permette, di conseguenza, che determinate facoltà possano essere esercitate da persona diversa dal proprietario. Possono coesistere su una medesima cosa più diritti reali minori; ciò è reso possibile dal fatto che ciascuno di essi ha un proprio contenuto, diverso dal contenuto degli altri. L'usufruttuario, ad esempio, ha il diritto di usare la cosa altrui e di farne propri i frutti; e questo suo diritto può coesistere con il diritto di servitù spettante ad un terzo, per esempio con la servitù di passaggio sul fondo.

La natura di questi diritti come diritti reali si manifesta nel fatto che essi hanno per oggetto la cosa e permangono, in quanto diritti sulla cosa, nonostante il mutamento della persona del proprietario: se la cosa circola e ad un proprietario subentra un altro proprietario — perché, ad esempio, il primo ha venduto la cosa al secondo oppure perché il primo è morto e gli è succeduto l'erede — il diritto reale su cosa altrui segue la cosa nella sua circolazione. Si suole dire, per esprimere questo concetto, che il diritto reale su cosa altrui ha **diritto di seguito** (o di sequela), è un diritto sulla cosa **opponibile** a tutti i successivi proprietari, ossia un diritto che tutti i successivi proprietari della cosa sono tenuti a rispettare.

Ma il diritto di seguito non spiega per intero l'essenza del diritto reale su cosa altrui. Situazione analoga si può manifestare anche per i diritti personali di godimento della cosa altrui, come la locazione: se un bene dato in locazione viene alienato dal proprietario locatore, il nuovo proprietario — come vedremo a suo luogo — è tenuto a rispettare il diritto del locatario (art. 1599). La locazione ha, dunque, diritto di seguito e, tuttavia, non è nel numero dei diritti reali. Si coglie un carattere distintivo dei diritti reali su cosa altrui se si considera che essi sono, come la proprietà, suscettibili di possesso e di acquisto a titolo originario, sicché essi si differenziano dai diritti personali di godimento essenzialmente per la diversa legge di circolazione.

I diritti reali su cosa altrui hanno in comune con la proprietà un altro carattere, assente invece nei diritti personali di godimento. Sono suscettibili di **possesso** e godono, a questo modo, di una protezione che non ha confronto con quella dei diritti personali di godimento: sono protetti, a differenza dei secondi, non solo come diritto, ma anche come potere di fatto sulla cosa, difeso con le azioni possessorie.

I diritti reali su cosa altrui formano un numero chiuso: sono soltanto i sei diritti previsti come tali dalla legge; i privati non possono crearne altri (cosiddetta **tipicità** dei diritti reali). Il favore legislativo è per la **piena** proprietà: ogni diritto altrui, che riduca la facoltà del proprietario, è considerato un'eccezione alla regola, da contenere entro precisi limiti di legge. La ragione di questo favore per la piena proprietà è nell'esigenza di politica economica di assicurare il più intenso sfruttamento della ricchezza e la sua massima circolazione, considerata anch'essa, come già si è osservato, un determinante fattore di sviluppo economico. Lo sfruttamento più intenso della ricchezza richiede la sua libera e piena disponibilità, la possibilità di modificare in ogni momento la destinazione economica dei beni. D'altra parte, l'esistenza di diritti reali altrui sulla cosa, se non è un ostacolo giuridico alla sua circolazione (potendo ugualmente la cosa essere venduta), ne costituisce tuttavia una remora economica, essendo un bene gravato da diritti altrui assai meno vendibile di un bene in piena proprietà. Questo favore per la piena proprietà è anche la ragione per la quale a determinati diritti reali come l'usufrutto, la legge impone — lo vedremo tra breve — una durata **temporanea**; mentre favorisce, come accade con l'affrancazione dall'enfiteusi, il superamento della situazione di coesistenza di più diritti sulla stessa cosa.

I diritti reali su cosa altrui, a differenza della proprietà che è imprescrittibile (salvi gli effetti dell'usucapione altrui), si estinguono per non uso: il termine di prescrizione è di **venti anni** (artt. 954, 970, 1014, 1073). Anche in questa loro soggezione alla prescrizione (e sia pure con termine doppio rispetto al termine decennale di prescrizione ordinaria dei diritti, previsto dall'art. 2934) si manifesta il valore legislativo per il ristabilimento della piena proprietà.

L'azione in giudizio a difesa dei diritti reali su cosa altrui assume, tradizionalmente, il nome di **azione confessoria**, che esprime l'antitesi di questa azione rispetto alla già considerata azione negatoria, spettante al proprietario contro chi pretende diritti reali sulla sua cosa. Con l'azione confessoria si mira ad ottenere il riconoscimento in giudizio del proprio diritto sulla cosa altrui, contro chiunque, **proprietario o terzo**, ne contesti l'esercizio. Mira anche ad ottenere la cessazione delle eventuali turbative o molestie (ossia i comportamenti del proprietario o di terzi che impediscono l'esercizio del diritto) e, se necessario, la riduzione in pristino, come ad esempio l'abbattimento di una costruzione edificata in violazione di una servitù di non edificare (art. 1079).

Quando, per qualsiasi causa, il diritto reale su cosa altrui si estingue, il diritto del proprietario si riespande, assumendo automaticamente il carattere di piena proprietà. È la cosiddetta **consolidazione**: si parla, ad esempio, di consolidazione dell'usufrutto per alludere al fatto che, cessato l'usufrutto, il proprietario riacquista il godimento della cosa. Una generale causa di estinzione del diritto reale su cosa altrui è la **confusione**: si ha quando, ad esempio per successione ereditaria, il proprietario diventa egli stesso titolare di un diritto reale minore sulla cosa. Qui non si avrà un proprietario che è, al tempo stesso, usufruttuario della cosa: opera, anche in questo caso, la consolidazione: il diritto minore si estingue, e la proprietà diventa piena proprietà.

2. Il diritto di superficie

È il diritto di edificare e di mantenere sul suolo **altrui**, o nel sottosuolo altrui, una **propria** costruzione (artt. 952 comma 1°, 955). La costituzione di questo diritto, per contratto intervenuto fra il proprietario del suolo e il superficiario, vale a sospendere l'operatività del già esaminato principio di **accessione**, per il quale ogni opera esistente sopra o sotto il suolo appartiene al proprietario del suolo (art. 934).

Si determina così la situazione, non rara, per la quale il proprietario della costruzione e il proprietario del suolo sono soggetti tra loro diversi: il primo ha proprietà della costruzione (cosiddetta **proprietà superficiaria**) e, inoltre, il diritto di superficie sul suolo, come diritto reale su cosa altrui; il secondo è proprietario del suolo. Una simile situazione può anche verificarsi quando il proprietario di un suolo sul quale già insista una sua costruzione alieni la costruzione, ma non il suolo (art. 952 comma 2°): in tal caso, l'alienazione della proprietà della costruzione comporta la costituzione, a favore dell'acquirente, del diritto di superficie sul suolo.

Il diritto di superficie può essere costituito in perpetuo o a tempo determinato: in questo secondo caso, una volta scaduto il termine, il diritto di superficie si estingue e riprende vigore il principio di accessione, con la conseguenza che il proprietario del suolo acquista la proprietà della costruzione (art. 953).

Al diritto di superficie sul suolo si fa ricorso, oltre che per costruire edifici, per installare stazioni di distribuzione di carburante, chioschi ecc.; il sottosuolo è utilizzato per autorimesse e simili. È anche possibile che il diritto di superficie riguardi la sopraelevazione di un preesistente edificio e che la proprietà superficiaria abbia ad oggetto solo la parte superiore di una costruzione. Al diritto di superficie temporaneo si ricorre, generalmente, per eseguire opere destinate a durare per breve tempo: esso offre al superficiario il vantaggio di acquistare il diritto ad un prezzo minore.

Il diritto di costruire si prescrive, come ogni diritto reale su cosa altrui, per non uso ventennale; ma, una volta che il superficiario abbia costruito, non si potrà più parlare di prescrizione. Se la costruzione perisce, il superficiario ha diritto di ricostruire (art. 954 comma 3°); ma dal momento del perimento della costruzione ricomincerà a decorrere il termine ventennale di prescrizione.

Il diritto di superficie temporaneo è anche uno strumento di **poli-**

tica urbanistica, largamente usato in alcuni paesi del nord Europa, da noi utilizzato piuttosto raramente. Alcune leggi, come la l. n. 865 del 1971, della quale diremo ampiamente più oltre, l'hanno previsto: i suoli espropriati per fini di edilizia economica e popolare, anziché essere ceduti ai costruttori, possono restare proprietà dei comuni, mentre ai costruttori viene solo concesso il diritto di superficie per un tempo determinato. La perdurante proprietà pubblica del suolo ha lo scopo di evitare le private speculazioni sull'incremento del valore dei suoli; mentre il costruttore, acquistando solo il diritto di superficie, paga per il suolo un prezzo basso, e ciò influisce positivamente sul costo delle costruzioni e, quindi, sul loro prezzo di vendita. Una controindicazione lamentata nei paesi dove questo sistema è praticato è la scadente qualità delle costruzioni, eseguite in modo da non durare oltre il diritto di superficie, nonché la loro trascurata manutenzione in prossimità della scadenza del diritto di superficie.

3. L'usufrutto, l'uso, l'abitazione

Il diritto dell'usufruttuario sulla cosa altrui, mobile o immobile o universalità di mobili, ha contenuto molto vasto. Comprende:

a) la facoltà di **godere della cosa**, ossia di utilizzarla per il proprio vantaggio, con le eventuali successive accessioni (art. 983), ma nel rispetto della **destinazione economica** impressa alla cosa dal proprietario (art. 981);

b) la facoltà, in particolare, di fare propri i **frutti**, naturali o civili, della cosa (art. 984); i frutti **naturali**, come i prodotti del suolo ricevuto in usufrutto o, se questo ha per oggetto un gregge o una mandria (art. 994), i parti degli animali; i frutti **civili**, come il canone di locazione, se l'usufruttuario dà in locazione la cosa, o come gli interessi dei capitali ricevuti in usufrutto o come gli utili dell'azienda di cui si è usufruttuari (art. 2561).

Le facoltà dell'usufruttuario hanno, dunque, una estensione che si approssima, pur senza raggiungerla, alla facoltà di godere delle cose spettante al proprietario (art. 832). Non la raggiunge perché l'usufruttuario non ha, come il proprietario, la facoltà di modificare la **destinazione economica** della cosa: così, se l'usufrutto ha, per esempio, ad oggetto un fondo rustico destinato alla coltivazione, l'usufruttuario non può trasformarlo in suolo destinato a pascolo; se ha ad oggetto, per fare un altro esempio, un'azienda industriale o commerciale, l'usufruttuario non può riconvertire l'azienda modificando il settore produttivo o commerciale cui è stata destinata dal proprietario (art. 2561). Il proprietario, che resta **nudo proprietario**, conserva la facoltà di disporre della cosa: può, ad esempio, venderla; ma si intende che chi compera acquista una cosa che rimane gravata dall'altrui usufrutto, fino al termine di scadenza di questo.

Le spese e le imposte relative alla cosa sono così ripartite fra nudo proprietario e usufruttuario: al primo competono le spese per le straordinarie riparazioni (art. 1005), al secondo quelle per la ordinaria manutenzione (art. 1004), il primo paga le imposte che gravano sulla proprietà (art. 1009); il secondo quelle che incombono sul reddito (art. 1008).

Il già segnalato favore legislativo per la piena proprietà si manifesta nella **temporaneità** imposta al diritto di usufrutto: questo non può durare, se usufruttuario è una persona fisica, **oltre la vita** dell'usufruttuario e, se è una persona giuridica, oltre il termine di **trent'anni** (art. 979). Perciò l'usufrutto si estingue, fatalmente, alla morte dell'usufruttuario, e non passa ai suoi eredi. L'usufruttuario può cederlo ad altri per atto fra vivi (vendita, donazione ecc.), ma il diritto del nuovo usufruttuario si estingue, immancabilmente, alla morte del suo **primo titolare** (art. 980).

L'usufrutto può essere **volontario**, costituito cioè per contratto o per testamento, oppure **legale**, ossia costituito direttamente dalla legge, indipendentemente dalla volontà degli interessati: così è l'usufrutto spettante ai genitori sui beni dei figli minori (art. 324). Come ogni diritto reale, l'usufrutto si può altresì acquistare per **usucapione** (art. 978).

Al termine dell'usufrutto l'usufruttuario dovrà restituire la cosa al proprietario (art. 1001 comma 1°), e dovrà restituirgliela nello stato in cui si trovava quando l'ha ricevuta, salvo il deterioramento derivante dall'uso (art. 996). Quando si tratta di una universalità di cose mobili, l'usufruttuario deve reintegrarla delle singole cose perite: così il gregge deve essere restituito con lo stesso numero di capi ricevuti alla costituzione dell'usufrutto (art. 994). Il criterio generale in base al quale giudicare circa il modo con il quale egli ha custodito, amministrato e tenuto in stato di conservazione la cosa è la **diligenza del buon padre di famiglia** (art. 1001 comma 2°), ossia la diligenza dell'uomo medio.

L'usufrutto può anche avere ad oggetto cose **consumabili** o cose **fungibili**, come somme di danaro. In questo caso, solitamente definito come «quasi-usufrutto», l'usufruttuario non dovrà, ovviamente, restituire al termine del rapporto le stesse cose a suo tempo ricevute dal proprietario, ma il loro **equivalente** in qualità e quantità (art. 995).

Il diritto reale di **uso** differisce dall'usufrutto solo per la limitata misura della facoltà di godimento che attribuisce sulla cosa: l'usuario può servirsene, e fare propri i frutti, limitatamente a quanto occorre ai **bisogni suoi e della sua famiglia** (art. 1021), mentre al proprietario spettano i frutti che eccedono questa misura.

Il diritto reale di **abitazione** è ancora più circoscritto: ha per oggetto una **casa**, e consiste nel diritto di abitarla limitatamente, anche qui, ai bisogni del titolare del diritto e della famiglia (art. 1022). Né l'uso né l'abitazione consentono di cedere il diritto o di dare in locazione la cosa (art. 1024).

4. L'enfiteusi

È, fra i diritti reali su cosa altrui, quello di più esteso contenuto, al punto di essere tradizionalmente considerato come una forma di proprietà: il cosiddetto **dominio utile**, in antitesi con il diritto del nudo proprietario, definito come **dominio diretto**. Un tempo di applicazione molto diffusa, oggi tende a scomparire, anche per lo sfavore legislativo nei suoi riguardi, recentemente manifestatosi con le l. n. 607 del 1966 e n. 1138 del 1970.

L'enfiteusi è un diritto **perpetuo** o, se è previsto un termine, di durata non inferiore a **vent'anni** (art. 958); può essere ceduto e trasmesso agli eredi (art. 965). Ha per oggetto, generalmente, fondi rustici, ma è possibile costituirlo anche su fondi urbani. Sul fondo l'enfiteuta ha la stessa facoltà di godimento che spetta ad un proprietario (art. 959), ma con due obblighi specifici: 1) di **migliorare il fondo**; 2) di corrispondere al nudo proprietario, che qui prende il nome di concedente, un **canone periodico** (art. 960).

La sua tradizionale funzione economica è, da un lato di consentire a proprietari terrieri (in antico alla nobiltà feudale) di ricavare una rendita, in forma di canone periodico, da terre incolte o, comunque, scarsamente produttive, disinteressandosi completamente della loro utilizzazione economica. Di qui, appunto, quell'obbligo di migliorare il fondo che caratterizza la posizione dell'enfiteuta. È, d'altro lato, di rendere possibile al coltivatore della terra di acquistare, con il reddito ricavato dalla coltivazione del fondo da lui migliorato, la proprietà del fondo stesso. Di qui l'affrancazione, della quale ora diremo.

L'incentivo dell'enfiteuta è il diritto di **affrancazione**: egli ha la facoltà di acquistare la proprietà del fondo pagando al concedente, che non può rifiutarsi di prestare il proprio consenso, una somma pari alla **capitalizzazione** del canone annuo (art. 971), che per le ricordate leggi del 1966 e del 1970 si ottiene moltiplicando il canone annuo per quindici (prima di queste leggi occorreva moltiplicarlo per venti). Il concedente perderà, a questo modo, la proprietà del fondo, ma riceverà in suo luogo un capitale che gli consentirà di continuare a percepire una rendita (minore, per effetto delle citate leggi, di quanto fosse in passato).

Al concedente spetta, per contro, il diritto di domandare al giudice la **devoluzione** del fondo, ossia l'estinzione del diritto di enfiteusi: *a*) se l'enfiteuta non adempie l'obbligo di migliorare il fondo; *b*) se non paga due annualità di canone (art. 972).

5. Le servitù prediali

Si definiscono, tradizionalmente, come un «peso imposto sopra un fondo per l'utilità di un altro fondo appartenente a diverso proprietario» (art. 1027). Il «peso», nel quale la servitù consiste, è una limitazione della facoltà di godimento di un immobile, detto **fondo servente**, alla quale corrisponde un diritto del proprietario di un altro immobile, detto **fondo dominante**. Si consideri un caso tra i più elementari: quello della servitù di passaggio. Qui il diritto reale su cosa altrui sta nel diritto del proprietario di un fondo di passare attraverso il fondo del vicino; ed il «peso», di cui questo fondo è gravato, risiede nella limitazione del diritto del proprietario di impedire ad altri l'accesso al fondo.

Non necessariamente fondo dominante e fondo servente sono contigui: si pensi, ad esempio, alla servitù di acquedotto, che può gravare su una pluralità di fondi, situati fra la sorgente d'acqua e il fondo per la cui utilità l'acquedotto è stato costruito. L'utilità del fondo dominante può anche essere inerente alla sua destinazione industriale (art. 1028). Tuttavia, deve sempre essere utilità di un **fondo**, non quella personale del proprietario, oltre i limiti della obiettiva utilità del fondo. Perciò, il proprietario di uno stabilimento industriale, che abbia sul fondo del vicino la servitù di attingere acqua, non potrà attingerne in quantità superiore al fabbisogno della sua industria e trasportare l'eccedenza ad altri suoi stabilimenti industriali.

Le servitù vengono variamente classificate:

a) servitù **positive** e **negative**: le prime sono quelle che permettono al proprietario del fondo dominante forme di diretta utilizzazione del fondo servente (servitù di passaggio, di attingere acqua ecc.), e l'obbligo gravante sul proprietario del fondo servente consiste semplicemente in un lasciar fare, nel **sopportare** l'altrui attività; le seconde sono, invece, servitù che consistono in un obbligo di **non fare** del proprietario del fondo servente, come la servitù di non edificare, la servitù di non sopraelevare (utili al proprietario dell'immobile dominante, vi abbiamo già fatto cenno, per non perdere la vista del paesaggio, per conservare luce o spazi verdi intorno alla propria costruzione) ecc.;

b) servitù **continue** e **discontinue**: per l'esercizio delle prime non è necessario il fatto dell'uomo (così si gode della servitù di non edificare senza necessità di fare alcunché); per le seconde è, invece, necessario (come nella servitù di passaggio) il comportamento attivo del titolare della servitù;

c) servitù **apparenti** e **non apparenti**, a seconda che sul fondo servente esistano o meno opere visibili e permanenti destinate al servizio del fondo dominante. Sono apparenti, ad esempio, la servitù di acquedotto, di elettrodotto, di oleodotto, di metanodotto, di strada; non sono apparenti la servitù di passaggio, la servitù di attingere acqua, la servitù di non edificare e di non sopraelevare.

La servitù può, come ogni diritto reale su cosa altrui, essere costituita **volontariamente** (per contratto, per testamento); ma può anche essere costituita **coattivamente**. Alla costituzione coattiva si dà luogo nei casi in cui la legge riconosce al proprietario di un fondo, tenuto conto di specifiche circostanze, il **diritto** di ottenere una servitù dal proprietario di un altro fondo, e quest'ultimo si rifiuta di costituirla volontariamente (art. 1032). Un diritto alla costituzione coattiva della servitù è previsto dalla legge in una serie di casi, sui quali ci soffermeremo nel prossimo paragrafo.

Sono comunemente ammesse, anche se la legge non le prevede, le servitù reciproche: più proprietari di aree edificabili costituiscono, a favore e a carico di ciascuno di essi, servitù di identico contenuto, generalmente implicanti limitazioni al diritto di costruire (determinate dimensioni e determinati requisiti per le costruzioni, determinate distanze minime fra le costruzioni ecc.). Ciascun fondo viene così a trovarsi nella condizione, ad un tempo, di fondo dominante e di fondo servente: in quanto fondo dominante, riceve l'utilità che gli deriva dai limiti al diritto di costruire gravanti sugli altri fondi; in quanto fondo servente è gravato, per l'utilità degli altri fondi da corrispondenti limitazioni del diritto di costruire. Le servitù reciproche hanno la funzione di assicurare, per volontà privata, il mantenimento di un dato assetto urbanistico al territorio: spesso la loro costituzione è imposta dai comuni al momento della approvazione di un piano di lottizzazione (si approva il piano a condizione che il proprietario richiedente inserisca nel contratto di vendita di ciascun lotto una servitù a favore degli altri lotti); talvolta sono gli stessi privati proprietari, interessati al mantenimento dell'assetto urbanistico di un dato territorio turistico, a procedere spontaneamente alla costituzione di queste servitù.

Le servitù, come ogni diritto reale, si possono acquistare per **usucapione**, ossia con l'esercizio di fatto, prolungato nel tempo, del diritto sulla cosa altrui. Non si possono, tuttavia, usucapire le **servitù non apparenti** (art. 1061): queste, come ad esempio la servitù di passaggio, non danno luogo a opere visibili sul fondo altrui; non permettono, perciò, di rendere certo e incontrovertibile il possesso della servitù.

Un modo di acquisto a titolo originario, proprio solo delle servitù, è la cosiddetta **destinazione del padre di famiglia** (art. 1062); è il rapporto di servizio stabilito fra due fondi appartenenti ad un medesimo proprietario (su uno dei due fondi, ad esempio, c'è una sorgente d'acqua, e il loro proprietario ha costruito un acquedotto per portare l'acqua all'altro fondo). Se i due fondi cessano di appartenere al medesimo proprietario (perché ha venduto uno dei due o perché, morendo, ha lasciato i due fondi a eredi diversi), il preesistente rapporto di servizio si trasforma, automaticamente, in una servitù di un fondo a favore dell'altro (nel nostro esempio in una servitù di acquedotto). Questo modo di acquisto della servitù vale, come l'usucapione, solo per le **servitù apparenti** (art. 1061).

Le servitù, come gli altri diritti reali su cosa altrui, si estinguono per prescrizione ventennale. Di particolare, in materia, c'è il diverso momento dal quale la prescrizione comincia a decorrere, a seconda che si tratti di servitù positiva o negativa (art. 1073). La prescrizione delle **servitù positive** comincia a decorrere dal momento in cui cessa l'attività di godimento del fondo altrui (cessa, ad esempio, il passaggio attraverso questo); quella delle **servitù negative** solo dal momento in cui si verifica un fatto che impedisce l'esercizio della servitù (così la servitù di non sopraelevare comincia a prescriversi solo dal momento in cui il vicino dà inizio alla sopraelevazione, senza che il titolare della servitù insorga per impedirglielo).

Un carattere proprio delle servitù è che esse non consistono mai, in un fare, o in un dare, ma solo in un **non fare** o in un **sopportare** che altri faccia. Il principio è espresso dall'art. 1030: «il proprietario del fondo servente non è tenuto a compiere alcun atto per rendere possibile l'esercizio della servitù da parte del titolare» (e si dice, tradizionalmente, che la servitù non può consistere nel fare). Senonché lo stesso art. 1030 aggiunge: «salvo che la legge o il titolo non disponga altrimenti»: sono le cosiddette **prestazioni accessorie** alla servitù, consistenti in un fare o in un dare che il contratto o la legge impone al proprietario del fondo servente, con funzione strumentale rispetto all'esercizio della servitù. Un esempio di prestazione accessoria previsto dalla legge è nell'art. 1091; e si pensi, quanto alle prestazioni accessorie previste dal contratto costitutivo della servitù, a quella che può essere imposta al proprietario di un fondo gravato da una servitù di passaggio di provvedere alle opere di manutenzione necessarie per assicurare il passaggio altrui.

Le prestazioni accessorie alla servitù vengono, tradizionalmente, fatte rientrare in una più vasta categoria: quella degli **oneri reali**. Sono i pesi che gravano su un immobile e che consistono in una prestazione di fare o di dare imposta, a vantaggio altrui, a chi sia proprietario o titolare di altro diritto reale sull'immobile. Tali sono considerati, ad esempio, l'obbligo dell'enfiteuta di migliorare il fondo o quello di corrispondere il canone al concedente (obblighi inerenti al fondo enfiteutico e gravanti su tutti coloro che si trovano, rispetto al fondo, nella condizione di enfiteuta [7.4]); l'obbligo, per i comproprietari, di contribuire alle spese necessarie per la conservazione e per il godimento della cosa comune (art. 1104); l'obbligo, per chi sia proprietario di terreni situati in un comprensorio di bonifica, di contribuire alle spese della bonifica (art. 860) e di eseguire, sul fondo, le opere di competenza dei privati proprietari (art. 861). Sono obblighi **accessori** alla titolarità di un diritto reale; gravano sul titolare del diritto reale in **quanto tale** e, perciò, sono detti oneri **reali**: essi afferiscono al diritto sulla cosa e si trasmettono con il trasferimento del diritto; il soggetto onerato se ne libera spogliandosi del diritto sulla cosa.

Gli oneri reali, come tutti i pesi sulla proprietà, sono guardati con sfavore dal legislatore moderno (in antico ce n'erano un'infinità, collegati al diritto eminente del sistema feudale: censi, misure, livelli, decime ecc.) e formano un **numero chiuso**: i privati non possono crearne altri oltre a quelli espressamente previsti dalla legge.

6. Continua: le servitù coattive

Come già si è accennato nel paragrafo precedente, le servitù possono essere costituite anche **coattivamente**, ossia contro o, comunque, indipendentemente dalla volontà del proprietario del fondo servente.

Le servitù coattive sono, di regola, costituite con **sentenza** dell'autorità giudiziaria, su domanda dell'interessato; e la sentenza determina anche l'**indennità** dovuta dal proprietario del fondo dominante al proprietario del fondo servente: finché il primo non paga l'indennità il secondo può opporsi all'esercizio della servitù. Nel caso dell'elettrodotto coattivo, di cui diremo fra breve, la servitù coattiva può essere costituita con provvedimento dell'**autorità amministrativa** (art. 1032), ed il provvedimento di questa assume carattere analogo all'espropriazione per pubblica utilità, con la particolarità che il provvedimento dei pubblici poteri lascia qui permanere la proprietà privata del bene, ma gravata coattivamente di una servitù.

Una **servitù di passaggio** può essere costituita coattivamente su fondo altrui — ma non su case, giardini cortili, od aie attinenti ad essi — in una delle situazioni seguenti:

a) un fondo è **intercluso**, ossia non ha un'uscita sulla via pubblica o potrebbe averla ma a prezzo o con disagi eccessivi (ad esempio, tra il fondo e la strada pubblica c'è un fiume, su cui occorrerebbe fare un ponte). Senza l'accesso alla strada pubblica non sarebbe possibile una conveniente utilizzazione del fondo: perciò il proprietario ha diritto di giungere alla strada passando attraverso quel terreno o quei terreni per i quali l'accesso, o sia più conveniente e arrechi minor danno: i proprietari di questi terreni **devono** concedergli la servitù di passaggio; altrimenti la impone loro il giudice (art. 1051).

La servitù si può esercitare anche per mezzo di un sottopassaggio;

b) dal fondo alla strada pubblica c'è già un accesso, che tuttavia non basta ai bisogni del fondo e non può essere ampliato: anche in questo caso il proprietario ha diritto ad un altro passaggio attraverso quel terreno o quei terreni contigui per i quali è più breve e meno dannoso: ma ne ha diritto solo se ciò risponde alle esigenze dell'agricoltura o dell'industria (art. 1052);

c) dal fondo alla strada c'è già un accesso, ma questo è insufficiente al transito dei veicoli: se si può allargare, sconfinando nel fondo vicino, il proprietario di quest'ultimo deve permetterlo concedendo una servitù (art. 1051 comma 3°).

In tutti e tre i casi il proprietario che ha diritto alla servitù deve al vicino o ai vicini un indennizzo proporzionato al danno cagionato loro dal passaggio. Se, per attuare il passaggio, occorre occupare stabilmente una zona del fondo servente o lasciarla incolta, egli dovrà **anticipare** una somma corrispondente al valore di quella zona, oltreché risarcire il danno che subisce il fondo servente (perché, ad esempio, viene tagliato in due dalla nuova strada) (art. 1054).

La servitù di passaggio coattivo può essere soppressa quando cessano le cause per cui era stata chiesta (art. 1055).

L'**acquedotto coattivo** è la servitù di fare passare acque attraverso il fondo o i fondi altrui (escluse sempre le case i giardini ecc.) per soddisfare il bisogno di acqua del proprio fondo, sia che si tratti dei bisogni della vita del proprietario (acqua per l'alimentazione e per i bisogni domestici in genere) sia che si tratti di quelli inerenti alla destinazione del fondo ad usi agricoli o industriali (acque per irrigare i campi, per il funzionamento delle macchine industriali ecc.). Anche qui il proprietario del fondo dominante dovrà occupare quei terreni attraverso i quali, tenendo conto delle condizioni dei luoghi, l'acquedotto risulti più conveniente e meno dannoso per il fondo servente (artt. 1033 s.).

Il proprietario del fondo dominante, prima di costruire il suo acquedotto, dovrà indennizzare il proprietario del fondo servente: cioè dovrà anticipargli una somma corrispondente al valore del terreno da occupare e al danno che subisce l'intero fondo servente (ad esempio, perché tagliato in due dall'acquedotto).

La servitù può essere chiesta per un periodo di tempo non maggiore di 20 anni salvo rinnovarla per un altro ventennio. Allo scadere della servitù il proprietario del fondo servente può trattenere le opere che il titolare della servitù vi ha costruito per il funzionamento della funicolare, ma deve pagare un corrispettivo.

L'elettrodotto coattivo e, inoltre, l'acquedotto pubblico, il metanodotto, l'oleodotto, il passaggio di linee telefoniche, l'installazione di antenne televisive ecc. sono servitù coattive che spettano all'ente o alla società che gestisce il servizio di erogazione al pubblico dell'energia elettrica o dell'acqua potabile o del metano, o che esercita il servizio telefonico ecc., su tutti i fondi che sono situati lungo il percorso della linea elettrica, dell'acquedotto e così via. Il fondo dominante è, in questi casi, quello sul quale sono situati gli impianti di erogazione, le centrali telefoniche ecc. In questi casi la servitù coattiva si costituisce per atto amministrativo, ossia per atto della pubblica autorità, su iniziativa dell'ente o della società interessata.

Capitolo ottavo

LA COMUNIONE

SOMMARIO: 1. La comunione in generale. — 2. Il condominio negli edifici.

1. La comunione in generale

Il diritto di proprietà o gli altri diritti reali possono appartenere ad una sola persona; e si parla allora di proprietà **individuale** (o **solitaria**), di superficie, di usufrutto individuale e così via. Ma è possibile che la medesima cosa formi oggetto del diritto di proprietà o del diritto reale di **più persone**; e si parla allora di **comunione** di proprietà (o comproprietà), di comunione di superficie (o cosuperficie), di comunione di usufrutto (o cousufrutto) e così via (mentre la corrispondente situazione di fatto sulla cosa assume il nome di **compossesso**). È una situazione diversa da quella descritta nel capitolo precedente: là si è visto come una medesima cosa possa formare oggetto di più diritti aventi, ciascuno, un diverso contenuto (la proprietà di un soggetto e, inoltre, il diritto di superficie o di servitù ecc. di altri soggetti); qui si tratta, invece, del fenomeno per cui sulla medesima cosa coesistono diritti di più persone, ma aventi **uguale contenuto** (la proprietà di più persone, l'enfiteusi di più persone ecc.).

La comunione è, dunque, la situazione per la quale la proprietà o altro diritto reale **spetta in comune a più persone** (art. 1100). È una situazione che può verificarsi in un triplice ordine di ipotesi: *a*) comunione **volontaria**, dipendente cioè dalla volontà dei partecipanti alla comunione: più persone, ad esempio, comperano insieme un medesimo bene e ne diventano, per ciò stesso, comproprietarie; *b*) comunione **incidentale**, non dipendente dalla volontà dei partecipanti: più persone, ad esempio, ricevono il medesimo bene in eredità e si trovano, indipendentemente dalla loro volontà, ad esserne comproprietarie; *c*) comunione **forzosa**, alla quale non ci si può sottrarre (così è nel condominio degli edifici di cui diremo tra breve; così nel già esaminato caso della comunione forzosa del muro che il proprietario confinante può imporre all'altro proprietario che non abbia rispettato le distanze legali). Tra comunione incidentale e comunione forzosa c'è questa differenza: la prima sorge senza che i partecipanti l'abbiano voluta, ma può, nei modi che tra breve vedremo, essere sciolta per volontà dei partecipanti; la seconda è, invece, sottratta alla volontà di costoro.

La coesistenza, sulla medesima cosa, dell'uguale diritto di più persone si realizza mediante la ideale scomposizione della cosa in una pluralità di **quote**. Considerata nella sua materialità, la cosa comune appartiene per intero a tutti i partecipanti: tutti ne sono comproprietari, o ne sono cousufruttuari e così via, senza possibilità di separare fisicamente parti della cosa spettanti all'uno o all'altro. Idealmente, invece, la cosa comune si scompone in tante quote quanti sono i partecipanti: la quota è una sua frazione ideale, determinata aritmeticamente: si può essere comproprietari o cousufruttuari di una cosa per un mezzo, per un terzo e così via. Essa segna la **misura** della partecipazione di ciascuno alla comunione: la proporzione secondo la quale ciascun partecipante concorre nei vantaggi e nei pesi inerenti alla cosa comune (art. 1101 comma 2°).

In linea di principio, le quote di partecipazione si presumono uguali (art. 1101 comma 1°): perciò, se tre sono i comproprietari, ciascuno ha una quota pari ad un terzo; se sono due, la quota di ciascuno è di un mezzo. Ma le quote possono, per legge o per volontà delle parti, essere disuguali fra loro: così, se più persone sono state istituite eredi per quote disuguali, esse diventeranno comproprietarie del patrimonio ereditario secondo le medesime disuguali quote. La presunzione di uguaglianza delle quote opererà, invece, se più persone comperano assieme un bene sborsando ciascuna una somma diversa: qui, se le parti non stabiliscono diversamente, ciascuna avrà sul bene comune una uguale quota.

Le facoltà di godimento e di disposizione della cosa spettano ai partecipanti alla comunione in modo, per certi aspetti, **individuale** e, per altri aspetti, **collettivo**. Distinguiamo quattro situazioni, relative le prime due alla facoltà di godimento e le altre alla facoltà di disposizione:

a) l'**uso della cosa comune**: in linea di principio spetta, separatamente, a ciascun partecipante, il quale non deve però alterarne la destinazione economica e deve comportarsi in modo da non impedirne l'uso da parte di ciascun altro partecipante (art. 1102). Così, ad esempio, ciascuno dei comproprietari di un cortile o di una strada privata può transitarvi e parcheggiare, ma in modo da non impedire il transito e il parcheggio degli altri. Non sempre, tuttavia, la natura del bene comune è tale da consentire l'uso individuale di ciascun partecipante: se si tratta di un appartamento, ad esempio, e i comproprietari non intendono coabitarlo, il godimento della cosa comune consisterà nel darlo in locazione e nel ripartirsi il canone secondo le rispettive quote (o nell'accordarsi perché uno lo abiti e corrisponda agli altri le quote loro spettanti del canone di locazione);

b) **l'amministrazione della cosa comune**: spetta collettivamente ai partecipanti, che deliberano a **maggioranza**, ma a maggioranza **di quote** (art. 1105), non di numero: perciò, il singolo partecipante, che detenga una quota superiore al cinquanta per cento, può imporre la propria volontà agli altri, anche se costoro sono numericamente in maggioranza.

Tuttavia, per le **innovazioni** (come il mutamento della destinazione economica della cosa comune, che da cortile, ad esempio, si vuole trasformare in suolo edificatorio) e gli atti di **straordinaria amministrazione** (ad esempio, pavimentare il cortile o la strada in terra battuta, dotare di nuovi servizi l'appartamento) occorre una **doppia maggioranza**: maggioranza di numero dei partecipanti, che rappresentino almeno i due terzi del valore della cosa (art. 1108 commi 1° e 2°).

Il principio di maggioranza ha un correttivo: le deliberazioni sia di ordinaria sia di straordinaria amministrazione possono essere impugnate dai partecipanti dissenzienti davanti all'autorità giudiziaria, che può annullare le prime se sono gravemente pregiudizievoli per la cosa comune e le seconde se lo sono per l'interesse di singoli partecipanti (art. 1109);

c) gli **atti di disposizione della propria quota**: ciascun partecipante può, senza dover richiedere il consenso degli altri partecipanti, alienarla, darla in usufrutto, ipotecarla e così via (art. 1103);

d) gli **atti di disposizione dell'intera cosa comune** richiedono, invece, il consenso **unanime** dei partecipanti (art. 1108 comma 3°): non la si può vendere, o costituire su di essa diritti reali altrui o garanzie reali, se tutti non sono d'accordo.

Lo stato di comunione è guardato con sfavore dalla legge, per gli ostacoli che oppone al mutamento di destinazione dei beni e alla loro circolazione, con conseguente pregiudizio (qui come nel caso della costituzione sul bene di diritti reali altrui) per la migliore utilizzazione della ricchezza e per lo sviluppo economico (salvo però il favore con cui lo guarda in situazioni particolari, come nel caso della comunione dei beni fra coniugi, di cui diremo). Di qui la regola secondo la quale ciascuno dei partecipanti può, in ogni momento, domandare al giudice di pronunciare la **divisione** della cosa comune (art. 1111 comma 1°), salvo che si tratti di cosa che, se divisa (si pensi all'esempio precedente della strada privata in comunione), cesserebbe di servire all'uso cui è destinata (art. 1112); mentre il **patto** fra i partecipanti di restare in comunione non può eccedere la durata di **dieci anni** (art. 1111).

La divisione si attua, se possibile, **in natura** (art. 1114), ossia trasformando le quote ideali dei partecipanti in parti fisiche della cosa (alla quota di un terzo, ad esempio, di un terreno di tre ettari corrisponderà un ettaro di terreno). Se il carattere del bene non consente o rende scomoda la divisione in natura (come dividere tra più persone un unico appartamento?), si procede o alla sua assegnazione in proprietà solitaria ad uno dei partecipanti, che verserà agli altri il valore in danaro della loro quota, oppure alla sua vendita con conseguente ripartizione del ricavato fra i partecipanti.

2. Il condominio negli edifici

È stato oggetto di riforma con la l. 11 dicembre 2012 n. 220, entrata in vigore il 18 giugno 2013. Tradizionalmente riguarda gli edifici composti di una pluralità di appartamenti, formati ciascuno da un piano o da una porzione di piano, che appartengono a proprietari diversi, secondo la condizione caratteristica delle unità immobiliari urbane. Si verifica, in tal caso, questa duplicità di situazioni: i singoli appartamenti sono oggetto di proprietà **solitaria** dei rispettivi proprietari; mentre le parti dell'edificio necessarie all'uso comune (il suolo, sul quale sorge l'edificio, i muri maestri, i tetti, le scale) nonché, in genere, le cose destinate per le loro caratteristiche strutturali e funzionali all'uso comune (la portineria incluso l'alloggio per il portiere, le aree destinate a parcheggio), e inoltre le opere o installazioni destinate all'uso in comune (ascensore, sistema centralizzato di distribuzione e trasmissione gas, energia elettrica, riscaldamento, condizionamento, ricezione radiotelevisiva o per l'accesso di qualunque altro genere di flusso informativo, anche da satellite o via cavo, fino al punto di diramazione ai locali di proprietà solitaria, ovvero fino al punto di utenza) sono oggetto di **comproprietà** fra tutti i proprietari degli appartamenti (art. 1117).

Il condominio riguarda, inoltre, le cose comuni a più edifici tra loro separati e permanentemente destinate al loro servizio, come l'impianto di riscaldamento unico per più edifici, il parco e la piscina comuni di un complesso residenziale ecc. È il cosiddetto condominio **orizzontale**, venuto in considerazione con i moderni sviluppi dell'edilizia abitativa, al quale, già prima della riforma, pur in mancanza di esplicita previsione normativa, la giurisprudenza riteneva applicabili le stesse norme che il codice civile formula per le parti comuni di un medesimo edificio (detto condominio **verticale**). Oggi, la novella stabilisce espressamente che, in quanto compatibili, le disposizioni sul condominio si applicano, in "tutti i casi in cui, più unità immobiliari o più edifici ovvero più condomini di unità immobiliari o di edifici abbiano parti comuni" (art. 1117 bis), consentendo così di regola di applicare la disciplina a molteplici ipotesi di **condominio complesso** o **supercondominio**.

Il condominio è un caso di comproprietà **forzosa**, alla quale i proprietari dei singoli appartamenti non possono sottrarsi (art. 1118 comma 2°). Essi debbono contribuire, ciascuno in proporzione al valore della sua proprietà, nelle spese occorrenti per la conservazione a cui non possono sottrarsi ("neanche modificando la destinazione d'uso della propria unità immobiliare, salvo quanto disposto da leggi speciali") e per il godimento delle parti comuni (art. 1123 comma 1°). Il condomino può però rinunciare all'utilizzo dell'impianto centralizzato di riscaldamento o di condizionamento, se dal suo distacco non derivino notevoli squilibri di funzionamento o aggravi di spesa per gli altri condomini. In tal caso il rinunziante resta tenuto a concorrere al pagamento delle sole spese per la manutenzione straordinaria dell'impianto e per la sua conservazione a messa a norma (art. 1118 comma 4°). Le spese che riguardano però cose destinate a servire in modo diverso o esclusivo alcuni condomini sono ripartite in misura proporzionale all'uso (art. 1123 commi 2° e 3°): chi abita al piano terreno, ad esempio, non concorre nelle spese relative all'ascensore; chi abita all'ultimo piano vi concorre in misura maggiore di chi abita al primo.

Dalla comune comproprietà il condominio negli edifici differisce, essenzialmente, per la più complessa organizzazione: le deliberazioni sull'amministrazione sono prese da un'**assemblea dei condomini**, minuziosamente regolata dalla legge, (artt. 1135 s.); quando i condomini sono più di otto, è, obbligatoria la nomina di un **amministratore** (artt. 1129 s.), ed in proposito, in mancanza di delibera assembleare vi provvede l'autorità giudiziaria, oggi anche su richiesta dell'amministratore dimissionario (ma, poiché ante riforma, l'obbligo della nomina di un amministratore richiedeva la necessità di più di quattro condomini, oggi, fino al superamento della attuale più elevata soglia minima, le assemblee condominiali possono decidere la revoca dell'amministratore ed ammettere un'autogestione); **se i condomini sono** più di dieci, deve essere formato un **regolamento** per l'uso delle cose comuni, la ripartizione delle spese, le regole per la tutela del decoro dell'edificio e le norme relative all'amministrazione (art. 1138). Attualmente la disciplina stabilisce anche che il regolamento condominiale non può vietare di possedere o detenere animali domestici. Un particolare diritto è riconosciuto al proprietario dell'ultimo piano, il quale può sopraelevare pagando ai condomini una indennità (art. 1127).

Le parti comuni non sono soggette a divisione, a meno che la divisione possa farsi senza rendere più incomodo l'uso della cosa a ciascun condomino. Nel caso di divisibilità è richiesto il consenso di tutti i partecipati al condominio (art. 1119). La regola è di non rendere assoluta l'indivisibilità, subordinando la divisione, alla condizione stabilita dalla legge volta a non alterare lo stato ed il pacifico godimento delle parti di uso comune.

Il carattere forzoso del condominio viene meno quando le parti di un medesimo edificio possono assumere il carattere di edifici autonomi (così nel caso di edificio con più colonne di appartamenti, aventi ciascuna un proprio ingresso e una propria scala) o quando si tratta di un gruppo di edifici (condominio orizzontale). In questi casi il condominio può essere sciolto e i comproprietari di ciascuna parte possono costituirsi in **condominio separato** (art. 61 disp. att.). Lo scioglimento può anche essere parziale, e lasciare sopravvivere l'antico condominio per le parti rimaste comuni agli originari partecipanti (art. 62 disp. att.), come ad esempio, per gli unici locali di portineria, e nel caso di unico impianto di riscaldamento.

Multiproprietà. Altro dalla comunione è la cosiddetta **multiproprietà**, non regolata dalla legge e diffusa, da qualche tempo, nella forma della multiproprietà immobiliare turistica. Un medesimo appartamento viene venduto, separatamente, a più persone, che ne possono godere **a turno** ciascuna per un predeterminato periodo dell'anno. Il diritto di ciascun multiproprietario è perpetuo e disponibile; la cosa oggetto di multiproprietà è indivisibile. Le parti comuni del complesso residenziale sono, invece, in condominio.

Sembra, a prima vista, di essere in presenza di una ordinaria comunione, modificata solo dal duplice fatto dell'uso a turno e della indivisibilità perpetua. Sennonché, il patto che regola le modalità di uso della cosa comune, ammissibile a norma dell'art. 1102, non è opponibile a terzi; ed il patto di indivisibilità è, per l'art. 1111, opponibile ai terzi, ma la sua durata non può eccedere dieci anni. Più coerente ricostruzione del fenomeno è quella che fa capo all'idea di una proprietà individuale su un nuovo bene, identificato non solo nello spazio, ma anche nel tempo e definito come breve **spazio-temporale**. Da questo punto di vista, l'«invenzione» della multiproprietà non ha dato vita ad un nuovo diritto reale sulle cose (ciò che è reso inammissibile dal ben noto numero chiuso dei diritti reali) ma ad una cosa nuova (ciò che è pienamente ammissibile), oggetto pur sempre del comune diritto di proprietà. Essendo pur sempre l'interesse degli uomini la misura di ciò che è bene e di ciò che non lo è, nulla vieta di concepire un bene che non ha solo confini nello spazio, ma anche — se ciò ne fa una entità idonea a realizzare interessi — limiti nel tempo.

Il regime del condominio per le parti comuni della multiproprietà può valere solo per le descritte e più tradizionali forme di multiproprietà, aventi ad oggetto un ben determinato complesso immobiliare residenziale. Non può essere richiamato per la multiproprietà azionaria, in cui una pluralità di complessi immobiliari situati in Paesi e località molto distanti tra loro rimangono in proprietà della società che ha come oggetto sociale l'attività economica costituita dalla loro acquisizione, gestione, e concessione in godimento.

Capitolo nono

L'OBBLIGAZIONE

SOMMARIO: 1. Diritto reale e diritto di obbligazione. — 2. Il rapporto obbligatorio. — 3. Obbligazioni con pluralità di soggetti o di oggetti. — 4. Fonti delle obbligazioni.

1. Diritto reale e diritto di obbligazione

Oltre che di diritti che spettano agli uomini sulle cose, secondo le regole esposte nei capitoli precedenti, il mondo del diritto è fatto di diritti che spettano agli uomini nei confronti di altri uomini. La proprietà e gli altri diritti sulle cose non assicurano, da soli, il soddisfacimento degli interessi umani: il proprietario di un fondo rustico o il proprietario di una azienda industriale ha, in quanto proprietario, il diritto esclusivo di godere del fondo o dell'azienda; ma non potrà realmente goderne, non ricaverà dal suo bene le utilità che solo lui, in quanto proprietario, ha diritto di ricavare, se non assumerà dei dipendenti e non si procurerà, per contratto, il diritto alle loro prestazioni di lavoro, indispensabili per coltivare il fondo o per fare funzionare l'azienda. E questo ulteriore diritto non è più il diritto sulla cosa: è il diritto di un soggetto alle prestazioni personali di altri soggetti. Ancora: il proprietario di un qualsiasi bene ha, in quanto proprietario, il diritto esclusivo di disporne e, in particolare, il diritto di venderlo per realizzarne il controvalore in danaro; ma, per raggiungere questo risultato, il diritto sulla cosa non gli basta. Occorre che la legge protegga anche il suo diritto, verso il compratore, al pagamento del prezzo di vendita: è, anche in questo caso, il diritto di un soggetto alla prestazione di un altro soggetto.

Dai diritti reali si distingue così un'altra serie di diritti: sono i **diritti di obbligazione** o, secondo altre espressioni, i **diritti di credito** o (ciò che sottolinea la contrapposizione ai diritti reali) i **diritti personali**. Esaminiamone i caratteri distintivi:

a) al confronto con i diritti reali, che sono diritti **sulle cose**, i diritti di obbligazione si presentano, in prima approssimazione, come diritti **ad una prestazione personale**, ossia ad un dato comportamento di un soggetto. Questo comportamento può consistere, secondo una generale classificazione, in una prestazione di **dare** o **consegnare** (come nell'esempio, già fatto, del pagamento del prezzo di vendita) o in una prestazione di **fare** (come nel caso, già menzionato, della prestazione di lavoro del dipendente) o in una prestazione di **non fare** (come, ad esempio, nell'obbligazione di non fare concorrenza, assunta da un imprenditore nei confronti di un altro imprenditore).

Esistono diritti di obbligazione, come i **diritti personali di godimento** (art. 1380), che presentano forti analogie con i diritti reali: così il diritto al godimento della cosa altrui che il contratto di locazione attribuisce al locatario (art. 1571) o il diritto di servirsi della cosa altrui che il contratto di comodato attribuisce al comodatario (art. 1803). Qui non c'è, tuttavia, un diritto del soggetto sulla cosa: c'è solo un diritto alla prestazione personale di un altro soggetto, anche se questa prestazione, quella del locatore o del comodante, consiste nel consentire ad altri il godimento o l'uso di cosa. La differenza fra le due situazioni apparirà evidente alla stregua di quanto si dirà ai punti *b*) e *c*);

b) i diritti reali sono **assoluti**: sono, cioè, diritti che spettano ad un soggetto nei confronti di tutti gli altri soggetti; i diritti di obbligazione sono diritti **relativi**: spettano ad un soggetto nei confronti di uno o più soggetti determinati o, come vedremo più oltre, determinabili.

La relatività dei diritti di obbligazione, al confronto con l'assolutezza del diritto reale, si manifesta nel modo più evidente nella differenza che intercorre fra una servitù negativa, ad esempio la servitù di non edificare o di non sopraelevare, ed una obbligazione negativa: la già menzionata obbligazione di non fare concorrenza, ad esempio, assunta da un imprenditore nei confronti di un altro imprenditore (art. 2596). Chi ha ottenuto una servitù negativa sul fondo del vicino conserva il suo diritto anche se il vicino vende il fondo: potrà sempre opporlo (ecco l'assolutezza del diritto) a tutti i successivi proprietari del fondo. Ma l'obbligazione di non fare concorrenza vincola solo la persona che l'ha assunta: se l'imprenditore cede l'azienda, il nuovo titolare di questa sarà libero di fare concorrenza a chiunque.

Assolutezza e relatività, come ora definite, non sono però sempre sufficienti per cogliere la differenza fra diritto reale e diritto di obbligazione. È diritto di obbligazione, e non diritto reale, il diritto al godimento della cosa altrui che il contratto di locazione attribuisce al locatario (art. 1571); e, tuttavia, il contratto di locazione è, come già si è osservato, opponibile dal locatario ai successivi proprietari della cosa (art. 1599): attribuisce, sotto questo aspetto, un diritto definibile come assoluto. Come distinguere, sotto questo aspetto, il diritto del locatario dal diritto dell'usufruttuario? Occorre ancora considerare, per comprendere la differenza fra le due situazioni, quanto ora si dirà ai punti *c*) e *d*);

c) se spingiamo più a fondo il confronto, constatiamo che i diritti reali fruiscono di una **difesa assoluta**: non solo il proprietario ma, come si è visto, anche il titolare di diritti reali minori ha azione in giudizio contro **chiunque** contesti l'esercizio del suo diritto (art. 1079). I diritti di obbligazione, invece, fruiscono di una **difesa relativa**: il loro titolare può difenderli, con azione in giudizio, solo nei confronti della **persona dell'obbligato**, mentre non può agire nei confronti dei terzi che contestino il suo diritto. Egli non può fare a meno, per la difesa del suo diritto nei confronti di costoro, della cooperazione dell'obbligato.

Si manifesta, su questo terreno, la differenza che intercorre fra la locazione, quale diritto **personale** di godimento della cosa altrui, e i diritti reali su cosa altrui. Sia il locatario sia l'usufruttuario hanno diritto alla consegna della cosa; ma, se questa è detenuta da un terzo, l'usufruttuario potrà direttamente agire nei suoi confronti per ottenerne la consegna; il locatario, invece avrà azione solo verso il locatore, perché ricuperi il possesso della cosa e, quindi, gliela consegni. Ancora: se, dopo la consegna, il godimento della cosa viene diminuito dalle molestie di un terzo che pretenda di avere diritti sulla cosa — che pretenda, ad esempio, di esercitare sul fondo locato una servitù di attingere acqua o una servitù di passaggio — il locatario deve rivolgersi al locatore per ottenere da questo il ristabilimento del pieno godimento della cosa (artt. 1585 comma 1°, 1586). L'usufruttuario, invece, può direttamente agire per negare l'altrui servitù (art. 1012 comma 2°). Il secondo, insomma, è titolare di un diritto **sulla cosa** e può difendere da sé e contro chiunque il proprio diritto; il primo — ecco cosa vuol dire, in ultima analisi, diritto solo **personale** di godimento — non ha che una pretesa alla prestazione dell'obbligato.

Va, peraltro, ricordato che il locatario, in quanto detentore nell'interesse proprio, ha l'azione di spoglio (art. 1168 comma 2°), e va fin d'ora segnalato che, contro le molestie dei terzi che non pretendano diritti sulla cosa, ha altresì azione di manutenzione (art. 1585 comma 2°). Ma in questi casi non è il diritto di credito ad essere protetto, bensì lo **stato di fatto** della detenzione della cosa.

Fino al principio degli anni settanta questo criterio poteva soddisfare appieno. Senonché, a partire da quel tempo, la nostra giurisprudenza ha, come vedremo, progressivamente esteso ai diritti di credito la tutela aquiliana, un tempo riservata ai diritti assoluti: il creditore, il cui diritto sia stato pregiudicato da un terzo, ha azione nei confronti di questo per il risarcimento del danno e, se possibile, per la reintegrazione in forma specifica. I diritti di credito sono così diventati diritti patrimoniali protetti nei confronti di chiunque, così come un tempo erano solo i diritti reali. Non resta allora che ripiegare su un ultimo, estremo, criterio di distinzione, cui si è già fatto cenno:

d) i diritti reali, e solo i diritti reali, sono suscettibili di possesso; essi, e soltanto essi, sono suscettibili di acquisto a titolo **originario**. A questo modo, la differenza fra diritti reali e diritti di obbligazione si rivela una differenza meno rilevante che in passato, ma tuttora rilevante. La differenza attiene alla **legge di circolazione** dei diritti: i diritti reali si possono acquistare, in quanto suscettibili di possesso, anche a titolo originario; i diritti di credito, per contro, si possono acquistare solo a titolo derivativo. È, come vedremo a suo luogo, una differenza di non poco momento; e vedremo in particolare, che per rendere possibile l'acquisto a titolo originario di un diritto di credito lo si «incorpora» in un documento, il titolo di credito, suscettibile in quanto bene mobile di possesso.

2. Il rapporto obbligatorio

Nella sua più elementare struttura l'obbligazione si presenta come un rapporto o un **vincolo** (obbligazione, alla lettera, significa legame, vincolo) che lega un soggetto ad un altro soggetto per l'esecuzione di una data prestazione. Possiamo distinguervi:

1) un soggetto attivo dell'obbligazione, detto **creditore**, al quale spetta il diritto di esigere una data prestazione;

2) un soggetto passivo dell'obbligazione, detto **debitore**, il quale è tenuto ad eseguire la prestazione;

3) un oggetto dell'obbligazione, che è la **prestazione** dovuta dal debitore al creditore.

I soggetti possono essere, sia dal lato attivo che da quello passivo, più di uno: possono esserci **più creditori**, come nel caso in cui i comproprietari hanno venduto il bene comune ed hanno, verso il compratore, il credito al pagamento del prezzo; e possono esserci **più debitori**, come nel caso, inverso rispetto al precedente, in cui più persone hanno comperato insieme un bene e sono debitori del pagamento del prezzo. In ogni caso, i soggetti del rapporto obbligatorio debbono essere, al momento in cui sorge l'obbligazione, soggetti **determinati** o, quanto meno, **determinabili**: così, se qualcuno promette una mancia a chi ritroverà un oggetto smarrito, il debitore è già determinato quando sorge l'obbligazione (è chi, rivolgendosi al pubblico, promette la mancia), mentre non è determinato il creditore: questi è però determinabile in base ad un criterio già stabilito al momento in cui l'obbligazione è sorta (sarà colui che avrà ritrovato l'oggetto smarrito).

L'oggetto dell'obbligazione, ossia la prestazione dovuta dal debitore al creditore, deve avere carattere **patrimoniale**, ossia deve essere **suscettibile di valutazione economica** (art. 1174): deve consistere o nel pagamento di una somma di danaro o in un diverso comportamento del debitore che sia, tuttavia, traducibile in una somma di danaro che ne rappresenti il **valore economico**. Se per la prestazione è previsto un corrispettivo in danaro (ad esempio, la retribuzione della prestazione di un lavoro), è questo corrispettivo in danaro il suo valore economico; ma un corrispettivo in danaro può mancare, come quando due imprenditori, ad esempio, si sono reciprocamente obbligati, per contratto, a non farsi concorrenza. Qui è però evidente il valore economico della prestazione (nella specie, di non fare): consiste nel maggiore profitto che ciascuno dei due imprenditori può realizzare per effetto della non concorrenza dell'altro. Tant'è che, se uno dei due viola l'obbligazione assunta e compie atti di concorrenza, l'altro potrà chiedere il risarcimento del danno, ossia una **somma di danaro**, corrispondente al mancato maggior profitto.

Se la prestazione del debitore, in sé considerata, deve avere carattere patrimoniale, non è però necessario che sia di tale carattere l'**interesse del creditore** alla prestazione: questo può essere (come negli esempi precedenti) un interesse economico o patrimoniale, ma può anche essere un interesse **non patrimoniale** (art. 1174). Se andiamo al cinema o a teatro, riceviamo una prestazione (la proiezione del film o la rappresentazione teatrale) che è suscettibile di valutazione economica; tant'è che paghiamo una somma di danaro come corrispettivo (il prezzo del biglietto). Ma il nostro interesse alla prestazione non ha natura patrimoniale: è un interesse culturale o di svago.

Il carattere patrimoniale della prestazione che forma oggetto dell'obbligazione è l'equivalente, in materia di obbligazioni, del corrispondente carattere, il **valore economico** delle cose, che abbiamo visto essere proprio dei beni cioè delle cose che possono formare oggetto della proprietà e degli altri diritti reali. In ciò è l'elemento comune al diritto reale e al diritto di obbligazione: l'uno e l'altro compongono, nel loro insieme, la categoria dei **diritti patrimoniali**, quali diritti su una cosa o ad una prestazione avente valore economico.

Il carattere patrimoniale, di questi diritti vale, da un lato, a distinguere il diritto reale da altri diritti che, come il diritto reale, sono **diritti assoluti**, cioè spettanti nei confronti di tutti, ma che difettano, tuttavia, del carattere della patrimonialità: sono i **diritti della personalità**, come il diritto alla vita, all'integrità fisica, al nome, all'onore, alla riservatezza e così via. Sempre il carattere patrimoniale vale, d'altro lato, a distinguere il diritto di obbligazione da altri diritti che, come il diritto di obbligazione, sono **diritti relativi**, ossia spettanti nei confronti di persone determinate, ma che mancano del carattere della patrimonialità: sono i diritti, e i correlativi obblighi, dei rapporti di famiglia, come il diritto e il correlativo obbligo dei coniugi alla reciproca assistenza morale e materiale, come il diritto dei figli e l'obbligo correlativo dei genitori al mantenimento ed alla educazione della prole (ed il termine **obbligo**, in luogo di obbligazione, vale qui a segnalare lessicalmente la diversità fra le due situazioni).

Disponiamo, a questo punto, degli elementi di conoscenza necessari per definire un corrente concetto giuridico, quello di **patrimonio**: questo è l'insieme di tutti i diritti patrimoniali, reali e di obbligazione, che appartengono **ad una medesima persona**: tutti i diritti di una persona, cioè, esclusi i diritti della personalità ed i diritti di famiglia. Si parla di patrimonio lordo e di patrimonio netto se si ha riguardo al valore del patrimonio: e **patrimonio netto** è il valore del patrimonio di una persona detratto l'ammontare dei debiti.

La prestazione che forma oggetto dell'obbligazione può essere, secondo una generale, già ricordata, classificazione:

a) una prestazione di **dare** o **consegnare**: può consistere nel pagamento di una somma di danaro (ad esempio, il pagamento dal compratore al venditore del prezzo di vendita di un bene) o nella consegna di un bene (la consegna, ad esempio, del bene venduto dal venditore al compratore). Una sottospecie è la prestazione di **restituzione**: così, ad esempio, chi ha ricevuto una somma di danaro a mutuo o una cosa in locazione dovrà eseguire, alla scadenza del contratto, quella specifica prestazione di dare che è la restituzione della somma o della cosa ricevuta.

La prestazione di consegnare può dare luogo, a seconda che la cosa da consegnare sia una cosa generica o di specie, ad obbligazioni **di genere** o ad obbligazioni **di specie**: le prime consistono nella consegna di una cosa determinata solo nel genere (ad esempio, una data somma di danaro, una data quantità di petrolio o di energia elettrica, un dato numero di autovetture di un certo modello); le seconde consistono nella consegna di una cosa determinata nella sua identità (quel terreno, quell'appartamento, quell'autovettura ecc.).

Alle prestazioni di genere è connessa la regola secondo la quale il debitore deve prestare cose di **qualità non inferiore alla media** (art. 1178). Per le prestazioni di specie vale il principio per cui l'obbligazione di consegnare una cosa determinata include una prestazione di fare, quella di **custodirla** fino alla consegna (art. 1177);

b) una prestazione di **fare**, la quale può, a sua volta, dare luogo a due diverse sottospecie: ad una obbligazione di **mezzi** oppure ad una obbligazione di **risultato**.

Ricorre la prima ipotesi quando il debitore è obbligato a svolgere, a favore del creditore, una determinata **attività** senza, tuttavia, garantire il risultato che da questa attività il creditore si attende; ricorre, invece, la seconda ipotesi quando il debitore è obbligato, verso il creditore, anche a realizzare il **risultato**. La distinzione fra le due ipotesi importa una diversa distribuzione, fra debitore e creditore, del **rischio per la mancata realizzazione del risultato**: nel primo caso il rischio incombe sul creditore; nel secondo grava sul debitore. Rientra nella prima ipotesi l'obbligazione del professionista intellettuale: il medico si obbliga a curare il malato, l'avvocato si obbliga a difendere il cliente; ma l'uno e l'altro non garantiscono la guarigione del malato o la vittoria della causa (art. 2230). Nella prima ipotesi rientra, ancora, l'obbligazione del prestatore di lavoro subordinato: questi si obbliga a prestare il proprio lavoro, manuale o intellettuale, alle dipendenze dell'imprenditore, ma non assume il rischio della mancata realizzazione del risultato produttivo che dal suo lavoro l'imprenditore si attende (art. 2094). Rientrano, invece, nella seconda ipotesi la maggior parte delle obbligazioni di fare: così l'appaltatore, ad esempio, si obbliga ad eseguire un'opera (come la costruzione di un edificio), e la sua prestazione non consiste solo nella semplice attività di esecuzione dell'opera (nei lavori di costruzione, nel nostro esempio), ma comprende il risultato dell'attività, ossia la realizzazione dell'opera (art. 1655); così il vettore non si obbliga solo a una attività di trasporto di persone o di cose da un luogo ad un altro, ma si obbliga a realizzare il risultato desiderato dal creditore, cioè a portare effettivamente a destinazione le persone o le cose, ed a portarvi incolumi le persone e intatte le cose (art. 1678). La distinzione tra obbligazioni di mezzo e di risultato è stata in parte messa in discussione da un orientamento della Cassazione, anche a sezioni unite, con riferimento alla prestazione d'opera intellettuale, e ciò in base alla considerazione che anche in un'obbligazione di mezzi è possibile individuare dei risultati a cui il debitore è comunque tenuto (ad es., per l'avvocato che assiste in giudizio un cliente ci si aspetta che depositi gli atti processuali nei termini previsti dalla legge, ecc.). Tale orientamento è stato però mitigato da altre pronunce della Cassazione, che si richiamano all'impostazione più tradizionale;

c) una prestazione di **non fare** (detta anche prestazione **negativa**): è il caso, già menzionato, dell'imprenditore che si obbliga, verso un altro imprenditore, a non fargli concorrenza; oppure è il caso, per fare un altro esempio, dell'agente di commercio, obbligato a non trattare affari, nella zona assegnatagli dall'imprenditore preponente, per conto di altri imprenditori concorrenti con il preponente (art. 1743).

La tripartizione ora descritta vale a dare solo per grandi linee l'idea di come può configurarsi un rapporto obbligatorio, che ad una analisi più approfondita rivela maggiore complessità: il debitore è obbligato, generalmente, ad una prestazione (di dare, di fare o di non fare) definibile come **principale** e ad una serie di obbligazioni (anch'esse di dare, di fare o di non fare) definibili come **accessorie**. Abbiamo già fatto, al punto *a*, un esempio di prestazione di fare accessoria ad una obbligazione di dare, quella di custodire la cosa di specie fino alla consegna. Abbiamo anche fatto, al punto *c*, l'esempio di una obbligazione di non fare (quella gravante sull'agente di commercio) che è accessoria ad una obbligazione principale di fare (l'obbligazione principale dell'agente di commercio è, per l'art. 1742, di promuovere la conclusione di affari per conto del preponente). Altri esempi: l'obbligazione del locatore è, nella sua complessità, quella di «far godere» la cosa propria al locatore o conduttore (art. 1571); ma questa complessa obbligazione si scompone in una obbligazione di dare, la consegna della cosa al locatario o conduttore (art. 1575 n. 1), e in obbligazioni di fare, come quella di mantenere la cosa in stato idoneo a servire all'uso convenuto (art. 1575 n. 2), e quella di difendere il pacifico godimento della cosa da parte del locatario (art. 1575 n. 3).

Una generale obbligazione accessoria, che incombe sia sul debitore sia sul creditore, è quella di comportarsi l'uno verso l'altro secondo le regole della **correttezza** (art. 1175). È una obbligazione che non ha un contenuto predeterminabile: correttezza reciproca fra debitore e creditore significa, in termini generali, che l'uno deve cooperare per soddisfare l'interesse dell'altro. Un'applicazione specifica è il dovere di **informazione**: così il venditore o il locatore, nel consegnare la cosa al compratore o al locatario, dovrà informarlo sugli eventuali pericoli (si pensi alla vendita o alla locazione di una macchina di nuovo modello) che l'uso della cosa può comportare; così il creditore deve rendere non disagevole l'adempimento da parte del debitore, e perciò comunicargli tutte le circostanze (ad esempio, il cambiamento del proprio domicilio) che valgano a facilitare l'adempimento del debitore.

Fuori da questa tradizionale tripartizione sono:

d) la prestazione di **contrattare**, che consiste nel concludere un futuro contratto, come nel caso della prestazione che forma oggetto del contratto preliminare, del quale diremo (11.7.);

e) la prestazione di **garanzia**, rispetto alla quale tutte le altre prestazioni sopra indicate si distinguono quali prestazioni di **comportamento**. È, ad esempio, la prestazione di chi ha promesso il fatto del terzo (15.3.): il debitore, in questi casi, non si obbliga a tenere un comportamento, ma ad assumere il rischio del verificarsi di un evento non dipendente dalla sua volontà. Così chi ha promesso il fatto del terzo deve al promissario un indennizzo per il solo fatto che il terzo non ha posto in essere quel fatto (art. 1381).

3. Obbligazioni con pluralità di soggetti o di oggetti

In un rapporto obbligatorio possono esserci, si è visto, più creditori di un medesimo debitore o più debitori di un medesimo creditore. In tal caso l'obbligazione può configurarsi come obbligazione **solidale** oppure come obbligazione **parziaria**.

L'obbligazione può essere solidale sia dal lato attivo sia dal lato passivo. C'è **solidarietà attiva** quando ciascuno dei creditori di un medesimo debitore può rivolgersi a questo ed esigere da lui l'**intera prestazione**, con la conseguenza che l'adempimento conseguito da uno dei creditori libera il debitore dall'obbligazione nei confronti di tutti i creditori. C'è **solidarietà passiva** quando ciascuno dei debitori del medesimo creditore può essere costretto da questo ad eseguire l'**intera prestazione**, con la conseguenza di liberare dall'obbligazione anche gli altri debitori (art. 1292). Nei rapporti interni fra concreditori o fra condebitori l'obbligazione **si divide**: il creditore che ha riscosso dovrà corrispondere agli altri la parte delle prestazioni di loro spettanza: e il condebitore che ha adempiuto avrà **azione di regresso** verso gli altri per ottenere da essi il rimborso della parte da ciascuno dovuta. Le parti di ciascuno si presumono uguali; se uno dei condebitori è insolvente (ossia non è in grado di versare la sua parte), la perdita si ripartisce fra tutti gli altri che perciò pagheranno più di quanto sarebbe loro spettato (artt. 1298-99).

L'obbligazione è **parziaria** quando ciascuno dei creditori di un medesimo debitore (parziarietà **attiva**) può esigere da questo solo la sua parte della prestazione; o quando ciascuno dei debitori di un medesimo creditore (parziarietà **passiva**) può essere costretto a pagare solo la sua parte, onde il creditore, per ottenere l'intero, dovrà agire nei confronti di tutti (art. 1314).

Quando più siano i debitori, **la solidarietà è la regola**, la parziarietà è l'eccezione, valevole solo se la legge (come nel caso dei coeredi, che per l'art. 752 pagano per quota i debiti ereditari) o le parti l'abbiano espressamente prevista (art. 1294). Quando, invece, siano più i creditori, il rapporto fra regola ed eccezione è **invertito**: la solidarietà deve essere pattuita, altrimenti l'obbligazione è parziaria; e il debitore che, per avventura, pagasse l'intero ad un concreditore non sarebbe liberato nei confronti degli altri, che potrebbero costringerlo (se il concreditore non ha versato loro la quota a loro spettante) a **pagare di nuovo** la parte di loro spettanza. In tutto ciò si manifesta un principio, quello del **favore per il creditore**, che informa di sé, come vedremo, tutto il diritto delle obbligazioni: qui, intanto, appare evidente che la solidarietà passiva, che è la regola, giova al creditore, il quale è esonerato dal rischio della insolvenza dei singoli condebitori e può esigere l'intero da quello fra i condebitori che appaia più solvibile; mentre la parziarietà attiva, che è la regola, permette a ciascun concreditore di realizzare direttamente quanto di sua spettanza.

Una eccezione inevitabile si avrà quando la prestazione consista nella consegna di una **cosa indivisibile** (come, ad esempio, la consegna di una automobile) o in una prestazione di **fare indivisibile** (come il trasporto di cosa indivisibile): in questo caso l'obbligazione, anche se più siano i creditori, sarà necessariamente solidale (art. 1316).

L'obbligazione può, infine, avere ad oggetto due (o più) prestazioni, **in alternativa** fra loro: ad esempio, l'albergatore si obbliga a dare in locazione questa o quella camera dell'albergo; il gestore del teatro rilascia abbonamenti per una serie limitata degli spettacoli in programma. Il debitore si libera dall'obbligazione eseguendo o l'una o l'altra prestazione (art. 1285); e la facoltà di scelta spetta, di regola, al **debitore**, salvo che le parti non l'abbiano attribuita al creditore (spetta, nell'esempio dell'abbonamento teatrale, allo spettatore) o ad un terzo (art. 1286). Se, prima della scelta, una delle prestazioni diventa impossibile, la malattia del direttore d'orchestra, ad esempio, fa cancellare dal programma uno degli spettacoli, l'obbligazione si concentra nell'altra (o nelle altre); se la prestazione diventa impossibile dopo la scelta, il debitore è liberato dall'obbligazione (artt. 1288-89).

4. Fonti delle obbligazioni

Le fonti delle obbligazioni sono gli atti o i fatti dai quali l'obbligazione trae origine. Il codice civile indica, all'art. 1173, tre grandi categorie di fonti delle obbligazioni: due sono specifiche, il **contratto** e il **fatto illecito**; la terza è generica, consiste in «ogni altro atto o fatto idoneo a produrle in conformità dell'ordinamento giuridico». Consideriamole distintamente:

a) il **contratto**: è, come vedremo a suo luogo, l'accordo di due o più parti (art. 1321); fra le fonti delle obbligazioni si qualifica, dunque, come fonte **volontaria**: l'obbligazione sorge, per contratto, con il concorso della volontà del debitore.

Ma il contratto non è solo fonte di obbligazione: lo abbiamo già trovato fra i **modi di acquisto della proprietà**, in particolare tra i modi di acquisto a titolo derivativo. Ora possiamo cogliere questa duplice funzione del contratto: come strumento per la circolazione dei diritti sulle cose (in una parola: per la circolazione della ricchezza) e, al tempo stesso, come fonte di diritti alle altrui prestazioni personali. La prima di queste funzioni è assolta direttamente dal contratto: la proprietà del bene passa, dall'alienante all'acquirente, **per effetto del consenso** (art. 1376). Questo è un principio fondamentale del diritto privato: il trasferimento della proprietà o di altri diritti reali, come anche la costituzione su cosa altrui di diritti reali minori, non è l'oggetto di una obbligazione dell'alienante a favore dell'acquirente, ma è **direttamente e automaticamente prodotto dal contratto**.

Perciò, se consideriamo il principale contratto traslativo della proprietà, ossia la vendita, possiamo osservare come si attua la duplice funzione del contratto: la vendita opera, anzitutto, come modo di acquisto della proprietà e, al momento stesso della sua conclusione (al momento della firma dei contraenti, se si tratta di contratto scritto), trasferisce la proprietà del bene dal venditore al compratore. La vendita opera, in secondo luogo, come fonte di obbligazioni e, in particolare, come fonte dell'obbligazione del venditore di consegnare al compratore la cosa (che è consegna di cosa non più sua, ma già del compratore) e come fonte dell'obbligazione del compratore di pagare al venditore il prezzo pattuito.

Ai contratti che sono, ad un tempo, traslativi della proprietà e fonti di obbligazioni (come la vendita, la donazione, la permuta, il mutuo ecc.) si aggiungono altri contratti che sono soltanto fonti di obbligazioni, come la locazione, il comodato, il mandato e così via;

b) il **fatto illecito**: è, come vedremo, ogni fatto che cagiona ad altri un danno ingiusto, ed è fonte della obbligazione di risarcire il danno (art. 2043); è, dunque una fonte **non volontaria** di obbligazione: questa sorge come conseguenza del compimento del fatto illecito (e non sempre, si vedrà, a carico dell'autore del fatto);

c) ogni **altro atto o fatto**, che l'ordinamento giuridico consideri idoneo a produrre obbligazioni. Questa generica categoria comprende sia fonti volontarie di obbligazioni diverse dal contratto, come ad esempio la promessa al pubblico (art. 1989), di cui diremo ed alla quale abbiamo già fatto cenno, sia fonti non volontarie non qualificabili come fatti illeciti: ne abbiamo già trovato diversi esempi, come l'obbligazione del possessore di mala fede di restituire i frutti o come l'obbligazione del proprietario di rimborsare il possessore per le spese fatte ecc. (e vedremo poi la ripetizione di indebito, l'arricchimento senza causa ecc.).

Si parla talvolta di obbligazioni *ex lege*; ma è nozione impropria: le obbligazioni distinte con questo nome o sono obbligazioni da contratto, avendo la legge integrato il contenuto contrattuale a norma dell'art. 1374 (11.3.), o sono obbligazioni che derivano da altri atti o fatti, avendo la legge elevato un dato atto o fatto a fonte di obbligazione, come nei casi dell'obbligo a contrarre (11.3.).

Capitolo decimo

L'ADEMPIMENTO E L'INADEMPIMENTO

1. L'adempimento delle obbligazioni

L'adempimento è l'esatta esecuzione, da parte del debitore, della prestazione che forma oggetto dell'obbligazione. Ad esso consegue l'**estinzione** dell'obbligazione e, con questa, la **liberazione** del debitore.

L'**esattezza** della prestazione deve essere valutata rispetto a diversi criteri, che sono (*a*) le modalità della esecuzione, (*b*) il tempo dell'esecuzione, (*c*) il luogo dell'esecuzione, (*d*) la persona che esegue la prestazione, (*e*) la persona destinataria della prestazione, (*f*) l'identità della prestazione. Consideriamoli distintamente:

a) le **modalità** di esecuzione della prestazione.

Un principio che il codice civile formula in termini generali è quello secondo il quale «nell'adempiere l'obbligazione il debitore deve usare la **diligenza del buon padre di famiglia**» (art. 1176 comma 1°). Diligenza del buon padre di famiglia altro non significa se non diligenza dell'**uomo medio**: il diritto non esige dal debitore, come non esige da nessuno, una eccezionale diligenza; ne richiede quel tanto che l'uomo di media diligenza è solito prestare nell'assolvimento dei suoi impegni (la famiglia, sia detto per inciso, qui non c'entra: l'espressione deriva dal diritto romano, per il quale *pater familias* equivaleva a **persona**, non essendo allora considerati come soggetti di diritto né la moglie né, fino a che non si fossero sposati, i figli).

La diligenza del debitore dovrà, tuttavia, essere valutata con un metro più specifico quando la prestazione inerisca all'esercizio di una **attività professio-**

nale: in questo caso essa deve essere valutata con riguardo alla **natura dell'attività esercitata** (art. 1176 comma 2°), il che significa che, se la prestazione è, ad esempio, la prestazione sanitaria di un medico o la prestazione tecnica di un geometra o di un ingegnere, la diligenza richiesta non sarà quella, generica, dell'uomo medio, ma quella, specifica, del medico o del geometra o dell'ingegnere di media diligenza. In questi casi viene in considerazione, oltre alla diligenza, anche la **perizia**, ossia l'abilità tecnica richiesta per l'esercizio di quella data prestazione professionale: il medico, l'avvocato, l'ingegnere ecc. debbono, per essere considerati adempienti, eseguire la prestazione con la perizia del medio professionista di quella data professione. Se, tuttavia, la prestazione richiede la soluzione di problemi tecnici di particolare difficoltà (si pensi ad un delicato intervento chirurgico o ad un ardito progetto di ingegneria), la responsabilità del professionista per i danni cagionati al cliente è valutata con minor rigore (art. 2236).

Sebbene il criterio della diligenza nell'adempimento sia formulato dal codice civile come criterio generale, si deve subito precisare che esso vale, tuttavia, solo per una particolare categoria di obbligazioni: per quelle che hanno ad oggetto **prestazioni di fare** e, ancor più in particolare, per le **obbligazioni di mezzi**. Per le obbligazioni di dare, per le obbligazioni di risultato e per quelle di non fare la diligenza non è, come vedremo tra breve (10.3.), criterio idoneo a valutare la prestazione del debitore;

la prestazione deve essere eseguita **per intero**: il creditore può sempre rifiutare un adempimento parziale, anche se la prestazione è divisibile (art. 1181), come nel caso in cui consista nel pagamento di una somma di danaro. Il creditore potrà, se vuole, accettare il pagamento parziale come acconto, ma è libero di rifiutarlo e di considerare i debitore come inadempiente per l'intero.

b) il **tempo** di esecuzione della prestazione.

La prestazione deve essere eseguita dal debitore a **richiesta del creditore** o, se è fissato un termine, alla **scadenza del termine**.

Nel primo caso, il creditore può **in qualsiasi momento** a sua scelta esigere la prestazione (art. 1183), finché il suo diritto di credito non si sia estinto per prescrizione; e la prescrizione si compie, di regola, con il decorso di dieci anni (art. 2946), salvo che non ricorrano le ipotesi di prescrizione breve (artt. 2947 s.) o di prescrizione presuntiva (artt. 2954 s.), che vedremo a suo luogo.

Nel secondo caso, il termine fissato per l'adempimento si presume a **favore del debitore**, salvo che non risulti fissato a favore del creditore o di entrambi (art. 1184). Il che significa che, in linea generale, il creditore non può esigere la prestazione prima della scadenza del termine, presumendosi questo fissato a favore del debitore; e che può esigere l'adempimento anticipato solo se il termine era stato fissato esclusivamente a suo favore (art. 1185).

Il termine può essere determinato a data fissa (ad esempio, al 31 dicembre 2014) oppure a certo tempo (a dieci giorni, a tre mesi, a un anno ecc.). In questo secondo caso si tiene conto del calendario comune: non si computa il giorno iniziale, e il termine scade nell'ultimo istante del giorno finale. Se questo è un giorno festivo, il termine è prorogato al giorno successivo non festivo. Il termine a mesi scade nel giorno del mese finale corrispondente al giorno del mese iniziale o, se nel mese finale manca un giorno corrispondente, nell'ultimo giorno del mese finale (artt. 1187, 2963);

c) il **luogo** di esecuzione della prestazione.

La prestazione deve essere eseguita nel luogo stabilito dalle parti e, se le parti non hanno stabilito nulla al riguardo, valgono le seguenti tre regole: 1) l'obbligazione di consegnare una **cosa determinata** va adempiuta nel luogo in cui la cosa si trovava quando è sorta l'obbligazione; 2) l'obbligazione di pagare una **somma di danaro** si adempie al domicilio del creditore al tempo dell'adempimento; 3) ogni **altra obbligazione** si adempie al domicilio del debitore al momento dell'adempimento (art. 1182);

d) la **persona** che esegue la prestazione.

Tenuto ad eseguire la prestazione è, in linea di principio, il **debitore**. Ma la prestazione può essere di natura tale per cui risulti indifferente che ad adempiere sia il debitore oppure un **terzo**: così se si tratta di consegnare una somma di danaro o altre **cose fungibili** (il danaro di Tizio è del tutto equivalente al danaro di Caio; l'autovettura fornita dal concessionario Mevio è del tutto equivalente a quella della stessa marca e dello stesso modello, fornita dal concessionario Sempronio). In questi casi il creditore non ha alcun interesse, giuridicamente protetto, a rifiutare l'adempimento del terzo: la prestazione del terzo libera, perciò, il debitore anche se eseguita contro la volontà del creditore (art. 1180 comma 1°).

Il creditore può rifiutare l'adempimento del terzo solo in due casi: se ha un obiettivo interesse a che il debitore esegua **personalmente** la prestazione ed è il caso della prestazione di dare cose infungibili e delle prestazioni di fare (non è la stessa cosa che l'appalto per la costruzione di un edificio, assunto dall'impresa edile X, sia adempiuto dall'impresa Y; non è la stessa cosa che, in luogo del dipendente assunto dall'impresa, si presenti sul posto di lavoro, per adempiere la prestazione, un'altra persona); oppure se il debitore abbia manifestato al creditore la sua **opposizione** all'adempimento altrui. Ma in questo caso il creditore ha la **facoltà**, non già il dovere, di rifiutare l'adempimento del terzo. Si manifesta anche qui il già menzionato favore legislativo per il creditore: fra l'interesse del creditore a ricevere comunque la prestazione e quello del debitore ad evitare, che altri adempia in sua vece è favorito l'interesse del primo. Il debitore non ha che un mezzo per evitare l'adempimento altrui: quello di eseguire personalmente la prestazione (art. 1180 comma 2°). Le ragioni che possono indurre un terzo a pagare il debito altrui possono essere le più diverse: ragioni morali, come nel caso di chi si presenta a pagare i debiti di un familiare (ed è in questo ordine di ipotesi che ci si può attendere una opposizione del debitore); ma anche ragioni economiche, come quella che può spingere un'impresa ad aiutare un'impresa collegata o può indurre un socio a salvare dal fallimento la propria società.

Il creditore che riceve l'adempimento del terzo può nel momento dell'adempimento **surrogarlo** nei diritti, ossia cedergli i diritti, che ha verso il debitore (art. 1201): così il terzo che ha adempiuto diventa suo creditore e potrà pretendere dal debitore il rimborso di quanto ha pagato.

L'adempimento è, per il debitore, un **atto dovuto**, non un atto di libera disposizione del proprio patrimonio (è, più esattamente, un fatto dovuto: 1.5.). Non occorre, perciò, che l'adempimento provenga da persona capace di intendere e di volere; né il debitore incapace che ha adempiuto può impugnare il pagamento, e chiedere la restituzione di ciò che ha pagato, a causa della propria incapacità;

e) il **destinatario** dell'adempimento.

La capacità di intendere e di volere del creditore, è invece, rilevante: chi paga nelle mani del **creditore incapace** (anziché in quelle del suo legale rappresentante, genitore o tutore o curatore a seconda dei casi) non è liberato, a meno che non provi che quanto ha pagato è stato rivolto a vantaggio dell'incapace (art. 1190).

L'adempimento deve essere eseguito nelle mani del creditore oppure in quelle di un suo rappresentante o di altra persona autorizzata a riceverlo (art. 1188). Sono queste ultime, nella pratica, le ipotesi più frequenti: si paga nelle mani di un commesso il prezzo delle merci che si comprano nei negozi; si pagano i debiti verso la banca nelle mani di un cassiere; si paga il biglietto del treno all'impiegato delle ferrovie a ciò addetto a così via. Può, perciò, accadere che si paghi a chi sia **solo apparentemente** legittimato a ricevere il pagamento; il debitore è, in tal caso, liberato dall'obbligazione (non può, cioè, essere costretto a pagare una seconda volta) se ricorrono due condizioni (art. 1189): che l'apparenza sia creata da **circostanze univoche**, ossia da elementi obiettivi (il cliente ha pagato, ad esempio, il prezzo della merce comperata a chi stava dietro un banco del negozio recante la scritta «cassa»), e che il debitore, nel pagare al non legittimato, fosse in **buona fede** (ignorava cioè, né poteva apprenderlo usando l'ordinaria diligenza, che alla cassa di quel negozio sedeva persona non autorizzata, che ha intascato il danaro);

f) l'**identità** della prestazione.

Il debitore è liberato solo se esegue la prestazione dovuta; non è liberato se esegue una diversa prestazione, anche se di valore uguale o maggiore. Il creditore può, tuttavia, consentire che egli esegua una prestazione diversa da quella dovuta: è l'ipotesi, frequente per il debitore che si trovi in difficoltà finanziarie, della **prestazione in luogo dell'adempimento** (art. 1197), detta anche *datio in solutum*. Così può accadere che l'imprenditore in crisi finanziaria chieda ai creditori più pressanti di accettare, in sostituzione del danaro dovuto loro, le merci del proprio magazzino oppure gli immobili o i preziosi di sua proprietà. E si noti che il debitore è liberato non nel momento in cui il creditore acconsente a ricevere una diversa prestazione, ma solo quando la diversa prestazione **è eseguita** o, se in luogo della prestazione è stato ceduto un credito, solo quando il credito è **riscosso** (art. 1198).

Un caso emblematico di ***datio in solutum*** è la dazione di un assegno per adempiere una obbligazione pecuniaria. Qui, più in particolare, si tratta di cessione di credito (il credito del debitore verso la banca) in luogo dell'adempimento (art. 1198). A rigore il creditore può rifiutare l'assegno ed esigere il danaro; ma la giurisprudenza considera illegittimo il rifiuto se esso si rivela contrario al canone della correttezza, imposto dall'art. 1175, come nel caso in cui il rifiuto manchi di ogni plausibile giustificazione.

Il debitore che adempie una prestazione di danaro ha diritto alla **quietanza**, ossia ad una attestazione del creditore che riconosca l'avvenuto pagamento (art. 1199).

Imputazione dei pagamenti. Chi ha più debiti verso lo stesso creditore può dichiarare quando paga, quale debito intende estinguere (art. 1193 comma 1°) Altrimenti potrà il creditore, nel rilasciare quietanza, dichiarare in questa quale fra i diversi debiti considera estinto (art. 1195). Se nulla dichiarano né il debitore né il creditore, valgono criteri legali: si estinguono prima i debiti già scaduti, poi quelli meno garantiti, poi quelli di più antica data (art. 1193 comma 2°). A favore del creditore è posta la regola secondo la quale il debitore deve imputare il pagamento prima agli **interessi** e poi al **capitale** (altrimenti questo essendo già pagato, cesserebbe di produrre interessi), salvo che il creditore non gli consenta di fare diversamente (art. 1194).

2. Le obbligazioni pecuniarie

Il danaro è, come abbiamo già visto, esso stesso un **bene**, e in particolare un bene mobile: è un bene che assolve la funzione di **mezzo di scambio**, serve cioè per acquistare altri beni o per procurarsi le altrui prestazioni. Lo si definisce anche, nel linguaggio giuridico e in quello economico, come **moneta** o come **valuta**, e si parla di moneta o di valuta nazionale con riferimento all'euro, di moneta o di valuta estera con riferimento alla moneta di altri paesi (il dollaro, la sterlina ecc.).

Sono obbligazioni pecuniarie o **debiti di valuta** quelle che hanno per oggetto la consegna di una data quantità di danaro, sia questa il prezzo di una cosa venduta o la restituzione di una somma ricevuta in prestito o la retribuzione di una prestazione di lavoro e così via. Esse si adempiono con moneta avente corso legale nello Stato **al momento del pagamento** (art. 1277 comma 1°): se, tra il momento in cui il debito è sorto e quello del pagamento, è cambiata la moneta avente corso legale (come è accaduto con la sostituzione dell'euro alla lira), si paga nella nuova moneta ragguagliata al valore della prima (art. 1277 comma 2°). E, se nell'obbligazione è stata dedotta moneta estera, il debitore che paga in Italia ha facoltà d adempiere sia nella moneta estera sia nella corrispondente quantità di moneta italiana (art. 1278), salvo che la moneta estera non fosse stata indicata con la clausola «effettivo» (art. 1279).

È fondamentale in materia di debiti di valuta, il cosiddetto **principio nominalistico**: la moneta è presa in considerazione, agli effetti dell'adempimento, «per il suo valore nominale» (art. 1277 comma 1°), non per il suo potere di acquisto. Perciò, l'obbligazione di pagare un milione, sorta anni or sono con scadenza ad oggi, resta l'obbligazione di pagare un milione, anche se nel frattempo il potere di acquisto della moneta, ossia la quantità di beni che si possono acquistare con essa, è fortemente diminuito per effetto della inflazione. Il principio nominalistico giova, evidentemente, al debitore e nuoce al creditore nei periodi di inflazione: il debitore si libera pagando una somma di danaro che, in termini reali, risulta inferiore a quella per la quale si era obbligato. Accade il contrario nei periodi di deflazione; ma è ipotesi solo teorica, essendo la deflazione (ossia l'aumento del potere di acquisto della moneta) un fenomeno sconosciuto al nostro tempo.

Esistono, nella pratica, diverse clausole contrattuali con le quali il creditore si premunisce contro il rischio della svalutazione monetaria: così la clausola «numeri indici» o la clausola «Istat» (mi darai tra dieci anni tanti euro quanti corrisponderanno, secondo gli indici di svalutazione della moneta nazionale comunicati dall'Istituto centrale di statistica, ad un milione di oggi); la clausola «oro» (mi darai tanti euro quanti occorrono per comperare la quantità di oro che oggi si compera con un milione); la clausola «valuta pregiata» (tanti euro quanti occorrono per comperare i dollari che oggi si compera con un milione); la clausola «merci» (che fa riferimento al prezzo corrente di merci, come ad esempio, l'olio, ritenute significative del più generale livello dei prezzi).

Ai debiti di valuta si sogliono contrapporre i **debiti di valore**: ricorrono quando una somma di danaro è dovuta non come bene a sé, ma come **valore di un altro bene**. È un debito di valuta l'obbligazione di pagare il prezzo, di una cosa acquistata o quella di retribuire la prestazione del proprio dipendente: qui l'oggetto dell'obbligazione è la somma di danaro considerata come bene, è il mezzo di scambio, secondo quanto si è detto prima. È, invece, debito di valore l'obbligazione di risarcire il danno, ad esempio il danno da fatto illecito; e si sono già visti diversi casi nel quali un soggetto deve ad altro il «valore» di un bene (il valore del terreno altrui, ad esempio, sul quale si è costruito edificando oltre il proprio confine): il debitore adempie, anche in questi casi, con la consegna di una somma di danaro; ma qui il danaro viene in considerazione come equivalente economico di un bene (del bene altrui che si è distrutto, nel caso della responsabilità da fatto illecito, del bene altrui di cui si acquista la proprietà, nei diversi casi già visti). Si noti però che, nel momento in cui il valore viene liquidato, ossia tradotto in una somma di danaro (il giudice, ad esempio, ha condannato il danneggiante a pagare al danneggiato una data somma di danaro), il debito di valore si trasforma in debito di valuta, ed è retto dai medesimi principi di questo. La differenza riguarda solo il periodo antecedente alla liquidazione: se è pronunciata oggi la condanna al risarcimento di un danno cagionato dieci anni or sono, il giudice liquiderà una somma pari al valore odierno, e non al valore di dieci anni fa, del bene distrutto dal danneggiante.

Il danaro è considerato un **bene produttivo**: esso produce quei frutti civili, dei quali abbiamo detto, che sono gli **interessi**. L'obbligazione di pagare una somma di danaro, che sia **liquida**, ossia determinata nel suo ammontare, ed **esigibile**, cioè non sottoposta a termine non ancora scaduto, è sempre accompagnata, salvo che le parti non l'abbiano espressamente esclusa, da una obbligazione **accessoria**: quella di corrispondere gli interessi (art. 1282), secondo il tasso legale o secondo il tasso più elevato che le parti abbiano convenuto (art. 1284). Sono i cosiddetti interessi **compensativi**, distinti con questo nome dagli interessi **moratori**, di cui diremo ampiamente più oltre: i primi sono gli interessi dovuti sui debiti di danaro non sottoposti a termine (dei quali, come si è visto, il creditore può in ogni momento chiedere il pagamento e che sono, perciò, **sempre esigibili**) o su quelli sottoposti a termine e scaduti, ma dei quali il creditore non abbia fatto quella formale richiesta scritta che è la **costituzione in mora** del debitore; i secondi sono, invece, gli interessi che il debitore deve corrispondere a seguito della sua costituzione in mora da parte del creditore, anche se in precedenza non dovuti come interessi compensativi.

Il tasso legale di interesse è fissato annualmente dal ministro del tesoro (nel 2016 era dello 0,2 per cento, nel 2017 è dello 0,1 per cento).

Gli interessi a tasso superiore alla misura legale debbono essere pattuiti (e, quindi, accettati dal debitore), per **atto scritto**: altrimenti sono dovuti nella misura legale (art. 1284 comma 3°). Normalmente ricorrono nei prestiti che le banche concedono ai clienti; ed il loro tasso è calcolato dalle banche in misura superiore al (prevedibile) tasso di inflazione, in modo da neutralizzare gli effetti, per esse negativi, del principio nominalistico. A volte i privati, anziché determinare il tasso convenzionale di interesse compensativo, utilizzano clausole analoghe alle sopra menzionate clausole di rivalutazione monetaria: così quando viene pattuito che gli interessi saranno dovuti in misura corrispondente al tasso di sconto (che è il tasso di interesse praticato dalla Banca europea nei confronti delle singole banche e che influisce, a sua volta, sul tasso che queste praticano ai clienti), oppure in misura corrispondente al *prime rate* (che è il tasso di interesse, inferiore all'ordinario tasso bancario, che le banche praticano ai clienti «di riguardo», come grandi imprese, enti pubblici ecc.).

3. L'inadempimento dell'obbligazione

Il debitore è inadempiente se **non esegue la prestazione** dovuta o se **non la esegue esattamente**, ossia nei modi, nel tempo, nel luogo ecc. che abbiamo sopra illustrato. Questo è un primo, fondamentale, principio posto dal codice civile; un principio che fa dell'inadempimento un **fatto oggettivo**: il fatto, oggettivamente considerato, della mancata o della inesatta esecuzione della prestazione. Al prodursi del fatto oggettivo dell'inadempimento consegue la **responsabilità** del debitore: egli deve, secondo le regole che esamineremo nel prossimo paragrafo, **risarcire il danno** che il suo inadempimento abbia cagionato al creditore.

Con queste principio fondamentale concorre, tuttavia, un altro principio: quello per il quale il debitore è ammesso a provare che la mancata esecuzione della prestazione è stata determinata da sopravvenuta **impossibilità della prestazione**, e che questa sopravvenuta impossibilità è derivata da **causa a lui non imputabile**.

I due principi sono fusi dal codice civile in un'unica norma: «il debitore che non esegue esattamente la prestazione dovuta è tenuto al risarcimento del danno, se non prova che l'inadempimento o il ritardo è stato determinato da impossibilità della prestazione derivante da causa a lui non imputabile» (art. 1218). Il **favore per il creditore** è, dunque, evidente: egli può pretendere dal debitore il risarcimento del danno per inadempimento in base al solo fatto, oggettivo, della mancata o inesatta esecuzione della prestazione. Il debitore, invece, può liberarsi da responsabilità solo offrendo una **duplice prova**:

1) deve provare che la prestazione da lui dovuta è diventata **impossibile**; e l'impossibilità della prestazione che libera il debitore deve essere una impossibilità **oggettiva**, non già soggettiva: impossibilità della **prestazione in sé**, divenuta ineseguibile da parte di qualsiasi debitore; non impossibilità di eseguirla per quel dato debitore;

2) una volta data la prova della sopraggiunta impossibilità della prestazione, il debitore non è ancora liberato: deve, ulteriormente, provare che l'impossibilità sopravvenuta della prestazione è dipesa da **causa a lui non imputabile**. Questa ulteriore prova è molto ardua: non basta al debitore provare di essersi comportato con la diligenza del buon padre di famiglia; egli deve indicare la **specifica causa** che ha reso impossibile la prestazione; deve, quindi, provare che questa non gli è imputabile, e per «causa non imputabile» si intende, in generale,

ogni evento che non fosse **prevedibile** ed **evitabile** da parte del debitore o, se questi si è avvalso, nell'adempimento, dell'opera di terzi (come l'imprenditore che si avvale dei suoi dipendenti), che non fosse prevedibile ed evitabile da parte dei suoi ausiliari (art. 1228).

L'evento imprevedibile e inevitabile, che il debitore deve provare per ottenere la propria liberazione, è detto **caso fortuito**, che corrisponde al concetto comune di «fatalità» (un terremoto, una tempesta di mare, una valanga, una frana ecc.), o **forza maggiore**, che indica una forza alla quale non si può resistere; una forza della natura (il vento, l'urto delle onde del mare ecc.) o una forza umana, come il «fatto del terzo» (che con il proprio automezzo ha investito l'automezzo del debitore o con la propria nave ha speronato la nave del debitore ecc.) o come l'ordine della pubblica autorità (cosiddetto «fatto del principe»).

Per comprendere il senso e la portata di questi principi occorre riferirsi alle diverse serie di prestazioni, sopra classificate:

a) prestazioni di **dare** che abbiano per oggetto una **cosa di genere**: una data quantità di danaro (tot migliaia o milioni di euro) o una data quantità di altre cose indicate solo nel genere (tot barili di petrolio, tot quintali di grano ecc.).

Qui il debitore sarà **sempre responsabile** per la mancata esecuzione della prestazione: egli non potrà mai addurre, a propria liberazione, l'impossibilità sopravvenuta della prestazione dovuta. La prestazione di dare una somma di danaro non diventa mai impossibile: potrà diventare **soggettivamente impossibile** (se il debitore incorre in sopraggiunte difficoltà finanziarie o, per fare un altro esempio, se è stato derubato di tutto il proprio danaro il giorno prima della scadenza del debito); **mai oggettivamente impossibile**, perché di danaro, come genere, ce n'è sempre in circolazione, e, oggettivamente parlando, è sempre possibile procurarselo (facendoselo prestare, se non se ne ha più di proprio). Analogo discorso vale per la prestazione di consegnare una data quantità di altre cose di genere: se un importatore di petrolio, ad esempio, si è obbligato a consegnare ad una impresa di raffinazione tot barili di greggio non potrà liberarsi da responsabilità adducendo che i suoi depositi di greggio sono andati distrutti da un incendio o che la nave che doveva rifornirlo di petrolio è naufragata o che uno sciopero dei portuali ha impedito la partenza o lo scarico della nave.

In questi casi non viene neppure in considerazione il problema della causa imputabile: il debitore non è ammesso a provare che il fatto non era da lui prevedibile o evitabile: l'importatore del nostro esempio non potrà provare che l'incendio non è a lui imputabile (che si è trattato, ad esempio, di un atto di terrorismo, come tale accertato dalla polizia), perché la prova della non imputabilità è ammessa solo con riguardo alle cause che hanno determinato una impossibilità oggettiva, e in questi casi la prestazione, avendo per oggetto un genere, non è mai oggettivamente impossibile (quell'importatore potrà, per adempiere, procurarsi sul mercato una equivalente quantità di petrolio);

aa) prestazioni di **dare** che abbiano per oggetto una **cosa di specie**: la prestazione, ad esempio, consiste non nel consegnare una data quantità di petrolio, ma quella specifica partita di petrolio che si trova nel deposito dell'importatore, oppure riguarda la restituzione di una cosa determinata che si è ricevuta in locazione. Lo stesso discorso vale per le prestazioni che abbiano per oggetto un **genere limitato**: qui può accadere che l'intero genere venga meno (che sia esaurita, ad esempio, l'intera tiratura di un libro o l'intera emissione di un titolo del debito pubblico).

Qui la prestazione può diventare **oggettivamente impossibile**: se l'incendio ha distrutto la partita di petrolio dedotta in obbligazione, è diventato impossibile consegnarla; se la cosa presa in locazione perisce — affonda, ad esempio, la nave che un trasportatore ha ricevuto in locazione — diventa impossibile restituirla. In questi casi il debitore può conseguire la propria liberazione; ma deve, a tal fine, dare la prova che la prestazione è diventata impossibile **per causa a lui non imputabile**: deve anzitutto identificare la causa della impossibilità; onde restano a suo carico le cosiddette **cause ignote**: se non si scopre perché l'incendio è scoppiato o perché la nave è affondata, egli ne risponde. Deve, quindi, provare che la causa accertata era **non prevedibile né evitabile** da lui o dai suoi dipendenti: che l'incendio, nel primo esempio, è dovuto ad un attentato terroristico di eccezionale destrezza e, pertanto, non evitabile con normali misure di sicurezza o che il naufragio della nave, nel secondo esempio, è stato causato dallo speronamento di un'altra nave o da una eccezionale tempesta, che nessun equipaggio avrebbe potuto dominare, e così via;

b) prestazioni di **fare** consistenti in prestazioni di **mezzi**: il lavoratore subordinato non si presenta al posto di lavoro, il direttore di orchestra non tiene il concerto cui si era obbligato verso l'impresario teatrale. In queste, e soltanto in queste, il metro per valutare se il debitore è adempiente oppure inadempiente può essere quello offerto dall'art. 1176. Qui il fondamento della responsabilità può davvero essere la **colpa**, intesa come mancanza della diligenza, perizia, prudenza dovuta; e l'onere di provare la colpa del debitore, ossia il suo inadempimento, incombe sul creditore. Anche qui la prestazione può diventare oggettivamente **impossibile**: il lavoratore è stato colpito da influenza, il direttore d'orchestra si è fratturato un braccio; e in queste condizioni nessuno (ecco perché anche in questi casi si parla di impossibilità **oggettiva**) potrebbe eseguire la prestazione dovuta. L'ulteriore prova della non imputabilità è qui difficilmente esigibile: il musicista può essersi infortunato nella pratica di uno sport; ma sarebbe ingiusto sostenere che, nell'interesse del creditore, egli doveva astenersi da ogni attività che potesse pregiudicare la sua idoneità fisica alla prestazione dovuta;

bb) prestazioni di **fare** consistenti nel realizzare un **risultato**: sono i casi della prestazione dell'appaltatore, del vettore ecc.

In questi casi la mancata realizzazione del risultato (la costruzione dell'edificio, il trasporto a destinazione delle persone o delle cose) può derivare da **impossibilità soggettiva** (l'appaltatore, ad esempio, non ha mezzi finanziari sufficienti per portare a termine la costruzione), che non libera il debitore da responsabilità, oppure da **impossibilità oggettiva** (una frana del suolo impedisce di proseguire i lavori dell'appaltatore, un incidente impedisce all'automezzo di portare a destinazione le merci), ed allora si apre il problema delle cause e della loro imputabilità: il codice civile lo affronta, in relazione ai singoli contratti, con norme espresse che talvolta confermano la regola generale qui illustrata e talaltra vi derogano e delle quali parleremo a suo luogo;

c) prestazioni di **non fare**: qui non si pone neppure il problema della impossibilità di adempiere, dal momento che ogni fatto compiuto in violazione dell'obbligazione negativa è un fatto volontario del debitore o dei suoi ausiliari del quale il debitore è sempre responsabile.

Nel caso in cui il debitore è volontariamente inadempiente, come nel caso ora considerato, si dice che egli è in **dolo**. In tutti i casi, prima esaminati, nei quali l'inadempimento dipende da impossibilità oggettiva derivante da cause imputabili al debitore, si dice che il debitore è in **colpa**; mentre si ha responsabilità senza colpa o **responsabilità oggettiva** quando il debitore risponde dell'inadempimento derivante da impossibilità soggettiva o da impossibilità oggettiva derivante da cause ignote.

L'eventualità che, alla scadenza, il debitore non adempia è un **rischio per il creditore**: il rischio di non ricevere la prestazione sulla quale egli ha fatto affidamento nel momento in cui l'obbligazione è sorta. L'eventualità, d'altra parte, di dover risarcire i danni per il proprio inadempimento è un **rischio per il debitore**. I principi fin qui esposti attengono alla ripartizione, fra debitore o creditore, del **rischio per l'inadempimento**. Essi addossano al debitore: il rischio che, al momento dell'adempimento, egli versi in una situazione di **soggettiva impossibilità** di adempiere; il rischio, ancora, di una **oggettiva impossibilità** che egli non possa provare essere dovuta a causa a lui non imputabile; addossano al **creditore** solo il rischio di una oggettiva impossibilità della quale il debitore riesca a dare la difficile prova della non imputabilità a sé o ai propri ausiliari.

La ripartizione del rischio per l'inadempimento, così come attuata dal codice civile, può entro certi limiti essere modificata per volontà delle parti. È però nullo il patto con il quale il debitore sia preventivamente esonerato da responsabilità per **dolo** o per **colpa grave** (art. 1229). Il che significa che il debitore può essere preventivamente esonerato da responsabilità per l'impossibilità sopravvenuta della prestazione imputabile a sua **lieve mancanza di diligenza** (colpa lieve); mai, invece, per quella che sia stata da lui **volontariamente cagionata** (dolo) o che derivi da causa imputabile a sua **grave negligenza** (colpa grave).

Gli artt. 1176 e 1218 si applicano alle prestazioni di comportamento, non anche alle prestazioni di garanzia (9.2.): in queste ultime il debitore è inadempiente per il solo fatto della mancata esecuzione della prestazione.

4. Mora del debitore e mora del creditore

La mora del debitore è il **ritardo** di questo nell'adempiere la prestazione dovuta: un ritardo che, di per sé, è già inadempimento (dovendo la prestazione essere **esattamente** eseguita, anche riguardo al tempo dell'adempimento), ma che può essere segno di un definitivo inadempimento del debitore o può preludere, quando la natura della prestazione lo consenta, ad una sua tardiva esecuzione. Di regola non basta, perché il debitore sia in mora, il mancato adempimento alla scadenza del termine: occorre un atto formale, che è la **costituzione in mora**, ossia la richiesta o intimazione **scritta** di adempiere rivolta dal creditore al debitore (art. 1219 comma 1°).

La formale costituzione in mora è però **superflua**, perché il debitore sia in mora, in diversi casi: quando il debitore abbia dichiarato per iscritto di non voler adempiere; quando si tratta di prestazione sottoposta a termine scaduto, da eseguirsi al domicilio del creditore; quando si tratta di obbligazione da fatto illecito (art. 1219 comma 2°); quando si tratta di obbligazioni di non fare (art. 1222).

Ci si domanda perché mai sia richiesta, fuori dei casi di cui agli artt. 1219, comma 2°, e 1222, la costituzione in mora del debitore, dal momento che il ritardo nell'inadempimento è, per l'art. 1218, già inadempimento, dovendo la prestazione essere esattamente eseguita, anche riguardo al tempo dell'adempimento (10.1). Il fatto è che il ritardo del debitore nell'eseguire la prestazione dovuta si presume tollerato dal creditore, sul quale incombe l'onere, per vincere questa presunzione, di fare al debitore formale richiesta della prestazione. Da questo onere il creditore è dispensato quando è impossibile attendersi (perché si tratta di obbligazioni di non fare) o non è ragionevole attendersi (perché il debitore ha dichiarato per iscritto di non voler adempiere) una esecuzione tardiva della prestazione, o quando l'esecuzione della prestazione non dipende dall'iniziativa del creditore (prestazione scaduta da eseguirsi al suo domicilio e ipotesi a questa assimilabili), o quando il debitore è considerato immeritevole di tolleranza, trattandosi di obbligazione da fatto illecito.

La tolleranza presunta dall'art. 1219, comma 1°, può talora considerarsi come imposta al creditore, alla stregua del dovere di correttezza di cui all'art. 1175. È, nelle applicazioni giurisprudenziali, il caso del ritardo della pubblica amministrazione nella erogazione di una somma di danaro: il creditore deve attendere che si sia esaurito il procedimento richiesto dalle leggi sulla contabilità dello Stato per l'autorizzazione del pagamento. Talvolta la giurisprudenza motiva adducendo che il debitore non è in mora se il ritardo non è imputabile a sua colpa; ma in questi casi, piuttosto che la colpa del debitore, viene in considerazione la correttezza o la buona fede del creditore. La mora non è il ritardo colposo; è, semplicemente, il ritardo: quando si parla di ritardo colposo si allude al fatto che la tolleranza del creditore, o una tolleranza ulteriore rispetto a quella accordata, non è secondo correttezza esigibile da parte del debitore. Così, nell'esempio fatto, la pubblica amministrazione andrà esente da responsabilità per il ritardo provando che non erano ancora maturati i tempi tecnici per l'autorizzazione al pagamento, ma dovendo essa comunque rispettare i limiti massimi stabiliti dalla direttiva dell'Unione europea, n. 7 del 16 febbraio 2011 (e del d.lgs. 9 novembre 2012, n. 192, che, a norma dell'art. 10, comma 1° l. 11 novembre 2011, n. 180, le ha dato attuazione, modificando in proposito il precedente d. lgs. n. 231 del 2002), relativa alla lotta contro i ritardi di pagamento nelle transazioni commerciali, che per i contratti con la pubblica amministrazione prevede un termine massimo di trenta giorni di calendario, elevabile, in specifici casi dove la pubblica amministrazione è parte debitrice, fino a sessanta giorni di calendario).

In questa prospettiva va collocato l'art. 3 del d.lgs. n. 231 del 2002, in materia di ritardi dei pagamenti nelle transazioni commerciali, secondo il quale «il creditore ha diritto alla corresponsione degli interessi moratori (...), salvo che il debitore dimostri che il ritardo nel pagamento del prezzo è stato determinato dall'impossibilità della prestazione derivante da causa a lui non imputabile».

La mora del debitore produce due effetti:

a) **l'aggravamento del rischio del debitore**.

Se, dopo la costituzione in mora, la prestazione diventa impossibile per causa **non imputabile al debitore**, questi ne risponde ugualmente, a meno che non provi che l'oggetto della prestazione sarebbe ugualmente perito presso il creditore (art. 1221). È, soprattutto, il caso delle cose di specie, perite per caso fortuito o forza maggiore dopo la costituzione in mora: il debitore non risponde del loro perimento solo se prova che esse sarebbero perite anche nelle mani del creditore (la valanga, ad esempio, avrebbe comunque distrutto la casa, anche se il locatario l'avesse restituita al proprietario);

b) l'obbligazione di **risarcire i danni** che il creditore provi di avere subito a causa dell'inadempimento o del ritardo nell'adempimento.

È la cosiddetta **responsabilità contrattuale**, così distinta dalla responsabilità da fatto illecito, cui si suole dare il nome di responsabilità extracontrattuale: il debitore deve al creditore una **somma di danaro** che sia l'equivalente monetario dei danni che l'inadempimento o il ritardo nella esecuzione della prestazione gli hanno cagionato. Il danno da risarcire è formato da due componenti (art. 1223): il cosiddetto **danno emergente**, ossia la perdita subita dal creditore (le merci affidate al vettore, ad esempio, sono perite durante il trasporto; il danno emergente è qui pari al danaro occorrente per ricomperare sul mercato merci dello stesso genere e quantità); e il cosiddetto **lucro cessante**, ossia il mancato guadagno (le merci perite durante il trasporto erano beni produttivi, ad esempio macchine industriali, e il lucro cessante è qui la somma che il creditore ha perduto per la mancata utilizzazione, o la mancata locazione, delle macchine per tutto il tempo occorrente per procurarsene altre).

Fra inadempimento e danno deve sussistere uno specifico **rapporto di causalità**: non è risarcibile qualsiasi danno che, in qualche modo, si ricolleghi all'inadempimento, in un generico rapporto di causa ad effetto, ma solo il danno che ne sia **conseguenza diretta e immediata** (art. 1223) e che sia un danno **prevedibile** dal debitore come conseguenza del proprio inadempimento (art. 1225). Così se il creditore di una somma di danaro si trova, a causa dell'inadempimento del proprio debitore, nella condizione di non poter profittare, per mancanza del danaro occorrente, della occasione di un vantaggioso affare o se si trova, peggio, nella condizione di non poter pagare i propri creditori, subendo la vendita all'asta dei propri beni, si tratta di danni (lucro cessante nel primo esempio, danno emergente nel secondo) dei quali non potrà pretendere il risarcimento dal suo debitore: l'inadempimento di questo ha solo concorso a determinare lo stato di difficoltà finanziaria del creditore e questo stato di difficoltà finanziaria (che si deve ritenere derivi da molteplici cause e non può essere considerato tutto dipendente dall'inadempimento di quel singolo debitore) ha, a sua volta, determinato i danni in questione; non c'è, dunque, un rapporto di causa ad effetto diretto e immediato fra inadempimento e danno, ma solo un rapporto indiretto e mediato. Altro esempio: le merci affidate al vettore e perite durante il viaggio erano merci per le quali il mittente aveva trovato un compratore disposto a pagare un prezzo superiore al prezzo di mercato: il vettore corrisponderà, quale risarcimento del danno, il corrente valore di mercato delle merci (che è il danno prevedibile come conseguenza del proprio inadempimento), non già quel maggior prezzo che, eccezionalmente, il venditore era riuscito a pattuire con il compratore (danno non prevedibile). Il danno è quello prevedibile al momento in cui l'**obbligazione è sorta**: se, per un improvviso aumento del prezzo delle merci, verificatosi durante il viaggio, il mittente subisce per il perimento delle merci un danno maggiore di quello prevedibile al momento del contratto di trasporto, il vettore risarcisce il minor danno prevedibile a quel momento.

Il danno non prevedibile sempre che sia conseguenza diretta e immediata dell'inadempimento è risarcibile solo in caso di **dolo del debitore** (art. 1225), ossia di inadempimento volontariamente cagionato da questo. Per contro, la colpa del creditore, che avrebbe potuto evitare il danno usando l'ordinaria diligenza, esonera da responsabilità il debitore; oppure riduce l'ammontare del risarcimento da questo dovuto se ha concorso a determinare il danno (art. 1227). È, ancora, il discorso del **rapporto di causalità** fra inadempimento e danno: se questo è stato determinato, in tutto o in parte, dal comportamento del creditore (le merci affidate al vettore, ad esempio, sono arrivate a destinazione danneggiate perché mal collocate dal mittente nei loro contenitori), non si può dire che il debitore lo abbia cagionato o che ne sia stato la sola causa, e il debitore non ne risponde o ne risponde solo nella misura a lui imputabile.

La prestazione che ha per oggetto la consegna di una **somma di danaro** non diventa mai impossibile: il debitore, anche dopo la costituzione in mora, resta sempre tenuto ad eseguirla. Ma, oltre alla somma dovuta, il debitore dovrà, dal momento in cui si trova in mora, gli **interessi moratori** (anche se in precedenza non erano da lui dovuti interessi compensativi), secondo il tasso legale. E, se già decorrevano interessi compensativi in misura superiore al tasso legale, in questa stessa misura continueranno a decorrere, a titolo di interessi moratori, dopo la costituzione in mora (art. 1224 comma 1°).

Gli interessi moratori valgono come risarcimento del **danno per il ritardo**: sono sempre dovuti, indipendentemente dalla prova, da parte del creditore, di avere subito un danno, essendo il danaro considerato un bene che, per sua natura, produce interessi e la mancata consegna del capitale producendo, di conseguenza, un automatico danno al creditore. Tuttavia, il creditore può provare di aver subito un **maggior danno** rispetto a quello risarcitogli al tasso di interesse legale (art. 1224 comma 2°). È, soprattutto, il caso del **danno da inflazione**: al creditore, che riceve in ritardo il pagamento, i giudici riconoscono, quale risarcimento del maggior danno, interessi moratori calcolati al tasso di svalutazione della moneta (una espressa norma di legge in tal senso c'è per i crediti esigibili dei lavoratori, come retribuzioni e indennità già scadute, verso il datore di lavoro: così la l. n. 533 del 1973). A questo modo, il creditore ottiene il risarcimento del danno effettivamente subito per il ritardo, mentre il debitore viene scoraggiato nel proposito di pagare il più tardi possibile per pagare, nella previsione della svalutazione monetaria, meno di quanto da lui dovuto.

Il ritardo nell'adempimento può anche dipendere dal comportamento del creditore. È la **mora del creditore**: l'ingiustificato rifiuto del creditore di ricevere la prestazione offertagli dal debitore o, comunque, di mettere il debitore in condizione di poterla eseguire (art. 1206).

Il debitore ha solo il dovere, e non anche il diritto, di adempiere e il creditore ha la facoltà di esigere, non l'obbligo di esigere la prestazione: il vettore o il gestore del teatro, al quale il cliente ha pagato il biglietto del viaggio o dello spettacolo, è debitore del trasporto o della rappresentazione teatrale, ma non può pretendere che il cliente faccia il viaggio o vada a teatro; il cliente resta libero di esigere o di non esigere il proprio credito, di non effettuare il viaggio e di non andare a teatro. Tuttavia, il rifiuto del creditore può nuocere al debitore: se questi, ad esempio, deve consegnare una cosa determinata, il rifiuto del creditore di riceverla lo costringe ad affrontare spese per la ulteriore custodia della cosa; lo espone, inoltre, al rischio che la prestazione diventi impossibile (che la cosa da consegnare, ad esempio, perisca), privandolo del diritto alla controprestazione (al prezzo della cosa nel nostro esempio).

Il creditore deve, per non essere in mora, compiere «quanto è necessario affinché il debitore possa adempiere l'obbligazione» (art. 1206). È il cosiddetto dovere di cooperazione del creditore all'adempimento del debitore: più che un dovere è, in verità, un onere, giacché il creditore che non coopera si espone alle conseguenze della mora.

La **costituzione in mora** del creditore: si effettua con l'**offerta** della prestazione al creditore (art. 1209), che è offerta **reale** per le cose mobili da consegnare al domicilio del creditore (il debitore, per mezzo di un ufficiale giudiziario o di un notaio, le offre **materialmente** al creditore), ed è offerta **per intimazione** per gli immobili e le cose mobili da consegnare in luogo diverso (il debitore, per mezzo di un ufficiale giudiziario, gli notifica la richiesta di ricevere la prestazione).

Effetti della costituzione in mora del creditore sono (art. 1207):

a) l'**impossibilità sopravvenuta** della prestazione, per causa a lui non imputabile, è **a carico del creditore**: il debitore, cioè, conserva il diritto alla controprestazione (al pagamento, ad esempio, del prezzo della cosa perita), anche se il creditore non potrà più ricevere la prestazione, diventata impossibile;

b) non sono più dovuti dal debitore **interessi** sulle somme di danaro;

c) sono dovuti dal creditore il rimborso per le **spese** di custodia della cosa e, in generale, il risarcimento dei **danni** che il debitore abbia subito a causa della mora.

Oltre a questi effetti il debitore può, persistendo il rifiuto del creditore, conseguire l'ulteriore effetto della **propria liberazione** dal debito con il **deposito** della somma dovuta in una banca o delle altre cose mobili nel luogo indicato dal giudice o con la consegna degli immobili al sequestratario nominato dal giudice (artt. 1210 s.).

Gli effetti dell'offerta e quelli del deposito si produrranno solo nel momento in cui sarà passata in giudicato la sentenza che avrà accertato che il rifiuto del creditore era effettivamente ingiustificato (artt. 1207 comma 3°, 1210 comma 2°): non si produrranno, ovviamente, se il giudice avrà accertato che il rifiuto del creditore era stato **legittimo**, perché la prestazione offerta dal debitore non era un adempimento esatto.

5. Estinzione dell'obbligazione per cause diverse dall'adempimento

Si è già visto che l'obbligazione, oltre che per adempimento, può estinguersi per impossibilità sopravvenuta della prestazione, dovuta a causa non imputabile al debitore. Va aggiunto che l'impossibilità può essere solo **temporanea** (art. 1256): in tal caso l'obbligazione non si estingue, e il debitore non sarà responsabile per il ritardo; ma l'impossibilità temporanea equivarrà a impossibilità definitiva, e libererà il debitore, se il tempo dell'adempimento doveva considerarsi essenziale (come la malattia del musicista scritturato per quel dato concerto). Può, inoltre, essere una impossibilità solo **parziale** (art. 1258): qui il debitore si libera eseguendo la prestazione per la parte rimasta possibile (il vettore marittimo, ad esempio, consegna quella parte delle merci che si sono salvate dal naufragio della nave e nelle condizioni di deterioramento in cui è riuscito a ricuperarle).

Altre cause di estinzione diverse dall'adempimento sono la novazione, la remissione del debito, la confusione, la compensazione.

La **novazione**, è l'estinzione di una obbligazione, per volontà delle parti, mediante la costituzione di una **nuova obbligazione**, diversa da quella originaria per l'oggetto o per il titolo (art. 1230). La nuova obbligazione può essere diversa per l'**oggetto**: se quella originaria, per esempio, consisteva nel pagamento di una somma di danaro, la nuova obbligazione può consistere nel trasferimento di un immobile. L'ipotesi è diversa da quella, già esaminata, della **prestazione in luogo dell'adempimento**: là il consenso del creditore alla esecuzione, da parte del debitore, di una diversa prestazione non importa liberazione del debitore, che si libera solo eseguendo la diversa prestazione autorizzata dal creditore; qui, invece, il consenso del creditore **libera il debitore** dalla originaria obbligazione, ed in luogo di questa nasce una nuova obbligazione con oggetto diverso.

Oltre che per l'oggetto, la nuova obbligazione può essere diversa da quella originaria per il **titolo**: così, se il debitore doveva una somma di danaro a titolo di prezzo di una vendita, le parti possono convenire che questa obbligazione si estingua con la sostituzione ad essa di una nuova obbligazione per la quale la medesima somma di danaro sia dovuta dal debitore a titolo di mutuo; con la conseguenza, in questo esempio, che il nuovo rapporto sarà regolato dalle norme sul mutuo e non più da quelle della vendita (e il debitore, essendo obbligato a titolo di restituzione di mutuo, e non più a titolo di prezzo di vendita, dovrà la somma in questione anche se l'altra parte non consegni la cosa vendutagli). Non c'è, invece, novazione nella semplice modificazione del **tempo** dell'adempimento originariamente previsto, nella concessione di una proroga o di una dilazione del pagamento e così via (art. 1231).

L'obbligazione originaria è la ragione che giustifica la costituzione della nuova obbligazione: perciò, se la prima obbligazione non esisteva (viene, ad esempio, dichiarato nullo o viene annullato il contratto da cui era sorta), la nuova obbligazione è **senza effetto** (art. 1234), e il creditore non potrà esigerne l'adempimento.

La remissione è la rinuncia volontaria del creditore al proprio diritto; può consistere in una dichiarazione espressa (art. 1236) o può risultare, implicitamente, dalla volontaria restituzione al debitore del documento dal quale risulta il credito (art. 1237). Essa estingue l'obbligazione, sempre che il debitore, entro un congruo termine, non dichiari di **opporvisi** (art. 1236). Il principio è che nessuno può essere costretto a ricevere da altri un favore: al creditore che dichiara di rimettergli il debito il debitore può opporre un rifiuto esplicito, ma deve opporglielo entro un tempo ragionevole; se tace, la remissione produce l'effetto estintivo dell'obbligazione, e a nulla varrebbe una tardiva offerta della prestazione.

Si ha **confusione** quando la qualità di debitore e di creditore vengono a riunirsi nella medesima persona (ad esempio, perché il debitore è l'erede del creditore): l'obbligazione si estingue (art. 1253) perché non si può, ovviamente, essere creditori di se stessi. Non c'è però estinzione per confusione nel caso della cambiale o dell'assegno: il debitore, al quale venga girato il titolo, può a sua volta girarlo ad altri.

Si può, infine, avere estinzione dell'obbligazione per **compensazione** quando due persone sono obbligate l'una nei confronti dell'altra, in forza di distinti rapporti obbligatori per i quali la prima sia debitore della seconda e la seconda debitore della prima: Tizio, ad esempio, deve un milione a Caio e Caio, a sua volta, deve la stessa somma a Tizio, oppure gli deve due milioni. Sarebbe inutile, in un simile situazione, che ciascuno dei due eseguisse la prestazione dovuta all'altro, oppure che Tizio pagasse i due milioni a Caio e poi pretendesse da lui un milione; opera perciò, la compensazione, totale o parziale: i due debiti **si estinguono per le quantità corrispondenti** (art. 1241). La compensazione può essere:

a) **compensazione legale**, che opera cioè in modo automatico, per il solo fatto che ricorrano i presupposti di legge: si attua fra debiti **omogenei**, che abbiano per oggetto entrambi somme di danaro o quantità di cose fungibili dello stesso genere, **liquidi**, ossia determinati nel loro ammontare, ed **esigibili**, cioè non sottoposti a termine non ancora scaduto (art. 1243 comma 1°);

b) **compensazione giudiziale**, decisa cioè dal giudice: si attua quando i due debiti sono omogenei ed esigibili, ma uno dei due **non è liquidato** (è, ad esempio, un debito da risarcimento del danno per inadempimento o per fatto illecito, non ancora determinato nel suo esatto ammontare). Il giudice, se lo considera di **facile e pronta liquidazione** può dichiarare la compensazione per quella parte del debito che gli appare sicuramente esistente o, previa liquidazione, per la sua totalità (art. 1243 comma 2°);

c) **compensazione volontaria**, stabilita cioè per accordo delle parti: può operare, determinando l'estinzione dei debiti reciproci, quando mancano i presupposti per una compensazione legale o giudiziale (art. 1252).

La compensazione legale deve essere eccepita dal debitore (il giudice non può rilevarla d'ufficio), ma opera dal giorno in cui si è verificata la coesistenza dei due debiti (e, perciò, retroattivamente quando venga eccepita in giudizio da un debitore all'altro e dichiarata dal giudice). La compensazione giudiziale opera, invece, solo dal momento della sentenza che l'ha dichiarata (art. 1242).

La compensazione non si verifica se il debitore vi abbia previamente rinunciato o se si tratta di credito impignorabile o di altro credito per il quale la legge esclude la compensazione (art. 1246).

Capitolo undicesimo

IL CONTRATTO

SOMMARIO: 1. Il contratto e l'autonomia contrattuale. — 2. I requisiti del contratto: *a*) l'accordo delle parti. — 3. Continua: i limiti dell'autonomia contrattuale. — 4. I requisiti del contratto: *b*) la causa. — 5. I requisiti del contratto: *c*) l'oggetto. — 6. I requisiti del contratto: *d*) la forma. — 7. Il contratto preliminare. — 8. I contratti con il consumatore.

1. Il contratto e l'autonomia contrattuale

Del contratto abbiamo già avuto occasione di segnalare due specifiche e distinte funzioni, che esso talvolta svolge congiuntamente, talaltra separatamente: lo abbiamo incontrato, anzitutto, fra i **modi di acquisto della proprietà** (e degli altri diritti reali), rilevandone la funzione di strumento per la circolazione dei beni (così la vendita, la donazione ecc.); lo abbiamo ritrovato poi fra le **fonti delle obbligazioni**, dove abbiamo colto la sua ulteriore funzione di strumento mediante il quale ci si procura il diritto alle altrui prestazioni (così ancora la vendita, per quanto riguarda l'obbligazione di pagare il prezzo, e poi i contratti che sono solo fonti di obbligazioni, come la locazione, il trasporto, il contratto di lavoro ecc.). Vedremo poi che per contratto si possono trasferire, oltre che diritti reali, anche diritti di credito: è la cessione dei crediti, di cui ci occuperemo poi (22.1.).

Dopo avere indicato, agli artt. 922 e 1173, queste due specifiche funzioni del contratto, il codice civile ne dà, all'art. 1321, una **nozione generale**, che con uno sforzo di astrazione (ossia procedendo dal particolare al generale) unifica le due distinte funzioni in una sola e, inoltre, allude ad ulteriori funzioni che il contratto può svolgere. Definisce il contratto come «l'accordo di due o più parti per costituire, regolare o estinguere fra loro un **rapporto giuridico** patrimoniale».

Il rapporto giuridico, che il contratto costituisce, regola o estingue, deve essere **patrimoniale**: deve, cioè, avere ad oggetto cose o prestazioni personali suscettibili di valutazione economica; ed abbiamo già visto che questo requisito è proprio sia dei beni (art. 814), sia delle prestazioni che formano oggetto dell'obbligazione (art. 1174). Si tratta, in sostanza, di un requisito che discende dal fatto che il contratto è un modo di acquisto della proprietà o degli altri diritti sui beni oppure è una fonte di obbligazioni o, infine, l'una e l'altra cosa insieme, come il contratto di vendita, che trasferisce la proprietà di un bene dal venditore al compratore ed è, al tempo stessa, fonte della obbligazione del compratore di pagare il prezzo al venditore.

La vasta regolazione del contratto si articola, nel codice civile, in due serie di norme: una prima serie riguarda i «contratti in generale» (artt. 1321-1469); una seconda serie regola, invece, i «singoli contratti», ossia quei contratti — e sono tanti — che trovano nel codice civile, o in altre leggi, una **disciplina particolare**, specifica di quei determinati tipi di contratti (vendita, locazione, mandato ecc.). Questa seconda serie di norme è contenuta, in gran parte, nel quarto libro del codice civile, di seguito alle norme sui contratti in generale (artt. 1470-1986); ma vari contratti sono regolati altrove, nel primo libro (come la donazione) o nel quinto libro (come il contratto di lavoro, il contratto d'opera, il contratto di società). Fra la prima e la seconda serie di norme c'è questo rapporto: le norme sui contratti in generale sono norme comuni a tutti i contratti e si applicano a ciascuno di essi (art. 1323); quelle sui singoli contratti valgono solo per i contratti cui si riferiscono.

Ciò che costituisce o regola o estingue un rapporto patrimoniale è, per l'art. 1321, l'**accordo delle parti**, ossia la loro concorde volontà: è questa che attua la trasmissione della proprietà, o di altro diritto, da una parte all'altra o che determina il sorgere dell'obbligazione di una parte, a favore dell'altra. Un rapporto patrimoniale, nel generale significato dell'art. 1321, può essere costituito, regolato o estinto in molteplici altri modi: sono molteplici, come si è visto a suo luogo, i modi di acquisto della proprietà diversi dal contratto (alcuni a titolo originario, come l'occupazione, l'accessione ecc., altri a titolo derivativo, come le successioni a causa di morte); e si è visto anche che le obbligazioni possono derivare, oltre che da contratto, da fatto illecito o da altri atti o fatti, che più oltre esamineremo. Fra i tanti modi di costituzione, regolazione o estinzione dei rapporti patrimoniali (in particolare: di acquisto del diritto reale o di assunzione dell'obbligazione) il contratto si segnala per il ruolo che, con esso, svolge la **volontà dell'uomo**: le parti contraenti si accordano «per costituire, regolare o estinguere tra loro un rapporto giuridico patrimoniale». L'effetto giuridico, costitutivo o regolare o estintivo del rapporto, è qui **prodotto dalla volontà** delle parti interessate: l'acquisto della proprietà, in altre parole, è l'effetto della concorde volontà dell'alienante e dell'acquirente (del venditore e del compratore, del donante e del donatario, e così via); ed il sorgere dell'obbligazione è l'effetto, anch'esso, della concorde volontà del creditore e del debitore (del locatore e del locatario, del mutuante e del mutuatario, e così via).

La grande importanza del contratto — la sua preminente importanza fra i modi di acquisto della proprietà e degli altri diritti come fra le fonti delle obbligazioni — deriva dall'ampio riconoscimento legislativo della cosiddetta **signoria della volontà**, ossia dal fatto che la legge riconosce ai privati un ampio potere di provvedere, con proprio atto di volontà, alla costituzione, alla regolazione ed all'estinzione dei rapporti patrimoniali. Questo riconoscimento è, nel nostro tempo, meno esteso che in passato: vedremo in questo e nel prossimo capitolo quali e quanti limiti siano posti alla «signoria della volontà»; e tuttavia questa occupa ancora una posizione centrale entro il sistema del diritto privato. Per definire questo ruolo della volontà dei privati si parla di **libertà** o **autonomia contrattuale** (autonomia significa, alla lettera, darsi da sé la propria legge). È una legge o autonomia del privato che si manifesta sotto un duplice aspetto, negativo il primo, positivo il secondo, che occorrerà esaminare separatamente:

a) libertà o autonomia contrattuale significa, in senso negativo, che nessuno può essere spogliato dei propri beni o essere costretto ad eseguire prestazioni a favore di altro **contro**, o comunque, **indipendentemente dalla propria volontà**.

Ciascuno non ubbidisce, in linea di principio, che alla propria volontà; non può essere vincolato, se la legge non lo consente, dalla volontà altrui. In questo significato negativo l'autonomia contrattuale è presente già nel concetto generale di contratto: l'accordo delle parti vale, per l'art. 1321, a costituire, regolare o estinguere «fra loro» un rapporto giuridico patrimoniale. Il contratto non vincola se non chi ha **partecipato all'accordo**, ha espresso il proprio consenso alla costituzione o alla regolazione o all'estinzione di un rapporto patrimoniale. Ed il principio è ribadito successivamente: «il contratto non produce effetti **rispetto ai terzi** che nei casi previsti dalla legge» (art. 1372); e terzi, rispetto al contratto, sono coloro che non vi hanno partecipato;

b) libertà o autonomia contrattuale significa, in senso positivo, che i privati possono, **con un proprio atto di volontà**, costituire o regolare o estinguere rapporti patrimoniali: che essi possono, cioè, disporre dei propri beni e possono obbligarsi ad eseguire prestazioni a favore di altri (e, sotto il primo aspetto, l'autonomia contrattuale coincide con la facoltà di disposizione delle cose, che rientra, come abbiamo visto, nel contenuto del diritto di proprietà).

L'autonomia contrattuale, in questo significato positivo, si manifesta principalmente in tre forme:

1) è, anzitutto, libertà di scelta, a seconda degli scopi che i privati si prefiggono, fra i diversi **tipi** di contratto previsti dalla legge: i privati possono disporre dei propri beni nelle forme della vendita, della donazione, della permuta ecc.; possono obbligarsi verso altri nelle forme della locazione, del mutuo, dell'appalto e così via;

2) è, in secondo luogo, libertà di determinare, entro i limiti posti dalla legge, il **contenuto** del contratto (art. 1322 comma 1°): è, ad esempio, la libertà di determinare l'ammontare del prezzo di vendita, il tempo di consegna della cosa venduta, le modalità e i tempi di pagamento del prezzo, oppure il canone e il termine, di restituzione della cosa nella locazione, il tasso di interesse e il termine di restituzione del capitale nel mutuo, e via di seguito.

Ciascuna determinazione delle parti, inserita in un contratto scritto, prende il nome di **clausola** o di **patto**; e ogni contratto scritto si compone di una pluralità più o meno estesa di clausole (spesso contraddistinte, ad imitazione degli articoli di una legge, da una numerazione progressiva), che nel loro insieme formano il cosiddetto **regolamento contrattuale** (eventualmente in concorso, come presto vedremo; con determinazioni di altra fonte);

3) è infine, libertà di concludere contratti **atipici** o **innominati**, ossia contratti non corrispondenti ai tipi contrattuali previsti dal codice civile o da altre leggi, ma ideati e praticati dal mondo degli affari. Va osservato al riguardo che molti degli odierni contratti tipici hanno questa origine: sono nati e si sono diffusi nella pratica degli affari prima che la legge li prevedesse e li regolasse (così è stato, ad esempio, per contratti bancari come l'apertura di credito o come l'anticipazione bancaria, oggi regolati dal codice civile dopo essere vissuti, in precedenza, come contratti atipici creati dalla prassi delle banche). Ma il

mondo degli affari crea, incessantemente, sempre nuove figure di contratti, destinati a vivere come contratti atipici finché la legge non intervenga a regolarli.

Così sono oggi contratti atipici, di larga diffusione, il *leasing* (o locazione finanziaria), il *factoring*, il *franchising* (ci limitiamo per ora a farne il nome), penetrati recentemente in Europa dopo essere stati ideati negli Stati Uniti. Più semplice esempio di contratto atipico è il contratto di **portierato**: significativo anche perché mostra, con evidenza, la sua natura di contratto **misto**, ossia formato (come spesso sono i contratti atipici) dalla combinazione di due (o più) contratti tipici. Qui si tratta, in particolare, di un contratto misto di lavoro e di locazione: il portiere di uno stabile, come ogni lavoratore, si obbliga ad eseguire le sue prestazioni di lavoro; ma differisce dal comune lavoratore perché è retribuito in parte in danaro ed in parte con il godimento di un alloggio. Sotto quest'ultimo aspetto si presenta come un locatario; ma è un locatario che, anziché corrispondere un canone in danaro, offre come corrispettivo le sue prestazioni di lavoro.

I contratti atipici sono validi purché siano diretti, precisa il codice civile, «a realizzare interessi meritevoli di tutela secondo l'ordinamento giuridico» (art. 1322 comma 2°). Ma questo requisito di validità dei contratti atipici altro non è, come vedremo presto, se non quel generale requisito dei contratti che è la **causa**. Essi sono sottoposti, come i contratti tipici, alle norme sui contratti in generale (art. 1323); sono regolati, per il resto, dalle loro clausole contrattuali.

Il contratto è, come si è visto, l'accordo di «due o più parti». Il contratto è **bilaterale** quando le parti siano due, e **necessariamente due**, come ad esempio nella vendita (venditore e compratore) o nella locazione (locatore e locatario); è **plurilaterale** quando le parti **possono essere più di due**, come nel contratto di società o di associazione, che può anche essere formato da due parti (art. 2247 per la società), ma può essere formato da una moltitudine di parti (migliaia o, addirittura, milioni come accade nelle grandi società per azioni quotate in borsa o nelle associazioni di massa, come i partiti politici e i sindacati). Si noti, tuttavia, che il concetto di **parte** del contratto non coincide con quello di persona: per **parte** si deve intendere **centro di interessi**; e ciascuna parte di un contratto può essere formata da più persone, come ad esempio nel caso in cui i comproprietari vendano o diano in locazione la cosa comune. Perciò, la vendita o la locazione resta un contratto bilaterale anche se ad essa partecipano più di due persone: come venditori o come locatori o, dal lato opposto, come compratori o come locatari. Esse costituiscono, in ogni caso, un'**unica** parte venditrice o locatrice, oppure compratrice o locataria.

Dai contratti si distinguono gli **atti unilaterali**: i primi sono l'accordo di due o più parti; i secondi la dichiarazione di volontà di **una sola parte**, di per sé produttiva — ma solo nei casi espressamente consentiti dalla legge — di effetti giuridici. Ne abbiamo già trovati alcuni esempi: il voto dei partecipanti alla comunione e, quale risultante dei voti della maggioranza, la deliberazione, che produce effetto vincolante per la minoranza (discorso che si può ripetere per il voto dei soci o degli associati e per le deliberazioni delle società e delle associazioni). Altri casi troveremo più oltre: la procura (artt. 1387 s.), le promesse unilaterali (artt. 1987 s.).

A differenza dei contratti, che costituiscono una categoria **aperta** e includono l'ammissibilità di contratti atipici, gli atti unilaterali formano un **numero chiuso**: sono solo quelli previsti dalla legge, con esclusione di atti unilaterali atipici. Il codice civile lo precisa per gli atti unilaterali che sono fonti di obbligazione (ma è principio di generale portata): «la promessa unilaterale di una prestazione non produce effetti obbligatori fuori dei casi ammessi dalla legge» (art. 1987). Ancora a differenza dei contratti, gli atti unilaterali non hanno una disciplina generale, ma solo la disciplina particolare relativa a ciascuno di essi. Tuttavia, ad essi si applicano, in quanto compatibili, le norme sui contratti (art. 1324).

2. I requisiti del contratto: *a*) l'accordo delle parti

Il codice civile scompone il concetto di contratto in quattro distinti «requisiti del contratto» (art. 1325): l'accordo delle parti, la causa, l'oggetto, la forma. In relazione a ciascuno di essi formula poi alcuni principi fondamentali del contratto in generale.

L'accordo delle parti è l'**incontro** delle manifestazioni o dichiarazioni di volontà di ciascuna di esse: il contratto è **concluso** o, come anche si dice, è perfezionato solo se, e solo quando, si raggiunge piena coincidenza fra le dichiarazioni di volontà provenienti dalle diverse parti contraenti. Il contratto può essere concluso in modo **espresso** o in modo **tacito**: ricorre la prima ipotesi quando la volontà delle parti viene **dichiarata**, per iscritto o oralmente (si scrive o si dice, ad esempio, che si vende e, rispettivamente, si compera quel dato bene per quel dato prezzo) o con qualsiasi altro segno (ad un'asta, per esempio, si dichiara di voler comperare alzando un braccio nel momento in cui il banditore mostra un oggetto e ne enuncia il prezzo). Ricorre la seconda ipotesi quando la volontà delle parti, o di una di esse, non viene dichiarata, ma si **desume dal loro comportamento** (cosiddetto «comportamento concludente»), che consiste in un comportamento corrispondente alla attuazione del contratto e, perciò, lascia presupporre che le parti abbiano voluto concluderlo.

Caso tipico di contratto tacito è la società di fatto: più persone si comportano, di fatto, come soci senza avere mai dichiarato, né per iscritto, né oralmente, la volontà di concludere un contratto di società. Più elementari esempi di contratto tacito si ricavano dall'esperienza quotidiana di tutti: quando saliamo su un tram, ad esempio, concludiamo tacitamente un contratto di trasporto con l'azienda tranviaria. Il fatto stesso di esservi saliti è esercizio di un diritto che nasce dal contratto di trasporto e fa già presupporre l'avvenuta (tacita) conclusione del contratto: e se, una volta saliti, ci asteniamo poi dal pagare il biglietto, ossia il corrispettivo del trasporto, questo è un inadempimento di una obbligazione già sorta al momento della (tacita) conclusione del contratto di trasporto.

A volte l'ammissibilità di una tacita manifestazione di volontà è legislativamente esclusa: così la volontà di liberare il debitore deve essere espressamente dichiarata nella delegazione (art. 1268 comma 1°), nell'espromissione (art. 1272 comma 1°) e nell'accollo (art. 1273 comma 2°); così la volontà di prestare fideiussione deve essere espressa (art. 1937); così deve essere espressa la rinuncia del creditore all'ipoteca (art. 2879 comma 1°).

L'accordo, ancora, si può formare in modo **simultaneo** (venditore e compratore, ad esempio, si recano insieme da un notaio e davanti a questo dichiarano, nella medesima unità di tempo, di volere l'uno vendere e l'altro comperare una data cosa per un dato prezzo); ma si può anche formare, come spesso si forma, per **fasi successive**: le dichiarazioni di volontà delle diverse parti prendono, in tal caso, il distinto nome di proposta e di accettazione.

La **proposta** è la dichiarazione di volontà di chi assume l'iniziativa del contratto: è, ad esempio, la dichiarazione di volere vendere una data cosa per un dato prezzo che l'aspirante venditore rivolge, per lettera o altrimenti, ad un possibile compratore. L'**accettazione** è la dichiarazione di volontà che il destinatario della proposta rivolge, a sua volta, al proponente. Il destinatario della proposta è, naturalmente, pienamente libero di accettarla o di respingerla: questa sua libertà è un aspetto, l'aspetto che abbiamo sopra definito come negativo, dell'**autonomia contrattuale**. Può rispondere negativamente o non rispondere affatto; né è tenuto a spiegare le ragioni per le quali non accetta: ogni atto di autonomia contrattuale è, in linea di principio, incensurabile ed insindacabile. L'accettazione vale come tale solo se **conforme** alla proposta: se non è conforme (il destinatario della proposta, ad esempio, risponde di volere sì comperare, ma ad un diverso prezzo), ha il valore di **nuova proposta** (art. 1326 comma 5°) e richiede l'accettazione dell'originario proponente.

Il contratto è concluso nel momento in cui chi ha fatto la proposta (o formulato una nuova proposta) **riceve notizia dell'accettazione dell'altra parte** (art. 1326 comma 1°). Ma l'accettazione, per essere tale, deve pervenire entro il termine stabilito dal proponente o, in mancanza, in un tempo che possa ritenersi ragionevole (non certo dopo anni) in relazione alla natura dell'affare o secondo gli usi (art. 1326 comma 2°).

La proposta contrattuale può essere rivolta ad un destinatario determinato, ma può anche assumere la forma della proposta o **offerta al pubblico** (ad esempio, mediante l'inserzione della proposta di comperare o di vendere negli «annunci economici» dei quotidiani): chiunque, in tal caso, può esprimere al proponente la propria accettazione, con effetto di perfezionare il contratto nel momento in cui questa giunga a conoscenza del proponente (art. 1336).

Dalla vera e propria proposta contrattuale, sia essa proposta a destinatario determinato oppure proposta al pubblico, bisogna però distinguere il semplice **invito a proporre**. È tale, anzitutto, una dichiarazione che non contenga tutti gli estremi essenziali del contratto da concludere (come nella vendita, ad esempio, l'indicazione del prezzo). Un cartello con la semplice scritta «vendesi», posto su una casa, o una inserzione pubblicitaria che non menzioni il prezzo del bene messo in vendita, non può certo vincolare l'aspirante venditore: vale solo come invito, rivolto al pubblico, a formulare proposte contrattuali o, comunque, a iniziare trattative per la vendita.

Ma ad uguale valutazione si può pervenire anche nel caso in cui appaiono indicati gli estremi essenziali del contratto da concludere: l'esposizione, nella vetrina di un negozio, di merci con l'indicazione del prezzo o l'esposizione, nella vetrina di un ristorante, della «lista dei piatti» con la menzione dei relativi prezzi vale come proposta contrattuale o vale, piuttosto, come semplice invito a proporre? Accolta la prima soluzione dovremo dire che il contratto si perfeziona nel momento in cui il cliente, entrato in negozio o nel ristorante, ordina la merce o il pasto, esprimendo così la propria accettazione, con la conseguenza che l'eventuale rifiuto del gestore equivarrebbe ad inadempimento di un già concluso contratto. Ma sappiamo che non è così: ogni negoziante si ritiene libero di decidere a chi vendere (ossia di scegliere la propria clientela) e quanto vendere (salvo il caso, di cui poi diremo, di chi venda generi di monopolio); considera quanti entrano nel proprio negozio come proponenti, ai quali si riserva di rispondere con una accettazione o con un rifiuto. Il citato art. 1336 autorizza questa diversa qualificazione della dichiarazione al pubblico come semplice **invito a proporre**, anche se contenga gli estremi essenziali del contratto: essa vale come proposta contrattuale «salvo che risulti diversamente dalle circostanze o dagli usi».

Una specifica forma di proposta contrattuale è l'adesione di nuove parti, quando sia consentita, ad un già formato contratto plurilaterale (l'adesione, ad esempio, di nuovi membri ad una associazione o di nuovi soci in una cooperativa). La proposta di adesione, detta anche richiesta di ammissione deve essere rivolta all'organo costituito per l'attuazione del contratto (e, di regola, al consiglio di amministrazione) o, in mancanza, a tutti gli originari contraenti (art. 1332). E l'organo, o gli originari contraenti, sono liberi di accettare o rifiutare la richiesta di ammissione del nuovo membro senza essere tenuti a motivare la ragione della scelta, che è atto di autonomia contrattuale, incensurabile e insindacabile come si è detto.

Fino al momento in cui il contratto non sia concluso, le parti conservano la propria autonomia contrattuale: la proposta e l'accettazione possono, fino a quel momento, essere **revocate** da chi le ha formulate. La proposta, perciò, può essere revocata fino a che al destinatario non sia giunta notizia dell'accettazione; e questa è revocabile purché la revoca giunga a conoscenza del proponente (art. 1328).

La conoscenza della proposta e dell'accettazione, come quella della loro revoca, è però una **conoscenza presunta**: esse si presumono conosciute dal destinatario nel momento in cui giungono al suo indirizzo (sicché la conoscenza è sostituita dalla **conoscibilità**); ma il destinatario è ammesso a provare d'essere stato, senza sua colpa, nell'impossibilità di averne notizia (art. 1335), come nel caso di assenza dal luogo corrispondente al suo indirizzo per malattia, per ragioni di lavoro e così via.

La proposta può essere dal proponente dichiarata come proposta **ferma** o **irrevocabile per un dato tempo**: il destinatario può, entro questo tempo, accettarla o non accettarla (e può; dopo averla accettata, revocare l'accettazione nei termini dell'art. 1328); il proponente, invece, non può revocare la proposta, che rimane per lui vincolante, così come formulata, fino a quando non sia scaduto il tempo fissato (art. 1329). L'utilità della proposta irrevocabile è evidente: il destinatario di questa fruisce di un lasso di tempo entro il quale decidere se concludere o no l'affare, nella certezza che, nel frattempo, il proponente non modificherà i termini della proposta (il proponente venditore, ad esempio, non aumenterà il prezzo proposto), né proporrà ad altri l'affare (non venderà ad altri il bene). Si pensi a chi, per professione, comperi per rivendere: ottenuta dall'attuale proprietario una proposta irrevocabile di vendita, cercherà un nuovo compratore che paghi un prezzo superiore; e, se lo trova entro il tempo in cui la proposta resta ferma, comunicherà la sua accettazione al proponente e, quindi, rivenderà il bene, guadagnando la differenza di prezzo.

Dalla proposta irrevocabile l'opzione differisce per la sua natura di contratto, e si parla perciò anche di **patto di opzione**: ricorre quando una parte del contratto si vincola verso l'altra (si obbliga, ad esempio, a vendere o a comperare a date condizioni) e l'altra si limita a prendere atto, riservandosi la scelta, appunto l'**opzione**, se accettare o no, se comperare o non comperare: cosiddetta opzione di vendita, che è l'ipotesi più diffusa). Il patto di opzione produce, a carico di chi si obbliga, gli stessi effetti di una proposta irrevocabile (art. 1331), ma con la differenza che è valido anche se non è fissato un termine per l'accettazione, che potrà essere stabilito dal giudice (art. 1331 comma 3°). Talvolta chi acquista per contratto la facoltà di opzione paga all'altro contraente un corrispettivo, che è il controvalore dell'utilità che l'altrui impegno irrevocabile procura (e che non dovrà essere restituito in caso di mancata accettazione): nel linguaggio della pratica si dice, in tal caso, che si è «comperata un'opzione» su un bene, (che è cosa ben diversa dall'aver comperato un bene), ossia ci si è assicurata la facoltà di concludere o no, a proprio piacimento, un contratto di vendita.

Particolari tecniche di formazione dell'accordo riguardano:

a) i contratti con obbligazioni del solo proponente (come nel trasporto gratuito, nel mandato gratuito, se proponente è il vettore o il mandatario): qui il silenzio del destinatario della proposta è valutato come **tacita** accettazione; e il contratto si perfeziona se, entro il termine richiesto dalla natura dell'affare o dagli usi, il destinatario non rifiuti la proposta (art. 1333). La norma è formulata con riferimento ai contratti con effetti obbligatori; non vale per quelli con effetti reali. In quanto basata sul consenso tacito del destinatario della proposta, non è applicabile ai contratti formali e, in particolare, alla donazione;

b) i contratti che ammettono esecuzione prima della risposta dell'accettante. Per l'art. 1327 il proponente può chiedere o la natura dell'affare oppure gli usi possono ammettere che la prestazione dell'altra parte sia eseguita senza una preventiva risposta: in tal caso «il contratto è concluso nel tempo e nel luogo in cui ha avuto inizio l'esecuzione» (il comma 2° impone all'accettante di dare prontamente avviso all'altra parte dell'iniziata esecuzione, ma questo avviso non è espressione di consenso, tant'è che la sua mancanza non impedisce la formazione dell'accordo, bensì espone l'accettante all'azione di danni della controparte). Qui c'è accettazione **tacita** della proposta per fatto concludente, qual è l'iniziata esecuzione della prestazione.

Gli atti unilaterali richiedono la loro comunicazione al destinatario, e producono effetto dal momento in cui giungono a conoscenza di questo, (art. 1334) o, quanto meno, dal momento, in cui sono da questo conoscibili (art. 1335); ed anche per questi vale la presunzione di conoscenza di cui all'art. 1335.

3. Continua: i limiti dell'autonomia contrattuale

L'autonomia contrattuale, abbiamo avvertito al principio di questo capitolo, ha nel nostro tempo un riconoscimento meno ampio che in passato. Alla esistenza di limiti all'autonomia contrattuale fa riferimento la stessa norma generale dell'art. 1322: «le parti possono liberamente determinare il contenuto del contratto **nei limiti imposti dalla legge**». Questi limiti sono, per un verso, il portato della odierna società industriale, basata sulla **produzione in serie** su larga scala; sono, per altro verso, imposti dalle esigenze, proprie anch'esse di una società industriale, di **governo pubblico dell'economia**, ossia di intervento dei pubblici poteri nella regolazione dei rapporti di mercato. Nel nostro diritto i limiti all'autonomia contrattuale appaiono alquanto estesi; e si manifestano, essenzialmente, sotto due aspetti: sono, talvolta, limiti imposti all'autonomia contrattuale di **una delle parti** e, quindi, destinati ad operare a vantaggio dell'altra parte: sono, talaltra, limiti imposti all'autonomia contrattuale di **entrambe le parti**.

La prima ipotesi ricorre, anzitutto, nel cosiddetto **contratto in serie**, che con questo nome viene contrapposto al contratto isolato. Si parla di **contratto isolato** per indicare il contratto che è frutto di **trattative** intercorse fra le parti contraenti, nel corso delle quali esse discutono ciascuna delle condizioni che formeranno il contenuto del futuro contratto: è l'ipotesi in cui le parti contraenti si trovano tra loro su un piede di parità economica (sono, ad esempio entrambe grandi imprese oppure sono entrambe comuni privati di analoga condizione economica) e possono, perciò, trattare o «mercanteggiare» ciascuna clausola del contratto (ad esempio, il prezzo della merce venduta, le garanzie offerte dal venditore o dal compratore e così via). È, invece, contratto in serie (detto anche contratto «standard» o contratto di massa o contratto per adesione) il contratto il cui contenuto è, in tutto, **predeterminato da una delle parti** e l'altra non può trattare: può solo «prendere o lasciare», o concludere il contratto così come è oppure rifiutarsi di concluderlo. Il contratto in serie si lega alla produzione industriale su larga scala di beni o di servizi, al commercio su larga scala, all'attività delle banche, delle imprese di assicurazione, degli enti erogatori di pubblici servizi. Ubbidisce all'esigenza di regolare in **modo uniforme** i rapporti contrattuali con i consumatori dei prodotti o con gli utenti dei servizi (oppure con gli addetti alla distribuzione dei prodotti, come gli agenti, i concessionari ecc.). Il nesso fra produzione su larga scala e contrattazione uniforme è evidente: l'impresa che produce su larga scala deve, per organizzare e programmare l'attività produttiva, poter conoscere in anticipo quali siano il prezzo e le condizioni di vendita dei propri prodotti; ed analoghe considerazioni valgono per le altre attività economiche su larga scala.

Ciò che si è ora detto è ancora l'aspetto sociologico del fenomeno; il suo aspetto giuridico si manifesta, invece, nella efficacia che la legge attribuisce alle **condizioni generali di contratto**. Queste sono le condizioni contrattuali predisposte in modo uniforme da uno dei contraenti (dal produttore industriale, dalla banca, dall'impresa di trasporti ecc.) e destinate a valere per tutti i contratti che verranno conclusi con i consumatori o con gli utenti: esse «sono efficaci nei confronti dell'altro contraente, se al momento della conclusione del contratto questi le ha conosciute o **avrebbe dovuto conoscerle usando l'ordinaria diligenza**» (art. 1341 comma 1°). La conoscenza effettiva del regolamento contrattuale è qui sostituita, come impongono le esigenze connesse alla contrattazione uniforme, dalla mera **conoscibilità**: l'altro contraente è vincolato anche se, in fatto, non lo aveva conosciuto e non poteva, quindi, averlo voluto. Così, il passeggero può non sapere quali sono le condizioni generali che regolano il suo trasporto in treno o in aereo; ma egli ne è ugualmente vincolato perché, usando l'ordinaria diligenza, avrebbe potuto conoscerle, chiedendo presso gli uffici della stazione o dell'aeroporto che gli venissero mostrate.

Il produttore di beni o di servizi su larga scala è posto, a questo modo, nella condizione di «dettare legge» alla massa dei consumatori: la sua volontà è unilateralmente vincolante; egli non deve, secondo i principi generali sull'accordo delle parti, ricercare il loro consenso; ha solo l'onere di rendere la propria volontà **conoscibile** da parte loro. Il medesimo onere, a ben guardare, che è imposto al potere legislativo: le leggi e i regolamenti, stabilisce l'art. 10 prel., «diventano obbligatori» il quindicesimo giorno successivo alla loro pubblicazione. Il contratto in serie cessa, in virtù dell'art. 1341, di essere espressione di autonomia delle parti per diventare, al pari della legge, atto di imperio, vincolante per i suoi destinatari non appena costoro siano stati in condizione di conoscerne il contenuto. C'è una sola residua differenza rispetto alla legge; un atto di volontaria adesione al contratto in serie è pur sempre necessario; il consenso del singolo, superfluo per la determinazione del contenuto del contratto, è però indispensabile per la **conclusione** del contratto. Ma, è, assai spesso, un atto di adesione formalmente volontario, nella sostanza non libero: di fronte al contratto predisposto dalla grande impresa l'utente non ha alcuna facoltà di scelta; egli deve, per necessità, aderire al contratto (salvo rinunciare ai beni o ai servizi che la grande impresa offre).

Il consumatore o l'utente è, rispetto al contraente che predispone le condizioni generali del contratto, un **contraente debole**, che la legge si preoccupa, in qualche misura, di proteggere. Il secondo comma dell'art. 1341, prevede alcune eccezioni alla regola posta dal primo comma (e, perciò, un ritorno ai principi generali): debbono essere specificamente approvate per iscritto (quindi, conosciute e volute, non solo conoscibili) le cosiddette «clausole vessatorie»: le «condizioni che stabiliscono, a favore di colui che le ha predisposte, limitazioni di responsabilità, facoltà di recedere dal contratto o di sospendere l'esecuzione, ovvero sanciscono a carico dell'altro contraente decadenze, limitazioni alla facoltà di opporre eccezioni, restrizioni alla libertà contrattuale nel rapporti con i terzi, tacita proroga o rinnovazione del contratto, clausole compromissorie o deroghe alla competenza dell'autorità giudiziaria».

Per il contratto in serie spesso vengono predisposti moduli o formulari a stampa (come i moduli dei contratti bancari o le polizze di assicurazione), che al momento della conclusione del contratto vengono riempiti con il nome dell'altro contraente e gli estremi del contratto mancanti nel modulo (come l'importo dell'apertura di credito bancaria o come l'indicazione della cosa assicurata, del suo valore ecc.). Anche qui il codice civile cerca di mitigare il sacrificio dell'autonomia contrattuale del contraente debole: le clausole aggiunte a penna al modulo o formulario prevalgono su quelle stampate, **anche se queste ultime non siano state cancellate** (art. 1342).

Ulteriori e più rigorose norme a tutela del consumatore, che lasciano sopravvivere le norme ora esaminate, sono state introdotte nel 1996 in esecuzione di direttiva comunitaria, poi confluite nel 2005 nel codice del consumo. Se ne dirà oltre (11.8).

Obbligo a contrarre. Altro limite dell'autonomia contrattuale di una delle parti — ma posto, questa volta, a carico del **contraente forte** ed a protezione del contraente debole — si ritrova nei casi, previsti da leggi speciali, della assicurazione obbligatoria della responsabilità civile e nel caso, previsto dal codice civile, dell'obbligo di contrattare del monopolista. Chi esercita una impresa in condizione di **monopolio legale** (è il caso, delle imprese di pubblici trasporti di linea e, fino alle liberalizzazioni dei corrispondenti settori di alcuni anni orsono, delle imprese che gestivano i servizi telefonici, l'erogazione dell'energia elettrica e così via, nonché delle rivendite di generi di monopolio, come i tabacchi) «ha l'**obbligo di contrattare** con chiunque richieda le prestazioni che formano oggetto dell'impresa, osservando la parità di trattamento» (art. 2597). Qui il limite all'autonomia contrattuale non riguarda il contenuto del contratto (che spesso è, anzi, predeterminato dall'impresa con condizioni generali), ma investe la scelta se concluderlo o no: questa scelta è libera per l'utente, ma non per l'imprenditore che, di fronte all'altrui proposta, è tenuto ad esprimere la propria accettazione. Vi è tenuto, come è ovvio, compatibilmente «con i mezzi ordinari dell'impresa» (così, per i pubblici trasporti di linea, l'art. 1679); ma non può limitarsi, come può il comune privato, in forza della propria autonomia contrattuale, a rispondere di no, senza dover motivare il rifiuto. Egli è tenuto a giustificare le ragioni del diniego di prestazione, in ogni caso, a rispettare la **parità di trattamento**: deve, cioè, soddisfare le varie richieste non secondo il proprio arbitrio (come l'autonomia contrattuale gli permetterebbe), ma secondo l'ordine delle richieste (così, per i pubblici trasporti di linea, ancora l'art. 1679) o secondo altri obiettivi criteri, come quelli della maggiore urgenza o della maggiore necessità.

Fonti di integrazione del contratto. In altri casi ancora appare limitata, a protezione di superiori interessi, l'autonomia contrattuale di **entrambi i contraenti**. Caso tipico è quello della determinazione autoritativa, da parte dei pubblici poteri, dei **prezzi** di vendita di beni di largo consumo (determinati generi alimentari, energia elettrica, pedaggi autostradali ecc.) o delle **tariffe** di determinati servizi pubblici (trasporti di linea ecc.). L'organo pubblico che, in forza di specifiche norme speciali, provvede alla periodica variazione dei prezzi e delle tariffe è il Comitato interministeriale prezzi (Cip). Gli interessi protetti sono, in questi casi, quelli connessi alla direzione pubblica dell'economia: qui il controllo pubblico del costo della vita, la lotta all'inflazione, l'incentivazione (con i prezzi «amministrati» dell'energia) delle attività produttive.

L'aspetto giuridicamente più significativo del fenomeno è che i prezzi e, in genere, le clausole contrattuali imposte dalla pubblica autorità sono automaticamente inserite nel contratto, entrano cioè a far parte del contenuto del contratto, **anche in sostituzione delle clausole difformi poste dalle parti** (art. 1339). Non c'è, in altre parole, un semplice obbligo delle parti di adeguarsi, nel determinare il contenuto del contratto, alle prescrizioni della pubblica autorità: queste prescrizioni, al contrario, concorrono **direttamente** a formare il contenuto del contratto.

Analogo fenomeno di inserzione automatica si verifica quando una clausola contrattuale, voluta dalle parti, sia contraria ad una **norma imperativa di legge**, ossia ad una norma non derogabile per volontà delle parti: in tal caso la clausola contrattuale è **nulla** ed è automaticamente **sostituita** dalla norma imperativa di legge (art. 1419 comma 2°).

Sicché il contenuto del contratto non è solo, come si esprime l'art. 1321, il frutto dell'«accordo delle parti»: è, piuttosto, la risultante di una pluralità di componenti, una sola delle quali è l'accordo delle parti, e neppure la più importante nel caso del contratto con prezzo o altre clausole imposte dai pubblici poteri (o in quello, che è quasi sempre ricompreso nel precedente, dell'obbligo a contrattare). Il codice civile esprime questa pluralità di fonti del contenuto contrattuale allorché enuncia il generale principio secondo il quale «il contratto obbliga le parti non solo a quanto è nel medesimo espresso, ma anche a tutte le conseguenze che ne derivano secondo la legge o, in mancanza, secondo gli usi e l'equità» (art. 1374).

Si deve perciò distinguere fra contenuto pattizio del contratto, voluto dalle parti, e suo **contenuto legale**, imposto dalla legge. Così, ad esempio, l'obbligazione delle parti di comportarsi secondo buona fede nell'esecuzione del contratto (art. 1375) è obbligazione che nasce dal contratto, giacché deriva dal contenuto legale di questo.

Sono così indicate quattro **fonti del regolamento contrattuale**: 1) la volontà espressa dalle parti; 2) le norme imperative di legge e le clausole direttamente inserite nel contratto per disposizione di legge; in via subordinata, per ciò che non è regolato né dalla legge, né dall'accordo delle parti, 3) gli usi e 4) l'equità.

L'**equità** differisce sia dalla legge sia degli usi perché non è, come questi, fonte di diritto oggettivo: è, invece, una valutazione di fatto effettuata dal **giudice** ad integrazione delle valutazioni delle parti, negli eccezionali casi in cui la legge consente al giudice di effettuarla, esprimendo stime, determinando prezzi, assegnando valori alla stregua di criteri di mercato. Ma l'equità cui allude l'art. 1374 non è quella prevista dal codice di procedura civile: là si tratta di decidere la controversia sottoposta all'esame del giudice, anziché secondo il diritto, secondo equità (artt. 113 ss. c.p.c.), ossia secondo una diversa regola del giudice trovata nella coscienza sociale.

Tra le diverse fonti del regolamento contrattuale l'art. 1374 stabilisce una gerarchia: usi ed equità assumono carattere suppletivo; valgono solo «in mancanza» della volontà espressa dalle parti o di disposizioni di legge. Il carattere suppletivo degli usi rispetto alla legge è coerente con il ricordato art. 8 prel.; quanto alla volontà delle parti, questa prevale sugli usi per la evidente considerazione che le norme consuetudinarie non hanno mai natura imperativa e sono sempre derogabili per accordo fra le parti. In rapporto all'equità bisogna dire che il suo carattere suppletivo è solo normale, sussistendo casi nei quali, come nel caso della riduzione equitativa della penale eccessiva (art. 1384), l'equità si configura come **equità correttiva**, essendo il giudice chiamato ad esercitare un vero e proprio potere correttivo dell'autonomia privata.

4. I requisiti del contratto: *b*) la causa

La concorde volontà delle parti è, con i limiti indicati nel precedente paragrafo, requisito necessario, ma non ancora sufficiente, del contratto. Occorre altresì una **causa**, che l'art. 1325 n. 2 eleva a ulteriore requisito essenziale dei contratti e, per il richiamo di cui all'art. 1324, degli atti unilaterali.

La causa è la **funzione economico-sociale** dell'atto di volontà; è, come la definisce la Relazione che accompagna il codice civile, la «giustificazione dell'autonomia privata». Per costituire, regolare o estinguere un rapporto patrimoniale non è sufficiente la volontà delle parti interessate: perché un bene passi da un soggetto ad un altro, perché sorga l'obbligazione di un soggetto verso un altro soggetto, non basta l'accordo in tal senso fra alienante ed acquirente o fra debitore e creditore. Il bene non passa e l'obbligazione non sorge, se manca una causa, una giustificazione economico-sociale dell'atto di autonomia contrattuale. Così, ad esempio, la causa della **vendita** (art. 1470), ossia la funzione economico-sociale di questo contratto, è lo **scambio di cosa con prezzo**: qui la proprietà della cosa passa non solo per la ragione, soggettiva, che così hanno voluto i contraenti (requisito necessario, ma non sufficiente), ma anche per l'ulteriore, oggettiva, ragione che al trasferimento del bene dal venditore al compratore corrisponde l'obbligazione di quest'ultimo di pagarne il prezzo. Il trasferimento della proprietà del bene o l'obbligazione di pagare il prezzo sono l'uno la giustificazione dell'altra: il primo giustifica l'esborso di danaro del compratore, la seconda giustifica il fatto che il venditore si spoglia della proprietà di un bene. Così, ancora, causa della **permuta** (art. 1552) è lo scambio di cosa con cosa; causa del contratto di **lavoro** (art. 2094) è lo scambio di prestazione di lavoro contro retribuzione in danaro, e via di seguito.

Non tutti i contratti sono però contratti di scambio: esistono, oltre ai contratti **a titolo oneroso**, la cui causa si basa su uno scambio di prestazioni, i contratti **a titolo gratuito**, nei quali la prestazione di una delle parti non trova giustificazione in una controprestazione dell'altra parte. Ma anche i contratti a titolo gratuito hanno, ciascuno, una propria causa: così, ad esempio, la causa della **donazione** (art. 769) è lo spirito di **liberalità**, per cui una parte arricchisce l'altra per generosità, per affetto, per riconoscenza ecc. Qui l'arricchimento altrui ha una specifica giustificazione economico-sociale, che è appunto la liberalità del donante, come tale accettata dal donatario.

I contratti **tipici**, proprio perché previsti e regolati dalla legge hanno tutti una causa (cosiddetta **causa tipica**); e per essi non si pone il problema, già risolto positivamente dalla legge, di accertare la ricorrenza o no di una funzione economico-sociale. Considerati sotto questo aspetto, i contratti tipici si presentano come altrettanti **modelli o schemi** precostituiti di «affari» o di «operazioni economiche», secondo i quali i privati possono, se vogliono, regolare i loro reciproci interessi. Per ciascuno di questi «modelli» di contratto il trasferimento del diritto e l'assunzione dell'obbligazione sono direttamente giustificati dalla legge.

Ma altro è il modello astratto, altra la concreta realizzabilità del modello: sotto il primo aspetto, se si tratta di contratto tipico, non può porsi un problema di mancanza di causa; lo si può porre, invece, sotto il secondo aspetto. Dalla causa in astratto si deve così distinguere la **causa in concreto**. Un caso di scuola è quello di chi acquista per contratto di vendita una cosa già sua: qui la causa del tipo contrattuale prescelto, che è lo scambio di cosa con prezzo, non può in concreto attuarsi, giacché il compratore non riceve nulla in cambio del prezzo; il contratto, benché tipico, sarà nullo per mancanza di causa. In seguito troveremo altri casi di nullità del contratto tipico per mancanza di causa: nullità della fideiussione per inesistenza del debito garantito, nullità dell'assicurazione per mancanza originaria del rischio.

Il problema della causa **in astratto** si pone per i contratti **atipici** o innominati, non previsti dall'ordinamento giuridico. Per essi il giudice dovrà accertare, in applicazione del già ricordato criterio dell'art. 1322 comma 2°, se «siano diretti a realizzare **interessi meritevoli di tutela** secondo l'ordinamento giuridico»; dovrà, in altre parole, accertare se nel modello di operazione economica, non previsto dalla legge, al quale le parti hanno conformato regolamento dei propri interessi, ricorra il requisito della causa (cosiddetta **causa atipica**).

È così riconosciuto un **controllo giudiziario** sull'uso che i privati fanno della propria autonomia contrattuale. Ed è un controllo che il giudice non esercita solo in senso negativo, per accertare se si tratta di interessi illeciti, contrari all'ordinamento giuridico (è il caso della **causa illecita**, previsto dall'art. 1343, della quale ci occuperemo nel prossimo capitolo); ma che esercita anche in senso positivo, per accertare se gli interessi perseguiti dalle parti siano «meritevoli di tutela» (e potrà **non** ritenerli tali anche se si tratta di interessi **leciti**) e, perciò, se il contratto abbia una causa o se questa, invece, manchi. Il giudice, inoltre, deve qui giudicare «secondo l'ordinamento giuridico»: secondo il **diritto**, cioè, e non secondo equità (11.3.); applicherà le norme che regolano casi simili o materie analoghe o, in mancanza, i principi generali dell'ordinamento giuridico (art. 12 comma 2° delle preleggi) (2.3.).

Questo potere di controllo dell'autonomia contrattuale è riconosciuto al giudice non a protezione di interessi pubblici (spetta alle autorità governative, non all'autorità giudiziaria, provvedere al riguardo, utilizzando i poteri di cui si è detto nel paragrafo precedente), ma a protezione degli **stessi contraenti** e, soprattutto, del contraente più **debole**.

Ecco un caso esemplare di fronte al quale i giudici sogliono dichiarare la nullità del contratto per mancanza di causa. Un contraente trasferisce all'altro la proprietà di un bene di ingente valore, ma il contratto non prevede alcun corrispettivo del trasferimento: non è vendita perché manca il prezzo, né può essere donazione, perché tra quei contraenti intercorrono rapporti solo commerciali e non è configurabile uno spirito di liberalità. È un contratto, atipico, di trasferimento della proprietà a titolo gratuito: nullo per **mancanza di causa** (nessun «interesse meritevole di tutela» giustifica, in assenza di uno spirito di liberalità, il trasferimento gratuito di un bene). E qui è evidente la funzione di protezione del contraente debole che il requisito della causa assolve: chi si induce a dare il proprio consenso al trasferimento senza corrispettivo di un proprio bene se non chi subisce la prepotenza altrui?

La giurisprudenza applica con rigore il requisito della causa: esige la cosiddetta *expressio causae*, ossia la enunciazione esplicita della causa, escludendo che la funzione economico-sociale del contratto, non risultante dal testo contrattuale, possa esser dimostrata dalle parti sulla base di elementi estranei al contratto. La enunciazione esplicita della causa è richiesta anche per gli atti di liberalità: la *causa donandi* deve essere resa esplicita con la parola donazione o con le parole donante, donatario o altre equivalenti; e l'atto traslativo di diritti senza corrispettivo, anche se per avventura redatto per atto pubblico, è nullo ove non sia resa esplicita la *causa donandi*.

Spesso, come già si è avvertito, il contratto atipico risulta dalla combinazione in unico contratto di più contratti tipici. Riguardando il fenomeno dal punto di vista della causa, si parla allora di contratto con **causa mista**.

Contratti collegati. Diverso dal contratto con causa mista è il fenomeno dei contratti collegati: qui non c'è un unico contratto, ma una pluralità coordinata di contratti, che conservano ciascuno una autonoma causa, anche se nel loro insieme mirano ad attuare, fra le stesse parti, una unitaria e complessa operazione economica. Il criterio distintivo non è quello, formale, della unità o pluralità dei documenti contrattuali: un unico contratto può risultare da più testi e, per contro, un unico testo può riunire più contratti. Il criterio è sostanziale, ed è dato dall'unità o dalla pluralità di cause. Così, locazione e lavoro si combinano, nel contratto di portierato, per dar vita ad un'unica causa atipica. Ma la vendita di una macchina e il contratto per la sua manutenzione restano distinti contratti di vendita e di appalto-somministrazione, anche se tra loro collegati entro una unitaria operazione economica; così pure il contratto alberghiero e il contratto di trasporto dalla stazione all'albergo. Il collegamento contrattuale ha questa rilevanza: le vicende che investono un contratto possono ripercuotersi sull'altro. Così, se è dichiarato nullo o è risolto il contratto di vendita o quello alberghiero cade anche il contratto di manutenzione o quello di trasporto; ma lo stesso effetto non necessariamente si produce nell'ipotesi inversa.

Astrazione della causa. Dal requisito della causa discende l'inammissibilità di contratti (e di atti unilaterali) **astratti**, ossia diretti a produrre effetti per sola volontà delle parti, indipendentemente dalla esistenza di una causa, sia essa una causa tipica, corrispondente ad un tipo contrattuale previsto dalla legge (vendita, mutuo ecc.), oppure una causa atipica, non prevista dalla legge, ma giudicabile come idonea a soddisfare interessi meritevoli di tutela secondo l'ordinamento giuridico (art. 1322 comma 2°). Coerente con questo generale principio è l'art. 1988: la semplice **promessa di pagamento** o il semplice **riconoscimento del debito** sono dichiarazioni (unilaterali) astratte, dalle quali non emerge la causa in forza della quale si promette il pagamento o ci si riconosce debitori (se si tratti della restituzione di un mutuo, del prezzo di una vendita e così via). Perciò la dichiarazione ha un limitato valore: «dispensa colui a favore del quale è fatta dall'onere di provare il rapporto fondamentale», cioè la causa in forza della quale si è promesso il pagamento o riconosciuto il debito.

Astrazione processuale. Si attua una inversione dell'onere della prova: «l'esistenza di questo si presume fino a prova contraria». Si suole parlare, a questo riguardo, di **astrazione solo processuale della causa**: anziché essere il creditore, secondo i principi generali sull'onere della prova, a dover provare il titolo costitutivo del credito, sarà il debitore, per sottrarsi al pagamento, a doverne provare l'inesistenza. Perciò un pezzo di carta, sul quale un soggetto scriva: «prometto di pagare un milione a Tizio il tale giorno» dispensa Tizio dall'onere di dare prova del suo credito; ma la promessa può essere superata dal promittente con la prova contraria (che il credito non è mai sorto, che è sorto da contratto nullo, che è stato già soddisfatto da un terzo, e via di seguito).

Ricognizione di diritto reale. L'astrazione processuale è legislativamente ammessa per la promessa di pagamento e per la ricognizione di debito. La si ritiene, invece, non ammissibile per il riconoscimento del diritto reale: fuori dei casi espressamente previsti dalla legge (come quello di cui all'art. 969, relativo al riconoscimento, da parte dell'enfiteuta, della proprietà spettante al concedente), la dichiarazione con la quale si riconosce che altri è proprietario, o comproprietario, di un bene non ha valore giuridico.

Contratto di accertamento. Valore analogo alla ricognizione di debito ha il cosiddetto **contratto di accertamento**: con esso le parti non dispongono, l'una a favore dell'altra, di propri diritti; esse mirano, invece, ad eliminare l'incertezza relativa a situazioni giuridiche fra esse intercorrenti, e si vincolano reciprocamente ad attribuire al fatto o all'atto preesistente gli effetti che risultano dall'accertamento contrattuale. Tuttavia, il contratto di accertamento in tanto può assolvere la sua funzione in quanto la situazione giuridica che con esso viene accertata effettivamente preesistesse, e fosse una situazione obiettivamente incerta. Il rapporto giuridico accertato trova pur sempre la propria fonte nel fatto o nell'atto che l'aveva originariamente prodotto; ma il contratto di accertamento fa sì che gli effetti prodotti dalla fonte originaria siano quelli contrattualmente accertati, sicché il contratto di accertamento ha sempre effetto retroattivo.

Si parla di **astrazione materiale** dalla causa quando la legge riconosce – – come accade in Germania — che la dichiarazione di volontà possa produrre effetto traslativo di diritti indipendentemente dalla esistenza di una causa (v. la tavola di comparazione n. 3).

Motivi del contratto. Altro è la causa del contratto, altri ne sono i motivi. La prima è la sua funzione oggettiva; ed è unica per entrambi i contraenti, sempre la stessa per i contratti di quel determinato tipo (causa della vendita è sempre lo scambio di cosa con prezzo, sia che si venda una nave o una scatola di fiammiferi). I secondi, invece, sono le ragioni soggettive che inducono le parti al contratto: sono diversi per un contraente e per l'altro (la ragione per cui si compera un bene, la ragione per cui lo si vende), e possono essere i più diversi sia per l'uno sia per l'altro (le mille ragioni per le quali ci si può indurre a comperare; le mille ragioni per le quali ci si può indurre a vendere). I motivi del contratto sono, di regola, **irrilevanti** per il diritto: acquistano rilevanza, come vedremo nel prossimo capitolo, solo in due casi: nel caso di motivo illecito e nel caso di errore di diritto sui motivi.

5. I requisiti del contratto: *c*) l'oggetto

Dal **contenuto** del contratto, che è il regolamento contrattuale, l'insieme delle clausole volute dalle parti o inserite in esso per forza di legge, si distingue l'**oggetto** del contratto: è la **cosa** o, più in generale, il **diritto** (reale o di credito) che il contratto trasferisce da una parte all'altra, oppure la **prestazione** che una parte si obbliga ad eseguire a favore dell'altra. Di regola, il contratto ha più oggetti: così, nella vendita, sono oggetto del contratto sia la cosa venduta sia il prezzo. Ma l'oggetto è unico nei contratti che trasferiscono cose o diritti a titolo gratuito (così, c'è un solo oggetto nella donazione, un solo oggetto nel comodato) o in quelli con obbligazioni di una sola parte (così, nel mutuo oggetto del contratto è solo la somma che il mutuatario riceve, dal mutuante e che, di regola con gli interessi, deve restituirgli).

L'oggetto del contratto deve essere possibile, lecito determinato o determinabile (art. 1346). Il primo di questi requisiti fa riferimento, anzitutto, alla **possibilità materiale** dell'oggetto: questo è impossibile quando si tratta di una cosa che non esiste (si vende una automobile che, prima del contratto, è andata distrutta in un incidente o una nave che è perita in un naufragio) oppure di una prestazione materialmente ineseguibile (si dà in locazione la nave già perita nel naufragio).

Ma una cosa, attualmente inesistente, può formare oggetto del contratto se è suscettibile di venire ad esistenza: è il caso delle **cose future**, che possono essere dedotte in contratto quando la legge non lo vieti (art. 1348). Così si può **vendere** una cosa futura, come i frutti che saranno raccolti sul fondo (art. 820 comma 2°) o come gli appartamenti di un edificio da costruire, o come i prodotti dell'industria (come, ad esempio, la nave in costruzione nel cantiere navale), e la proprietà passerà dal venditore al compratore nel momento in cui la cosa sarà venuta ad esistenza (art. 1472). È, invece, vietato **donare** cose future (art. 771).

Il requisito della possibilità dell'oggetto si riferisce, inoltre, alla sua **possibilità giuridica**: l'oggetto è impossibile, sotto questo aspetto, quando consiste in una cosa che non è, per legge, un **bene** in senso giuridico, una cosa, che non può formare oggetto di diritti (art. 810), come le parti del **corpo umano**, delle quali l'uomo non può disporre (art. 5).

La cosiddetta «donazione» di organi destinati al trapianto (come la donazione di un rene) o la «donazione» di altre parti organiche (come la donazione del sangue) non sono donazioni il senso giuridico, sottoposte alle norme del codice civile. Sul proprio corpo l'uomo ha un **diritto della personalità** (che è qui il diritto alla vita e alla incolumità fisica), non un diritto patrimoniale; ha un diritto del quale l'art. 5 permette di disporre solo se l'atto di disposizione non comporta una diminuzione permanente dell'integrità fisica (come non la comporta il prelievo di un rene, bastando l'altro rene ad assicurare l'integrità fisica, o il prelievo del sangue in piccole quantità). Il necessario consenso al prelievo di organi o di altre parti organiche non è atto di autonomia contrattuale, regolato dal quarto libro del codice civile, ma è atto mediante il quale si esercita quel diritto della personalità che è diritto sul proprio corpo.

Oggetto giuridicamente impossibile è, ancora, il bene che la legge dichiara inalienabile o **fuori commercio** (4.1.): così non può formare oggetto di vendita o di altri contratti traslativi della proprietà un **bene demaniale**, anche se può però formare oggetto di contratti che permettano a privati l'utilizzazione del bene.

L'oggetto deve essere **lecito**: di questo ulteriore requisito diremo nel prossimo capitolo, in un apposito paragrafo sulla liceità del contratto.

L'oggetto del contratto deve essere **determinato**: la vendita che non contenga elementi che permettano una sicura identificazione della cosa (ad esempio: ti vendo uno dei miei terreni; oppure: ti vendo un terzo del mio terreno) è nulla. Ma l'oggetto, anche se non determinato nel contratto, può però essere **determinabile**, in base a criteri di individuazione enunciati nel contratto stesso o altrimenti ricavabili. Così, per la determinazione del prezzo di vendita, si può fare riferimento a listini o quotazioni ufficiali (mi darai per le merci che ti vendo, il prezzo corrispondente alla quotazione della borsa merci del giorno della consegna) e neppure l'espresso riferimento a listini o quotazioni ufficiali è necessario quando si tratta di cose che hanno un concreto prezzo di mercato (art. 1474 comma 2°). Le clausole di rivalutazione monetaria, di cui si è già detto, sono altrettanti casi di oggetto non determinato, ma determinabile (mi darai tanti euro quanto occorreranno, alla data del pagamento, per comperare tot grammi d'oro, o tot marchi tedeschi ecc.).

Arbitramento. Un caso di oggetto non determinato, ma determinabile, è quello del contratto che deferisca ad un **terzo**, diverso dai contraenti, la determinazione dell'oggetto. Ecco un altro caso, che si aggiunge a quelli sopra indicati, in cui a determinare il regolamento contrattuale possono concorrere altri elementi oltre alla volontà delle parti. Si parla in questo caso di arbitramento, ed al terzo, che in genere è un esperto di quello specifico settore degli affari, si dà il nome di **arbitratore**. Di regola, il terzo deve procedere alla determinazione dell'oggetto con **equo apprezzamento** (stabilirà, ad esempio, il prezzo di vendita nella somma che le sue conoscenze tecniche gli fanno apparire giusta). Ma l'arbitramento di equo apprezzamento può dare luogo a controversie: ciascuna delle parti può impugnare davanti al giudice la determinazione del terzo lamentando che essa è «manifestamente iniqua o erronea» (art. 1349 comma 1°); e queste controversie possono costituire un intralcio alla esecuzione del contratto. Le parti possono, allora, preferire di affidare la determinazione dell'oggetto (ma ciò richiede grande fiducia) al **mero arbitrio** del terzo: in tal caso, la determinazione di questo può essere impugnata solo provando la sua **mala fede** (art. 1349 comma 2°), ossia il suo intento di favorire una parte a danno dell'altra; e le parti assumono, perciò, il rischio di essere vincolate da un arbitramento che risulti iniquo per l'una o l'altra (il terzo, nell'esempio di prima, ha fissato un prezzo manifestamente troppo alto o troppo basso).

Le due ipotesi differiscono fra loro anche sotto un altro aspetto: nella prima ipotesi, se manca la determinazione dell'arbitratore o se la sua determinazione è dichiarata dal giudice manifestamente iniqua o erronea, lo stesso giudice provvede a determinare l'oggetto del contratto, ad arbitrare, cioè, egli stesso con equo apprezzamento (ecco uno degli eccezionali casi in cui il giudice può pronunciare secondo **equità**). Nella seconda ipotesi, invece, l'omissione dell'arbitratore o l'accertamento giudiziale della sua mala fede comporta senz'altro la nullità del contratto (nullo per mancata determinazione dell'oggetto) a meno che le parti, di comune accordo, non sostituiscano il terzo con altro arbitratore.

6. I requisiti del contratto: *d*) la forma

Principio generale del nostro sistema è quello della **libertà delle forme**: i contratti possono, per regola generale, risultare da dichiarazioni espresse o essere, invece, contratti taciti; e i contratti espressi possono, a loro volta, essere contratti orali (o verbali) oppure contratti scritti. È sufficiente, perché il contratto sia valido e produttivo di effetti, che la volontà delle parti si sia manifestata, qualunque sia il modo o la forma della sua manifestazione.

A questo generale principio della libertà delle forme fanno eccezione i **contratti immobiliari**: i contratti che trasferiscono la proprietà o altri diritti reali su **beni immobili** o che costituiscono o modificano o estinguono diritti reali su questi beni, nonché le locazioni di beni immobili stipulate per una durata superiore a nove anni, debbono a pena di nullità essere conclusi per **atto scritto** (art. 1350). La forma scritta è necessaria anche per altri determinati contratti o per determinati atti unilaterali, non aventi ad oggetto beni immobili; ma si deve, in ogni caso, trattare di contratti o di atti **specialmente indicati dalla legge** (art. 1350 n. 13).

La forma scritta può consistere in un **atto pubblico** o in una **scrittura privata**. Il primo è il documento redatto da **notaio** (o da altro pubblico ufficiale autorizzato) il quale attesta, con le formalità richieste dalla legge notarile, le volontà dichiarate alla sua presenza dalle parti (art. 2699). La seconda è, invece, il documento redatto e sottoscritto dalle **stesse parti**, senza la partecipazione di un pubblico ufficiale alla sua redazione. La scrittura privata può essere **autenticata** da un notaio (o da altro, pubblico ufficiale autorizzato): qui il notaio si limita ad attestare che le parti hanno sottoscritto il documento alla sua presenza e, perciò, che le firme sono autentiche (art. 2703). È importante osservare che il requisito della forma scritta è, di regola, soddisfatto dalla sola scrittura privata, anche se **non autenticata**: una vendita immobiliare è perfettamente valida, e trasferisce la proprietà del bene dal venditore al compratore, anche se redatta per semplice scrittura privata, non autenticata da alcun pubblico ufficiale. L'atto pubblico e l'autenticazione della scrittura privata sono solo speciali **mezzi di prova**: il primo fa prova, fino a querela di falso, di quanto il notaio attesta essere stato detto e fatto dalle parti alla sua presenza (art. 2700); la seconda fa prova della autenticità delle firme apposte dalle parti in calce al contratto, e serve per impedire che una delle parti possa, successivamente, **disconoscere** la propria firma, protestandola come falsa. Atto pubblico o scrittura privata autenticata servono, inoltre, per formare il **titolo per la trascrizione** del contratto nei registri immobiliari, di cui diremo fra breve.

Solo in alcuni, eccezionali, casi l'atto pubblico è richiesto **a pena di nullità** del contratto; e si parla, allora, di forma solenne. Sono, soprattutto, il caso della **donazione** (art. 782) e quello del contratto di **società per azioni** (art. 2332 n. 2) e di società a responsabilità limitata (art. 2475).

La forma scritta di cui abbiamo fin qui detto è la forma che la legge richiede per la **validità del contratto**: in mancanza della forma prescritta il contratto è nullo. Altro è la forma scritta che talvolta la legge richiede per la **prova del contratto** (cosiddetta prova documentale): così per il contratto di assicurazione (art. 1888) o per il patto di non concorrenza fra imprenditori (art. 2596). In questi casi il contratto è valido, e produttivo di effetti, anche se non è redatto per iscritto: ma la sua prova, se una delle parti ne contesti l'esistenza, sarà particolarmente ardua per l'altra: il contratto non potrà essere provato per testimoni (art. 2725) né per presunzioni (art. 2729 comma 2°); potrà essere provato, in mancanza di atto scritto, solo con la confessione (giudiziale) dell'altra parte (artt. 2730 e 2735 comma 2°) o con il giuramento (art. 2739). Si noti però che la forma scritta è qui richiesta come **forma della prova**, non già quale forma del contratto; sicché una quietanza di pagamento può valere come prova scritta del contratto, anche se questo è concluso oralmente o per fatti concludenti.

Particolare questione si pone con riguardo al rispetto dei requisiti di forma allorché il contratto sia concluso in forma elettronica. Al riguardo la legge (codice dell'amministrazione digitale) stabilisce che per le scritture private per le quali la forma scritta è prevista a pena di nullità (art. 1350), in relazione alle prime dodici tipologie ivi indicate è richiesta la «firma elettronica qualificata» o la «firma digitale», mentre per gli atti indicati *sub* n. 13 della stessa norma, è prevista anche la firma elettronica «avanzata», oltre a quella elettronica «qualificata» e «digitale».

7. Il contratto preliminare

Il contratto preliminare è il contratto con il quale le parti si obbligano, l'una nei confronti dell'altra, a concludere un **futuro contratto**, del quale predeterminano il contenuto essenziale. La figura più diffusa è il **preliminare** di vendita: esso non trasferisce la proprietà della cosa da una parte all'altra; è, invece, fonte dell'obbligazione, per l'una, di vendere e, per l'altra, di comperare. Il trasferimento della proprietà si avrà solo quando, in adempimento del preliminare, le parti concluderanno il **contratto definitivo**.

Il codice civile si occupa del contratto preliminare sotto un duplice aspetto: ne prescrive la **forma**, che deve essere, a pena di nullità, quella stessa che la legge richiede per il contratto definitivo (art. 1351). Prevede, inoltre, l'eventualità che una delle parti non adempia il preliminare: l'altra parte può rivolgersi al giudice ed ottenere, se il preliminare non lo esclude, l'esecuzione forzata dell'obbligazione di contrattare: il giudice emetterà una sentenza **che produce gli effetti del contatto**

non concluso (art. 2932). Così, se è inadempiuto un preliminare di vendita, la sentenza stessa trasferisce la proprietà della cosa oggetto del preliminare, sotto la condizione sospensiva dell'adempimento dell'obbligazione di pagarne il prezzo.

Della trascrizione del contratto preliminare nei registri immobiliari e del suo effetto prenotativo si dirà a suo luogo (27.4.).

Si ricorre, nella pratica, al contratto preliminare in vari casi: quando le parti intendono subito assicurarsi l'una l'impegno dell'altra (prima che l'affare «sfumi»), ma si riservano alcuni accertamenti tecnici (come, ad esempio, le opportune indagini nei registri immobiliari, oppure la verifica della qualità della cosa); quando non abbiano ancora raggiunto l'accordo su alcune clausole accessorie del contratto, che si riservano di determinare prima della conclusione del definitivo (e il mancato accordo su questa non potrà impedire il ricorso all'art. 2932 se una delle parti si rifiuterà di concludere il definitivo). Coloro che, per professione, si dedicano alle compravendite mobiliari o immobiliari fanno ampio uso dei preliminari: concludono un preliminare con il venditore e un altro preliminare, dopo averlo trovato, con il compratore; quindi fanno direttamente concludere il definitivo tra l'uno e l'altro (oppure cedono al secondo il preliminare già concluso con il primo), con la conseguenza (e l'evidente vantaggio, fiscale) di non figurare né come compratore né come venditore del bene.

Con il vero e proprio contratto preliminare non va confuso il contratto, che nella pratica viene spesso indicato con lo stesso nome, già definitivo ma ancora mancante dei requisiti necessari per valere come titolo per la trascrizione. Qui le parti non si obbligano a vendere e a comperare, ma vendono e comperano; solo si impegnano reciprocamente a ritrovarsi in un secondo momento per **riprodurre** il contratto già definitivo in un documento avente la forma dell'atto pubblico o della scrittura privata autenticata. In questo caso, se una delle parti non adempie, l'altra non deve chiedere al giudice una sentenza che, a norma dell'art. 2932, tenga luogo del contratto non concluso (ma, semmai, una sentenza che accerti la sottoscrizione del contratto per formare il titolo necessario per la trascrizione); e può direttamente agire, se è il compratore, per la consegna della cosa (che è già sua per l'effetto traslativo del contratto) o, se è il venditore, per il pagamento del prezzo.

Altra figura è la cosiddetta **minuta** di contratto o lettera di intenti: le parti concordano su alcuni estremi del futuro contratto, ma non ancora su punti essenziali (ad esempio, non hanno ancora determinato il prezzo, che resta da convenire, oppure lo hanno determinato in modo ancora approssimativo, stabilendo che non sarà inferiore ad una data cifra). In questo caso, se non si raggiunge il successivo accordo sui punti mancanti, non si potrà fare ricorso all'art. 2932 (che ha cura di precisare che si può ottenere una sentenza sostitutiva del contratto non concluso solo «se possibile»), e si dovrà ritenere di essere in presenza di un contratto con oggetto non determinato né determinabile, come tale nullo.

Se, per la conclusione del futuro contratto, le parti hanno convenuto di adottare una determinata forma, non richiesta dalla legge, questa si presume convenuta per la **validità** del contratto, e non per la semplice prova (art. 1352).

8. I contratti con il consumatore

Nuove norme sono state introdotte dal *codice del consumo* in esecuzione di direttiva comunitaria, in vista di una maggiore tutela delle esigenze di **protezione del consumatore**.

La materia è regolata con riferimento al contratto che intercorre fra parti così definite:

a) un **professionista**, intendendosi per tale la persona, fisica o giuridica, privata o pubblica, che nell'ambito della sua attività imprenditoriale o professionale conclude contratti aventi per oggetto la cessione di beni o la prestazione di servizi. L'espressione «professionista» è, dunque, impiegata per indicare chiunque, sia esso un imprenditore, individuale o collettivo, oppure un ente a scopo ideale oppure una pubblica amministrazione oppure un esercente una professione intellettuale, svolga in modo non occasionale (e perciò professionale) una attività diretta alla produzione o alla distribuzione di beni oppure alla prestazione di servizi;

b) un **consumatore**, intendendosi per tale solo la persona fisica che si procura, per contratto, i beni o i servizi, del professionista per utilizzarli a fini estranei alla propria attività imprenditoriale o professionale, ossia a fini personali. Non sono mai consumatori, perciò, le persone giuridiche; né sono consumatori i professionisti, come sopra definiti, che utilizzano i beni o i servizi di altri professionisti per l'esercizio della propria attività professionale.

Il contratto intercorrente fra soggetti così qualificabili è legislativamente valutato come contratto con il quale il contraente forte, ossia il professionista, può avvalersi della propria forza contrattuale per imporre al consumatore, contraente debole, condizioni contrattuali che provocano, a danno del secondo, uno squilibrio dei diritti e degli obblighi derivanti dal contratto, così violando il dovere di **buona fede** espressamente menzionato nella norma in esame.

Clausole vessatorie. È definita come **vessatoria** o **abusiva** la clausola contrattuale che provoca un «significativo squilibrio» dei diritti e degli obblighi reciproci; e questo squilibrio è inteso in modo oggettivo: basta il fatto in sé della presenza, nel contratto, di un significativo squilibrio dei diritti e degli obblighi da esso derivanti, non è richiesto alcun elemento di ordine soggettivo, come l'intento del professionista di profittare della propria forza contrattuale per piegare il consumatore a condizioni contrattuali inique.

Lo **squilibrio** del quale qui si parla non è lo squilibrio economico fra le prestazioni contrattuali. È precisato che «la valutazione del carattere vessatorio della clausola non attiene alla determinazione dell'oggetto del contratto, né all'adeguatezza dei beni e dei servizi»; non riguarda, cioè, la quantità o la qualità di beni o servizi offerti o la congruità del relativo prezzo. Attiene solo all'equilibrio dei diritti e dei doveri che dal contratto derivano a favore dell'una o dell'altra parte.

Posto questo concetto di clausola vessatoria, il codice del consumo introduce una serie di presunzioni relative, che ammettono cioè la prova contraria da parte del professionista. Si presumono vessatorie, fino a prova contraria, venti clausole espressamente menzionate dall'art. 33; e particolare importanza assumono quelle indicate alle lett. *a*, *b*, *l*:

a) escludere o limitare la responsabilità del professionista in caso di morte o danno alla persona del consumatore, risultante da un fatto o da un'omissione del professionista;

b) escludere o limitare le azioni o i diritti del consumatore nei confronti del professionista o di un'altra parte in caso di inadempimento totale o parziale o di inadempimento inesatto da parte del professionista;

l) prevedere l'estensione dell'adesione del consumatore a clausole che non hanno avuto la possibilità di conoscere prima della conclusione del contratto.

La categoria delle clausole vessatorie resta però una categoria **aperta**: le venti ipotesi legislativamente tipizzate sono ipotesi per le quali opera la presunzione (relativa) di vessatorietà; ma il consumatore può sempre, fuori da queste venti ipotesi, dare la prova che una data clausola provoca un significativo squilibrio dei diritti e degli obblighi derivanti dal contratto e che è, perciò, una clausola vessatoria.

La **sorte** delle clausole vessatorie è diversa a seconda che ricorrano le sopra riportate ipotesi in cui alle lett. *a*, *b*, *l* oppure le altre ipotesi: nel primo caso la clausola è sempre e comunque nulla; nel secondo ordine di casi la clausola è nulla solo se sia stata unilateralmente predisposta dal professionista, al di fuori di una trattativa individuale con il consumatore. Ed anche a questo riguardo opera una presunzione: se il contratto è stato concluso mediante la sottoscrizione, da parte del consumatore, di moduli o formulari predisposti dal professionista, si presume che la clausola sia unilateralmente predisposta, ed incombe sul professionista l'onere di provare che essa sia stata oggetto di trattativa individuale.

La nullità di cui si parla è, in ogni caso, una nullità **relativa**: opera solo a vantaggio del consumatore e può essere rilevata d'ufficio dal giudice; non può essere fatta valere dal professionista. Si tratta, inoltre, di nullità **parziale**, che non colpisce l'intero contratto, ma solo la singola clausola definibile come vessatoria, mentre il contratto resta valido per il resto.

Giova a questo punto un confronto fra le nuove norme ora illustrate e le preesistenti norme dell'art. 1341. Queste riguardano solo una specifica tecnica di contrattazione, per condizioni generali di contratto predisposte unilateralmente da una delle parti, mentre le nuove norme toccano, quando si versa nelle ipotesi di cui alle lett. *a*, *b*, *l*, anche clausole che abbiano formato oggetto di trattativa individuale. Sotto questo aspetto le nuove norme presentano un ambito di applicazione più vasto, potendo condurre alla qualificazione di vessatorietà anche di clausole che non sarebbero vessatorie per l'art. 1341. Ma sotto altri aspetti le nuove norme presentano un più ristretto ambito di applicazione. Per l'art. 1341 la controparte del predisponente può essere chiunque: anche una persona giuridica, ed anche un imprenditore, come ad esempio nel caso di contratto di agenzia concluso con un'agenzia di commercio; le nuove norme, invece, trovano applicazione solo quando la controparte del predisponente sia una persona fisica, la quale sia definibile come consumatore, ossia riceva dal predisponente beni e servizi per fini personali, estranei all'attività imprenditoriale o professionale eventualmente esercitata.

Diverse, in ogni caso, sono le conseguenze della qualificazione di una clausola come vessatoria. L'art. 1341 comma 2° si limita a richiedere la specifica approvazione per iscritto delle clausole vessatorie, le quali assumono piena efficacia se sono state a questo modo approvate.

Per le nuove norme, invece, la vessatorietà di una clausola comporta, in linea di principio, la sua nullità. A questo punto si pone però un problema: fuori dalle ipotesi di cui alle lett. *a*, *b*, *l* le nuove norme escludono il carattere vessatorio di una clausola quando questa sia stata oggetto di una trattativa individuale: basta, a questi effetti, la specifica approvazione per iscritto della clausola da parte del consumatore? È una tale approvazione prova di per sé sola idonea della intervenuta trattativa individuale? A questo interrogativo sono portato a dare risposta negativa: occorre, da parte del professionista, la prova di una effettiva trattativa, risultante ad esempio da scambio di lettere, da appositi incontri fra le parti. La pura e semplice approvazione specifica della clausola si è rivelata, nell'esperienza, un mero simulacro formale (il consumatore neppure legge le clausole che sottoscrive per approvazione espressa), e non può valere come prova di un negoziato fra le parti.

In conclusione: l'art. 1341 sopravvive alle nuove norme per i contratti nei quali l'altro contraente non sia definibile come consumatore finale o non sia una persona fisica, trattandosi di consumatore finale persona giuridica. Le nuove norme prevalgono, invece, sull'art. 1341 quando si sia in presenza di un contratto definibile, alla stregua di esse, come contratto fra professionista e consumatore.

Alla tutela individuale del consumatore, repressiva delle clausole vessatorie, si aggiunge una tutela **collettiva**: una volta accertata la vessatorietà di una data clausola, le associazioni di consumatori o di professionisti e le camere di commercio possono chiedere al giudice di **inibire**, anche con provvedimento d'urgenza, l'uso di quella clausola al professionista o alle associazioni di professionisti che la utilizzano.

Le esigenze di protezione del consumatore sono state avvertite anche in relazione alla cosiddetta contrattazione «porta a porta» o «a distanza» cioè condotta **fuori dei locali commerciali**, la prima, o con **tecniche di contrattazione *inter absentes***, la seconda. Il consumatore, contattato al proprio domicilio, può essere indotto a sottoscrivere un contratto per sollecitazione di un abile venditore, che non gli lascia il tempo per una ponderata decisione; ed altrettanto può accadere nella contrattazione per corrispondenza o nelle vendite per televisione, per telefono o via Internet, giacché il consumatore accetta in assenza del professionista e senza potergli chiedere adeguate informazioni. Per questi casi il codice del consumo prevede il cosiddetto *jus poenitendi* del consumatore, al quale è dato il **diritto di recesso** dal contratto entro quattordici giorni dalla conclusione del contratto, per i "contratti di servizi", o dall'acquisizione del possesso dei beni acquistati, per i "contratti di vendita" (art. 52 cod. cons.).

TAVOLE DI COMPARAZIONE GIURIDICA

1. *Civil law* e *common law*

Legenda

I paesi di *civil law* sono indicati in grigio; quelli di *common law* in azzurro.

CIPRO
PAKISTAN
NEPAL
BHUTAN
BANGLADESH
INDIA
BIRMANIA
SUDAN
UGANDA
KENIA
TANZANIA
BRUNEI
MALAYSIA
PAPUA NUOVA GUINEA
SALOMONE
SWAZILAND
LESOTHO
AFRICA
AUSTRALIA
NUOVA ZELANDA

2. L'acquisto della proprietà mediante il possesso

Legenda

In grigio sono indicati i Paesi nei quali il possesso di buona fede permette l'acquisto anche delle cose rubate; in azzurro sono indicati i Paesi nei quali le cose rubate possono essere rivendicate dal proprietario anche nei confronti del possessore di buona fede, con la sola eccezione in Germania delle cose comperate ad una pubblica asta. Il rigato indica i Paesi che distinguono fra chi, in buona fede, ha comperato la cosa rubata presso un non commerciante, ed è soggetto alla rivendica del derubato, e chi l'ha comperata in buona fede presso un commerciante, rimanendo sottratto alla rivendica del proprietario. Si noti che in Francia, Svizzera, Spagna, Portogallo il derubato può comunque ottenere la restituzione del possessore di buona fede che abbia acqui-

stato presso un commerciante se gli offre il rimborso del prezzo; mentre in Gran Bretagna, se il ladro viene scoperto e condannato, il possessore di buona fede deve comunque restituire la cosa al derubato.

2. L'acquisto della proprietà mediante il possesso *(particolare)*

Legenda

In grigio sono indicati i Paesi nei quali il possesso di buona fede permette l'acquisto anche delle cose rubate; in azzurro sono indicati i Paesi nei quali le cose rubate possono essere rivendicate dal proprietario anche nei confronti del possessore di buona fede, con la sola eccezione in Germania delle cose comperate ad una pubblica asta. Il rigato indica i Paesi che distinguono fra chi, in buona fede, ha comperato la cosa rubata presso un non commerciante ed è soggetto alla rivendica del derubato, e chi l'ha comperata in buona fede presso un commerciante, rimanendo sottratto alla rivendica del proprietario. Si noti che in Francia, Svizzera, Spagna, Portogallo il derubato può comunque ottenere la restituzione del possessore di buona fede che abbia acquistato presso un commerciante se gli offre il rimborso del prezzo; mentre in Gran Bretagna, se il ladro viene scoperto e condannato, il possessore di buona fede deve comunque restituire la cosa al derubato.

CANADA
STATI UNITI
MESSICO
CUBA
HAITI
GIAMAICA
BELIZE
GUATEMALA
HONDURAS

3. Causalità e astratezza del contratto

Legenda

Sono indicati in grigio Paesi di *civil law* nei quali vige il principio di astratezza, cioè la causa non è requisito essenziale del contratto, che produce effetti in forza della sola volontà delle parti. Sono indicati in azzurro gli altri Paesi di *civil law* che collocano la causa fra i requisiti essenziali del contratto e non riconoscono validità alla dichiarazione astratta. Si noti il nesso fra codificazione del negozio giuridico (tavole 5-6) e accoglimento legislativo del principio di astrattezza, manifestazione entrambi della esaltazione della volontà creatrice di effetti giuridici.

Il rigato indica l'area della *consideration*, che è l'equivalente della causa nei Paesi di *common law*; ma va precisato che la *consideration* (alla lettera: corrispettivo) non è concepita come requisito del contratto, bensì come requisito delle prestazioni contrattuali, ciascuna delle quali trova

giustificazione nell'altra. Perciò di *consideration* si parla solo per i contratti a titolo oneroso, e solo questi sono, per *common law*, contratti; negli atti a titolo gratuito, che sono concepiti come atti unilaterali, la mancanza di *consideration* è compensata da un requisito di forma: così la donazione è valida solo se il disponente aggiunge alla sottoscrizione la frase «as a deed» (come un sigillo), ed in origine occorreva la materiale apposizione di un sigillo.

Il diritto dei Paesi islamici non menziona la causa fra i requisiti del contratto, ma la dottrina islamica ugualmente ne parla e la identifica nell'intento delle parti, prescrivendo che esso deve essere serio e aggiungendo che la causa (così intesa) si presume fino a prova contraria. Un confronto con ciò che in *civil law* si definisce come causa (o in *common law* come *consideration*) non sembra possibile.

3. Causalità e astratezza del contratto *(particolare)*

Legenda

Sono indicati in grigio Paesi di *civil law* nei quali vige il principio di astrattezza, cioè la causa non è requisito essenziale del contratto, che produce effetti in forza della sola volontà delle parti. Sono indicati in azzurro gli altri Paesi di *civil law* che collocano la causa fra i requisiti essenziali del contratto e non riconoscono validità alla dichiarazione astratta. Si noti il nesso fra codificazione del negozio giuridico (tavole 5-6) e accoglimento legislativo del principio di astrattezza, manifestazione entrambi della esaltazione della volontà creatrice di effetti giuridici.

Il rigato indica l'area della *consideration*, che è l'equivalente della causa nei Paesi di *common law*; ma va precisato che la *consideration* (alla lettera: corrispettivo) non è concepita come requisito del contratto, bensì come requisito delle prestazioni contrattuali, ciascuna delle quali trova giustificazione nell'altra. Perciò di *consideration* si parla solo per i contratti a titolo oneroso, e solo questi sono, per *common law*, contratti; negli atti a titolo gratuito, che sono concepiti come atti unilaterali, la mancanza di *consideration* è compensata da un requisito di forma: così la donazione è valida solo se il disponente aggiunge alla sottoscrizione la frase «as a deed» (come un sigillo), ed in origine occorreva la materiale apposizione di un sigillo.

Il diritto dei Paesi islamici non menziona la causa fra i requisiti del contratto, ma la dottrina islamica ugualmente ne parla e la identifica nell'intento delle parti, prescrivendo che esso deve essere serio e aggiungendo che la causa (così intesa) si presume fino a prova contraria. Un confronto con ciò che in *civil law* si definisce come causa (o in *common law* come *consideration*) non sembra possibile.

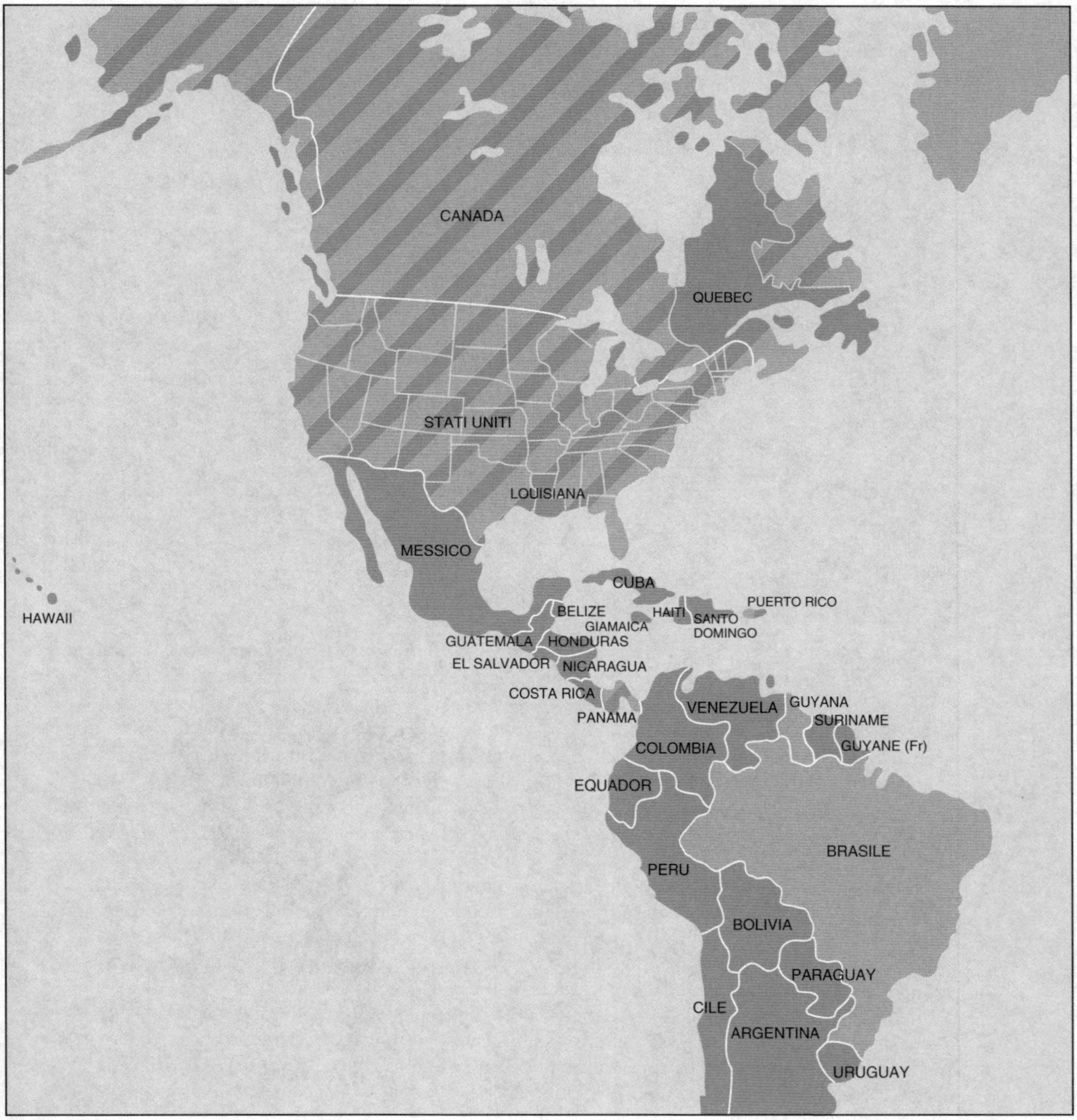
CANADA
QUEBEC
STATI UNITI
LOUISIANA
MESSICO
HAWAII
CUBA
PUERTO RICO
BELIZE
HAITI
SANTO DOMINGO
GIAMAICA
GUATEMALA
HONDURAS
EL SALVADOR
NICARAGUA
COSTA RICA
PANAMA
VENEZUELA
GUYANA
SURINAME
GUYANE (Fr)
COLOMBIA
EQUADOR
BRASILE
PERU
BOLIVIA
PARAGUAY
CILE
ARGENTINA
URUGUAY

4. Negozio giuridico e contratto

Legenda

Sono indicati in azzurro i Paesi che, sul modello tedesco, hanno accolto nella codificazione civile il concetto di negozio giuridico, per influsso diretto o indiretto della dottrina tedesca. Si noti che il concetto di negozio giuridico è presente nel linguaggio dottrinale in alcuni Paesi come l'Italia e la Spagna, ma è del tutto sconosciuto, anche al linguaggio dottrinale, in Paesi di *civil law*, come la Francia, il Belgio o la Svizzera, oltre che in tutti i paesi di *common law*, nonché nei Paesi islamici, sui quali è esercitato o l'influsso francese o quello inglese.

NLANDIA
RUSSIA
IA
CCA
ECIA
MONGOLIA
CINA
GIAPPONE
THAILANDIA

5. Il trasferimento della proprietà mobiliare per atto tra vivi

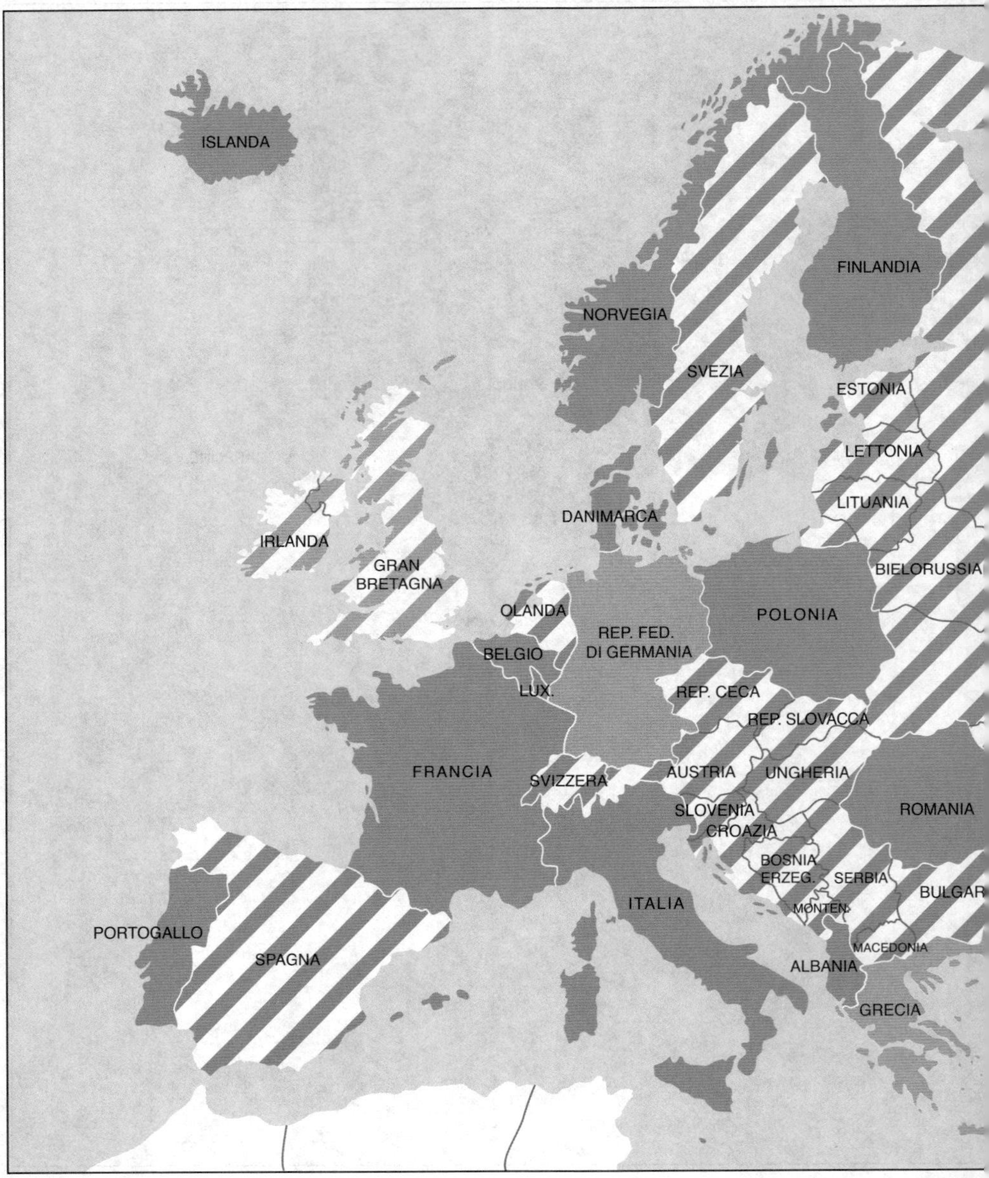

Legenda

In azzurro sono indicati i Paesi nei quali la proprietà passa dall'alienante all'acquirente in forza del consenso, senza bisogno della consegna della cosa alienata. In questi Paesi è però richiesto che il consenso sia giustificato da una causa (vendita, permuta, donazione, transazione ecc.), in mancanza della quale il consenso non produce alcun effetto.

In grigio sono indicati i Paesi nei quali la causa non è requisito del contratto (tavole 7-8) e, quindi, non è necessaria per il trasferimento della proprietà. In questi Paesi però non basta il consenso: la proprietà passa solo al momento della consegna della cosa alienata. Ma si noti che in Danimarca vige il principio consensualistico e tuttavia la causa non è requisito del contratto.

In rigato azzurro sono indicati i Paesi che richiedono, per il trasferimento della proprietà, tre requisiti: il consenso, la causa, la consegna.

In rigato grigio sono indicati i Paesi di *common law*: qui la proprietà passa, in linea di principio, nel momento convenuto dalle parti; ma si presume, nel silenzio del contratto, che le parti abbiano optato per il principio del consenso traslativo.

5. Il trasferimento della proprietà mobiliare per atto tra vivi *(particolare)*

Legenda

In azzurro sono indicati i Paesi nei quali la proprietà passa dall'alienante all'acquirente in forza del consenso, senza bisogno della consegna della cosa alienata. In questi Paesi è però richiesto che il consenso sia giustificato da una causa (vendita, permuta, donazione, transazione ecc.), in mancanza della quale il consenso non produce alcun effetto.

In grigio sono indicati i Paesi nei quali la causa non è requisito del contratto (tavole 7-8) e, quindi, non è necessaria per il trasferimento della proprietà. In questi Paesi però non basta il consenso: la proprietà passa solo al momento della consegna della cosa alienata. Ma si noti che in Danimarca vige il principio consensualistico e tuttavia la causa non è requisito del contratto.

In rigato azzurro sono indicati i Paesi che richiedono, per il trasferimento della proprietà, tre requisiti: il consenso, la causa, la consegna.

In rigato grigio sono indicati i Paesi di *common law*: qui la proprietà passa, in linea di principio, nel momento convenuto dalle parti; ma si presume, nel silenzio del contratto, che le parti abbiano optato per il principio del consenso traslativo.

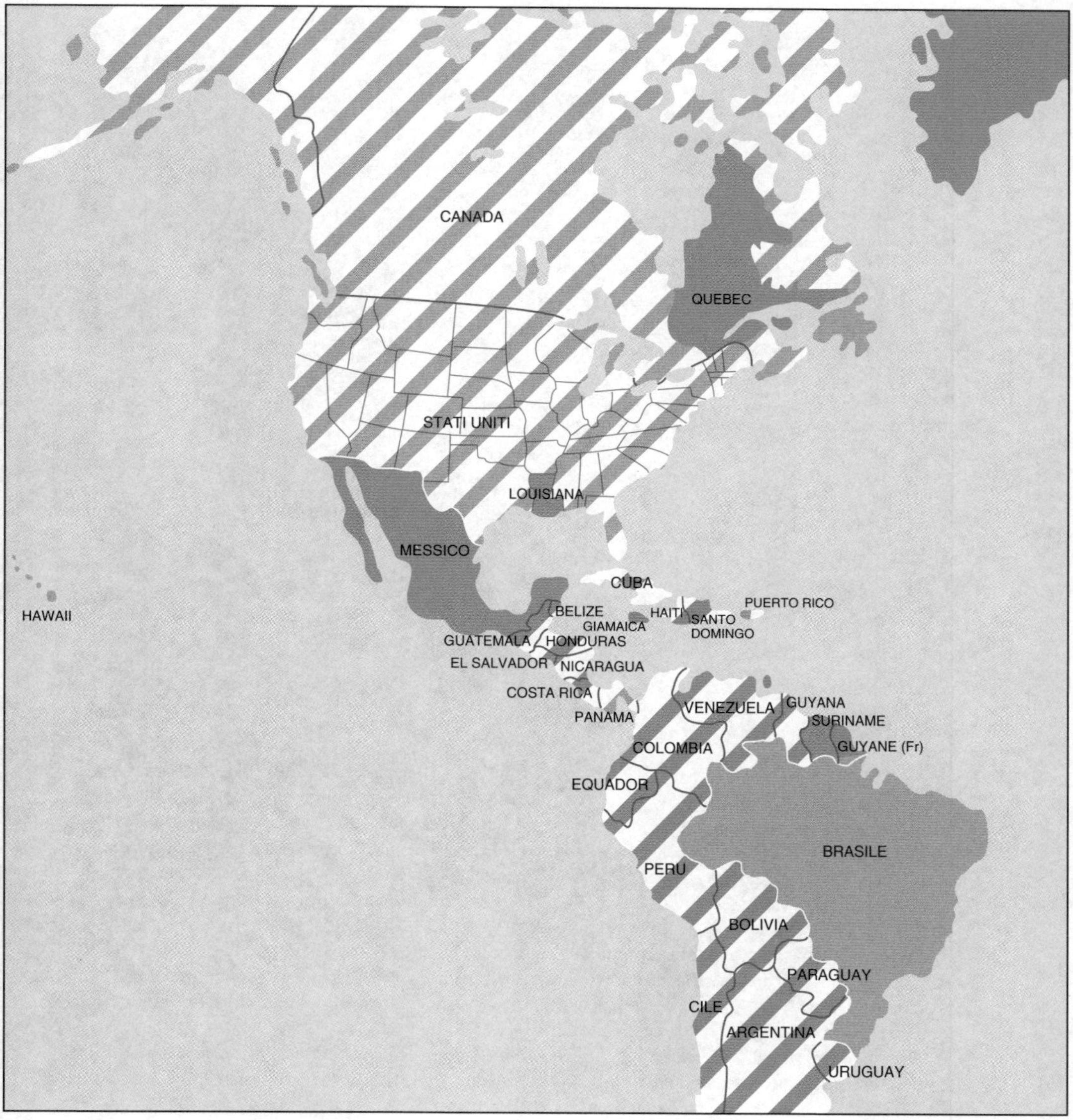
CANADA
QUEBEC
STATI UNITI
LOUISIANA
MESSICO
HAWAII
CUBA
BELIZE
HAITI
SANTO
DOMINGO
PUERTO RICO
GIAMAICA
GUATEMALA
HONDURAS
EL SALVADOR
NICARAGUA
COSTA RICA
PANAMA
VENEZUELA
GUYANA
SURINAME
GUYANE (Fr)
COLOMBIA
EQUADOR
BRASILE
PERU
BOLIVIA
PARAGUAY
CILE
ARGENTINA
URUGUAY

6. Tipicità e atipicità del fatto illecito

Legenda

In azzurro è indicata l'area di massima atipicità del fatto illecito: è tale, e obbliga al risarcimento qualsiasi danno cagionato con colpa (art. 1382 cod. civ. francese). In rigato azzurro è indicata l'area della atipicità delimitata: è risarcibile qualsiasi danno cagionato con colpa, purché sia danno ingusto (art. 2043 cod. civ. italiano), ossia abbia leso un interesse meritevole di tutela secondo l'ordinamento giuridico. In grigio è indicata l'area della tipicità generica: è risarcibile solo il danno, cagionato con colpa che abbia leso un diritto assoluto, cioè un diritto della personalità o un diritto reale (§ 823 cod. civ. tedesco). Il rigato grigio indica un sistema, quello di *commom law*, che è misto fra tipicità generica e tipicità specifica, il fatto illecito (*tort*) è la violazione del dovere di diligenza

(*duty of care*), che dà luogo alla colpa *(negligence)*. La responsabilità per *negligence* si è generalizzata solo per i danni che consistono nella lesione di un diritto reale o della personalità (come nel sistema tedesco); fuori del campo dei diritti assoluti la responsabilità per fatto illecito è ancora possibile, ma solo in casi specifici, per i quali sia rinvenibile un precedente o che, comunque, il giudice ritiene degni di tutela risarcitoria (il sistema di *common law* si basava sulla sola tipicità specifica nel secolo scorso).

Esempio: la lesione del credito è danno risarcibile nelle aree azzurra e rigato azzurra; non è tale nelle aree grigio e rigato grigio.

6. Tipicità e atipicità del fatto illecito *(particolare)*

Legenda

In azzurro è indicata l'area di massima atipicità del fatto illecito: è tale, e obbliga al risarcimento, qualsiasi danno cagionato con colpa (art. 1382 cod. civ. francese). In rigato azzurro è indicata l'area della atipicità delimitata: è risarcibile qualsiasi danno cagionato con colpa, purché sia danno ingusto (art. 2043 cod. civ. italiano), ossia abbia leso un interesse meritevole di tutela secondo l'ordinamento giuridico. In grigio è indicata l'area della tipicità generica: è risarcibile solo il danno, cagionato con colpa, che abbia leso un diritto assoluto, cioè un diritto della personalità o un diritto reale (§ 823 cod. civ. tedesco). Il rigato grigio indica un sistema, quello di *commom law*, che è misto fra tipicità generica e tipicità specifica: il fatto illecito (*tort*) è la violazione del dovere di diligenza (*duty of care*), che dà luogo alla colpa *(negligence)*. La responsabilità per *negligence* si è generaliz-zata solo per i danni che consistono nella lesione di un diritto reale o della personalità (come nel sistema tedesco); fuori del campo dei diritti assoluti la responsabilità per fatto illecito è ancora possibile, ma solo in casi specifici, per i quali sia rinvenibile un precedente o che, comunque, il giudice ritiene degni di tutela risarcitoria (il sistema di *common law* si basava sulla sola tipicità specifica nel secolo scorso).

Esempio: la lesione del credito è danno risarcibile nelle aree azzurro e rigato azzurro; non è tale nelle aree grigio e rigato grigio.

CANADA
QUEBEC
STATI UNITI
LOUISIANA
MESSICO
CUBA
HAITI
GIAMAICA
BELIZE
GUATEMALA
HONDURAS

7. I regimi patrimoniali fra coniugi e la circolazione delle cose mobili

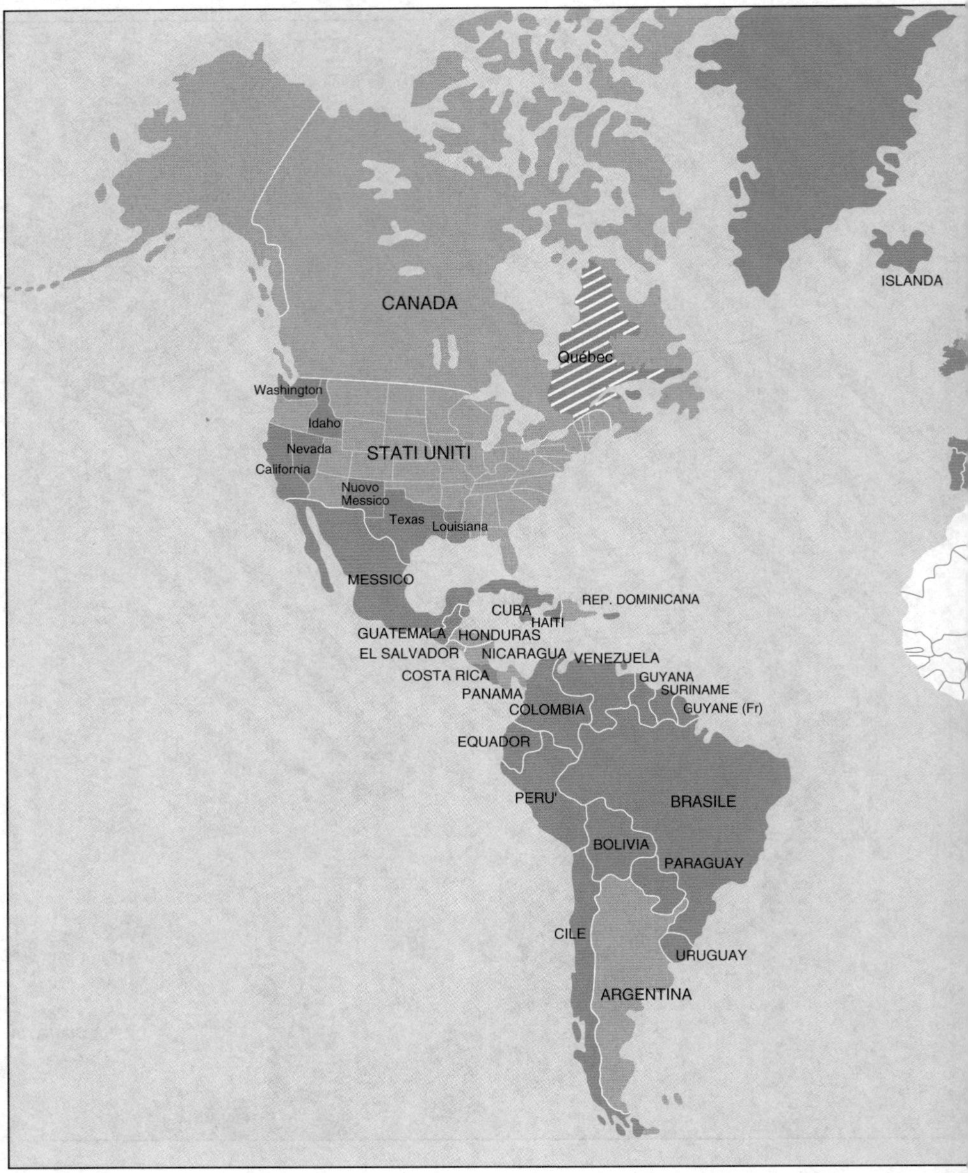

Legenda

In grigio sono indicati i Paesi che adottano, come regime legale, quello della separazione dei beni fra coniugi; in azzurro i Paesi nei quali la comunione dei beni è il regime legale; il rigato indica i Paesi nei quali vige il sistema della comunione differita.

Non sono considerati i Paesi non suscettibili di comparazione, come quelli che ammettono la poligamia (l'intera area islamica e dell'Africa Nera); o i Paesi retti dal diritto indù, nei quali i beni appartengono non agli individui, ma alle famiglie (anche se recentemente si è stabilito che i redditi di lavoro appartengono a chi li ha percepiti).

RUSSIA
MONGOLIA
COREA del Nord
GIAPPONE
COREA del Sud
CINA
ISRAELE
TAIWAN
VIETNAM
FILIPPINE
MADAGASCAR
AUSTRALIA
AFRICA
NUOVA ZELANDA

7. I regimi patrimoniali fra coniugi e la circolazione delle cose mobili *(particolare)*

Legenda

In grigio sono indicati i Paesi che adottano, come regime legale, quello della separazione dei beni fra coniugi; in azzurro i Paesi nei quali la comunione dei beni è il regime legale; il rigato indica i Paesi nei quali vige il sistema della comunione differita.

Non sono considerati i Paesi non suscettibili di comparazione, come quelli che ammettono la poligamia (l'intera area islamica e dell'Africa Nera); o i Paesi retti dal diritto indù, nei quali i beni appartengono non agli individui, ma alle famiglie (anche se recentemente si è stabilito che i redditi di lavoro appartengono a chi li ha percepiti).

RUSSIA
KAZAKISTAN
KIRGHIZISTAN
UZBEKISTAN
TAGIKISTAN
TURKMENISTAN
GEORGIA
AZERBAIGIAN
ARMENIA
TURCHIA
CIPRO

Capitolo dodicesimo

VALIDITÀ E INVALIDITÀ DEL CONTRATTO

SOMMARIO: 1. Le cause di nullità del contratto. — 2. Continua: il contratto illecito. — 3. Le cause di annullabilità: *a*) l'incapacità di contrattare. — 4. Continua: *b*) l'errore motivo e l'errore ostativo. — 5. Continua: *c*) il dolo; *d*) la violenza morale. — 6. Le conseguenze della nullità e della annullabilità.

1. Le cause di nullità del contratto

Si può dire, in via preliminare, che il contratto è invalido quando è in contrasto con una norma imperativa di legge. Ma l'invalidità, si deve subito avvertire, può essere di due specie: il contratto che contrasta con norme imperative può essere nullo o, semplicemente, annullabile. La **nullità** è, fra le due specie di invalidità, quella di portata **generale**: non occorre, perché un contratto sia nullo, che la nullità sia prevista dalla legge come conseguenza della violazione di una data norma imperativa; basta che una norma imperativa sia stata violata. L'**annullabilità** ha, invece, carattere **speciale**: ricorre quando sia stata espressamente prevista dalla legge come conseguenza della violazione di una norma imperativa. Si suole perciò dire che la nullità è **virtuale**, mentre l'annullabilità è testuale.

Questa regola fondamentale è posta dall'art. 1418 comma 1°: «il contratto è nullo quando è contrario a norme imperative, **salvo che la legge disponga diversamente**». Le ipotesi per le quali la legge dispone diversamente sono quelle dell'annullabilità del contratto; e sono, per i contratti (e gli atti unilaterali) in generale, l'incapacità di contrattare delle parti (artt. 1425 s.) e i vizi del consenso (artt. 1427 s.), di cui diremo ampiamente nel corso di questo capitolo, il conflitto di interessi fra rappresentato e rappresentante (artt. 1394 s.), di cui diremo nel capitolo sulla rappresentanza, mentre altre specifiche cause di annullabilità sono previste in relazione a singoli contratti, come il contratto di assicurazione (art. 1892), o in relazione a singoli atti unilaterali, come le deliberazioni dei partecipanti alla comunione (artt. 1109, 1137), le deliberazioni della società (art. 2377) e delle associazioni (art. 23).

Sono **norme imperative** le norme non derogabili per volontà delle parti: le si identifica, generalmente, per il fatto che non contengono l'inciso «salvo patto contrario», «salva diversa volontà delle parti», «se le parti non dispongono diversamente» e simili. Ad esse si contrappongono le **norme dispositive**, che invece ammettono, con un inciso del genere ora indicato, una diversa volontà delle parti.

Ma ciò vale solo come criterio di massima: una norma può essere ritenuta dispositiva, e non imperativa, anche in mancanza di un inciso che renda palese la sua natura, se dall'insieme del sistema di norme entro cui opera appare evidente che si tratta di norma derogabile. Talvolta la legge, per rendere certo che una data norma ha natura di norma imperativa, prefigura le conseguenze della sua violazione e formula incisi come «a pena di nullità» o avvertimenti come «altrimenti il contratto è nullo» e simili. Così, ad esempio, l'art. 1351 non si limita a dire che il contratto preliminare deve essere fatto nella forma prescritta per il contratto definitivo, ma precisa: «il contratto preliminare è nullo, se non è fatto nella stessa forma ecc.» (precisazione, a rigore, superflua, dato che la nullità sarebbe senz'altro derivata dall'applicazione del generale principio dell'art. 1418 comma 1°; utile, tuttavia, per eliminare ogni possibile dubbio sulla natura imperativa della norma).

Alla regola generale della nullità del contratto per contrarietà a norme imperative (salvo che la legge non disponga diversamente) fa seguito, nel secondo comma dell'art. 1418, una serie di **applicazioni** della regola. Produce nullità, anzitutto, la **mancanza di uno dei requisiti del contratto**, indicati nell'art. 1325: mancanza dell'**accordo** delle parti o della **causa** (nei contratti atipici) o dell'**oggetto** (che sia un oggetto possibile, lecito, determinato o determinabile) o della **forma** (se richiesta a pena di nullità). Sulla mancanza degli ultimi tre requisiti è sufficiente quanto detto nel capitolo precedente; sulla mancanza del primo ci si deve ancora soffermare.

Volontà e dichiarazione. L'accordo è, come si è visto, il risultato della concorde dichiarazione di volontà delle parti. Ora è il momento di analizzarlo nei suoi elementi costitutivi: si compone di due (o più) **dichiarazioni di volontà**, mediante le quali ciascun contraente partecipa all'accordo (la dichiarazione del venditore, ad esempio, di voler vendere, la dichiarazione del compratore di voler comperare). In ciascuna dichiarazione di volontà si può distinguere fra la **volontà**, che il soggetto forma entro la propria mente (la volontà di comperare, la volontà di vendere), e la **dichiarazione**, costituita dallo scritto o dalle parole o da altri segni (come alzare la mano all'asta) mediante i quali la interna volontà si manifesta all'esterno. La volontà interna del soggetto, finché non è dichiarata all'esterno, è irrilevante per il diritto. La esterna dichiarazione, a sua volta, produce effetti giuridici non per il fatto in sé che determinate parole (vendo, compero ecc.) vengano scritte o pronunciate o che determinati segni (come alzare la mano) vengano espressi (così come accadeva nei sistemi giuridici primitivi, che attribuivano gli effetti giuridici direttamente alle parole o ai gesti delle parti): gli effetti giuridici si producono solo in quanto alla esterna dichiarazione **corrisponda una volontà** del dichiarante.

Il contratto è nullo per mancanza del requisito dell'accordo delle parti quando, nonostante la dichiarazione contrattuale resa all'esterno, manca la interna volontà delle parti di produrre effetti giuridici: la volontà dell'una o dell'altra parte oppure di entrambe. I casi in cui ciò accade sono, per la verità, alquanto marginali. Un caso è quello della **dichiarazione non seria**: un contratto viene dichiarato per finzione scenica (si dichiara, sul palcoscenico, di vendere e di comperare, ma lo dichiarano gli attori ripetendo il copione) oppure per esemplificazione didattica (il professore che, per spiegare la vendita, finge di vendere ad un allievo) e simili.

Un altro caso è quello della **violenza fisica**, da non confondere con la violenza morale che è ipotesi tutt'altro che marginale e che comporta, come vedremo più oltre, non la nullità, ma l'annullabilità del contratto (12.5.). La violenza fisica è il fatto dell'altro contraente o di un terzo che provoca una dichiarazione non voluta: in un'asta, all'offerta del banditore, si alza una mano, ma non perché la persona cui la mano appartiene abbia voluto accettare l'offerta, bensì perché il suo vicino gli ha afferrato il braccio e glielo ha sollevato verso l'alto. Qui alla dichiarazione di uno dei contraenti non corrisponde alcuna volontà del dichiarante, ed il contratto è nullo. Altro esempio può essere quello di chi firma un contratto in stato di assoluta incapacità di intendere e di volere procuratogli dall'altro contraente o, questo consapevole, da un terzo (con la somministrazione di sostanze stupefacenti o con l'ipnosi, ammesso che questa possa provocare, ciò che in medicina legale è controverso, una assoluta incapacità di intendere e di volere del soggetto che vi è sottoposto). Anche qui c'è una esterna dichiarazione del soggetto (la sua firma in calce al contratto), ma la dichiarazione non è voluta dal dichiarante.

Diversi da quelli ora considerati sono i casi di **divergenza** fra interna volontà e dichiarazione esteriore: il dichiarante, in questi casi, vuole la dichiarazione, ma questa è, per errore (cosiddetto **errore ostativo**), formulata in modo non corrispondente alla sua interna volontà (dico «vendo per un milione di lire», ma volevo dire un milione di euro), oppure è inesattamente trasmessa dalla persona o dall'ufficio che ne era stato incaricato (detto, per telefono, «un milione di dollari», ma l'ufficio, per errore, trasmette «un milione di lire» o, addirittura, detto in risposta ad una proposta contrattuale «non accetto», ma l'ufficio trasmette, per errore, «accetto»). Anche in questi casi, a rigore, manca il requisito dell'accordo delle parti: ciò che una parte vuole non corrisponde a ciò che dichiara di volere e, pertanto, a ciò che l'altra parte accetta. Tuttavia, come più oltre vedremo, la legge ravvisa in questi casi non una causa di nullità, bensì una causa di semplice **annullabilità** del contratto.

2. Continua: il contratto illecito

Il contratto è nullo, ancora, per illiceità della causa, per illiceità dell'oggetto, per illiceità dei motivi (art. 1418 comma 2°). Sono ulteriori applicazioni della regola generale della nullità del contratto per contrasto con norme imperative: qui assume rilievo, in particolare, la contrarietà a norme imperative del **risultato** che, con il contratto, le parti si propongono di realizzare, sotto il triplice aspetto dell'**oggetto** che esse hanno dedotto in contratto, della **causa** del contratto, dei **motivi** del contratto.

L'oggetto, la causa o i motivi sono illeciti quando sono contrari a **norme imperative**, all'**ordine pubblico** o al **buon costume** (art. 1343). Nel suo insieme la formula legislativa esprime una esigenza di difesa dei **valori fondamentali** della società: di difesa sia dei valori di natura **collettiva**, che attengono cioè alla pacifica e civile convivenza fra gli uomini e al progresso della società, sia di valori di natura **individuale**, relativi alla libertà, alla dignità, alla sicurezza dei singoli. L'atto di autonomia contrattuale che, per il risultato che si propone, leda questi valori è illecito e, quindi, nullo.

La difesa di questi valori fondamentali è, generalmente, realizzata con la espressa formulazione legislativa di norme imperative, che vietano determinati atti o determinate attività (e, talvolta, li considerano come reati, prevedendo sanzioni penali per chi li compie). Ma l'espressa formulazione legislativa di un divieto non è necessaria perché il giudice consideri illecito un contratto: è necessaria, in sede penale, per l'applicazione di una pena (in quella sede vale il principio, espresso dall'art. 25 comma 2° Cost., e dall'art. 14 prel., secondo il quale leggi penali si applicano solo ai casi in esse previsti); non è necessaria, in sede civile, per la dichiarazione di nullità del contratto per illiceità. Questo è illecito, oltre che per contrasto con norme imperative, anche se contrario all'ordine pubblico o al buon costume. L'ordine pubblico è costituito da quelle norme, anch'esse imperative, che salvaguardano i valori fondamentali sopra menzionati e che, tuttavia, non sono esplicitamente formulate dalla legge, ma che si ricavano **per implicito** dal sistema legislativo: dai codici e dalle altre leggi ordinarie e, soprattutto, dalla Costituzione.

Nessuna esplicita norma di legge, ad esempio, vieta l'assicurazione contro il rischio di essere scoperto e condannato per i reati che si commetteranno. Ma un simile contratto, se fosse ammissibile, attenuerebbe notevolmente l'efficacia delle norme penali e costituirebbe un incentivo a delinquere. Perciò, quelle stesse esigenze di difesa della società, che rendono necessaria la repressione penale dei reati, comportano l'illiceità di un contratto di assicurazione di tal genere. Altri esempi, relativi questa volta alla difesa di valori individuali: nessuna espressa norma vietava, prima che intervenisse la legge antitrust (legge 10 ottobre 1990, n. 287, che all'art. 2 vieta le intese restrittive della concorrenza), il contratto di boicottaggio, con il quale più imprenditori si obbligano a non contrattare con determinati terzi (a non comperare, ad esempio, le materie prime prodotte da determinate imprese o a non trasportare le loro merci ecc.) o con determinate categorie di terzi (più commercianti si obbligano a non consentire l'accesso nei propri negozi a chi professi determinate religioni o militi in determinati partiti politici o appartenga a determinate razze o a determinati gruppi etnici ecc.). Il boicottaggio è, tuttavia, sempre considerato illecito perché lede principi di ordine pubblico come (nella successione degli esempi fatti) la libertà di iniziativa economica, la libertà religiosa, la libertà politica, la pari dignità di tutti i cittadini senza distinzione di razza o di condizione personale.

Il buon costume è costituito da quelle norme imperative, anch'esse non esplicite, ma ricavabili per implicito dal sistema legislativo, che comportano una valutazione del comportamento dei singoli in termini di **moralità** o di **onestà**. Riguardano anche, ma non solo, la sfera sessuale: così i contratti che attengono all'esercizio della prostituzione, alla pornografia ecc. (ad esempio, il contratto con la prostituta, anche se nessuna espressa norma lo vieta, è considerato illecito e, quindi, nullo perché contrario al buon costume). Ma viene in considerazione anche il costume politico, il costume sportivo, il costume negli affari ecc.: così il contratto con il quale si accetta un compenso in danaro per rinunciare alla propria candidatura alle elezioni o ad una carica politica (la vendita del voto è, invece, espressamente vietata dal d.p.r. n. 361 del 1957 sulla elezione della Camera dei deputati); così il contratto con il quale il calciatore si fa promettere un compenso per far perdere una partita alla propria squadra, e così via.

Vedremo però a suo luogo che il contratto contrario al buon costume, sebbene nullo, produce uno speciale effetto (art. 2035): non si è tenuti, come per ogni contratto nullo, a dare esecuzione al contratto; ma non si può ottenere la restituzione di ciò che si è pagato in esecuzione del contratto (non si può chiedere la restituzione della mercede data alla prostituta, del compenso dato all'uomo politico o al calciatore corrotto ecc.); e questo principio vale per ogni contratto qualificabile come contrario al buon costume, anche se la sua illiceità sia espressamente prevista dalla legge (come nel precedente esempio della vendita del voto e in ogni altro caso in cui la protezione del buon costume abbia suggerito una espressa norma imperativa).

L'illiceità del contratto si articola nelle diverse forme dell'illiceità dell'oggetto, della causa, dei motivi.

L'**oggetto** è illecito quando la **cosa** dedotta in contratto è il prodotto o è lo strumento di attività contrarie a norme imperative, all'ordine pubblico o al buon costume (come nella vendita di cose rubate o di merci di contrabbando o di sostanze stupefacenti o di materiale pornografico) o quando la **prestazione** dedotta in contratto è, essa stessa, attività vietata (come la società per svolgere, e dividersi gli utili, una attività vietata, il trasporto di refurtiva o di merci di contrabbando, la locazione di una casa da gioco clandestina, l'appalto che abbia per oggetto l'esecuzione di una costruzione abusiva).

L'illiceità della causa differisce da quella dell'oggetto perché investe, anziché la cosa o la prestazione dedotta in contratto, la **funzione** del contratto. Questo può avere un oggetto lecito e, tuttavia, una causa illecita: è il caso del contratto che obblighi le parti ad una prestazione e ad una controprestazione entrambe in sé lecite, ma delle quali è vietato lo **scambio**. Ciò in teoria: in pratica appare molto difficile, per non dire impossibile, identificare un caso del genere; e l'ipotesi della causa illecita finisce con l'essere assorbita da quella dell'oggetto illecito oppure da quella dell'oggetto (giuridicamente) impossibile.

La differenza tra oggetto illecito e causa illecita viene, solitamente, indicata con esempi di questo genere: il contratto con il *killer*, che si obbliga per danaro ad uccidere qualcuno, è nullo per illiceità dell'oggetto (uccidere è illecito); il contratto di «protezione» mafiosa, con il quale la mafia ottiene un compenso in danaro per non uccidere qualcuno, è nullo per illiceità della causa (non uccidere è lecito, illecito è lo scambio fra danaro e obbligazione di non uccidere). Il contratto con il pubblico funzionario, perché compia verso corrispettivo in danaro un atto contrario ai suoi doveri, è nullo per illiceità dell'oggetto; il contratto con lo stesso, perché compia verso corrispettivo in danaro un atto rientrante fra i suoi doveri di ufficio, è nullo per illiceità della causa (compiere l'atto è lecito, illecito è compierlo per danaro). Altri esempi consueti di causa illecita: il contratto di prostituzione è nullo non per illiceità dell'oggetto (è lecita l'attività sessuale), ma della causa (scambio fra danaro e prestazione sessuale); la donazione di propri organi (come la donazione di un rene) o la donazione del sangue è lecita, ma ne è illecita la vendita per illiceità della causa (ossia per illiceità del loro scambio con danaro).

Questi esempi non sono corretti: non uccidere, compiere i doveri del proprio ufficio, esercitare l'attività sessuale è materia che non può formare oggetto di contratto, **neppure a titolo gratuito**; e la differenza fra le due serie di esempi attiene non alla illiceità dell'oggetto e della causa, ma alla illiceità e alla **impossibilità dell'oggetto** (non uccidere, compiere gli atti del proprio ufficio sono comportamenti doverosi e, perciò, non suscettibili di formare oggetto di un vincolo contrattuale; il contratto di prostituzione è contrario al buon costume solo perché fa dell'attività sessuale l'oggetto di una obbligazione, non perché prevede un corrispettivo). Ugualmente, la vendita di organi umani è nulla perché questi, come si è già precisato, non sono beni in senso giuridico e non possono formare oggetto di contratto (neppure la loro cosiddetta donazione è un contratto; tant'è che il rifiuto di dare esecuzione al consenso già prestato non comporta le stesse conseguenze di un inadempimento contrattuale).

Una serie di ipotesi nelle quali il codice civile considera illecita la causa del contratto è quella dei contratti conclusi in **frode alla legge** (art. 1344). È in frode alla legge il contratto che costituisce il mezzo per **eludere l'applicazione di una norma imperativa**: le parti mirano a realizzare un risultato che la legge vieta; ma, per non incorrere nell'applicazione della norma imperativa che vieta di realizzarlo, esse utilizzano uno o più contratti in sé leciti in modo da realizzare, in concreto, un risultato equivalente a quello vietato.

Così, per aggirare il divieto del pegno o dell'ipoteca con patto commissorio (art. 2744), si fa talvolta ricorso alla **vendita a scopo di garanzia**, specie nella forma della vendita con patto di riscatto (art. 1500). Il patto commissorio è il patto, fra creditore e debitore, in base al quale la cosa data in pegno o ipotecata, in caso di mancato pagamento del credito alla scadenza, passa in proprietà al creditore. Normalmente, la cosa data in pegno o in ipoteca ha un valore di gran lunga maggiore dell'importo del credito che garantisce; e la legge vieta il patto commissorio per evitare un ingiusto arricchimerito del creditore a danno del debitore (oltre che a danno degli altri creditori). Ma, per eludere il divieto di patto commissorio, si utilizza la vendita con patto di riscatto: il debitore vende al creditore un proprio bene per un prezzo determinato in misura corrispondente al suo debito in capitale e interessi (ma non pagato perché «compensato» con il preesistente debito). Se alla scadenza, il debitore potrà pagare il suo debito, eserciterà il diritto di riscatto e riavrà la cosa venduta; altrimenti, questa resterà definitivamente al creditore. In questo caso, la prova del preesistente debito del venditore verso il compratore, la corrispondenza fra prezzo di vendita e importo del preesistente debito (e, eventualmente, l'esiguità del primo rispetto al valore della cosa venduta), la ulteriore prova che il prezzo di vendita non fu pagato, bastano per considerare quella vendita con patto di riscatto come un contratto in frode al divieto di patto commissorio, come tale nulla.

Altro caso: per eludere il divieto di donazione a favore del tutore (art. 779) si dona ad un terzo con il segreto patto che, a sua volta, doni al tutore; per eludere il divieto di cessione dei diritti dai figli minori ai genitori o dal minore al tutore (artt. 323, 378) si cede il diritto ad un terzo con il patto segreto che, a sua volta, lo ceda al genitore o al tutore. Qui, se si dà la prova del patto segreto, si può ottenere la dichiarazione di nullità dei due contratti, entrambi in frode alla legge.

Il **motivo** per il quale le parti hanno concluso il contratto è, di regola, irrilevante per il diritto, come già si è precisato. Diventa, tuttavia, rilevante quando è illecito, ossia contrario a norme imperative, all'ordine pubblico o al buon costume. Ma il motivo illecito, per rendere nullo il contratto, deve presentare due requisiti: essere il motivo **esclusivo** del contratto, ed essere il motivo **comune ad entrambe le parti** (art. 1345). Così noleggiare una nave per esercitare con essa il contrabbando; prendere in locazione un appartamento per destinarlo a casa di appuntamenti; dare a mutuo una somma ad un giocatore d'azzardo. Questi contratti sono nulli solo se entrambe le parti si sono determinate a concluderlo per il motivo illecito: né basta che il motivo illecito di una sia semplicemente noto all'altra. Occorre che l'altra ne sia partecipe e miri a trarre personale vantaggio dall'attività illecita che la prima si propone di esercitare: così non basta che chi ha dato a noleggio la nave o in locazione l'appartamento o a mutuo il danaro conosca l'uso illecito che l'altra parte ne vuole fare, bisogna che, per l'elevato ammontare del nolo o del canone di locazione o del tasso di interesse pattuito, superiore a quello normalmente praticato, appaia evidente che egli ha inteso profittare dell'altrui motivo illecito, che è però **comune** ad entrambi i contraenti.

Nella donazione è, invece, sufficiente il motivo illecito del donante, purché sia determinante della liberalità e risulti dall'atto (art. 788). Così la donazione fatta per manifestare gratitudine a chi ha prestato un favore illecito: il caso è tutt'altro che raro (donazione, ad esempio, al pubblico funzionario che si è lasciato corrompere), ma l'estremo per il cui motivo illecito deve risultare dall'atto rende difficilmente proponibile l'azione di nullità.

3. Le cause di annullabilità: *a*) l'incapacità di contrattare

Il contratto è annullabile, come si è avvertito, solo nei casi in cui la legge espressamente ricollega alla violazione di norme imperative, anziché la generale conseguenza della nullità, la speciale conseguenza della annullabilità. Un primo ordine di casi è quello della incapacità a contrattare di una delle parti, che può essere incapacità legale o solo naturale.

Sono, legalmente, incapaci di contrattare coloro che non hanno ancora acquistato la legale capacità di agire e coloro che, avendola acquistata, l'hanno successivamente perduta: sono i **minori di diciotto anni** (art. 2) e gli infermi **totali** di mente che, con sentenza dell'autorità giudiziaria, siano stati **interdetti** (art. 414). Sono ancora, **parzialmente** privi della capacità di contrattare i minori che, per effetto del matrimonio, abbiano conseguito l'**emancipazione** (art. 390) e i parziali infermi di mente che, con sentenza, siano stati **inabilitati** (art. 415): questi possono validamente compiere atti di ordinaria amministrazione; non possono compiere atti di **amministrazione straordinaria** del loro patrimonio.

Il contratto concluso dall'incapace legale di agire è **annullabile** (art. 1425 comma 1°); e l'annullamento può essere domandato al giudice: *a*) da chi eserciti la potestà sul minore (genitori o tutore) o sul minore emancipato (curatore) o sull'interdetto (tutore) o sull'inabilitato (curatore); *b*) dallo stesso minore o emancipato o interdetto o inabilitato, una volta raggiunta la maggiore età o una volta revocato dall'autorità giudiziaria lo stato di interdizione o di inabilitazione; *c*) dagli eredi o aventi causa del minore (artt. 322, 377, 396, 427).

Il contratto del minore non può però essere annullato se il minore ha, con raggiri, **occultato** la sua età (art. 1426): occorrono **raggiri**, come ad esempio la falsificazione dei documenti di identità, che abbiano indotto in errore l'altro contraente; non basta, invece, la semplice dichiarazione del minore di essere già maggiorenne.

In nessun caso l'annullamento del contratto può essere chiesto, a causa della incapacità di una parte, dall'altro **contraente capace**: l'annullabilità del contratto è prevista a protezione dell'incapace (e dei suoi aventi causa: ad esempio, di chi ha validamente acquistato dall'incapace, rappresentato dal tutore, un immobile sul quale l'incapace aveva invalidamente costituito l'altrui diritto di usufrutto); il contraente capace non ha alcuna giustificabile ragione per invocarla.

L'incapacità legale di agire, stabilita per il minore di anni diciotto, può non corrispondere, e normalmente non corrisponde, ad una effettiva e totale incapacità del minore di intendere e di volere, ossia di rendersi conto della conseguenze giuridiche dei propri atti. L'incapace legale può avere la **naturale capacità** di intendere e volere, e può averla in diversa misura a seconda dell'età e in rapporto alla diversa natura o al diverso contenuto del contratto. A dieci anni, ad esempio, si ha la capacità naturale di intendere e di volere in rapporto a contratti come l'acquisto di un quaderno o il trasporto in tram e simili; ad età successive la capacità naturale si estende, progressivamente, alla possibilità di valutare le conseguenze giuridiche dell'acquisto di beni di maggiore valore economico e alla conclusione di contratti di maggiore complessità, fino a corrispondere, alla vigilia della maggiore età, ad un grado di capacità naturale pressoché corrispondente, o già corrispondente, a quello che normalmente è presente in un maggiorenne. Il minore resta, quale che sia la sua età e la natura o il contenuto del contratto, legalmente incapace di contrattare; ma è legalmente incapace di contrattare **in proprio nome**, di acquistare per sé diritti o di assumere su di sé obbligazioni. La sua capacità naturale gli consente, invece, di contrattare **in nome altrui**: di concludere contratti in rappresentanza di altra persona che abbia la capacità legale di contrattare. Il principio è fissato dall'art. 1389 (del quale diremo più ampiamente nel capitolo sulla rappresentanza): «per la validità del contratto concluso dal rappresentante basta che questi abbia la capacità di intendere e di volere, avuto riguardo alla natura e al contenuto del contratto stesso, sempre che sia legalmente capace il rappresentato».

Si spiega così perché i minori concludano contratti e perché nessuno dubiti della loro validità: essi li concludono in qualità di rappresentanti dei loro genitori e in virtù della propria capacità naturale di contrattare; con la conseguenza che i beni acquistati dal minore sono, giuridicamente, beni di proprietà dei genitori e le obbligazioni assunte sono obbligazioni di costoro. Chi contratta con il minore deve rendersi conto, in rapporto all'età di questo e alla natura o al contenuto del contratto, se il minore abbia la naturale capacità di intendere e di volere; e deve, inoltre, potere desumere da queste stesse circostanze che il minore eserciti un potere di rappresentanza conferitogli, espressamente o tacitamente, dai genitori. Il cartolaio, ad esempio, non ha dubbi di fronte al decenne che, soldi in mano, chiede di comperare un quaderno; né occorre che il minore pronunci parole che indichino il suo agire in nome altrui (come «ha detto mio padre», «ha detto mia madre» e simili), giacché l'età e le circostanze fanno presumere con certezza che egli agisce, in rappresentanza dei genitori. Ma il gioielliere avrà buone ragioni di dubitare del potere di rappresentanza del diciassettenne che gli chieda di vendere, o di comperare, un costoso gioiello (e gli chiederà, a nome dell'art. 1393, di giustificare i suoi poteri rappresentativi). In nessun caso il minore potrà, se non munito di procura scritta, concludere contratti per i quali sia richiesta la **forma scritta** a pena di nullità (art. 1392).

Incapacità naturale. Diversa dalla incapacità legale, della quale si è fin qui detto, è l'incapacità naturale di chi è, giuridicamente, dotato di capacità legale (art. 1425 comma 2°): l'incapacità di intendere e di volere del maggiorenne affetto da infermità mentale, ma non interdetto né inabilitato; oppure lo stato temporaneo di incapacità di intendere e di volere nel quale una persona si trovi, per una **causa transitoria**, al momento della conclusione del contratto (e la causa transitoria può essere, ad esempio, lo stato di ubriachezza o di intossicazione da sostanze stupefacenti oppure una insolazione o un trauma o un processo morboso che abbia temporaneamente alterato le facoltà mentali del soggetto).

Di fronte a questi casi potremmo ancora dire, ragionando con logica astratta, che nel contratto dell'incapace naturale (come, ad esempio, nel contratto del folle, concluso prima che la sua follia abbia dato luogo ad interdizione, o come nel contratto dell'ubriaco) non c'è maggiore volontà di quanta ce ne sia nel contratto dell'incapace legale, e potremmo argomentare che, provata l'incapacità di intendere e di volere, si possa senz'altro ottenere l'annullamento del contratto. Ma non è così: la legge esige, oltre alla prova dell'incapacità, ulteriori requisiti. Occorre distinguere fra atti unilaterali e contratti:

a) gli **atti unilaterali** (ad esempio, una offerta al pubblico) sono annullabili, su istanza dell'incapace o dei suoi eredi o aventi causa, solo se si prova che dall'atto deriva un **grave pregiudizio** all'incapace (art. 428 comma 1°);

b) i **contratti** sono annullabili, su istanza dell'incapace o dei suoi eredi o aventi causa, solo se si prova, oltre al pregiudizio per l'incapace, anche la **mala fede dell'altro contraente**, il quale conosceva lo stato di incapacità naturale o avrebbe potuto accertarlo con l'ordinaria diligenza (art. 428 comma 2°).

La legge considera l'incapacità naturale non come fattore che altera la volontà, ma come possibile fattore di alterazione della **causa** dell'atto o del contratto, che è annullabile solo se concluso, per effetto dell'incapacità della parte, a condizioni **gravemente pregiudizievoli** per essa. Chi, sotto l'azione dell'alcool o di un colpo di sole, ha venduto un oggetto che gli era caro o ha comperato un oggetto che non gli serve, ma ha venduto o comperato per un giusto prezzo, non potrà lamentare in giudizio che mai e poi mai, in normali condizioni di mente, si sarebbe privato dell'uno o avrebbe comperato l'altro; né può essere ammesso a provare che il danaro, che in stato di incapacità si è impegnato a pagare come prezzo dell'acquisto, gli occorre per altri suoi importanti affari. Se il prezzo pattuito è il giusto prezzo di mercato di quel dato bene, non c'è alterazione nell'**equilibrio causale** del contratto, del rapporto di equivalenza economica fra le prestazioni; e il contratto, nonostante l'incapacità di intendere e di volere di una delle parti, è perfettamente valido.

Il grave pregiudizio per l'incapace è sufficiente per l'annullamento degli atti unilaterali (si è, in stato di ubriachezza, offerto al pubblico un milione a chi riporterà il cane smarrito); ma non basta per i contratti: oltre al grave pregiudizio, occorre qui provare anche la mala fede dell'altro contraente. È protetto, sotto questo aspetto, l'**affidamento** di chi, ignorandone l'incapacità, ha contratto con l'incapace: l'autonomia contrattuale dell'incapace, che non aveva voluto il contratto, avendo dichiarato la sua volontà in stato di totale incapacità di volere, è sacrificata di fronte ad un interesse giudicato prevalente, che è l'interesse generale ad una vasta e sicura **circolazione dei beni** (molti non comprerebbero e non venderebbero, e non contribuirebbero alla circolazione della ricchezza, se corressero il rischio di vedersi annullare l'acquisto o la vendita per incapacità naturale dell'altro contraente).

Una eccezione a questa regola vale per la **donazione**: l'incapacità naturale del donante comporta senz'altro l'annullabilità del contratto, anche se ignota al donatario (art. 775). Ma un'altra più radicale eccezione, non prevista dalla legge, sembra giusto introdurre, e ad essa abbiamo già fatto riferimento parlando della **violenza fisica**: se lo stato di incapacità naturale è stato **provocato** dall'altro contraente o, questo consapevole, da un terzo, si deve ritenere che il contratto non sia semplicemente annullabile, bensì **nullo**: e nullo anche se manchi l'estremo del grave pregiudizio per l'incapace.

4. Continua: *b*) l'errore motivo e l'errore ostativo

I vizi del consenso. Il contratto (o l'atto unilaterale) è annullabile, inoltre, se la volontà di una delle parti (o della parte negli atti unilaterali) è stata dichiarata per **errore** o carpita con **dolo** o estorta con **violenza** (art. 1427). Queste tre ipotesi vengono tradizionalmente ricomprese entro la generale categoria dei **vizi della volontà** (o del **consenso**, con riferimento ai contratti): l'espressione «vizio» della volontà sta qui ad indicare, con una metafora, che una volontà della parte è, in queste ipotesi, presente (la parte ha voluto il contratto), ma il processo formativo della sua volontà è stato alterato; onde la volontà, quantunque presente, è «viziata».

Errore motivo. Dell'errore bisogna subito distinguere due specie: l'errore motivo (detto anche errore-vizio) e l'errore ostativo (e vedremo tra breve che solo il primo è, propriamente, un vizio della volontà). L'errore motivo è l'errore che insorge nella **formazione della volontà**, prima che questa venga dichiarata all'esterno: consiste in una falsa rappresentazione della realtà che induce il soggetto a dichiarare una volontà che, altrimenti, non avrebbe dichiarato. L'errore motivo, per essere causa di annullabilità del contratto, deve essere un **errore essenziale** (art. 1428): è essenziale l'errore **determinante del volere**, ossia tale per cui il contraente, se non fosse incorso in errore, non avrebbe concluso il contratto; ed è tale se ricorre una delle quattro serie di ipotesi che la legge prevede (art. 1429). L'errore può cadere:

1) sulla **natura** o sull'**oggetto del contratto**. Il primo è l'errore sul tipo di contratto che si conclude: credo, ad esempio, di comperare e invece ricevo in *leasing*, oppure do la mia adesione ad una associazione (che nel linguaggio corrente talvolta è detta società) nell'erroneo convincimento di aderire ad una vera società (mi impegno, perciò, a versare un contributo a fondo perduto, mentre ero convinto di fare un

investimento, a scopo di lucro). Il secondo riguarda la cosa o la prestazione dedotta in contratto: acquisto il biglietto di un cinema credendo che vi si proietti un dato film e invece se ne proietta un altro;

2) sulla **identità dell'oggetto**: compero un terreno credendo che i suoi estremi catastali, indicati nel contratto, ne identifichino un altro, che è quello che volevo comperare. Oppure cade su **qualità** dell'oggetto che, date le circostanze, debbono ritenersi determinanti del consenso: non avrei, per quel prezzo, comperato dall'antiquario il mobile se avessi saputo che era un'imitazione e non, come credevo, un pezzo autentico.

È, invece, irrilevante l'errore sul **valore** in sé considerato: credevo che quel mobile autentico valesse quanto l'ho pagato; invece ho appreso che vale molto meno. Qui l'errore non cade sulla qualità della cosa, ma sulla convenienza economica del contratto, non suscettibile di riesame giudiziario. Non ci si può rivolgere al giudice per ottenere rimedio ad un cattivo affare. Diverso è però il caso in cui ad indurre il contraente in errore sul valore sia stato, con artifici o raggiri, l'altro contraente o, questi consapevole, un terzo: il contratto sarà, in tal caso, annullabile per dolo, a norma dell'art. 1439.

Diverso dall'errore sul valore è l'errore sul **prezzo**, che non è errore motivo, bensì errore ostativo. Se nel *duty free* di un aeroporto dichiaro di voler comperare un oggetto, invogliato dal prezzo che ritengo espresso in euro e che giudico conveniente, mentre quel prezzo era espresso in dollari, altro non faccio se non fraintendere la proposta del venditore, ed il mio errore sulla dichiarazione altrui si trasforma in errore nella mia dichiarazione.

Il semplice **errore di calcolo** (art. 1430) non rende annullabile il contratto (compero tot quintali per tot euro al quintale e mi obbligo a pagare, complessivamente, tot x tot: se la moltiplicazione è sbagliata, ci si limita. a rettificare il prodotto), a meno che non si traduca in errore **sulla quantità** (intendevo comperare tot quintali, il cui prezzo complessivo fa tot, ma il contratto, che reca il prezzo complessivo di tot, contiene un errore di calcolo: rettificato l'errore, dovrei ricevere una quantità minore di quella voluta);

3) sull'identità o sulle qualità personali dall'**altro contraente**. Sull'**identità**: credo di contrattare con Tizio, invece contratto con Caio; sulle **qualità personali**: il contraente è Tizio, ma, questi non è, come erroneamente credevo, persona in floride condizioni economiche (ignoravo, ad esempio, che nei suoi confronti sono state presentate

istanze di fallimento). È un errore che può assumere rilievo solo nei contratti *intuitu personae*, cioè quando l'identità o le condizioni personali dell'altro contraente siano determinanti del consenso, ossia tali per cui non si sarebbe concluso il contratto con quella persona se non si fosse caduti in errore sulla sua identità o sulle sue condizioni personali.

Se vendo per contanti la mia casa a Tizio credendo per errore di venderla a Caio, questo errore di norma è irrilevante, perché a contanti l'avrei comunque venduta a chiunque, essendo interesse del venditore solo quello di realizzare il prezzo di vendita. Ma, se l'ho venduta con pagamento del prezzo a termine, è stato determinante del consenso l'identità del compratore, perché conoscevo Caio per persona solvibile e nulla so di Tizio (se poi Tizio, a differenza di Caio, è un imprenditore commerciale insolvente, i cui pagamenti sono, come si vedrà, soggetti a revocatoria a seguito di fallimento, ho interesse all'annullamento per errore sulle qualità dell'altro contraente anche della vendita per contanti).

Per una intera serie di tipi contrattuali, detti **contratti personali**, l'identità o le qualità personali del contraente sono sempre determinanti del consenso: basta, per questi contratti, la sola prova dell'errore sulla identità dell'altro contraente o, esatta l'identità, sulle sue qualità personali; non occorre provare, ulteriormente, che l'errore è stato determinante del consenso, essendo l'identità del contraente circostanza inerente all'**essenza** del contratto. Così, ad esempio, la locazione o il mutuo o l'appalto: non si dà in locazione una cosa o a prestito una somma a chiunque, né si affida l'esecuzione di un'opera a un qualsiasi imprenditore; si tiene conto della solvibilità del locatario o del mutuatario o delle qualità professionali dell'appaltatore.

Nelle ipotesi fin qui considerate si tratta di **errore di fatto**, determinato cioè da una falsa conoscenza dei fatti o delle cose o delle persone. Ma è possibile anche un **errore di diritto**, provocato dalla ignoranza o dalla falsa conoscenza di norme di legge o di regolamento. È l'errore che cade:

4) sui **motivi** del contratto, se si tratta di **errore di diritto**. I motivi del contratto sono, come si è detto, di regola irrilevanti: assumono, eccezionalmente, rilievo quando sono motivi illeciti comuni ad entrambi i contraenti (e allora comportano, come si è visto, la nullità del contratto); e quando — questo è ora il nostro caso — sono motivi inficiati dalla ignoranza o dalla falsa conoscenza di una norma di legge o

di regolamento, e costituiscono la ragione **esclusiva** o **principale** del contratto. È, ad esempio, l'errore di chi, avendo intenzione di costruire una villa, compera un terreno agricolo ignorando, o interpretando in modo errato, il piano regolatore comunale che vieta di costruire in quella zona. Il caso è diverso da quello in cui il terreno dedotto come oggetto della vendita sia qualificato nel contratto come area edificabile: qui ricorre l'ipotesi di cui al n. 2, trattandosi di errore sulle qualità dell'oggetto (nella specie la sua qualità di terreno edificabile).

L'errore sui motivi è, invece, irrilevante quando si tratta di **errore di fatto**: chi, nell'imminenza delle nozze, compera una casa o chi alla vigilia del trasferimento in altra città, la vende non potrà ottenere l'annullamento del contratto adducendo, nel primo caso, che l'atteso matrimonio non ha avuto luogo, o, nel secondo caso, che il suo datore di lavoro non ha disposto il promesso trasferimento.

Un'eccezione a questo principio vale per la **donazione** (art. 787): questa può essere impugnata per errore sul motivo, anche se si tratta di errore di fatto, purché il motivo risulti dall'atto e sia stato il solo motivo che ha determinato la liberalità.

Oltre che essenziale l'errore deve, per consentire l'annullamento del contratto, essere **riconoscibile dall'altro contraente** (art. 1428): essere tale, cioè, che una persona di normale diligenza, tenuto conto delle circostanze, avrebbe potuto rilevarlo (art. 1431). È un principio di centrale importanza: protegge (altrettanto energicamente quanto la norma che richiede la mala fede dell'altro contraente per l'annullamento del contratto dell'incapace naturale) l'**affidamento** dell'altro contraente sulla validità del contratto e, più in generale, la sicurezza nella **circolazione dei beni**. Se l'errore di una parte, quantunque essenziale, non è tale per cui l'altra potesse rilevarlo, la prima resta, irrimediabilmente, vincolata dal contratto: chi ha comperato il terreno con l'intenzione di costruirvi dovrà provare, per ottenere l'annullamento del contratto, che il venditore era in grado di rendersi conto che egli non poteva avere altro scopo. Vanno considerati, a questi effetti, il **contenuto** e le **circostanze** del contratto, nonché le **qualità dei contraenti** (art. 1431): nessuno potrà pretendere di qualificare come riconoscibile l'errore sulla edificabilità di un comune suolo agricolo acquistato da un contraente le cui qualità professionali o personali non rivelano l'intento di costruire; ma altrettanto non può dirsi per un terreno posto in riva al mare e comperato a prezzo non agricolo da una impresa alberghiera, o per un minuscolo appezzamento situato in zona amena e comperato a carissimo prezzo da un turista straniero. Qui il venditore non potrà sostenere in giudizio di non essersi reso conto che l'impresa alberghiera non intendeva acquistare un podere, o che il turista straniero non intendeva comperare un orto, (diverso è il caso dell'acquisto da parte dell'impresa di costruzioni o dell'impresa immobiliare, perché è noto che queste spesso comperano terreni agricoli sapendoli tali e pagandoli per tali, confidando in una loro futura destinazione a fini edificatori).

Errore ostativo. L'errore ostativo è, invece, l'errore che cade, anziché sulla formazione della volontà, sulla sua esterna **dichiarazione**, oppure è l'errore commesso dalla persona o dall'ufficio incaricato di **trasmettere** la dichiarazione. Nel primo caso l'errore è commesso **dal dichiarante** (che dice, ad esempio, di vendere per un milione di lire volendo vendere per un milione di dollari, oppure scrive che compera 1.000 quintali di merce volendo scrivere 100 quintali); nel secondo caso l'errore è commesso **da un terzo**: è, ad esempio, l'errore dell'ufficio telegrafico che, per incarico del dichiarante, trasmette la dichiarazione e riporta in modo inesatto il prezzo o la quantità della merce venduta o, addirittura, trasmette le parole «accetto la vostra proposta» in luogo delle parole «non accetto la vostra proposta». Orbene, il codice civile (ma solo il codice civile italiano) equipara l'errore ostativo all'errore motivo (art. 1433), con la conseguenza che esso può portare all'annullamento del contratto **solo se riconoscibile dall'altro contraente**.

5. Continua: *c*) il dolo; *d*) la violenza morale

Si parla di **dolo**, come vizio del consenso, in un senso corrispondente al concetto comune di «inganno». Dall'errore motivo il dolo differisce per la specifica causa che ha provocato l'errore: qui un contraente è indotto in errore dai **raggiri** usati dall'altro contraente oppure da un terzo. Se i raggiri sono stati determinanti del consenso, tali cioè che, senza di essi, la parte non avrebbe contrattato (cosiddetto **dolo determinante**), il contratto è annullabile (art. 1439 comma 1°); se, invece, questa avrebbe ugualmente contrattato, ma a condizioni diverse (cosiddetto **dolo incidente**), il contratto è valido, e l'altro contraente deve risarcirle il danno subito (art. 1440).

Rientra nel primo caso, ad esempio, la vendita di merci prive delle qualità menzionate sull'involucro o vantate dal venditore (olio di oliva, mentre è di semi; stoffa di lana, mentre è fibra sintetica); il secondo caso ricorre se il compratore avesse acquistato quelle merci anche in mancanza delle qualità vantate (il negoziante compera, e rivende, sia olio di oliva sia oli di semi), ma le avrebbe acquistate per il prezzo di mercato della merce mancante di quella qualità.

Altra differenza: non occorre qui che l'errore sia essenziale; sicché la fattispecie del dolo è più vasta di quella, dell'errore: include anche l'induzione in errore sul valore dell'oggetto del contratto, mentre un simile errore, se non indotto da dolo, è irrilevante.

Il raggiro del **terzo**, per comportare l'annullamento del contratto, deve essere **noto** (non semplicemente riconoscibile) al contraente che ne ha tratto vantaggio (art. 1439 comma 2°). Basta che quest'ultimo ne fosse a conoscenza; non occorre che avesse cospirato con il terzo nel tramare l'inganno: in questo diverso caso si sarebbe in presenza, a rigore, di un raggiro del contraente, anche se posto in essere con l'altrui complicità.

Così è nel caso di chi, per ottenere un mutuo, si procura l'altrui compiacente lettera di referenze che attesta, falsamente, la sua solvibilità; o di chi vende azioni di una società facendo riferimento, per giustificare il prezzo richiesto, al bilancio falso redatto dal compiacente amministratore della società, e vende, poiché nel bilancio sono occultate le perdite sociali, azioni che non valgono nulla. L'ipotesi del raggiro del terzo è, propriamente, quella del terzo che ha un proprio interesse alla (altrui) conclusione del contratto: decanto falsamente le qualità del mio inquilino per indurre altri a dargli in locazione una casa, liberando così la mia. Qui la legge protegge il contraente che ha tratto inconsapevole vantaggio dal raggiro del terzo: perché, scoperto il raggiro, il contratto possa essere annullato occorre che il contraente ne fosse, quanto meno, a conoscenza (che ne fosse a conoscenza, nel nostro esempio, l'inquilino).

Il cosiddetto *dolus bonus* consiste nelle esagerate vanterie delle qualità del proprio bene o della propria abilità professionale che, a volte, accompagnano l'offerta di un bene o di una prestazione. È frequente nel contratto isolato tra il negoziante e il cliente («questa stoffa è indistruttibile») e, soprattutto, caratterizza la pubblicità dei prodotti industriali destinati alla contrattazione in serie («questo medicinale stronca il raffreddore al primo insorgere»). Una persona di **media av-**

vedutezza sa che simili qualità vantate dal venditore non corrispondono al vero e sono frutto di esagerazione (sa che non esistono, in commercio, stoffe indistruttibili e che la medicina non ha ancora scoperto un rimedio infallibile contro il raffreddore); e, poiché il diritto tiene conto solo del comportamento dell'uomo medio, nessuno potrà in questi casi chiedere l'annullamento del contratto, neppure chi avesse, per avventura, confidato nella veridicità della vanteria.

La **violenza** della quale si parla come di un vizio del consenso, comportante l'annullabilità del contratto (art. 1427), è la cosiddetta violenza **morale**: consiste nell'estorcere il consenso di un soggetto con la **minaccia** che, se il consenso non verrà prestato, verrà inferto un male alla sua persona o ai suoi beni oppure alla persona o ai beni dei suoi familiari. È diversa dalla violenza **fisica**, della quale si è già detto (12.1.): questa esclude del tutto la volontà del dichiarante (che, perciò, dichiara una volontà non sua) e comporta la **nullità** del contratto; la violenza morale è, invece, il mezzo con il quale si costringe una persona a dichiarare una **propria volontà**, ponendola di fronte all'alternativa se rifiutare il consenso e soggiacere (o rischiare di soggiacere) al male minacciato oppure sottrarsi al male minacciato prestando il proprio consenso (è ciò che, nel linguaggio corrente, si definisce un «ricatto»).

Il **male minacciato** può essere un male alla **persona**, come la minaccia della vita o dell'integrità fisica (se non firmerai il contratto sarai ucciso, sarai percosso), o come la minaccia di ledere altri diritti della persona: il diritto alla reputazione (inscenerò una campagna di stampa contro di te), il diritto alla riservatezza (rivelerò i particolari della tua vita intima), il diritto alla libertà personale (se non firmi il contratto non ti lascio uscire di qua). Può, inoltre, essere un male che minaccia i **beni** (incendieremo la tua casa, uccideremo il tuo bestiame); e può riguardare la persona o i beni sia del contraente sia del **coniuge** o degli **ascendenti** (genitori, nonni) o dei **discendenti** (figli, nipoti). Se riguarda, invece, parenti in via collaterale (incendieremo la casa di tuo fratello) o affini (uccideremo tua suocera) o, ancora, persone non legate al contraente da rapporti di parentela o di affinità (il socio di affari, la concubina o il concubino, l'amico, il dipendente ecc.), l'annullamento del contratto è rimesso alla prudente valutazione del giudice, che terrà conto delle circostanze del caso concreto, come il rapporto affettivo esistente con il contraente (art. 1436).

Deve trattarsi di un **male ingiusto** (art. 1435). È tale il male contrario al diritto, come in tutti gli esempi prima formulati; ma un male minacciato può non essere contrario al diritto: il cliente che dice alla banca «se non mi concedete il nuovo mutuo che vi chiedo, trasferirò il mio conto presso un'altra banca» minaccia certo un male (è tale, per una banca, la perdita di un cliente), ma è la minaccia di un male lecito, di una contromisura che ognuno può adottare nell'esercizio della propria libertà contrattuale (sono libero di rivolgermi a qualsiasi banca) e che, nel corso delle trattative, può prefigurare all'altra parte (resto vostro cliente o mi rivolgo ad altra banca a seconda che mi concediate o no il nuovo prestito che vi chiedo).

Analoga ipotesi è quella della **minaccia di far valere un diritto**: questa è causa di annullamento del contratto solo se è diretta a realizzare **vantaggi ingiusti** (art. 1438). Il creditore, ad esempio, che dice al proprio debitore «se non mi darai in pegno un tuo bene, agirò in giudizio nel tuoi confronti per realizzare coattivamente il mio credito» ottiene, con questa minaccia, un contratto che è **strumentale** rispetto al suo diritto (il pegno gli consentirà di soddisfare il suo credito, se il debitore non adempirà spontaneamente), e non è, perciò, qualificabile come vantaggio ingiusto. Diverso è il caso del datore di lavoro che al dipendente, che ha brevettato una propria invenzione, dica «se non mi cedi il tuo brevetto, ti licenzio per riduzione del personale»: qui non c'è alcun rapporto strumentale fra il minacciato licenziamento e la cessione del brevetto; e la minaccia di esercitare il diritto di licenziamento, anche se di questo esistono i presupposti di legge, tende a realizzare un vantaggio ingiusto.

Il male minacciato deve, inoltre, essere **notevole** (art. 1435): di gravità superiore, cioè, al danno che il contratto estorto con la minaccia provoca al contraente. Per esprimere questa valutazione si deve tener conto, ancora una volta, della impressionabilità dell'**uomo medio**: la minaccia deve essere di tale natura da far impressione su una persona **sensata**, avuto riguardo all'età, al sesso, e alla condizione della persona (art. 1435). Nessuna persona di media impressionabilità firma una vendita immobiliare sotto la minaccia «altrimenti ti do un pugno» (ed è, perciò, irrilevante la particolare pusillanimità di chi soggiace ad una simile minaccia). Ma, di fronte alla violenza, ed a protezione di chi ne sia vittima, la legge articola il concetto di un uomo medio in rapporto all'**età** (le persone anziane sono, di norma, più impressionabili), al **sesso** (sul presupposto che le donne si spaventino più facilmente), alle **condizioni personali** (chi è ammalato gravemente può temere per la vita anche di fronte alla minaccia di un pugno).

La violenza, come i raggiri nel dolo, può provenire da un terzo (art. 1434); ma qui, a differenza che per il dolo, non occorre che la violenza del terzo sia nota al contraente che (anche inconsapevolmente) ne ha tratto vantaggio (come chi compera il podere di chi è stato costretto a vendere dalle minacce dei vicini, ispirate da inimicizia personale o da intolleranza ideologica, razziale, etnica e simili). Di fronte alla violenza si attenua la protezione dell'**affidamento** dell'altro contraente, che subirà l'annullamento del contratto anche se ignaro della violenza del terzo.

Non è causa di annullamento del contratto il semplice **timore riverenziale** (art. 1437): è il non osare di dire di no per la condizione di psicologica soggezione nella quale ci si può trovare rispetto ad una persona a causa della potenza o dell'influenza o dell'autorevolezza o della ricchezza di questa (è un ministro, ad esempio, o un alto funzionario oppure un magnate dell'industria), o per la particolare relazione che intercorre con essa (è il genitore o il datore di lavoro). L'uomo medio trova, in casi del genere, il coraggio di dire di no: chi, per eccessiva pusillanimità, non lo trova non è protetto dal diritto. Ma dal mero timore riverenziale, che è solo una interna condizione psicologica di una parte, va distinta l'ipotesi in cui il personaggio importante, pur senza pronunciare minacce, lascia intendere senza possibilità di dubbio che dalla accettazione della sua proposta dipende la carriera dell'altra parte (non avrà la promozione che gli spetta) o la conclusione dell'affare cui aspira (non otterrà il pubblico appalto al quale concorre).

6. Le conseguenze della nullità e della annullabilità

A chiedere la dichiarazione di nullità di un contratto è legittimato **chiunque**, anche se terzo rispetto alle parti, dimostri di avervi **interesse** (art. 1421); a chiedere l'annullamento del contratto è legittimata, invece, solo la **parte** a favore della quale è prevista l'annullabilità (art. 1441 comma 1°): la parte incapace di agire (o il suo legale rappresentante) o chi ad essa subentra come erede o avente causa; la parte vittima dell'errore, del dolo, della violenza, e così via.

Solo l'incapacità di agire del condannato all'ergastolo o alla reclusione superiore a cinque anni, che è in stato di **interdizione legale** (art. 32 c.p.), può essere fatta valere da chiunque vi abbia interesse (art. 1441 comma 2°).

La nullità può essere rilevata **d'ufficio** dal giudice (art. 1421): questi può dichiarare nullo un contratto che sia stato dedotto in giudizio, anche in assenza di una apposita domanda o eccezione in tal senso dell'interessato. L'annullamento, invece, può essere pronunciato dal giudice solo su domanda o su eccezione della parte legittimata.

L'azione di nullità è **imprescrittibile** (art. 1422); l'azione di annullamento è soggetta al termine di prescrizione di **cinque anni** (art. 1442 comma 1°).

Varia però il termine di decorrenza della prescrizione: l'incapace legale e la vittima di un vizio del consenso sono più protetti, giacché la prescrizione decorre dalla scoperta dell'errore o del dolo, dalla cessazione della violenza o dello stato di interdizione o di inabilitazione o dal raggiungimento della maggiore età (art. 1442 comma 2°); minore è la protezione di ogni altro caso (contratto dell'incapace naturale, contratto del rappresentante in conflitto di interessi con il rappresentato ecc.), giacché la prescrizione decorre qui dal momento del contratto (art. 1442 comma 3°); e, se la causa di annullabilità è scoperta dopo cinque anni dal contratto, non può più essere fatta valere.

La prescrizione riguarda l'azione, non l'**eccezione**: l'annullamento non può essere domandato se sono trascorsi cinque anni; ma può essere eccepito anche dopo che siano trascorsi, se solo allora l'altra parte chiede l'esecuzione del contratto (art. 1442 comma 4°).

La sentenza che dichiara la **nullità** di un contratto opera retroattivamente (ed elimina, perciò, ogni effetto del contratto) sia fra le parti sia rispetto ai terzi, anche se questi sono in **buona fede**, ossia ignoravano la causa di nullità. È il caso, ad esempio, di chi abbia comperato un bene da persona che, a sua volta, l'aveva comperato con un contratto affetto da causa di nullità: la nullità di questo precedente contratto, anche se dichiarata dopo la conclusione del contratto successivo, **travolge** il contratto successivo e pregiudica i diritti contrattuali acquistati in base ad esso, anche se acquistati in perfetta buona fede. Sarà pregiudicato, nel nostro esempio, il diritto alla consegna del bene: il secondo venditore non dovrà consegnarlo al suo avente causa, ma dovrà restituirlo al suo dante causa.

La sentenza che **annulla** il contratto, invece, opera retroattivamente tra le parti (e, fra queste, elimina ogni effetto del contratto) ma, quanto ai terzi, opera solo rispetto ai terzi di **mala fede**, che conoscevano (o potevano conoscere con l'uso della ordinaria diligenza) la causa di annullabilità del contatto. Essa non pregiudica i **diritti acquistati dai terzi di buona fede** (art. 1445). Perciò, nell'esempio di prima, il diritto alla consegna del bene acquistato in buona fede dal secondo compratore prevale sul diritto alla restituzione del bene che, in base alla sentenza di annullamento del contratto, spetta al primo venditore.

Anche in questa materia assistiamo ad un conflitto fra esigenze di protezione dell'autonomia contrattuale ed esigenze di sicurezza della circolazione dei beni: la legge sacrifica le seconde e protegge le prime nel caso del contratto nullo (dove sarebbe stato profondamente ingiusto sacrificare le prime); esprime una opposta valutazione nel caso del contratto annullabile. La regola ora menzionata non vale però per tutti i contratti: se il terzo ha acquistato diritti a **titolo gratuito** (donazione, comodato ecc.) o se l'annullamento dipende da **incapacità legale** (minore età, interdizione, inabilitazione) la sentenza di annullamento produce rispetto ai terzi, anche di buona fede, gli stessi effetti di una sentenza di nullità (art. 1445).

Ma a questo punto bisogna ricordare che i drastici effetti che la nullità del contratto produce sulla circolazione dei beni possono essere neutralizzati dai principi che regolano l'acquisto dei beni a titolo originario, mediante il **possesso di buona fede** o mediante l'**usucapione**. È vero, così, che l'azione di nullità è imprescrittibile; ma è vero pure che il venditore, o il suo erede o avente causa, otterrà inutilmente una sentenza dichiarativa della nullità del contratto di vendita se, nel frattempo, il compratore avrà, mediante il possesso prolungato per il tempo di legge, usucapito il bene (art. 1422). È vero, ancora, che la sentenza che dichiara la nullità (o che **annulla** il contratto nei casi in cui si è detto sopra) travolge i diritti contrattuali acquistati dai terzi di buona fede; ma è vero pure che, se costoro hanno conseguito il possesso del bene (se, nell'esempio di prima, il secondo compratore ha già ricevuto la consegna del bene mobile vendutogli, quando viene dichiarata la nullità della prima vendita), ne diventano proprietari a titolo originario (art. 1153), e non sono tenuti a restituirlo (il primo venditore nel nostro esempio, avrà inutilmente ottenuto la dichiarazione di nullità della sua vendita se, prima, il suo avente causa aveva venduto e **consegnato** la cosa ad un terzo di buona fede).

Il contratto affetto da una causa di annullabilità può essere **convalidato**, con l'effetto di sanare il contratto e di precludere l'azione di annullamento. Lo si può convalidare in due modi: o con una **espressa dichiarazione** di convalida, proveniente dalla parte cui spetta l'azione di annullamento (art. 1444 comma 1°); oppure in **modo tacito**: la parte cui spetta l'azione (ad esempio, la vittima del dolo o della violenza morale) dà volontariamente esecuzione al contratto (consegna la cosa al compratore che gli ha carpito o estorto il consenso), pur conoscendo la causa di annullabilità (art. 1444 comma 2°). In questo caso, se egli successivamente chiede l'annullamento del contratto, l'altra parte potrà eccepirgli l'avvenuta (tacita) convalida dello stesso. Non può, all'opposto, essere convalidato il **contratto nullo** (art. 1423): l'eventuale dichiarazione di convalida o la volontaria esecuzione del contratto non precludono l'azione di nullità.

Il contratto nullo è, invece, suscettibile di **conversione**: ciò accade quando un contratto, nullo come contratto di un dato tipo, presenta tuttavia i requisiti di un altro tipo contrattuale: se si può ritenere, avuto riguardo allo scopo perseguito dalle parti, che esse avrebbero voluto anche il diverso tipo contrattuale di cui sono presenti i requisiti di forma e di sostanza, il contratto nullo produce gli effetti di questo diverso tipo contrattuale. Così un vincolo contrattuale perpetuo, come tale nullo, può convertirsi in vincolo contrattuale a tempo indeterminato; così una subenfiteusi ventennale, nulla come subenfiteusi (art. 968), può produrre gli effetti di una locazione ventennale; o, per gli atti unilaterali, una cambiale nulla per mancanza di requisiti di forma (manca, ad esempio, la parola «cambiale») può produrre gli effetti di una promessa di pagamento.

La conversione del contratto nullo è applicazione di un più generale principio, che è quello della **conservazione del contratto**: la legge tende, fin che è possibile, ad attribuire effetti ad una dichiarazione di volontà; esprime il proprio favore per la conclusione degli affari, anziché per la loro mancata conclusione, per la circolazione della ricchezza, anziché per la sua immobilità. Il principio di conservazione ispira, come vedremo, molteplici norme in materia di contratti, alcune delle quali vanno ora considerate.

Le cause di nullità che investono solo **singole clausole** del contratto comportano nullità di quelle clausole, ma non la nullità dell'intero contratto: *a*) se risulta che non erano clausole essenziali, tali per cui le parti non avrebbero concluso il contratto senza quelle clausole (art. 1419 comma 1°); *b*) se, in ogni caso, le clausole nulle sono sostituite di diritto da norme imperative di legge (art. 1419 comma 2°).

Questa seconda regola trova molteplici applicazioni: la nullità delle clausole di esonero da responsabilità per dolo o colpa grave (art. 1229) non consente mai di accertare se, in loro difetto, le parti avrebbero ugualmente concluso il contratto; comporta, semplicemente, la responsabilità delle parti per dolo o colpa grave. Altro esempio: è nulla la clausola che prevede una durata della locazione superiore a trent'anni o quella che contempla una durata del patto di non concorrenza superiore a cinque anni; ma la nullità della clausola non consente una indagine sulla sua essenzialità e non può condurre alla nullità dell'intero contratto: comporta, semplicemente, che la locazione durerà trent'anni (art. 1573) e che il patto di non concorrenza durerà cinque anni (art. 2596). Altro esempio ancora, tratto dal testo unico delle leggi bancarie 1° settembre 1993, n. 385: alle clausole del contratto bancario che prevedono tassi di interesse, prezzi e condizioni più sfavorevoli al cliente rispetto a quelle pubblicate nei locali della banca, e che sono pertanto dichiarate nulle, sono sostituiti il tasso minimo e quello massimo dei buoni ordinari del tesoro, i prezzi e le condizioni pubblicate per corrispondenti categorie di operazioni (art. 117). In tutti questi casi il principio di conservazione del contratto si combina con un altro principio, già esaminato (11.3.), che è quello della **integrazione** del contratto (art. 1347): il contenuto di questo è determinato, oltre che dalla volontà delle parti anche da disposizioni di legge.

Contratto plurilaterale. Altra applicazione del principio di conservazione è nei contratti plurilaterali: la **nullità** (art. 1420) o l'**annullabilità** (art. 1446) della partecipazione al contratto di una delle parti non comporta nullità dell'intero contratto se la sua partecipazione al contratto non debba, secondo le circostanze considerarsi essenziale, e se il contratto, pertanto, può ugualmente avere attuazione con le parti restanti. Così se, in una società con dieci soci, il contratto di società viene annullato per vizio del consenso di un socio, la società proseguirà con gli altri nove soci, a meno che il socio il cui vincolo contrattuale sia stato annullato non fosse indispensabile per realizzare l'oggetto sociale (come, ad esempio, nel caso in cui si trattasse del titolare del brevetto di invenzione industriale per il cui sfruttamento la società era stata costituita).

Capitolo tredicesimo

EFFICACIA E INEFFICACIA DEL CONTRATTO

1. Invalidità e inefficacia del contratto

Dalla invalidità del contratto, della quale si è detto nel precedente capitolo, bisogna ora distinguere la sua **inefficacia**. Il contratto invalido è anche inefficace: la sentenza che dichiara la nullità o che pronuncia l'annullamento del contratto lo rende improduttivo di effetti giuridici: ed elimina, come si è visto, anche gli effetti che si siano nel frattempo prodotti (effetto retroattivo della sentenza), salvi nel caso di annullamento i diritti acquistati a titolo oneroso dai terzi di buona fede. Per contro il contratto valido è, di regola, anche efficace, ossia **produce l'effetto**, voluto dalle parti, di costituire, regolare o estinguere un rapporto giuridico patrimoniale; e, sempre di regola, produce questo effetto nel momento stesso in cui **si perfeziona**, all'atto della formazione dell'accordo delle parti.

Ma può accadere che un contratto, sebbene valido, sia **inefficace**, ossia non produttivo di effetti. Le cause che possono determinare l'inefficacia di un contratto valido, o di sue singole clausole, sono molteplici; e sono diverse le forme di inefficacia che esse possono provocare. Un contratto può essere solo **temporaneamente** inefficace (o solo temporaneamente efficace), come nei casi, di cui diremo nel prossimo paragrafo, del contratto che sia sottoposto a termine o a condizione; e può essere **definitivamente** inefficace, come nel caso del contratto simulato, del quale ci occuperemo subito dopo. Ancora: esistono forme di **inefficacia assoluta**, che operano sia fra le parti sia rispetto ai terzi, e forme di **inefficacia relativa** che agiscono solo nei confronti dei terzi o di determinati terzi (e, in tal caso, l'inefficacia del contratto prende anche il nome di **inopponibilità**). Un caso di inefficacia relativa del contratto è quello, di cui diremo (27.4.), del contratto immobiliare **non trascritto**: esso è, oltre che valido, pienamente efficace tra le parti, ma è inefficace rispetto ai terzi (o inopponibile a questi). Al contrario, il contratto simulato è, come vedremo inefficace tra le parti, ma efficace nei confronti di determinate serie di terzi.

Le cause che provocano inefficacia sono a volte cause dello stesso ordine di quelle che producono nullità del contratto. Così la contrarietà del contratto a norme imperative determina, di regola, la sua nullità; ma la stessa norma che, all'art. 1418, comma 1°, enuncia questa regola formula la riserva «salvo che la legge disponga diversamente». Può in tal modo accadere che il contratto contrario a norme imperative sia annullabile anziché nullo; ma può altresì accadere che la contrarietà a norme imperative trovi nella legge una sanzione diversa dalla invalidità, quale l'inefficacia del contratto. La giurisprudenza ha avuto modo di avvedersene con riguardo alla vendita immobiliare conclusa in violazione di una prelazione legale. La vendita, sebbene in contrasto con la norma imperativa che impone all'alienante di un fondo rustico o urbano di farne offerta all'affittuario o al locatario, è contratto valido, ma inefficace nei confronti dell'avente diritto alla prelazione, cui è legislativamente concesso il rimedio, diverso dall'azione di nullità, del riscatto dell'immobile nei confronti del terzo acquirente.

Del pari, non sono nulle, bensì «inefficaci», per l'art. 1341, comma 1°, le condizioni generali di contratto predisposte da uno dei contraenti e non conosciute né conoscibili da parte dell'altro contraente (11.3.), quantunque si tratti di clausole rispetto alle quali manca uno dei requisiti del contratto, ossia il consenso dell'altro contraente (art. 1325, n. 1), e che dovrebbero a rigore essere considerate nulle a norma dell'art. 1418, comma 2°. Altrettanto va detto per le clausole onerose di cui all'art. 1341, comma 2°, inefficaci se non approvate per iscritto (anche se un significativo orientamento giurisprudenziale le considera nulle a dispetto del testuale riferimento all'inefficacia contenuto nel codice civile), mentre le clausole vessatorie di cui all'art. 33 del codice del consumo sono, considerate nulle (11.8.).

2. Il termine e la condizione del contratto

Consideriamo, anzitutto, le cause di inefficacia che agiscono nel tempo: cause di **inefficacia iniziale**, che ritardano l'efficacia del contratto (termine iniziale) o che, comunque, ne rendono possibile, anche se incerta, una successiva efficacia (condizione sospensiva), e cause di **inefficacia sopraggiunta**, che tolgono effetti ad un contratto inizialmente efficace (termine finale e condizione risolutiva).

L'efficacia iniziale del contratto può essere subordinata dalle parti, con apposita clausola, al raggiungimento di un termine (termine **iniziale**): così ad esempio, le parti possono concludere una locazione il due gennaio precisando che il contratto avrà effetto a partire dal due di maggio. Qui il contratto è già perfezionato il due gennaio, ma la sua efficacia è ritardata ad un tempo successivo. Il termine **finale** è invece, quello che limita nel tempo l'efficacia del contratto: se la locazione, ad esempio, è stata conclusa per nove anni, essa cesserà di avere efficacia allo scadere del nono anno dalla sua conclusione.

La condizione è un avvenimento futuro ed incerto al verificarsi del quale è subordinata l'iniziale efficacia del contratto, o di una sua clausola (**condizione sospensiva**), oppure la cessazione degli effetti del contratto o di una sua clausola (**condizione risolutiva**). Svolge, dunque, una funzione analoga al termine; da questo, tuttavia, si differenzia per il fatto che non si riferisce ad un avvenimento futuro, ma certo (il raggiungimento di una certa data), bensì ad un avvenimento, oltre che futuro, anche **incerto**, ossia che può verificarsi o non verificarsi (art. 1353). È, ad esempio, sottoposto a condizione sospensiva il contratto di vendita di un terreno non edificabile subordinato alla condizione che il piano regolatore comunale lo renda edificabile: il comune potrà includerlo o non tra le aree edificabili; nel primo caso il contratto acquisterà efficacia, nel secondo resterà privo di ogni effetto. Si può supporre che, nel frattempo, quel terreno sia stato dato in locazione ad un terzo per un uso diverso, ad esempio come area di parcheggio per autovetture. Ecco allora un caso di condizione risolutiva, apposta ad un contratto di locazione: questo contratto si scioglierà nel momento in cui il piano regolatore avrà reso edificabile il terreno che ne forma oggetto.

L'avvenimento futuro deve consistere in un evento che, al momento della conclusione del contratto, non è ancora accaduto, come negli esempi ora fatti; ma può anche consistere in un avvenimento già accaduto, del quale però non si ha ancora notizia quando si conclude il contratto, come nel caso in cui sia dedotta in condizione la sorte di una cosa data per dispersa: qui l'evento può essersi già verificato al momento del contratto, ma a quel momento ancora non si sa se si è verificato o no. L'**incertezza**, a sua volta, può essere di vario grado: può essere incerto sia il «se» sia il «quando» dell'avvenimento futuro; ma può essere incerto il «se» e certo solo il «quando», come nel caso in cui sia dedotta in condizione la permanenza in vita di una persona ad una determinata data.

L'avvenimento futuro ed incerto può essere indipendente dalla volontà delle parti, come in tutti gli esempi fin qui fatti (cosiddetta condizione **casuale**); ma può anche dipendere dalla volontà di una di esse. È valida la condizione sospensiva **potestativa**, ossia quella che dipende dal futuro comportamento volontario di una delle parti; ad esempio, ti vendo la mia casa sotto la condizione sospensiva che deciderò di trasferirmi in altra città; prendo in locazione il tuo negozio sotto la condizione che deciderò di dedicarmi al commercio. È **nullo**, invece, il contratto con condizione sospensiva **meramente potestativa**, ossia consistente nel semplice arbitrio di una delle parti (art. 1355): ti vendo la mia casa a condizione che deciderò di venderla. La ragione della nullità del contratto è qui evidente: dichiarare «voglio se vorrò» equivale a dichiarare «per ora non voglio»; manca, dunque, la volontà attuale di acquistare un diritto o di assumere un'obbligazione. L'altra parte, se mai un simile contratto fosse valido, resterebbe in balia dell'arbitrio del suo contraente (il che, come si è visto, può anche accadere, ma nelle forme della proposta irrevocabile e del patto di opzione). Quando, invece, si tratta di condizione (non meramente) potestativa c'è la volontà attuale, anche se condizionata, di acquistare il diritto o di assumere l'obbligazione: so che, se mi dedicherò al commercio, quel contratto di locazione acquisterà efficacia e che sarò inadempiente se, anziché eseguire il già concluso contratto, prenderò in locazione un altro negozio.

La condizione contraria a norme imperative, all'ordine pubblico o al buon costume, sia essa sospensiva oppure risolutiva, rende **nullo** il contratto (art. 1354 comma 1°). Così la donazione sottoposta alla condizione sospensiva (potestativa) che il donatario abbracci una data confessione religiosa o cambi residenza o contragga matrimonio e simili è illecita, e rende nullo il contratto, per contrarietà all'ordine pubblico, perché lesiva di irrinunciabili libertà della persona. Così è nulla la vendita di un terreno sottoposta alla condizione sospensiva, illecita perché in contrasto con norme imperative, che il venditore ottenga, in violazione della legge o del piano regolatore, una (illegittima) licenza di costruzione.

È impossibile la condizione che consiste in un evento irrealizzabile: o irrealizzabile in assoluto (se i marziani sbarcheranno sulla Terra) o non realizzabile in concreto (quando sia dedotto in condizione un evento che non potrà più verificarsi, come la morte di una persona già defunta, il ritorno di una nave che si sa perita in un naufragio e simili). In questo caso, a differenza che nel caso della condizione illecita, bisogna distinguere: la condizione impossibile **sospensiva** rende il contratto **nullo**; la condizione impossibile **risolutiva** si considera come **non apposta** (art. 1354 comma 2°). Nella prima ipotesi siamo in presenza di un contratto destinato a non avere mai efficacia e, perciò, nullo; nella seconda ipotesi, all'opposto, il contratto è destinato a non perdere mai efficacia e, perciò, si considera come non sottoposto a condizione.

In pendenza della condizione le parti debbono comportarsi secondo le regole della correttezza (art. 1358). Debbono, in particolare, astenersi dal compiere atti che possano impedire l'avveramento della condizione: se la condizione non si avvera per causa imputabile, anche a titolo di semplice colpa, alla parte che aveva interesse a che non si verificasse, essa **si considera avverata** (art. 1359). In altre parole (se si vuole evitare il ricorso ad una finzione): la condizione si ha per non apposta, e l'altra parte può senz'altro pretendere l'esecuzione del contratto. Così se la condizione era il ritorno della nave e questa non potrà tornare perché perita per colpa dell'altra parte (che l'aveva affidata, ad esempio, ad un equipaggio inesperto), l'accertamento della colpa sostituisce l'avveramento delle condizioni e rende efficace il contratto.

Il codice civile regola solo la condizione volontaria, ossia quella apposta al contratto per volontà delle parti (art. 1353). Si parla, invece, di condizione **legale** quando è la stessa legge a subordinare l'efficacia del contratto al verificarsi di un evento futuro e incerto. Così si considera condizione legale, rispetto ai contratti conclusi dalle pubbliche amministrazioni, l'approvazione del contratto da parte delle autorità di controllo: finché l'autorizzazione non sopraggiunge, il contratto non ha efficacia.

La condizione legale non ha, a differenza di quella volontaria (art. 1360), effetto retroattivo; ad essa, inoltre, si ritiene non applicabile la finzione di avveramento (perciò il contratto della pubblica amministrazione resta inefficace anche se la sua mancata approvazione sia dovuta all'organo di controllo, che per negligenza si è astenuto dall'esercitare il controllo e dall'emettere il provvedimento di approvazione).

3. La simulazione del contratto

Una causa di radicale e definitiva inefficacia del contratto è la simulazione. Qui i contraenti creano, con la propria dichiarazione, solo le parvenze esteriori di un contratto, del quale non vogliono gli effetti (art. 1414 comma 1°), oppure creano le parvenze esteriori di un contratto diverso da quello da essi voluto (art. 1414 comma 2°). La simulazione può, in particolare, assumere tre forme:

a) **simulazione assoluta** (art. 1414 comma 1°).

Ricorre quando le parti concludono un contratto e, con separato e segreto accordo (detto **controdichiarazione**), dichiarano di non volerne alcun effetto. Il loro intento è di creare, di fronte ai terzi, l'apparenza del trasferimento di un diritto dall'una all'altra o l'apparenza dell'assunzione di una obbligazione dell'una rispetto all'altra. È un intento che può derivare dalle più diverse ragioni: alla simulazione assoluta ricorre, principalmente, chi vuole occultare i propri beni agli occhi dei creditori per sottrarli alle loro pretese o chi vuole nasconderli al fisco per sottrarli alla tassazione.

Così, ad esempio, Tizio vende a Caio uno o più beni, creando l'apparente situazione per cui quei beni non sono più di Tizio, e non possono, perciò, essere aggrediti dai suoi creditori o tassati a suo carico dal fisco. Caio è un compiacente amico o una compiacente società (a volte, creata a questo specifico scopo), che non ha debiti e non è, quindi, esposta verso i creditori; sarà tassato, ma le imposte, come si sa, sono progressive, e Tizio, anche se rimborserà Caio per le imposte che dovrà pagare, trarrà grande vantaggio dalla apparente riduzione del proprio patrimonio. Con analoghi intenti si può simulare un mutuo: Tizio apparirà, a questo modo, gravato da un debito in realtà inesistente. Spesso, in connessione con una vendita simulata, si simula anche un contratto di locazione: Tizio, per giustificare il fatto che i beni venduti a Caio sono rimasti nelle sue mani se li fa dare in locazione da Caio. Alla simulazione si fa ricorso anche per eludere un divieto di legge o un'obbligazione contrattuale di non fare: così chi non può, per legge, esercitare il commercio (come, ad esempio, un pubblico dipendente o un avvocato o un dottore commercialista) o chi si è obbligato, per contratto, a non fare concorrenza elude il divieto di legge o il patto di non concorrenza simulando un affitto dell'azienda, che a questo modo appare esercitata dal fittizio affittuario;

b) **simulazione relativa** (art. 1414 comma 2°).

Si ha quando le parti creano l'apparenza di un contratto **diverso** da quello che essi effettivamente vogliono. Qui si hanno due contratti: il contratto **simulato**, che è quello destinato solo ad apparire all'esterno; ed il contratto **dissimulato**, che è quello realmente voluto dalle parti. Il primo può essere diverso dal secondo per il **tipo** contrattuale: si simula, ad esempio, una vendita, mentre in realtà si fa una donazione (e la donazione viene, spesso, dissimulata sotto le parvenze di una finta vendita perché l'imposta sulla donazione è molto più alta di quella sulla vendita); si simula un contratto di lavoro, mentre in realtà si conclude un contratto di società (così si fa apparire come dipendente dell'impresa chi, invece, ne è contitolare e, a questo modo, si elude ad esempio il patto di non concorrenza che questi si era assunto nei confronti di un altro imprenditore). Può, inoltre, essere diverso per il **contenuto**: così in una vendita può essere simulato il prezzo, che nel contratto simulato è indicato in una somma inferiore a quella reale (e le ragioni possono, anche qui, essere di natura fiscale, essendo l'imposta ragguagliata all'ammontare del prezzo; ma possono essere anche di altra natura, come nel caso del concessionario di vendita che è, per contratto con il produttore, vincolato ai prezzi predeterminati da questo e che tuttavia, per procurarsi nuovi clienti, vende loro a prezzi più bassi);

c) **interposizione fittizia di persona**.

È una particolare specie di simulazione relativa, che investe l'**identità di una delle parti**: nel contratto simulato appare come contraente un soggetto (detto **interposto**) che è persona diversa dal reale contraente (**interponente**). La funzione dell'interposizione fittizia è analoga a quella della simulazione assoluta: essa crea fin dall'inizio quella divergenza fra apparenza e realtà che la simulazione assoluta determina successivamente. Così, chi si accinge ad acquistare un bene, ma non vuole che il bene che sta per acquistare appaia suo agli occhi dei terzi (dei suoi creditori, del fisco ecc.), fa figurare come compratore un compiacente parente o amico, e così si dà vita ad una vendita **simulata**, nella quale appare compratore l'interposto, e ad una sottostante vendita **dissimulata**, nella quale il compratore è l'interponente, ossia il compratore effettivo. Nel linguaggio della pratica si parla, in questi casi, di **intestazione fittizia** di un bene, alludendo al fatto che il bene acquistato appare, a seguito della trascrizione del contratto simulato nei registri immobiliari, come appartenente ad un fittizio proprietario.

La volontà di concludere un contratto simulato o, nel caso dell'interposizione fittizia, di farlo concludere da altri risulta da un apposito accordo di simulazione, detto anche **controdichiarazione**: nel caso della simulazione assoluta le parti dichiarano di non volere affatto gli effetti del contratto fra esse concluso (che non vogliono, ad esempio, la vendita che hanno concluso e che il bene venduto, perciò, resta di proprietà del simulato venditore); in quello della simulazione relativa dichiarano di volere, in luogo del contratto simulato, un diverso contratto (che vogliono, ad esempio, una donazione e non una vendita e che l'acquirente, perciò, non è obbligato a pagare il prezzo figurante nel contratto simulato). L'accordo di simulazione è (quanto meno) un accordo a due nella simulazione assoluta e in quella relativa (ma sarà un accordo plurilaterale quando sia simulato un contratto plurilaterale); deve essere (quanto meno) un **accordo a tre** nella interposizione fittizia di persona, giacché qui partecipano alla controdichiarazione sia le parti del contratto simulato sia il terzo interponente. Non basta un accordo a due fra interposto e interponente: il diretto contraente dell'interposto, se non fosse partecipe della controdichiarazione, potrebbe esigere dall'interposto, anziché dall'interponente, l'esecuzione del contratto (ad esempio, il pagamento del prezzo di vendita).

La simulazione è causa di inefficacia solo **relativa** del contratto: determina conseguenze profondamente diverse fra le parti e rispetto ai terzi. **Fra le parti** il contratto simulato è **inefficace** (art. 1414 comma 1°); e, se si tratta di simulazione relativa o di interposizione fittizia di persona, l'inefficacia del contratto simulato comporta l'**efficacia del contratto dissimulato** (art. 1414 comma 2°).

Perciò, chi ha trasferito un bene con vendita simulata può, sulla prova dell'accordo di simulazione, ottenere una sentenza che dichiari simulata la vendita, e il bene si considererà come mai uscito dal suo patrimonio. Se, invece, si trattava solo di simulazione (relativa) del prezzo di vendita, il venditore potrà, sempre sulla prova dell'accordo di simulazione, ottenere la condanna del compratore al pagamento del maggior prezzo previsto dal contratto dissimulato. Ancora: chi ha comprato con contratto di vendita simulata potrà, se il venditore agisce nei suoi confronti in base al contratto simulato e pretenda il pagamento del prezzo, sottrarsi al pagamento provando l'accordo di simulazione o, se la vendita apparente dissimulava una donazione, provando che per accordo di simulazione egli è donatario e non compratore.

Tutt'altro discorso vale **rispetto ai terzi**. Nei loro confronti il contratto simulato può, a seconda dei casi, essere inefficace oppure efficace: è **inefficace** rispetto a quei terzi i cui diritti sono pregiudicati dal contratto simulato (art. 1415 comma 2°); è, invece, **efficace** per quei terzi che, in buona fede, hanno fatto affidamento sull'apparenza creata dal contratto simulato (artt. 1415 comma 1°, 1416 comma 1°).

Entrambe le regole proteggono i terzi, ma sono ispirate da esigenze tra loro diverse. La prima mira a sventare il danno che, con il contratto simulato, si vuole arrecare ai terzi; protegge, essenzialmente, i creditori del simulato alienante: se Tizio ha, con vendita simulata, alienato un suo bene a Caio per sottrarlo alla esecuzione forzata del creditore Sempronio o per sottrarlo alla tassazione a suo carico, Sempronio o il fisco potranno ottenere una sentenza che dichiari simulata la vendita e, quindi, agire su quel bene o sottoporlo a tassazione come bene rimasto nel patrimonio di Tizio.

La seconda regola è applicazione, in materia di simulazione, di quel generale principio, che domina l'intero codice civile, che è la **sicurezza** nella circolazione dei beni. Essa protegge chi, nell'esempio precedente, abbia comperato quel bene da Caio, ignorando che questi era un simulato acquirente: la vendita di Tizio a Caio è inefficace fra le parti, e Tizio potrà, come si visto, ottenere una sentenza che la dichiari inefficace; ma, se Caio a sua volta, profittando della falsa apparenza che lo rende proprietario di quel bene, vende ad un terzo di buona fede, Tizio avrà perduto il suo bene. L'inefficacia del contratto simulato è inopponibile al terzo: in altre parole, il contratto simulato è efficace rispetto al terzo (art. 1415 comma 1°). Altra applicazione della seconda regola: se i creditori di Caio ignorano che questi è un simulato acquirente e, in buona fede, agiscono sul bene di Tizio, credendolo di Caio, Tizio avrà anche in questo caso perduto il suo bene. La simulazione non è opponibile ai creditori di buona fede del simulato acquirente (art. 1416 comma 1°).

Proprio perché si tratta di regole poste a protezione di diverse serie di interessi, può accadere che gli interessi protetti dall'una vengano a trovarsi in conflitto con gli interessi protetti dall'altra. Così, l'interesse protetto dalla prima regola, quello del creditore del simulato alienante, può venire in conflitto con l'interesse, protetto dalla seconda regola, di chi ha acquistato dal simulato acquirente: Tizio con contratto simulato, vende a Caio, nuocendo al proprio creditore Sempronio; Caio, a sua volta, vende a Mevio, ignaro di avere comperato da un apparente proprietario. L'interesse di Sempronio alla inefficacia della vendita simulata è, dunque, in conflitto con l'interesse di Mevio alla efficacia della vendita simulata: quale dei due interessi prevale sull'altro? La risposta è nell'art. 1415 comma 1°: la simulazione non può essere opposta dai creditori del simulato alienante ai terzi che in buona fede hanno acquistato diritti dal titolare apparente. Prevale, in altre parole, il principio, sommo, della **sicurezza nella circolazione dei beni**.

Altro possibile conflitto può insorgere fra diversi creditori: fra i creditori del simulato alienante i creditori del simulato acquirente. Prevalgono i primi (art. 1416 comma 2°): il criterio ispiratore della norma è che l'affidamento fondato sulla realtà deve prevalere sull'affidamento fondato sull'apparenza.

La prova che un contratto è simulato è una prova che la legge rende molto rigorosa per le parti; più agevole per i terzi. Le **parti** non possono provare per testimoni la simulazione: possono dare solo **prova scritta** dell'accordo di simulazione tra esse intervenuto (e lo scritto è necessario, ai fini della prova, anche se si tratta di contratto per il quale non sia richiesta la forma scritta), oppure possono giovarsi degli altri mezzi di prova compatibili con il divieto di prova testimoniale, ossia la confessione e il giuramento; i terzi possono, invece, provare la simulazione anche **per testimoni** (ad essi, del resto, sarebbe difficile procurarsi lo scritto, che le parti tengono nascosto). Anche le parti, tuttavia, possono provare per testimoni la simulazione quando il contratto dissimulato sia **illecito** (art. 1417), ossia un contratto con oggetto o causa o motivo illecito o in frode alla legge. Qui la più agevole prova della simulazione anche fra le parti è resa opportuna dall'esigenza di favorire la dichiarazione di nullità del contratto illecito.

Le norme sulla simulazione, oltre che ai contratti, si applicano anche agli **atti unilaterali** che siano destinati a persona determinata (cosiddetti atti unilaterali **recettizi**), se sono simulati per accordo fra il dichiarante e il destinatario della dichiarazione (art. 1414 comma 3°).

È il caso della cosiddetta ricevuta di comodo, che il debitore, pur non avendo pagato, si fa rilasciare dal creditore per ottenere un rimborso o per detrarre fiscalmente il relativo importo. Se poi, alla richiesta di pagamento, il debitore oppone al creditore la quietanza in suo possesso, il creditore farà valere l'accordo di simulazione ed otterrà, in giudizio, la dichiarazione di inefficacia della simulata quietanza.

Non è, invece, possibile parlare di simulazione per gli atti unilaterali **non recettizi**, come l'offerta al pubblico (art. 1989), mancando un destinatario determinato della dichiarazione, con il quale stabilire l'accordo di simulazione. L'eventuale controindicazione unilaterale (cosiddetta **riserva mentale**) non ha alcun valore giuridico, neppure se redatta per iscritto (come, ad esempio, la controdichiarazione scritta che il promittente abbia firmato da solo ed, eventualmente, consegnato ad un notaio).

4. Il contratto fiduciario e il contratto indiretto

Dal contratto simulato bisogna distinguere il contratto fiduciario e il contratto indiretto. Si parla di **contratto fiduciario** quando la causa del contratto eccede lo scopo che le parti perseguono attraverso il contratto. Questo eccesso della causa rispetto allo scopo dei contraenti risulta da uno specifico patto fra essi intercorso (il cosiddetto **patto fiduciario**), che ha la funzione di riportare il contratto entro i limiti dello scopo dei contraenti. È, ad esempio, il caso della vendita a scopo di locazione: Tizio intende concedere a Caio il godimento di un proprio bene per un dato tempo e a titolo oneroso; potrebbe concludere con lui un contratto di locazione e, se ciò facesse, ci sarebbe piena corrispondenza fra causa e scopo delle parti. Preferisce, invece, vendere a Caio per un dato prezzo, con il patto che, ad una certa data, Caio gli rivenderà il bene per un dato prezzo, inferiore al precedente. Qui le parti utilizzano un contratto, la vendita, che ha la funzione di trasferire la proprietà verso il corrispettivo di un prezzo per realizzare uno scopo diverso, corrispondente alla causa del contratto di locazione (e il prezzo originariamente pagato da Caio è calcolato come un corrispettivo del godimento del bene, mentre il minor prezzo che nella retrovendita pagherà Tizio equivarrà a ciò che, a fine locazione, è la restituzione delle mensilità anticipate). È, ancora, il caso della vendita a scopo di mandato a vendere: Tizio vende a Caio con il patto che Caio, a sua volta, venda a Sempronio.

In casi di questo genere si parla, tradizionalmente, di *fiducia cum amico*; si parla, invece, di *fiducia cum creditore*, quando il contratto fiduciario intercorre fra debitore e creditore: il primo vende al secondo un bene con il patto che, all'atto della estinzione del debito, il creditore rivenderà il bene al debitore. È la vendita a scopo di garanzia, della quale abbiamo già detto, mirante a realizzare un risultato analogo al pegno o all'ipoteca.

Il contratto fiduciario si distingue dal contratto simulato per il fatto che, a differenza di questo, mira a realizzare effetti che sono **voluti** dalle parti: queste vogliono, nei casi ora esaminati, sia il trasferimento della proprietà da un contraente all'altro sia, in forza del patto fiduciario, il suo ritrasferimento (dal secondo al primo o dal secondo ad un terzo). Esso è, in linea di principio, valido ed efficace; e, nel caso di inadempimento del patto fiduciario (Caio tiene per sé il bene, rifiutandosi di ritrasferirlo), si potrà agire in giudizio per l'adempimento. Si noti, tuttavia, che il patto fiduciario ha efficacia meramente **obbligatoria**, non efficacia reale: vincola le parti fra loro, ma non è opponibile ai terzi. Chi acquista un bene con contratto fiduciario ne acquista la **piena proprietà**, non una proprietà limitata (la cosiddetta proprietà fiduciaria non è ammessa nel nostro ordinamento); e può validamente disporne. Se il fiduciario, violando il patto, vende ad un terzo, questi acquista validamente; ed il fiduciante avrà definitivamente perduto il bene (altrettanto accade se un creditore del fiduciario agisce su quel bene). Altro non potrà ottenere se non la condanna del fiduciario infedele al risarcimento dei danni (diversa soluzione vale nel sistema anglosassone, che conosce la figura del *trust*, la quale dà luogo ad una proprietà del fiduciario, detto *trustee*, separata dal suo restante patrimonio e vincolata, anche rispetto ai terzi, allo scopo del *trust*).

Il contratto fiduciario è nullo quando, come spesso accade, costituisce il mezzo per eludere l'applicazione di una norma imperativa e si rivela, perciò, un contratto in **frode alla legge** (12.2.). Così, nel primo degli esempi precedenti, quello della vendita a scopo di locazione, il contratto fiduciario potrebbe essere, se oggetto del contratto è un immobile urbano, il mezzo per eludere l'applicazione delle norme sulle locazioni di immobili urbani; così, nell'ultimo esempio, quello della vendita a scopo di garanzia, può essere il mezzo per eludere il divieto del patto commissorio.

Contratto indiretto. Si parla di **contratto indiretto** quando un determinato contratto viene utilizzato dalle parti per realizzare una funzione diversa da quella che corrisponde alla sua causa. Tipico esempio è la vendita «*nummo uno*» o, comunque, per una somma irrisoria, dove lo schema causale della vendita è utilizzato per realizzare la funzione propria della donazione. Il limite di validità del contratto indiretto è lo stesso del contratto fiduciario: esso è nullo se risulta concluso in frode alla legge (e nell'esempio fatto una vendita per prezzo irrisorio può essere stipulata per aggirare un divieto di donazione).

È netta la differenza rispetto al contratto simulato, caratterizzato dall'antitesi fra dichiarazione e controdichiarazione delle parti, fra la volontà che costoro ostentano ai terzi e la contraria o diversa volontà (contraria nella simulazione assoluta, diversa nella simulazione relativa) che essi esprimono nei loro interni rapporti. Se Tizio, volendo donare a Caio, stipula con lui una vendita, indicando il prezzo di una lira, non si potrà dire di essere in presenza di una vendita simulata che dissimula una donazione. Qui non c'è una volontà delle parti, consacrata nel contratto, difforme dalla volontà che essi celano nel loro interno rapporto. La volontà dei contraenti non si dissocia in dichiarazione e controdichiarazione, ma si manifesta mediante un unico atto di volontà. Si sarà in presenza di un contratto indiretto e, in particolare, di una donazione indiretta: le parti hanno utilizzato un tipo contrattuale, avente quale causa lo scambio di cosa con prezzo, per realizzare la funzione propria di un altro tipo contrattuale, avente quale causa la liberalità.

Capitolo quattordicesimo

LA RAPPRESENTANZA

1. Il contratto in nome altrui

Il contratto, secondo la già esaminata formula dell'art. 1321, costituisce, regola o estingue tra le parti un rapporto giuridico patrimoniale. Fin qui abbiamo ragionato sul presupposto che le parti del contratto siano, al tempo stesso, le parti del rapporto giuridico patrimoniale da costituire, regolare o estinguere. Ma può accadere, e spesso accade, che una o entrambe le parti del contratto siano soggetti diversi dalle parti del rapporto. È il fenomeno della rappresentanza: un soggetto, il **rappresentante**, partecipa alla conclusione del contratto con una propria dichiarazione di volontà; un altro soggetto, il **rappresentato**, subisce gli effetti giuridici della dichiarazione di volontà del rappresentante, acquistando i diritti e assumendo le obbligazioni che dal contratto derivano.

Il potere di rappresentanza può essere conferito dall'interessato (cosiddetta **rappresentanza volontaria**) oppure derivare dalla legge (art. 1387), come nel caso della **rappresentanza legale** dei genitori rispetto ai figli minori o del tutore rispetto all'incapace affidato alla sua tutela. Nel primo caso il conferimento ad altri del potere di rappresentanza è, esso stesso, manifestazione di **autonomia** del soggetto: anziché provvedere personalmente alla conclusione del contratto, come pure potrebbe fare, egli preferisce affidare ad altri il compito di concluderlo, accettando di restare vincolato alla volontà altrui. Nel secondo caso, invece, manca un atto di autonomia del rappresentato (né potrebbe esserci, trattandosi di un incapace): qui un soggetto è posto, indipendentemente dalla sua volontà, in balia del suo legale rappresentante, che conclude contratti produttivi di effetti nei suoi confronti (ma può essere chiamato a rispondere dell'uso fatto del proprio potere rappresentativo). Si ha, perciò, una situazione antitetica all'autonomia: si suole parlare, a questo riguardo, di **eteronomia**.

In entrambi i casi si verifica questo fenomeno: il contratto concluso dal rappresentante «**produce direttamente effetto nei confronti del rappresentato**» (art. 1388): se il rappresentante dichiara di comperare o di vendere, compera o vende il rappresentato; se il rappresentante assume una obbligazione, resta obbligato il rappresentato. Perché ciò accada sono però necessarie tre condizioni, che ora esamineremo distintamente: il rappresentante deve concludere il contratto «in nome del rappresentato»; deve concluderlo «nei limiti delle facoltà conferitegli»; deve concluderlo «nell'interesse del rappresentato» (art. 1388).

Il rappresentante deve contrattare **in nome**, oltre che per conto, **altrui**: non basta che egli abbia agito per conto altrui; non basta che l'altro contraente sapesse benissimo che egli non contrattava nel proprio interesse, bensì nell'interesse di altra persona. Occorre la cosiddetta **spendita del nome**: il contratto deve essere concluso in nome del rappresentato e, se si tratta di contratto scritto, deve essere formato con la menzione del suo nome (con la formula: a questo contratto partecipa Tizio in rappresentanza di Caio, oppure: partecipa Caio rappresentato da Tizio, e simili) o deve essere sottoscritto in nome del rappresentato (il rappresentante Tizio, ad esempio, firmerà in calce al contratto con la formula: Tizio in qualità di rappresentante di Caio, oppure Caio rappresentato da Tizio; o anche formule più sintentiche: per Caio, Tizio; Tizio per Caio). Se un soggetto agisce **in nome proprio**, quantunque per conto altrui, omettendo di spendere il nome di colui per conto del quale agisce, il contratto produrrà effetti **nei suoi confronti**: sarà lui ad acquistare i diritti e ad assumere le obbligazioni che derivano dal contratto; e ciò anche se l'altro contraente sapeva che egli agiva non per conto proprio, ma per conto altrui, e sapeva per conto di chi agiva.

L'effetto rappresentativo si attua solo se il rappresentante è investito del potere di rappresentanza. Nella rappresentanza legale questo potere è inerente ad una qualità del rappresentante, quella di genitore o di tutore del rappresentato; nella rappresentanza volontaria deriva, invece, da una dichiarazione di volontà del rappresentato, che è la **procura**. Questa è un **atto unilaterale**, con il quale un soggetto investe un altro soggetto del potere di rappresentarlo: ed è un atto unilaterale **non recettizio**; è rivolto, cioè, non ad un destinatario determinato, ma alla generalità dei terzi, di fronte ai quali il rappresentato legittima il rappresentante a contrattare in suo nome.

La procura può essere **speciale**, ossia riguardare un singolo determinato affare, oppure **generale**, relativa ad una serie determinata di affari (tutti gli affari di un certo tipo, come ad esempio quelli concernenti l'amministrazione di un immobile, o tutti gli affari da concludere in una data zona, come ad esempio la cura in Italia degli interessi di uno straniero) o relativa a tutti gli affari del rappresentato (e, in questo caso, la rappresentanza volontaria ha la stessa estensione della rappresentanza legale, che è sempre rappresentanza generale, inerente a tutti gli affari dell'incapace). La procura deve avere la stessa **forma** del contratto (o dei contratti) da concludere (art. 1392): perciò, la procura a vendere o a comperare un immobile deve essere, anch'essa, redatta per iscritto.

Falsus procurator. Può accadere che qualcuno contratti come rappresentante altrui **senza averne i poteri** (Tizio, ad esempio, compera o vende a nome di Caio, ma questi non gli aveva conferito alcuna procura a comperare o a vendere); può, ancora, accadere che qualcuno, pur investito di poteri rappresentativi, **ecceda i limiti** di questi poteri (la procura ricevuta, ad esempio, lo autorizzava a comperare fino ad un dato prezzo, ma egli ha comperato per un prezzo superiore, oppure lo autorizzava a vendere solo per contanti, ma egli ha venduto a credito). Si parla, in entrambi i casi, di **falsus procurator**, di falso rappresentante.

Quale sorte subirà il contratto in questi casi? Il falso rappresentante ha agito **in nome altrui**: il contratto, perciò, non può produrre effetti nei suoi confronti, non può fargli acquistare i diritti e assumere le obbligazioni che ne derivano (né l'altro contraente avrebbe interesse a che il contratto producesse effetti nel suoi confronti, avendo contrattato sul presupposto che con il contratto avrebbe acquistato diritti verso la persona il cui nome è stato speso dal falso rappresentante). Tanto meno il contratto potrà produrre effetti nei confronti della persona in nome della quale il falso rappresentante ha agito, non avendogli questa conferito il potere di rappresentanza (o avendogli conferito un potere minore di quello che il falso rappresentante si è arrogato). Si tratta, dunque, di contratto invalido (art. 1398) o, come si preferisce qualificarlo, **inefficace**, del tutto improduttivo di effetti.

La persona in nome della quale il falso procuratore ha contrattato o gli eredi di essa possono però rettificare il contratto, con una successiva dichiarazione unilaterale di volontà, la **ratifica** appunto, diretta a sanare l'originario difetto di potere rappresentativo di chi ha contrattato. La ratifica può anche essere sollecitata dal terzo contraente (ma, nel silenzio dell'interessato, si intende negata) e, se dichiarata, ha effetto **retroattivo** (art. 1399): il contratto ratificato, cioè, diventa efficace dalla sua data, non da quella della ratifica, che dunque assume **a posteriori** lo stesso valore giuridico di una originaria procura.

L'inefficacia del contratto (salvo rettifica dell'interessato) protegge adeguatamente il soggetto il cui nome sia stato falsamente speso. Non altrettanto può dirsi del terzo contraente, il quale confidava nella efficacia del contratto (altrimenti non lo avrebbe concluso): l'inefficacia del contratto sacrifica il suo interesse. Il **rischio** di imbattersi in un falso rappresentante, rischio sempre incombente nel mondo degli affari, è dalla legge addossato al terzo contraente, anziché al soggetto il cui nome sia stato falsamente speso. Il terzo contraente può solo rivolgersi al falso rappresentante e pretendere da questo il **risarcimento dei danni** per avere senza colpa confidato nella efficacia del contratto (art. 1398). Ma deve avervi confidato **senza colpa**: senza negligenza, cioè, da parte sua. La legge gli addossa l'onere, oltre che il diritto (art. 1393), di accertare l'esistenza e l'estensione dei poteri rappresentativi di colui con il quale contratta: se egli poteva, con l'uso della ordinaria diligenza, rendersi conto di contrattare con un falso rappresentante (chiedendo, ad esempio, che gli mostrasse la procura, e non accontentarsi della notoria esistenza di un suo rapporto di collaborazione o di dipendenza rispetto all'interessato, oppure leggendo attentamente le clausole della procura concernenti i limiti del potere rappresentativo), non ha neppure diritto al risarcimento del danno.

Interesse contrattuale negativo. La responsabilità del *falsus procurator* è una responsabilità da fatto illecito (art. 2043). Il danno risarcibile è, in questi casi, il cosiddetto interesse contrattuale negativo: una somma corrispondente alla diminuzione patrimoniale che il terzo non avrebbe subito e al vantaggio che egli avrebbe ottenuto se non avesse contrattato con il falso rappresentante. Sotto il primo aspetto vengono in considerazione le spese sostenute per la contrattazione; sotto il secondo aspetto assume rilievo il danno, cosiddetto danno delle **occasioni perdute**, che è derivato al terzo contraente dalla rinuncia ad altri vantaggiosi contratti. Così, ad esempio, l'appaltatore si farà risarcire per l'occasione perduta di un altro contratto di appalto. L'interesse contrattuale negativo si contrappone all'interesse contrattuale positivo, che è il guadagno che l'altro contraente si prefiggeva di ricavare dal contratto concluso con il *falsus procurator*. Il secondo è il lucro cessante, risarcibile nel caso di inadempimento dell'altro contraente ad un contratto valido ed efficace (10.4.).

Il rappresentato può sempre revocare la procura e modificarne il contenuto. La revoca della procura o la sua modificazione è anch'essa, come la procura, un atto unilaterale, che il rappresentato ha però il difficile onere di **portare a conoscenza dei terzi con mezzi idonei**. Altrimenti il contratto concluso dall'ex rappresentante è efficace nei suoi confronti, salva solo la prova che il terzo era a conoscenza della revoca o della modificazione della procura al momento della conclusione del contratto (art. 1396).

Qui la situazione è invertita rispetto all'ipotesi prima esaminata: anche chi agisca in nome altrui nonostante la revoca della procura, o eccedendo i limiti posti ai suoi poteri con successiva modificazione della procura, è un **falso rappresentante**; ma il rischio che costui contratti in nome altrui o che contratti oltre i limiti postigli è, questa volta, addossato al rappresentato. Questi se ne libera solo provando o che il terzo contraente era a conoscenza della revoca o della modificazione della procura (perché, ad esempio, gli era stata comunicata per lettera), oppure che questi, pur non sapendo, poteva sapere usando l'ordinaria diligenza, essendo stata data **adeguata pubblicità** alla revoca o alla modificazione della procura (che, ad esempio, era stata pubblicata nei bollettini o nelle riviste specializzate del settore di affari cui il terzo contraente appartiene o, addirittura, negli annunci commerciali dei quotidiani, onde ne erano a conoscenza tutti gli appartenenti al suo ambiente).

Il rappresentante, si è prima avvertito, deve contrattare **«nell'interesse»** del rappresentato (art. 1388): non può utilizzare il potere di rappresentanza che gli è stato conferito per realizzare, anziché quello del rappresentato, il proprio interesse (o l'interesse di un terzo). Il che può accadere quando il rappresentante concluda un contratto in una situazione di **conflitto di interessi** con il rappresentato: quando l'interesse dell'uno e dell'altro, cioè, si trovano in concorrenza fra loro, e la realizzazione del primo comporti il sacrificio del secondo. Il rappresentante ha, ad esempio una procura per comperare, e compera dalla società di cui è socio. Nell'interesse del compratore rappresentato dovrebbe adoperarsi per comperare al prezzo più basso possibile; come socio della società venditrice ha, tutto all'opposto, interesse a concordare con il rappresentante della società il prezzo più alto possibile (il prezzo che la società realizza finirà, in parte, nelle sue tasche quando saranno distribuiti fra i soci gli utili sociali). Il contratto concluso dal rappresentante in conflitto di interessi con il rappresentato è **annullabile** su domanda del solo rappresentato (art. 1394), secondo le norme generali sull'annullabilità del contratto (e va ricordato che il termine quinquennale di prescrizione decorre, secondo la regola generale dell'art. 1442 comma 3°, dalla data del contratto, non da quella della successiva scoperta del conflitto di interessi).

La situazione obiettiva di conflitto di interessi è da sola causa di annullabilità del contratto: basta, per ottenere l'annullamento, la prova della esistenza della situazione di conflitto in cui il rappresentante versava al momento della conclusione del contratto; non occorre l'ulteriore prova che il rappresentante ne abbia tratto effettivo profitto, realizzando il proprio e sacrificando l'interesse del rappresentato. La situazione di conflitto di interessi deve però essere influente sul contenuto del contratto: se, nell'esempio precedente, si trattava della vendita di merci il cui prezzo è predeterminato dall'autorità governativa, ogni conflitto di interessi deve ritenersi escluso. Un limite all'azione di annullamento è posto nell'interesse del **terzo contraente**: il conflitto di interessi doveva essere noto o riconoscibile da questo (art. 1394). Così il contratto non potrà essere annullato se, nel nostro esempio, il rappresentante compratore era socio occulto della società venditrice, e partecipava a questa (come non di rado accade) attraverso un prestanome.

Ipotesi tipica di contratto concluso dal rappresentante in conflitto di interessi con il rappresentato è quella del contratto che il rappresentante conclude **con se stesso**: ha, ad esempio, una procura per vendere e, giovandosi di questa, vende a se stesso; oppure ha la procura per vendere di Tizio e, al tempo stesso, la procura per comperare di Caio e, giovandosi di entrambe vende a Caio la cosa di Tizio. Egli firma due volte il medesimo contratto: una prima volta, come venditore, firma in nome del rappresentato; una seconda volta, come compratore, firma in proprio nome oppure in nome del terzo dal quale ha ricevuto una procura a comperare. Anche in questo caso il contratto è **annullabile**, sempre su domanda del rappresentato (e, nel secondo esempio fatto, di ciascuno dei rappresentati), a meno che il rappresentante non fosse stato espressamente **autorizzato** a contrattare con se stesso oppure il contenuto del contratto non fosse determinato in modo tale (ad esempio, si trattava di merci a prezzo imposto) da escludere la possibilità di un conflitto di interessi (art. 1395).

2. Rappresentanza e ambasceria

Il rappresentante agisce per procura del rappresentato; conclude contratti i cui effetti si producono non nei propri confronti, ma nei confronti del rappresentato. Ciò spiega perché la **capacità legale** di agire, richiesta per la conclusione del contratto (essere maggiorenni, non essere interdetti) debba essere presente nel **rappresentato**: è questi, e non il rappresentante, che dispone dei propri diritti: questi, dunque, deve essere legalmente capace di disporre (art. 1389 comma 2°). Se la procura è stata conferita da persona legalmente incapace di agire, il contratto sarà annullabile, anche se concluso da un rappresentante pienamente capace.

La stessa ragione spiega perché non sia necessaria la capacità legale di agire del rappresentante: questi non dispone dei propri diritti, ma dei diritti altrui; e il contratto è valido — come già si è avuto occasione di avvertire — anche se il rappresentante è un minorenne, privo della capacità legale di agire. Basta, per la validità del contratto, la **capacità naturale** di agire, avuto riguardo al convenuto e alla natura del contratto (art. 1389 comma 1°); ed anche un minorenne può, come rappresentante altrui, concludere validamente un contratto.

Il rappresentante è investito dal rappresentato del potere di determinare, trattando con l'altro contraente, il contenuto del contratto da concludere. Se la procura non pone limiti, questo potere comprende ogni elemento del contratto: scelta della persona dell'altro contraente, determinazione dell'oggetto del contratto, del corrispettivo contrattuale e così via. Il rappresentante dichiara, a nome altrui, la **propria** volontà; e ciò produce una conseguenza: i **vizi del consenso** (errore, dolo, violenza morale) renderanno annullabile il contratto solo se sono vizi della volontà del rappresentante (art. 1390). Ugualmente, gli **stati soggettivi**, come lo stato di buona o di mala fede, debbono essere considerati con riguardo alla persona del rappresentante (art. 1391).

Ma può accadere che alcuni degli elementi del contratto siano **predeterminati** nella procura (ad esempio, venderai a chi vorrai o comprerai da chi vorrai, ma solo al prezzo tot; oppure: appalterai i lavori alle condizioni che vorrai, ma solo all'impresa di Tizio). In questo caso a determinare il contenuto del contratto concorrono la volontà del rappresentato (per gli elementi da questi predeterminati) e la volontà del rappresentante. Il rappresentante, perciò, dichiara una **volontà solo in parte sua**; e da ciò deriva una importante conseguenza: **i vizi del consenso**, che riguardino elementi del contratto predeterminati dal rappresentato (ad esempio, l'errore sulle qualità dell'appaltatore, se la scelta di questo era predeterminata) renderanno annullabile il contratto solo se risulta viziata la volontà del rappresentato (art. 1390).

Altrettanto vale per gli **stati soggettivi**: se viene in considerazione la mala fede del contraente (ad esempio, agli effetti della annullabilità del contratto per l'incapacità naturale dell'altro contraente, a norma dell'art. 428 comma 2°), si dovrà valutare la mala fede del rappresentato (e a nulla rileverà la buona fede del rappresentante) quando lo stato soggettivo si riferisca ad elementi predeterminati dal contratto. Ad esempio l'altro contraente è naturalmente incapace, e il rappresentato lo sa, mentre il rappresentante lo ignora. Se la persona dell'altro contraente è predeterminata nella procura (devi comperare da Tizio), il contratto è annullabile.

Può, infine, accadere che tutti gli elementi del contratto da concludere siano stati predeterminati dal rappresentato, e che il rappresentante si limiti a dichiarare una volontà in tutto o per tutto altrui. In quest'ultimo caso siamo fuori dal campo della rappresentanza vera e propria; siamo, piuttosto, in quello della cosiddetta **ambasceria**. Chi agisce in nome altrui è qui semplice **portavoce** della volontà di un altro soggetto: è, secondo un'altra espressione, un messo o, con espressione latina, un *nuncius*, incaricato di dichiarare la volontà altrui. È la persona che, con una procura che predetermina il contratto in ogni sua parte, viene mandata presso la sede dell'altro contraente a sottoscrivere il contratto: di suo essa non fa se non la firma in calce al contratto.

In questo caso i vizi della volontà e gli stati soggettivi che vengono in considerazione sono sempre e soltanto quelli del rappresentato. È però rilevante l'**errore ostativo** del portavoce, in quanto errore nella dichiarazione: se questi sbaglia nel dichiarare la volontà del rappresentato, il contratto è annullabile, sempre che l'errore, come si è visto, sia riconoscibile dall'altro contraente (art. 1433).

Diversa da quella del portavoce è la già descritta figura della persona o dell'ufficio incaricato solo di trasmettere la dichiarazione (12.4.): il portavoce è, pur sempre, parte del contratto, emette in nome altrui una propria dichiarazione, anche se con essa dichiara una volontà in tutto altrui. L'altra non partecipa al contratto: è solo lo strumento mediante il quale una delle parti trasmette all'altra la propria dichiarazione e, perciò, conclude essa stessa il contratto.

3. Mandato con e mandato senza rappresentanza

La procura è, come si è visto, l'atto mediante il quale il rappresentato investe il rappresentante del potere di agire in suo nome. Essa è atto unilaterale del rappresentato, in forza del quale il rappresentante si legittima come tale **di fronte ai terzi**. Non riguarda l'interno rapporto tra il rappresentato e il rappresentante: questo interno rapporto è regolato da un **contratto** dal quale nasce l'obbligazione del rappresentante di agire in nome e nell'interesse del rappresentato. Fonte di questa obbligazione può essere un contratto di lavoro (il rappresentante è un dipendente del rappresentato e la conclusione del contratto può essere, come nel caso dei dirigenti di azienda, attività inerente alle sue mansioni); può essere, come si vedrà, un contratto di agenzia (l'agente, per l'art. 1752, può essere investito dalla rappresentanza del preponente); può essere, infine, un contratto di mandato. Questa è l'ipotesi di portata **generale**: quando l'interno rapporto in base al quale un soggetto riceve una procura da un altro soggetto non è altrimenti qualificabile (non c'è un contratto di lavoro, non c'è un contratto di agenzia ecc.), si dovrà concludere di essere in presenza di un mandato.

Il mandato è, come vedremo, il contratto con il quale un soggetto, il mandatario, si obbliga nei confronti di un altro, il mandante, a compiere uno o più **atti giuridici** per conto di questo (art. 1703); il contratto si presume oneroso: il mandatario, salvo patto contrario, ha diritto a **compenso** per l'attività svolta (art. 1709). Mandato e procura svolgono, dunque, funzioni diverse: in forza del mandato, che può essere mandato espresso oppure tacito (che si desume, cioè, dal comportamento delle parti), il mandatario è obbligato ad agire per conto del mandante, e questi, a sua volta, è obbligato a corrispondergli il compenso: in virtù della procura, il mandatario è altresì legittimato ad agire, di fronte al terzi, **in nome** del mandante (art. 1704).

È però possibile che un soggetto conferisca ad un altro un mandato, e non anche una procura: è l'ipotesi del mandato senza **rappresentanza**. In questo caso, il mandatario agirà per conto del mandante, ma **in proprio nome**, con la conseguenza che lui, e non il mandante, acquisterà i diritti ed assumerà le obbligazioni derivanti dal contratto concluso con il terzo (art. 1705). L'interno contratto di mandato, che lo lega al mandante, comporterà queste conseguenze: egli è obbligato a **ritrasferire** al mandante, con un nuovo contratto, i diritti che ha acquistato (se non lo fa, il mandante potrà agire nei suoi confronti secondo le già esaminate regole sulla esecuzione dell'obbligazione di contrattare); ed ha diritto di essere rimborsato dal mandante per quanto, essendosi obbligato in proprio nome, ha dovuto pagare al terzo contraente.

Del mandato senza rappresentanza si suole parlare anche come di **rappresentanza indiretta**, alludendo al fatto che, indirettamente, si perviene (attraverso il duplice contratto del terzo con il mandatario e del mandatario con il mandante) ad un risultato corrispondente a quello della rappresentanza. Si parla anche di **interposizione reale di persona** per distinguere questa ipotesi da quella della simulazione per interposizione fittizia di persona (12.3.). L'interposizione è qui **reale** perché il mandatario senza rappresentanza è un reale contraente (che acquista efficacemente) e non, come nella interposizione fittizia, un contraente simulato (il cui acquisto può essere dichiarato inefficace). In entrambi i casi, tuttavia, si crea una interposizione: un soggetto (il mandante o il contraente interponente) frappone tra sé e i terzi un altro soggetto (il mandatario senza rappresentanza o il contraente interposto); e lo scopo è, spesso, lo stesso: il mandante si avvale del mandatario senza rappresentanza come **prestanome**, per lo svolgimento di attività che, per legge o per contratto, gli sono vietate, oppure è un imprenditore (cosiddetto **imprenditore occulto**) che vuole sottrarre il proprio patrimonio ai rischi derivanti da una attività commerciale, e si nasconde dietro un prestanome nullatenente, al quale fa sottoscrivere i contratti relativi all'attività commerciale.

Il **terzo contraente** non può, in nessun caso, agire nei confronti del mandante e pretendere da lui l'adempimento del contratto concluso dal mandatario senza rappresentanza, neppure se ha «avuto conoscenza del mandato» (art. 1705): neppure, cioè, se sapeva, o se ha scoperto successivamente, che il suo diretto contraente agiva per conto altrui. L'interesse del **mandante** è, invece, intensamente protetto. Per le **cose mobili** acquistate dal mandatario senza rappresentanza non occorre neppure un contratto di ritrasferimento: il mandante può direttamente rivendicarle come proprie anche nei confronti dei terzi, salvi naturalmente i diritti del terzo possessore di buona fede (art.

1706 comma 1°). Al mandante è, inoltre, concesso di esigere direttamente i **crediti** derivanti dal contratto concluso dal mandatario senza rappresentanza (art. 1705 comma 2°). Il diritto del mandante sui beni, mobili o immobili, acquistati per suo conto dal mandatario senza rappresentanza è, infine, protetto contro le pretese dei **creditori del mandatario**, i quali non possono agire su di essi, se il mandato risulta da scrittura avente data certa anteriore al pignoramento (art. 1707).

Capitolo quindicesimo

GLI EFFETTI DEL CONTRATTO

SOMMARIO: 1. Gli effetti del contratto fra le parti. — 2. Continua: contratti con effetti obbligatori e con effetti reali; contratti consensuali e contratti reali. — 3. Gli effetti del contratto rispetto ai terzi.

1. Gli effetti del contratto fra le parti

Del contratto abbiamo fin qui parlato come dell'accordo di due o più parti, destinato a produrre effetti giuridici; ora dobbiamo spostare l'attenzione sugli effetti che il contratto produce. Dal contratto come **atto**, formato dall'accordo di due o più parti, dobbiamo passare al contratto come **rapporto**, ossia al rapporto, il cosiddetto rapporto contrattuale, che l'accordo intervenuto fra le parti ha instaurato fra esse. Il contratto è, come atto, fonte di obbligazioni e, reciprocamente, di diritti delle parti: l'insieme dei diritti e delle obbligazioni reciproche che nascono dal contratto è, appunto, il **rapporto contrattuale**.

L'adempimento, da parte dei contraenti, delle obbligazioni assunte con il contratto prende il nome di **esecuzione**, o attuazione, del **contratto**: l'adempimento delle prestazioni contrattuali è, sotto questo aspetto, atto di esecuzione, o di attuazione, del contratto; il loro inadempimento è inesecuzione o mancata esecuzione del contratto. L'esecuzione del contratto può esaurirsi rapidamente e può, all'opposto, protrarsi nel tempo; il rapporto contrattuale può costituirsi e, simultaneamente, estinguersi e può, invece, avere una lunga durata. Sotto questo aspetto si deve distinguere tra contratti a esecuzione istantanea, contratti a esecuzione differita, contratti a esecuzione continuata o periodica.

Sono a **esecuzione istantanea** i contratti il cui adempimento si esaurisce, per ciascuna delle parti, nel compimento di un solo atto, simultaneo alla conclusione del contratto o senza apprezzabile intervallo di tempo rispetto ad essa. Così la vendita si esegue, da parte del venditore, con il solo atto di consegna della cosa e, da parte del compratore, con il solo atto del pagamento del prezzo; e sono atti che, normalmente, si compiono nella medesima unità di tempo della conclusione del contratto (si firma, ad esempio, il contratto di vendita di un appartamento e, contestualmente, si consegnano le chiavi dell'appartamento venduto e si paga il prezzo).

Ma può accadere, nella stessa vendita, che per l'adempimento della obbligazione di pagare il prezzo o per quella di consegnare la cosa, o per entrambe, sia fissato un termine: avremo, in tal caso, un contratto a **esecuzione differita**; differita, rispetto alla conclusione del contratto, al momento di scadenza del termine pattuito. In questi contratti può anche accadere che l'adempimento, anziché esaurirsi nel compimento di un solo atto (come il pagamento del prezzo in unica soluzione alla scadenza prestabilita), si frazioni in una pluralità di atti: è il caso della vendita con pagamento del prezzo a rate, della quale ci occuperemo diffusamente in seguito; è il caso, ancora, del mutuo con rimborso rateale della somma.

Sono ad **esecuzione continuata o periodica** i contratti che obbligano le parti, o una di esse, ad una prestazione continuativa o che deve essere periodicamente ripetuta nel tempo.

Continuativa o periodica può essere una prestazione di dare: così la somministrazione (art. 1559) differisce dalla vendita per il fatto che il somministrante si obbliga ad una prestazione di dare continuata nel tempo (e si pensi al flusso continuativo della erogazione di energia elettrica o di acqua o di gas) o a scadenze periodiche (come nel contratto con il quale il produttore industriale si obbliga a rifornire i negozi di vendita al pubblico). Può essere una prestazione di fare: è il caso del contratto di lavoro, che obbliga il lavoratore a svolgere continuativamente la propria attività alle dipendenze del datore di lavoro; dell'appalto di servizi (manutenzione periodica di impianti industriali, pulizie periodiche di locali) e così via. Può essere, infine, una prestazione di non fare, come nel caso del contratto che obbliga un imprenditore a non fare concorrenza ad un altro imprenditore. Si tratta di contratti la cui esecuzione si protrae nel tempo, e a volte per molti anni: li si definisce, sotto questo aspetto, come **contratti di durata**. Una specie particolarmente complessa di contratti di tal genere sono i **contratti di organizzazione**: sono contratti plurilaterali per attuare i quali viene predisposta, come nelle associazioni, nelle società e nei consorzi, una stabile organizzazione (è «l'organo costituito per l'attuazione del contratto» di cui, come si è visto, parla l'art. 1332).

Il contratto, una volta concluso, ha forza vincolante per le parti. Il codice civile esprime questo concetto dicendo che, per esse, il contratto ha **«forza di legge»** (art. 1372 comma 1°); è si, per ciascuna delle parti, un atto di autonomia privata, che esse possono compiere o non compiere; ma, una volta che l'accordo si è validamente perfezionato, le parti sono tenute a rispettarlo allo stesso modo con cui sono tenute ad osservare la legge.

Per **sciogliere** il contratto occorre un nuovo atto di autonomia contrattuale, uguale e contrario al precedente: è necessario, in linea di principio, il cosiddetto **mutuo dissenso**, ossia un nuovo accordo fra le parti diretto ad estinguere il già costituito rapporto contrattuale (o, se si tratti di contratto sottoposto a termine, finale, a estinguerlo prima del sopraggiungere del termine).

Il contratto può però consentire ad una delle parti o ad entrambe la facoltà di **recesso unilaterale** (art. 1373). Questo è l'atto unilaterale di una parte e non richiede, appunto perché atto unilaterale, l'accettazione dell'altra: basta che venga portato a sua conoscenza: e produce l'effetto di sciogliere il contratto, secondo la regola propria degli atti unilaterali (art. 1334), nel momento stesso in cui viene comunicato. Naturalmente, se il contratto dal quale si recede ha forma scritta, anche la dichiarazione di recesso deve assumere questa forma.

Nei contratti a **esecuzione istantanea** e in quelli a **esecuzione differita** la facoltà di recesso può essere esercitata, salvo patto contrario, solo prima che il contratto abbia avuto un principio di esecuzione (art. 1373 comma 1°): se la parte ha già eseguito o ha cominciato ad eseguire la sua prestazione (il compratore a rate, ad esempio, ha già pagato una rata del prezzo), non può più recedere (e pretendere la restituzione di ciò che ha dato), né può recedere l'altra parte (offrendo in restituzione ciò che ha ricevuto). Al contrario, nei contratti a **esecuzione continuata o periodica** il recesso è possibile anche se è già iniziata l'esecuzione del contratto: ma, salvo patto contrario, non ha effetto per le prestazioni già eseguite o in corso di esecuzione (art. 1373 comma 2°). In altre parole, il recesso scioglie il rapporto contrattuale **senza effetto retroattivo**: il contratto conserva piena efficacia per tutto il tempo anteriore alla data del recesso, e le parti non possono pretendere la restituzione di ciò che, fino a quella data, hanno prestato. Nei contratti **plurilaterali** vale per il recesso regola analoga a quella già vista per l'invalidità del contratto: il recesso di una parte non comporta scioglimento dell'intero contratto se la sua partecipazione al rapporto contrattuale non deve considerarsi essenziale.

La clausola che riconosce la facoltà di recesso può prevedere un **corrispettivo per il recesso**: in tal caso, il recesso è efficace solo nel momento in cui il corrispettivo (di regola, una somma di danaro) è prestato (art. 1373 comma 2°). Analoga al corrispettivo per il recesso è la **caparra penitenziale**, della quale diremo parlando della caparra.

Analoghe regole, anche se non espresse, valgono per le **modificazioni** del regolamento contrattuale: le parti non possono unilateralmente modificarlo, salvo che la possibilità di modificazione unilaterale non sia stata originariamente prevista dal contratto (il che accade di frequente in contratti di serie come, ad esempio, nei contratti bancari, dove la banca si riserva di modificare, in corso di contratto, il tasso di interessi praticato al cliente).

La necessità del mutuo dissenso (o della clausola contrattuale che consente il recesso unilaterale) è però solo la regola generale: oltre che per mutuo dissenso il contratto si può sciogliere «per cause ammesse dalla legge» (art. 1372 comma 1°). Queste ulteriori cause, che la legge prevede, sono di due ordini: alcune riguardano i contratti a titolo oneroso, e sono la risoluzione e la rescissione del contratto, alle quali è rivolto l'intero prossimo capitolo; altre concernono i contratti di durata, e di queste diremo subito.

Il carattere proprio di questi contratti, che instaurano fra le parti un vincolo destinato a protrarsi nel tempo, pone problemi di protezione della libertà contrattuale dei contraenti e, in particolare, del contraente più debole. La legge nega, in linea di principio, l'ammissibilità di **rapporti contrattuali perpetui**, che vincolino le parti per tutta la loro esistenza (o, se si tratta di contratti trasmissibili, che vincolino in perpetuo anche i loro eredi). È vero che il contratto è, esso stesso, atto di autonomia contrattuale del singolo e che sarebbe, in astratto, espressione della libertà del singolo anche l'accettazione, per contratto, di un vincolo perpetuo. Ma l'accettazione di un simile vincolo equivarrebbe a una rinuncia alla libertà contrattuale: il singolo disporrebbe, con un unico (ed estremo) atto di libertà, di tutta la sua libertà futura. Alla ammissibilità di vincoli perpetui si oppongono, d'altra parte, anche esigenze di protezione dell'interesse generale: lo sviluppo economico dipende dal più proficuo impiego delle risorse materiali e umane; e vincoli contrattuali perpetui, impedendo il mutamento della destinazione delle risorse, sarebbero un ostacolo al loro impiego più proficuo.

Per soddisfare queste esigenze la legge utilizza due figure: il termine (finale) massimo, il recesso. Per alcuni contratti a esecuzione continuata o periodica è considerato requisito essenziale del contratto la previsione di un **termine di durata** (così, per il contratto di società di capitali, l'art. 2328 n. 11); per altri è direttamente stabilito un **termine massimo di durata**: così la locazione non può durare oltre trenta anni (art. 1573); il patto di non concorrenza non può durare oltre cinque anni (art. 2596).

Per altri contratti è ammessa, invece, una durata a tempo indeterminato, ma riconoscendo alle parti la facoltà di recesso. Bisogna al riguardo distinguere fra due forme di **recesso**: a volte è concesso alla parte il **recesso puro e semplice**, detto recesso *ad nutum*, quale mero atto di autonomia del singolo, che non richiede giustificazione; altre volte è riconosciuto solo il **recesso per giusta causa**, che deve essere giustificato dal contraente che recede. Il recesso puro e semplice è concesso talvolta a ciascuna delle parti, come nella somministrazione (art. 1569) e nel contratto di società di persone (art. 2285); talaltra ad una sola parte: solo al lavoratore nel contratto di lavoro (l. n. 604 del 1966), solo al committente nell'appalto (art. 1671) e così via. Può recedere dal contratto di lavoro solo per giusta causa (o per giustificato motivo) il datore di lavoro (l. n. 604 del 1966); può recedere dall'apertura di credito solo per giusta causa la banca (art. 1845) e così via.

2. Continua: contratti con effetti obbligatori e con effetti reali, contratti consensuali e contratti reali

Abbiamo già detto, e poi ripetuto, che il contratto non è solo fonte di obbligazioni, ma è anche modo di acquisto o, guardando il fenomeno dal punto di vista dell'alienante, modo di trasferimento della proprietà e degli altri diritti. Abbiamo visto anche che, per contratto, si possono costituire diritti reali su cosa altrui. Vedremo poi che, sempre per contratto, si possono trasferire diritti di credito (cessione dei crediti). Orbene si parla di **effetti obbligatori** del contratto quando si fa riferimento alle obbligazioni che dal contratto derivano: così, l'obbligazione del venditore di consegnare la cosa venduta e quella del compratore di pagare il prezzo sono effetti obbligatori della vendita. Si parla di **effetti reali** del contratto quando si fa riferimento agli effetti prodotti direttamente dal contratto, al momento stesso della formazione dell'accordo delle parti: così il trasferimento della proprietà dal venditore al compratore è un effetto reale della vendita, un effetto che si produce all'atto stesso della conclusione del contratto di vendita.

Alcuni contratti sono solo fonte di obbligazioni delle parti, di una di esse o di entrambe (così la locazione, il mandato, il comodato ecc.): li si classifica come **contratti con effetti obbligatori**. Altri contratti, invece, producono l'effetto di trasferire la proprietà o altri diritti (donazione, vendita, permuta ecc.), oltre ad essere, al tempo stesso, fonti di obbligazioni (l'obbligazione di consegnare la cosa donata o venduta, l'obbligazione di pagare il prezzo ecc.): a questi contratti si dà, perciò, il nome di **contratti con effetti reali**.

Il nostro sistema legislativo è retto, in materia di contratti con effetti reali, dal cosiddetto **principio consensualistico**, espresso dall'art. 1376: «nei contratti che hanno per oggetto il trasferimento della proprietà di una cosa determinata, la costituzione o il trasferimento di un altro diritto, la proprietà o il diritto si trasmettono e si acquistano **per effetto del consenso delle parti** legittimamente manifestato». Abbiamo tutti la sensazione, quando comperiamo qualcosa, di non diventare proprietari finché non ne abbiamo pagato il prezzo. Questa diffusa sensazione è, giuridicamente, errata: si diventa proprietari al momento del contratto, per effetto dell'accordo che perfeziona il contratto; e, se la consegna della cosa è differita nel tempo, ci viene consegnata cosa che è **già nostra**; se il pagamento del prezzo è differito nel tempo, paghiamo il prezzo di una cosa che è **già nostra**.

In virtù del principio consensualistico il nostro sistema, ispirato al modello francese, differisce sia da antichi sistemi, come quello del diritto romano, per il quale la proprietà passava, di regola, solo al momento della consegna della cosa, sia da sistemi contemporanei come quello tedesco, il quale è rimasto fedele all'antica regola del diritto romano (v. tavola n. 5).

In ogni caso è superfluo, agli effetti del trasferimento della proprietà, l'avvenuto pagamento del **prezzo**.

La legge protegge l'alienante non pagato in altro modo: nella alienazione di **beni immobili** con pagamento del prezzo posticipato il venditore, come vedremo, può iscrivere **ipoteca legale** sul bene venduto a garanzia delle obbligazioni che derivano dal contratto (art. 2817 n. 1); altrettanto può fare il venditore di **autoveicoli** e, in genere, di beni mobili iscritti in pubblici registri (art. 2810 commi 2° e 3°). Per gli altri beni mobili manca una analoga garanzia per il venditore: le parti possono però adottare, come vedremo, le forme della vendita **con riserva della proprietà**, per le quali il compratore acquista la proprietà della cosa solo con il **pagamento** dell'ultima rata del prezzo (art. 1523).

Perché operi il principio consensualistico occorre che il contratto abbia per oggetto il trasferimento di una **cosa determinata** (art. 1376). Se si tratta, invece, di cose determinate **solo nel genere** (ad esempio, tot barili di petrolio), la proprietà non può, ovviamente, passare al momento del contratto: passerà solo al momento dell'**individuazione** (quei dati barili di petrolio), fatta d'accordo fra le parti o nei modi da queste stabiliti (art. 1378). L'individuazione avviene, generalmente, all'atto della **consegna** dall'alienante all'acquirente.

Emblematico è il caso dell'automobilista che si rifornisce di benzina alla stazione di servizio: il contratto di vendita si perfeziona nel momento in cui l'addetto alla pompa accetta di fornire il quantitativo di carburante richiestogli; ma è, in quel momento, solo una vendita di genere, che non trasferisce la proprietà. Qui l'individuazione avviene con la consegna: la benzina diventa di proprietà dell'automobilista man mano che dalla pompa della stazione di servizio entra nel serbatoio dell'automobile.

Se oggetto del contratto è una **massa di cose** (ad esempio, tutta la merce contenuta in un dato magazzino del venditore), la proprietà passa secondo il principio consensualistico, e non occorre l'individuazione delle singole cose (nel nostro esempio, l'inventario della merce contenuta nel magazzino), anche se a determinati effetti (come per determinare il prezzo) le cose debbano essere numerate, pesate o misurate (art. 1377).

Quando l'oggetto del contratto sono merci da trasportare da un luogo ad un altro, l'individuazione, e quindi il passaggio di proprietà, avviene al momento della consegna al **vettore** o allo **spedizioniere** (art. 1378): così il petrolio, che un'impresa di raffinazione compera in Medio Oriente, diventa di proprietà dell'impresa acquirente nel momento in cui viene caricato sulla nave che lo trasporterà in Europa (e ancora prima, se la consegna avviene presso i magazzini del trasportatore o dello spedizioniere).

Stabilire il momento in cui la proprietà passa è importante: il rischio del perimento della cosa incombe su chi ne è **proprietario**: sul venditore, se ne è ancora proprietario, sul compratore se ne è già proprietario. Perciò, se è stata venduta cosa determinata, già passata di conseguenza in proprietà del compratore al momento del contratto (art. 1376), e la cosa perisce, prima della consegna al compratore, per causa non imputabile al venditore (ad esempio, un terremoto o un atto di sabotaggio distrugge il magazzino dove è custodita), il rischio incombe sul compratore, che dovrà ugualmente **pagarne il prezzo** (art. 1466 comma 1°). Se si tratta di cosa di genere, occorrerà accertare se, al momento del perimento, sia già avvenuta l'individuazione: se questa è già avvenuta, anche mediante la consegna al trasportatore (affonda, ad esempio, la nave che trasporta il petrolio comperato in Medio Oriente), il rischio grava sul compratore, che era già proprietario delle cose al momento del loro perimento, e il compratore dovrà, anche in questo caso, pagare il prezzo (art. 1465 comma 3°).

Contratti reali. Il contratto, come si è già visto a suo luogo, si perfeziona con l'**accordo delle parti**: da quel momento esso produce tutti i suoi effetti, siano essi effetti reali oppure effetti obbligatori. In linea generale, l'accordo delle parti è **necessario** e **sufficiente** per perfezionare il contratto; in alcuni casi, tuttavia, esso è necessario, ma **non sufficiente**: occorre, oltre all'accordo delle parti, la **consegna della cosa** che forma oggetto del contratto. I contratti che, secondo il principio generale, si perfezionano per il solo accordo delle parti sono detti contratti consensuali: gli altri assumono, invece, il nome di contratti reali.

Sono **contratti reali** il deposito, il comodato, il mutuo, il contratto costitutivo di pegno. In questi occorre, oltre all'accordo delle parti, anche la consegna della cosa che forma oggetto del contratto: così il comodato, ad esempio, è il contratto con il quale «una parte consegna all'altra una **cosa mobile o immobile**, affinché se ne serva per un tempo o un uso determinato, con l'obbligo di restituire la stessa cosa ricevuta» (art. 1803). Nei **contratti consensuali**, che si perfezionano con il solo accordo delle parti, la consegna della cosa che forma oggetto del contratto (ad esempio, la consegna della cosa venduta o della cosa data in locazione) è adempimento di una obbligazione già sorta al momento dell'accordo. Nei contratti reali, invece, il contratto si perfeziona **solo con la consegna**: sono, come vedremo, contratti nei quali la legge protegge l'interesse alla prestazione di una sola delle parti. Così, se la cosa è stata data in comodato (o prestito), è protetto l'interesse del comodante alla restituzione (oltre che alla custodia) della cosa; non è protetto l'interesse del comodatario a ricevere la cosa in prestito. Onde il contratto si perfeziona o produce effetti obbligatori, solo al momento in cui il comodante consegna la cosa al comodatario.

La consegna della cosa può svolgere una specifica funzione anche nei contratti consensuali. Se, con successivi contratti, una parte concede a diversi contraenti un **diritto personale di godimento** sulla medesima cosa (il proprietario, ad esempio, dà in locazione lo stesso appartamento a due diversi locatari), prevale tra essi quello che per primo ha conseguito il **godimento della cosa** (art. 1380). È un criterio di soluzione del conflitto fra più contraenti che si affianca agli altri criteri già esaminati: fra più acquirenti di un bene mobile prevale quello tra essi che per primo ha conseguito il **possesso** (art. 1155); fra più acquirenti di un bene immobile o di un bene mobile registrato prevale quello fra essi che per primo ha **trascritto** l'acquisto (art. 2644 comma 2°); e vedremo più oltre che fra più cessionari di un medesimo credito prevale quello di essi che per primo ha notificato la cessione al debitore (art. 1265).

3. Gli effetti del contratto rispetto ai terzi

Il contratto vincola le parti ma, per regola generale, **non produce effetto rispetto ai terzi** (art. 1372 comma 2°). È ciò che abbiamo sopra definito come l'aspetto negativo dell'autonomia contrattuale: nessuno può essere tenuto ad adempiere una obbligazione o può perdere un proprio diritto contro, o comunque, indipendentemente dalla sua volontà.

Coerente con questo principio generale è la **promessa del fatto o dell'obbligazione del terzo** (Tizio, ad esempio, vende la propria quota di comproprietà e promette al compratore che anche l'altro comproprietario venderà la sua quota; oppure vende la propria azienda e promette al compratore che la banca continuerà a finanziarla). Chi, per contratto, promette la prestazione di un terzo esprime una valida promessa, ma **obbliga solo se stesso**: se il terzo rifiuta di obbligarsi o non compie il fatto promesso, il promittente dovrà indennizzare il danno subito dall'altro contraente (art. 1381).

Il **patto di non alienare**, contenuto in un contratto, è valido: Tizio, ad esempio, vende a Caio, il quale si obbliga a non rivendere a sua volta. Le imprese industriali (in particolare, le case automobilistiche) talvolta includono questo patto nelle condizioni generali di vendita dei propri prodotti (le autovetture non possono essere rivendute nei sei mesi successivi all'acquisto). Tuttavia, al patto di non alienazione l'art. 1379 attribuisce effetti limitati. Anzitutto esso ha effetto **solo fra le parti**: se Caio, violando il patto, rivende la cosa, Tizio non potrà rivendicarla presso il terzo acquirente, e potrà solo pretendere da Caio il risarcimento del danno per l'inadempimento contrattuale. Ancora: il patto è valido solo se il divieto di alienare è contenuto entro convenienti **limiti di tempo** e, inoltre, se risponde ad un **apprezzabile interesse** di una delle parti. Interesse giudicato apprezzabile è, nell'esempio precedente, quello della casa produttrice di evitare il mercato dell'usato, che riduce il mercato e i nuovi prodotti e, perciò, deprime la produzione. Ma il divieto contrattuale di alienazione non può avere lunga durata: esso contraddice una fondamentale esigenza economica, che è quella della **libera circolazione della ricchezza**. Il limite di tempo «conveniente» varia da caso a caso: può essere più esteso per gli immobili, è molto ridotto per le cose mobili, destinate ad una intensa circolazione (e i sei mesi di durata del divieto di rivendere le autovetture sono il massimo che le case automobilistiche sono riuscite a strappare).

In rapporto agli immobili il principio che limita l'efficacia del divieto di alienazione assume anche questo significato: il divieto può essere l'oggetto di una obbligazione personale di non fare, ma non un peso imposto su un bene. In altre parole, su un immobile non può essere costituita una servitù di non alienare.

Contratto per persona da nominare. Al momento della conclusione del contratto una delle parti può riservarsi la facoltà di **nominare successivamente** la persona che acquisterà i diritti e assumerà le obbligazioni derivanti dal contratto (art. 1401). Questa riserva di nomina del contraente è piuttosto frequente nei contratti di chi svolge professionalmente attività di compravendita di immobili o di valori mobiliari: si compera, secondo la formula ricorrente, «per sé o persona da nominare», evitando così di dover fare un secondo passaggio di proprietà quando si sarà trovato un nuovo compratore (funzione analoga svolge, come si è visto, la cessione del contratto preliminare). La nomina del contraente deve essere fatta nel termine stabilito nel contratto o, in mancanza, **entro tre giorni** (art. 1402 comma 1°); e, naturalmente, deve essere accompagnata dalla **accettazione del terzo** (art. 1402 comma 2°).

Questa produce effetti corrispondenti a quelli, già esaminati, della ratifica del contratto del falso rappresentante: la persona nominata e accettante acquista i diritti e assume le obbligazioni contrattuali con effetto retroattivo, **dalla data del contratto** (art. 1404). In mancanza di nomina o di accettazione (che deve essere fatta nella stessa forma del contratto: art. 1403), il contratto produce effetto tra i **contraenti originari** (art. 1405); e questo fa differire il contratto per persona da nominare dal contratto del falso procuratore, che in mancanza di ratifica è inefficace.

Contratto a favore di terzo. Nel contratto per persona da nominare non c'è deroga al principio generale della inefficacia del contratto rispetto ai terzi, giacché occorre, come si è visto, l'accettazione del terzo. Una eccezione al principio generale è, invece, nel **contratto a favore di terzo**; ma è una eccezione che si giustifica per il fatto che, in questo caso, il terzo non assume obbligazioni, ma solo **acquista diritti**. Le parti del contratto sono qui lo **stipulante**, che è colui che contratta a favore di un terzo, e il **promittente**, che è colui che si obbliga verso lo stipulante ad eseguire la prestazione a favore di un terzo.

Si può, ad esempio, stipulare una vendita a favore di terzo: Tizio vende un bene a Caio; Caio si obbliga verso il venditore Tizio a pagare il prezzo, ma si obbliga a pagarlo non a Tizio, bensì a Sempronio, che non è parte del contratto, ma è il terzo a favore del quale Caio ha stipulato. Tipico è il caso della assicurazione sulla propria vita a favore di un terzo (art. 1920): l'assicurato contratta con l'assicuratore e si obbliga a pagargli i premi dell'assicurazione; ma alla morte dell'assicurato l'assicuratore pagherà un capitale o una rendita al terzo designato dall'assicurato (generalmente, il coniuge o i figli).

Qui, a differenza che nel contratto per persona da nominare, non occorre l'accettazione del terzo: questi acquista il diritto verso il promittente **per effetto della stipulazione a suo favore** (art. 1411 comma 2°). È però possibile che il terzo dichiari di non voler profittare della stipulazione a suo favore: la prestazione, in tal caso, resta a **beneficio dello stipulante**, salvo che le parti non abbiano diversamente disposto o che la natura del contratto non lo consenta (art. 1411 comma 3°).

La stipulazione a favore di terzi è valida solo se lo stipulante **vi abbia interesse** (art. 1411 comma 1°). Si comprende la ragione di questo requisito se si considera che ogni contratto deve avere una **causa**, ossia una giustificazione economico-sociale dell'autonomia contrattuale. Occorre, dunque, che lo stipulante abbia un **proprio interesse** a procurare un beneficio al terzo: questo suo interesse può essere di natura patrimoniale e derivare dal fatto che fra stipulante e terzo preesiste un interno rapporto (cosiddetto rapporto di provvista), in forza del quale lo stipulante sia debitore del terzo.

Così nell'esempio precedente della vendita con pagamento del prezzo a favore di un terzo: se lo stipulante è debitore del terzo, in base a un preesistente contratto egli ha interesse a estinguere questo debito; e, stipulando a favore del suo creditore, ottiene che il suo debitore paghi al suo creditore (questo nuovo rapporto fra stipulante e terzo ha il nome di **rapporto di valuta**). La mancanza di un interesse dello stipulante rende **nulla** la stipulazione a favore di terzo: così se, nel nostro esempio, si accerta che il preesistente contratto fra stipulante e terzo, in base al quale il primo si considera debitore del secondo, era un contratto nullo e che il debito, pertanto, non era sorto, la nullità di questo preesistente contratto renderà nulla anche la successiva stipulazione a favore di terzo. Questa non ha più una causa, una giustificazione dell'atto di disposizione a favore altrui: la nullità del rapporto di provvista si ripercuote sul rapporto di valuta, rendendolo nullo.

Non necessariamente però l'interesse dello stipulante ha natura patrimoniale e presuppone un preesistente rapporto di provvista tra lui e il terzo: chi stipula una assicurazione sulla propria vita a favore del coniuge o dei figli vi ha certo interesse (vuole procurare ai suoi familiari un capitale o una rendita per quando non potrà più provvedere loro), ma questo interesse si basa sui rapporti affettivi che lo legano alla propria famiglia e non ha natura patrimoniale. Anche qui l'atto di disposizione ha una causa, che è (come nella donazione) lo spirito di liberalità. Ma se il matrimonio venisse annullato, cadrebbe l'assicurazione sulla propria vita a favore del (non più) coniuge: la liberalità, giustificata dal rapporto coniugale, non sorreggerebbe più l'atto di disposizione a favore altrui.

Capitolo sedicesimo

RISOLUZIONE E RESCISSIONE DEL CONTRATTO

1. La risoluzione del contratto

La causa del contratto può, come si è visto, essere onerosa o gratuita: entrambe le parti, nel primo caso, sono obbligate l'una nei confronti dell'altra: una sola delle parti, nel secondo caso, assume una obbligazione. Si distingue così fra **contratti a titolo oneroso** (e sono tali la generalità dei contratti) e **contratti a titolo gratuito** (la donazione, il comodato, il mandato gratuito, il deposito gratuito, il mutuo senza interessi). La causa dei primi risiede, anche questo si è visto, nello **scambio** tra le prestazioni delle parti (scambio di cosa con prezzo nella vendita, di cosa con cosa nella permuta, di lavoro con retribuzione nel contratto di lavoro e così via). L'idea dello scambio tra prestazioni implica quella della loro corrispettività: ciascuna delle parti si obbliga ad una prestazione **per avere in cambio** la prestazione cui si è obbligata l'altra parte; e ciascuna prestazione è, rispetto all'altra, una **controprestazione**. Dei contratti a titolo oneroso si parla anche, perciò, come di **contratti a prestazioni corrispettive**: la prestazione di ciascuna parte trova giustificazione (o, come si suole dire, **trova causa**) nella prestazione dell'altra. Si possono individuare diversi schemi causali; «do perché tu dia» (vendita, permuta, mutuo ecc.); «do perché tu faccia» (mandato, appalto, lavoro ecc.); «faccio perché tu dia» (gli stessi contratti dal punto di vista dell'altro contraente); «do perché tu non faccia» (patto di non concorrenza di un imprenditore verso corrispettivo in danaro); «non faccio perché tu non faccia» (patto di non concorrenza reciproca fra imprenditori).

Questo rapporto di corrispettività tra le prestazioni è, tradizionalmente, detto **sinallagma**, con parola che esprime l'idea di un legame reciproco fra le due prestazioni, di una loro interdipendenza. Il sinallagma risulta dal contratto, ne costituisce la causa (cosiddetto sinallagma **genetico**), ma si realizza nella fase di **esecuzione** del contratto, quando ciascuna delle parti esegue la propria prestazione (cosiddetto sinallagma **funzionale**). Solo allora lo scambio previsto dal contratto si compie effettivamente; la funzione economico-sociale del contratto si attua in concreto.

Può però accadere che una delle parti non adempia la propria prestazione; può, ancora, accadere che la prestazione di una delle parti diventi impossibile per causa a lui non imputabile; può, infine, accadere che la prestazione di una delle parti diventi eccessivamente onerosa rispetto alla prestazione dell'altra. Nel prossimi paragrafi esamineremo distintamente queste ipotesi; ma fin d'ora appare evidente che in ciascuna di esse si determina una **alterazione della causa** del contratto: lo scambio in cui questa consiste non può più compiersi, o non può compiersi alle condizioni economiche prestabilite. Si parla, a questo riguardo, di **difetto funzionale** della causa in antitesi con la sua mancanza originaria o con la sua illiceità, che è detta **difetto genetico** della causa. Questo investe il contratto come atto, e comporta, come si è visto, la nullità del contratto (11.4.); il difetto funzionale, invece, si manifesta in sede di esecuzione del contratto; investe, anziché il contratto, il rapporto contrattuale, e comporta la **risoluzione** del contratto.

Risoluzione altro non significa se non **scioglimento** del contratto: le ragioni che la rendono possibile si collocano, come si è anticipato, tra quelle «cause ammesse dalla legge» per le quali il contratto può sciogliersi senza necessità del mutuo consenso delle parti (art. 1372). A differenza della dichiarazione di nullità, dell'annullamento e della dichiarazione di inefficacia originaria (come nel caso della simulazione), che sono vicende del contratto, la risoluzione è una **vicenda del rapporto contrattuale** (allo stesso modo della condizione risolutiva e del recesso unilaterale): il contratto, in sé considerato, è e resta valido; ma il rapporto contrattuale si scioglie; e si scioglie con effetto **retroattivo tra le parti** (art. 1458), ossia dalla data del contratto (come accade anche per la condizione risolutiva e per il recesso unilaterale).

Rispetto ai terzi, invece, l'effetto retroattivo della risoluzione non si produce (art. 1458 comma 2°): chi ha acquistato diritti da una delle parti del contratto poi risolto non è pregiudicato dalla risoluzione (analogamente a quanto accade nel caso di annullamento del contratto). La distinzione tra vicende del contratto e vicende del rapporto assume concreto rilievo per i contratti a **esecuzione continuata** o **periodica**: in questi l'effetto della risoluzione non si estende alle prestazioni già eseguite (art. 1458); analogamente a quanto accade, come si è visto, nei casi della condizione risolutiva (art. 1360 comma 2°) e del recesso unilaterale (art. 1373 comma 2°).

Nei contratti plurilaterali vale la solita regola: la risoluzione del contratto rispetto ad una parte non importa scioglimento dell'intero contratto, salvo che la prestazione mancata non debba, secondo le circostanze, considerarsi essenziale (artt. 1459, 1466).

La legge prevede **tre generali cause** di risoluzione del contratto a prestazioni corrispettive: risoluzione per inadempimento, risoluzione per impossibilità sopravvenuta della prestazione, risoluzione per eccessiva onerosità sopravvenuta della prestazione. Avremo poi modo di constatare che, in rapporto a singoli tipi di contratto, operano figure analoghe alla risoluzione e destinate a sostituire la risoluzione, come il recesso per giusta causa (del quale abbiamo già fatto cenno), la revoca per giusta causa (ad esempio, revoca del mandato, revoca degli amministratori di società) e, per i contratti plurilaterali (società, consorzio, associazione), l'esclusione dei soci o degli associati per le cause previste dalla legge o dallo statuto. Le tre generali figure di risoluzione, delle quali stiamo per dire, valgono perciò quando la legge non preveda, nella disciplina dei singoli contratti, una diversa e più specifica figura.

2. Risoluzione per inadempimento

L'**inadempimento** di una parte, che permetta la risoluzione del contratto, deve presentare un requisito ulteriore rispetto al comune concetto di inadempimento, che abbiamo a suo luogo descritto. Si deve trattare di un inadempimento di **non scarsa importanza**, avuto riguardo all'interesse dell'altra parte (art. 1455): occorre, cioè, che l'inadempimento di una parte sia tale da rendere non più giustificata la controprestazione dell'altra.

In alcuni casi è la stessa legge a stabilire quando l'inadempimento di una parte è di scarsa importanza e non legittima la risoluzione del contratto: così, nella vendita a rate, non basta il mancato pagamento di una sola rata, a meno che questa superi l'ottava parte del prezzo (art. 1525). Bisogna anche distinguere tra inadempimento delle obbligazioni principali e inadempimento delle obbligazioni accessorie: nella locazione di case per abitazione, ad esempio, il mancato pagamento di una mensilità del canone (obbligazione principale) giustifica la risoluzione del contratto; ma il mancato pagamento degli oneri accessori (rimborso delle spese di riscaldamento, di portineria, ascensore ecc.) giustifica la risoluzione se ammonta ad una somma pari a due mensilità del canone (art. 5 l. n. 392 del 1978). In mancanza di criteri di legge, sarà il giudice a stabilire, caso per caso, quando l'inadempimento debba considerarsi, secondo la regola generale dell'art. 1455, di importanza «non scarsa».

La risoluzione per inadempimento può assumere due forme:

1) **risoluzione giudiziale**.

Se una delle parti di un contratto a prestazioni corrispettive non adempie la propria obbligazione, l'altra parte ha una scelta:

a) può agire in giudizio **per l'adempimento**, chiedendo al giudice di condannare l'inadempiente ad eseguire la prestazione mancata (ed offrendosi di eseguire la propria, se già non l'ha eseguita);

b) può agire **per la risoluzione**, chiedendo al giudice di sciogliere il contratto (art. 1453 comma 1°). Otterrà, in questo secondo caso, di essere esonerato dall'eseguire la propria prestazione (risolto il contratto, viene meno la fonte della sua obbligazione); o, se l'aveva già eseguita, chiederà al giudice di pronunciare, oltre alla risoluzione del contratto, anche la condanna dell'altra parte alle restituzione della prestazione ricevuta.

Se opta per la prima strada, potrà sempre domandare, finché non ha ottenuto (in modo spontaneo o coattivo) la controprestazione dovutagli, la risoluzione del contratto; ma, se ha optato per la seconda, non può più chiedere l'adempimento (art. 1453 comma 2°), né la controparte può, dalla data della domanda di risoluzione, adempiere più la propria obbligazione (art. 1453 comma 3°).

2) **risoluzione stragiudiziale**.

Se ne conoscono di tre forme:

a) il contratto può essere risolto per inadempimento senza necessità di un provvedimento giudiziario nelle forme, anzitutto, della **diffida ad adempiere**: la parte adempiente può intimare **per iscritto** all'altra parte di adempiere entro un dato termine, che non può essere inferiore a **quindici giorni**, con l'avvertenza che, altrimenti, il contratto si intenderà senz'altro risolto (art. 1454). Allo spirare del termine il contratto è risolto **di diritto** (art. 1454 comma 3°), senza necessità di domandare al giudice di pronunciarne la risoluzione. La diffida ad adempiere non elimina il requisito della importanza dell'inadempimento: perciò, il debitore potrà neutralizzare l'effetto risolutivo della diffida assumendo l'iniziativa di un accertamento giudiziale della scarsa importanza del suo inadempimento;

b) altra forma di risoluzione stragiudiziale può essere prevista dallo stesso contratto è la **clausola risolutiva espressa**. Le parti possono convenire che, se una di esse sarà inadempiente, il contratto si risolverà **di diritto**, senza necessità di rivolgersi al giudice. Non basta però il solo fatto dell'inadempimento: occorre anche che la parte adempiente **dichiari** all'altra che intende valersi della clausola risolutiva (art. 1456). Sarà, perciò, questa dichiarazione a provocare la risoluzione del contratto, anche se la provocherà con effetto dalla data del contratto. La previsione di una clausola risolutiva espressa per l'inadempimento del contratto esonera dalla necessità di valutare l'importanza dell'inadempimento, questa essendo già stata valutata dai contraenti, che hanno ricollegato la risoluzione di diritto all'inadempimento, secondo la lettera dell'art. 1456, di una «**determinata** obbligazione» o, come ammette la giurisprudenza, di una o più determinate obbligazioni, specificamente menzionate a questi effetti nella clausola risolutiva (mentre è clausola di stile quella che ricolleghi la risoluzione all'inadempimento di una qualsiasi obbligazione);

c) infine va ricordato il caso in cui per l'adempimento sia previsto un **termine essenziale** scaduto il quale il contratto è risolto di diritto (art. 1457).

La risoluzione stragiudiziale consente di risolvere **rapidamente** il contratto, senza necessità di un preliminare giudizio e di un provvedimento giudiziario che accerti l'effettiva sussistenza dell'inadempimento e la sua non scarsa importanza. Chi ricorre alle forme della risoluzione stragiudiziale lo fa però a **proprio rischio**: l'altra parte può successivamente assumere l'iniziativa di un giudizio e dimostrare che il lamentato inadempimento non sussisteva o che era di scarsa importanza (salvo che non si tratti di clausola risolutiva espressa), con la conseguenza che il giudice dichiarerà inefficace la risoluzione stragiudiziale del contratto, e la parte che se ne era illegittimamente avvalsa verrà essa stessa a trovarsi nella condizione di parte inadempiente, tenuta a risarcire il danno.

Eccezione di inadempimento. Il rapporto di corrispettività fra le prestazioni contrattuali, oltre che giustificare la risoluzione del contratto per inadempimento, legittima anche ciascuna parte al rifiuto di adempiere la propria prestazione se l'altra parte non adempie o non offre di adempiere **contemporaneamente** la propria, sempre che per l'adempimento non siano previsti termini diversi (art. 1460). È la cosiddetta **eccezione di inadempimento**, espressa tradizionalmente nel principio «all'inadempiente non si deve adempiere».

Analoga all'eccezione di inadempimento è l'eccezione basata sul **mutamento delle condizioni patrimoniali** dell'altro contraente, divenute tali da porre in evidente pericolo il conseguimento della controprestazione: in questo caso la parte, che per contratto sia tenuta ad eseguire la propria prestazione prima dell'altra, può **sospendere** l'esecuzione della prestazione dovuta, salvo che l'altra parte non offra idonee garanzie (art. 1461).

La parte inadempiente è in ogni caso tenuta a risarcire il **danno** cagionato alla controparte, sia che l'altra parte abbia agito per l'inadempimento oppure per la risoluzione del contratto: il danno per l'inadempimento o il ritardo, se la parte esegue con ritardo la prestazione; il danno per la risoluzione del contratto, se a causa del suo inadempimento il contratto è risolto (art. 1453 comma 1°). In questo secondo caso il danno da risarcire è regolato dai principi generali sulla responsabilità contrattuale.

Clausola penale e caparra. La parte che chiede il risarcimento del danno ha l'onere di provare di avere subito un danno per l'altrui inadempimento o per il ritardo nell'adempimento e di provare, altresì, l'ammontare del danno subito. Il contratto può però prevedere una **penale** per l'inadempimento o per il ritardo (di regola, una determinata somma di danaro), con il duplice effetto: *a*) di dispensare dall'onere di provare il danno (essendo la penale dovuta per il fatto stesso dell'inadempimento o del ritardo); *b*) di limitare il risarcimento del danno all'ammontare della penale pattuita, salvo che non sia prevista la risarcibilità del danno superiore (art. 1382).

La penale è prevista dal contratto, ma è versata solo in caso di inadempimento o di ritardo. Diversa dalla penale è la **caparra**, che è una somma di danaro (o altra quantità di cose fungibili) che, talvolta, una parte dà all'altra nel momento stesso della conclusione del contratto (normalmente, del contratto di vendita). Possono allora verificarsi tre possibili situazioni: 1) se la parte che ha dato la caparra adempie il contratto, l'altra parte dovrà restituirgliela o imputarla alla prestazione dovuta (art. 1385 comma 1°). Se, ad esempio, l'aveva data il venditore, il compratore dovrà restituirgliela quando riceve la consegna della cosa; se l'aveva data il compratore, questi adempierà l'obbligazione del prezzo detraendo dal prezzo la somma già versata al venditore a titolo di caparra; 2) se la parte che ha dato la caparra non adempie il contratto, l'altra parte può **trattenere la caparra** e recedere dal contratto; 3) se è inadempiente, invece, la parte che ha ricevuto la caparra, chi l'ha data può esigere il **doppio della caparra** e recedere dal contratto (art. 1385 comma 2°).

L'avere dato o ricevuto una caparra non comporta però rinuncia ad agire per l'adempimento o per la risoluzione; né comporta rinuncia a chiedere il risarcimento del danno (art. 1385 comma 3°). Il recesso dal contratto, trattenendo la caparra ricevuta o esigendo il doppio di quella versata, è una mera **facoltà** della parte adempiente.

Dalla caparra di cui si è detto, nota anche come caparra confirmatoria, va tenuta distinta la **caparra penitenziale**. Questa è data, sempre al momento della conclusione del contratto, come corrispettivo del recesso: il recedente perde la caparra data o deve il doppio di quella ricevuta (art. 1386).

3. Risoluzione per impossibilità sopravvenuta della prestazione; risoluzione per eccessiva onerosità sopravvenuta

L'impossibilità sopravvenuta della prestazione per causa non imputabile al debitore comporta, come si è visto a suo luogo (10.5.), l'**estinzione dell'obbligazione**. Qui si deve considerare l'ipotesi che l'obbligazione estinta derivasse da un contratto a prestazioni corrispettive: l'impossibilità sopravvenuta di una prestazione rende, in tal caso, priva di ogni giustificazione la controprestazione. Essa comporta, perciò, la **risoluzione del contratto**, dal quale l'obbligazione estinta derivava, e comporta, quindi, anche l'estinzione della obbligazione dell'altra parte. Ne consegue che la parte liberata dall'obbligazione per la sopravvenuta impossibilità della propria prestazione non può chiedere la controprestazione e, se l'ha già ricevuta, deve restituirla (art. 1463).

La risoluzione del contratto opera qui **di diritto**: la controparte non ha bisogno, per rifiutare la propria prestazione, di promuovere un giudizio che accerti preliminarmente la legittimità del rifiuto; lo dovrà promuovere, naturalmente, se aveva già eseguito la sua prestazione e l'altra si rifiuti di restituirla. Ma anche in questo caso, non chiederà al giudice di risolvere il contratto, che è già risolto di diritto, bensì solo la restituzione di una prestazione da essa non dovuta.

Può accadere che la prestazione sia diventata impossibile per causa **imputabile al creditore**. Si può, nel silenzio della legge al riguardo, prospettare una duplice soluzione: si può ritenere che il contratto non si risolva, con la conseguenza che il contraente che ha reso impossibile la propria prestazione è tenuto ad eseguire la controprestazione, di per sé possibile, mentre l'altro contraente è liberato a norma dell'art. 1256, la sua prestazione essendo diventata impossibile per causa a lui non imputabile; oppure si può ammettere che l'impossibilità produrrà, anche in questo caso, risoluzione del contratto e liberazione del debitore; ma esporrà il creditore a responsabilità per i danni che la controparte ha subito a causa della mancata esecuzione del contratto.

L'impossibilità sopravvenuta della prestazione può essere solo **parziale**: il contratto, in tal caso, non si risolve, ma l'altra parte ha diritto ad una corrispondente **riduzione** della controprestazione dovuta; e potrà recedere dal contratto (ecco un'ipotesi di recesso per giusta causa) se non abbia interesse ad una esecuzione solo parziale della prestazione (art. 1464).

Della impossibilità sopravvenuta della prestazione nei **contratti con effetti reali** abbiamo già detto nel precedente paragrafo.

La disciplina della sopravvenuta impossibilità parziale di una delle prestazioni fa emergere un altro carattere che è, di regola, presente nei contratti a prestazioni corrispettive: non c'è solo un rapporto di corrispettività fra le prestazioni: c'è anche un più specifico rapporto di corrispettività tra il **valore economico** dell'una e quello dell'altra. Se, per la sopraggiunta impossibilità parziale della sua prestazione, una parte esegue a favore dell'altra una prestazione minore di quella originariamente pattuita (e, quindi, di minore valore economico), perde correlativamente la propria giustificazione all'ammontare del corrispettivo pattuito, il quale si ridurrà in misura corrispondente al minor valore economico della prestazione eseguita. Si parla, per descrivere questo specifico rapporto di equivalenza economica fra le prestazioni, di **contratti commutativi**: sono tali quei contratti a prestazioni corrispettive (ma vedremo fra breve, non tutti i contratti a prestazioni corrispettive) che hanno la funzione di attuare uno **scambio fra prestazioni economicamente equivalenti**; onde le vicende, successive alla formazione del contratto, che modificano il valore di una prestazione e provocano uno **squilibrio economico** fra le prestazioni, influiscono sulla misura della controprestazione o, addirittura, sulla sorte del contratto.

Questo carattere di **commutatività** del contratto si manifesta con tutta evidenza nella disciplina della risoluzione del contratto per **eccessiva onerosità sopravvenuta**. Questa riguarda i contratti la cui esecuzione è destinata a protrarsi nel tempo, siano essi contratti **a esecuzione differita** oppure contratti **a esecuzione continuata** o **periodica**: può accadere che, nel tempo intercorrente fra il momento della conclusione del contratto e quello della esecuzione di una delle prestazioni, sopraggiungano **avvenimenti straordinari** e **imprevedibili**, per effetto dei quali la prestazione di una delle parti diventi eccessivamente onerosa rispetto al valore della prestazione dell'altra. In questi casi la parte che deve la prestazione diventata eccessivamente onerosa può domandare la **risoluzione giudiziale** del contratto (art. 1467 comma 1°); e l'altra parte, se vuole evitare la risoluzione, può offrire di **modificare equamente** le condizioni contrattuali (art. 1467 comma 3°): a seconda dei casi, di ridurre l'ammontare della prestazione diventata eccessivamente onerosa oppure di accrescere l'ammontare della propria prestazione. L'onerosità sopravvenuta deve essere **eccessiva**: deve, cioè, consistere in un forte squilibrio tra il valore economico delle due prestazioni, che abbia reso il contratto sensibilmente iniquo per una delle parti.

La giurisprudenza considera quale evento straordinario e imprevedibile un **tasso di inflazione** che (come quello verificatosi alla metà degli anni Settanta) presenti carattere di eccezionalità; ammette, perciò, la risoluzione del contratto di vendita, salvo modificazione delle condizioni contrattuali originarie, se il prezzo originariamente pattuito, e destinato ad essere pagato ad una data successiva, si è nel frattempo fortemente svalutato a causa di una eccezionale inflazione monetaria.

È appena il caso di precisare che, per poter risolvere il contratto, occorre che questo non sia ancora stato eseguito quando sopraggiunge l'evento straordinario e imprevedibile (la risoluzione può essere domandata, per l'art. 1467 comma 1°, dalla «parte che deve», e quindi non ha ancora eseguito, la prestazione diventata eccessivamente onerosa): se l'evento interviene quando il prezzo della vendita è già stato pagato, il venditore subisce le conseguenze dell'inflazione su una somma di danaro che ormai non è più in rapporto con la vendita del bene, avendo il contratto già esaurito la propria funzione.

Lo squilibrio fra le prestazioni nel corso dell'esecuzione del contratto, deve dipendere da un evento straordinario e imprevedibile: non sono tali quegli eventi che rientrano negli ordinari limiti di oscillazione dei prezzi di mercato come (per stare agli esempi precedenti) un forte rincaro del costo del petrolio dovuto ad un aumento della tariffe deliberato dalle organizzazioni dei paesi produttori (si sa che, periodicamente, queste aggiornano i prezzi), oppure una inflazione monetaria che, per quanto elevata, appare contenuta nella cosiddetta **alea normale del contratto** e non permettono di domandarne la risoluzione (art. 1467 comma 2°): sono, cioè, rischi che ogni contraente sa di assumere al momento della conclusione di un contratto. Chi vuole sottrarsi ad essi deve ottenere l'inserimento nel contratto di una apposita clausola che preveda l'aggiornamento delle condizioni contrattuali con il variare delle condizioni di mercato (il che spesso, nella pratica, viene fatto).

Le norme sulla risoluzione del contratto per eccessiva onerosità sopravvenuta non si applicano ai **contratti aleatori** o di sorte (art. 1469). Sono i contratti nel quali un contraente si obbliga ad una prestazione, ma è **incerto**, al momento della conclusione del contratto, se gli sarà dovuta la controprestazione; accetta, perciò, il **rischio** di dover eseguire la propria prestazione senza ricevere nulla in cambio. Il contratto può essere aleatorio per **sua natura**, come il contratto di assicurazione (art. 1882), o per **volontà delle parti**, come può essere la vendita di cosa futura (art. 1472 comma 2°). Nell'assicurazione una parte, l'assicurato, si obbliga a pagare somme periodiche all'assicuratore, dette premi: ma l'assicuratore gli dovrà la controprestazione, ossia l'indennizzo, solo se si verificherà l'evento coperto dalla assicurazione, ossia il sinistro. La vendita di cosa futura può essere voluta dalle parti come vendita commutativa (o vendita della «cosa sperata») oppure come vendita aleatoria (o vendita della «speranza»): il compratore, nel secondo caso, si obbliga a pagare il prezzo anche nell'eventualità che la cosa non venga ad esistenza.

I contratti aleatori sono contratti a prestazioni corrispettive, e ad essi si applicano le norme sulla risoluzione per inadempimento o per impossibilità sopravvenuta della prestazione; si distinguono, tuttavia, dai contratti commutativi e, a differenza di questi, non sono sottoposti alle norme sulla risoluzione per eccessiva onerosità sopravvenuta (né a quelle, di cui ora diremo, sulla rescissione per lesione).

4. La rescissione del contratto

Lo squilibrio economico fra le prestazioni del quale abbiamo detto nel paragrafo precedente, è lo squilibrio che si determina in epoca successiva alla conclusione del contratto, nel corso della esecuzione di questo. È, invece, di regola irrilevante lo **squilibrio economico originario** tra le prestazioni: domina, in sede di formazione del contratto, il principio dell'autonomia contrattuale, e ciascuno è libero di contrattare a condizioni a sé svantaggiose e vantaggiose per la controparte. Può trattarsi, è vero, di una libertà solo formale, come nei casi in cui il contraente più debole subisce, di fatto, le condizioni contrattuali imposte dal contraente più forte; ma, se non intervengono fonti di integrazione del contratto, limitatrici dell'autonomia contrattuale, come la già esaminata determinazione autoritativa dei prezzi o delle tariffe da parte dell'autorità pubblica, o come la determinazione del corrispettivo secondo criteri di legge, l'autonomia contrattuale è, in linea di principio, insindacabile e incensurabile.

A questo principio generale sono però apportati due temperamenti, che vanno entrambi sotto il nome di **rescissione** del contratto. Rescissione altro non significa se non scioglimento o risoluzione del contratto: il termine ha però, nel linguaggio del codice civile, un preciso significato tecnico e indica lo scioglimento del contratto per le due specifiche cause di cui ora diremo.

Una prima causa di rescissione investe il contratto concluso in **stato di pericolo**: chi, per contratto, assume obbligazioni a **condizioni inique**, ossia con forte sproporzione tra il valore di ciò che dà e di ciò che riceve, per la necessità, nota alla controparte, di salvare sé o altri dal pericolo attuale di un **danno grave alla persona**, può chiedere al giudice la rescissione del contratto (art. 1447). Il caso è, in pratica, di non grande importanza: può essere il caso di chi, temendo un imminente pericolo per la salute propria o di persona che gli sta a cuore, accetta di pagare al chirurgo un corrispettivo di gran lunga superiore agli ordinari onorari professionali; oppure il caso di chi, avendo subito un incidente stradale, accetta di pagare una somma spropositata all'automobilista che lo porta all'ospedale.

Più importante, e in pratica più frequente, è l'ipotesi del contratto concluso in **stato di bisogno**: se c'è sproporzione tra la prestazione di una parte e quella dell'altra, e la sproporzione è dipesa dalla situazione, anche momentanea, di bisogno economico di una parte, della quale l'altra parte **ha approfittato**, la prima può chiedere la rescissione del contratto (art. 1448 comma 1°). È la cosiddetta rescissione **per lesione**: è il caso di chi, trovandosi in difficoltà economiche, svende i propri beni pur di realizzare danaro, e il compratore, che sa delle condizioni di bisogno del venditore, ne approfitta offrendo un prezzo irrisorio. Qui la legge fissa però un criterio per stabilire quando c'è sproporzione fra le prestazioni e, quindi, lesione (ossia danno) per la parte che ha contrattato in stato di bisogno: occorre una **lesione oltre la metà**: in altre parole, la prestazione ricevuta deve essere **inferiore alla metà del valore** che la prestazione eseguita aveva al tempo del contratto (art. 1448 comma 2°); e questa sproporzione deve perdurare fino al momento in cui è proposta l'azione di rescissione (art. 1448 comma 3°). La rescissione per lesione non può essere domandata per i contratti aleatori (art. 1448 comma 4°), dei quali si è detto nel paragrafo precedente.

Come nel caso della eccessiva onerosità sopravvenuta, la parte contro cui è chiesta la rescissione del contratto può evitarla offrendo di modificare le condizioni del contratto in modo da **ricondurle ad equità** (art. 1450).

Le cause di rescissione sono, a rigore, difetti genetici, e non funzionali, del contratto: riguardano, cioè, la formazione del contratto, non la sua esecuzione. Tuttavia, la legge le prende in considerazione come cause di scioglimento del rapporto contrattuale, assimilandole alle cause di risoluzione piuttosto che a quelle (logicamente più affini) di annullamento del contratto. Non è ammessa, perciò, la **convalida** del contratto rescindibile (art. 1451), come è ammessa per quello annullabile; è invece ammessa, come si è appena detto, la sua riconduzione ad equità, come per il contratto soggetto a risoluzione per eccessiva onerosità sopravvenuta. Anche agli effetti della rescissione rispetto ai terzi sono regolati (art. 1452) in modo corrispondente alla risoluzione.

L'azione di rescissione è, in entrambi i casi, soggetta al breve termine di prescrizione di **un anno**, che decorre dalla conclusione del contratto (art. 1449 comma 1°). Al medesimo termine di prescrizione è sottoposta anche l'**eccezione** di rescissione (art. 1449 comma 2°): se la parte che ha tratto vantaggio dall'altrui stato di pericolo o di bisogno chiede l'esecuzione del contratto decorso un anno dalla conclusione, l'altra parte non può più eccepirgli la rescindibilità del contratto. È una deroga al principio generale sulla prescrivibilità delle eccezioni, accolto invece in materia di annullabilità del contratto (art. 1442 comma 4°).

5. La presupposizione

Un significativo terreno sul quale si è manifestato il controllo giudiziario sulla funzione economica dello scambio contrattuale è quello al quale ci si riferisce con il nome di **presupposizione**. Questa è una causa di risoluzione del contratto non prevista dalla legge, ma riconosciuta dalla giurisprudenza; e consiste in un **presupposto oggettivo** del contratto che le parti hanno avuto presente al momento della sua conclusione, ma che **non hanno menzionato** nel contratto, al successivo venir meno di quel presupposto viene ricollegata la possibilità, per il contraente che vi ha interesse, di ottenere dal giudice la risoluzione del contratto.

Classico esempio di scuola della presupposizione è quello del balcone preso in locazione per un dato giorno ed una data ora: per il giorno e per l'ora in cui si svolgerà, nella piazza antistante, una pubblica manifestazione. Chi prende in locazione il balcone non enuncia il motivo che lo ha indotto al contratto, ossia il desiderio di assistere alla manifestazione; ma l'altra parte non poteva non averne coscienza, sia per il carattere insolito di una locazione del genere, sia per la notorietà del pubblico avvenimento annunciato per quel giorno, in quell'ora e in quel luogo. All'ultimo momento la manifestazione viene spostata in un'altra piazza, e chi aveva preso il balcone in locazione chiede gli venga restituito il corrispettivo già versato, adducendo di averlo preso in locazione nella **presupposizione** che da esso avrebbe potuto assistere al pubblico avvenimento. Può l'altra parte rifiutarsi di restituirglielo, eccependo che nel contratto fra loro intercorso non si faceva alcuna menzione di quel pubblico avvenimento e che il contratto non era stato, perciò, sottoposto alla condizione risolutiva che quell'evento non si verificasse?

I casi intorno ai quali la giurisprudenza si è pronunciata sono di questo genere: un imprenditore edile compera per un elevato prezzo un terreno edificabile con l'intento, non dichiarato nel contratto, di utilizzarlo per una costruzione; ma, a vendita già conclusa, sopraggiunge una modificazione del piano regolatore comunale che sottrae quell'area alla precedente destinazione residenziale e la vincola a «verde agricolo». Analogo problema: può il compratore ottenere la risoluzione del contratto e la liberazione dalla obbligazione di pagare il prezzo o la restituzione del prezzo già pagato? Oppure il venditore può eccepire che nessuna espressa condizione risolutiva era prevista dal contratto, e così pretendere, o trattenere se lo ha già riscosso, un prezzo non più giustificato dal valore della controprestazione eseguita? (il caso è diverso da quello dell'errore sui motivi, giacché qui si tratta non di erronea conoscenza della situazione presente al momento del contratto, ma di sopravvenienza, dopo il contratto, di una situazione diversa da quella allora esistente).

Per molto tempo si era negato ogni valore giuridico alla presupposizione, adducendo che i motivi del contratto sono, in linea di principio, irrilevanti per il diritto e che, per acquistare rilievo, debbono tradursi in una volontà contrattuale condizionata, ossia in una condizione, sospensiva o risolutiva, espressamente apposta al contratto. La opposta soluzione, oggi accolta con sempre maggiore frequenza, tende a basarsi sull'applicazione delle clausole generali di **buona fede** nell'interpretazione e nell'esecuzione del contratto: si dà rilievo prevalente al sopraggiunto venire meno della funzione del contratto, al fatto che l'evento sopraggiunto ha prodotto, come nel caso della eccessiva onerosità sopravvenuta, testualmente previsto dall'art. 1467, una **alterazione funzionale della causa**, rendendo non più giustificato lo scambio fra le prestazioni contrattuali, che l'evento sopravvenuto ha reso non più equivalenti fra loro (e l'art. 1467 viene considerato come applicazione, in una situazione specifica, di un più generale principio).

È infine pertinente segnalare che la presupposizione assume un diverso valore a seconda che abbia per oggetto una situazione falsamente presupposta come esistente al momento della conclusione del contratto oppure riguardi il successivo mutamento della situazione originariamente presupposta. Nel primo caso il contratto è nullo per mancanza di causa (della causa in concreto), non essendo in grado di assolvere la funzione economico-sociale che gli è propria (14.4.); nel secondo caso è, invece, affetto da un vizio funzionale che ne determina la risoluzione. I casi intorno ai quali la Corte regolatrice si è pronunciata sono quelli della permuta di area falsamente supposta come edificabile contro appartamenti da costruire, o della locazione ad uso commerciale di immobile non adibibile ad un tale uso. Sono casi che rendono evidente come, in difetto della condizione falsamente supposta come esistente, il contratto non sia in grado si assolvere la propria funzione.

Capitolo diciassettesimo

CRITERI DI COMPORTAMENTO DEI CONTRAENTI E DI INTERPRETAZIONE DEL CONTRATTO

1. La buona fede contrattuale

Alle norme che regolano, in modo analitico e circostanziato, la formazione e l'esecuzione del contratto si accompagnano altre norme, le quali formulano un **generale criterio di comportamento** delle parti contraenti. Sono le norme che impongono loro di comportarsi, l'una nei confronti dell'altra, secondo **buona fede**: buona fede nello svolgimento delle trattative e nella formazione del contratto (art. 1337); buona fede nella esecuzione del contratto (art. 1375); buona fede, se si tratta di contratto sottoposto a condizione sospensiva o risolutiva, in pendenza della condizione (art. 1358); buona fede nell'opporre l'eccezione di inadempimento (art. 1460 comma 2°).

Oltre che criterio di comportamento delle parti, la buona fede è anche criterio di interpretazione del contratto, come vedremo nel prossimo paragrafo: il contratto deve essere interpretato secondo buona fede (art. 1366).

«Buona fede» altro non significa, in queste norme, se non **correttezza** o **lealtà**. Ha un significato del tutto diverso dalla buona fede di cui si parla in materia di possesso (possesso di buona fede) e nelle tante norme che, in materia di invalidità del contratto, di simulazione ecc., fanno salvi i diritti dei terzi di buona fede. Là «buona fede» indica uno **stato soggettivo**: significa, semplicemente, ignoranza di ledere l'altrui diritto (art. 1147); qui, invece, esprime un **dovere**: il dovere delle parti contraenti di comportarsi con correttezza e lealtà. Ha, perciò, il medesimo significato di quel più generale dovere di correttezza che, come si è visto (9.2.), il codice civile impone al debitore e al creditore (art. 1175). Per distinguere questo concetto della buona fede come dovere di comportamento dalla buona fede come stato soggettivo si parla di **buona fede contrattuale** o oggettiva.

Il dovere generale di buona fede contrattuale ha, come quello ancora più generale di correttezza fra debitore e creditore (che vale per tutte le obbligazioni, e non solo per le obbligazioni da contratto), la funzione di colmare le inevitabili lacune legislative: la legge, per analitica che sia, non può prevedere tutte le possibili situazioni; non può sempre prevenire, con apposite norme, gli abusi che le parti possono commettere l'una a danno dell'altra. La legge prevede solo le situazioni più frequenti, sventa gli abusi più ricorrenti: molti riprovevoli comportamenti sfuggirebbero alle pur fitte maglie della legge, se si dovesse considerare permesso ogni comportamento che nessuna norma di legge vieta («la legge non lo vieta, dunque posso farlo»), o solo facoltativo ogni comportamento che nessuna norma di legge rende obbligatorio («la legge non lo impone, dunque posso non farlo»). Il principio generale della correttezza e della buona fede consente di identificare altri divieti e altri obblighi oltre a quelli previsti dalla legge; realizza, come si dice, la «chiusura» del sistema legislativo, ossia offre criteri per colmare le lacune che questo può rivelare nella varietà e molteplicità delle situazioni della vita economica e sociale.

Le regole, non scritte, della correttezza e della lealtà sono **regole di costume**: corrispondono a ciò che un contraente di media correttezza o lealtà si sente in dovere di fare o di non fare; e si dovrà tenere conto del livello medio di correttezza di quel dato settore economico o sociale cui il contratto si riferisce (ad esempio, il settore del credito, quello delle assicurazioni, quello della compravendita delle automobili usate e così via). Spetta al giudice stabilire, in concreto, ciò che è secondo buona fede o è contrario alla buona fede; ma il giudice non si avvale di un proprio concetto di correttezza o di lealtà: deve tenere conto delle regole del costume, che possono essere molto più elastiche e spregiudicate del suo personale concetto di correttezza.

Il dovere di buona fede opera:

a) nello svolgimento delle **trattative** e nella **formazione** del contratto (art. 1337).

Qui assume, anzitutto, il carattere di un dovere di **informazione** di una parte nei confronti dell'altra: ciascuna di esse ha il dovere di dare notizia delle circostanze che appaiono ignote all'altra e che possono essere determinanti del suo consenso (tali per cui l'altra parte, sapendole, non avrebbe contrattato o avrebbe contrattato a condizioni diverse). Così, ad esempio, è contrario alla buona fede il non dire, mentre si vende ad uno straniero un'area edificabile, di essere a conoscenza di un progetto di variante al piano regolatore comunale che modificherà la destinazione di quell'area (qui non potrà applicarsi la norma relativa all'annullamento del contratto per errore sulla qualità dell'oggetto perché, al momento della vendita, il terreno è ancora un'area fabbricabile); oppure (ipotesi inversa) il non dire, mentre si tratta il prezzo di acquisto di un terreno agricolo, di essere a conoscenza di una variante al piano regolatore, in corso di approvazione, che rende edificabile quel terreno e, perciò, ne eleva sensibilmente il prezzo. Al dovere di informazione si collega la già esaminata figura della **reticenza**: la violazione del dovere di informazione può dare luogo, se ad essa segue il contratto, ad una azione di annullamento per dolo omissivo, come si e visto a suo luogo (12.5.). L'omessa informazione può però assumere rilievo, e fondare un'azione di danni della controparte, indipendentemente dall'annullamento del contratto: lo si è ritenuto per l'ipotesi in cui il committente abbia omesso di informare l'appaltatore su circostanze che rendono notevolmente più onerosa la sua prestazione, oppure per il caso in cui il chirurgo abbia omesso di informare il paziente sui probabili risultati e sulle possibili conseguenze dell'intervento chirurgico, ottenendo un consenso all'intervento che non riveste il dovuto carattere del «consenso informato».

Si considera contraria alla buona fede anche una improvvisa e ingiustificata **rottura delle trattative precontrattuali**, intervenuta nel momento in cui l'altra parte aveva motivo di fare affidamento sulla futura conclusione del contratto ed aveva, perciò, effettuato delle spese per fare fronte all'adempimento delle obbligazioni contrattuali (l'appaltatore, ad esempio, aveva già predisposto la sua organizzazione aziendale, assunto dipendenti e così via, per dare esecuzione all'appalto).

Chi, violando il dovere di buona fede nelle trattative contrattuali, ha cagionato un danno all'altra parte è tenuto a risarcirlo. È la cosiddetta responsabilità **precontrattuale**: la sua fonte non è il contratto, ma un fatto illecito (la violazione del dovere di buona fede) che ha preceduto o accompagnato la formazione del contratto: è, perciò, una forma di responsabilità da **fatto illecito** (art. 2043), regolata dalle norme a questa relative.

Una tesi minoritaria, che tuttavia ultimamente sta avendo un certo seguito in giurisprudenza, qualifica la responsabilità precontrattuale come responsabilità da contratto: le conseguenze che ne derivano sono sensibili, specie riguardo all'onere della prova sulla colpa. Vero è però questo: la responsabilità precontrattuale è responsabilità per inadempimento della obbligazione di comportarsi secondo buona fede nelle trattative e nella formazione del contratto (art. 1337); è, perciò, responsabilità per inadempimento, regolata dall'art. 1218, ossia responsabilità contrattuale nel lato senso che si attribuisce a questa espressione. La tesi dominante si basa sull'erroneo presupposto che qualsiasi responsabilità che non derivi da contratto sia necessariamente, responsabilità da fatto illecito.

Una specifica ipotesi di responsabilità precontrattuale è prevista dalla legge: la parte che, conoscendo, o dovendo conoscere con l'uso dell'ordinaria diligenza, l'esistenza di una causa di **invalidità del contratto** (si è accorta, ad esempio, dell'errore nel quale è incorso l'altro contraente), non ne dà notizia all'altra (non l'avverte, nel nostro esempio, dell'errore nel quale è incorsa) è tenuta a risarcire il danno da questa risentito per avere confidato, senza sua colpa, nella validità o nell'efficacia del contratto (art. 1338). L'altra parte potrà sì ottenere (una volta scoperto il proprio errore) l'annullamento del contratto, con la restituzione della prestazione eventualmente eseguita. Ma ciò può non avere interamente eliminato il danno da essa subito: può esserci anche l'interesse contrattuale negativo del quale abbiamo già detto, il danno delle occasioni perdute (14.1.); e, se prova d'avere subito questo danno, ha diritto di esserne risarcita. Un'applicazione di questa regola è la già esaminata responsabilità del falso rappresentante (art. 1398);

b) nell'**esecuzione** del contratto (art. 1375).

Due specifiche applicazioni di legge sono: 1) l'obbligo di comportarsi secondo buona fede in **pendenza della condizione**, per conservare integre le ragioni dell'altra parte (art. 1358), ossia custodendo con diligenza la cosa che sia alienata sotto condizione sospensiva o acquistata sotto condizione risolutiva (qui non opera l'art. 1177 perché, fino a quando la condizione non si avveri, l'obbligazione di consegnare non è ancora sorta); 2) il divieto di rifiutare la propria prestazione, avvalendosi della **eccezione di inadempimento**, se il rifiuto è contrario alla buona fede (art. 1460, comma 2°). Si deve, a quest'ultimo riguardo, tenere conto delle circostanze: ad esempio, l'azienda elettrica o quella telefonica può legittimamente sospendere l'erogazione dell'energia elettrica o staccare l'allacciamento del telefono all'utente che non paga la bolletta (art. 1565); ma è contrario alla buona fede sospendere l'esecuzione della prestazione se (come pure accade) la bolletta non pagata è stata recapitata nel mese di agosto, quando l'utente è in ferie.

La buona fede nell'esecuzione del contratto imposta dall'art. 1375 forma oggetto di una obbligazione che nasce dal contratto stesso, attenendo al suo contenuto legale (11.3.). La conseguenza che da ciò la giurisprudenza trae è che la violazione del dovere di buona fede è inadempimento contrattuale e che, se essa riveste particolare gravità, può giustificare la risoluzione del contratto per inadempimento.

La violazione del dovere di buona fede nell'esecuzione del contratto può anche configurarsi come **abuso del diritto**: accade quando il contraente esercita verso l'altro i diritti che gli derivano dalla legge o dal contratto per realizzare uno scopo diverso da quello cui questi diritti sono preordinati. Egli, ad esempio, vuole sciogliersi da una vendita che ritiene per sé non vantaggiosa e, per poterne ottenere la risoluzione, esige il prezzo scegliendo ad arte il momento di una temporanea difficoltà economica del compratore (che non potrà più adempiere come si è visto, dopo l'altrui domanda di risoluzione). Un caso di abuso di diritto frequentemente esaminato dalla giurisprudenza si manifesta nella società per azioni: la maggioranza delibera un aumento di capitale al solo scopo di liberarsi di una scomoda minoranza, sapendo che questa non sarà in grado di sottoscrivere le azioni di nuova emissione.

La violazione del dovere di buona fede comporta, di regola, l'obbligazione di risarcire il danno che si è cagionato alla controparte. Ma può anche comportare conseguenze diverse, come nel caso in cui comporta, come nel caso sopra indicato, la risoluzione del contratto per inadempimento. Negli altri esempi ora fatti, sempre che si riesca a dare prova dell'abuso, comporta che la domanda di risoluzione è respinta dal giudice e che la vendita, perciò, conserva la propria efficacia; o comporta l'invalidità della deliberazione assembleare di aumento del capitale sociale. La giurisprudenza muove dalla premessa che, con l'esercizio del voto, il socio dà esecuzione al contratto di società, sicché il diritto di voto deve, a norma dell'art. 1375, essere esercitato secondo buona fede; la conclusione è che il voto espresso per realizzare un interesse extrasociale, con danno per la minoranza, integra gli estremi dell'abuso del diritto.

Altra applicazione giurisprudenziale riguarda il recesso della banca dal contratto di apertura di credito a tempo indeterminato, giudicato invalido se del tutto privo di giustificazione e perciò contrario alla buona fede. Quando per l'efficacia del recesso non è richiesta una giusta causa e si tratta, perciò, di recesso *ad nutum*, l'effetto estintivo del vincolo contrattuale dovrebbe, a rigore, prodursi per mera volontà del recedente, insindacabile ed incensurabile in sede giudiziaria. Ma anche a questo riguardo si è finito con il fare applicazione dell'art. 1375, essendo il recesso *ad nutum* atto di esecuzione del contratto dal quale si recede, sindacabile alla stregua della buona fede contrattuale.

2. L'interpretazione del contratto

Il contratto, quando non è un contratto tacito, è fatto di **parole**, scritte in un documento (contratto scritto) o dette a voce (contratto orale); ed il senso della parole, di singole parole o dell'insieme del discorso, può dare luogo a controversie. Di qui l'opportunità di criteri di legge per l'**interpretazione** del contratto: sono criteri che vincolano le parti, allorché dal testo contrattuale desumono i diritti loro spettanti o le obbligazioni loro derivanti; e sono, soprattutto, criteri dei quali si avvale il giudice, allorché è controversa fra le parti l'interpretazione del contratto dedotto in un giudizio. I criteri di interpretazione enunciati dalla legge sono di duplice ordine: alcuni, detti criteri di **interpretazione soggettiva**, si basano sulla ricerca della comune intenzione delle parti; altri, detti di **interpretazione oggettiva**, si rifanno al concetto di buona fede contrattuale o ad altri oggettivi elementi non riconducibili all'intenzione delle parti.

Il primo ordine di criteri muove dal principio che, nell'interpretare un contratto, si deve indagare quale sia stata la **comune intenzione delle parti**, e non limitarsi al senso letterale delle parole da esse usate (art. 1362 comma 1°). Le parole, prese a sé, possono tradire l'intenzione dei contraenti: questi, ad esempio, hanno scritto di volere l'uno dare in locazione e l'altro ricevere in locazione la cosa che il primo consegna al secondo, ma nel contratto non c'è menzione di canone della locazione. Se ci si potesse limitare al senso letterale delle parole (qui della parola locazione), si dovrebbe senz'altro concludere di essere di fronte ad un contratto nullo per mancanza dell'oggetto (qui il canone di locazione). Ma bisogna ricavare, **al di là delle parole**, l'intenzione delle parti: può allora risultare che queste volevano effettivamente l'una concludere e l'altra conseguire il godimento gratuito del bene, e si deve concludere che esse intendevano stipulare un contratto di comodato, anche se l'hanno impropriamento definito come locazione (o, talvolta succede, come «locazione gratuita»).

Ancora: le parti qualificano il contratto come preliminare di vendita, ma poi vi scrivono che, con esso, l'una vende e l'altra compera: è davvero un contratto preliminare, che ancora non trasferisce la proprietà, o non è piuttosto un contratto definitivo, impropriamente qualificato come preliminare, che ha già trasferito la proprietà? L'importanza del quesito appare di tutta evidenza se si considera la diversa attribuzione del rischio, nell'uno o nell'altro caso, per il perimento della cosa.

In questi esempi si nota anche che l'interpretazione secondo l'intenzione delle parti può modificare la **qualificazione** del contratto: vale a questo riguardo la regola secondo la quale il nome dato dalle parti al contratto (cosiddetto *nomen iuris*) non è vincolante, e il giudice può, dopo aver ricostruito la sostanza effettiva del rapporto che le parti intendevano costituire, attribuirgli una qualificazione giuridica diversa da quella datagli dalle parti e corrispondente alla sostanza del rapporto da esse voluto.

Come scoprire, al di là delle parole, la reale intenzione delle parti? La legge fornisce alcuni criteri: un primo criterio, di carattere **storico**, è quello secondo il quale occorre valutare il **comportamento** complessivo delle parti, **anche posteriore** alla conclusione del contratto (art. 1362 comma 2°); un secondo criterio, di carattere **logico**, è quello per cui occorre interpretare le singole clausole le une per mezzo delle altre, attribuendo a ciascuna il significato che risulta dal **complesso del contratto** (art. 1363). In virtù del primo criterio può venire in considerazione la corrispondenza intercorsa fra le parti durante le trattative e può, altresì, assumere rilievo il comportamento delle parti in sede di esecuzione del contratto (se esse hanno costantemente attribuito, in sede di esecuzione, un dato significato al contratto, non potrà una parte successivamente insorgere pretendendo che le parole del contratto vadano diversamente interpretate). Con il secondo criterio l'intenzione delle parti viene ricostruita considerando il contratto nel suo insieme, e il significato letterale di una clausola può apparire contrario all'intenzione delle parti se la clausola viene intesa alla luce dell'intero regolamento contrattuale.

Un generale criterio di interpretazione oggettiva è quello secondo il quale il contratto deve essere interpretato **secondo buona fede** (art. 1366): sul presupposto, cioè, che le parti siano contraenti **corretti** e **leali**, anche se in concreto entrambe o una di esse non lo sono affatto. È un criterio **oggettivo** perché può condurre a dare al contratto un significato **diverso** da quello corrispondente alla comune intenzione delle parti, le quali potevano, entrambe o una sola di esse, avere nutrito una intenzione non corretta o non leale. Esse non possono provare, secondo i criteri di interpretazione soggettiva, questa loro intenzione: prevale l'interpretazione secondo buona fede.

Altri criteri oggettivi, che prescindono dall'intenzione delle parti, valgono per le clausole **ambigue**, ossia per le clausole contrattuali alle quali si possono attribuire più sensi. Vale, allora, il già menzionato principio di **conservazione del contratto**: la clausola si interpreta nel senso in cui è valida o è efficace, anziché in quello per il quale sarebbe invalida o inefficace (art. 1367); vale, inoltre, il criterio dei cosiddetti **usi interpretativi**: la clausola ambigua si interpreta secondo ciò che generalmente si pratica nel luogo in cui il contratto è stato concluso (art. 1368). Ancora: le clausole delle **condizioni generali di contratto** si interpretano, nel dubbio, contro l'autore della clausola, ossia nel senso più favorevole all'altro contraente, che è il contraente più debole (art. 1370). Infine, se il contratto rimane ancora oscuro, si applicano questi **estremi criteri**: il contratto a titolo oneroso si interpreta nel senso che realizzi l'**equo contemperamento** degli interessi delle parti, ossia il migliore equilibrio possibile fra prestazione e controprestazione; il contratto a titolo gratuito si interpreta nel senso meno gravoso per il contraente obbligato (art. 1371).

Capitolo diciottesimo

SINGOLI CONTRATTI

1. La vendita

La vendita può avere ad oggetto, per l'art. 1470, sia il trasferimento della **proprietà** di una cosa, mobile o immobile, sia il trasferimento di un **altro diritto**, sia esso un diritto reale (trasferimento del diritto di superficie, di usufrutto ecc.) oppure un diritto di credito (cessione dei crediti); e l'espressione «altro diritto» va intesa nel senso più ampio: può essere vendita anche la cessione di un contratto, che propriamente non è, come vedremo, trasferimento di un «diritto», ma della più complessa situazione (implicante diritti ed obbligazioni) di contraente o di parte di un contratto (22.3.).

La vendita è un contratto a titolo oneroso: attua il trasferimento di un diritto verso il corrispettivo di una somma di danaro, detta **prezzo**; e la sua causa, come si è avvertito, consiste nello **scambio**, tra un diritto e una somma di danaro. Per suo mezzo si realizza, dunque, una duplice funzione economica: da un lato la circolazione dei beni o, più in generale, dei diritti; dall'altro la circolazione del danaro. In quanto contratto a titolo oneroso, la vendita differisce dalla **donazione**, che attua anch'essa il trasferimento di diritti, ma per spirito di liberalità (art. 769) e, quindi, senza alcun corrispettivo.

Il prezzo in danaro è, inoltre, l'elemento che distingue la vendita dalla **permuta**, nella quale il trasferimento del diritto da un contraente all'altro ha per corrispettivo non una somma di danaro, ma il trasferimento di un altro diritto (art. 1552). La causa della permuta non è scambio di cosa con prezzo, ma scambio di cosa con cosa.

Il contratto di vendita produce due ordini di effetti:

a) **effetti reali**.

La vendita è, come ogni contratto che abbia per oggetto il trasferimento della proprietà o di altro diritto, un contratto con effetti reali: la proprietà o l'altro diritto si trasferisce dal venditore al compratore per effetto del solo consenso, secondo la già esaminata regola generale dell'art. 1376 (15.2.);

b) **effetti obbligatori**.

La vendita è fonte di obbligazioni per il compratore e per il venditore. Sul primo incombe l'obbligazione di **pagare il prezzo** (art. 1498); sul secondo grava una più complessa serie di obbligazioni:

1) l'obbligazione di **consegnare la cosa** al compratore (art. 1476 n. 1); e questa obbligazione, va ripetuto, ha per oggetto una cosa che è già del compratore, diventatone proprietario per effetto immediato del contratto;

2) l'obbligazione di fargli **acquistare la proprietà** della cosa o il diritto, quando l'acquisto non è effetto immediato del contratto (art. 1476 n. 2).

È una obbligazione di carattere solo **eventuale**: incombe sul venditore nei casi in cui il contratto non abbia, secondo la ricordata regola generale, già trasferito la proprietà. Il che accade nell'ipotesi, già nota, del contratto che abbia per oggetto cose indicate solo nel **genere**: la proprietà passa dal venditore al compratore solo al momento della **individuazione** (art. 1378). Accade, inoltre, in altre tre ipotesi, specifiche della vendita, delle quali diremo nel prossimo paragrafo;

3) l'obbligazione di **garantire** il compratore dall'**evizione** (art. 1476 n. 3).

Si ha evizione quando, dopo la vendita, un terzo rivendica con successo la proprietà della cosa e il compratore, perciò, ne perde la proprietà. Ad esempio: Tizio vende un bene a Caio; ma Sempronio dimostra in giudizio di essere lui il proprietario del bene che Tizio ha venduto, e ottiene una sentenza che condanna Caio, attuale possessore del bene, a consegnarglielo. Sul venditore incombe l'obbligazione di garantire il compratore di essere proprietario di ciò che gli vende (o, comunque, titolare del diritto che gli trasferisce): se il compratore subisce l'evizione, il venditore dovrà rimborsargli il prezzo e risarcirgli il danno (art. 1483). La garanzia per evizione non è dovuta quando la vendita sia stata conclusa con la clausola «a rischio e pericolo del compratore» (art. 1488);

4) l'obbligazione di **garantire** il compratore dai **vizi occulti della cosa** (art. 1476 n. 3).

Si tratta qui di **vizi materiali** della cosa, che la rendano inidonea all'uso cui è destinata o che ne diminuiscano in modo apprezzabile il valore (art. 1490 comma 1°). Deve trattarsi, inoltre, di vizi **occulti**, ossia di vizi che il compratore non conosceva al momento del contratto o che non poteva facilmente riconoscere (art. 1491). Sono, ad esempio, vizi occulti di un edificio i difetti di costruzione che ne pregiudichino la stabilità (si è sbagliato il calcolo del cemento armato, si è costruito su terreno instabile ecc.), i difetti di fabbricazione di macchine o di altri prodotti industriali, che ne impediscono l'utilizzazione da parte del compratore (la macchina non funziona o funziona male o è pericolosa per l'incolumità di chi deve usarla); sono, ancora, vizi occulti quei difetti della cosa che, pur non impedendone l'utilizzazione, ne diminuiscono il valore, come ad esempio le impurità o «falle» degli oggetti di cristallo o dei materiali metallici. Ai vizi occulti la legge equipara la **mancanza delle qualità promesse o delle qualità essenziali** della cosa (art. 1497): il tessuto fornito dal venditore, ad esempio, non è di pura lana, come pattuito, ma di lana mista a fibra sintetica; i prodotti agricoli consegnati dal produttore all'esportatore non presentano le qualità richieste dal mercato estero.

La garanzia per i vizi occulti può essere **esclusa** o **limitata** dal contratto, ma il patto che la esclude o la limita non ha effetto a favore del venditore che conoscesse i vizi della cosa e li avesse in mala fede taciuti al compratore (art. 1490 comma 2°).

Il compratore ha un termine molto breve per denunciare al venditore i vizi occulti o la mancanza di qualità della cosa: deve denunciarli, a pena di decadenza, entro **otto giorni dalla scoperta**, salvo che il contratto non disponga diversamente (art. 1495 comma 1°). Effettuata tempestivamente la denuncia, ha poi il termine di prescrizione di **un anno dalla consegna** per far valere in giudizio la garanzia (art. 1495 comma 3°). In giudizio può, a sua scelta, esercitare due azioni: o l'**azione redibitoria**, con la quale chiede la risoluzione del contratto e il rimborso del prezzo (dovrà, a sua volta, restituire la cosa, se non è perita a causa dei vizi: art. 1493); oppure l'**azione estimatoria**, con la quale domanda la riduzione del prezzo (art. 1492 comma 1°) e, se lo ha già pagato, il suo parziale rimborso. Scelta, con domanda giudiziale, una delle due azioni, il compratore non può esercitare l'altra (art. 1492 comma 2°).

La giurisprudenza ha mitigato il rigore della legge, che pone anzi brevi termini di decadenza e di prescrizione, introducendo la figura dell'*aliud pro alio*, che ricorre quando la cosa venduta si riveli del tutto inidonea ad assolvere la sua funzione economico-sociale (come nel caso della vendita di un alloggio privo del certificato comunale di abitabilità). In tal caso l'azione di risoluzione si considera sottoposta all'ordinario termine di prescrizione.

In ogni caso, il compratore ha diritto al risarcimento dei danni subiti, se il venditore non prova di avere **senza colpa** ignorato i vizi della cosa (art. 1494 comma 1°). Al venditore è così imposta la specifica obbligazione di controllare che la cosa posta in vendita sia immune da vizi: egli si libera da responsabilità verso il compratore solo provando di avere esercitato gli opportuni controlli con la dovuta diligenza. Il diritto del compratore al risarcimento si estende oltre l'ordinario danno conseguente alla risoluzione del contratto per inadempimento, fino ai **danni derivati** dai vizi della cosa (art. 1494 comma 2°): così negli esempi precedenti, se l'edificio crolla per un difetto di costruzione o se un operaio si ferisce per il difetto di funzionamento della macchina, saranno a carico del venditore i danni alle cose o alle persone conseguenti al crollo o al difettoso funzionamento della macchina.

Diversa dalla garanzia per i vizi occulti o per la mancanza di qualità è la garanzia del venditore relativa al **buon funzionamento**, per un tempo determinato, delle cose mobili vendute. Questa, a differenza dell'altra, deve essere **espressamente pattuita**; e di solito è prevista nelle condizioni generali di vendita dei prodotti industriali per un tempo (cosiddetto periodo di garanzia) che varia da prodotto a prodotto e da produttore a produttore. Il compratore, finché la cosa comperata è «in garanzia», ha diritto di ottenere la sostituzione o la riparazione della cosa se questa presenta un difetto di funzionamento, salvo in ogni caso il risarcimento del danno. Il difetto deve, a pena di decadenza, essere denunciato al venditore entro **trenta giorni dalla scoperta**, se il contratto non stabilisce diversamente; e la relativa azione del compratore si prescrive nel termine di **sei mesi**, decorrenti sempre dalla scoperta (art. 1512). La garanzia di buon funzionamento vale, essenzialmente, a dispensare il compratore dall'onere di provare che il difetto del funzionamento deriva da un vizio originario o da una originaria mancanza di qualità della cosa: gli basta, per ottenere la sostituzione o la riparazione da parte del venditore, provare solo il difetto di funzionamento.

A maggior tutela dei consumatori, le **garanzie nella vendita dei beni di consumo** sono regolate da norme speciali, dettate in attuazione della direttiva dell'Unione europea n. 44 del 1999 e recepite in Italia dal citato codice del consumo.

Per consumatore si intende, secondo la definizione generale che ne dà l'art. 3 del citato codice, la persona fisica, e solo la persona fisica, che comperi il bene per il consumo o l'utilizzazione propria, e non quale mezzo per produrre altri beni o per eseguire servizi nell'esercizio di una attività imprenditoriale o professionale. Per bene di consumo si intende «qualsiasi bene mobile», sempre che definibile come bene «di consumo», ossia adatto al diretto soddisfacimento di bisogni propri del compratore o della sua famiglia, con esclusione perciò dei valori di scambio, quali le azioni di società e gli strumenti finanziari in genere (in relazione ai quali altri sistemi di norme proteggono i «risparmiatori»). Altri beni mobili, quantunque astrattamente definibili come beni di consumo, sono esclusi: così l'acqua e il gas o l'energia elettrica, anche se somministrati per utenza personale o familiare, salvo che l'acqua o il gas non siano confezionati in volume delimitato o in quantità determinata (vendita di acqua in bottiglie, di gas in bombole) (art. 128).

Il referente economico della speciale disciplina è il sistema della distribuzione «a catena», che interpone fra il fabbricante del prodotto ed il consumatore finale una serie più o meno estesa di intermediari, quali i grossisti, gli importatori e così via, fino all'ultimo rivenditore al dettaglio, che fornisce direttamente il consumatore finale.

La fattispecie regolata è quella descritta come difetto di conformità del bene consegnato al consumatore rispetto al contratto di vendita (art. 129). Corrisponde, nella sostanza, alle classiche figure dei vizi occulti e della mancanza di qualità essenziali o della mancanza di qualità promesse. La cosa consegnata al consumatore difetta di conformità al contratto, secondo le norme di matrice dell'Unione europea, quando non è idonea all'uso al quale servono abitualmente beni dello stesso tipo, oppure non è conforme alla descrizione fatta dal venditore o al campione che questi ha presentato al consumatore, oppure non presenta le qualità abituali in un bene dello stesso tipo, che il consumatore può ragionevolmente aspettarsi.

Significativa al riguardo è la norma secondo la quale il venditore finale, quando è responsabile nei confronti del consumatore a causa di un difetto di conformità imputabile ad una azione o ad una omissione del produttore, di un precedente venditore della medesima catena contrattuale distributiva o di un qualsiasi altro intermediario, ha diritto di regresso, salvo patto contrario o rinuncia, nei confronti del soggetto o dei soggetti responsabili facenti parte della suddetta catena distributiva (art. 131).

Il venditore finale è, dunque, obbligato verso il consumatore per un difetto di conformità del prodotto, quantunque il difetto non sia a lui imputabile, ma sia imputabile al produttore o ad altro intermediario della catena distributiva. Egli non può liberarsi adducendo che il difetto preesisteva all'acquisto del prodotto da parte sua, e che non era a lui noto o da lui non eliminabile, neppure qualora si tratti di prodotto destinato alla distribuzione in confezione sigillata. Su di essi incombe il rischio che il prodotto consegnato al cliente sia viziato dal predetto «difetto di conformità».

Di più: le qualità del prodotto contrattualmente dichiarate, rispetto alle quali il consumatore può lamentare il difetto di conformità, non necessariamente sono qualità dichiarate dal venditore finale; possono essere, e anzi normalmente sono, qualità risultanti da pubbliche dichiarazioni del produttore o da **messaggi pubblicitari** da questo lanciati (così legislativamente elevati al rango di fonti di integrazione del contratto) o sono qualità attestate dalla etichettatura del prodotto (art. 129, comma 2°, lett. *c*). E così il venditore finale è chiamato a rispondere verso il consumatore in forza di un contratto che è a lui riferito solo perché contratto da lui stipulato, anche se il contenuto del contratto è stato da altri determinato, a monte della catena distributiva.

Per alcuni aspetti le nuove norme sulle garanzie nella vendita di beni di consumo derogano al diritto comune, a maggior tutela del consumatore. Una prima deroga sta nel più lungo lasso di tempo durante il quale il rischio relativo alla presenza di vizi o alla mancanza di qualità della cosa venduta permane in capo al venditore. Il consumatore ha azione verso il venditore se il difetto di conformità si manifesta nel prodotto entro due anni dalla consegna; ha due mesi di tempo dalla scoperta per denunciare il difetto di conformità; ed ha il termine di ventisei mesi dalla consegna per fare valere la relativa azione verso il venditore; sicché solo con il decorso di questi termini il rischio della scoperta di vizi e di difetti di qualità può dirsi definitivamente passato in capo al compratore (art. 132).

Altra deroga è nel carattere imperativo delle disposizioni in materia, non già solo dispositivo, come è per diritto comune. Qui è nullo ogni patto volto ad escludere o a limitare, anche in modo indiretto, i diritti riconosciuti al consumatore; e la sua nullità può essere fatta valere solo dal consumatore, pur potendo essere rilevata d'ufficio dal giudice (art. 134).

I diritti che al consumatore sono riconosciuti nei confronti di chi gli ha venduto prodotti non conformi al contratto sono, a norma dell'art. 130:

a) il diritto al ripristino, senza spese, della conformità del bene o alla sua sostituzione con prodotto conforme al contratto; e con ciò viene *ex lege* riconosciuto al consumatore un rimedio che, per diritto comune, spetta al compratore solo in presenza di una contrattuale garanzia di buon funzionamento (art. 1512);

b) l'azione redibitoria, per la risoluzione del contratto e la restituzione del prezzo, purché il difetto di conformità non sia di lieve entità, e l'azione estimatoria, per la riduzione del prezzo.

La scelta del rimedio spetta al consumatore; ma dopo la denuncia del difetto il venditore può offrire al consumatore qualsiasi altro rimedio disponibile (come una somma di danaro o un bene di maggior pregio), che il consumatore non è tenuto o è tenuto ad accettare a seconda che il consumatore abbia già chiesto o non abbia ancora chiesto uno specifico rimedio.

Per diritto comune il compratore ha anche, in ogni caso, azione per il risarcimento del danno subito; ma da questa responsabilità il venditore può liberarsi con la prova di avere senza colpa ignorato i vizi della cosa venduta. Si è qui in presenza, dunque, di una responsabilità del venditore per inadempimento di una specifica obbligazione di comportamento, avente ad oggetto il controllo che la cosa da consegnare al compratore sia immune da vizi. Orbene, di questa obbligazione e della relativa responsabilità per danni del venditore non c'è menzione nella direttiva comunitaria; sicché la materia resta sottoposta alle norme di diritto comune (incluse quelle relative ai brevi termini di decadenza e di prescrizione) ed alla relativa giurisprudenza applicativa.

È rilevante, sotto questo aspetto, la giurisprudenza concernente i prodotti distribuiti in confezioni sigillate, la quale distingue a seconda che a vendere al consumatore sia un grande centro commerciale, tenuto ad eseguire controlli per campioni sui prodotti sigillati, oppure un piccolo dettagliante, dispensato da una simile obbligazione di controllo. Questa distinzione giurisprudenziale sopravvive alla direttiva dell'Unione europea: i piccoli dettaglianti che vendono prodotti sigillati subiscono, per i prodotti che risultano difettosi, solo i rimedi riconosciuti al consumatore a seguito della direttiva; i super e gli ipermercati sono invece responsabili anche per il risarcimento dell'eventuale danno subito dal consumatore a causa dei difetti dei prodotti.

Ancora: le norme introdotte per direttiva dell'Unione europea coprono, come si è detto, le ipotesi dei vizi occulti e della mancanza delle qualità promesse o delle qualità essenziali; non toccano l'ipotesi dell'*aliud pro alio*, che resta perciò sottoposta alle norme di diritto comune sull'inadempimento delle obbligazioni di comportamento e perciò al termine ordinario di prescrizione, non già agli speciali termini di decadenza e di prescrizione sopra indicati (due mesi dalla scoperta per la denuncia dei vizi, ventisei mesi dalla consegna per l'esercizio dell'azione).

Alla vendita di beni di consumo sono equiparate dall'art. 128, comma 1°, le ipotesi in cui il bene di consumo sia oggetto di un contratto di somministrazione periodica o continuativa di beni (esclusi, come già si è precisato, acqua, gas, energia elettrica) e di permuta (come l'automobile nuova ricevuta in parziale permuta con quella usata); e l'equiparazione si estende anche al di là del sistema della distribuzione a catena ed arriva fino all'appalto e al contratto d'opera avente ad oggetto la produzione stessa di beni di consumo, a monte dei quali può però esserci il sistema produttivo a catena, onde il bene prodotto dall'appaltatore o dal prestatore d'opera può essere la risultante dall'assemblaggio di componenti fabbricanti da altri imprenditori. L'equiparazione vale, in questi casi, a esporre il diretto contraente del consumatore a tutte le azioni a questo spettanti, senza che gli possa essere opposto che i difetti del prodotto derivano da vizi dei componenti da altri forniti.

2. Continua: la vendita obbligatoria

Si parla, comunemente, di vendita **obbligatoria** con riferimento ai casi nei quali il trasferimento della proprietà della cosa venduta non è effetto immediato del contratto, e sul venditore incombe, pertanto, la già ricordata obbligazione di **fare acquistare** al compratore **la proprietà** del bene venduto (art. 1476 n. 2). Si deve però subito avvertire che anche in questi casi l'effetto traslativo della proprietà resta pur sempre un **effetto reale** del contratto: solo che questo effetto, anziché prodursi immediatamente, si produce in un momento successivo (e può anche non prodursi affatto). Quale sia questo momento e in che cosa consista l'obbligazione di fare acquistare la proprietà, che fino a quel momento incombe sul venditore, si potrà dire solo in relazione ai singoli casi di vendita obbligatoria, i quali sono:

1) la vendita di cose determinate solo nel **genere**.

La proprietà. passa solo al momento dell'**individuazione** come si è detto a suo luogo (15.2.). L'obbligazione del venditore di «far acquistare» la proprietà al compratore consiste qui nella obbligazione di prestarsi alla individuazione della cosa, nei modi di legge o di contratto;

2) vendita di cose **future**.

Le cose future sono le cose che ancora non esistono al momento della conclusione del contratto, ma che si spera vengano ad esistenza, come ad esempio il futuro raccolto di un fondo agricolo o come gli appartamenti di un edificio da costruire. Qui il contratto non può, ovviamente, trasferire subito la proprietà: questa passa solo nel momento in cui la cosa **viene ad esistenza** (art. 1472). Se si tratta dei prodotti del suolo, questo momento coincide con la loro **separazione** (prima della separazione, come si è visto, i frutti sono per il diritto «parte della cosa» che li produce).

La vendita di cosa futura può essere, come già si è avvertito, vendita della «speranza» oppure vendita della «cosa sperata» (11.5.). Il primo è un contratto **aleatorio**: il compratore dovrà pagare il prezzo o, se lo ha pagato, non potrà chiederne la restituzione, se la cosa non viene ad esistenza (se, nei nostri esempi, la grandine distrugge il raccolto o se l'edificio non viene costruito per il diniego della licenza di costruzione). Il secondo è un contratto **commutativo**, che è nullo (o, meglio, inefficace) se la cosa non viene ad esistenza (art. 1472 comma 2°). La vendita di cosa futura è, di regola, vendita della «cosa sperata»; salvo che non risulti che le parti abbiano voluto concludere un contratto aleatorio. In entrambi i casi l'obbligazione del venditore di fare acquistare la proprietà al compratore ha per oggetto i comportamenti che, nei diversi casi, appaiono necessari per far sì che la cosa venga ad esistenza: così chi ha venduto il grano che raccoglierà sul proprio fondo non sarà libero di astenersi dal coltivare il fondo o di destinarlo ad una coltivazione diversa;

3) vendita di **cosa altrui**.

Per vendere un bene non occorre esserne proprietario: è **valida** — ed è, in pratica, assai frequente — la vendita di cose che, al momento del contratto, non appartengono al venditore. Naturalmente, la vendita di cosa altrui non trasferisce la proprietà (il venditore non può trasferire ciò che non ha); è, invece, fonte della obbligazione del venditore di procurarsi la proprietà della cosa; e il compratore ne acquisterà la proprietà **nel momento stesso** in cui il venditore ne sarà divenuto proprietario (art. 1478). Non è necessario — ecco dove sta la funzione della vendita di cosa altrui — un nuovo atto di trasferimento dal venditore al compratore; il passaggio di proprietà dal primo al secondo sarà l'effetto, ritardato nel tempo, del contratto di vendita fra essi intercorso. Se il venditore, invece, non riuscirà a procurarsi la proprietà della cosa, egli sarà inadempiente e subirà le ordinarie conseguenze (risoluzione del contratto, risarcimento dei danni) dell'inadempimento contrattuale.

Per aversi una valida vendita di cosa altrui non occorre che, al momento del contratto, il compratore sia a conoscenza della altruità della cosa. Le conseguenze sono però diverse a seconda che il compratore ne fosse o non a conoscenza: nel primo caso, se il contratto non fissa il termine entro il quale il venditore dovrà adempiere, il compratore dovrà chiedere al giudice la fissazione del termine (art. 1183), e solo dopo la inutile scadenza di questo potrà ottenere la risoluzione del contratto. Nel secondo caso, una volta scoperto che gli è stata venduta cosa appartenente ad un terzo, il compratore potrà subito domandare la risoluzione del contratto, se nel frattempo il venditore non gli ha procurato la proprietà della cosa (art. 1479);

4) vendita a rate con **riserva di proprietà**.

La vendita a rate di cose mobili con riserva di proprietà si basa su tre principi (art. 1523):

a) il venditore è obbligato a consegnare immediatamente la cosa al compratore, che ne acquista subito la facoltà di godimento. Qui c'è una deroga ai principi generali sulla eccezione di inadempimento: il venditore, secondo questi principi, potrebbe rifiutarsi di consegnare la cosa fino a quando non gli sia stato pagato il prezzo;

b) il compratore diventa proprietario della cosa solo nel momento del pagamento dell'**ultima rata del prezzo**;

c) i rischi relativi alla cosa venduta — e, in particolare, il rischio del perimento della cosa — passano dal venditore al compratore già **al momento della consegna**. Questa è una eccezione al già esaminato principio secondo il quale il rischio incombe sul proprietario (art. 1465): qui, se la cosa perisce prima del pagamento integrale del prezzo e, quindi, quando la cosa è ancora del venditore, il compratore dovrà ugualmente continuare a pagare il prezzo.

Questa forma di vendita, diffusissima per i prodotti industriali di elevato prezzo (automobili, televisori, frigoriferi ecc.), realizza congiuntamente due esigenze. Al compratore permette di conseguire immediatamente il godimento della cosa, anche se non dispone del danaro necessario per pagarne il prezzo. Egli dovrebbe, per comperare secondo la comune vendita, attendere di avere accantonato tutto il danaro necessario: questa speciale forma di vendita gli consente, invece, di utilizzare per il pagamento del prezzo il suo **risparmio futuro**. L'industriale produttore del bene o il commerciante che lo distribuisce sul mercato ne ricava, correlativamente, un grande vantaggio, giacché accresce il volume delle sue vendite (maggiore è il numero di coloro che comperano, se non è necessario pagare subito il prezzo) senza correre troppi rischi per l'ipotesi di inadempienza del compratore, data la riserva di proprietà a favore del venditore.

Se il compratore non paga, alle scadenze pattuite, le rate del prezzo, il venditore può ottenere la **risoluzione** del contratto. Non può però ottenerle per il mancato pagamento di una sola rata che non superi l'ottava parte del prezzo complessivo (art. 1525). Risolto il contratto, il venditore esigerà la restituzione della cosa (che è sempre rimasta di sua proprietà); ma dovrà, a sua volta, restituire le rate già riscosse, salvo il diritto a trattenerne una quota a titolo di compenso per l'uso che il compratore ha fatto della cosa (art. 1526).

La cosa acquistata con riserva di proprietà, appartenendo al venditore fino al pagamento dell'ultima rata, non può essere aggredita dai creditori del compratore. Può però accadere che i creditori del compratore, ignorando la riserva di proprietà altrui, sottopongano a pignoramento la cosa detenuta dal loro debitore, credendola di sua proprietà. Il venditore può insorgere e opporsi al pignoramento, ma solo se la riserva di proprietà a suo favore risulti da atto scritto avente data certa anteriore al pignoramento (art. 1524 comma 1°). Se si tratta di cosa mobile iscritta in pubblici registri (autoveicoli, navi, aeromobili), la trascrizione della riserva di proprietà vale a renderla opponibile ai terzi (art. 1524 comma 3°).

Un'ipotesi di vendita obbligatoria che dà luogo ad un tipo di contratto a sé stante è quella della somministrazione: con questo contratto una parte si obbliga, verso il corrispettivo di un prezzo, ad eseguire a favore dell'altra prestazioni periodiche o continuative di cose (art. 1559). È, come già si è detto, il caso dei contratti per l'erogazione di acqua, di gas, di energia elettrica (prestazioni continuative) oppure il caso di contratto del produttore o del grossista che si obbliga a rifornire a scadenze prestabilite il commerciante al minuto (prestazioni periodiche).

3. La locazione

La locazione è il contratto mediante il quale una parte, il locatore, si obbliga a far godere all'altra parte, detta locatario o conduttore, una cosa mobile o immobile per un dato tempo, verso un determinato corrispettivo (art. 1571). È un contratto consensuale: si perfeziona, cioè, con il solo consenso delle parti; ed è, inoltre, un contratto con effetti solo obbligatori: il conduttore non consegue alcun diritto reale sulla cosa, ma solo un **diritto di credito** nei confronti del locatore, avente ad oggetto il godimento della cosa altrui. È, infine, un contratto a **titolo**

oneroso: essenziale, perché si abbia locazione, è la pattuizione di un corrispettivo.

La facoltà di **godere delle cose** rientra, come si è visto, nel contenuto del diritto di proprietà (o di altri diritti reali come l'usufrutto o l'enfiteusi). Con il contratto di locazione il proprietario (o l'usufruttuario o l'enfiteuta) concede ad altri il godimento della propria cosa, ma solo per un **dato tempo** (art. 1571) e solo per un uso **determinato** (art. 1587 n. 1); egli continua, tuttavia, a godere della cosa data in locazione: non ne gode, finché dura il contratto, facendone uso; ne gode, invece, percependo quel **frutto civile** (art. 820 comma 3°) che è il corrispettivo della locazione.

La locazione è fra i contratti più antichi e, tuttora, fra i più diffusi; assolve una funzione altrettanto utile per il proprietario e per il non proprietario: consente al non proprietario di utilizzare i beni altrui; permette al proprietario di ricavare dai propri beni una rendita in danaro. Nello scambio fra concessione del godimento di un bene e corrispettivo del godimento è la causa della locazione.

La locazione può avere per oggetto **qualsiasi bene**, mobile o immobile: può trattarsi di una casa o di un terreno come di una automobile o di una nave o di una macchina industriale. Può trattarsi, inoltre, di una **cosa produttiva**, ossia di una cosa di per sé idonea a procurare **frutti** (un fondo, una miniera, un'azienda industriale, un albergo, un esercizio commerciale), e allora la locazione assume un nome specifico, quello di affitto, ed è soggetta alle norme particolari di cui diremo più oltre. Norme particolari, di cui ci occuperemo nel prossimo paragrafo, valgono anche per la locazione di **immobili urbani**.

Per la conclusione del contratto non è richiesta dal codice civile la forma scritta, neppure se si tratta di locazione immobiliare. La forma scritta è però richiesta, a pena di nullità, per le locazioni immobiliari **ultranovennali** (art. 1350 n. 8), le quali sono altresì soggette a trascrizione (art. 2643 n. 8). La l. 9 dicembre 1998, n. 431 richiede la forma scritta a pena di nullità per la conclusione di contratti di locazione aventi ad oggetto immobili adibiti ad uso abitativo (art. 1, comma 4°). Inoltre, la l. 30 dicembre 2004, n. 311 prevede la nullità dei contratti di locazione non registrati (art. 1, comma 346). La normativa sulla cosiddetta cedolare secca, quale misura contro gli affitti in nero, prevede la registrazione unilaterale dei contratti di locazione verbali, con la conseguente applicazione della disciplina legale che stabilisce sia una durata di quattro anni rinnovabili per altri quattro anni, sia un canone annuo fisso in misura pari al triplo della rendita catastale (d. lgs. 14 marzo 2011, n. 23, art. 3, commi 8 e 9).

Con il contratto di locazione il locatore si obbliga (art. 1575):

1) a consegnare la cosa al conduttore;

2) a mantenerla in condizioni tali da servire all'uso convenuto nel contratto. Spetta al locatore di eseguire le **riparazioni** necessarie a tal fine, mentre è a carico del conduttore la **piccola manutenzione** (art. 1576);

3) garantire il **pacifico godimento** della cosa da parte del conduttore.

Questa garanzia opera nel caso in cui terzi arrechino **molestie** che diminuiscano l'uso o il godimento della cosa; ma opera — lo si è già avvertito — solo se i terzi, che arrecano molestie, pretendano di **avere diritti** sulla cosa (art. 1585 comma 1°). È, ad esempio, il caso del terzo che pretende di avere una servitù di passaggio sul fondo in locazione: il locatore dovrà, per adempiere l'obbligazione di garanzia, agire in giudizio nei confronti del terzo perché sia dichiarata l'inesistenza del diritto da lui preteso e sia ordinata la cessazione delle molestie (è l'azione **negatoria** di cui si è detto a suo luogo); o, se è il terzo ad agire in giudizio contro il conduttore, il locatore è tenuto ad assumere la lite (art. 1586). Contro le molestie, invece, che provengano da un terzo che non pretende diritti sulla cosa (è, ad esempio, il caso del terzo che scarica rifiuti sul fondo in locazione o del coinquilino che disturba con le proprie immissioni rumorose), il conduttore dovrà difendersi da sé e agire in proprio nome (art. 1585 comma 2°), esercitando l'azione di manutenzione, eccezionalmente riconosciuta al conduttore benché detentore e non possessore della cosa.

Il conduttore è, a sua volta, obbligato:

1) a prendere in consegna la cosa ed a servirsene con la diligenza del buon padre di famiglia per l'uso stabilito nel contratto (art. 1587 n. 1).

Se la cosa ricevuta in locazione perisce o subisce deterioramento, il conduttore ne risponde, a meno che non provi che il perimento o il deterioramento è dovuto a causa a lui non imputabile (art. 1588). Non risponde, ovviamente, del perimento o del deperimento dovuto a vetustà (art. 1590 comma 3°), ossia al logoramento derivante dal tempo. Se apporta **miglioramenti** alla cosa (ad esempio, rifà i pavimenti dell'appartamento), non ha diritto di farsi indennizzare dal locatore (può però opporre il loro valore in compensazione dei danni per i deterioramenti); se esegue addizioni, ossia aggiunte, e queste sono separabili dalla cosa (ad esempio, ha installato nell'appartamento un impianto di riscaldamento), potrà toglierle alla fine della locazione, salvo che il locatore non preferisca tenerle, pagando la minor somma fra il valore e la spesa; se non sono separabili (ad esempio, ha costruito un nuovo muro di cinta intorno alla villa), vale la stessa norma prevista per i miglioramenti (artt. 1592-93);

2) a dare il **corrispettivo** nei termini stabiliti (art. 1587 n. 2).

Il corrispettivo consiste in una somma di danaro commisurata, di regola alla durata del godimento della cosa: tot all'anno o al mese per gli immobili o per le macchine industriali o d'ufficio; tot al giorno per le camere d'albergo, tot al giorno più tot al chilometro per le automobili e così via. I corrispettivi determinati ad anno o a mese vengono corrisposti **periodicamente** (ogni anno, ogni mese); gli altri, generalmente, al termine del contratto;

3) **a restituire** la cosa al termine della locazione nel medesimo stato in cui l'ha ricevuta, salvo il deterioramento derivante dall'uso (art. 1590).

Se la restituisce in ritardo, dovrà corrispondere il canone anche per il periodo del ritardo, salvo l'obbligo di risarcire al locatore il **maggior danno** (art. 1591), consistente qui nel più alto canone che il locatore avrebbe ottenuto, nelle mutate condizioni di mercato, da altro conduttore.

Essenziale alla locazione è la **temporaneità** del godimento. Non può essere stipulata per una durata superiore a **trenta anni** e, se stipulata per una durata superiore, si riduce a questo periodo (art. 1573). Può essere a **tempo determinato** oppure a **tempo indeterminato**: nel primo caso, la locazione cessa con lo spirare del **termine**, senza che sia necessaria preventiva disdetta; nel secondo caso, cessa per effetto della **disdetta**, ossia della dichiarazione di recesso di una delle parti, comunicata all'altra con il preavviso previsto dal contratto (art. 1596). La locazione a tempo determinato è suscettibile di **rinnovazione tacita**: se, dopo la scadenza del termine, il conduttore resta nella detenzione della cosa con il consenso del locatore, il contratto è tacitamente rinnovato a tempo indeterminato (art. 1597). Norme particolari valgono, come si dirà nel prossimo paragrafo, per la durata delle locazioni di **immobili urbani**.

Il diritto del conduttore al godimento della cosa ricevuta in locazione è, come si è avvertito, opponibile al **terzo acquirente**, purché la locazione abbia data certa anteriore al trasferimento (art. 1599). Il nuovo proprietario della cosa è, a questo modo, vincolato dal contratto di locazione concluso dal suo dante causa: egli **subentra** nei diritti e nelle obbligazioni derivanti dal contratto (art. 1602).

Il conduttore può, a sua volta, **sublocare**, ossia dare in locazione ad altri l'immobile locato, anche senza il consenso del locatore, salvo che la sublocazione non fosse vietata nel contratto. Occorre, invece, il consenso del locatore per la sublocazione di cose mobili (art. 1594). Il locatore, non pagato dal conduttore, può, agire direttamente nei confronti del subconduttore ed esigere il canone della sublocazione (art. 1595).

La locazione che ha per oggetto una cosa produttiva prende, come si è già avvertito, il nome di **affitto** (art. 1615). Ma occorre, perché sia affitto e non comune locazione, che la cosa sia di per sé produttiva di frutti, come un fondo rustico (art. 1628) o un'azienda (art. 2561). Se si tratta di un singolo strumento produttivo (come una macchina industriale) destinato ad essere inserito in una organizzazione aziendale, si è ancora in presenza di una locazione. Ugualmente è locazione il contratto con il quale si concede il godimento del locale che il conduttore destina all'esercizio di una attività industriale (come la locazione di capannoni industriali) o di una attività commerciale (come la locazione di negozi di vendita al pubblico).

L'affittuario ha, rispetto al comune conduttore (che può anche astenersi dall'usare la cosa ricevuta in locazione), l'ulteriore obbligazione di curare la gestione della cosa produttiva secondo la sua destinazione economica (art. 1615); e ciò sia nell'interesse del locatario (un'azienda perde valore se non viene esercitata), sia nell'interesse della produzione nazionale. Il godimento della cosa produttiva, d'altra parte, implica il diritto dell'affittuario di fare propri i **frutti** della cosa (art. 1615): così i frutti naturali del fondo rustico; così i prodotti della miniera; così gli utili che l'affittuario ricava dall'esercizio dell'azienda industriale o commerciale.

Il locatore ha un diritto di **controllo**, anche con accesso in luogo, sull'osservanza da parte dell'affittuario degli obblighi che gli incombono (art. 1619); e può chiedere la risoluzione del contratto se l'affittuario non destina al servizio della cosa i mezzi necessari per la sua gestione, se non osserva le regole della buona tecnica, o se muta la destinazione economica della cosa (art. 1618). A differenza del conduttore, l'affittuario non può subaffittare senza il consenso del locatore (art. 1624).

A metà strada fra vendita con riserva di proprietà e locazione si colloca un diffuso contratto atipico, detto *leasing* o **locazione finanziaria**. È la locazione di beni, mobili o immobili, acquistati o fatti costruire dal locatore su indicazione del conduttore, che dalla consegna ne assume tutti i rischi, e talvolta ha la facoltà di diventare proprietario del bene al termine della locazione, dietro versamento di un prezzo prestabilito.

Per comprendere il senso di questa operazione occorre fare capo all'impresa di *leasing*. Essa si interpone fra due serie di imprenditori: da un lato, gli imprenditori produttori (o distributori) di impianti industriali, macchinari, apparecchiature di alta tecnologia ecc.; dall'altro, gli imprenditori utilizzatori di simili strumenti produttivi. Le ragioni economiche di questa interposizione sono di diverso ordine: l'imprenditore che aspira a farsi utilizzatore può non disporre del danaro necessario per l'acquisto in contanti dal produttore o può trovare difficile o troppo oneroso procurarsi a credito il danaro occorrente; può, inoltre, giudicare non conveniente l'investimento di capitali nell'acquisto di beni soggetti ad obsolescenza tecnologica e destinati, in un tempo più o meno breve, ad essere rimpiazzati da nuovi ritrovati della tecnica. L'impresa di *leasing* si interpone fra produttore e utilizzatore: compera o fa costruire dal produttore il bene, su indicazione dell'utilizzatore, e quindi, restandone proprietaria, lo concede in godimento all'utilizzatore, che ne assume tutti i rischi.

4. Continua: la locazione di immobili urbani

Si è detto nel precedente paragrafo che il contratto di locazione soddisfa, ad un tempo, l'interesse del non proprietario a godere della cosa altrui e l'interesse del proprietario a godere della cosa propria. Il primo, quale conduttore, gode della cosa altrui utilizzandola per l'uso convenuto nel contratto; il secondo, quale locatore, gode della cosa propria percependo dal conduttore il canone pattuito e, a questo modo, ricavando una rendita dalla cosa. Il locatore mira, ovviamente, a ricavare dalla cosa propria la più alta rendita possibile; il conduttore, all'opposto, tenderà a pattuire un canone il più basso possibile. L'ammontare del **canone** è rimesso all'accordo delle parti, secondo i principi generali sull'autonomia contrattuale. Esso dipenderà, di fatto, dalla legge di mercato della domanda e dell'offerta: se di quella data specie di bene c'è, sul mercato, una domanda superiore all'offerta, il proprietario riuscirà ad ottenere un alto canone di locazione (gli aspiranti conduttori gareggeranno fra loro, e vincerà chi sarà disposto a pagare il canone più alto); se l'offerta, invece, prevale sulla domanda, accadrà il contrario (saranno gli aspiranti locatori a gareggiare fra loro nell'abbassare i canoni). Sugli opposti interessi delle parti influisce anche la **durata** della locazione: il canone pattuito resta immutato per tutta la durata del contratto; e, se le condizioni di mercato mutano nel corso della sua esecuzione, provocando un innalzamento dei canoni di locazione di quella data specie di beni, risulterà avvantaggiato il conduttore, che continuerà a pagare il canone convenuto. Nel caso contrario, risulterà avvantaggiato il locatore.

Ai principi generali sono sottratte le locazioni di immobili urbani; valgono, per la legge n. 392 del 1978, regole particolari che separatamente riguardano:

a) le **case per abitazione**.

Il canone di locazione delle case per abitazione, era stato con la legge n. 392 del 1978 sottratto alle leggi di mercato della domanda e dell'offerta, sul presupposto che la casa soddisfa un bisogno primario dell'uomo, qual è appunto il bisogno di una abitazione. Al canone di mercato era stato sostituito un canone determinato secondo criteri di legge (cosiddetto **equo canone**), che miravano a contemperare l'esigenza del non proprietario di prendere in locazione una casa a canone ragionevole con l'interesse del proprietario a ritrarre una adeguata rendita dalla proprietà. Era stabilito che il canone non poteva superare il 3,85 per cento del valore dell'immobile, calcolato anche questo secondo criteri di legge, che tenevano conto del tipo di immobile (signorile, civile, economico e così via), della sua ubicazione, dello stato di conservazione ecc. Questo regime è stato soppresso dalla legge 9 dicembre 1998, n. 431: il canone può essere liberamente determinato; è solo stabilita una durata minima del contratto, che non può essere inferiore a quattro anni, con rinnovo per altri quattro anni, salvo che il locatore non abbia personale necessità dell'immobile o voglia ristrutturarlo o venderlo.

b) immobili urbani ad **uso diverso dall'abitazione**.

È caso degli immobili adibiti ad attività industriali, commerciali, artigianali, professionali, culturali ecc. Per questi vale ancora la legge n. 392 del 1978: c'è una parziale sospensione delle leggi di mercato, suggerita dall'esigenza di evitare che la rendita immobiliare incida negativamente sulle attività economiche o sociali, aumentandone i costi.

Non c'è un criterio di legge per la determinazione iniziale del canone, che perciò si determina secondo le leggi di mercato. È però sottratta all'autonomia privata la durata della locazione: questa non può essere inferiore, di regola, a sei anni; e si rinnova tacitamente di sei anni in sei anni salvo disdetta di ciascuna delle parti. Il canone inizialmente pattuito resta invariato per i primi tre anni; successivamente può essere aumentato a intervalli di due anni, in misura non superiore al 75 per cento dell'aumento del costo della vita.

5. Il mandato

Ciascuno può provvedere da sé ai propri interessi, concludendo personalmente i contratti che lo riguardano, eseguendo di persona i propri pagamenti, esigendo di persona i propri crediti e così via; ma può anche affidare la cura dei propri affari ad altri, facendosi sostituire nella conclusione dei propri contratti, nell'esecuzione dei propri pagamenti, nella riscossione dei propri crediti ecc. Occorre, naturalmente, che l'altro accetti l'incarico: è il contratto con il quale una parte, il mandatario, si obbliga nei confronti dell'altra, il mandante, a compiere uno o più atti giuridici per conto di quest'ultima (art. 1703).

Il suo oggetto è una prestazione di **fare**, il compimento di un **servizio**, nel senso più ampio di questa espressione. Presenta qualche analogia, sotto questo aspetto, con il contratto d'opera, che ha per oggetto il compimento di un'opera o di un servizio a favore di un committente (art. 2222). Differisce dal contratto d'opera per la specifica natura del servizio che il mandatario si obbliga a compiere, il quale non consiste, come nel contratto d'opera, nello svolgimento di una qualsiasi attività materiale o intellettuale (il barbiere che esegue un taglio di capelli, il medico che cura un malato sono prestatori d'opera), ma nel compimento di **atti giuridici per conto altrui**. Sono «atti giuridici» quegli atti che vengono in considerazione solo per le loro conseguenze giuridiche così la conclusione di contratti che trasferiscono o costituiscono diritti o producono obbligazioni; così i pagamenti, che estinguono le obbligazioni, e via di seguito. Il mandatario si obbliga a compierli «per conto altrui»: egli conclude contratti, esegue pagamenti, riscuote crediti ecc. non nel proprio interesse, ma nell'interesse di un altro soggetto, in quello del mandante.

Il mandato può, come si è visto (14.3.), essere un mandato **con**

rappresentanza oppure **senza rappresentanza**: nel primo caso il mandatario è investito di una procura che lo abilita ad agire, oltre che per conto, anche in **nome** del mandante, e gli atti giuridici da lui compiuti sono, in tal caso, direttamente produttivi di effetti nei confronti del mandante (art. 1704).

Il mandato può essere un mandato **speciale**, ossia riguardare il compimento di uno o più atti giuridici specifici (la conclusione di quel dato contratto, la riscossione di quel dato credito) oppure può investire, globalmente, la cura di tutti gli interessi del mandante o di tutti gli interessi di un dato tipo (come l'amministrazione di un immobile, la gestione di un'impresa) o di tutti gli interessi relativi ad una data zona (come la cura degli interessi del mandante in un dato paese straniero). È, in questi casi, un mandato **generale**: questo comprende però solo gli atti di ordinaria amministrazione; quelli di straordinaria amministrazione possono essere compiuti dal mandatario generale solo se sono espressamente menzionati nel mandato (art. 1708 comma 2°). È, ad esempio, atto di ordinaria amministrazione il dare in locazione l'immobile del mandante; è atto di straordinaria amministrazione venderlo o ipotecarlo.

Il mandato è, di regola, un contratto **a titolo oneroso**: il compenso spettante al mandatario, se non è fissato dal contratto, e non si ricava dalle tariffe professionali o dagli usi, è determinato dal giudice (art. 1709). Le parti possono però pattuire che il mandato sia **gratuito**.

In ogni caso il mandatario deve eseguire l'incarico con la **diligenza** del buon padre di famiglia; ma, se il mandato è gratuito, la responsabilità per colpa è valutata con minor rigore (art. 1710). Il mandante, a sua volta, deve somministrare al mandatario i mezzi necessari per l'esecuzione del mandato, rimborsargli le spese e, salvo che si tratti di mandato gratuito, pagargli il compenso (artt. 1719-20).

Il mandato si basa sulla **fiducia** del mandante nella persona del mandatario. Ne deriva:

a) che il mandatario non può farsi sostituire da altri nell'esecuzione del mandato, salvo che non sia stato autorizzato dal mandante o che la sostituzione sia resa necessaria dalla natura dell'incarico; altrimenti risponde di persona dell'operato del sostituto (art. 1717);

b) che il mandato si estingue per morte del mandante o del mandatario (art. 1722);

c) che il mandante può, in ogni momento, revocare il mandato (art. 1723), ossia recedere dal contratto, risarcendo i danni al mandatario se si trattava di mandato oneroso (art. 1725).

Occorre però una **giusta causa** di revoca, ossia una giusta causa di recesso del mandante, se si tratta di mandato qualificato dalle parti come **irrevocabile** (art. 1723 comma 1°) o di mandato conferito **anche nell'interesse del mandatario o di terzi** (art. 1723 comma 2°). Ricorre quest'ultimo caso quando esiste, fra mandante e mandatario, oppure fra mandante e terzo, un **ulteriore rapporto**, in base al quale il mandatario o il terzo è creditore del mandante. Questi, ad esempio, deve una somma di danaro e, per estinguere l'obbligazione, dà mandato al creditore o, con il consenso di questo, ad un terzo di vendere un proprio bene, perché il creditore possa, con il ricavato della vendita, soddisfare il proprio credito. Qui c'è un interesse **anche del mandatario**, o del terzo, alla esecuzione del mandato, e il mandante non può, a suo piacimento, revocare il mandato. Occorre una giusta causa, che può essere, ad esempio, l'avvenuto accertamento giuridico della inesistenza del suo debito.

Il mandatario può, a sua volta, **rinunciare** al mandato; ma risponde dei danni che il suo recesso provoca al mandante, salvo che ricorra una giusta causa di rinuncia (art. 1727).

Il mandato può essere conferito **da più persone** ad un unico mandatario, per un affare di interesse comune (ad esempio, i comproprietari di un bene danno mandato ad un terzo per la vendita del bene comune; le parti di un contratto in formazione danno mandato ad un terzo arbitratore per la determinazione dell'oggetto del contratto): in tal caso la revoca del mandato deve provenire da tutti i mandanti, salvo che ricorra una giusta causa (art. 1726). Può anche accadere, all'inverso, che il mandato sia conferito **a più persone**: ciascun mandatario, in tal caso, può da solo concludere l'affare (cosiddetto mandato **disgiuntivo**), salvo che nel contratto non sia detto che i mandatari debbano agire insieme (mandato **congiuntivo**). In questa seconda ipotesi il mandato si estingue anche se la causa di estinzione (morte, revoca) riguarda uno solo dei mandatari (artt. 1716, 1730).

6. Contratti di prestito: comodato, mutuo

Il prestito assume, giuridicamente, due distinte forme: il comodato, che ha per oggetto cose **immobili** o cose mobili **infungibili**; il mutuo, che ha per oggetto somme di danaro o determinate quantità di altre cose **fungibili**.

Il comodato è un contratto reale: con esso una parte, il comodante, **consegna** all'altra, il comodatario, una determinata cosa affinché se ne serva per un uso determinato, con l'obbligazione di **restituire la stessa**

cosa ricevuta (art. 1803 comma 1°). La consegna della cosa non è, dunque, oggetto di obbligazione, ma è requisito necessario per la conclusione del contratto: la legge protegge l'interesse del comodante alla restituzione della cosa data in prestito (questa è l'unica obbligazione che sorge dal contratto), e non anche l'interesse del comodatario a riceverla in prestito.

È un contratto **a titolo gratuito** (art. 1803 comma 2°): la sua causa è, generalmente, lo spirito di liberalità (si presta un oggetto ad un amico, si concede l'uso gratuito della sala di un palazzo perché vi si svolga una riunione o una mostra e simili); ma può anche trattarsi di un prestito gratuito giustificato dai rapporti di affari intercorrenti fra le parti (e può accadere che un'impresa dia in comodato ad un'altra impresa un immobile oppure macchine o impianti per un proprio interesse economico a che l'altra ne faccia uso). La gratuità distingue il comodato dalla **locazione**: se per l'uso della cosa altrui, mobile o immobile, è previsto un corrispettivo, il contratto è di locazione.

Il comodatario può servirsi della cosa solo per l'uso convenuto (se ha ottenuto l'uso della sala per allestire una mostra, non potrà adibirla a sede di un convegno), deve custodire la cosa con la diligenza del buon padre di famiglia, non può darla in subcomodato senza il consenso del comodante (art. 1804); e, se la cosa perisce per caso fortuito (ad esempio, per il naufragio della nave che la trasporta), è responsabile del perimento nel caso in cui, potendo scegliere se salvare la cosa altrui o una cosa propria (solo per una delle due, ad esempio, c'è posto nella scialuppa di salvataggio), ha preferito salvare la propria (art. 1805).

La cosa dovrà essere restituita alla scadenza del termine pattuito o, se non è previsto un termine, quando il comodatario se ne è servito per l'uso convenuto (quando, ad esempio, è finita la mostra per la quale è stato concesso l'uso della sala), salvo che nel frattempo non sia intervenuto un bisogno urgente e imprevisto del comodante (art. 1809), o, se un termine non è implicito nell'uso convenuto (come nel caso in cui si sia prestato il proprio appartamento ad un amico), a richiesta del comodante (art. 1810). Si parla di **precario** nell'ipotesi in cui sia stato espressamente pattuito che il comodatario dovrà restituire la cosa non appena il comodante ne faccia richiesta.

Il **mutuo** è, invece, il prestito di determinate quantità di **danaro** o di altre cose **fungibili** (come, ad esempio, tot quintali di grano, tot barili di petrolio). La conseguenza è che le cose consegnate dal mutuante al mutuatario **passano in proprietà** al mutuatario (art. 1814), il quale è obbligato a restituire al mutuante altrettante cose della stessa **specie e quantità** (art. 1813), ossia una equivalente quantità di danaro, una equivalente quantità di merci della stessa specie. Nell'economia del nostro tempo, basata sul credito, il mutuo di danaro (e soprattutto il mutuo concesso dalle banche) assume grande importanza (marginale è, invece, l'ipotesi del mutuo di altre cose fungibili): l'imprenditore, assai spesso, prende a prestito il danaro occorrente per l'acquisto dei fattori produttivi (per comperare le materie prime, per pagare la retribuzione ai dipendenti) e lo restituisce al termine del ciclo produttivo, dopo avere venduto i prodotti. Ma anche comuni privati ricorrono spesso al mutuo, specie per l'acquisto di case per abitazione; e si tratta, di regola, di **mutuo ipotecario** (la banca mutuante esige, a garanzia della restituzione della somma mutuata, una ipoteca sull'immobile acquistato dal mutuatario).

Il mutuo può essere sia un contratto **reale** sia un contratto **consensuale**. Il codice civile, basandosi sulla normalità delle ipotesi, lo definisce come un contratto reale, che si perfeziona con la consegna (e il passaggio di proprietà) delle cose dal mutuante al mutuatario (art. 1813). Ma poi ammette la **promessa di mutuo** (art. 1822), che altro non è se non un contratto consensuale di mutuo, con il quale il mutuante si obbliga a prestare una somma al mutuatario. La promessa di mutuo, che nel linguaggio corrente prende anche il nome di **contratto di finanziamento**, ha la funzione di proteggere non solo (come nel mutuo reale) l'interesse del mutuante alla restituzione della somma, ma anche l'interesse del mutuatario a riceverla; e questo interesse appare evidente nel caso del finanziamento bancario alle imprese, le quali hanno bisogno di sapere con certezza su quali fonti di finanziamento possono fare affidamento e, perciò, di ottenere che la banca si impegni, per contratto, a concedere quel dato finanziamento. Chi ha promesso di dare a mutuo può rifiutare l'adempimento della sua obbligazione se, fra il momento della promessa e quello pattuito per la sua esecuzione, le condizioni patrimoniali del mutuatario sono diventate tali da rendere notevolmente difficile la restituzione (art. 1822).

Il mutuo è, di regola, un contratto **a titolo oneroso**: il corrispettivo che il mutuatario deve al mutuante, salvo che il mutuo non sia stato espressamente voluto come gratuito, consiste nella corresponsione degli **interessi** (art. 1815 comma 1°), che sono dovuti secondo il tasso legale o, come accade di norma, secondo il più alto tasso pattuito, che deve però essere pattuito **per iscritto** (art. 1284). Se però gli interessi convenuti sono **usurari** (cosiddetto prestito ad usura o «strozzinaggio», con tasso di interesse superiore di oltre la metà di quello praticato dalle banche o comunque sproporzionato e ottenuto dal mutuante profittando dello stato di bisogno del mutuatario), la relativa clausola è nulla e non saranno dovuti interessi di sorta (art. 1815 comma 2°, così modificato dalla l. 7 marzo 1996, n. 108).

Il mutuatario ha, perciò, una duplice obbligazione: deve restituire la somma ricevuta a mutuo (cosiddetto **capitale**) e, con essa deve corrispondere i relativi interessi. Adempierà nel termine pattuito (art. 1816); e, se non è pattuito un termine, lo stabilirà il giudice (art. 1817). Può essere prevista (e normalmente è prevista) la restituzione **a rate** del capitale con i relativi interessi: in tal caso il mancato pagamento di una sola rata provoca la decadenza del mutuatario dal beneficio del termine e legittima il mutuante a chiedere l'immediata restituzione dell'intero (art. 1819). Può anche essere previsto che siano periodicamente corrisposti gli interessi (ad esempio, ogni trimestre, ogni anno), e che il capitale sia restituito solo alla scadenza finale. In caso di mancato pagamento degli interessi il mutuante può chiedere la risoluzione del contratto (art. 1820); ciò che mette in evidenza il rapporto di corrispettività (o sinallagma) esistente fra utilizzazione del danaro ricevuto a mutuo e obbligazione degli interessi.

Il termine per la restituzione si presume, nel mutuo oneroso, a favore di entrambe le parti (art. 1816). Il contratto ha la funzione di far guadagnare al mutuante gli interessi sul capitale dato a prestito: perciò, il mutuatario, non può, se il contratto non lo consente, restituire in anticipo la somma ricevuta.

7. L'appalto

In alcuni settori dell'attività produttiva l'imprenditore, anziché produrre in serie per il mercato, provvedendo alla vendita dei prodotti nelle forme giuridiche esaminate, opera **su commissione** del cliente. È il caso, anzitutto, degli appaltatori di **opere** (la costruzione, ad esempio, di un edificio o di una autostrada o di una diga) o degli appaltatori di **servizi** (come i servizi, ad esempio, di manutenzione di impianti industriali o di pulizie negli uffici). Per l'art. 1655 l'appalto è il contratto mediante il quale l'appaltatore si obbliga verso il committente, dietro corrispettivo in danaro, a compiere un'opera o un servizio, con propria **organizzazione** dei mezzi necessari e con gestione a proprio **rischio**. L'appaltatore, oltre che la propria organizzazione (ossia la propria impresa, i propri dipendenti), utilizza per eseguire l'opera o il servizio propri materiali (art. 1658), ed assume il rischio dell'affare:

a) il rischio, anzitutto, di non coprire, con il corrispettivo pattuito, i costi di costruzione dell'opera o di esecuzione del servizio. Questo rischio è però mitigato dall'art. 1664: se i costi dei materiali o della manodopera sono aumentati, dopo la conclusione del contratto, oltre dieci per cento del corrispettivo pattuito, l'appaltatore può chiedere una revisione del corrispettivo (ma può chiederla anche, nella improbabile ipotesi inversa, il committente);

b) il rischio, in secondo luogo, di non ricevere dal committente alcun corrispettivo se, nonostante l'attività da lui svolta e i costi per essa affrontati, non riesce a realizzare l'opera (salvo che la sua esecuzione sia diventata impossibile per causa imputabile al committente: art. 1672) o se non l'ha realizzata secondo il progetto convenuto o, comunque, a regola d'arte (art. 1667) o, infine, se l'opera perisce prima della consegna per causa non imputabile al committente (art. 1673).

L'obbligazione assunta dall'appaltatore non è una obbligazione di **mezzi**, avente ad oggetto cioè lo svolgimento di una attività (come è quella del prestatore di lavoro subordinato, che si obbliga solo a prestare le proprie energie di lavoro), ma è una obbligazione di **risultato**: l'appaltatore è inadempiente se non realizza l'opera o non esegue il servizio, ossia se non procura al committente il risultato pattuito. Solo qualora l'impossibilità della prestazione non sia imputabile a nessuna delle due parti, l'appaltatore ha diritto ad un compenso per la parte dell'opera già compiuta, ma se e nella misura in cui questa sia utile al committente (art. 1672).

L'appaltatore è inadempiente anche quando l'opera realizzata sia **difforme** dal progetto convenuto o presenti intrinseci vizi: il committente ha sessanta giorni dalla scoperta (un anno se si tratta di immobili) per denunciare difformità e vizi, e invocare la **garanzia** dell'appaltatore (art. 1667): può chiedere che le une e gli altri siano eliminati a spese dell'appaltatore o che sia proporzionalmente ridotto il corrispettivo, salvo il risarcimento del danno in caso di colpa dell'appaltatore (art. 1668). La garanzia non è dovuta dall'appaltatore se il committente aveva accettato l'opera e le difformità o i vizi erano da lui conosciuti (ad esempio, perché descritti nel verbale di collaudo) o anche riconoscibili con l'ordinaria diligenza.

Non basta: se l'appalto ha per oggetto edifici o altri immobili destinati a lunga durata, alla ordinaria responsabilità dell'appaltatore si aggiunge, per la durata di dieci anni dal compimento dell'opera, l'ulteriore responsabilità per rovina o per pericolo di rovina o per gravi difetti; e l'azione di danni spetta sia al committente sia ai suoi **aventi causa**. L'art. 1669, che introduce questa ulteriore responsabilità, valuta l'interesse generale, trascendente quello stesso del committente, a che gli edifici e gli altri immobili (ponti, dighe, ecc.) siano costruiti in modo da assicurare loro solidità e stabilità nel tempo. Di qui la legittimazione all'azione di danni anche degli aventi causa del committente, il quale perderebbe interesse all'azione dopo la vendita dell'immobile e dopo la prescrizione, annuale (art. 1495), dell'azione del compratore per vizi della cosa venduta. Di qui, inoltre, l'irrilevanza della avvenuta accettazione dell'opera anche agli effetti dell'azione del committente. Si discute se si tratti di azione contrattuale o da fatto illecito; si discute, ancora, se gli aventi causa agiscano come successori nell'azione spettante al committente (il quale, dopo il trasferimento dell'immobile, perderebbe la legittimazione ad agire) o se abbiano, invece, una azione autonoma (destinata, perciò, a cumularsi con quella già spettante al committente). Prevalgono la tesi della azione extracontrattuale e, conseguentemente, quella del cumulo delle due azioni, in linea con il rigore che ispira la disposizione.

È, d'altra parte, protetta l'aspettativa di profitto dell'appaltatore: il committente può recedere dal contratto, anche se è già iniziata l'esecuzione dell'opera o del servizio, ma deve rimborsare l'appaltatore delle spese sostenute e risarcirlo del **mancato guadagno** (art. 1671), ossia dell'occasione di profitto perduta (di regola, determinata in una somma inferiore al corrispettivo pattuito, giacché l'appaltatore, sciolto da un appalto, può prenderne altri).

Il corrispettivo può essere determinato a **corpo** (ossia per l'opera nel suo insieme) o a **misura** (ad esempio, un tanto per ogni chilometro di autostrada costruita), e gli è dovuto dal committente, salvi gli eventuali acconti, solo quando l'opera è stata da lui verificata e accettata (cosiddetto collaudo); ma, se l'opera è da eseguire **per partite** (ad esempio più edifici di un complesso residenziale), l'appaltatore può domandare il collaudo e il pagamento delle singole partite (artt. 1665-66).

L'appalto può avere per oggetto prestazioni **continuative o periodiche** di servizi, come nei casi già menzionati dell'appalto della manutenzione di impianti industriali o delle pulizie di uffici. È il cosiddetto appalto-somministrazione: ad esso si applicano, in quanto compatibili, anche le norme sulla **somministrazione** (art. 1677).

8. Il contratto d'opera

Il contratto d'opera ha la medesima struttura dell'appalto: il prestatore d'opera, come l'appaltatore, si obbliga verso il committente a compiere, dietro corrispettivo, un'opera o un servizio; dall'appaltatore differisce, tuttavia, per il fatto che esegue l'opera o il servizio con il **lavoro prevalentemente proprio** (art. 2222). Perciò, se l'appalto è il contratto del grande o medio imprenditore, il contratto d'opera è il contratto del **piccolo imprenditore** (art. 2083) e, in particolare, dell'**artigianato** (del falegname, ad esempio, che costruisce un mobile o del barbiere che esegue un taglio di capelli).

Il lavoro del quale qui si parla è lavoro **autonomo**: occorre, perché si tratti di contratto d'opera, che ci si obblighi a compiere un'opera o un servizio senza vincolo di subordinazione nei confronti del committente (art. 2222); altrimenti si sarà in presenza di un contratto di lavoro subordinato. Ed il criterio di differenziazione delle due ipotesi non sta nel fatto — normale, ma non essenziale — che il prestatore d'opera lavora nella propria bottega, o nel fatto che utilizza propri attrezzi e proprie materie prime (art. 2223), tutto ciò essendo comune ai lavoratori subordinati a domicilio. Il criterio risiede nella esenzione del prestatore d'opera e nella soggezione, invece, del prestatore di lavoro subordinato all'altrui **potere direttivo** circa le modalità di esecuzione della prestazione.

Di regola, il lavoratore subordinato si obbliga, con il contratto di lavoro, a mettere a disposizione dell'imprenditore le sue energie lavorative, per la durata giornaliera e settimanale dell'orario di lavoro (art. 2107), e secondo le mansioni per le quali è stato assunto (art. 2103). Gli strumenti di lavoro e le materie prime sono, sempre di regola, forniti dall'imprenditore. Alla regola fa eccezione il lavoro a domicilio: il lavoratore che esegue la prestazione a casa propria (o nella propria bottega), anziché nei locali dell'impresa (l'ipotesi è frequente per il lavoro delle donne, specie nel settore tessile e dell'abbigliamento), resta a tutti gli effetti un lavoratore subordinato, anche se utilizza strumenti di lavoro e materie prime proprie, purché sia sottoposto all'altrui potere direttivo (legge n. 877 del 1973).

Non agevole, per altro verso, è la distinzione del contratto d'opera dal contratto di vendita: con il barista, cui chiediamo un caffè espresso, concludiamo un contratto d'opera o una vendita? Il criterio che l'art. 2223 fornisce sta nello stabilire se le parti abbiano prevalentemente in considerazione **l'opera** oppure la **materia**; e nell'esempio ora fatto prevale sicuramente la materia: il contratto è una vendita (e il barista è un commerciante, non un artigiano). Ma il sarto, cui abbiamo ordinato un vestito su misura, non ci vende alcunché: ci consegna un'opera, il cui corrispettivo include il costo della stoffa impiegata.

Il contratto d'opera è il contratto mediante il quale il lavoratore autonomo, ossia l'artigiano, si procura il sostentamento; parrebbe, di conseguenza, che il corrispettivo dell'opera o del servizio debba avere, nella struttura di questo contratto, la funzione di retribuire il lavoro del prestatore d'opera. Tuttavia, ai sensi dell'art. 2225, il corrispettivo si determina, quando non sia stato convenuto dalle parti (ne esistono tariffe professionali o usi al riguardo), non già in ragione del lavoro in concreto svolto, bensì «in relazione al **risultato ottenuto** ed al lavoro **normalmente** necessario per ottenerlo». Il codice civile addossa così al prestatore d'opera, e non al committente, il **rischio del lavoro**: tratta il lavoratore manuale autonomo alla stessa stregua dell'appaltatore. Non solo: se, per causa a lui non imputabile (ne imputabile al committente), l'esecuzione dell'opera diventa impossibile, al punto che nessun risultato utile sia potuto derivare al committente, il prestatore d'opera avrà lavorato invano: egli ha «diritto ad un compenso per il lavoro prestato in relazione alla **utilità** della parte dell'opera compiuta» (art. 2228), ossia, come nell'appalto, nei limiti in cui l'opera è utile per il committente (art. 1672). Allo stesso modo con cui si addossa all'appaltatore e, in genere, all'imprenditore il rischio di non coprire, con i ricavi dei beni o dei servizi prodotti, il costo dei fattori di produzione, così si è accollato al prestatore d'opera il rischio di non trovare nel corrispettivo dell'opera o del servizio la retribuzione del proprio lavoro manuale.

Il contratto d'opera, del quale abbiamo ora detto, è definito di solito come contratto d'**opera manuale** per distinguerlo dal contratto d'opera che ha per oggetto una prestazione d'**opera intellettuale** (art. 2230), ossia una prestazione svolta, a favore del cliente, da esercenti le cosiddette professioni liberali (avvocati, medici, ingegneri, dottori commercialisti, ecc.) tenuti alla iscrizione nei relativi albi professionali (art. 2229), pena la mancanza del diritto al compenso per l'opera svolta (art. 2231).

Il codice civile regola in un medesimo titolo, dedicato al «lavoro autonomo», sia il contratto d'opera manuale, sia il contratto d'opera intellettuale. Le due figure sono, tuttavia, regolate in modo sensibilmente diverso: il rischio del lavoro incombe, nel contratto d'opera manuale, sul prestatore d'opera; esso tutto all'opposto grava, nel contratto d'opera intellettuale, sul **cliente**. L'obbligazione del prestatore d'opera manuale è sempre, come quella dell'appaltatore, **una obbligazione di risultato**, sia che consista nell'esecuzione di un'opera, sia che consista nella prestazione di un servizio: oggetto del contratto è, in ogni caso, non il lavoro, ma il **risultato** del lavoro; con la conseguenza che il prestatore d'opera non può dirsi adempiente, e non ha diritto al corrispettivo, fino a quando non abbia procurato il risultato. L'obbligazione del prestatore d'opera intellettuale è sempre, per contro, **un'obbligazione di mezzi**: essa ha per oggetto un comportamento diligente ed esperto, l'impiego di mezzi idonei a realizzare un risultato, ma non ha per oggetto la realizzazione del risultato; con la conseguenza che egli è adempiente, ed ha diritto al compenso, se ha agito con la diligenza e la perizia richieste, mentre il cliente avrà effettuato un esborso inutile se la prestazione del professionista, per quanto diligente ed esperta, non gli abbia procurato il risultato desiderato. Lo si desume dall'art. 2236, ai sensi del quale, «se la prestazione implica la soluzione di problemi tecnici di speciale difficoltà, il prestatore d'opera non risponde dei danni, se non in caso di dolo o di colpa grave».

Non solo, c'è esonero da responsabilità per **colpa lieve**: la norma si riferisce al dolo e alla colpa grave nell'esecuzione della prestazione e, perciò, presuppone che si tratti di una obbligazione di mezzi.

La giurisprudenza più recente tende ad applicare restrittivamente la norma, specie con riferimento a medici e chirurghi: esclude che esistano problemi tecnici di speciale difficoltà quando la diagnosi e il trattamento sanitario siano, allo stato attuale della scienza medica, mera applicazione di metodi e di tecniche idonee a garantire il risultato. In questi casi la mancata realizzazione del risultato viene assunta come prova presuntiva della negligente o imperita prestazione sanitaria, ed il professionista è considerato inadempiente e responsabile dei danni cagionati al cliente.

9. Il trasporto

I contratti che hanno per oggetto, come l'appalto o il contratto d'opera, l'esecuzione di servizi a favore di un committente mutano nome e mutano, in larga misura, la loro regolazione normativa quando il servizio dedotto in contratto presenta specifici caratteri. È il caso, anzitutto, del trasporto: il servizio sta qui nel **trasferire persone o cose** da un luogo all'altro; il committente è il **viaggiatore** nel trasporto di persone, il **mittente** nel trasporto di cose, e chi si obbliga, verso corrispettivo, al trasporto è il **vettore** (art. 1678). L'obbligazione del vettore è una obbligazione di risultato: egli si obbliga a portare le persone o le cose alla destinazione convenuta; e si obbliga a portare a destinazione **incolumi** le persone e **intatte** le cose.

Il vettore è, perciò, inadempiente e responsabile del danno: 1) per la **mancata esecuzione**, del trasporto (o per il ritardo nel trasporto), salvo che non provi che la mancata esecuzione (o il ritardo) sia dovuto a causa a lui non imputabile; 2) per il **sinistro** che durante il trasporto abbiano subito le persone trasportate o per la **perdita** o **l'avaria** (ossia il deterioramento) delle cose oggetto del trasporto; e la prova liberatoria di questa responsabilità è diversamente articolata a seconda che si tratti di trasporto di cose oppure di persone:

a) nel trasporto di **cose** (art. 1693) il vettore è responsabile della perdita o dell'avaria delle cose consegnategli per il trasporto dal momento in cui le riceve al momento in cui le consegna al destinatario, a meno che non provi che la perdita o l'avaria è derivata da **caso fortuito** (il ponte, ad esempio, è crollato sotto l'autotreno, o una frana lo ha travolto) oppure da vizi della cosa trasportata o, in genere, da fatto del mittente (qui la perdita o l'avaria si è determinata durante il trasporto, ma per causa antecedente la consegna al vettore). È una responsabilità conseguente alla obbligazione di risultato assunta dal vettore: questi deve, per liberarsi, fornire la prova positiva, che identifichi la specifica causa, a lui non imputabile, della perdita o del danno, con la conseguenza che sono a suo rischio le cause ignote (l'autotreno è finito in un burrone e non si sa perché: il vettore ne risponde). Questa responsabilità può però essere mitigata con la previsione contrattuale di presunzioni di caso fortuito (art. 1694): in pratica con la previsione di altre specifiche cause, oltre il fortuito, di esonero da responsabilità;

b) nel trasporto di **persone** (art. 1681) vale una norma più rigorosa: il vettore è liberato da responsabilità per il sinistro solo se prova di «avere adottato **tutte le misure idonee** per evitare il danno» (formula che corrisponde a quella usata dall'art. 2050 per chi eserciti attività pericolose). Qui è diverso l'oggetto su cui verte la prova liberatoria: non sui fatti che hanno cagionato il sinistro, ma su fatti — l'adozione di misure idonee — che precedono o accompagnano l'attività di trasporto (sicurezza dei mezzi, sicurezza del percorso seguito, ecc.) e che facciano apparire l'evento dannoso come **non evitabile** da parte del vettore (così, di fronte alla eventualità che il viaggiatore scenda dal mezzo in corsa, è «misura idonea» dotare il mezzo di dispositivi di chiusura delle porte automatici o azionati dal conducente). La conseguenza è che il vettore di persone può essere chiamato a rispondere anche di fronte ad eventi fortuiti che, nel trasporto di cose, lo esonererebbero da responsabilità (così il crollo del ponte o la frana non esonerano se, essendo nota o conoscibile la pericolosità del ponte o lo stato geologico dei luoghi, era «misura idonea» modificare il percorso della corriera).

Al viaggiatore basta provare l'esistenza del contratto di trasporto e del danno subito durante il viaggio: incombe, invece, al vettore l'onere di provare l'inevitabilità del danno da parte sua (essendo state da lui adottate «tutte le misure idonee» per evitarlo) e, dunque, la mancanza di un rapporto di causa ad effetto fra la sua attività di trasportatore e il danno subito dal viaggiatore. Inoltre, non sono ammesse nel trasporto di persone clausole di limitazione della responsabilità del vettore (art. 1681, comma 2°). A questo modo, il **rischio** del sinistro è addossato al vettore o, più esattamente, è ripartito **fra tutti gli utenti**: esso si traduce, economicamente, in un maggior costo di gestione dell'impresa vettrice (costi delle prescritte «misure idonee», più alti premi di assicurazione) e, di conseguenza, in una più alta tariffa per gli utenti.

Si intende poi che il vettore può anche ad altro titolo essere chiamato a rispondere del sinistro al viaggiatore e del danno alle sue cose, e precisamente a titolo di responsabilità **extracontrattuale**; e allora si applicheranno, anziché l'art. 1681, gli artt. 2043 ss. In particolare, ove il trasporto sia avvenuto con veicolo senza guida di rotaie, si applicherà l'art. 2054: ciò che comporta per il vettore che sia conducente o anche solo proprietario del mezzo (art. 2054, comma 3°), anche se a titolo di responsabilità extracontrattuale, una responsabilità analoga (dalla quale si è liberati con la prova di «avere fatto tutto il possibile per evitare il danno») a quella prevista, a titolo di responsabilità contrattuale, dell'art. 1681. L'opzione per l'azione extracontrattuale si giustifica, in concreto, per il più ampio termine di prescrizione: due anni dal fatto (art. 2947, comma 2°) anziché un anno (art. 2951).

La severa disposizione dell'art. 1681 si applica anche al trasporto **gratuito** (art. 1681, ult. comma). Ma dal trasporto gratuito, che è pur sempre un contratto (ad esempio, il trasporto dei clienti, dall'albergo alla stazione), si distingue il trasporto di **cortesia**, o **trasporto amichevole** (il trasporto, ad esempio, dell'autostoppista): qui non c'è alcuna obbligazione del vettore, neppure di mezzi (e in qualsiasi momento l'autostoppista può essere invitato a scendere dall'automobile). Dell'eventuale sinistro si risponde, in questo caso, solo a titolo di responsabilità extracontrattuale.

10. Il deposito

Nel contratto di deposito lo specifico servizio dedotto in contratto consiste nella **custodia** di una cosa **mobile**, cui il depositario si obbliga nei confronti del depositante, con l'obbligo del depositario di **restituirla in natura** (art. 1766) a richiesta del depositante (art. 1771, comma 1°), e con l'obbligo del depositante di riprenderla al termine convenuto o, in mancanza di termine, a semplice richiesta del depositario (art. 1771, comma 2°). A differenza del trasporto di cose, il deposito è contratto **reale**, che si perfeziona cioè con la consegna della cosa; ed è contratto che si presume **gratuito**, salvo che il depositario non eserciti professionalmente l'attività dedotta in contratto (art. 1767), come ad esempio, nel caso dei gestori di parcheggi custoditi. Ma, anche quando il deposito è **oneroso**, non c'è rapporto di corrispettività fra obbligazione al deposito e obbligazione al compenso: il depositario non può, di fronte al depositante inadempiente, avvalersi dell'eccezione di inadempimento, e lasciare incustodita la cosa. Un simile comportamento è, in questo caso, sempre contrario alla buona fede, ai sensi dell'art. 1460, comma 2°.

Il deposito ha, di regola, ad oggetto **cose infungibili** delle quali il depositario non può servirsi (art. 1770) e che deve restituire in natura. È però ammesso il cosiddetto deposito **irregolare**, avente per oggetto **danaro** o altre cose **fungibili**, delle quali il depositario diventa proprietario, con la facoltà di servirsene (art. 1782). Il deposito irregolare — che ha larga diffusione nelle operazioni di banca — assolve una duplice funzione: ha, nell'interesse del depositante, una funzione di **custodia**; ma ha pure, nell'interesse del depositario, una funzione di **credito**, onde a questo contratto si applicano, in quanto compatibili, le norme sul **mutuo** (art. 1782, comma 2°), come quelle relative alla corresponsione degli interessi (art. 1815) e al termine per la restituzione (art. 1816).

Per l'art. 1768 il depositario deve custodire la cosa con la **media diligenza**; e ciò induce, a prima vista, a pensare che egli sia obbligato solo ad una diligente attività di custodia e che la sua obbligazione sia una semplice obbligazione di mezzi; parrebbe che egli non assuma, come assume il vettore, il rischio del perimento o della sottrazione o del deterioramento della cosa. Senonché l'art. 1780 aggiunge che il depositario è liberato dall'obbligazione di restituire la cosa se la detenzione gli è tolta «in conseguenza di un fatto a lui non imputabile» (ma con l'obbligo, se perde la detenzione della cosa, di farne immediata denuncia al depositante). Egli è, allora, inadempiente se non prova che uno **specifico fatto**, a lui non imputabile, gli ha fatto perdere la detenzione della cosa (o che, analogamente, ne ha determinato la distruzione o il deterioramento). Vale anche qui, perciò, l'art. 1218; e il criterio della media diligenza, di cui all'art. 1768, si applica solo dopo che il depositario ha provato la causa concreta del perimento o della sottrazione o del deterioramento della cosa (ad esempio, l'incendio del magazzino provocato da un terzo o l'azione di ladri) e vale — come ormai concordano dottrina e giurisprudenza — solo per escludere o ammettere l'imputabilità della causa concreta al depositario (se l'incendio o il furto erano evitabili con adeguati impianti antincendio o antifurto, il depositario risponde del danno). In caso di deposito **gratuito**, peraltro, la responsabilità per colpa è valutata con minore rigore (art. 1768, comma 2°).

Diversi principi valgono, invece, per il **deposito in albergo**. L'albergatore risponde della sottrazione, della perdita o del deterioramento delle cose portate dai clienti nell'albergo, e a lui non consegnate, fino ad un **limite massimo** pari a cento volte il prezzo dell'alloggio giornaliero in albergo (art. 1783). La sua responsabilità è, all'opposto, **illimitata**: *a*) quando la sottrazione, la perdita o il deterioramento riguardino cose **consegnate in custodia** all'albergatore o cose che egli si è illegittimamente rifiutato di ricevere in custodia (e non può rifiutarsi di ricevere il danaro e gli oggetti di valore) (art. 1784); *b*) quando la sottrazione, la perdita o il deterioramento siano dovuti a colpa sua o dei suoi ausiliari (art. 1785 *bis*). I medesimi principi valgono per gli **imprenditori** di case di cura, stabilimenti di pubblici spettacoli, trattorie, ecc. (art. 1786), ai quali appare però problematico applicare un limite ragguagliato al prezzo dell'alloggio giornaliero (come applicarlo nei cinema o nelle trattorie?).

11. I contratti nelle liti

La **transazione** è un contratto con il quale le parti, facendosi reciproche concessioni, pongono fine ad una **lite**, cioè ad una controversia giudiziaria, già insorta fra loro o prevengono una lite che fra essi può insorgere (art. 1965). È un contratto di grande diffusione: i litiganti vi fanno assai spesso ricorso, sia per eliminare l'incertezza dell'esito del giudizio, sia per non dover attendere la fine di un processo che può durare molto a lungo (meglio poco, ma certo; meglio poco, ma subito).

L'essenza di questo contratto sta nelle **reciproche concessioni** delle parti: ciascuna di esse rinuncia parzialmente (non interamente) alla propria pretesa o alla propria contestazione. Così, se il preteso creditore vanta un credito di cento verso chi contesta di dovere alcunché, la transazione può consistere, ad esempio, nell'impegno del secondo di pagare trenta al primo (questi elimina il rischio di perdere la lite e di non realizzare nulla, o di vincerla chissà quando; l'altro scongiura il rischio di perdere la lite e di dover pagare cento). Le reciproche concessioni possono anche consistere nella costituzione, modificazione o estinzione di rapporti diversi da quelli che formano oggetto della lite (art. 1965 comma 2°). Così, chi agisce in rivendica di un bene, può rinunciare al bene rivendicato accettando, in via transattiva, una somma di danaro, oppure la rinuncia dell'altra parte ad un proprio credito nei suoi confronti.

Le parti, transigendo, **dispongono** dei propri diritti: non è, perciò, possibile transigere su materia sottratta alla disponibilità delle parti (art. 1966), come ad esempio in materia di diritti e di doveri di famiglia o di diritti del lavoratore verso il datore di lavoro (art. 2113).

La transazione presuppone l'**incertezza** sull'esito della lite: è, quindi, annullabile la transazione su lite già decisa con sentenza passata in giudicato, della quale le parti o una di esse non avevano notizia (art. 1974). D'altra parte, la funzione della transazione è di chiudere, o di prevenire, consensualmente, una lite: perciò, non se ne può chiedere l'annullamento per errore di diritto sulle questioni oggetto della controversia transatta (art. 1969), giacché ciò equivarrebbe a riaprire la lite sottoponendola all'esame dell'autorità giudiziaria.

Salvo patto contrario, la transazione non comporta novazione: non determina, cioè, l'estinzione del precedente rapporto (quello da cui è nata la lite) mediante la costituzione di un nuovo rapporto. Perciò, se una delle parti non adempie gli obblighi nascenti dalla transazione, l'altra può chiederne la **risoluzione** con l'effetto di poter riaprire la lite originaria.

Il contratto di transazione deve essere provato per **iscritto** (art. 1967).

Nel caso di alienazione di un bene può essere previsto che l'acquirente, anziché pagare un prezzo, corrisponda una **rendita** all'alienante, ossia si obblighi a corrispondergli periodicamente una somma di danaro (o altre quantità di cose fungibili). Altrettanto può accadere nell'ipotesi di cessione di un capitale: si riceve una somma di danaro e, a titolo di corrispettivo, ci si obbliga a corrispondere una rendita.

La rendita può essere **perpetua** (art. 1861) o **vitalizia** (art. 1872): la prima è dovuta senza limiti di tempo e, dopo la morte dell'avente diritto, ai suoi eredi; la seconda fino alla morte dell'avente diritto. La prima è un contratto commutativo, la seconda un contratto aleatorio, essendo incerta la durata della vita umana e, quindi, l'ammontare complessivo della rendita dovuta. La rendita perpetua può essere costituita solo mediante la vendita di un immobile (rendita **fondiaria**) o mediante la cessione di un capitale (rendita **semplice**); la rendita vitalizia può essere costituita anche mediante l'alienazione di un bene mobile. La rendita perpetua è **redimibile** in qualsiasi momento a volontà del debitore (art. 1865): questi si libera dall'obbligazione pagando una somma pari alla capitalizzazione della rendita annua: al tasso, di interesse legale (art. 1866), ossia una somma pari al prodotto della moltiplicazione per venti della rendita annua. I contratti di rendita sono, nel nostro tempo, contratti meno frequenti che in passato.

L'**anticresi** è un contratto che presuppone, fra le parti, un preesistente rapporto obbligatorio avente per oggetto il pagamento di una somma di danaro. Con questo contratto il debitore si obbliga a consegnare un immobile al creditore, affinché questi lo goda e ne percepisca i frutti imputandoli a pagamento del proprio credito, prima per gli interessi e poi per il capitale (art. 1960). Il contratto non attribuisce al creditore alcun privilegio sull'immobile; la sua funzione è solo **satisfattiva**. Non può eccedere, per non compromettere a lungo la libera utilizzazione di un bene produttivo, la durata di dieci anni (art. 1962). Il contratto di anticresi richiede la forma scritta a pena di nullità (art. 1350, n. 7); è soggetto a trascrizione (art. 2643, n. 12): il che ne fa un contratto opponibile dal creditore anticretico ai terzi cui il proprietario abbia alienato l'immobile, con contratto trascritto successivamente alla trascrizione dell'anticresi, oltre che opponibile, a norma dell'art. 2915, ai creditori del debitore anticretico che abbiano eseguito il pignoramento dopo la trascrizione dell'anticresi.

Capitolo diciannovesimo

I FATTI ILLECITI

1. La responsabilità da fatto illecito

È fatto illecito, secondo la nozione che ne dà il codice civile, «qualunque fatto doloso o colposo, che cagiona ad altri un danno ingiusto» (art. 2043). Abbiamo già incontrato i fatti illeciti fra le **fonti delle obbligazioni**: oltre che da contratto le obbligazioni derivano, si è visto, da **fatto illecito** (art. 1173). L'obbligazione che ne deriva è, in particolare, l'obbligazione di **risarcire il danno** che il fatto illecito ha cagionato (art. 2043): è una obbligazione di dare, avente per oggetto il pagamento di una somma di danaro, che rappresenta l'equivalente monetario del danno cagionato. Una obbligazione di risarcimento del danno può derivare, si è visto, anche da contratto: il contraente che non adempie le obbligazioni derivanti da un contratto è responsabile dei danni che l'inadempimento ha cagionato all'altro contraente (art. 1453 comma 1°). Per distinguere la responsabilità per danni del contraente inadempiente dalla responsabilità per danni cagionati con fatto illecito si suole parlare della prima come di **responsabilità contrattuale** e della seconda come di **responsabilità extracontrattuale**.

Per indicare quest'ultima si parla anche, e più frequentemente, di **responsabilità civile**, la si contrappone, a questo modo, alla responsabilità **penale** cui è esposto l'autore di un fatto previsto dalla legge come reato. Un medesimo fatto (ad esempio, l'omicidio, doloso o colposo, le lesioni personali, dolose o colpose, il danneggiamento, che è reato solo se doloso, la diffamazione ecc.) può così essere fonte sia di responsabilità penale, consistente nell'assoggettamento della pena (della reclusione o della multa), sia di responsabilità civile, consistente nell'obbligazione di risarcire il danno.

Scomposto nei suoi elementi costitutivi, il fatto illecito presenta elementi **oggettivi**: il fatto, il danno ingiusto, il rapporto di causalità fra fatto e danno (ossia il rapporto per il quale il primo «cagiona» il secondo); ed elementi **soggettivi**: il dolo o la colpa. Esaminiamoli distintamente:

1) il **fatto**: è un comportamento umano, commissivo (consistente in un fare) od omissivo (consistente in un non fare).

È fatto commissivo, ad esempio, il comportamento di chi, con un'arma, uccide o ferisce altri; oppure il comportamento di chi, alla guida di un'automobile, investe un pedone. È fatto omissivo, ad esempio, il non provvedere alla riparazione del proprio edificio pericolante: se l'edificio crolla, provocando danni a cose o a persone, il proprietario risponde del proprio comportamento omissivo. Si noti però che il fatto omissivo è fatto illecito solo se il soggetto, la cui omissione ha cagionato il danno, aveva l'**obbligo giuridico** di evitarlo: chi, ad esempio, si accorge che l'edificio del vicino è pericolante e si astiene dall'avvertire il proprietario non risponde del danno che la sua omissione ha cagionato perché non ha, per legge, l'obbligo di adoperarsi per evitare che i beni altrui provochino danni;

2) il **danno ingiusto**: è la lesione di un interesse altrui, meritevole di protezione secondo l'ordinamento giuridico.

Non basta, per aversi danno «ingiusto», la lesione di un semplice interesse altrui. Chi, ad esempio, costruisce un edificio sul proprio terreno lede l'interesse dei vicini a godere della vista del panorama, ma non cagiona loro un danno ingiusto, perché il loro interesse a continuare a godere della vista del panorama non è giuridicamente protetto. Diverso è il caso di chi costruisce in violazione del piano regolatore, dove non si può costruire: in questo caso l'interesse degli abitanti della zona a che non sorgano nuove costruzioni è giuridicamente protetto; e ciascuno dei vicini può, come si è visto, chiedere il risarcimento dei danni subiti (art. 872 comma 2°).

Il principio della risarcibilità di ogni danno qualificabile come **ingiusto** è una «clausola generale» (analoga, sotto quest'aspetto, ad altre «clausole generali» come, ad esempio, quella di buona fede): quando non è la legge a valutare, essa stessa, che un dato danno è ingiusto, riconoscendo a chi lo ha subito il diritto al risarcimento (come, ad esempio, nel caso dell'art. 872 comma 2°, cui si è prima fatto cenno; o come nel caso della concorrenza sleale, che l'art. 2600 considera fonte della obbligazione di risarcimento del danno cagionato ai concorrenti) la valutazione è rimessa all'apprezzamento del **giudice**, il quale decide, caso per caso, se l'interesse leso è degno di protezione secondo l'ordinamento giuridico e se la lesione, di conseguenza, costituisce un danno «ingiusto», che deve essere risarcito.

Il nostro sistema è perciò retto dal principio della **atipicità** dell'illecito, al pari del sistema francese, mentre altri sistemi sono retti dall'opposto principio della tipicità dell'illecito (v. tavola n. 6) come accade in Germania, dove sono dal codice civile tassativamente determinati i diritti la cui lesione rende risarcibile il danno.

In alcune serie di casi la presenza del requisito della ingiustizia del danno è, nella prassi giurisprudenziale, fuori discussione:

a) quando sia stato leso un **diritto della personalità**: così, il ferimento di una persona (ad, esempio, in un incidente stradale) è danno ingiusto perché è lesione del diritto all'**integrità fisica**; il danno alla salute delle persone (come, ad esempio, nel caso degli inquinamenti industriali) è danno ingiusto perché è lesione del **diritto alla salute**; la diffamazione di una persona è lesione del suo **diritto all'onore**, e così via;

b) quando sia stato leso un **diritto reale**: così il danneggiamento di una cosa (ad esempio, di una automobile in un incidente stradale) è danno ingiusto perché è lesione del **diritto di proprietà**; la costruzione di un edificio in violazione di una servitù di non edificare è danno ingiusto perché è lesione del **diritto di servitù**, e via di seguito;

c) quando l'uccisione di una persona comporti lesione del **diritto al mantenimento** dei suoi familiari: qui non viene in considerazione la lesione del diritto alla vita dell'ucciso (il quale, in quanto morto, non può vantare diritti al risarcimento), ma solo la lesione del diritto al mantenimento che, eventualmente, il coniuge e i figli avevano nei suoi confronti.

Al requisito della «ingiustizia» del danno i giudici hanno dato, in passato, una interpretazione molto restrittiva, limitata alle tre serie di ipotesi ora indicate: si è, in sostanza, ritenuto ingiusto solo il danno consistente nella lesione di un **diritto assoluto**, sia esso diritto della personalità oppure diritto reale, o nella lesione di un diritto inerente a **rapporti di famiglia**, incluso tra essi il diritto agli alimenti. Questa interpretazione restrittiva tende oggi ad essere superata; si ammette che c'è danno ingiusto:

d) quando sia stato leso un diritto relativo, anche estraneo ai rapporti di famiglia e, in particolare, un **diritto di credito**: così l'uccisione di un giuocatore di calcio lede il diritto alle sue prestazioni sportive spettante, per contratto, alla società calcistica, così la distruzione, ad opera di un terzo, della casa in locazione non lede solo il diritto reale del proprietario, ma anche il diritto di credito del conduttore, e così via.

L'uccisione colposa dei giocatori di calcio è diventata emblematica del problema della **lesione del credito**: alla fine degli anni Quaranta la caduta di un aereo sul colle di Superga determinò la morte dei componenti l'intera squadra del Torino. La società calcistica non ottenne il risarcimento del danno preteso nei confronti della compagnia aerea. Le si oppose che il diritto, del quale lamentava la lesione, era un diritto relativo non già assoluto. La soluzione giurisprudenziale, sollevò molte critiche, che influirono sul successivo atteggiamento dei giudici. Venti anni dopo un automobilista investì ed uccise il calciatore Meroni: questa volta il diritto al risarcimento fu riconosciuto alla società calcistica, con una sentenza che segnò una svolta nell'atteggiamento giurisprudenziale sulla lesione del credito.

Nei due casi sopra menzionati il fatto del terzo cagiona l'**estinzione** del rapporto obbligatorio: per morte del debitore nel primo caso; per impossibilità sopravvenuta della prestazione nel secondo. La giurisprudenza ha poi riconosciuto la risarcibilità della lesione del credito anche in ipotesi in cui il fatto del terzo non estingue il rapporto obbligatorio. In particolare:

d^1) quando il terzo abbia reso solo **temporaneamente impossibile** la prestazione del debitore: così il ferimento, in un incidente stradale, di una persona che lavora alle dipendenze altrui lede il diritto del datore di lavoro alle prestazioni del dipendente (per tutta la durata della invalidità temporanea il datore di lavoro non fruirà delle sue prestazioni pur dovendolo retribuire o, ulteriore ipotesi di danno, avendo dovuto assumere e retribuire altro dipendente);

d^2) quando il terzo sia **concorso nell'inadempimento** del debitore, o istigandolo a non adempiere (cosiddetta induzione all'inadempimento) o rendendosi comunque partecipe dell'inadempimento. Così è nel caso dell'imprenditore che, vincolato da un patto di non concorrenza, svolga l'attività concorrente sotto nome altrui: l'imprenditore inadempiente sarà chiamato a rispondere a titolo di responsabilità contrattuale, ma in solido con lui risponderà il prestanome, a titolo di

responsabilità extracontrattuale, per avere consapevolmente cooperato nell'inadempimento altrui e, con ciò, leso il diritto del creditore.

Ancora: Tizio si obbliga a vendere un immobile a Caio, che a sua volta si obbliga a venderlo a Sempronio; per l'inadempimento di Tizio verso Caio, questi si rende inadempiente verso Sempronio, il quale potrà agire nei confronti di Caio per inadempimento contrattuale, ma potrà anche agire nei confronti di Tizio per avere, con il proprio inadempimento, cagionato l'inadempimento di Caio e, perciò, leso le sue ragioni di credito. Questo principio è stato enunciato dalla Cassazione in relazione all'ipotesi in cui Tizio sapeva della obbligazione assunta da Caio ed era quindi consapevole del danno che il proprio inadempimento cagionava a Sempronio (senza questa consapevolezza mancherebbe rapporto di causalità fra il fatto di Tizio e il danno di Sempronio).

Nella serie di ipotesi fin qui indicate è pur sempre leso un **diritto**, anche se relativo e non assoluto, anche se patrimoniale e non di famiglia. Fuori della lesione del credito si collocano altre ipotesi di danno giudicato risarcibile. Così:

e) quando sia stata lesa la **libertà contrattuale**: sono i casi del contraente che, per la falsa informazione del terzo, si sia indotto a concludere un contratto che altrimenti si sarebbe guardato dal concludere. Così la falsa informazione sulle condizioni di solvibilità del mutuatario, che induce il mutuante a fare credito; così la falsa attestazione sulle qualità di un bene destinato alla circolazione;

f) quando sia stata lesa, anziché un diritto, una **situazione di fatto**, che appaia meritevole di protezione. Un caso emblematico è quello della famiglia di fatto: viene uccisa, in un incidente stradale, una persona che, provvedeva al mantenimento della sua convivente (è il caso che va, solitamente, sotto il nome di «uccisione del concubino»); questa non ha, come ha il coniuge, un diritto al mantenimento, non può lamentare la lesione di un diritto, ma solo la lesione di una situazione di fatto che l'ordinamento giuridico considera pienamente lecita e dalla quale traeva la legittima aspettativa di assistenza materiale, oltre che morale. Che questa lesione sia danno «ingiusto» è stato assai discusso, ma sono ora nettamente prevalenti pronunce giurisprudenziali orientate in senso positivo. Si noti che anche altre situazioni di fatto sono considerate rilevanti agli effetti della tutela aquiliana: così è pacificamente ammessa dalla giurisprudenza l'azione di danni di chi subisca **spoglio o turbative nel possesso**, quantunque il possesso sia una, sia pure protetta, situazione di fatto;

g) quando sia stato leso, da parte della pubblica amministrazione, un **interesse legittimo**, ossia un interesse che risulta protetto solo come riflesso della protezione dell'interesse pubblico; ed anche questa è una acquisizione recente della giurisprudenza, in passato orientata in senso negativo.

Il concetto di danno ingiusto si compone, oltre che dell'estremo positivo fin qui analizzato (lesione di un interesse meritevole di tutela), anche di un estremo negativo: deve trattarsi di un danno che non sia stato cagionato **nell'esercizio di un diritto**. Il linguaggio tradizionale suole contraddistinguere questi due estremi qualificando il danno ingiusto, sotto il primo aspetto, come danno *contra ius* e, sotto il secondo aspetto, come danno *non iure*. Così, chi licenzia il proprio dipendente gli cagiona certamente un danno, ma non si tratta di danno ingiusto se il licenziamento è stato motivato da giusta causa o da giustificato motivo, avendo in tali casi il datore di lavoro il diritto di licenziare.

In due casi la legge esclude in modo esplicito che il danno sia ingiusto. Il primo è quello della **legittima difesa**: chi cagiona danno per legittima difesa di sé o di altri non è responsabile del danno cagionato (art. 2044). La difesa di sé o di altri può essere difesa della **persona** (si uccide l'aggressore per sottrarre sé o altri all'aggressione) oppure dei **beni** (si uccide il ladro per impedirgli di rubare), e può consistere anche in misure di prevenzione, come il filo spinato o le punte acuminate delle cancellate di recinzione di una villa (se il ladro, tentando di scavalcare, si ferisce, non può pretendere il risarcimento del danno subito). Ma la difesa, per essere **legittima**, deve essere proporzionata all'offesa, presente o temuta: non si può uccidere il ladro se esiste altro mezzo per metterlo in fuga o per prevenire il furto.

L'altro caso è quello dello **stato di necessità**; qui, a differenza che nella legittima difesa; si cagiona danno ad un innocente, e lo si fa perché costretti dalla necessità di salvare sé od altri dal pericolo **attuale** di un danno grave alla persona (art. 2045). È, ad esempio, il caso dell'automobilista che, per evitare uno scontro frontale con altro automezzo (e, quindi, per, salvare sé da sicura morte) sterza improvvisamente verso il ciglio della strada investendo un pedone. Occorre però che il pericolo non sia stato da lui **volontariamente cagionato** (come nel caso in cui il nostro automobilista procedesse in senso vietato), né fosse **altrimenti evitabile** (con una manovra più accorta, ad esempio, l'automobilista poteva evitare sia lo scontro sia l'investimento). Proprio perché si cagiona danno ad un innocente, si può invocare lo stato di necessità solo per salvare la **persona**, propria o altrui, e solo di fronte ad un pericolo **attuale**; non lo si può invocare, come per la legittima difesa, per salvare i beni o per giustificare misure di prevenzione.

Nel caso della legittima difesa si è del tutto esonerati dal risarcimento dei danni cagionati; in quello dello stato di necessità, invece, il giudice può condannare il danneggiante a corrispondere un'equa indennità;

3) il **rapporto di causalità** fra il fatto e il danno: deve esserci, fra il fatto e il danno, un rapporto di causa ed effetto, per cui possa dirsi che il primo ha «cagionato» (art. 2043) il secondo. Questo rapporto non va inteso in senso naturalistico: ogni evento dipende, generalmente, dal concorso di molteplici cause; e ciascuna di esse è, in senso naturalistico, in rapporto di causalità con l'evento. Per il diritto non basta che il fatto commesso sia stato una delle tante cause che sono concorse a determinare l'evento dannoso: occorre, perché ci sia rapporto di causalità in senso giuridico, che l'evento dannoso appaia, secondo la comune esperienza, come conseguenza **prevedibile** ed **evitabile** del fatto commesso (cosiddetta regolarità statistica).

Se Tizio ferisce in un incidente stradale Caio e questi, mentre l'ambulanza lo trasporta in ospedale, muore a causa di un nuovo incidente automobilistico nel quale resta coinvolta l'ambulanza, Tizio risponde solo del ferimento, e non della morte di Caio; e ciò quantunque sia evidente che Caio non sarebbe morto se Tizio non lo avesse investito e non si fosse trovato in quella ambulanza. Il punto è che Tizio risponde solo delle conseguenze prevedibili del fatto commesso. Se Caio, invece, raggiunge l'ospedale e ivi muore di malattia, bisognerà distinguere a seconda che la malattia sia una complicazione clinicamente prevedibile come conseguenza delle lesioni subite nell'incidente (Tizio risponderà della sua morte) oppure non prevedibili (Caio, ad esempio, era malato di cuore e, per lo spavento, muore di infarto: Tizio non risponderà della sua morte, anche se da un punto di vista puramente naturalistico l'ha cagionata);

4) il **dolo** o la **colpa**: è dolo l'intenzione di provocare l'evento dannoso (di dolo si parla qui in un senso diverso che nei vizi del consenso), come l'intenzione di uccidere nell'omicidio volontario, l'intenzione di danneggiare le cose altrui nel danneggiamento volontario, l'intenzione di sottrarre clienti ad un imprenditore concorrente nella concorrenza sleale ecc. È, perciò, «fatto doloso» il comportamento assunto con l'intenzione di provocare, come conseguenza, il danno (esplodere un colpo di pistola per uccidere, appiccare il fuoco ad una casa per distruggerla, diffondere notizie false sull'impresa di un concorrente per allontanare la sua clientela).

È colpa la mancanza di **diligenza**, di **prudenza**, di **perizia**: l'evento dannoso non è voluto, ma è provocato per negligenza, imprudenza o imperizia o per inosservanza di norme di legge o di regolamento. Il «fatto colposo» è, appunto, il **comportamento negligente** (il giornalista, ad esempio, diffonde una notizia che risulta diffamatoria senza preoccuparsi di controllarne la veridicità) o **imprudente** (si uccide involontariamente una persona mentre si maneggia per gioco una pistola) o **imperito** (l'ingegnere sbaglia, per impreparazione, il calcolo del cemento armato e il ponte da lui costruito crolla, provocando la morte dei passanti).

L'onere di **provare** il dolo o la colpa del danneggiante incombe sul **danneggiato**: e questa costituisce una rilevante differenza tra responsabilità contrattuale e responsabilità extracontrattuale: per quella è il debitore che deve provare che la prestazione è diventata impossibile per causa a lui non imputabile (ossia l'assenza di sua colpa); per questa, invece, è il creditore che deve provare la colpa del debitore.

Si distingue fra dolo eventuale e colpa cosciente: è dolo, sia pure eventuale, quello di chi, pur non agendo per realizzare l'evento dannoso, si rappresenta il suo possibile verificarsi quale conseguenza della propria azione o omissione, come nel caso di chi, avendo sparato al solo scopo di intimidire, ugualmente ferisce qualcuno: la sua azione mira ad un obiettivo diverso (l'intimidazione), ma egli lo persegue anche a costo di provocare l'evento dannoso, del quale è chiamato a rispondere. È colpa cosciente, ma pur sempre colpa, l'atteggiamento di chi si comporta imprudentemente o negligentemente con la previsione (non con la semplice prevedibilità) del possibile evento dannoso, che confida di potere evitare, come nel caso del poliziotto che, confidando nelle sue qualità di tiratore scelto, spara sul malvivente, ma colpisce l'ostaggio.

In definitiva, nel caso di dolo eventuale, c'è accettazione del rischio del verificarsi dell'evento dannoso, mentre nel caso di colpa cosciente non c'è accettazione del rischio del verificarsi di esso.

2. La responsabilità indiretta

Per regola generale, l'obbligazione di risarcire il danno incombe su «colui che ha commesso il fatto» (art. 2043). A questa regola generale sono, tuttavia, apportate numerose e importanti eccezioni: sono le ipotesi della **responsabilità indiretta**, nelle quali è responsabile del danno un soggetto diverso da quello che ha commesso il fatto. Queste ipotesi sono:

a) **responsabilità dei padroni e dei committenti**.

Se il danno è cagionato da un dipendente, nell'esercizio delle mansioni a lui affidate, del danno risponde oltre al dipendente che ha commesso il fatto anche il suo datore di lavoro (art. 2049).

Così, se l'autista, dipendente di un'impresa di trasporti, investe un pedone mentre è alla guida di un automezzo dell'impresa, del danno risponde il titolare dell'impresa; se un muratore fa cadere dall'impalcatura di un cantiere un attrezzo che colpisce un passante, del danno risponde il titolare dell'impresa edile dalla quale il muratore dipende. Altrettanto accade se la domestica fa cadere un oggetto dalla finestra: del danno provocato risponde il suo datore di lavoro.

Questo principio è antico: un tempo se ne dava giustificazione adducendo che i «padroni e committenti» (come ancora si esprime il vigente codice civile) sono, di regola, persone abbienti e possono, perciò, assicurare il risarcimento del danno subito dal terzo che difficilmente lo otterrebbe dai «domestici e commessi». Oggi si preferisce ricercarne la giustificazione nella struttura del contratto di lavoro: il lavoratore mette a disposizione del datore di lavoro le sue energie lavorative, mentre il **rischio del lavoro** incombe sul datore di lavoro. Questi fa proprio il risultato del lavoro altrui; deve, correlativamente, assumerne i rischi, compreso il rischio che, nello svolgimento della sua prestazione, il lavoratore cagioni danni a terzi;

b) responsabilità di chi è tenuto alla **sorveglianza di incapaci**.

Se il fatto illecito è commesso da persona incapace di intendere e di volere, questa non ne risponde (art. 2046); ne risponde, invece, chi è tenuto alla sorveglianza dell'incapace (art. 2047), ad esempio il personale della clinica nella quale è ricoverato il malato di mente che ha commesso il fatto;

c) responsabilità dei **genitori**, dei **tutori**, dei **precettori**.

I genitori sono responsabili dei fatti illeciti commessi dai loro figli minori, il tutore lo è per il minore o per l'interdetto affidato alla sua tutela; i precettori, ossia gli insegnanti, sono responsabili del danno cagionato dai loro **allievi** (minori) nel tempo in cui sono sotto la loro sorveglianza (art. 2048).

Le ipotesi di cui a *b*) e a *c*) differiscono però da quella di cui ad *a*):

chi è tenuto alla sorveglianza degli incapaci, i genitori, i tutori e i precettori possono liberarsi da responsabilità provando di **non aver potuto impedire il fatto** (artt. 2047, 2048 comma 3°). Ai padroni e committenti, al contrario, non è concessa alcuna prova liberatoria: essi rispondono sempre e comunque del fatto illecito dei loro dipendenti; e ne rispondono, come si è visto, a titolo di rischio inerente ad una attività altrui svolta a loro favore.

Perciò quella di padroni e committenti è una vera e propria responsabilità indiretta, ossia per il fatto illecito altrui. Gli altri, invece, rispondono del fatto illecito altrui solo in quanto sia configurabile, a loro carico, un fatto illecito **proprio**, consistente nella mancata sorveglianza dell'incapace. Questo in teoria: in pratica la prova liberatoria è così difficile da rendere, di fatto, la loro responsabilità una sostanziale responsabilità indiretta. Essi, per esonerarsi da responsabilità, debbono dare la difficile prova di uno specifico ostacolo che ha impedito loro di esercitare la dovuta attività di vigilanza sull'incapace, sui figli minori, sugli allievi (nella clinica, ad esempio, era scoppiato un incendio, che aveva distolto il personale dalla sorveglianza ai degenti; i genitori erano ammalati, e non potevano sorvegliare il figlio);

d) responsabilità del **proprietario di veicolo**.

Questi risponde in solido con il conducente, a meno che provi che la circolazione del veicolo è avvenuta contro la sua volontà: ne diremo nel prossimo paragrafo.

3. La responsabilità oggettiva

Per principio generale, il fatto illecito deve presentare l'elemento soggettivo del dolo o della colpa: è per definizione, come si è visto, un «fatto doloso e colposo» (art. 2043). Ma a questo principio generale sono apportate dallo stesso codice civile molteplici eccezioni: sono le ipotesi di responsabilità **oggettiva**, nelle quali si risponde di un fatto produttivo di danno **anche se lo si è commesso senza dolo e senza colpa**. E le eccezioni alla regola sono tali e tante che, nella pratica, il rapporto fra regola ed eccezione appare capovolto: è molto più estesa l'area dei casi di responsabilità oggettiva che non quella della responsabilità per dolo o per colpa. Il principio generale finisce così con il tradursi in un principio residuale, destinato a regolare quelle marginali ipotesi per le quali non vige una delle tante regole di responsabilità oggettiva.

La responsabilità oggettiva si basa sulla sola esistenza, fra il fatto e l'evento dannoso, di un **rapporto di causalità**: si risponde se il danno appare, secondo il già descritto concetto giuridico di causalità, conseguenza prevedibile ed evitabile del fatto commesso; ci si libera da responsabilità con la prova della **imprevedibilità** o della **inevitabilità** dell'evento dannoso, ossia con la prova della mancanza di rapporto di causalità. Ma questa prova, come vedremo fra breve, è diversamente configurata nelle diverse ipotesi di responsabilità oggettiva.

I casi più importanti di responsabilità oggettiva sono:

a) esercizio di **attività pericolose**.

Chi cagiona danno ad altri nello svolgimento di un'attività pericolosa, per sua natura o per la natura dei mezzi adoperati, è tenuto al risarcimento se non prova di avere adottato **tutte le misure idonee ad evitare il danno** (art. 2050). Non è solo il caso della fabbrica di esplosivi o di fuochi di artificio. Nell'odierna società industriale questa norma ha estese possibilità di applicazione: vale per tutte le imprese che svolgono attività industriali di per sé suscettibili di recare danno alle persone, come ad esempio le imprese chimiche, che possono inquinare l'ambiente e mettere in pericolo la salute o la stessa vita degli uomini.

Altro discorso vale, inoltre, per i **prodotti** che le imprese industriali mettono in commercio e che, per difetti di fabbricazione, possono rivelarsi fonte di pericolo per i consumatori, come ad esempio una macchina il cui funzionamento espone a pericolo l'incolumità di chi la usa o come un alimento in scatola che, per un difetto del metodo di conservazione, risulti pericoloso alla salute. Una Direttiva comunitaria, attuata con d.p.r. n. 224 del 1988, ha introdotto la **responsabilità oggettiva** del produttore, della quale si dirà alla fine di questo capitolo.

Va considerato che non bastano, in questa materia, le norme sulla responsabilità contrattuale o quelle sui vizi occulti nella vendita: il consumatore, il più delle volte, non compera direttamente dal fabbricante (ma da un rivenditore al minuto) e non ha, perciò, azione contrattuale nei suoi confronti; ha, tuttavia, azione di responsabilità extracontrattuale, da fatto illecito. L'azione extracontrattuale può essere esercitata anche da chi abbia azione contrattuale: egli eserciterà la prima anziché la seconda se quest'ultima è prescritta la prima è soggetta al termine di prescrizione predetto, mentre la seconda, come si è visto, al breve termine di un anno, e previa denunzia del vizio entro otto giorni).

Chi ha cagionato il danno nell'esercizio di una attività pericolosa ne risponde **indipendentemente da ogni sua colpa**: anche se, al momento del fatto, ha usato diligenza, prudenza, perizia. L'imprenditore, ad esempio, è responsabile del danno provocato dalle esalazioni nocive che un guasto agli impianti di depurazione ha fatto uscire dal suo stabilimento chimico, per il solo fatto che le esalazioni abbiano cagionato danni a persone o a cose; anche se non gli può essere rimproverata alcuna negligenza o imprudenza o imperizia in relazione alle cause che hanno prodotto il guasto agli impianti (anche se gli impianti cioè erano in perfetto stato di manutenzione ed erano diligentemente controllati da personale esperto). Ci si libera da responsabilità, come si è già detto, solo con la prova di «avere adottato tutte le misure idonee a evitare il danno» (art. 2050); e la prova liberatoria non verte sulle modalità del fatto che ha cagionato il danno, ma sulle **modalità di organizzazione** dell'attività pericolosa, che debbono apparire idonee a **prevenire** l'eventualità di eventi dannosi. L'attività pericolosa deve essere svolta nelle condizioni di massima sicurezza, con l'adozione di tutti gli accorgimenti che la tecnica offre, quale che ne sia il costo: se, ciò nonostante, l'evento dannoso si è ugualmente verificato, esso apparirà un evento **imprevedibile** ed **inevitabile** e, perciò, non in rapporto di causalità con lo svolgimento dell'attività pericolosa. Si intende poi che, se la tecnica ancora non offre, in rapporto a quella data attività pericolosa, misure idonee a prevenire danni a persone o a cose, e il soggetto ugualmente intraprende quella attività, egli la intraprende a proprio rischio: sarà sempre responsabile dei danni cagionati, senza possibilità di offrire la prova liberatoria (così l'industriale chimico che svolga una attività inquinante per la quale non esistono, allo stato della tecnica, idonei meccanismi antinquinamento);

b) **animali o cose in custodia** (artt. 2051 e 2052).

Nell'ipotesi di attività pericolose, ora esaminata, ci si libera da responsabilità con la prova del proprio comportamento (l'adozione di tutte le misure idonee), e si consegue la liberazione anche se le cause del danno restano ignote (nello stabilimento c'è stata un'esplosione, ma non se ne conoscono le cause; l'imprenditore non risponde dei danni se prova di avere adottato tutte le misure idonee ad evitare incidenti). In altri casi, invece, ci si libera solo con la prova del **caso fortuito**, ossia di uno specifico evento imprevedibile ed inevitabile che ha, da solo, creato le condizioni dell'evento dannoso, escludendo il rapporto di causalità fra il comportamento del soggetto e l'evento dannoso. Così il proprietario di un animale (questo è un antico caso di responsabilità oggettiva, cui si sono poi affiancati gli altri in epoca moderna) risponde del danno da questo cagionato (dei danni alla persona, ad esempio, cagionati dal morso di un cane), salvo che provi il caso fortuito (come, ad esempio, la rottura della catena a causa di un fulmine); così chi ha cose in custodia (il gasolio, ad esempio, custodito nel serbatoio dell'impianto di riscaldamento domestico) risponde del danno cagionato dalla cosa (dall'esplosione del serbatoio), salvo che provi il caso fortuito (il fulmine, ad esempio, ha provocato un corto circuito). In questi casi, se la causa dell'evento dannoso resta **ignota**, il soggetto risponde del danno.

Sono criteri diversi, entrambi diretti ad addossare al debitore la prova della mancanza del rapporto di causalità, ma non si può dire, in astratto, che uno dei due sia più rigoroso; chi esercita attività pericolose può essere chiamato a rispondere anche del caso fortuito (se il fulmine ha provocato il guasto degli impianti di depurazione, l'industriale risponde dei danni perché doveva adottare anche le misure idonee a immunizzare i fulmini); e, sotto questo aspetto, la prova della adozione di «tutte le misure idonee, appare più rigorosa; ma, se la causa del danno resta misteriosa, chi custodisce cose che hanno provocato danni risponde anche se aveva adottato tutte le misure idonee ad evitarli; e, sotto quest'altro aspetto, la sua appare una responsabilità più gravosa;

c) **rovina di edificio** (art. 2053).

Se un edificio o altra costruzione crolla, provocando danni a persone o a cose, il proprietario ne risponde, salva la prova che il crollo non è dovuto a difetto di manutenzione o a vizio di costruzione (art. 2053). È un criterio analogo a quello delle attività pericolose: si deve dare la prova di avere adottato misure idonee ad evitare il sinistro, come la buona manutenzione dell'edificio e la sua costruzione a regola d'arte;

d) **circolazione di veicoli.**

È, statisticamente, l'ipotesi che cagiona il maggior numero di eventi dannosi; addirittura si può, con buona approssimazione, prevedere quale sarà nell'anno successivo il numero degli incidenti stradali, compreso il numero dei morti e dei feriti (sarà proporzionalmente maggiore dell'anno precedente se aumenterà il numero dei mezzi in circolazione, restando costante l'estensione della rete stradale). Il conducente di **veicoli senza guida di rotaia** (cioè destinati a circolare nel traffico con libertà di scelta del percorso: dagli autotreni alle biciclette) è responsabile del danno provocato dalla circolazione del veicolo **anche se non è in colpa**, ossia nonostante la guida diligente, prudente, esperta del mezzo. Si libera da responsabilità solo con la prova di **aver fatto tutto il possibile per evitare il danno** (art. 2054 comma 1°). La prova liberatoria è, anche qui, la prova diretta ad escludere il rapporto di causalità fra la circolazione del veicolo e il danno: se l'automobilista prova di aver fatto tutto il possibile per evitarlo, si deve concludere che egli non lo ha cagionato.

È una prova liberatoria quanto mai ardua: chi, ad esempio investe un pedone, non si libera da responsabilità provando di essersi comportato con la diligenza, la prudenza e la perizia del conducente medio; deve provare d'aver fatto tutto ciò che era **umanamente possibile** per evitare l'investimento, e risponde del danno anche se il conducente medio non l'avrebbe evitato. In altre parole, è esente da responsabilità solo se l'investimento è riferibile al fatto del pedone (che, ad esempio, ha improvvisamente e imprevedibilmente attraversato la strada quando il veicolo era a pochi metri e nessuno, alla guida di quel mezzo, avrebbe potuto evitare l'investimento).

Il carattere oggettivo della responsabilità è reso ancor più grave dall'ulteriore principio secondo il quale si risponde del danno anche se questo deriva da **vizi di costruzione** o da **difetti di manutenzione** del veicolo (art. 2054 comma 4°). Ben poco, evidentemente, può essere rimproverato al conducente se il veicolo è uscito difettoso dalla fabbrica o se il meccanico, cui l'aveva affidato per ripararlo da un guasto, l'ha mal riparato.

Per il **caso di scontro fra veicoli**, vale una presunzione: si presume, fino a prova contraria, che ciascuno dei conducenti abbia concorso ugualmente a cagionare il danno subito dai singoli veicoli (art. 2054 comma 2°). A ciascuno dei conducenti, pertanto, incombe l'onere di provare che la responsabilità è tutta dell'altro o che è dell'altro in misura superiore alla metà (due terzi, tre quarti ecc.).

Con la responsabilità oggettiva del conducente concorre, quando il conducente non sia proprietario del veicolo, la **responsabilità indiretta** del proprietario, il quale può liberarsi da responsabilità solo provando che la circolazione del veicolo è avvenuta **contro la sua volontà** (art. 2054 comma 3°).

Si noti che non basta la prova di non avere dato ad altri il permesso di usare il mezzo: occorre la prova che la sua circolazione è avvenuta nonostante la **contraria volontà** del proprietario. Anche questa è una prova molto difficile: non basta neppure la prova che l'automobile era stata rubata, e si risponde anche del danno cagionato dal ladro, se il mezzo era stato parcheggiato con la chiave di accensione inserita (secondo alcuni giudici anche se la macchina era stata parcheggiata ermeticamente chiusa a chiave, ma al suo interno c'era il libretto di circolazione).

Conducente e proprietario rispondono **in solido** fra loro: il danneggiato può, a sua scelta, esigere l'intero risarcimento dall'uno o dall'altro.

La responsabilità oggettiva, come la responsabilità indiretta, vale solo in sede civile, agli effetti del risarcimento del danno, non vale in sede penale, agli effetti della condanna per il reato che si è eventualmente commesso. In questa diversa sede non si può mai essere condannati se non si è commesso il fatto per dolo o per colpa (art. 42 c.p.). Può, perciò, accadere — ed è frequente in materia di incidenti stradali — che si sia assolti in sede penale (per mancanza di colpa) e condannati in sede civile, a titolo di responsabilità oggettiva o di responsabilità indiretta.

4. Il risarcimento del danno

Chi è responsabile del danno, o a titolo di dolo o di colpa (secondo la regola generale) oppure a titolo di responsabilità indiretta o di responsabilità oggettiva (secondo le regole speciali), deve risarcirlo, ossia corrispondere al danneggiato una somma di danaro, che si calcola secondo i principi generali sulla valutazione dei danni (art. 2056), a suo luogo esaminati. In luogo del risarcimento in danaro si può ottenere, se possibile una reintegrazione **in forma specifica** (art. 2058): un nuovo bene, ad esempio, in sostituzione di quello distrutto dal danneggiante. Il danno permanente alle persone, come una definitiva inabilità al lavoro, totale o parziale, può anche essere liquidato in forma di rendita vitalizia (art. 2058).

Il danno risarcibile è, di regola, solo il **danno patrimoniale**, comprendente il danno emergente e il lucro cessante. Specifica del fatto illecito è la norma, dettata dall'art. 2056, comma 2°, secondo la quale «il lucro cessante è valutato dal giudice con equo apprezzamento delle circostanze del caso»; norma che viene applicata con questo principio-guida: il lucro cessante è risarcibile quando, sulla base della proiezione di situazioni già esistenti appare ragionevole prevedere che il danno si produrrà nel futuro.

Il lucro cessante è sempre danno futuro, basato sulla valutazione presente del suo probabile verificarsi; il danno emergente, per contro, può essere sia danno presente che danno futuro. È danno futuro il mancato guadagno spettante al lavoratore colpito da invalidità permanente che lo renda totalmente o parzialmente inabile al lavoro: il lucro cessante dovutogli corrisponderà alle somme che avrebbe percepito per tutto il tempo della sua residua vita lavorativa. Ma è danno futuro, sebbene sia danno emergente e non lucro cessante, il costo che l'infortunato dovrà affrontare, per tutto il tempo della sua vita residua, per avere perduto a causa dell'infortunio la propria autosufficienza ed essere costretto a servirsi dell'assistenza altrui.

I danni non patrimoniali (cosiddetti **danni morali**), consistenti nelle sofferenze fisiche o psichiche del danneggiato, sono risarcibili — secondo la formula dell'art. 2059 — solo nei casi espressamente previsti dalla legge, e vengono liquidati dal giudice in via equitativa. Il caso più importante, fra quelli previsti dalla legge, è quello del danno cagionato con un fatto che, oltre ad essere fatto illecito, per il codice civile, costituisca **reato** per il codice penale (art. 185 comma 2° c.p.): così chi cagiona ad altri lesioni personali sarà condannato, in sede penale, ad una pena e potrà, in sede civile, essere condannato su richiesta del danneggiato al risarcimento dei danni patrimoniali, comprensivi di danno emergente (le spese per le cure ospedaliere) e del lucro cessante (i salari non percepiti dal giorno del fatto alla guarigione), e dei danni non patrimoniali (le sofferenze patite a causa delle lesioni). Ma la Cassazione ha, da qualche tempo, esteso la risarcibilità del danno non patrimoniale ad ogni caso di **danno alla persona**, anche se non previsto dalla legge, argomentando sulla base della tutela costituzionale della persona.

Altra specifica figura è il cosiddetto **danno biologico**, da qualche tempo riconosciuto dalla giurisprudenza. Si considera tale la lesione dell'integrità psico-fisica della persona, quale bene protetto in sé e per sé (art. 32 Cost.) e indipendentemente dalla capacità della persona di produrre ricchezza. Perciò, a chi abbia subito una invalidità, temporanea o permanente, viene comunque riconosciuto il risarcimento del danno biologico, liquidato con criterio equitativo e, secondo la prassi dei tribunali, in misura pari al triplo della pensione sociale; se poi il danneggiato prova d'avere dovuto interrompere, a causa dell'invalidità subita, una attività produttiva di reddito, allora gli viene liquidato anche il conseguente mancato guadagno.

Se più persone sono responsabili del medesimo danno, esse ne rispondono **solidalmente**: il danneggiato può esigere l'intero risarcimento da ciascuno di essi, indipendentemente dalla gravità della colpa dei singoli. Chi ha pagato avrà poi **azione di regresso** nei confronti degli altri responsabili; e solo in questa sede si potrà tenere conto del **diverso grado** della colpa di ciascuno (art. 2055). Così, se Tizio e Caio sono concorsi fra loro nel danneggiare Sempronio, e la colpa è per il novanta per cento di Tizio, Sempronio potrà esigere l'intero risarcimento da Caio, che poi pretenderà da Tizio il rimborso del novanta per cento di ciò che ha pagato.

5. Il danno da prodotti

Una qualità che si richiede ad ogni prodotto industriale, quale che sia l'uso cui è destinato, è la possibilità di essere usato in condizioni di sicurezza, senza pregiudizio cioè per l'integrità fisica e per i beni dell'utente. Questo concetto di «sicurezza», presente nella nostra Costituzione (art. 41 comma 2°), che pone all'iniziativa economica privata il limite della salvaguardia della «sicurezza umana», ha ora assunto significato tecnico-giuridico nella Direttiva Cee 25 luglio 1985, n. 374, in materia di «responsabilità per danno da prodotti difettosi». Per l'art. 1, «il produttore è responsabile del danno causato da un difetto del suo prodotto»; l'art. 5 precisa che «un prodotto è difettoso quando non offre la sicurezza che ci si può legittimamente attendere date le circostanze (...)».

Questa qualità riassunta nel concetto di sicurezza è altro dalla idoneità dei prodotti industriali allo specifico uso cui sono destinati. I «considerando» della Direttiva tengono a chiarirlo: «per proteggere il consumatore: nella sua integrità fisica e nei suoi beni è necessario che il carattere difettoso di un prodotto sia determinato non già in base alla carenza del prodotto dal punto di vista del suo uso, bensì in base alla mancanza della sicurezza che il grande pubblico può legittimamente attendersi».

Il che tuttavia non significa che questa mancanza di sicurezza sia rilevante solo agli effetti della responsabilità, extracontrattuale, del produttore verso l'utente, così come regolata dalla Direttiva europea, e che non possa essa stessa essere apprezzata quale vizio della cosa venduta nei rapporti contrattuali che abbiano ad oggetto il prodotto industriale insicuro. Proprio dall'analisi della nostra giurisprudenza in materia di vendita si può ricavare il giudizio che al venditore i nostri giudici richiedono di verificare che la cosa venduta sia esente da vizi che ne pregiudichino l'idoneità nell'uso o che le imprimano il connotato della **pericolosità** e, inoltre, gli impongono un dovere di informazione circa le modalità di utilizzazione della cosa, mirante ad assicurarne l'uso normale, da un lato, e l'**uso sicuro**, dall'altro.

I principi della Direttiva europea, già recepiti dagli Stati membri (da noi con d.p.r. 24 maggio 1988, n. 224, poi confluito nel codice del consumo del 2005), non sembrano destinati ad introdurre sconvolgenti innovazioni nei loro sistemi giuridici, e nel nostro sistema in particolare. Essi si pongono piuttosto in rapporto di continuità con principi — in primo luogo, il principio della **responsabilità oggettiva** del produttore — cui già sono approdate le diverse società industriali del nostro tempo, europee ed extraeuropee, anche se nell'ambito di queste sono stati seguiti itinerari diversi. In alcune di esse (Stati Uniti, Francia) si sono prese le mosse dalle norme sulla vendita e, in particolare, da quelle sulla responsabilità oggettiva del venditore per i vizi della cosa venduta, per poi adeguarle ai caratteri del sistema distributivo, basato sulle vendite «a catena» dei prodotti industriali, con l'estensione della relativa azione di danni, dal contraente diretto del venditore ai successivi aventi causa, fino all'acquirente finale del prodotto (la responsabilità del produttore, dicono i giudici americani, «corre con il prodotto»). In altre società si è, invece, privilegiata la clausola generale della responsabilità aquiliana, siccome meglio rispondente alle esigenze di protezione del consumatore, che di regola non è diretto contraente del produttore; ma si è poi dispensato il consumatore dall'onere di provare la colpa del produttore, e resa a questo modo oggettiva la sua responsabilità, introducendo una **presunzione di colpa** (così in Germania e in Italia).

La responsabilità imposta al produttore dall'art. 114 del codice del consumo prescinde dalla prova della sua colpa. È, dunque, una responsabilità oggettiva; ma non è una responsabilità per «rischio di impresa», se con questa locuzione si vuole alludere ad una responsabilità gravante sul produttore solo in quanto produttore, come è una responsabilità per rischio d'impresa quella che l'art. 2049 impone a «padroni e committenti». La responsabilità è, invece, collegata al fatto d'avere il produttore messo in circolazione un prodotto «difettoso», nel senso precisato dall'art. 117 del citato codice del consumo, ossia perché si tratta di prodotto che «non offre la sicurezza che ci si può legittimamente attendere»; e spetta al danneggiato, per l'art. 120, l'onere di «provare il danno, il difetto e la connessione causale fra difetto e danno». Là dove il difetto, che il danneggiato ha l'onere di provare, non è certo l'intrinseco vizio di progettazione o di fabbricazione del prodotto (che ben difficilmente il consumatore può scoprire), ma è l'insicurezza del prodotto, quale si manifesta nell'uso cui è destinato.

Responsabilità oggettiva significa responsabilità basata sul rapporto di causalità fra il fatto proprio e l'altrui evento dannoso; e il rapporto di causalità, come si è visto, si basa sulla normalità o regolarità statistica, che rende prevedibile un dato effetto come conseguenza del verificarsi di una data causa. La responsabilità oggettiva, a differenza della responsabilità per rischio d'impresa, ammette la prova liberatoria, ossia la prova della non imputabilità causale dell'altrui evento dannoso al fatto proprio. L'art. 118 concede al produttore di liberarsi da responsabilità in vari modi.

Uno di essi, quello di cui alla lettera *c*, è piuttosto una causa di esonero da responsabilità per chi abbia fabbricato il prodotto non a scopo economico o non nell'esercizio di una attività professionale. Le altre sono, propriamente, prove miranti ad escludere il rapporto di causalità: talvolta è richiesta la prova dello specifico fatto del terzo, interruttivo del rapporto di causalità (così, alla lettera *f*, la prova richiesta al produttore di una parte componente che il difetto è dovuto alla altrui concezione del prodotto finale), oppure del *factum principis* (così, alla lettera *d*, la prova che il difetto è dovuto alla conformità del prodotto a norme imperative emanate dai pubblici poteri), altre volte il fatto del terzo è provato per presunzione tratta dalla prova del fatto proprio (così, per la lettera *a*, si dà la prova di non avere fabbricato il prodotto che ha cagionato il danno, o per la lettera *b*, si prova che il difetto è opera di un terzo, o dello stesso danneggiato, dando la prova che esso non poteva esistere al momento in cui il prodotto è stato messo in circolazione). La lettera *e* consente la prova della non prevedibilità del danno nello stato delle conoscenze scientifiche e tecniche del momento in cui il prodotto è stato messo in circolazione. È il cosiddetto «rischio di sviluppo», che la norma in esame addossa al consumatore.

Capitolo ventesimo

ALTRI ATTI O FATTI FONTE DI OBBLIGAZIONI

1. Altri atti: le promesse unilaterali

I contratti e i fatti illeciti non esauriscono la serie delle fonti di obbligazione: oltre che da contratto e da fatto illecito le obbligazioni derivano, come si è a suo luogo avvertito, da «ogni altro atto o fatto idoneo a produrle in conformità dell'ordinamento giuridico» (art. 1173). La prima categoria, quella degli atti che producono obbligazioni, è omogenea alla categoria dei contratti: l'obbligazione sorge, come accade nei contratti, per effetto di una **dichiarazione di volontà**. La differenza, rispetto ai contratti, sta in ciò: non occorre, per costituire il rapporto obbligatorio, la concorde dichiarazione delle parti fra le quali il rapporto si costituisce; basta, invece, la sola **dichiarazione dell'obbligato**. La seconda categoria, quella dei **fatti** che producono obbligazioni, presenta qualche analogia con il fatto illecito: l'obbligazione sorge, come accade per questi, **indipendentemente dalla volontà dell'obbligato**.

Gli atti che producono obbligazioni si collocano all'interno della più vasta categoria degli **atti unilaterali** fra vivi aventi contenuto patrimoniale (art. 1324): questi possono essere atti produttivi di effetti reali, come l'atto di fondazione o come l'atto unilaterale di concessione dell'ipoteca (del quale diremo nel prossimo capitolo); e possono essere, altresì, atti produttivi di effetti obbligatori. Assumono, in questo secondo caso, il nome di **promesse unilaterali**: un soggetto, detto promittente, è obbligato ad eseguire una data prestazione per il solo fatto di averla unilateralmente promessa, indipendentemente dall'accettazione del soggetto a favore del quale la prestazione deve essere eseguita.

Le promesse unilaterali sono rette dal principio della **tipicità**: esse producono effetti solo nei casi ammessi dalla legge (art. 1987). Differiscono, anche sotto questo aspetto, dai contratti: questi, come si è visto, possono essere contratti tipici o contratti atipici (art. 1322 comma 2°); le promesse unilaterali, al contrario, sono sempre atti tipici.

Nella categoria delle promesse unilaterali rientrano la promessa di pagamento e la ricognizione (ossia riconoscimento) di debito (art. 1988), delle quali abbiamo già detto ampiamente (11.4.). Qui va segnalato che esse sono, propriamente, fonti di obbligazioni: la promessa di pagare una somma di danaro o il riconoscimento di un debito vale, di per sé, a costituire un rapporto obbligatorio, avente per oggetto il pagamento della somma promessa o l'adempimento del debito riconosciuto, che si pone come rapporto ulteriore rispetto al sottostante rapporto fondamentale nel quale trova la propria ragion d'essere (in un preesistente contratto, in un preesistente fatto illecito ecc.). Con l'adempimento della promessa o della ricognizione si estinguono due rapporti obbligatori, quello che nasce dal rapporto sottostante e quello che trova fonte nella promessa o nella ricognizione. Ma il dichiarante può sempre dare la prova contraria (provare, ad esempio, che il contratto dal quale l'obbligazione derivava è nullo o che l'obbligazione era già stata adempiuta) e, in tal modo, sottrarsi al pagamento di ciò che ha promesso o, all'adempimento del debito che ha riconosciuto. Insomma: la dichiarazione fa **presumere** l'esistenza del rapporto fondamentale fino a prova contraria; inverte, fra creditore e debitore, l'**onere della prova**, addossando al secondo l'onere di provare che il pagamento promesso o che il debito riconosciuto non ha una causa.

Altra fonte di obbligazione è la **promessa al pubblico** (art. 1989). È la dichiarazione di chi, rivolgendosi al pubblico, promette una prestazione a chi si trova in una data situazione o compie una data azione: il promittente è vincolato dalla sua unilaterale dichiarazione non appena questa è **resa pubblica**.

Un primo, elementare, caso è quello della persona che promette una mancia, ad esempio con una inserzione sui giornali, a chi gli riporterà un oggetto smarrito: il ritrovatore dell'oggetto acquista il diritto di credito verso il promittente nel momento in cui l'inserzione è pubblicata dai giornali. Un altro caso, più complesso, è quello del bando di un concorso per l'assegnazione di un premio a chi possegga determinati requisiti (a chi, ad esempio, ha riportato la più alta votazione di laurea): nel momento in cui il bando è pubblicato chi possiede i requisiti richiesti, acquista il diritto di credito al premio (un diritto che, in alcuni casi può diventare esigibile solo dopo la conclusione dei lavori di una apposita commissione, come nel caso del premio letterario da assegnare al miglior romanzo dell'anno e simili).

2. Altri fatti: gestione di affari, pagamento di indebito, arricchimento senza causa

Alla categoria degli «altri fatti», diversi dai fatti illeciti, che sono fonti di obbligazione appartiene, anzitutto, la gestione di affari altrui. È il caso di chi si comporta come **mandatario altrui** senza avere ricevuto alcun mandato: il che può accadere quando, in assenza dell'interessato (costretto, ad esempio, ad allontanarsi per ragioni di salute), altri si preoccupa di curare i suoi interessi (ad esempio, dando ad un'impresa edile l'incarico di riparare l'immobile altrui che minaccia di crollare, oppure assumendo lavoratori per raccogliere i frutti del fondo altrui che rischiano di marcire). Da questo comportamento del gestore di affari altrui, che è un mero **fatto** perché il gestore non ha ricevuto alcun mandato dall'interessato, discendono due serie di obbligazioni: il gestore, per il solo fatto di avere iniziato, pur senza esservi obbligato, la gestione dell'affare altrui, è tenuto a **continuarla**, allo stesso modo di un mandatario e secondo le norme del mandato (art. 2030), fino a quando l'interessato non sia in grado di provvedervi da se stesso (art. 2028); non può, in altre parole, lasciare a mezzo l'opera spontaneamente intrapresa nell'interesse altrui.

L'interessato, dal canto suo, è tenuto ad adempiere le obbligazioni che il gestore ha assunto in suo nome (nei nostri esempi, a pagare il corrispettivo pattuito dal gestore con l'impresa edile, a retribuire i lavoratori agricoli) ed a rimborsargli le spese affrontate (art. 2031). È sufficiente, perché sorgano queste obbligazioni dell'interessato, che la gestione sia stata **utilmente iniziata**, non occorre che abbia prodotto il risultato sperato (basta, nei nostri esempi, che il gestore sia tempestivamente intervenuto quando era ancora possibile salvare l'immobile o il raccolto). Se poi l'interessato **ratifica** la gestione altrui, si producono gli stessi effetti di un contratto di mandato, con la conseguenza, fra l'altro, che il gestore avrà diritto a compenso per l'opera svolta (art. 2032).

Il **pagamento di indebito** è l'esecuzione di una prestazione non dovuta. Può trattarsi, anzitutto, di **indebito oggettivo**: il pagamento o, comunque, la prestazione eseguita non ha, oggettivamente, alcuna valida giustificazione. È una ipotesi assai frequente ed alla quale abbiamo più volte avuto occasione di fare riferimento: si verifica, ad esempio, quando un contratto sia stato adempiuto da una o da entrambe le parti e, successivamente, il contratto sia stato dichiarato nullo o annullato o sia stato risolto o dichiarato inefficace; oppure quando si è pagato in esecuzione di una sentenza di condanna poi annullata dalla Cassazione. In questi casi il pagamento eseguito si rivela un fatto privo di causa, cioè di giustificazione; e questo **fatto** diventa fonte di una obbligazione e, correlativamente, di un diritto di credito: l'obbligazione di **restituire** ciò che si è indebitamente ricevuto e il diritto correlativo di **ripetere**, ossia riottenere, ciò che si è indebitamente dato (art. 2033). Se la prestazione indebitamente eseguita era consistita nella consegna di una **cosa determinata**, il debitore dovrà restituire la cosa (art. 2037).

Se, ad esempio, è dichiarata nulla una vendita eseguita da entrambe le parti, il compratore avrà diritto di ripetere il prezzo pagato e il venditore avrà diritto di ottenere la restituzione della cosa. Se poi il compratore l'aveva nel frattempo alienata, dovrà restituire il corrispettivo ricevuto o corrispondere il valore della cosa a seconda che fosse in buona o in mala fede (art. 2038).

Il diritto di ripetere ciò che si è indebitamente pagato viene meno in due ordini di ipotesi. Il primo è quello della prestazione eseguita in esecuzione delle cosiddette **obbligazioni naturali**. Si tratta dei doveri **morali o sociali**, come tali sentiti dalla generalità degli individui: sono obbligazioni **solo naturali** perché nessuna norma di legge esige di adempierle (quelle delle quali la legge esige l'adempimento sono definite, in contrapposizione a queste, come obbligazioni **civili**); ma sono pur sempre **obbligazioni**, e non atti di liberalità, perché la generalità degli individui, se le adempie, le adempie con la convinzione di esservi **tenuta** (mentre l'atto di liberalità, come la donazione, è compiuto con l'opposta convinzione di esercitare la propria libertà contrattuale).

Ne sono esempi: il pagamento dei debiti di gioco o di scommessa, di cui diremo fra un istante; il pagamento dei debiti estinti per prescrizione (art. 2940): la generalità degli individui, anche se il creditore non ha preteso l'adempimento nei termini di legge ed il debito si è, pertanto, estinto per prescrizione, sente nella propria coscienza di essere ancora debitore; il mantenimento della convivente in una unione di fatto (24.11.); la riparazione del danno cagionato ad altri fuori dei casi nei quali sussista l'obbligazione (civile) del risarcimento (il danneggiante, ad esempio, ha ucciso per legittima difesa; è esonerato, per l'art. 2044, dall'obbligazione di risarcire il danno ai congiunti dell'ucciso, ma può sentire il dovere morale di ripararlo).

Le obbligazioni naturali non sono del tutto irrilevanti per il diritto: di esse, trattandosi di doveri solo morali o sociali, **non si può pretendere** in giudizio l'adempimento; tuttavia, chi le ha spontaneamente eseguite **non può ripetere** ciò che ha dato, adducendo la mancanza di un obbligo giuridico di adempiere (art. 2034). Esse assumono rilievo per il diritto **solo se adempiute**; giustificano la già eseguita prestazione, impedendo la ripetizione di indebito.

Giuoco e scommessa. Ipotesi tipica di obbligazioni solo naturali sono i debiti di giuoco e di scommessa. Chi ha vinto al giuoco (al giuoco delle carte, dei dadi ecc.) o ha vinto una scommessa, anche se si tratta di giuoco o di scommessa non proibiti (come è proibito il giuoco d'azzardo), non ha azione in giudizio per ottenere il pagamento della posta vinta (art. 1933 comma 1°). Tuttavia, il perdente che abbia spontaneamente pagato il debito naturale **non può ripetere** ciò che ha pagato, salvo, che non vi sia stata frode a suo danno (art. 1933 comma 2°).

A questa regola sono poste due eccezioni: le **competizioni sportive** attribuiscono azione per ottenere il pagamento della posta in giuoco, sia tra i partecipanti alla competizione (il pagamento, ad esempio, della somma in palio in una corsa) sia tra i non partecipanti, che abbiano scommesso sull'esito della competizione sportiva (art. 1934). Altrettanto vale per le **lotterie autorizzate** (art. 1935), anche se non abbinate, come il giuoco del lotto, a competizioni sportive (come vi sono abbinati, invece, il totocalcio, il totip ecc.).

Un secondo ordine di ipotesi, nel quale viene meno il diritto di ripetere l'indebito, è quello delle prestazioni contrarie al **buon costume**. Abbiamo già detto, con riferimento al contratto illecito, che cosa debba intendersi per buon costume: il contratto contrario al buon costume è nullo, e non attribuisce perciò azione in giudizio per ottenere l'adempimento (12.2.); ma chi, in esecuzione del contratto, abbia eseguito la prestazione **non può ripetere** ciò che ha dato (art. 2035). Così, il candidato alle elezioni che abbia pagato il voto dell'elettore, il dirigente sportivo che abbia pagato il calciatore della squadra avversaria non possono, adducendo la nullità del contratto dal quale l'obbligazione è derivata, chiedere la restituzione di quanto hanno pagato.

L'indebito è **soggettivo** quando, per errore scusabile, si paga un debito altrui credendolo proprio. Qui, a differenza che nell'indebito oggettivo, il debito esiste, ma è stato pagato, per errore, da persona diversa dal debitore. Anche in questo caso è ammessa la **ripetizione**; (art. 2036).

Tizio, ad esempio, credendosi proprietario di un appartamento condominiale, ha pagato all'amministratore del condominio la sua quota di spese relative alla riparazione delle parti comuni dell'edificio. Ma Caio conviene in giudizio Tizio e ottiene una sentenza la quale accerta che lui, e non Tizio, è proprietario dell'appartamento. Ne deriva che Tizio ha pagato all'amministratore del condominio un debito che esisteva, ma non era suo, bensì di Caio: ha perciò, diritto di ripetere ciò che ha dato.

La ripetizione è esclusa se il creditore si è in buona fede privato del titolo o delle garanzie del credito: in tal caso chi ha pagato per errore il debito altrui subentra nei diritti del creditore (art. 2036 comma 3°); chiederà cioè il rimborso di ciò che ha erroneamente pagato in sua vece.

Arricchimento senza causa. Può accadere che tra due soggetti si verifichi, senza alcuna giustificazione, uno spostamento patrimoniale tale per cui uno subisca un danno e l'altro, correlativamente, si arricchisca. Accade, ad esempio, nel caso dell'avulsione, quando una porzione di terreno si stacca, lungo il fiume, da un fondo situato a monte e si unisce ad un altro fondo situato a valle ed appartenente a diverso proprietario. In questo caso, come in altri di questo genere, il danneggiato non ha azione verso chi si è arricchito a suo danno, né a titolo di prezzo di vendita (perché nessun contratto di vendita è intercorso fra i due) né in base ad un fatto illecito (perché nessun fatto illecito può essere attribuito al danneggiante). Oltre che per eventi della natura, casi del genere possono verificarsi anche per **fatto dell'uomo**: così chi, credendosi proprietario della cosa altrui, la usa in buona fede e, se si tratta di cosa consumabile, la consuma, cagiona danno al proprietario, ma non può dirsi che abbia commesso un fatto illecito, fonte dell'obbligazione di risarcimento del danno, perché non ha agito con dolo o con colpa.

Si è in presenza, in tutti i casi di questo genere, di un **arricchimento senza causa**, ossia privo di un titolo che lo giustifichi; e questo arricchimento è dalla legge considerato come fatto di per sé produttivo di una specifica obbligazione. Chi, senza una giusta causa, si è arricchito a danno di un altro è tenuto, **nei limiti dell'arricchimento**, a indennizzarlo della correlativa diminuzione patrimoniale (art. 2041). Si noti che non dovrà risarcirgli il danno, cioè versargli una somma pari alla diminuzione patrimoniale da lui subita; ma dovrà indennizzarlo nei limiti del **proprio arricchimento**, ossia corrispondergli la minor somma tra l'ammontare del danno altrui e quello del proprio arricchimento. Perciò, se il terreno a monte era un'area edificabile e quello a valle un terreno agricolo, il proprietario di quest'ultimo dovrà un indennizzo calcolato non secondo il valore delle aree edificabili (pari al danno subito), ma secondo quello dei terreni agricoli (pari all'arricchimento ricevuto).

L'azione di arricchimento è un'azione **generale e sussidiaria**: è generale perché esperibile in una serie illimitata di ipotesi; è sussidiaria perché proponibile solo quando il danneggiato non può esercitare nessun'altra azione, basata su contratto o su fatto illecito o su altro atto o fatto, per farsi indennizzare del pregiudizio subito (art. 2042).

Capitolo ventunesimo

RESPONSABILITÀ DEL DEBITORE E GARANZIA DEL CREDITORE

1. La responsabilità patrimoniale

Il debito è il dovere del debitore di eseguire una **data prestazione** avente valore economico, sia essa una prestazione di dare o di fare o di non fare; il credito è, correlativamente, il diritto del creditore di esigere quella data prestazione. In questa correlazione fra il dovere del debitore di eseguire una prestazione e il diritto del creditore di esigerla è, appunto, il **rapporto obbligatorio**, che può derivare da una fra le tante fonti di obbligazioni fin qui esaminate: contratti, atti illeciti, altri atti o fatti. Il rapporto obbligatorio, anche questo si è detto, è destinato ad estinguersi con l'adempimento, cioè con l'esecuzione della prestazione: il creditore realizza così il proprio diritto; il debitore consegue la propria liberazione.

Ora bisogna aggiungere che l'atto o il fatto che genera l'obbligazione determina, a carico del debitore, una più generale conseguenza, che investe l'intero suo patrimonio. È principio della **responsabilità patrimoniale** del debitore: questi, secondo un principio fondamentale del diritto privato, «risponde dell'adempimento delle obbligazioni con **tutti i suoi beni presenti o futuri**» (art. 2740); non solo, cioè, con tutti i beni che gli appartenevano al momento in cui è sorta l'obbligazione, ma anche con quelli che siano successivamente entrati nel suo patrimonio. Una corrispondente conseguenza si verifica a favore del creditore: tutti i beni, presenti e futuri, del debitore costituiscono la **garanzia** del suo credito.

Dal debito si deve allora distinguere la responsabilità del debitore: il **debito** ha per oggetto quella specifica prestazione che è stata dedotta in obbligazione (ad esempio, il pagamento della somma di un milione); la **responsabilità** ha per oggetto, invece, l'intero patrimonio del debitore (che può, ad esempio, avere il valore di dieci milioni). Correlativamente, si deve distinguere fra il credito e la garanzia del credito: il **credito** è il diritto ad una data prestazione, dedotta in obbligazione (nel nostro esempio, al pagamento di un milione); la **garanzia** del credito è, invece, costituita dall'intero patrimonio del debitore (i dieci milioni del nostro esempio).

Il rapporto fra debito e responsabilità (e, correlativamente, fra credito e garanzia) si manifesta in varie fasi del rapporto obbligatorio:

a) anzitutto, se si tratta di obbligazioni da contratto, si manifesta nella stessa fase **costitutiva** del rapporto obbligatorio: è qui intuitivo che in tanto si fa volontariamente credito ad una persona (ad esempio, le si concede un mutuo, che comporta l'obbligazione di restituire la somma ricevuta), in quanto il debitore disponga di un patrimonio che rappresenti una idonea garanzia per il creditore. Il debitore potrà, ad esempio, disporre solo di beni immobili, il cui valore sia però superiore all'ammontare del debito assunto; ed il creditore sa di poter fare **affidamento** su di essi: sa, cioè, che in caso di inadempimento potrà soddisfarsi su uno più di quei beni del debitore;

b) si manifesta poi nella fase **estintiva** del rapporto obbligatorio: la responsabilità patrimoniale del debitore è, fondamentalmente, preordinata all'eventualità che, raggiunto il tempo per l'adempimento, il debitore non esegua la prestazione dovuta. In tal caso il creditore potrà procedere alla **esecuzione forzata**; e si tratterà di esecuzione forzata in **forma generica** se il suo credito ha per oggetto una **somma di danaro**, che egli realizzerà in forma coattiva sul patrimonio del debitore, facendo eseguire, ad esempio, il pignoramento e la vendita forzata di un suo bene e, quindi, soddisfacendo il suo credito sul ricavato della vendita. Se si tratta, invece, di credito con oggetto diverso dal danaro (obbligazione di dare altre cose, oppure obbligazione di fare o di non fare), allora bisognerà distinguere fra esecuzione forzata in forma generica ed esecuzione forzata in forma specifica: il creditore potrà, se possibile, procedere alla esecuzione in **forma specifica** della prestazione, ossia ottenere per provvedimento del giudice la prestazione che il debitore non ha eseguito spontaneamente, e così l'ufficiale giudiziario preleverà presso il debitore le cose che questi si è rifiutato di consegnare e le consegnerà al creditore; un terzo incaricato dal giudice eseguirà la prestazione di fare, **con spese a carico del debitore**, oppure distruggerà le cose costituite in violazione dell'obbligazione di non fare, sempre con spese a carico del debitore.

Ma, se l'esecuzione in forma specifica non è possibile (ad esempio, perché la prestazione di fare è infungibile), interviene ancora l'esecuzione **in forma generica**: l'inadempimento determina, a carico del debitore, la già descritta obbligazione di risarcire il danno (art. 1218) e, dunque, di corrispondere una **somma di danaro**, per la cui realizzazione coattiva varrà quanto prima detto. Si noti che anche l'esecuzione in forma specifica può comportare esecuzione in forma generica: il debitore vi sarà sottoposto per l'obbligazione di rimborsare le **spese** della esecuzione in forma specifica;

c) si manifesta, inoltre, nella fase **intermedia** fra il momento costitutivo del rapporto obbligatorio e il tempo dell'adempimento. Assumono importanza, nel corso di questa fase, le vicende che possono investire il patrimonio del debitore: questo può ridursi, per le diverse ragioni, rispetto al momento costitutivo del debito; e ciò **pregiudica la garanzia del creditore**, diminuisce le possibilità per il creditore di conseguire la prestazione dovutagli o, in caso di inadempimento, di procedere con successo nella esecuzione forzata sul patrimonio del debitore. Il creditore è, allora, legittimato ad esperire diverse misure di **tutela preventiva del credito**, che esamineremo alla fine di questo capitolo: una di queste misure, la **decadenza dal beneficio del termine**, mostra come il mutamento delle condizioni patrimoniali del debitore possa influire sullo stesso debito, quale era stato originariamente costituito; le altre sono i **mezzi di conservazione della garanzia patrimoniale** (azione surrogatoria, azione revocatoria).

2. Le garanzie reali: il pegno

Il patrimonio del debitore è la garanzia del creditore, ma è solo una **garanzia generica**. Il creditore non ha la certezza di potersi soddisfare, in caso di inadempimento, su un dato bene del debitore: quel bene può nel frattempo essere venduto ad un terzo, e così sottratto alla garanzia del creditore, oppure può essere nel frattempo sottoposto ad esecuzione forzata da parte di un altro creditore. Una garanzia **specifica**, che dia al creditore la certezza di potersi soddisfare su un dato bene, è invece rappresentata dalla costituzione del pegno o dell'ipoteca.

Pegno e ipoteca hanno tra loro in comune la funzione di **vincolare** un dato bene a garanzia di un dato credito: il bene può essere dello stesso **debitore** oppure di un **terzo**, (cosiddetto terzo datore di pegno o di ipoteca), che acconsenta di garantire per un debito altrui. Tra pegno e ipoteca c'è quanto all'oggetto, questa differenza: il pegno si costituisce su **cose mobili**, o su universalità di mobili, oppure su **diritti di credito** (art. 2784); l'ipoteca si costituisce, invece su **beni immobili**, su diritti reali su cose immobili e su **beni mobili registrati** (art. 2810).

Pegno e ipoteca sono **diritti reali di garanzia**; sono, in particolare, diritti reali **su cosa altrui**: il bene resta di proprietà di chi, debitore o terzo, lo ha dato in pegno o in ipoteca, e può essere dal proprietario liberamente **alienato**. Ma il creditore, che è detto **creditore pignoratizio** nel caso del pegno e creditore **ipotecario** nel caso dell'ipoteca, acquista, sul bene, un duplice diritto:

a) il diritto di procedere ad esecuzione forzata sul bene **anche nei confronti del terzo acquirente**. Il pegno o l'ipoteca, in altre parole, segue la cosa — ecco perché si parla di diritto reale — in tutti i suoi successivi passaggi di proprietà (cosiddetto **diritto di seguito**) fino a quando il credito non sia stato estinto. Si parla di diritto reale **di garanzia**, così contrapposto ai diritti reali su cosa altrui a suo luogo esaminati (superficie, enfiteusi ecc.), che sono diritti reali di godimento (7.1.), perché la sua funzione non è di attribuire al suo titolare forme di godimento della cosa, bensì di offrirgli la garanzia di un suo credito;

b) il diritto di soddisfarsi sul prezzo ricavato dalla vendita forzata del bene **con preferenza** rispetto agli altri eventuali creditori del medesimo debitore. È il **diritto di prelazione**: se il credito, ad, esempio, ammonta ad un milione, e la cosa data in pegno o in ipoteca consente, in sede di vendita forzata, di realizzare il prezzo di un milione o un prezzo inferiore, l'intera somma andrà al creditore pignoratizio o ipotecario, con totale esclusione degli altri eventuali creditori. Se dalla vendita forzata, invece, si ricavano due milioni, il milione che residua dopo il soddisfacimento del creditore pignoratizio o ipotecario sarà distribuito fra gli eventuali creditori. Se, infine, dopo il soddisfacimento di tutti i creditori, residua ancora una somma, questa va al proprietario della cosa data in pegno o in ipoteca, debitore o terzo che sia.

La cosa data in pegno o in ipoteca può avere, e normalmente ha, un valore superiore all'ammontare del credito che garantisce. Di questo maggior valore il creditore non può profittare, a danno del debitore e degli altri creditori: è **nullo**, perciò, il cosiddetto **patto commissorio**, ossia il patto con il quale creditore e debitore convengano che, in caso di mancato pagamento, la cosa data in pegno o in ipoteca passi in proprietà del creditore (art. 2744).

Il divieto del patto commissorio, come si è avuto occasione di ricordare (12.2.), viene spesso eluso nella pratica con la vendita a **scopo di garanzia**, che è da considerare fra i contratti in frode alla legge.

Il pegno si costituisce per **contratto**, che deve risultare da atto scritto; è, quando si tratta di pegno di **cose mobili**, un contratto **reale**, che si perfeziona solo con la **consegna** della cosa dal proprietario (debitore o terzo) al creditore o ad un terzo designato dalle parti (art. 2786); è, quando si tratta di pegno di **crediti**, un contratto che si perfeziona solo con la **notificazione** del pegno al debitore del credito dato in pegno oppure con l'accettazione da parte di questo (art. 2800).

La realità del pegno comporta lo **spossessamento** del proprietario ed assolve, in tal modo, la funzione di porre i terzi, cui il proprietario voglia alienare la cosa, nella condizione di rendersi conto che si tratta di cosa della quale l'alienante, essendone privo del possesso, non ha la piena disponibilità. Analogamente, la notificazione del pegno di crediti al debitore del credito dato in pegno (o l'accettazione da parte di questo) vale ad impedire che il debitore paghi nelle mani del proprio creditore, frustrando così la funzione di garanzia del pegno. Ricordiamo che il pegno di cose si può acquistare a **titolo originario**, da non proprietario, mediante il possesso di buona fede (art. 1153 comma 3°).

Se il debitore paga, in capitale e interessi, il credito garantito da pegno su cosa mobile, il creditore dovrà restituirgli la cosa (art. 2794). Se, invece, non paga, il creditore, dopo avergli intimato di pagare, può far **vendere** la cosa da un mediatore a ciò autorizzato o chiedere al giudice che essa gli venga assegnata in proprietà. Nel primo caso, l'eventuale eccedenza del prezzo ricavato dalla vendita rispetto all'importo del credito andrà al debitore (o al terzo datore del pegno) oppure, se ve ne sono, agli altri suoi creditori; nel secondo, occorrerà una stima del valore del bene, la quale accerti che essa non ha valore superiore all'importo del credito (artt. 2796-98).

Diverso discorso vale per il pegno di crediti (che è garanzia frequentemente richiesta dalle banche che finanziano imprese contro pegno dei loro crediti verso i clienti). Qui il creditore pignoratizio è tenuto, alla scadenza, a **riscuotere** il credito: tratterrà quanto a lui dovuto e, quindi verserà l'eventuale eccedenza al proprio debitore (art. 2803). Perciò il pegno di crediti implica anche un **mandato** a riscuotere il credito del proprio debitore.

Si parla di **pegno irregolare** quando la cosa data in pegno è una somma di danaro o altre quantità di cose fungibili non individuate o delle quali è stata conferita al creditore la facoltà di disporre. Le cose date in pegno passano in proprietà al creditore, che dovrà restituire l'equivalente al momento dell'adempimento o, in caso di inadempimento, dovrà restituire la parte che ecceda l'ammontare dei crediti garantiti.

3. Continua: l'ipoteca

L'ipoteca si distingue dal pegno, anzitutto, perché ha ad oggetto **beni immobili** oppure beni mobili **iscritti in pubblici registri** (autoveicoli, navi, aeromobili); in secondo luogo, perché la sua costituzione richiede una specifica formalità, che è l'**iscrizione** in pubblici registri: nei registri immobiliari, per i beni immobili; nel pubblico registro automobilistico, nel registro navale, nel registro aeronautico, per i beni mobili soggetti a iscrizione.

L'ipoteca può avere tre diverse fonti:

a) **ipoteca volontaria**: si basa su un **contratto** fra debitore o terzo datore di ipoteca e creditore o su un **atto unilaterale** (escluso il testamento) del debitore o del terzo datore di ipoteca. Il contratto o l'atto unilaterale debbono avere **forma scritta** a pena di nullità (art. 2821);

b) **ipoteca giudiziale**: si basa su una **sentenza** di condanna al pagamento di una somma di danaro o all'adempimento di un'altra obbligazione o al risarcimento del danno da liquidarsi successivamente (art. 2818); e può anche basarsi su un decreto ingiuntivo reso esecutivo (art. 655 cod. proc. civ.);

c) **ipoteca legale**: può essere iscritta, anche contro la volontà del debitore, nei casi espressamente previsti dalla legge, fra i quali assume importanza particolare quello della alienazione di un bene immobile o di un bene mobile registrato che non sia stato pagato dall'acquirente.

In questo caso l'ipoteca si costituisce sul **bene alienato** e garantisce il pagamento del prezzo (art. 2817; r.d.l. n. 436 del 1927).

Tanto l'ipoteca giudiziale quanto l'ipoteca legale si costituiscono per iniziativa, meramente facoltativa, del **creditore**: differiscono fra loro per il diverso titolo che legittima l'iniziativa del creditore. Diversa regola vale, a seguito della riforma dell'art. 2834, introdotta con la legge n. 52 del 1985, per l'ipoteca legale a favore dell'alienante e del coerede: il conservatore dei registri immobiliari, nel trascrivere un atto di alienazione o di divisione, deve iscrivere d'ufficio l'ipoteca legale, a meno che dal titolo o da separato atto pubblico o scrittura privata autenticata risulti che vi è stata rinuncia all'ipoteca.

Il contratto o l'atto unilaterale per l'ipoteca volontaria, la sentenza per l'ipoteca giudiziaria, l'atto di alienazione del bene per l'ipoteca legale, sono semplicemente **titolo** per ottenere la costituzione dell'ipoteca: questa si costituisce solo **con l'iscrizione** nei registri (art. 2808 comma 2°). È una forma di pubblicità analoga alla trascrizione, e si effettua nei medesimi registri. Dalla trascrizione, che è pubblicità solo dichiarativa (e vale, come si è visto, a rendere l'atto trascritto opponibile ai terzi), l'iscrizione dell'ipoteca differisce perché è **pubblicità costitutiva**: l'ipoteca esiste solo se iscritta nei registri e solo dal momento dell'iscrizione (art. 2852). Il che significa che l'iscrizione è condizione necessaria per l'esistenza dell'ipoteca; non significa però che ne sia condizione sufficiente: se il titolo, sulla base del quale l'ipoteca è stata iscritta, è nullo, l'ipoteca sarà inefficace.

Su un medesimo bene si possono iscrivere più ipoteche, a garanzia di crediti diversi. Ogni successiva ipoteca è, in ordine di tempo, contrassegnata da un numero, che prende il nome di **grado** (ipoteca di primo grado, di secondo grado e così via). Se il bene ipotecato verrà sottoposto a vendita forzata, con il ricavato della vendita si soddisferà anzitutto il creditore con ipoteca di primo grado e, se c'è un residuo, quello di secondo grado e via di seguito (artt. 2852 s.).

L'iscrizione conserva il suo effetto per **venti anni**, trascorsi i quali l'ipoteca si estingue, salvo che l'iscrizione non venga **rinnovata** prima della scadenza (art. 2847). Se la rinnovazione è chiesta dopo la scadenza, la rinnovazione equivarrà a **nuova iscrizione**: produrrà effetti e prenderà grado dalla nuova data (art. 2848).

L'ipoteca è, come il pegno, un diritto **reale** di garanzia: il bene ipotecato può essere venduto, ma chi lo compera (naturalmente, per un prezzo assai basso) compera un bene **gravato** da ipoteca; si trasmette agli eredi, ma si trasmette loro **gravato** da ipoteca. Perciò, alla scadenza del credito, a garanzia del quale l'ipoteca fu costituita, il creditore non pagato ha diritto di promuovere la vendita forzata del bene **anche in confronto del terzo acquirente** (art. 2808).

Questi, per evitare la vendita forzata del proprio bene, ha tre possibilità (art. 2858): o paga lui stesso il creditore o i creditori ipotecari (gli converrà se l'importo del credito o dei crediti è molto inferiore alla differenza fra valore del bene e prezzo di acquisto); o effettua il **rilascio** del bene ipotecato, ossia rinuncia alla proprietà con una apposita dichiarazione resa alla cancelleria del tribunale (art. 2861); o, infine, libera il bene dalla ipoteca (cosiddetta **purgazione** dell'ipoteca): questa consiste nell'offerta al creditore o ai creditori di una somma pari al prezzo di acquisto del bene (o pari al valore dello stesso se l'acquisto è avvenuto a titolo gratuito); se nessun creditore si offre di acquistare per un prezzo superiore di almeno un decimo, il bene è liberato dall'ipoteca contro il pagamento della somma offerta dal terzo acquirente (artt. 2889 s.).

L'ipoteca è retta dai principi di **specialità** e di **indivisibilità**: grava solo su beni specificamente indicati e solo per una somma determinata (art. 2809 comma 1°); e grava, per intero, su tutti i beni ipotecati e su ogni loro parte (art. 2809 comma 2°).

Il principio di specialità esige che il bene sia «specificamente designato» nei modi di cui all'art. 2826, nonché all'art. 29 della citata legge n. 52 del 1985, che richiede l'indicazione di almeno tre confini dell'immobile.

Gli unici margini che il principio di specialità consente riguardano le pertinenze dell'immobile (art. 2810, n. 1), i miglioramenti e le accessioni (art. 2811), come l'edificio costruito sul terreno oggetto di ipoteca. A questo modo, e soprattutto in relazione alle pertinenze, si apre il conflitto fra il creditore ipotecario, che reclama l'estensione del proprio diritto, e gli altri creditori, interessati all'opposto a contestare la prelazione del primo. Al riguardo la giurisprudenza adotta criteri alquanto rigorosi: non sono pertinenze dell'immobile adibito a stabilimento industriale i macchinari e gli impianti che lo dotano, salvo che non siano incorporati all'immobile, dovendo in tal caso essere considerati parti di un bene complesso; non sono pertinenze i materiali in magazzino; né gli arredi dell'immobile adibito ad albergo.

Il principio di indivisibilità comporta che l'ipoteca continua a gravare su tutti i beni ipotecati, anche se il credito si sia in parte estinto, salvo che il proprietario del bene ipotecato non ottenga, per consenso del creditore o per sentenza, la **riduzione** dell'ipoteca.

L'ipoteca si estingue con la sua **cancellazione** dal registro, che è formalità altrettanto necessaria per estinguerla quanto lo è la sua iscrizione per costituirla. Anche per la cancellazione, come per la costituzione, occorre un **titolo**: o l'estinzione dell'obbligazione garantita dall'ipoteca, o la rinuncia del creditore all'ipoteca, o la vendita forzata della cosa ipotecata o il perimento della cosa stessa o lo spirare del termine ventennale senza previa rinnovazione (artt. 2878 s.). Il conservatore dei registri non può procedere d'ufficio **alla cancellazione**: occorre o la **domanda** della parte interessata, corredata dal titolo che giustifica la cancellazione, oppure una **sentenza** che, accertata una causa di estinzione dell'ipoteca, ne ordini la cancellazione (art. 2884).

4. Le garanzie personali: la fideiussione

Dalle garanzie reali (pegno e ipoteca), che sono costituite su una cosa, del debitore o di un terzo, vincolata alla garanzia di un credito, si distinguono le garanzie personali: qui è una **persona** che garantisce, con il proprio patrimonio, l'adempimento di una obbligazione altrui. Figura tipica di garanzia personale è la **fideiussione**: è il contratto con il quale una persona, fideiussore, garantisce l'adempimento di una obbligazione altrui, **obbligandosi personalmente verso il creditore** (art. 1936 comma 1°). Al contratto il debitore è estraneo: la fideiussione è, anzi, efficace anche se il debitore non ne fosse neppure a conoscenza (art. 1936 comma 2°).

L'effetto che la fideiussione produce è la **responsabilità solidale**, nei confronti del creditore, del debitore e del suo fideiussore: il creditore può, a suo piacimento, esigere pagamento dall'uno o dall'altro, **senza necessità di rivolgersi prima al debitore principale**, salvo che ciò non sia previsto dal contratto (cosiddetto beneficio della preventiva escussione del debitore principale) (art. 1944). A questo modo, il creditore potrà fare affidamento sulla responsabilità patrimoniale, anziché di una, di due persone: trova la garanzia del proprio credito, oltre che nel patrimonio del debitore principale, anche in quello del fideiussore (in pratica, soprattutto in quest'ultimo, giacché normalmente fideiussore è persona molto solvibile che interviene per garantire il debito di chi non offre, con il proprio patrimonio, sufficienti garanzie).

La volontà di assumere una obbligazione fideiussoria deve essere **espressa** (art. 1937). Non basta, cioè, la semplice presentazione del debitore al creditore, accompagnata da giudizi o previsioni sulla solvibilità del primo; né basta l'invio o la calda raccomandazione a fargli credito, come nel caso della lettera di *patronage*. Comportamenti di questo genere, tuttavia, ove il debitore non paghi, possono essere fonte di responsabilità se, non contrattuale (a titolo di fideiussione), **extra-contrattuale** (per fatto illecito).

La fideiussione può garantire l'adempimento di un debito **futuro** (art. 1938): si parla di fideiussione *omnibus* quando il fideiussore garantisce tutte le obbligazioni che un cliente assumerà nei confronti di una banca. Essa è valida solo se è previsto un importo massimo garantito.

Il fideiussore diventa, egli stesso, debitore; la sua è tuttavia, una obbligazione **accessoria** rispetto all'obbligazione garantita: è valida solo se è valida l'obbligazione del debitore principale (art. 1939). In altre parole: la **causa** del contratto di fideiussione è la garanzia di un debito altrui; se il debito altrui manca (ad esempio, perché il contratto da cui derivava è dichiarato nullo o è annullato), viene meno la causa della fideiussione. Per la stessa ragione la fideiussione non può eccedere ciò che è dovuto dal debitore (art. 1941). Se il creditore si rivolge al debitore principale e questi paga, si estingue l'obbligazione principale e, di conseguenza, si estingue anche la fideiussione.

Se, invece, il creditore si rivolge al fideiussore, questi ha azione di regresso verso il debitore principale per il rimborso di quanto ha pagato (art. 1950).

Il **mandato di credito** è il contratto con il quale un soggetto (ad esempio, una banca) si obbliga verso un altro, che gliene ha dato incarico (cosiddetta lettera di credito o credenziale), a fare credito ad un terzo in nome e per conto proprio: chi ha dato l'incarico risponde come fideiussore di un debito futuro (art. 1958).

5. Il concorso dei creditori e le cause di prelazione

Una medesima persona può avere, e normalmente ha, più creditori: il suo patrimonio può, pertanto, costituire la garanzia patrimoniale di una pluralità di crediti. Nei rapporti fra più creditori di un medesimo debitore la regola generale è quella della **parità di trattamento** (cosiddetta *par condicio*): i creditori hanno uguale diritto di essere soddisfatti sui beni del debitore (art. 2741 comma 1°); e, se più creditori promuovono la vendita forzata dei beni del comune debitore, ciascuno si soddisferà sul ricavato della vendita **in proporzione** con l'ammontare dei rispettivi crediti.

Questa è però solo la regola generale: ad essa fanno eccezione le **cause di prelazione**, le quali consistono nel diritto di preferenza che è riconosciuto dalla legge a determinati crediti. Sono cause di prelazione **il pegno, l'ipoteca, i privilegi** (art. 2741 comma 2°). Dei primi due si è già detto: si è visto che il pegno e l'ipoteca, oltre che essere diritti reali di garanzia, aventi ad oggetto un dato bene, attribuiscono al creditore il diritto di soddisfarsi sul ricavato della vendita forzata del bene **con preferenza** rispetto agli altri creditori.

I privilegi sono, invece, diritti di preferenza accordati dalla legge a determinati crediti in considerazione della **causa del credito**, ossia della specifica natura del rapporto dal quale derivano. È una valutazione riservata solo alla legge: i privati non possono, con atto di autonomia contrattuale, creare altri privilegi oltre a quelli legislativamente previsti (art. 2745). Il privilegio può essere o **generale** o **speciale**: il primo spetta su tutti i beni mobili del debitore; il secondo solo su **determinati beni**, mobili o immobili (art. 2746).

I creditori non muniti di cause di prelazione sono detti creditori **chirografari**, i creditori muniti di pegno, ipoteca o privilegio sono solitamente detti, con termine indifferenziato, creditori **privilegiati**. Ma più corretto è definirli come creditori con cause di prelazione, essendo privilegiati, in senso proprio, solo quelli aventi privilegio, generale o speciale.

Il privilegio generale, che spetta su **tutti i beni mobili** del debitore, è riconosciuto in considerazione dell'esigenza di assicurare il soddisfacimento prioritario di categorie professionali che dalla realizzazione del credito traggono i mezzi di sostentamento (crediti per retribuzione dei lavoratori subordinati, dei professionisti intellettuali, dei coltivatori diretti, degli artigiani, delle cooperative di produzione e lavoro, delle cooperative agricole) oppure in considerazione dell'esigenza di prelievo fiscale dello Stato.

Il privilegio speciale si basa, invece, su una **specifica connessione** fra il credito e la cosa, mobile o immobile: così i crediti dell'albergatore hanno privilegio sulle cose portate in albergo dai clienti; i crediti per prestazioni relative alla conservazione o al miglioramento di cose mobili hanno privilegio su tali cose (ad esempio, il credito del meccanico per le riparazioni dell'autovettura). Il privilegio speciale ha **diritto**

di seguito: segue, cioè, la cosa anche se questa sia stata acquistata da terzi (anche, nell'esempio precedente, se l'autovettura riparata dal meccanico sia stata dal proprietario venduta ad un terzo, art. 2747 comma 2°).

Per l'art. 2775 *bis*, il promissario acquirente ha privilegio sull'immobile oggetto del **contratto preliminare** trascritto, a tutela dei crediti che gli derivano dalla mancata esecuzione del preliminare, privilegio inopponibile ai creditori garantiti da ipoteca relativa a mutui erogati al promissario acquirente per l'acquisto del bene immobile, oltre che ai crediti garantiti da ipoteca ai sensi dell'art. 2825 *bis*.

Tra i vari privilegi, generali o speciali, è stabilito dagli artt. 2777 ss. un ordine di preferenza, che possiamo così ricostruire sommariamente:

MOBILI

1) spese di giustizia
2) privilegio generale per retribuzioni ai lavoratori; privilegio generale per contributi alle assicurazioni sociali obbligatorie
3) privilegio generale, dei prestatori d'opera intellettuale, dei prestatori d'opera in genere e degli agenti di commercio
4) privilegio generale dei coltivatori diretti e delle imprese artigiane delle cooperative di produzione e lavoro e delle cooperative agricole
5) privilegio speciale sugli impianti per crediti all'industria
6) privilegio speciale dello Stato per imposte indirette
7) privilegio dell'albergatore sulle cose portate nell'albergo
8) privilegio speciale del vettore, del mandatario, del depositario
9) privilegio del venditore di macchine
10) privilegio generale dello Stato per imposte dirette

IMMOBILI

1) privilegio per crediti all'industria
2) privilegio dello Stato per imposte dirette
3) privilegio dello Stato per imposte indirette
4) privilegio degli enti locali

I crediti che hanno pari collocazione entro questo ordine concorrono tra loro secondo il principio della parità di trattamento e, quindi, in proporzione del rispettivo importo.

Quanto al pegno e all'ipoteca, essi rispetto ai privilegi si collocano nell'ordine generale delle cause di prelazione nel modo seguente: il **pegno** si inserisce tra i privilegi sui mobili in posizione intermedia fra il

n. 4 e il n. 5 del prospetto sopra tracciato; l'**ipoteca** si colloca all'ultimo posto nell'ordine dei privilegi sugli immobili; l'ipoteca sulle autovetture per il prezzo di vendita (cosiddetto **privilegio automobilistico**) si colloca però fra il n. 6 e il n. 7 dell'ordine dei privilegi sui mobili.

6. I mezzi di conservazione della garanzia patrimoniale

Facciamo ora un passo indietro, tornando alla fase intermedia fra il momento costitutivo del rapporto obbligatorio e il tempo dell'adempimento (21.1., lett. *c*). Il creditore può valersi, in questa fase, di specifici mezzi di conservazione della sua garanzia patrimoniale. Sono:

a) l'**azione revocatoria**.

Si è già visto che l'intero patrimonio del debitore forma la **garanzia patrimoniale** dei suoi creditori. A costoro il codice civile offre, con l'azione revocatoria, uno strumento di **reintegrazione** di questa garanzia: se il debitore compie atti di disposizione del suo patrimonio, a titolo gratuito o a titolo oneroso, che rechino pregiudizio alle ragioni del creditore, questi può chiedere al giudice che l'atto di disposizione a lui pregiudizievole sia dichiarato **inefficace** nei suoi confronti (art. 2901) o, secondo il linguaggio tradizionale, sia **revocato**. La conseguenza è che, ottenuta la dichiarazione di inefficacia dell'atto (che è inefficacia **relativa**, operante solo a favore di chi ha agito per ottenerla), il creditore potrà soddisfarsi sul bene che ne ha formato oggetto, come se esso non fosse mai uscito dal patrimonio del suo debitore (art. 2902).

Fra gli atti di disposizione suscettibili di revoca è compreso il pagamento di debiti non scaduti; non, invece, quello di debiti già scaduti (art. 2901 comma 3°), essendo un atto dovuto e non, quindi, un atto di disposizione del patrimonio del debitore.

L'azione revocatoria è di difficile esperimento. Il creditore, che la esercita deve provare:

1) il fatto oggettivo del **pregiudizio** che l'atto di disposizione del debitore ha arrecato alle sue ragioni (cosiddetto *eventus damni*), ossia l'impossibilità per lui di soddisfarsi sul restante patrimonio del debitore. Ad esempio: se chi ha debiti per quattrocento milioni ha un patrimonio del valore di un miliardo, non c'è pregiudizio per il creditore se egli dona o vende la metà dei suoi beni; c'è, invece,

pregiudizio se egli dona o vende la totalità o i due terzi dei suoi beni (e c'è pregiudizio anche se, vendendo, riceve il controvalore in danaro, essendo questo assai meno facilmente aggredibile da parte dei creditori);

2) il fatto soggettivo della **conoscenza** di questo pregiudizio (cosiddetta *scientia fraudis*) da parte del debitore e, se l'atto di disposizione è a titolo oneroso, anche da parte del terzo acquirente, ossia deve provare che questi sapeva che, acquistando dal suo dante causa, pregiudicava la garanzia patrimoniale dei creditori di questo (sapeva che il suo dante causa aveva debiti e sapeva della insufficienza del restante patrimonio del suo dante causa a soddisfarli);

3) se l'atto di disposizione del quale chiede la revoca è anteriore al sorgere del credito, l'ulteriore fatto soggettivo della **dolosa preordinazione** dell'atto (cosiddetto *consilium fraudis*) da parte del debitore e, se l'atto è a titolo oneroso, anche da parte del terzo acquirente. Ad esempio: A vende un suo bene a B e, subito dopo, chiede un prestito a C, che glielo concede convinto che quel bene sia ancora di A. Orbene, C, per ottenere la revoca della precedente vendita, deve provare che A aveva venduto a B con la precisa intenzione di frodarlo e che questa sua intenzione era nota a B.

Le prestazioni di garanzia (pegno, ipoteca, fideiussione), se contestuali al sorgere del credito da esse assistito, si considerano atti a titolo oneroso (art. 2901 comma 2°); se non contestuali, a titolo gratuito, non avendo rappresentato una condizione per la concessione del credito.

L'azione revocatoria si prescrive in **cinque anni** dalla data dell'atto (art. 2903).

Tutto si semplifica se il debitore è un imprenditore commerciale insolvente, dichiarato fallito: si potrà esperire, allora, l'**azione revocatoria fallimentare**, regolata dagli artt. 64 ss. della legge fallimentare.

b) l'**azione surrogatoria**.

Può accadere che il debitore trascuri di esercitare i propri diritti (ad esempio, di esigere i propri crediti, di rivendicare la proprietà di cose proprie), ledendo così la garanzia patrimoniale dei propri creditori (che non troveranno nel patrimonio del debitore, negli esempi fatti, il danaro corrispondente al credito non esatto o la cosa non rivendicata). Ciascun creditore può, allora, surrogarsi, cioè **sostituirsi** al debitore e, per assicurare che siano soddisfatte o conservate integre le sue ragioni, esercitare i diritti e le azioni che al debitore spettano verso i terzi, esclusi solo i diritti e le azioni di carattere strettamente personale, come ad esempio, quelle nascenti dai rapporti di famiglia (art. 2900).

È da notare, rispetto all'azione revocatoria, questa differenza: il creditore che agisce in revocatoria agisce solo a proprio vantaggio; gli atti del debitore dichiarati inefficaci sono inefficaci solo nei confronti del creditore che ha agito, mentre restano efficaci rispetto agli altri creditori. Chi agisce in surrogatoria, invece, reintegra il patrimonio del debitore a vantaggio di **tutti i creditori**: una volta che, per effetto dell'azione surrogatoria esercitata da un creditore, il bene è entrato nel patrimonio del debitore, ciascun altro creditore può concorrere su di esso secondo le regole generali sopra esposte.

7. Altri mezzi di tutela preventiva del credito

Altri mezzi di tutela preventiva del credito meritano menzione: uno di essi è la **decadenza** del debitore insolvente **dal beneficio del termine**.

Può accadere che, nella fase intermedia fra il sorgere del rapporto obbligatorio e la scadenza del termine pattuito per l'adempimento, il debitore diventi **insolvente**, ossia non sia più in grado di fare fronte a tutti i propri pagamenti. Per il creditore, il cui credito non sia ancora scaduto, si delinea allora la negativa prospettiva che, fino a quando non sia raggiunto il termine di scadenza, gli altri creditori daranno fondo a tutto ciò che resta del patrimonio del comune debitore, con la conseguenza che, raggiunto finalmente il termine, egli non troverà più nulla. A ciò il codice civile pone rimedio concedendo al creditore di esigere **immediatamente** la prestazione e di concorrere, in tal modo, sul patrimonio del debitore insieme a tutti gli altri creditori (art. 1186). Va notato come si manifesta, in questo caso, il rapporto fra **debito** e **responsabilità**: una vicenda, come la sopravvenuta insolvenza, che tocca il patrimonio del creditore produce effetti sullo stesso debito, determinando la decadenza del debitore dal beneficio del termine, anche se pattuito a suo favore.

La stessa norma vale anche nell'ipotesi in cui il debitore abbia diminuito, per fatto proprio, le garanzie date o non abbia dato le garanzie che aveva promesso.

Degno di nota, fra i mezzi di tutela preventiva del credito, è anche il **diritto di ritenzione**, previsto dal codice civile solo per casi particolari, ma al quale si tende ad attribuire portata generale. Il creditore, che detenga una cosa del debitore, può rifiutarsi di restituirla fino a quando il suo credito non sia stato soddisfatto: così il meccanico, al quale abbiamo consegnato la nostra automobile perché provveda alle riparazioni occorrenti, può rifiutarsi di restituirla fino a quando non abbiamo provveduto a pagargli il corrispettivo spettante per la sua opera. Si parla di ritenzione privilegiata quando sulla cosa il creditore ha anche privilegio. Il diritto di ritenzione privilegiata è **opponibile ai terzi**: il meccanico, nel nostro esempio, può rifiutarsi di restituire l'automobile anche se questa sia stata nel frattempo alienata e la consegna gli venga chiesta dal terzo acquirente.

Capitolo ventiduesimo

CIRCOLAZIONE E ALTRE VICENDE DEL CREDITO E DEL CONTRATTO

1. La cessione del credito

Anche i crediti, al pari dei beni, possono **circolare**, ossia passare da un soggetto ad un altro: possono essere venduti, permutati, donati e così via, con l'effetto di sostituire all'originario creditore un nuovo creditore, ed a questo un altro creditore ancora e così di seguito, fino al momento in cui, con l'adempimento da parte del debitore (o con il verificarsi di un'altra causa di estinzione), l'obbligazione non si sia estinta. È la **cessione dei crediti**: il creditore trasferisce ad altri, a titolo oneroso o a titolo gratuito, il proprio diritto di credito, **senza necessità del consenso del debitore** (art. 1260). Il primo è il cedente, il secondo è il cessionario; il terzo è detto il debitore ceduto. Questi è, comunque, tenuto a pagare: è indifferente che adempia a favore di un soggetto o di un altro; è, perciò, superfluo il suo consenso alla cessione.

La cessione del credito può essere a **titolo oneroso** o a **titolo gratuito**: sarà vendita o permuta del credito e così via nel primo caso (scambio di credito con prezzo, scambio di credito con cosa); sarà donazione del credito nel secondo caso (trasferimento del credito per spirito di liberalità). Essa non è un contratto a sé stante, ma l'oggetto di un contratto traslativo di diritti; e il concetto di vendita o di permuta o di donazione è formulato dalla legge in modo da ricomprendere, oltre che il trasferimento della proprietà di una cosa, anche «il trasferimento di un altro diritto» (artt. 1470, 1552, 769). Non tutti i crediti sono cedibili: sono esclusi quelli di «carattere strettamente personale» (art. 1260 comma 1°). È, del resto, intuitivo: allo scrittore, ad esempio, che si è impegnato a scrivere un romanzo non è indifferente pubblicarlo con un editore o con un altro; e l'editore, che per contratto ha acquistato il diritto alla prestazione dello scrittore, non può cedere questo diritto (salvo il consenso dello scrittore) ad altro editore.

La cessione del credito è efficace, nei confronti del debitore ceduto, solo dal momento in cui è stata **notificata** a questo o è stata da questo accettata. Fino a quel momento il debitore si libera adempiendo nei confronti del cedente (salvo che il cessionario non provi che era comunque a conoscenza della cessione); dopo quel momento, se paga nelle mani del cedente, paga male e può essere costretto dal cessionario a pagare una seconda volta (art. 1264). La notificazione ha anche un altro effetto, analogo a quello che, a norma dell'art. 1155, assolve la consegna quando il contratto ha per oggetto beni (6.4.): se il medesimo credito è, con successivi contratti, ceduto a **più persone**, prevale non la cessione di data anteriore, ma quella che sia stata **notificata per prima** al debitore ceduto (art. 1265).

La cessione trasmette il credito a titolo **derivativo**; è retta, quindi, dal principio per il quale l'avente causa non può acquistare diritti maggiori di quelli spettanti al dante causa. Perciò, il cessionario è esposto alle **stesse eccezioni** che il debitore ceduto avrebbe potuto opporre al cedente: se, ad esempio, era a sua volta creditore del cedente, potrà opporre al cessionario l'eccezione di **compensazione** (salvo che non abbia accettato la cessione: art. 1248). E ciò rende insicura la cessione, rappresenta una remora alla circolazione del credito, crea diffidenza nel possibile cessionario. Questi inconvenienti sono eliminati quando il credito è acquistato a titolo originario; ma ciò è possibile, a norma dell'art. 1993, solo per i crediti che siano rappresentati da **titoli di credito**, che sono beni mobili, come tali sottoposti alle norme sull'acquisto a titolo originario (art. 1994).

Il credito ceduto può essere un credito inesistente (ad esempio, un credito nascente da un contratto che, successivamente alla cessione, venga dichiarato nullo); può, inoltre, accadere che, pur trattandosi di credito esistente, il debitore ceduto non adempia. La prima ipotesi è regolata in modo corrispondente all'**evizione** nel trasferimento di cose: il cedente, se la cessione è a titolo oneroso (vendita, permuta del credito), deve **garantire l'esistenza del credito**, allo stesso modo con cui il venditore di cose deve garantire il compratore dall'evizione; se, invece, la cessione è a titolo gratuito, la garanzia è dovuta, come nella donazione di cose è dovuta la garanzia per evizione, solo se espressamente pattuita (art. 1266).

Diverso discorso vale per l'ipotesi di mancato adempimento: il cedente, per regola generale, **non garantisce la solvenza** del debitore ceduto; l'inadempimento di questo è, dunque, un rischio del quale il cedente si libera addossandolo al cessionario, che avrà inutilmente pagato il corrispettivo della cessione. Ma con apposita clausola (cosiddetta clausola **salvo buon fine**) si può pattuire che il cedente garantisca la solvenza del debitore ceduto, con la conseguenza che il cessionario, se il debitore non paga, potrà rivolgersi al cedente ed esigere da lui il pagamento (art. 1267). Secondo la terminologia latina, spesso usata dal linguaggio corrente, la cessione del credito è, nella prima ipotesi, una cessione *pro soluto* e, nella seconda, una cessione *pro solvendo*.

2. La delegazione

Si può essere, al tempo stesso, debitori di un soggetto e creditori di un altro soggetto. Schematicamente: A è debitore di C ed, inoltre, creditore di B. Una simile situazione interessa dunque tre soggetti: il debitore-creditore A, il creditore C, il debitore B. Si noti però che solo due di questi tre soggetti sono tra loro legati da un rapporto obbligatorio (il rapporto A-C e il rapporto A-B): nessun rapporto lega tra loro B e C. Orbene, alcune operazioni, la principale delle quali è la delegazione, mirano a costituire un simile rapporto, per raggiungere il risultato che vedremo fra un istante. La delegazione si presenta in due forme; può essere:

a) **delegazione di debito**.

Il debitore (delegante) assegna al proprio creditore (delegatario) un nuovo debitore (delegato), il quale si obbliga verso il creditore. È una operazione che presuppone un preesistente rapporto fra il debitore delegante e il debitore delegato, in forza del quale il delegante è creditore del delegato. Perciò, l'operazione si presenta, nel suo insieme, in questi termini: A, creditore di B e debitore di C, invita il proprio debitore B a farsi debitore del proprio creditore C. Il rapporto fra il delegante (A) e il delegatario (C) è detto **rapporto di valuta**; quello, preesistente, che intercorre fra il delegante (A) e il delegato (B) è detto **rapporto di provvista**. La funzione della delegazione è di far sì che un **unico pagamento**, del delegato a favore del delegatario, estingua simultaneamente **due rapporti obbligatori**: tanto il rapporto di provvista quanto il rapporto di valuta.

L'operazione è quanto mai complessa; occorre:

1) l'invito del debitore-creditore delegante (A) rivolto al proprio debitore (B), che è la delegazione in senso stretto; ad esempio: «la prego di volersi obbligare nei confronti di C a pagare a lui la somma tot che lei mi deve»;

2) la promessa con la quale il delegato (B) dichiara al delegatario (C) di volersi obbligare nei suoi confronti: ad esempio: «su invito di A mi obbligo a pagare a lei la somma tot che debbo ad A»;

3) l'accettazione del delegatario (C): questi può limitarsi ad accettare puramente e semplicemente, e allora la sua può anche essere una accettazione tacita, risultante dal mancato rifiuto espresso (art. 1333); ma deve essere una accettazione espressa se, con essa, il delegatario dichiara di liberare il delegante (art. 1268 comma 1°).

Se il creditore delegatario dichiara espressamente di liberare il debitore originario, questi è sostituito dal nuovo debitore (delegazione **privativa**).

Si produce una novazione soggettiva (10.5.): una obbligazione si estingue mediante la costituzione di una nuova obbligazione avente per debitore un soggetto diverso (art. 1235); e, se il delegato non paga, il creditore non potrà rivolgersi al delegante (art. 1274). Altrimenti, il nuovo debitore si aggiunge al debitore originario (delegazione **cumulativa**), e il creditore, se il delegato non adempie, può rivolgersi al delegante (art. 1268 comma 2°).

La delegazione può essere **causale** (o titolata) oppure **astratta** (o pura): nel primo caso il delegato, obbligandosi verso il delegatario, menziona il rapporto di provvista che lo lega al delegante (ad esempio: «su invito di A mi obbligo a pagare a lei la somma tot che debbo ad A come prezzo della merce da lui vendutami»), oppure menziona il rapporto di valuta fra delegante e delegatario (ad esempio: «su invito di A mi obbligo a pagarle la somma tot che A le deve per risarcimento del danno cagionatole»), oppure menziona entrambi i rapporti (ad esempio: «su invito di A mi obbligo a pagare a lei la somma tot che io debbo ad A come prezzo della merce da lui vendutami e che lui le deve per risarcimento del danno cagionatole»).

Nella delegazione astratta, invece, nessuno dei due rapporti è menzionato. Conseguenze: se la delegazione è causale, il delegato può rifiutarsi di pagare eccependo al delegatario le eccezioni basate sul rapporto di provvista (ad esempio, la vendita da A a B è stata dichiarata nulla o è stata risolta per inadempimento di A) o sul rapporto di valuta (ad esempio, il tribunale ha accertato che A non deve nulla a C non essendo responsabile del danno cagionatogli). Se la delegazione è astratta, le eccezioni basate sulla mancanza del rapporto di provvista o del rapporto di valuta non possono essere opposte dal delegato, il quale deve comunque pagare, salvo solo il caso che manchino **entrambi i rapporti** (art. 1271 commi 2° e 3°). Nel qual caso (A non è debitore di C, né è creditore di B), la delegazione risulta priva di ogni funzione;

b) **delegazione di pagamento.**

Differisce dalla delegazione di debito per il fatto che il delegato non è invitato a farsi debitore del delegatario, costituendo un nuovo rapporto obbligatorio fra lui e il delegatario, ma è semplicemente invitato a pagare il debito del delegante, ossia ad estinguere il rapporto obbligatorio esistente fra delegante e delegatario. Il delegato, anche se è debitore del delegante, non è tenuto ad accettare l'incarico (art. 1269 comma 2°).

Può essere, come la delegazione di debito, causale o astratta, ed è a questi effetti sottoposta alle medesime norme. Ne sono applicazioni pratiche i cosiddetti «mandati di pagamento»: un ente, ad esempio, che ha un deposito presso una banca (ed è, perciò, creditore di questa per la restituzione della somma depositata), dà «mandato» alla banca (tecnicamente, delega questa) di pagare a un proprio creditore (ai dipendenti, ai fornitori ecc.). La struttura della delegazione di pagamento caratterizza la cambiale tratta e l'assegno bancario.

Espromissione. Operazioni analoghe alla delegazione sono l'espromissione e l'accollo. La prima differisce dalla delegazione per il fatto che l'iniziativa dell'operazione non è assunta da A, come nella delegazione, ma da B, senza delegazione del primo: B, espromittente, si obbliga spontaneamente nei confronti di C, espromissario, ad adempiere il debito di A, espromesso.

L'espromissione può essere privativa o cumulativa, come la delegazione (art. 1272 comma 1°); ma può essere solo **parzialmente astratta**: la si può astrarre dal rapporto di provvista (fra A, espromesso, e B, espromittente), non dal rapporto di valuta (fra A, espromesso, e C, espromissario); e l'espromittente può sempre rifiutarsi di pagare eccependo la mancanza del rapporto di valuta (art. 1272 commi 2° e 3°).

Accollo. Mentre l'espromissione è un contratto fra B e C, l'accollo è un contratto fra A e B, stipulato a **favore di terzo** (C): l'accollante (B) si obbliga verso l'accollato (A) ad assumere il debito di questo verso l'accollatario (C).

Valgono i principi sul contratto a favore di terzo (15.3.); può essere un accollo privativo o cumulativo, causale o astratto, ma l'accollante può sempre opporre all'accollatario le eccezioni basate sul contratto di accollo (art. 1273).

3. La cessione del contratto

La cessione del credito da un lato e la delegazione o l'espromissione o l'accollo dall'altro sono vicende che toccano, la prima dal lato attivo e le altre dal lato passivo, singoli rapporti obbligatori, nascenti da contratto o da altri atti o fatti. È però possibile che una vicenda circolatoria investa, globalmente, la posizione di **parte di un contratto**, determinando il trasferimento di tutti i rapporti, sia di credito sia di debito, che ad essa sono relativi. È la **cessione del contratto**: con questa una parte, il cedente, sostituisce a sé un terzo, il cessionario, nei rapporti derivanti da un contratto a prestazioni corrispettive, con la conseguenza che il terzo cessionario assumerà rispetto all'altro contraente, il contraente ceduto, la medesima posizione già occupata dal cedente.

Per perfezionare la cessione è però necessario il **consenso del contraente ceduto** (art. 1406); e ciò si spiega agevolmente se si considera che per il contraente ceduto il cessionario del contratto non è solo, come nella cessione dei crediti, un nuovo creditore (le cui qualità personali o le cui condizioni patrimoniali sono, di regola, irrilevanti per il debitore), ma è anche, in rapporto ai crediti del contraente ceduto, un nuovo debitore, le cui qualità personali o le cui condizioni patrimoniali non sono, di regola, indifferenti per il creditore.

Solo in quei contratti, come ad esempio il contratto di società per azioni, dove quelle qualità e condizioni sono irrilevanti, è superfluo il consenso del contraente ceduto (o, trattandosi nel nostro esempio di contratto plurilaterale, dei contraenti ceduti: qui un socio cede a terzi le proprie azioni ossia cede loro la sua posizione di parte nel contratto di società, senza necessità del consenso degli altri soci (né del consenso degli amministratori della società, cioè dell'organo costituito per l'attuazione del contratto nel senso dell'art. 1332).

La cessione del contratto è, a sua volta, l'oggetto di un contratto, come lo è la cessione del credito: un contratto si può vendere, permutare, donare ecc. È ovviamente, possibile solo se le prestazioni contrattuali debbano ancora essere eseguite (art. 1406). Ma bisogna al riguardo distinguere fra contratti a esecuzione istantanea o differita e contratti a esecuzione continuata o periodica (15.1.). Nei primi, se uno dei due contraenti ha già eseguito la sua prestazione, non potrà più avere luogo una cessione del contratto: solo, semmai la cessione del suo credito alla controprestazione (così, in una vendita di merci già consegnate, il compratore non cederà il contratto, ma il suo credito per il prezzo). Occorre che entrambe le prestazioni siano ancora ineseguite: il venditore, ad esempio, deve ancora consegnare le merci e il compratore deve ancora pagarne il prezzo. Se il secondo è un commerciante, che compera per rivenderle, ed ha già trovato un nuovo compratore di quelle merci, anziché dare esecuzione al primo contratto e poi concluderne un secondo, troverà più semplice e rapido cedere il primo contratto, realizzando il proprio guadagno con il prezzo della cessione.

Veniamo ai contratti ad esecuzione continuata o periodica: qui la cessione è possibile anche se è iniziata, da entrambe le parti, l'esecuzione del contratto, ed è possibile fino a quando il contratto non sia sciolto e, perciò, sia ancora **suscettibile di esecuzione**. Così è, ad esempio, la cessione del contratto di locazione (art. 1594): il cessionario prende il posto del conduttore originario e, dal momento della cessione, ne assume verso il locatore le medesime obbligazioni e ne acquista i medesimi diritti (continuerà a pagare lo stesso canone, resterà nel godimento della cosa fino alla scadenza contrattuale originariamente pattuita e così via). Il cedente è, in linea di principio, liberato dalle obbligazioni verso il contraente ceduto: resta obbligato solo se il contraente ceduto abbia dichiarato, nell'accettare la cessione, di non liberare il cedente. In tal caso, se il cessionario non adempie, il contraente ceduto potrà rivolgersi al cedente (art. 1408).

Il contraente ceduto può opporre al cessionario solo le eccezioni basate sul contratto, non anche quelle basate su altri rapporti con il cedente (art. 1409): il compratore ceduto, ad esempio, non potrà opporre in compensazione, al venditore cessionario che gli chiede il prezzo, il credito da lui vantato verso il cedente. La regola è coerente con quanto visto in tema di cessione del credito, giacché qui il cessionario ha accettato la cessione.

Le garanzie dovute dal cedente al cessionario sono analoghe a quelle già esaminate riguardo alla cessione dei crediti: il cedente garantisce la **validità** del contratto ceduto (art. 1410 comma 1°): ma non garantisce, salvo patto contrario, l'**adempimento** del contratto da parte del contraente ceduto (art. 1410 comma 2°).

Capitolo ventitreesimo

PRESCRIZIONE E DECADENZA

1. La prescrizione

La prescrizione è l'**estinzione** dei diritti a causa del loro mancato esercizio per un tempo prolungato, determinato dalla legge (art. 2934 comma 1°). Il termine **ordinario** di prescrizione, che vale per ogni diritto per il quale non sia previsto un termine maggiore o minore, è di **dieci anni** (art. 2946). Un termine maggiore vale, come si è già visto, per i **diritti reali su cosa altrui**, che si estinguono per mancato esercizio **ventennale**. La prescrizione comincia a decorrere dal giorno in cui il diritto poteva essere esercitato (art. 2935); se, a partire da quel giorno, il titolare del diritto si è astenuto per dieci anni dall'esercitarlo, il diritto stesso si estingue.

L'interesse generale che è alla base della prescrizione comporta la nullità dei patti con i quali si voglia sottrarre diritti alla prescrizione (art. 2936). Ad essa si può rinunciare, ma solo quando è già compiuta (art. 2937).

I diritti indisponibili non sono sottoposti a prescrizione (art. 2934 comma 2°): così i diritti della personalità, così i diritti inerenti a rapporti di famiglia; questi restano in vita anche se il loro titolare non li abbia mai esercitati o si sia astenuto per lungo tempo dall'esercitarli. Non è sottoposto a prescrizione, sebbene disponibile, il **diritto di proprietà**: l'azione di rivendicazione, come si è visto (4.9.), non si prescrive. Il diritto di proprietà si estingue per mancato esercizio solo se, contemporaneamente al mancato esercizio da parte del titolare, si ha il prolungato possesso altrui, con il conseguente altrui acquisto della proprietà per **usucapione** (art. 948 comma 3°). Ugualmente, non è soggetta a prescrizione, come già si è avvertito (12.6.), l'**azione di nullità del contratto**; salva però la prescrizione, decennale, dell'azione di ripetizione di indebito conseguente alla nullità del contratto, e salvi gli effetti dell'acquisto mediante il possesso delle cose consegnate in esecuzione del contratto nullo (art. 1422).

Il decorso del termine di prescrizione è **interrotto** se: *a*) il titolare del diritto compie un atto di esercizio dello stesso, come l'atto con il quale si inizia un giudizio (art. 2943 comma 1°) o come la costituzione in mora del debitore (art. 2943 comma 4°); *b*) il soggetto passivo riconosce l'esistenza del diritto (art. 2944). Conseguenza dell'atto interruttivo della prescrizione è che questa ricomincia **da principio** a decorrere (art. 2945): così, se il creditore chiede il pagamento dopo nove anni, il suo credito si prescriverà non dopo un anno, ma dopo altri dieci anni.

Diversa dall'interruzione è la **sospensione** della prescrizione: il decorso del termine di prescrizione si arresta con il verificarsi di una causa di sospensione e ricomincia a decorrere, per la **parte residua**, quando la causa di sospensione è cessata. La prescrizione è sospesa: fra coniugi (se il creditore sposa il debitore, la prescrizione del credito è sospesa fino allo scioglimento del matrimonio), o parti di un'unione civile fra persone dello stesso sesso; fra genitori esercenti la potestà e figli minori; fra tutore e pupillo; fra società o enti e loro amministratori, finché questi sono in carica, per le azioni di responsabilità contro di essi, e in altri casi ancora (artt. 2941-42), uno dei quali è stato introdotto dalla Corte costituzionale: fra lavoratore e datore di lavoro, per il diritto alla retribuzione, finché dura il rapporto di lavoro.

Prescrizione breve. Alcuni diritti si prescrivono, anziché in dieci anni, in un termine più breve. Ecco i casi più importanti: l'azione di **annullamento del contratto** si prescrive, come si è già avvertito, in cinque anni; il diritto al risarcimento del danno da fatto illecito si prescrive anch'esso in **cinque anni** (art. 2947 comma 1°); e solo in **due anni** se il danno è stato prodotto dalla **circolazione di veicoli** (art. 2947 comma 2°); si prescrive in **cinque anni** l'azione revocatoria (art. 2903); si prescrivono in **cinque anni** i diritti derivanti dal contratto di società (art. 2949), in **un anno** i diritti derivanti dai contratti di mediazione, spedizione, trasporto, assicurazione (artt. 2950-52).

Prescrizione presuntiva. Ci sono crediti, sottoposti alla ordinaria prescrizione decennale, che si presumono estinti, salvo prova contraria, se è trascorso un certo tempo da quando sono sorti. Il tempo è di sei mesi per il conto dell'albergo o del ristorante (art. 2954): trascorsi

sei mesi dall'alloggio in albergo o dalla consumazione del pasto, il conto si presume pagato. Il tempo è di **un anno** per la retribuzione dei lavoratori, per il prezzo delle merci vendute dai commercianti o dei medicinali venduti dai farmacisti (art. 2955). È di **tre anni** per il compenso dell'opera prestata dai liberi professionisti, come medici, avvocati, dottori commercialisti, notai ecc. (art. 2956). La prova contraria è però quanto mai ardua: si può vincere la presunzione di avvenuta estinzione solo con la **confessione** del debitore resa in giudizio (art. 2959) o con il **giuramento**, deferitogli in giudizio dal creditore e non prestato dal debitore (art. 2960). Sicché le prescrizioni presuntive valgono, di fatto, come vere e proprie prescrizioni brevi.

In ogni caso la prescrizione deve essere **eccepita** dalla parte che vi ha interesse: il giudice non può rilevarla d'ufficio (art. 2938).

2. La decadenza

Anche la decadenza, come la prescrizione, è l'estinzione di un diritto per mancato esercizio entro un dato tempo (art. 2964). Dalla prescrizione differisce, tuttavia, per la specifica funzione che assolve, la quale consiste nel limitare entro un breve e, talvolta, brevissimo tempo lo **stato di incertezza** delle situazioni giuridiche. Così sono sottoposti a termine di decadenza, ad esempio, il diritto del compratore di denunciare, entro otto giorni dalla scoperta, i vizi della cosa vendutagli (art. 1495 comma 1°); il diritto del comproprietario dissenziente di impugnare, entro trenta giorni, le deliberazioni della maggioranza (art. 1109). Termini di decadenza sono poi tutti i termini perentori previsti per il compimento di atti processuali: così, se una sentenza di primo grado non è appellata entro trenta giorni dalla notificazione, non è più impugnabile ed acquista, definitivamente, autorità di cosa giudicata.

Per questa sua specifica funzione, la decadenza non ammette né **interruzione** né, di regola, **sospensione** (e le eccezioni alla regola debbono essere espressamente previste, come ad esempio la sospensione nel periodo feriale dei termini per compiere determinati atti processuali). Essa non può essere impedita se non dal **compimento dell'atto** (art. 2966).

Sarebbe vano ricercare il fondamento della decadenza della natura dei diritti che vi sono sottoposti: diritti tra loro analoghi, come il diritto di chiedere l'annullamento di un contratto e il diritto di chiedere l'annullamento di una deliberazione condominiale sono sottoposti, l'uno, a prescrizione e, l'altro, a decadenza. La ragione per la quale determinati diritti sono sottoposti a decadenza anziché a prescrizione è solo nella valutazione legislativa di limitare, in certi casi, ad un tempo assai breve l'incertezza delle situazioni giuridiche, senza ammettere — qui sta la differenza fra decadenza e prescrizioni brevi — né interruzione né, di regola, sospensione. La decadenza ha natura **eccezionale**: quando non sia previsto un termine di decadenza, il diritto dovrà ritenersi sottoposto a termine di prescrizione.

A differenza della prescrizione, che è regolata solo dalla legge, la decadenza può essere pattuita: il contratto può sottoporre a termine di decadenza l'esercizio dei diritti che da esso derivano. Ma è nullo il patto con cui si stabiliscono termini di decadenza che rendono **eccessivamente difficile** a una delle parti l'esercizio del diritto (art. 2965).

Come la prescrizione, neppure la decadenza può essere rilevata d'ufficio dal giudice (art. 2969).

Capitolo ventiquattresimo

LA FAMIGLIA

1. Famiglia in senso stretto e famiglia in senso ampio

Bisogna preliminarmente introdurre una distinzione. Di famiglia si parla, nel senso stretto del termine, con riferimento al cosiddetto **nucleo familiare**, formato da persone fra loro **conviventi**: sono i **coniugi,** o le persone dello stesso sesso in unione civile, o le famiglie di fatto o monoparentali, e i loro figli **minori**. Fra i membri della famiglia, intesa in questo senso, intercorre una fitta ed intensa rete di rapporti giuridici distinti in rapporti in linea orizzontale ossia in rapporti attinenti al nucleo della coppia, ovvero in rapporti in linea verticale, ossia in rapporti relativi ai genitori (o al genitore) e ai figli minori: il diritto e l'obbligo reciproci fra i coniugi alla coabitazione, alla fedeltà, all'assistenza morale e materiale, alla collaborazione nell'interesse della famiglia (art. 143); i diritti e doveri reciproci fra persone dello stesso sesso in unione civile all'assistenza morale e materiale e alla coabitazione; il diritto del figlio ad essere mantenuto, educato, istruito e assistito moralmente dai genitori, nel rispetto delle sue capacità, delle sue inclinazioni naturali e delle sue aspirazioni (art. 315 *bis*); la responsabilità genitoriale, sui figli minori (art. 316), il dovere dei figli di rispettare i genitori e, finché convivono con essi, di contribuire in relazione alle proprie sostanze e al proprio reddito al mantenimento della famiglia (art. 315 *bis*, comma 4°).

Di famiglia si parla anche, nel senso ampio del termine, con più generale riferimento all'insieme delle persone legate fra loro da rapporti, oltre che di coniugio, di parentela e di affinità:

a) **parentela** (artt. 74-77), a seguito della riforma innovativa di cui alla l. 10 dicembre 2012, n. 219, è il vincolo che unisce le persone discendenti l'una dall'altra (parenti in linea **retta**: padre e figlio, nonno e nipote ecc.) o discendenti da uno stipite comune (parenti in linea **collaterale**: fratelli, cugini, zio e nipote ecc.), sia nel caso in cui la filiazione è avvenuta all'interno del matrimonio, sia nel caso in cui è avvenuta al di fuori di esso, sia nel caso in cui il figlio è adottato. È escluso il vincolo di parentela in caso di adozione di persone maggiori di età.

Non è riconosciuta dalla legge oltre il **sesto grado**; e i gradi, nella linea **retta**, si computano risalendo da un parente all'altro e contando tutti i parenti intermedi, escluso l'ascendente nei cui confronti si vuole stabilire il grado di parentela (nonno e nipote, ad esempio, sono parenti in secondo grado): nella linea collaterale il grado di parentela tra due persone si determina risalendo dall'una al primo stipite comune, scendendo all'altra e contando il numero di parenti intermedi comprese le due persone fra le quali si vuole determinare la parentela, ma escluso lo stipite comune (così i fratelli sono parenti in secondo grado).

La parentela, prima della riforma del 2012, poteva essere legittima o naturale: era legittima quella che legava persone unite da vincoli di sangue derivanti dalla generazione in costanza di **matrimonio** (erano tra loro parenti legittimi anche i fratelli **consanguinei**, figli dello stesso padre ma di madre diversa, o i fratelli **uterini**, nati dalla stessa madre, ma da un padre diverso; mentre erano e sono fratelli **germani** quelli che hanno comuni padre e madre); era **naturale** la parentela che legava persone unite da vincolo di sangue contratto fuori del matrimonio. In base alla citata l. 2012, n. 219, le relazioni di parentela, si configurano a prescindere dal matrimonio, anche tra fratelli nati fuori dal matrimonio; il principio fondamentale che muove la riforma è che "tutti i figli hanno lo stesso stato giuridico". Una volta conseguito lo stato di figlio, sia per nascita tra genitori coniugati, sia a seguito di riconoscimento, o di accertamento giudiziale di paternità o maternità, ovvero, a seguito di adozione di minorenni, il figlio entra a far parte della famiglia. Sicché il riconoscimento non produce solo effetti riguardo al genitore da cui fu fatto, come avveniva prima della riforma, ma produce effetti anche riguardo ai parenti di esso (art. 258);

b) **affinità** (art. 78) è il vincolo che intercorre fra una persona e i parenti del suo coniuge, anche se morto.

Anche entro la famiglia in senso ampio esistono diritti e doveri: i parenti hanno diritto di **successione ereditaria**, secondo le regole della successione necessaria e della successione legittima che vedremo a suo luogo; fra parenti e fra affini esiste, inoltre, il diritto ed il dovere reciproco di prestare gli **alimenti**, di cui diremo, al n. 12 di questo capitolo.

I diritti che spettano ai membri della famiglia e gli obblighi relativi sono strettamente legati alla posizione che la persona occupa entro la famiglia: alla sua posizione di coniuge, o di parte in unione civile fra persone dello stesso sesso, di figlio minore, di parente, di affine. I **diritti** sono irrinunciabili, indisponibili, imprescrittibili; gli **obblighi** relativi, anche quelli che si adempiono con la somministrazione di mezzi patrimoniali (come l'obbligo all'assistenza materiale ed al mantenimento fra i coniugi, come l'obbligo dei genitori di mantenere ed istruire i figli minori, come l'obbligo di prestare gli alimenti al coniuge o a parenti o ad affini), non sono assimilabili alle obbligazioni, e sono sottoposti ad una regolazione del tutto propria. La loro diversa qualificazione come **obblighi** viene tradizionalmente impiegata per sottolineare la loro diversità rispetto alle obbligazioni. Ugualmente, gli **atti giuridici** di diritto familiare, anche quando consistono in dichiarazioni di volontà come nel caso del matrimonio, ricevono una regolazione normativa a sé stante, diversa da quella degli atti giuridici di contenuto patrimoniale.

2. Il matrimonio

Bisogna distinguere fra il matrimonio come **atto** e il matrimonio come **rapporto**: il primo è il consenso che due persone di sesso diverso si scambiano per convivere come marito e moglie dando origine ad una famiglia (art. 107); il secondo è il rapporto che l'atto instaura fra i coniugi e che perdura fino alla morte di uno di essi, salvo che non sia sciolto per divorzio (art. 149).

L'atto di matrimonio è, come il contratto, l'incontro di due dichiarazioni di volontà; ma non è un contratto perché non costituisce fra le parti un rapporto patrimoniale. Il suo contenuto è in tutto e per tutto **determinato dalla legge**: le parti si limitano a dichiarare di volere contrarre matrimonio; non possono aggiungere patti, né possono sottoporre l'atto a termine o a condizione (art. 108). Le stesse regole valgono anche per la dichiarazione costitutiva di un'unione civile.

In Italia, a seguito del concordato fra Stato e Chiesa (1929 e 1984), il matrimonio può essere **civile** oppure **cattolico**, a seconda che sia celebrato davanti all'ufficiale di stato civile (il sindaco o un suo delegato) o al parroco: nel primo caso l'atto di matrimonio è regolato dal codice civile, nel secondo dal codice di diritto canonico; ma il **rapporto** è, in ogni caso, regolato dal codice civile: i diritti e i doveri reciproci dei coniugi e fra essi ed i figli sono sempre gli stessi.

Le parti sono libere di unirsi in matrimonio davanti all'ufficiale di stato civile o, se sono di religione cattolica, davanti al parroco; la scelta influisce sulle **condizioni di validità** dell'atto (più numerose per diritto canonico e tali, perciò, da rendere invalido il matrimonio in un maggior numero di casi) e sulla **giurisdizione** a pronunciarsi sulla invalidità (che spetta, per il matrimonio civile, al giudice dello Stato e, per il matrimonio canonico, ai tribunali ecclesiastici).

Matrimonio e contratto vengono, tradizionalmente, considerati come specie di un medesimo genere: il genere comune è il **negozio giuridico**, la dichiarazione di volontà diretta a produrre effetti giuridici, siano essi effetti patrimoniali o non patrimoniali. Si è però avvertito (1.5.) che il concetto di negozio giuridico è estraneo al codice civile: questo detta, separatamente, norme sui contratti e norme sul matrimonio; si astiene dal porre norme comuni ad ogni dichiarazione di volontà. Perciò, la qualificazione del matrimonio come negozio giuridico ha valore puramente descrittivo, sottolinea il fatto che un rapporto matrimoniale non sorge senza una volontà in tal senso delle parti. Non ha, invece, un valore precettivo: non comporta l'applicazione al matrimonio di altre norme oltre a quelle formulate per esso dal legislatore. Ciò non toglie che, ricorrendo gli estremi dell'analogia, non si possano applicare al matrimonio alcune norme sul contratto: si ritengono applicabili, in particolare, alcuni requisiti della violenza di cui agli artt. 1434-38. Ma non si pensi di ricavare implicite norme sul negozio giuridico: quei requisiti sono applicabili anche alla confessione (art. 2732), quantunque questa sia qualificabile come dichiarazione di scienza, e non come dichiarazione di volontà o negozio giuridico.

Promessa di matrimonio. L'eventuale promessa di matrimonio, sia essa reciproca o unilaterale, **non è vincolante**; né obbliga ad eseguire l'eventuale prestazione (ad esempio, una penale in danaro) prevista per il caso di non adempimento (art. 79). Anche sotto questo aspetto si manifesta la diversità del matrimonio rispetto al contratto, che invece ammette il contratto preliminare: il consenso al proprio matrimonio resta, fino all'ultimo momento, un atto del tutto libero e incoercibile della persona.

La promessa reciproca di matrimonio non è però del tutto irrilevante: il promittente può, entro un anno dall'altrui rifiuto di celebrare il matrimonio, domandare la **restituzione dei doni** fatti a causa della promessa di matrimonio (art. 80) e, dunque, nella **presupposizione** del futuro matrimonio; e la giurisprudenza comprende fra i doni ripetibili anche le fotografie che si scambiano i fidanzati (mentre tende ad escludere, non trattandosi di doni, la restituzione della corrispondenza). Inoltre, in caso di reciproca promessa di matrimonio, fatta con **atto scritto** o risultante dalla richiesta delle **pubblicazioni matrimoniali**, il promittente che senza giusto motivo ricusi di eseguirla (o quello che, con il proprio comportamento, provochi il giusto motivo di rifiuto dell'altro) è tenuto a **risarcire il danno** cagionato all'altra parte per le spese fatte e per le obbligazioni contratte a causa della promessa (art. 81), come le spese e le obbligazioni assunte per l'abito nuziale, la stampa delle partecipazioni ecc. La promessa di matrimonio non è ammessa per le unioni civili fra persone dello stesso sesso.

Celebrazione. La celebrazione del matrimonio è caratterizzata da un particolare formalismo. È, anzitutto, preceduta dalle **pubblicazioni**: su richiesta degli sposi, o di un loro speciale incaricato, l'ufficiale dello stato civile dei comuni di residenza degli sposi, con un foglio affisso nell'ingresso della casa comunale, dà notizia del matrimonio; e l'atto deve restare affisso per almeno otto giorni, comprendenti due domeniche successive (artt. 93 s.). Il matrimonio non può essere celebrato prima che siano trascorsi quattro giorni dalla eseguita pubblicazione; ma, se non è celebrato nei centottanta giorni successivi, si rendono necessarie nuove pubblicazioni (art. 99). La preventiva pubblicazione ha, come vedremo, la funzione di consentire a chi sia a conoscenza di impedimenti al matrimonio di farli valere prima che il matrimonio sia celebrato; tuttavia, il tribunale può, per gravi motivi, ridurre i termini della pubblicazione e può anche autorizzarne la omissione (art. 100), mentre lo stesso ufficiale di stato civile, nel caso di imminente pericolo di vita di uno degli sposi, può procedere alla celebrazione del matrimonio senza pubblicazione (art. 101). In ogni caso, il matrimonio è **valido** anche se non preceduto dalle pubblicazioni, l'indebita omissione delle quali comporta solo l'assoggettamento dell'ufficiale di stato civile e degli sposi ad una sanzione amministrativa (art. 134).

Per la validità del matrimonio civile è necessario che esso sia celebrato **davanti all'ufficiale dello stato civile**: questi, alla presenza di due testimoni, dopo avere dato lettura degli artt. 143, 144 e 147 del codice civile, riceve personalmente la dichiarazione con la quale ciascuna delle parti dice di voler prendere l'altra rispettivamente in marito e in moglie; quindi **dichiara** che esse sono unite in matrimonio, redigendo immediatamente l'atto di celebrazione del matrimonio (art. 107).

Se, nell'attimo che intercorre fra il «sì» delle parti e le parole dell'ufficiale di stato civile «vi unisco in matrimonio», una delle parti si pente del consenso appena prestato, può ancora revocarlo: finché l'ufficiale di stato civile non ha pronunciato la sua dichiarazione, il matrimonio non può dirsi celebrato. Ugualmente, se una delle parti muore in quel breve intervallo, l'ufficiale di stato civile non potrà più pronunciare la sua dichiarazione, e le parti non potranno essere considerate unite in matrimonio, benché avessero già dichiarato il loro consenso. Sono evidenti, fra l'altro, le conseguenze successorie: i beni che sarebbero andati al coniuge, se la morte fosse sopraggiunta un istante dopo la dichiarazione dell'ufficiale di stato civile, vanno invece agli eredi della parte deceduta.

Il residente all'estero può contrarre matrimonio senza essere presente alla celebrazione purché vi si faccia rappresentare da un altro (matrimonio **per procura**). Se le parti professano una religione diversa dalla cattolica (cosiddetto **culto ammesso**), l'ufficiale dello stato civile, dietro loro richiesta, può consentire che il matrimonio sia celebrato davanti al ministro del loro culto. Ma anche l'atto di matrimonio, in tal caso, è regolato dal codice civile.

Il matrimonio cattolico, che si celebra davanti al parroco (o a un sacerdote da questo delegato) acquista efficacia per lo Stato con la sua **trascrizione** nei registri dello stato civile. Il parroco redige in doppio originale l'atto di matrimonio e poi trasmette uno dei due originali all'ufficiale dello stato civile. Questi lo trascrive nei suoi registri: con ciò le parti, che erano coniugi solo per la Chiesa, diventano marito e moglie anche per lo Stato.

La **certificazione** di un'unione civile fra persone dello stesso sesso, è data dal documento attestante la costituzione dell'unione, che deve contenere i dati anagrafici delle parti, l'indicazione del loro regime patrimoniale e della loro residenza, oltre ai dati anagrafici ed alla residenza dei testimoni.

3. Le condizioni per contrarre matrimonio

Per contrarre matrimonio sono richieste diverse condizioni o, detto in negativo, è richiesta l'assenza di una serie di **impedimenti** al matrimonio. Alcune di esse sono condizioni per la **validità** del matrimonio, e la loro mancanza (cosiddetti **impedimenti dirimenti**), rende il matrimonio **nullo**; altre condizioni invece, non sono richieste per la validità: la loro mancanza (cosiddetti **impedimenti impedienti**) rende il matrimonio solo **irregolare**, impone all'ufficiale di stato civile di non celebrarlo; ma il matrimonio, se viene ugualmente celebrato, è **valido**.

Sono condizioni per la **validità** del matrimonio:

a) la **maggiore età**.

I minori di diciotto anni non possono contrarre matrimonio; ma per **gravi motivi** il tribunale, su istanza dell'interessato ed accertata la sua maturità psico-fisica, può ammettere al matrimonio chi abbia compiuto **sedici anni** (art. 84). La ricorrenza dei gravi motivi è, ad esempio, stata ravvisata nella già esistente convivenza **more uxorio**; si tende, invece, ad escludere che sussistano gravi motivi per il cosiddetto matrimonio **riparatore**. Agiscono, a questo riguardo, esigenze di protezione della libertà e spontaneità del volere della la minore, sia che questa fosse stata vittima di violenza oppure consenziente. In entrambi i casi è legittimo il dubbio che la minore si induca a fare istanza di autorizzazione al matrimonio solo per il timore che la sua condizione di madre non coniugata possa suscitare riprovazione nel suo ambiente (e, nel primo caso, poteva in passato essere indotta a fare istanza di autorizzazione al matrimonio dalle pressioni su di lei esercitate a favore dell'autore della violenza, non punibile a norma dell'abrogato art. 544 c.p. per effetto del successivo matrimonio «riparatore»); la maggiore età è richiesta anche per la costituzione di un'unione civile;

b) la **sanità mentale**.

Non può contrarre matrimonio, l'**interdetto** per infermità di mente (art. 85), e l'interdizione di una delle parti per infermità di mente impedisce anche la costituzione di un'unione civile; né è valido il matrimonio, o l'unione civile, di chi, al momento della celebrazione, si trovi in stato di **naturale incapacità** di intendere o di volere, anche per cause transitorie (art. 120);

c) la **libertà di stato**.

Non può contrarre matrimonio chi è vincolato da un precedente matrimonio (art. 86) e, si intende, da un precedente matrimonio civile (se aveva contratto matrimonio solo religioso, può sposare civilmente altra persona); un precedente vincolo (matrimoniale o di un unione civile) impedisce anche la costituzione di un'unione civile;

d) l'assenza di rapporti di **parentela, affinità, adozione**.

Non possono contrarre matrimonio fra loro (art. 87):

1) gli ascendenti e i discendenti in linea retta;

2) i fratelli e le sorelle germani, consanguinei o uterini;

3) lo zio e la nipote, la zia e il nipote;

4) gli affini in linea retta, il divieto sussiste anche nel caso in cui l'affinità deriva da matrimonio dichiarato nullo o sciolto o per il quale è stata pronunciata la cessazione degli effetti civili;

5) gli affini in linea collaterale in secondo grado;

6) l'adottante, l'adottato e i suoi discendenti;

7) i figli adottivi della stessa persona;

8) l'adottato e i figli dell'adottante;

9) l'adottato e il coniuge dell'adottante, l'adottante e il coniuge dell'adottato. La presenza di rapporti di parentela, affinità, adozione impedisce anche la costituzione di un'unione civile.

L'impedimento è insuperabile nei casi di cui ai numeri 1-2 e 6-9; può essere superato nei casi di cui ai numeri 3 e 5, e, se l'affinità derivi da matrimonio dichiarato, nullo, nel caso di cui al numero 4, con autorizzazione del tribunale.

Costituisce, infine, impedimento l'omicidio, tentato o consumato nei confronti del **coniuge** dell'altra parte (art. 88). La stessa regola vale ad impedire anche la costituzione di un'unione civile.

Sono, invece, impedimenti solo **impedienti**, che non determinano nullità del matrimonio, la omissione delle pubblicazioni, della quale si è già detto, e il divieto temporaneo di nuove nozze (cosiddetto «lutto vedovile»): la **donna** non può contrarre matrimonio se non sono trascorsi **trecento giorni** dallo scioglimento o dall'annullamento del precedente matrimonio, a meno che questo non sia stato dichiarato nullo per impotenza di uno dei coniugi (art. 89 comma 1°). La ragione del divieto, che cessa dal giorno in cui sia terminata l'eventuale gravidanza (art. 89 comma 3°) e può essere rimosso con autorizzazione del tribunale, se è «inequivocabilmente escluso lo stato di gravidanza» (art. 89 comma 2°), sta nell'opportunità di evitare che il figlio concepito nel precedente matrimonio nasca in costanza del nuovo matrimonio, determinando incertezza sulla paternità.

L'esistenza di uno degli impedimenti al matrimonio (o all'unione civile), siano essi impedimenti impedienti o dirimenti, legittima determinati soggetti, privati (i genitori o, in mancanza, altri ascendenti e i collaterali entro il terzo grado; il coniuge, o la parte in unione civile, se l'impedimento consiste nel vincolo di precedente matrimonio o di precedente unione civile) o pubblici (il pubblico ministero) a fare **opposizione** al matrimonio (art. 102). L'opposizione è **notificata** nelle forme dell'atto di citazione agli sposi e all'ufficiale di stato civile (art. 103) e produce l'effetto di **sospendere** la celebrazione del matrimonio fino a quando, con sentenza passata in giudicato, non si sia accertato che l'impedimento non sussiste (e l'opponente, in tal caso, può essere condannato al risarcimento dei danni) (art. 104).

4. La nullità del matrimonio

Produce, anzitutto, nullità la mancanza delle condizioni per contrarre matrimonio sopra indicate o, detto in negativo, l'esistenza di **impedimenti dirimenti** (minore età, interdizione per infermità mentale, vincolo di precedente matrimonio, rapporto di parentela, di affinità o di adozione, delitto). Altre cause di nullità, delle quali diremo fra breve, attengono ai **vizi del consenso** (incapacità naturale di intendere o di volere, violenza, timore, errore, simulazione). Va aggiunta, infine, l'ipotesi del matrimonio contratto dal coniuge di chi, dopo la dichiarazione di **morte presunta**, torna a farsi vivo.

Si noti che in questa materia si parla, in ogni caso, di **nullità** del matrimonio: è qui ignota la distinzione fra nullità e annullabilità, propria dei contratti, e produce nullità anche la simulazione, che per i contratti è, invece, causa di inefficacia. Non solo: ci sono cause di nullità — quelle che derivano dall'esistenza di impedimenti dirimenti — che possono essere fatte valere da chiunque abbia un «interesse legittimo e attuale» e dallo stesso pubblico ministero (artt. 117, 119), e cause di nullità che possono essere fatte valere solo dal coniuge cui la causa di nullità si riferisce: così il matrimonio contratto in stato di incapacità naturale (art. 120) o per violenza, timore, errore (art. 122); o solo dai coniugi: così il matrimonio simulato (art. 123).

Ancora: per regola generale, l'azione di nullità del matrimonio può essere domandata in **ogni tempo**, anche dopo la morte di uno dei coniugi (non però dal pubblico ministero: art. 125); ma in alcuni casi l'azione di nullità è sottoposta al termine di decadenza di **un anno**: dalla celebrazione del matrimonio nel caso del rapporto di parentela o di affinità suscettibile di dispensa dall'impedimento (art. 117 comma 4°) e nel caso dell'azione di simulazione (art. 123 comma 2°); dal raggiungimento della maggiore età, nel caso dell'azione di nullità del matrimonio del minore (art. 117 comma 2°).

In diversi casi, infine, la nullità è **sanata**, con un effetto analogo alla convalida del contratto annullabile: la nullità del matrimonio del minore è sanata dal raggiungimento della maggiore età o dalla procreazione, se sia accertata la sua volontà di mantenere in vita il vincolo matrimoniale (art. 117 comma 2°). In altri casi la nullità è sanata dalla **coabitazione** per un anno: un anno di coabitazione dalla revoca dell'interdizione (art. 119 comma 2°); un anno di coabitazione da quando l'incapace naturale ha riacquistato la pienezza delle facoltà mentali (art. 120 comma 2°); un anno di coabitazione da quando siano cessate la violenza o le cause del timore e da quando sia stato scoperto l'errore (art. 122 ult. comma); un anno di coabitazione dalla celebrazione del matrimonio nel caso di simulazione (art. 123 comma 2°).

Matrimonio putativo. La sentenza che dichiara la nullità del matrimonio ha effetto **retroattivo** fra le parti, ma non rispetto ai figli: ne deriva che i figli concepiti in costanza del matrimonio nullo sono comunque considerati figli nati all'interno del matrimonio, pur essendo stati concepiti da genitori risultanti non uniti in matrimonio (art. 128 commi 2° e 4°). Tuttavia, se i coniugi avevano contratto il matrimonio in **buona fede**, ossia ignorando la causa di nullità (cosiddetto matrimonio **putativo**), oppure se il loro consenso era stato estorto con la violenza o determinato da timore derivante da cause ad essi esterne, il matrimonio produce anche fra le parti gli stessi effetti di un matrimonio valido fino alla sentenza che produce la nullità (art. 128 comma 1°). Ne deriva, ad esempio, che ciascun coniuge ha diritto alla successione ereditaria nel patrimonio dell'altro se questi muore prima della sentenza (art. 584). Se uno solo dei coniugi era in buona fede o vittima della violenza o del timore, gli effetti del matrimonio valido si verificano solo nei suoi confronti (art. 128 comma 3°).

Nel caso di **incesto** (matrimonio fra parenti in linea retta o in linea collaterale nel secondo grado o fra affini in linea retta: art. 251), prima della legge 10 dicembre 2012, n. 219, lo stato soggettivo di buona o mala fede dei genitori faceva dipendere, in modo incomprensibile, la condizione civile, ossia lo stato giuridico del figlio. Infatti si prevedeva che, se entrambi i genitori erano in mala fede, ossia conoscevano il vincolo di precedente matrimonio di uno di essi o il rapporto di parentela o di affinità esistente fra essi, i figli non avevano diritto allo stato di figli legittimi, né erano riconoscibili (art. 128 commi 4° e 5°). Ma era sufficiente che uno dei genitori fosse in buona fede perché il figlio dei bigami o il figlio incestuoso fosse legittimo (o, fosse considerato riconosciuto, senza necessità di un apposito riconoscimento). Il nuovo art. 251 dispone che i suddetti figli possono sempre essere riconosciuti previa autorizzazione del giudice avuto riguardo **all'interesse del figlio e alla necessità di evitare allo stesso qualsiasi pregiudizio**. È, dunque, oggi divenuto irrilevante lo stato soggettivo dei genitori ai fini del loro riconoscimento.

La sentenza che dichiara la nullità del matrimonio putativo è, per molti aspetti, equiparata ad una sentenza di divorzio: essa, in definitiva, provoca lo scioglimento del rapporto matrimoniale. Una equiparazione circoscritta nel tempo si manifesta anche nell'art. 129: quando le condizioni del matrimonio putativo si verificano rispetto ad entrambi i coniugi, il giudice adotta i provvedimenti per l'affidamento della prole e può disporre a carico di uno dei coniugi, per un massimo di **tre anni**, l'obbligo di corrispondere somme periodiche di danaro all'altro che non abbia adeguati redditi propri e — proprio così si esprime la legge — «non sia passato a nuove nozze» (considerando come precedenti nozze il matrimonio nullo). Inoltre, il coniuge al quale sia imputabile la nullità del matrimonio (ad esempio, l'autore della violenza) è tenuto a corrispondere all'altro una **indennità** pari almeno al **mantenimento** per tre anni; e, per il tempo successivo, gli dovrà gli **alimenti** se mancano altri obbligati (art. 129 *bis*).

Vizi del consenso. Le ulteriori cause di nullità del matrimonio, diverse dalla assenza delle condizioni per contrarlo (o, ciò che è lo stesso, dalla presenza di impedimenti), si riconducono ad alterazioni o, come si suole dire, a **vizi** del processo formativo del consenso al matrimonio. Le ulteriori cause di nullità del matrimonio, diverse dalla assenza delle condizioni per contrarlo (o, ciò che è lo stesso, dalla presenza di impedimenti), si riconducono ad alterazioni o, come si suole dire, a **vizi** del processo formativo del consenso al matrimonio. Sono:

a) l'**incapacità naturale**, anche temporanea, di intendere o di volere, (art. 120). L'incapacità naturale è causa di invalidità anche di un'unione civile.

L'ipotesi corrisponde a quella prevista, per i contratti, dall'art. 428: i casi sono gli stessi; ma qui sono superflui, per ottenere la dichiarazione di nullità, tanto l'estremo del pregiudizio dell'incapace quanto quello della malafede dell'altra parte;

b) la **violenza**.

Il consenso «estorto con violenza» (art. 122 comma 1°) è qui il consenso prestato sotto l'altrui minaccia di un male ingiusto e notevole, da chiunque la minaccia provenga (cosiddetta **violenza morale**): in linea di massima (ma solo in linea di massima) valgono, per identificare l'ipotesi, i criteri sopra menzionati riguardo al contratto. La violenza è causa di invalidità anche del consenso estorto per la costituzione di un'unione civile. La casistica in riferimento al matrimonio è quanto mai varia: è il caso della ragazza in stato di gravidanza indotta dai genitori al matrimonio sotto la minaccia di essere, altrimenti, cacciata di casa o il caso dell'uomo che si induce al matrimonio sotto la minaccia che, altrimenti, sarà denunciato per violenza carnale (e qui la causa di nullità deve ritenersi presente non solo quando l'uomo minacciato sia innocente, giacché il consenso al matrimonio deve essere per chiunque un libero consenso). Si è, giustamente, dichiarato nullo anche il matrimonio contratto sotto la minaccia del proprio suicidio (se non mi sposi, mi uccido): ipotesi che pure sarebbe difficile far rientrare fra quelle di violenza nel contratto.

Ha scarsa importanza domandarsi se in questo ordine di ipotesi rientri anche il consenso dichiarato sotto l'altrui **violenza fisica**, come nel caso della persona condotta davanti all'ufficiale di stato civile in stato di ipnosi o sotto l'effetto di sostanze stupefacenti. Qui il consenso, se non è nullo per violenza, è nullo per incapacità naturale di intendere e di volere; e le due ipotesi, come si è visto, sono sottoposte al medesimo regime (il momento del pieno recupero delle facoltà mentali, cui allude l'art. 120 comma 2°, coincide con il momento della cessazione della violenza, cui si riferisce l'art. 122 ult. comma). D'altra parte, la necessità di prestare il consenso al matrimonio davanti all'ufficiale di stato civile e nella forma della risposta affermativa alla sua domanda non rende configurabili altre ipotesi di violenza fisica, del genere di quelle descritte per i contratti;

c) il **timore** di eccezionale gravità derivante da cause esterne allo sposo (art. 122 comma 1°). Il timore di eccezionale gravità determinato da cause esterne alla parte stessa, è anche causa di invalidità di un'unione civile fra persone dello stesso sesso.

L'ipotesi differisce da quella della violenza per il fatto che il timore deriva qui da **circostanze oggettive** e non dalla minaccia altrui. È stata pensata, con la riforma del 1975, per fare fronte ai casi dei matrimoni contratti sotto il timore di persecuzioni razziali (le donne ebree che avevano contratto matrimonio solo per assumere il cognome di persona non ebrea, al fine di non essere deportate nei campi di sterminio nazisti, non riuscivano poi ad ottenere una sentenza di nullità di matrimonio, non rientrando il loro caso in nessuna delle ipotesi di legge) o di persecuzioni politiche (si contrae matrimonio con uno straniero solo per poter abbandonare il proprio paese e sfuggire ad una imminente persecuzione). Si noti che l'art. 122 comma 1° fa riferimento a «cause esterne allo **sposo**» anziché al coniuge, e si presta così ad essere riferito alla sola ipotesi in cui la vittima del timore di eccezionale **gravità** sia la donna: il che è congruo rispetto ai casi ora ricordati; è, tuttavia, incongruo in generale e, se preso alla lettera, finirebbe con il determinare una disparità di trattamento fra i sessi;

d) l'**errore sull'identità** della persona del coniuge (art. 122 comma 2°), o sulla persona in unione civile.

È il caso, oggi rarissimo, dello scambio di persona; non va confuso con quello della falsa dichiarazione del proprio nome, che non dà luogo a nullità del matrimonio, ma solo a rettifica dell'atto di celebrazione del matrimonio;

e) l'errore essenziale, ossia determinante del volere, su determinate **qualità personali** dell'altro coniuge, purché l'errore riguardi una delle ipotesi tassativamente elencate nell'art. 122 comma 3°:

1) si ignora una malattia fisica o psichica dell'altro coniuge o una sua anomalia o deviazione sessuale, purché la malattia o l'anomalia o la deviazione sia tale da **impedire lo svolgimento della vita coniugale**. L'errore che riguardi l'esistenza di una malattia fisica o psichica tale da impedire lo svolgimento di una vita in comune è anche causa di invalidità di un'unione civile fra persone dello stesso sesso.

Assume rilievo, soprattutto, l'**impotenza**, sia essa *impotentia coeundi* (inettitudine al rapporto sessuale) o *impotentia generandi* (inettitudine alla procreazione). Ma è, al riguardo, importante considerare che l'impotenza non è, di per sé sola, causa di nullità del matrimonio: lo è solo se ignota all'altro coniuge al momento della celebrazione del matrimonio. Questa innovazione, introdotta dalla riforma del 1975, supera l'antica concezione del matrimonio come convivenza fra uomo e donna avente per fine essenziale la procreazione. Il matrimonio è valido anche se, per l'impotenza di uno dei coniugi, nota all'altro, la procreazione è esclusa. L'innovazione, peraltro, tiene conto anche della introduzione del divorzio, che offre rimedio, al coniuge pentito di avere contratto un matrimonio senza possibilità di rapporto sessuale o di filiazione. La mancata consumazione è, come vedremo, di per sé causa di divorzio; ma, se c'è stata consumazione, e può esserci nel caso di *impotentia generandi*, occorreranno i tre anni di separazione personale;

2) si ignora che l'altro coniuge è stato condannato per gravi reati o che è stato dichiarato delinquente abituale o professionale. Lo stesso errore, è anche causa di invalidità di un'unione civile fra persone dello stesso sesso.

3) si ignora lo stato di gravidanza della donna, cagionato da un terzo, purché ci sia stato disconoscimento della paternità se la gravidanza è portata a termine;

f) la **simulazione** (art. 123).

È l'ipotesi del matrimonio contratto con l'accordo, fra le parti di non adempiere gli obblighi e di non esercitare i diritti derivanti dal matrimonio. È il caso, ad esempio, del matrimonio simulato al solo scopo di far conseguire alla donna straniera la cittadinanza italiana, o al solo scopo di trarre beneficio da una disposizione testamentaria subordinata alla condizione che la persona istituita erede contragga matrimonio. L'accordo di simulazione può essere provato con qualsiasi mezzo, anche per testi.

In questa ipotesi la causa di nullità è sanata, e l'azione per fare dichiarare la nullità non può essere proposta, se le parti hanno **convissuto** come coniugi per un anno (art. 123 comma 2°); nelle altre ipotesi considerate in questo paragrafo, come anche in quelle del matrimonio dell'interdetto (art. 119 comma 2°), lo stesso effetto è prodotto dalla **coabitazione** per un anno (art. 120 comma 2°). Ma sembra congruo riferirsi, in ogni caso, alla **convivenza come coniugi**: alla mera coabitazione non può attribuirsi effetto sanante la nullità del matrimonio quando non è determinata dalla volontà di vivere come coniugi, ma è imposta, senza convivenza coniugale, da circostanze oggettive, come ad esempio la difficoltà di trovare alloggio. Le regole in tema di simulazione valgono anche per l'unione civile fra persone dello stesso sesso.

5. Diritti e doveri che derivano dal matrimonio (o da una unione civile fra persone dello stesso sesso)

Per l'art. 29 comma 2° Cost. «il matrimonio è ordinato sulla **eguaglianza** morale e giuridica dei coniugi, con i limiti stabiliti dalla legge a garanzia dell'unità familiare». Il codice civile, riformato nel 1975, traduce il precetto costituzionale in questi principi: il marito non è più, come in passato, il capo della famiglia, titolare di una «potestà maritale» sulla moglie; il marito e la moglie hanno gli **stessi diritti** e gli **stessi doveri** (art. 143 comma 1°); concordano fra loro l'**indirizzo** della vita familiare ed hanno, ciascuno, il potere di attuarlo; fissano di comune accordo la **residenza** della famiglia secondo le esigenze di entrambi (art. 144), anche se il domicilio può essere diverso, come può essere diversa la stessa residenza dell'uno o dell'altra (art. 45, comma 2°). Anche l'unione civile fra persone dello stesso sesso è ordinata sulla uguaglianza delle parti, che dalla costituzione dell'unione acquistano gli stessi diritti e assumono i medesimi doveri (art. 1, comma 11°, l. 20 maggio 2016, n. 76).

In caso di disaccordo, ciascuno di essi può rivolgersi al **giudice**: questi sente le opinioni espresse dai coniugi ed, eventualmente, dai figli conviventi che abbiano compiuto sedici anni; e tenta di raggiungere una soluzione concordata o, solo se ciò non è possibile, decide in loro vece, adottando «la soluzione che ritiene più adeguata alle esigenze dell'unità e della vita della famiglia» (art. 145). L'intervento del giudice è reso necessario dall'esigenza, costituzionalmente avvertita, di conciliare l'uguaglianza dei coniugi con la «garanzia dell'unità familiare»: questa, se non è più assicurata dal potere di un capo famiglia, è ricercata attraverso una soluzione giudiziale dei conflitti fra coniugi. Ma si noti che l'intervento del giudice è possibile solo se chiesto da uno dei coniugi: si è così voluta salvaguardare, ad un tempo, l'unità familiare e l'**autonomia** della famiglia.

I doveri dei coniugi, o delle parti di un'unione civile fra persone dello stesso sesso, hanno carattere di **reciprocità**; sono (art. 143 comma 2°):

a) il dovere reciproco della fedeltà. Il riferimento normativo al dovere reciproco della fedeltà, viene tuttavia omesso per le unioni civili fra persone dello stesso sesso.

È il dovere di astenersi da rapporti sessuali con persona diversa dal coniuge. La violazione di questo dovere non dà più luogo, come ad un tempo, ai reati di adulterio della moglie e di concubinato del marito; viene meno, come vedremo, in caso di separazione personale, non viene meno, secondo la giurisprudenza, in pendenza di un giudizio di nullità del matrimonio;

b) il dovere reciproco all'**assistenza morale e materiale**. Il dovere reciproco di assistenza morale e materiale deriva anche dalla costituzione di un'unione civile fra persone dello stesso sesso.

È un dovere che sfugge, per ciò che attiene al suo aspetto morale, ad una precisa determinazione giuridica; sotto l'aspetto materiale è il dovere di provvedere al **mantenimento**, ossia a tutti i bisogni della vita, dell'altro coniuge che non sia in grado di provvedervi da sé (la sua violazione dà luogo al reato punito dall'art. 570 c.p.). È sospeso nei confronti del coniuge che, allontanandosi senza giusta causa dalla residenza familiare, rifiuti di tornarvi (art. 146 comma 1°);

c) il dovere reciproco alla **collaborazione** nell'interesse della famiglia. Lo stesso dovere è proprio anche di un'unione civile fra persone dello stesso sesso.

È il dovere di contribuire, in posizione di parità, al cosiddetto *ménage* familiare, a tutto ciò che occorre per lo svolgimento organizzato della vita familiare. Entrambi i coniugi vi sono tenuti «in relazione alle proprie sostanze e alla propria capacità di lavoro professionale o casalingo» (art. 143 comma 3° nonché, art. 1, comma 11°, l. 76/2016);

d) il dovere reciproco della **coabitazione**. Lo stesso dovere alla coabitazione deriva anche dalla costituzione di un'unione civile fra persone dello stesso sesso.

Viene meno per «giusta causa» (art. 146 comma 1°), ossia in presenza di circostanze che rendano non tollerabile la coabitazione: ciò che dà luogo alla cosiddetta **separazione di fatto**. Vale, in ogni caso, come giusta causa di allontanamento la proposizione della domanda di separazione giudiziale, o la dichiarazione anche disgiunta all'ufficiale dello stato civile della volontà di scioglimento di un'unione civile fra persone dello stesso sesso, o di nullità del matrimonio (o di un'unione civile) o di divorzio, o di scioglimento di un'unione civile (art. 146 comma 2°). Se invece, il coniuge si allontana dalla residenza familiare senza giusta causa, resta sospeso il dovere dell'altro coniuge all'assistenza morale e materiale. Ma coabitazione non significa residenza anagrafica comune, come è reso palese dall'art. 45 comma 2°, per il quale i coniugi possono non avere la stessa residenza: significa, più semplicemente abitazione comune, ancorché coincidente con la residenza di uno dei coniugi.

La moglie aggiunge al proprio il **cognome del marito** e lo conserva, anche se vedova, fino a che passi a nuove nozze (art. 143 *bis*); lo perde in caso di divorzio (art. 5 comma 2° legge sullo scioglimento del matrimonio). Nell'unione civile le parti hanno facoltà di assumere, per la durata dell'unione stessa, un cognome comune scegliendolo fra i rispettivi loro. La parte può anteporre o posporre al cognome comune il cognome proprio, se diverso.

La **cittadinanza** è regolata, nel nostro diritto, secondo il principio del cosiddetto *ius sanguinis* (art. 1 l. 5 febbraio 1992, n. 91), per la quale è cittadino italiano il figlio anche adottivo, di padre cittadino o di madre cittadina, ovunque nato (altrove vige, invece, il principio del *ius soli*, per il quale è cittadino chi nasce nel territorio dello Stato); e nel caso che ne risulti una doppia cittadinanza, si potrà rinunciare alla cittadinanza italiana ove si risieda all'estero (art. 11 l. cit.). Il matrimonio, o l'unione civile, influisce sulla cittadinanza: il coniuge, o la parte in unione civile fra persone dello stesso sesso, di cittadino italiano acquista la **cittadinanza italiana** quando, dopo il matrimonio o l'unione civile fra persone dello stesso sesso, risieda da almeno due anni nel territorio italiano ovvero dopo tre anni dalla data del matrimonio o dall'unione civile (art. 5 l. cit.); ma si **conserva** la cittadinanza italiana se per effetto del matrimonio, o dell'unione civile fra persone dello stesso sesso, con uno straniero o del cambiamento di cittadinanza del coniuge si assume una cittadinanza straniera. L'estensione in tema di cittadinanza all'unione civile per le regole dettate in riferimento al matrimonio è possibile per l'ampio rinvio in termini generali contenuto nell'art. 1, comma 20°, l. 76/2016 sulle unioni civili.

Entrambi i coniugi hanno l'obbligo di mantenere, istruire ed educare e assistere moralmente i **figli** (art. 147), nel rispetto delle loro capacità, inclinazioni naturali e aspirazioni — secondo quanto previsto dall'art. 315 *bis* che, specularmente, si focalizza sui diritti del figlio (a cui l'art. 147 espressamente rinvia) —, adempiendo questo dovere, secondo il disposto rinvio (ex art. 148), all'art. 316 *bis*, in proporzione delle rispettive sostanze e secondo le loro capacità di lavoro professionale o casalingo (art. 148). La legge 10 dicembre 2012, n. 219, ha introdotto delle misure a garanzia dell'adempimento degli obblighi di mantenimento, prevedendo che il giudice possa imporre al genitore obbligato di prestare idonea garanzia personale o reale, ovvero disporre il sequestro dei beni dell'obbligato e ordinare a terzi, tenuti a corrispondere periodicamente somme di denaro all'obbligato (es. stipendio, pensione), di versare le somme dovute direttamente agli aventi diritto. I provvedimenti definitivi, costituiscono titolo per l'iscrizione dell'ipoteca giudiziale (ai sensi dell'art. 2818).

All'adempimento di questi doveri era preordinata la **potestà dei genitori**, ad essi spettante sui figli minori. Essa aveva preso il posto, con la riforma del 1975, della patria potestà: spettava ad entrambi i genitori ed era esercitata da essi di **comune accordo** (art. 316 commi 1° e 2° testo di allora). Neppure si trattava, come in passato, di una sorte di potere assoluto, cui il figlio minore doveva immancabilmente piegarsi. In ogni caso la riforma del 2012 ha sostituito la potestà genitoriale con il concetto più consono ai nostri tempi di responsabilità genitoriale, che è anche oggi esercitata di comune accordo (art. 316, testo novellato).

Poiché con la riforma del 2012, sul fondamento dell'unicità dello stato di figlio, si è dato luogo ad una trattazione unitaria di tutto ciò che è relativo ai rapporti genitori figli, se ne rinvia una più puntuale illustrazione in quella sede (in questo stesso capitolo, *infra*, n. 10).

6. La separazione personale dei coniugi

I doveri reciproci fra coniugi si attenuano in n caso di **separazione personale**: tra i coniugi separati non c'è più l'obbligo della coabitazione, né quello della fedeltà; il dovere di assistenza assume carattere puramente economico, e si riduce all'obbligo del coniuge di corrispondere un assegno periodico per il **mantenimento** dell'altro coniuge che non abbia redditi propri (art. 156).

La separazione può essere giudiziale o consensuale:

a) la **separazione giudiziale** è pronunciata dal tribunale su domanda di uno dei coniugi quando siano sopraggiunti fatti, anche indipendenti dalla volontà di uno o di entrambi i coniugi, tali da rendere la convivenza fra essi **intollerabile** o dannosa all'educazione dei figli (art. 151 comma 1°). Nel pronunciare, la separazione, il giudice dichiara, se richiesto, a quale dei coniugi la separazione sia **addebitabile**, in considerazione del suo comportamento contrario ai doveri che derivano dal matrimonio (art. 151 comma 2°). Chi subisce l'addebito non ha diritto al mantenimento, ma solo agli **alimenti** se ne ricorrono i presupposti.

La separazione può, dunque, essere pronunciata indipendentemente dal fatto che la sopraggiunta intollerabilità della convivenza coniugale sia addebitabile ad uno dei coniugi. Prima della riforma del 1975, invece, solo l'adulterio e altre specifiche «colpe» di uno dei coniugi legittimavano la domanda giudiziale di separazione da parte dell'altro. Permane, tuttavia, un retaggio del passato: la possibilità, su richiesta di una delle parti, di un giudizio di **addebitabilità**, basato sull'accertamento della violazione dei doveri matrimoniali, ma rilevante solo agli effetti della corresponsione dell'assegno di mantenimento. Nei giudizi di addebitabilità viene in considerazione, il più delle volte, la violazione del dovere di fedeltà; ma la giurisprudenza tende ad applicare criteri restrittivi: l'adulterio è motivo di addebitabilità non in sé, ma solo in quanto abbia prodotto la situazione di intollerabile convivenza coniugale; inoltre, se c'è già stata **separazione di fatto**, l'adulterio è motivo di addebitabilità solo se si traduce in comportamenti che offendono il decoro e la onorabilità dell'altro coniuge (cosiddetta infedeltà apparente ed umiliante). L'addebito della separazione può diventare rilevante, come vedremo nel prossimo paragrafo, anche agli effetti del divorzio.

Il giudice, nel pronunciare la separazione, decide rispetto ai figli e applica le norme dedicate all'esercizio della responsabilità genitoriale per tutti i casi di patologia del rapporto familiare (separazione, divorzio, annullamento, nullità, ovvero all'esito di procedimenti ai figli nati fuori dal matrimonio) collocate unitariamente nel capo II del titolo IX dedicato allo stato di figlio (capo che riprende con modifiche la disciplina di cui alla legge del 2006, n. 54. Se ne rinvia l'illustrazione, in questo stesso capitolo, *infra*, n. 9). Può, tuttavia, essere già ricordato che il giudice nell'adottare i provvedimenti relativi ai figli, decide con esclusivo riferimento all'interesse morale e materiale dei figli e perciò indipendentemente dall'esito del giudizio eventuale di addebitabilità.

b) la **separazione consensuale** è quella decisa di comune accordo fra i coniugi, che determinano anche le relative condizioni circa l'affidamento dei figli, il loro mantenimento, l'eventuale assegno di un coniuge all'altro. Essa ha effetto solo con l'**omologazione** da parte del tribunale (art. 158), salvo il già rilevato effetto della giusta causa di allontanamento del coniuge, che sospende l'obbligo della coabitazione.

Il legislatore ha di recente previsto un procedimento di separazione consensuale semplificato in alternativa a quello già esistente (d.l. 132/2014, conv. in l. 162/2014), con due ipotesi percorribili: *a*) una negoziazione assistita da uno o più avvocati per parte in un accordo di separazione trasmesso al procuratore della Repubblica presso il Tribunale competente. Il procuratore, se mancano figli minori o maggiorenni incapaci, portatori di *handicap* grave o economicamente non autosufficienti, se non ravvisa irregolarità, concede subito il nulla osta per gli adempimenti relativi all'iscrizione negli atti di stato civile. Se invece sono presenti figli minori o figli maggiorenni incapaci, portatori di handicap grave o economicamente non autosufficienti, egli subordina l'autorizzazione all'accordo al riscontro della sua rispondenza all'interesse dei figli. Altrimenti lo trasmette al presidente del tribunale che fissa la comparizione delle parti, con ritorno alla procedura ordinaria; *b*) la conclusione di un accordo di separazione personale innanzi al sindaco, quale ufficiale di stato civile, con la sola eventuale assistenza di un avvocato. Due i presupposti indefettibili: la mancanza di figli (in comune) minori o maggiorenni incapaci, portatori di handicap grave, ovvero economicamente non autosufficienti, nonché la mancanza di contenuto relativo a trasferimenti patrimoniali.

Entrambe queste ipotesi valgono anche per far cessare gli effetti civili del matrimonio o ottenere lo scioglimento di matrimonio o di unione civile ed inoltre per modificare le precedenti condizioni di separazione e/o di divorzio.

Lo stato di separazione giudiziale o consensuale **cessa**, senza bisogno di alcun provvedimento del giudice, per volontà anche tacita dei coniugi, che riprendano a convivere (art. 157).

Non è prevista separazione, e non si applica quindi la corrispondente disciplina, per l'unione civile fra persone dello stesso sesso.

7. Lo scioglimento del matrimonio

Il matrimonio si scioglie, o con la **morte** di uno dei coniugi o con il **divorzio** (art. 149 comma 1°); negli stessi casi cessano gli effetti civili del matrimonio religioso (art. 149 comma 2°). La morte determina anche lo scioglimento dell'unione civile fra persone dello stesso sesso.

Lo scioglimento è una vicenda del **rapporto** matrimoniale, e produce effetti solo dal momento in cui si verifica la causa che lo determina (dalla data della morte del coniuge, dalla data di annotazione nei registri dello stato civile della sentenza che ha pronunciato il divorzio). Differisce in ciò dalla dichiarazione di nullità di matrimonio, che è invece una vicenda dell'**atto** ed elimina fin dall'origine, fra i coniugi (salvi gli effetti del matrimonio putativo e salvi gli effetti relativi allo stato dei figli), ogni effetto giuridico del matrimonio.

Il divorzio, introdotto in Italia solo con la legge n. 898 del 1970, può essere domandato da uno dei coniugi quando:

a) siano trascorsi **dodici mesi di separazione personale**, nel caso di separazione giudiziale o **sei mesi** nel caso di separazione consensuale omologata (in ogni caso il termine decorre dalla comparizione dei coniugi davanti al presidente del tribunale); nell'ipotesi di procedura di separazione consensuale semplificata il termine di sei mesi decorre dalla data certificata dell'accordo di separazione, nel caso di negoziazione assistita, ovvero, dalla data dell'atto contenente l'accordo di separazione, dinnanzi all'ufficiale dello stato civile, nella seconda ipotesi di separazione semplificata;

b) ci sia stata condanna dell'altro coniuge, anche per fatti commessi precedentemente al matrimonio, all'ergastolo o alla reclusione superiore a quindici anni o per determinati gravi reati; questa stessa ipotesi è causa di scioglimento anche di una unione civile fra persone dello stesso sesso;

c) non ci sia stata consumazione del matrimonio;

d) l'altro coniuge straniero abbia ottenuto all'estero l'annullamento o lo scioglimento del matrimonio o contratto all'estero nuovo matrimonio. Oggi questa ipotesi è anche causa di scioglimento di una unione civile fra persone dello stesso sesso.

Può essere sciolto, negli stessi casi, anche il **matrimonio cattolico**: si parla, in tal caso, di cessazione degli effetti civili del matrimonio. Per la Chiesa, che considera il matrimonio indissolubile, il rapporto matrimoniale continua (onde il divorziato non può contrarre nuovo matrimonio cattolico); ma lo Stato, che lo considera dissolubile, ammette che gli effetti civili del matrimonio cattolico possano, negli stessi casi e allo stesso modo del matrimonio civile, essere sciolti per divorzio.

In ogni caso il giudice deve preliminarmente tentare di **riconciliare** i coniugi, sentendoli prima separatamente e poi congiuntamente; deve, inoltre, accertare che «la comunione spirituale e materiale tra i coniugi non può essere mantenuta o ricostituita» (art. 2 citata legge n. 898). In teoria, egli potrebbe respingere la domanda di divorzio anche in presenza dei presupposti sopra indicati (tre anni di separazione personale ecc.); nella prassi, l'accertamento della impossibilità di ricostituire la «comunione» fra i coniugi diventa la conseguenza automatica dell'infruttuoso tentativo di riconciliazione.

Il tribunale, nel pronunciare il divorzio o la cessazione degli effetti civili del matrimonio cattolico, può stabilire che uno di essi corrisponda all'altro un **assegno periodico** in proporzione alle proprie sostanze (assegno che cessa in caso di nuove nozze dell'altro coniuge). Per determinare il quanto di questo assegno la legge fornisce tre criteri: un criterio **assistenziale**, basato sulle «condizioni economiche dei coniugi»; un criterio **risarcitorio**, basato sulle «ragioni della decisione» (criterio analogo a quello della addebitabilità, proprio della separazione personale); un criterio **compensativo**, fondato sul «contributo personale ed economico dato da ciascuno dei coniugi alla conduzione familiare ed alla formazione del patrimonio di entrambi (art. 5 legge cit. n. 898)». Ma prima di determinare il *quantum* il giudice deve decidere sul **se** dell'assegno; e questo non spetta al coniuge che abbia mezzi adeguati o che possa procurarseli, quantunque sussistano ragioni di natura risarcitoria o compensativa.

Una ulteriore causa di scioglimento del matrimonio o di cessazione degli effetti civili del matrimonio cattolico si è aggiunta con la legge n. 164 del 1982, che ammette la rettificazione dell'**attribuzione di sesso**. La sentenza di rettificazione non ha effetto retroattivo: essa attribuisce un nuovo sesso per il futuro e lascia sussistere, per il passato, il sesso enunciato nell'atto di nascita. Si tratta, perciò, di una vicenda che investe il **rapporto** matrimoniale, tale da provocarne lo «scioglimento»: così l'art. 4 della legge citata, che ricollega l'effetto risolutivo del vincolo matrimoniale alla stessa sentenza di rettificazione.

La rettificazione dell'attribuzione di sesso può anche essere causa di scioglimento di un'unione civile fra persone dello stesso sesso. Tuttavia, alla rettificazione anagrafica di sesso, oggi, qualora i coniugi abbiano manifestato la volontà di non sciogliere il matrimonio, o di non cessarne gli effetti civili, consegue l'automatica instaurazione dell'unione civile fra persone dello stesso sesso. Si può notare che la legge sulle unioni civili fra persone dello stesso sesso non prevede però la reciproca, ossia che, in presenza di volontà concorde delle parti in unione civile, alla rettificazione anagrafica di sesso possa seguire l'automatica instaurazione di un vincolo matrimoniale in luogo dell'unione stessa.

A seguito del divorzio la donna perde il cognome del marito, ma può essere dal tribunale autorizzata a conservarlo ove sussista un interesse al riguardo, suo o dei figli, meritevole di tutela (art. 5 l. n. 898 del 1970); e l'uso indebito espone la donna alle azioni inibitorie e di danni dell'*ex* marito.

Per lo scioglimento di una unione civile fra persone dello stesso sesso, alle ipotesi già segnalate se ne aggiunge una ulteriore: per volontà manifestata anche disgiuntamente, dinanzi all'ufficiale dello stato civile. In questo caso la domanda di scioglimento è proposta decorsi tre mesi dalla data di manifestazione di volontà di scioglimento dell'unione.

Per quanto attiene alle regole di procedura, per lo scioglimento delle unioni civili la l. 76/2016 rinvia, in quanto compatibili, a disposizioni della legge sul divorzio, di cui alla l. 898/1970 (incluse quelle relative al c.d. divorzio breve di cui al d.l. n. 132/2014, conv. in l. n. 162/2014) e ad altre norme del codice di procedura civile o di procedura altrimenti collocate.

8. I rapporti patrimoniali nella famiglia

Comunione dei beni. Tra il marito e la moglie può esserci comunione oppure separazione dei beni. In Italia il regime legale (art. 159) è quello della **comunione dei beni**: occorre una esplicita opzione dei coniugi per instaurare fra loro, in luogo del regime di comunione, quello della **separazione dei beni** (artt. 159 s.). La tavola di comparazione n. 7 mostra però la varietà di scelte legislativamente effettuate nei diversi Paesi. La stessa regola di regime di comunione legale, salvo diversa opzione delle parti, vale anche per le unioni civili.

La comunione comprende (art. 177):

a) i beni acquistati dai coniugi, anche separatamente, durante il matrimonio; esclusi, quindi i beni appartenenti loro già prima del matrimonio (cosiddetti **beni parafernali**), ed esclusi gli altri **beni personali** (art. 179), come quelli ricevuti per successione o per donazione, i beni di uso strettamente personale (abiti ecc.) e quelli che servono all'esercizio della professione del coniuge (gli strumenti di lavoro, i beni che compongono l'azienda del coniuge ecc.);

b) i frutti dei beni propri di ciascuno dei coniugi, percepiti ma non consumati al momento dello scioglimento della comunione;

c) i proventi dell'attività separata di ciascuno di essi, percepiti ma non ancora consumati al momento dello scioglimento della comunione;

d) le aziende costituite durante il matrimonio e gestite da entrambi i coniugi.

Si noti che, mentre i beni di cui alle lettere *a*) e *d*) formano una **comunione attuale** (sono beni che, già durante il matrimonio, appartengono in comunione ai coniugi), i frutti e i proventi di cui alle lettere *b*) e *c*) sono oggetto di una comunione solo **eventuale** e **differita**, detta anche comunione *de residuo*. Appartengono, durante il matrimonio, al coniuge che li ha percepiti; e solo se non consumati, ossia **risparmiati**, durante il matrimonio saranno divisi in parti uguali fra i coniugi (o i loro eredi) al momento dello scioglimento della comunione coniugale.

L'**amministrazione** ordinaria dei beni della comunione spetta, disgiuntamente, a ciascun coniuge; gli atti di straordinaria amministrazione debbono, invece, essere compiuti **congiuntamente** da essi (art. 180) e, in caso di disaccordo, ci si rivolge al giudice (art. 181). Gli atti compiuti da un coniuge senza il necessario consenso dell'altro sono **annullabili**, se riguardano beni immobili o beni mobili iscritti in pubblici registri, su domanda dell'altro coniuge, proposta entro un anno dalla conoscenza dell'atto e, in ogni caso, entro un anno dalla trascrizione (art. 184 commi 1° e 2°); se riguardano altri beni mobili, sono **validi**, ma obbligano il coniuge a ricostituire, in natura o per equivalente in danaro, lo stato di comunione (art. 184 comma 3°). Si sono così contemperate opposte esigenze: quella di evitare che un coniuge compia un atto di straordinaria amministrazione (ad esempio, alieni un bene comune) senza il consenso dell'altro; l'esigenza, d'altro lato, di non compromettere la sicurezza nella circolazione dei beni. L'annullabilità dell'atto è stata esclusa per il caso in cui si sia disposto, senza il consenso del coniuge, di cose mobili non registrate, in rapporto alle quali l'esigenza di sicura circolazione è più avvertita; negli altri casi è stata ammessa, ma si è sottoposta l'azione di annullamento al brevissimo termine di prescrizione di un anno.

Sui beni che formano la comunione fra coniugi è impresso un **vincolo di destinazione**: essi sono destinati, in modo prioritario, al mantenimento della famiglia e all'istruzione ed educazione dei figli. Questo vincolo di destinazione ha efficacia esterna: è, cioè, **opponibile ai creditori**, e dà luogo alla distinzione fra due serie di creditori:

a) creditori le cui ragioni di credito dipendono da obbligazioni contratte dai coniugi, separatamente o congiuntamente, nell'interesse della famiglia o derivanti dall'amministrazione dei beni comuni;

b) creditori particolari di ciascun coniuge, le cui ragioni di credito, cioè, non dipendono da obbligazioni contratte nell'interesse della famiglia o derivanti dall'amministrazione dei beni comuni.

I primi possono soddisfarsi sulla **totalità** dei beni comuni (art. 186) e, se questi non bastano, possono agire sui beni personali di ciascun coniuge, ma solo per **la metà del credito** (art. 190).

I secondi debbono anzitutto agire sui beni personali del coniuge loro debitore e, solo se questi beni sono insufficienti, possono soddisfarsi (subordinatamente ai primi, se gli uni e gli altri sono creditori chirografari) sul valore della sua quota dei beni comuni (art. 189 comma 2°). E questo onere di **preventiva escussione** dei beni personali deroga ai principi vigenti per la comunione in genere: là tutti i creditori del partecipante alla comunione sono sullo stesso piano, senza poter distinguere fra creditori della comunione e creditori particolari, salve solo le comuni cause di prelazione.

Lo stato di comunione **si scioglie**, e si dà luogo alla divisione dei beni in parti uguali (art. 194), nei casi di annullamento o di scioglimento del matrimonio per morte di uno dei coniugi, o della parte in unione civile fra persone dello stesso sesso, o per divorzio, o per scioglimento dell'unione civile, di separazione personale fra coniugi, di mutamento convenzionale del regime personale (ossia di opzione concorde per il regime della separazione dei beni), di separazione giudiziale dei beni, chiesta da uno dei coniugi nei casi previsti dalla legge (art. 193), di fallimento di uno dei coniugi (art. 191), o della parte in unione civile fra persone dello stesso sesso.

Separazione dei beni. Se, invece, i coniugi, o le parti in unioni civili fra persone dello stesso sesso, optano, al momento del matrimonio o successivamente, per il regime di **separazione dei beni**, ciascuno di essi resta proprietario individuale dei beni che acquista durante il matrimonio (art. 215) e ne ha, individualmente, il godimento e l'amministrazione (art. 217), salvo, naturalmente l'adempimento degli obblighi di assistenza familiare a favore dell'altro coniuge e dei figli. La scelta del regime di separazione può anche essere dichiarata nell'**atto di celebrazione** del matrimonio (art. 162 comma 2°), altrimenti va fatta, a pena di nullità, per **atto pubblico** (art. 162 comma 1°). Il favore legislativo per la comunione si manifesta, tuttavia, in materia di **prova**: se il coniuge non riesce a provare che un dato bene è di sua proprietà individuale, questo è di proprietà comune (art. 219).

Convenzioni matrimoniali. Oltre al regime, legale, della comunione ed a quello, convenzionale, della separazione dei beni, i coniugi, o le parti in unione civile fra persone dello stesso sesso, possono adottare anche regimi **atipici**, non previsti dalla legge; ferma restando, tuttavia, l'**inderogabilità** dei diritti e dei doveri che, per legge, derivano dal matrimonio (art. 160). Possono anche apportare, per convenzione, modifiche al regime di comunione dei beni: possono **restringerlo** ad alcune soltanto delle categorie di beni indicati dalla legge, oppure **allargarlo** ad altre categorie (ma non ai beni strettamente personali o a quelli che servono all'esercizio della professione); mentre sono inderogabili le norme sull'amministrazione dei beni comuni e il principio della **uguaglianza** delle quote (art. 210).

L'antico istituto della dote è abolito (art. 166 *bis*). È, invece, possibile costituire il fondo patrimoniale, formato da beni che un coniuge o entrambi o un terzo (anche per testamento) vincolano al soddisfacimento dei bisogni della famiglia (art. 167). Il fondo appartiene in comunione ai coniugi (art. 168) e può essere aggredito dai creditori solo per debiti contratti per i bisogni della famiglia (art. 170).

Le convenzioni matrimoniali, sia tipiche sia atipiche, possono essere stipulate in ogni tempo; e possono essere liberamente **mutate** durante il matrimonio. La necessità di una autorizzazione del giudice al loro mutamento, originariamente prevista dall'art. 162 comma 3°, è stata soppressa dalla legge n. 142 del 1981. Per la loro modificazione occorre il consenso di tutti coloro che le formarono e dei loro eredi (art. 163).

Le convenzioni matrimoniali sono veri e propri **contratti**, soggetti alle norme sui contratti in generale. Per esse è in ogni caso richiesta, a pena di nullità, la forma dell'**atto pubblico** (art. 162 comma 1°). Possono, come ogni contratto, essere **simulate**: ai **terzi**, precisa il primo comma dell'art. 164 confermando la regola generale, è consentita la prova della simulazione delle convenzioni matrimoniali; **fra le parti**, invece, vale una regola più rigorosa di quella generale, non bastando una controdichiarazione scritta ed occorrendo, ulteriormente, che la controdichiarazione sia fatta «con la presenza ed il **simultaneo consenso** di tutte le persone che sono state parti delle convenzioni matrimoniali» (art. 164 comma 2°).

La pubblicità delle convenzioni matrimoniali è regolata in modo peculiare: la loro annotazione nei registri dello stato civile è stata elevata al rango di pubblicità legale (art. 162, comma 4°), mentre la trascrizione nei registri immobiliari è stata degradata a mera pubblicità-notizia. I beni intestati ad uno dei coniugi si considerano comuni all'altro coniuge, salvo che dai registri dello stato civile non risulti, per annotazione a margine dell'atto di matrimonio (art. 69 ordinamento dello stato civile), che i coniugi hanno scelto il regime della separazione e che lo stato di comunione è cessato o che fra i coniugi vige altro regime convenzionale.

L'acquisto di **beni personali** deve, invece, essere trascritto, con la dichiarazione voluta dall'art. 179, comma 2°, nei registri immobiliari: altrimenti non è opponibile ai terzi la natura personale del bene acquistato.

9. La famiglia di fatto

La famiglia di fatto, costituita da persone non unite fra loro in matrimonio, dà luogo ad una situazione giuridicamente **lecita**, per vari aspetti **protetta** dal diritto. Bisogna però distinguere fra due ordini di rapporti:

a) rapporti **fra i conviventi di fatto**.

Hanno, nel nostro diritto, limitata rilevanza: fra i conviventi di fatto non esistono, come esistono fra i coniugi, i diritti e doveri reciproci alla coabitazione, all'assistenza materiale e morale, alla fedeltà. Il suo carattere di «unione libera» fa sì che, in ogni momento ed a propria discrezione, ciascuno dei conviventi possa interrompere il rapporto. La reciproca assistenza materiale non è oggetto di una obbligazione civile, ma — secondo la qualificazione che ne ha dato la giurisprudenza — di una **obbligazione naturale**, con la conseguenza giuridicamente rilevante che non è stata ammessa la ripetizione di indebito (20.2.). Diversa è però l'ipotesi in cui l'assistenza materiale venga meno per la morte del convivente dovuta al **fatto illecito** di un terzo: al convivente superstite è stato riconosciuto — la giurisprudenza è stata al riguardo concorde — il **diritto** al risarcimento del danno da parte del terzo. Una indiretta rilevanza è data dalla giurisprudenza alla relazione *more uxorio* in materia di diritto all'assistenza materiale: il coniuge divorziato perde il diritto al mantenimento o agli alimenti se, convivendo di fatto con altri, goda dell'assistenza materiale del familiare di fatto. Tra i conviventi non esisteva alcun diritto alla successione legittima (salva, naturalmente, la facoltà di disporre per testamento nei limiti della quota disponibile). La legislazione pensionistica ha attribuito però il diritto alla pensione di guerra alla convivente del caduto, se la convivenza era durata almeno un anno (da ultimi, legge n. 313 del 1968 e testo unico n. 915 del 1978);

La recente l. 76/2016 di regolamentazione delle unioni civili fra persone dello stesso sesso, contestualmente, contiene anche una disciplina delle convivenze e per identificarne più precisamente l'ambito di applicazione, la legge offre innanzi tutto una definizione delle stesse.

Sono «conviventi di fatto» due persone maggiorenni unite stabilmente da legami affettivi di coppia e di reciproca assistenza morale e materiale, non vincolate da rapporti di parentela, affinità, o adozione, da matrimonio o da un un'unione civile. Requisito sostanziale positivo necessario per la sussistenza di una convivenza di fatto è dunque la stabilità del legame affettivo che unisce fra loro due conviventi (senza distinzione di genere) e la reciproca assistenza morale e materiale che ne deriva. Per facilitare la prova dell'accertamento della stabilità della convivenza la legge rinvia ad apposita dichiarazione anagrafica (artt. 4, e 13, comma 1°, lettera b, del decreto Presidente della Repubblica 30 maggio 1989, n. 223).

Si tratta di disciplina volta a riconosce ai conviventi un insieme composito costituito da determinati diritti, in prevalenza di carattere personale (che in parte riprendono già i singoli diritti loro prima attribuiti da sporadiche disposizioni dell'ordinamento o dalle decisioni della giurisprudenza poc'anzi ricordate).

Essi sono: gli stessi diritti spettanti al coniuge dall'ordinamento penitenziario; in caso di ricovero del convivente, il diritto di visita, il diritto di assistenza ed il diritto di accesso alle informazioni sul suo stato di salute; la possibile designazione del convivente come proprio rappresentante, in caso di malattia, per le decisioni relative alla salute ed in caso di morte per la donazione di organi; alcuni diritti sulla casa familiare: in caso di morte del convivente proprietario, il diritto di continuare ad abitare temporaneamente la casa (normalmente, dai due fino ad un periodo pari alla convivenza se superiore, per arrivare ad un massimo di cinque anni; ma se nella casa coabitino anche figli minori o figli disabili del convivente superstite, il diritto di questi di continuare ad abitare la casa non può essere inferiore ai tre anni), oppure in caso di morte del convivente non proprietario, così come ne caso di recesso, la successione nel contratto di locazione, nella posizione di conduttore; la parificazione al coniuge, per l'assegnazione di alloggi di edilizia popolare pubblica. Sono poi riconosciuti anche al convivente di fatto alcuni diritti nell'impresa familiare, secondo l'art 230 ter di nuova introduzione, come i diritti di partecipazione agli utili dell'impresa familiare, ai beni con questi acquistati, nonché agli incrementi dell'azienda. In ultimo, in caso di morte del convivente per fatto illecito del terzo, il diritto al risarcimento del danno. In caso di cessazione della convivenza viene anche previsto un diritto agli alimenti a favore del convivente in stato di bisogno, per un periodo proporzionale alla durata della convivenza, nell'ammontare stabilito dal giudice (secondo i criteri ex art. 438 comma 2°).

Per quanto riguarda i rapporti patrimoniali fra conviventi la disciplina rinvia ad appositi contratti di convivenza, per i quali è prevista la forma scritta a pena di nullità, con possibilità di iscrizione all'anagrafe ai fini della loro opponibilità ai terzi. Il contratto di convivenza può contenere l'indicazione della residenza comune, i modi di contribuzione di ciascuno, in relazione alle sue sostanze ed alle proprie capacità di lavoro professionale o casalingo alle necessità della vita in comune; il regime patrimoniale di comunione dei beni, modificabile in qualunque momento.

È prevista la possibilità di risoluzione del contratto di convivenza per accordo delle parti, o per recesso unilaterale, per matrimonio o unione civile di uno dei conviventi con altra persona, o per morte di uno dei conviventi;

b) rapporti **fra genitori e figli nati fuori del matrimonio**.

Sotto questo aspetto l'equiparazione della famiglia di fatto alla famiglia matrimoniale è, nel nostro diritto, pressoché **totale**, e diventa totale se nessuno dei genitori sia unito con altri in matrimonio (altrimenti sono fatti salvi i diritti della famiglia matrimoniale di cui si è detto nel paragrafo precedente).

Non c'è nessuna differenza fra figli nati nel matrimonio o nati fuori del matrimonio perché l'art. 315 stabilisce che «tutti i figli hanno lo stesso stato giuridico» e quindi lo stato di figlio è unico.

I diritti e doveri del figlio sono gli stessi (art. 315 *bis*). Il figlio ha diritto al mantenimento, all'educazione, all'istruzione, all'assistenza morale e materiale dai genitori, nel rispetto delle sue capacità, inclinazioni naturali ed aspirazioni. I doveri ed obblighi dei genitori sono gli stessi (art. 316 e 316 *bis*), inclusi il dovere e il diritto alla prestazione alimentare (art. 433 nn. 2 e 3).

Il matrimonio rimane irrilevante rispetto alla condizione giuridica dei figli, sia in costanza di convivenza, che in caso di rottura della coppia o di mancanza ab origine della coppia stessa. In questa prospettiva tutte le famiglie sono «legittime», ossia pienamente valorizzate dalla legge, alludendo con l'espressione al fatto di risultare tutte regolate dalla legge allo stesso modo per quanto attiene ai rapporti verticali endofamiliari, senza discriminazioni fra famiglie coniugali, famiglie fondate sulle convivenze di fatto dei genitori o famiglie monoparentali costituite da genitori singoli e figli minori. Il profilo dei rapporti orizzontali attinente ai rapporti di coppia è invece ancora disciplinato diversamente a seconda che si tratti di famiglia matrimoniale (o unione civile fra persone dello stesso sesso), fondata su un vincolo giuridico, o si tratti invece di convivenza: solo la prima viene regolata in maniera compiuta dalla legge.

Anche agli effetti **successori** i figli nati fuori del matrimonio sono equiparati a quelli nati all'interno del matrimonio, i genitori naturali a quelli uniti in matrimonio. Si noti: fratello nato all'interno del matrimonio e fratello nato fuori dal matrimonio sono tra loro equiparati rispetto ai genitori, anche in relazione ai loro interni rapporti successori. Essi, a seguito della legge 10 dicembre 2012, n. 219 succedono tra loro, come succedono tra loro i fratelli nati all'interno del matrimonio (art. 570).

In precedenza, in caso di successione legittima, solo se mancavano altri parenti entro il sesto grado, piuttosto che dare luogo alla successione dello Stato (art. 586), ereditava il fratello nato fuori dal matrimonio (così, pur in mancanza di una norma di legge, aveva già deciso la Corte costituzionale). In aggiunta, prima della legge 10 dicembre 2012, n. 219 permaneva una disuguaglianza anche nella norma che ammetteva la cosiddetta commutazione: «i figli nati all'interno del matrimonio potevano soddisfare in danaro o in beni immobili ereditari la porzione spettante ai figli nati fuori dal matrimonio», sempre che questi vi acconsentissero. Se si opponevano, decideva il giudice, «valutate le circostanze personali e patrimoniali» (artt. 537 comma 3°, 542 comma 3°, 566 comma 2°). L'istituto della commutazione è stato abrogato dalla legge di riforma n. 219/2012.

10. Lo stato di figlio

Inquadramento generale. Il principio cardine della riforma è quello dell'unicità dello stato di figlio contenuto in apertura della disciplina sul novellato titolo IX (intitolato «Della responsabilità genitoriale e dei diritti e doveri del figlio»), nell'art. 315: «Tutti i figli hanno lo stesso stato giuridico». Precedentemente si distingueva tra diverse categorie di figli, legittimi, naturali (riconosciuti, o di cui fosse stata accertata giudizialmente paternità o maternità), o non riconosciuti (o irriconoscibili) ed ogni categoria rifletteva una propria specifica disciplina diversa e deteriore rispetto a quella di pienezza propria dei soli figli legittimi. Anche l'impianto strutturale precedente alla riforma rendeva già palese la diversità di regimi preesistenti, dato che si trattava di disciplina con diversificata collocazione: così ad esempio la norma fondamentale sui diritti dei figli (art. 147 di allora, intitolata «Doveri verso i figli») era collocata nelle disposizioni sui diritti e doveri dei coniugi nascenti dal matrimonio, considerando i corrispondenti diritti dei figli quale riflesso dei doveri spettanti ai genitori coniugali verso i figli legittimi. Parallelamente la disciplina di allora disponeva per i figli naturali in prevalenza *per relationem* (v. ad esempio art. 261 vecchio testo, oggi abrogato, sui diritti e doveri derivanti al genitore dal riconoscimento, che stabiliva che quest'ultimo comportasse per il genitore l'assunzione di tutti i doveri e di tutti i diritti che egli aveva verso i figli legittimi). Più in generale, la complessiva disciplina sull'insieme dei diritti e doveri in merito ai rapporti genitori-figli, risultava in ogni caso frammentata perché solo in parte essa era contenuta nel preesistente Titolo IX, allora rubricato «Della potestà dei genitori» (artt. 316 e 317 ante riforma), mentre altre disposizioni, come quella sugli aspetti di natura economica relativi ai figli e all'affidamento della prole, si trovavano altrove, in parte negli artt. 155 per il caso di separazione fra coniugi, in parte, nella legge sul divorzio (del 1970). La complessiva normativa concernente i rapporti genitori-figli nella fase di rottura della vita di coppia era stata poi già riformata con la legge 8 febbraio 2006, n. 54, che aveva introdotto un sistema unitario di disciplina dei rapporti genitori-figli in tutte le ipotesi di dissoluzione della vita di coppia.

Il novellato titolo IX del primo libro del codice civile, attualmente rubricato «Della responsabilità genitoriale e dei diritti e doveri dei figli», contiene una disciplina unitaria e organica di regole di tutti i rapporti genitori-figli, in stretta correlazione con il principio di unicità dello stato di figlio, in luogo della precedente frammentarietà di collocazione e disomogeneità di contenuto delle regole preesistenti (a seconda delle diverse sedi e delle diverse categorie di figli prima previste). La normativa risulta suddivisa in due capi: il capo I, intitolato: «Dei diritti e doveri del figlio», pone le norme che disciplinano in modo omogeneo il rapporto genitori figli, con riguardo agli aspetti personali del rapporto, agli aspetti patrimoniali e all'esercizio della responsabilità genitoriale; il capo II, intitolato «Esercizio della responsabilità genitoriale a seguito di separazione, scioglimento, cessazione degli effetti civili, annullamento, nullità del matrimonio, ovvero all'esito di procedimenti relativi ai figli nati fuori del matrimonio», riprende in proposito con modifiche, la disciplina già stabilita dalla citata legge 54/2006 così come riprende il sistema unitario già da quella delineato inerente soprattutto il rapporto genitori-figli nella fase, per così dire, patologica del rapporto di coppia.

Sono molteplici gli aspetti significativi differenti rispetto al regime preesistente. Di alcuni abbiamo già detto, come ad esempio in relazione alla rete dei rapporti parentali oggi propria di tutti i figli e prima riconosciuta solo per i figli coniugali, mentre i figli nati fuori del matrimonio, riconosciuti o accertati giudizialmente, avevano vincolo solo con il genitore autore del riconoscimento o di cui fosse accertata la genitorialità, ma non c'era vincolo fra il figlio e gli altri parenti. Altri aspetti significativi verranno trattati in proseguo (così ad esempio, in riferimento alla possibilità di riconoscimento, previa autorizzazione del giudice, dei figli frutti di incesto, così in riferimento alle azioni di stato).

Un ulteriore importante aspetto della riforma del 2012, su cui possiamo soffermarci in questa sede, attiene al diritto del minore ad essere ascoltato, ed alle modalità di esercizio del diritto di ascolto, quale diritto emergente da una pluralità di fonti anche di rango internazionale, come la Convenzione di New York sui diritti del fanciullo del 1989, la Convenzione dell'Aja del 1993, in tema di adozione internazionale, la Convenzione di Strasburgo del 1996 sull'esercizio dei diritti del fanciullo, e la Carta dei Diritti fondamentali dell'Unione Europea, (art. 24, comma 1° secondo cui: « (...) I minori possono esprimere liberamente la propria opinione; questa viene presa in considerazione su le questioni che li riguardano in funzione della loro età e della loro maturità». Già la citata legge n. 54 del 2006, aveva previsto che nei giudizi di separazione o divorzio, prima di adottare provvedimenti relativi ai figli minori il giudice disponesse l'ascolto del minore che avesse compiuto i 12 anni o anche di età inferiore ove capace di discernimento. Su questa scia la riforma del 2012, è intervenuta con maggior ampiezza riprendendo la stessa formula in molteplici norme (solo a titolo esemplificativo, art. 315 *bis*, sui diritti e doveri del figlio; art. 252, comma 4°, ultima parte sui provvedimenti di affidamento del figlio nato fuori del matrimonio e suo inserimento nella famiglia del genitore; art. 262, comma 4°, sui provvedimenti circa l'assunzione del cognome del genitore da parte del figlio minore nato fuori del matrimonio; art. 337 *octies,* intitolato « Poteri del giudice e ascolto del minore », in tema di provvedimenti relativi alla prole nei procedimenti di dissoluzione della coppia genitoriale, l'art. 348 comma 3°, in tema di nomina del tutore, nonché sempre con riferimento alla tutela art. 371, n. 1, quando si tratti di decidere sul luogo dove il minore debba essere cresciuto e sul suo avviamento agli studi o all'esercizio di un'arte, mestiere, professione, in cui si fa riferimento all'ascolto del minore che abbia compiuto i dieci anni, o anche di età inferiore ove capace di discernimento). Ma la norma fondamentale al riguardo è contenuta nel 336 *bis* rubricato significativamente « Ascolto del minore », relativo alla disciplina inerente la procedura e alle modalità di ascolto. In definitiva, si è trattato di trasformare la relazione genitori-figli rispetto alla concezione preesistente del codice, in quella attuale sempre più orientata verso il riconoscimento della centralità dei diritti dei figli minori, che devono essere sentiti in base al grado di maturità raggiunta per definire quale sia il loro migliore interesse nel concreto, e per fornire al giudice orientamento in un processo che è stato definito di « autodeterminazione dinamica ». In questo quadro, l'ascolto del minore che abbia compiuto gli anni dodici, ma anche di età inferiore ove capace di discernimento, è divenuto sempre obbligatorio, in tutti i procedimenti che lo riguardano, salvo che il giudice lo ritenga in contrasto con l'interesse stesso del minore o se manifestamente superfluo (art. 336 *bis*, comma 1°). Quest'ultima ipotesi, rappresenta poi sempre una specificazione della regola del contrasto con l'interesse del minore, come, ad esempio, qualora si verta su circostanze acclarate o non contestate e in cui l'ascolto del minore possa risultare dannoso per il suo equilibrio e/o per la sua serenità. Al di fuori della ricorrenza del contrario interesse del minore, il mancato ascolto del minore integra una violazione del principio del contraddittorio e del giusto processo. L'ascolto è condotto dal giudice anche avvalendosi di esperti ed ausiliari, dotati delle specifiche competenze all'uopo necessarie. I genitori, anche quando parti processuali del procedimento (e come tali legittimati a partecipare ad ogni fase e udienza del medesimo), i difensori delle parti, il curatore speciale del minore, se già nominato, e il pubblico ministero possono partecipare all'ascolto solo se autorizzati dal giudice. In ogni caso per contemperare l'interesse del minore ad essere ascoltato in un ambiente protetto con l'interesse delle parti ad essere presente è stata introdotta nelle disposizioni di attuazione al codice civile una norma che prevede che l'autorizzazione del giudice possa essere omessa qualora la tutela del minore sia assicurata da idonei mezzi tecnici, quali l'uso di vetro specchio o di impianti citofonici. Anche in questo caso tuttavia i genitori dovranno comunque ottenere l'autorizzazione del giudice a partecipare all'adempimento perché a differenza della partecipazione delle altre parti la presenza dei genitori potrebbe condizionare psicologicamente il minore inducendolo a perdere di spontaneità. Come affermato nella parte iniziale dell'ultimo comma della disposizione di cui all'art. 336 *bis*, prima di procedere all'ascolto il giudice informa il minore della natura e degli effetti del procedimento.

Diritti e doveri dei figli. La disciplina fondamentale sui diritti e doveri dei figli è contenuta nell'art. 315 *bis* che risulta diretto alla preminente valorizzazione delle posizioni soggettive del figlio. A questi diritti va aggiunto anche il diritto al nome.

Per il **diritto al nome** si tratta ancora di disciplina differenziata a seconda della diversa modalità di costituzione dello stato giuridico di figlio. Sinteticamente, il figlio coniugale assume il cognome del padre, secondo una regola non scritta, da sempre ritenuta unanimemente implicita nel nostro sistema. Il figlio nato fuori del matrimonio assume il cognome del genitore che per primo lo ha riconosciuto, mentre assume il cognome del padre solo in caso di riconoscimento contemporaneo di entrambi i genitori (art. 262, comma 1°). Tuttavia, se la filiazione nei confronti del padre è stata accertata o riconosciuta successivamente al riconoscimento da parte della madre, il figlio può assumere il cognome del padre, aggiungendolo, anteponendolo o sostituendolo a quello della madre già divenuto suo autonomo segno di identità personale (art. 262, comma 2°). Con la riforma del 2012, rimane allora presente nel quadro complessivo questa discriminazione a sfavore dei figli nati nel matrimonio i quali ancora, di regola, non possono assumere il cognome della madre. Va però aggiunto al riguardo che la Corte Costituzionale, nella decisione dell'8 novembre 2016, ha dichiarato l'illegittimità della "norma" che prevede l'automatica attribuzione del cognome paterno al figlio nato nel matrimonio, in presenza di una diversa e concorde volontà dei genitori.

È previsto anche il caso di figlio di ignoti, a cui venga attribuito il cognome, scelto a sua discrezione, dall'ufficiale dello stato civile al momento della formazione dell'atto di nascita, e successivamente riconosciuto o di cui sia successivamente accertata giudizialmente la genitorialità: il figlio può mantenere il cognome precedentemente attribuitogli qualora si tratti di cognome divenuto autonomo segno della sua identità personale, anteponendolo, aggiungendolo o sostituendolo con il cognome del genitore che per primo lo ha riconosciuto o con il cognome di entrambi i genitori in caso di riconoscimento non contestuale dei medesimi (262, comma 3°).

Nel caso di figlio minorenne il giudice decide circa l'assunzione del cognome del genitore, previo ascolto del figlio minore che abbia compiuto 12 anni, o anche di età inferiore ove capace di discernimento.

Capovolgendo la prospettiva codicistica anteriore che, come detto, inquadrava i diritti dei figli soprattutto come riflesso dei doveri dei genitori verso di essi, l'art. 315 *bis* attuale detta una disciplina unificata sui diritti e doveri dei figli, mettendo in via diretta in primo piano proprio questi stessi diritti: al mantenimento, all'educazione, all'istruzione, e includendo nell'elenco anche il diritto all'assistenza morale dai genitori, nel rispetto delle loro capacità, delle loro inclinazioni naturali e delle loro aspirazioni. Il richiamo della disposizione al rispetto delle capacità, inclinazioni naturali ed aspirazioni dei figli (richiamo contenuto anche nell'art. 147), ha il significato di voler valorizzare **la personalità** del figlio, senza volerla piegare, ad astratti modelli comportamentali precostituiti e/o ritenuti prevalenti nel contesto sociale.

Nell'elenco dei diritti dei figli, la norma considera espressamente il **diritto** del figlio **ad essere assistito moralmente dai genitori** (prima non espressamente menzionato), anche se la legge n. 54 del 2006, aveva già indicato fra gli altri diritti dei figli oggetto di provvedimenti del giudice nella separazione dei genitori (art. 155 vecchio testo) anche il « diritto di ricevere cura » da essi. La stessa espressione è attualmente ripresa in tema di provvedimenti relativi ai figli assunti dal giudice del merito in caso di separazione, divorzio, cessazione degli effetti civili, invalidità del matrimonio, ovvero all'esito di procedimenti relativi ai figli nati fuori del matrimonio. Del resto, in analoga prospettiva, già la Carta dei diritti fondamentali dell'Unione europea, che con più generica ed estesa formula, riconosce il diritto dei minori « (...) alle cure necessarie per il loro benessere ». Si tratta di un apporto pregnante volto a conferire rilievo giuridico generalizzato alle modalità con cui si deve caratterizzare la relazione genitore-figlio, con contenuto che volutamente sfugge ad una precisa e rigida determinazione giuridica.

Il **diritto al mantenimento** si pone in posizione primaria fra i diritti spettanti ai figli. Esso ha portata ampia correlandosi all'insieme delle esigenze di sviluppo della personalità del figlio minore e della sua vita di relazione (istruzione, studio, spese sanitarie, cultura, sport, tempo libero, ecc.), determinabile a seconda delle caratteristiche del caso concreto, rispettivamente, sia quelle proprie del soggetto beneficiario, sia quelle inerenti le condizioni di vita dei soggetti tenuti al corrispondente obbligo. I genitori, devono adempiere all'obbligo di mantenimento in concorso fra loro, in proporzione alle rispettive sostanze e secondo le loro specifiche capacità di lavoro, sia professionale che casalingo. Quando i genitori non dispongono di mezzi propri, gli altri ascendenti, in ordine di prossimità, sono tenuti a fornire ai genitori stessi i mezzi affinché questi possano adempiere ai loro doveri nei confronti dei figli (art. 316 *bis*, comma 1°, ultima parte).

In caso di inadempimento il presidente del tribunale, su istanza di chiunque vi ha interesse, sentito l'inadempiente ed assunte informazioni, può ordinare che una quota proporzionale dei redditi dell'obbligato, sia versata direttamente all'altro genitore, o a chi sopporta i corrispondenti costi. Il diritto al mantenimento non viene meno con il raggiungimento della maggiore età del figlio ma permane fino che questi sia in grado di provvedervi in via autonoma (anche art. 337 *septies*). Se il figlio maggiorenne è portatore di *handicap* grave valgono invece le regole stabilite in favore dei figli minori.

Il diritto all'istruzione oltre che ricompreso nel 315 *bis*, è menzionato espressamente anche dall'art. 30 e 34 Cost., dando luogo in punto ad una coesistenza di doveri e responsabilità di soggetti diversi (genitori, ma anche Stato e istituzioni scolastiche). La responsabilità per l'istruzione obbligatoria dei figli è anche sanzionata penalmente (art. 731 c.p.).

In relazione al diritto all'educazione (anch'esso menzionato nella Costituzione, art. 30), già nel vigore del sistema antecedente la riforma del 2012, in giurisprudenza si riconosceva andasse considerato in proposito, in via preminente l'interesse del figlio al rispetto della sua personalità e delle sue aspirazioni.

Ai diritti spettanti ai figli minori va anche aggiunto da un lato il diritto a crescere in famiglia, lasciando così in via del tutto marginale la sua possibilità di essere istituzionalizzato all'esterno dal suo nucleo familiare di appartenenza, e d'altro lato, il diritto a mantenere rapporti significativi con i parenti (art. 315 *bis*, comma 2°). Sotto quest'ultimo profilo, il nuovo art. 317 *bis*, sotto la rubrica « Rapporti con gli ascendenti » stabilisce espressamente un corrispondente diritto anche in capo agli ascendenti (nonni). Nell'eventualità in cui questi siano impediti nell'esercizio di tale diritto essi possono ricorrere al giudice affinché « (...) siano adottati i provvedimenti più idonei nell'esclusivo interesse del minore ». Il tribunale decide, disponendo, in proposito l'ascolto del minore che abbia compiuto gli anni dodici ed anche di età inferiore ove capace di discernimento.

I figli hanno il dovere di rispettare i genitori (cfr. anche art. 358). Devono altresì contribuire, in relazione alle proprie capacità alle proprie sostanze ed al proprio reddito al mantenimento della famiglia finché convivono con essa. I figli minori non possono **abbandonare** la casa dei genitori, e qualora se ne allontanino senza il loro permesso, i genitori possono ricorrere al giudice tutelare.

Uno dei tratti più significativi caratterizzanti il mutato quadro normativo sullo stato di figlio a seguito della riforma del 2012, è l'introduzione del concetto di « **responsabilità genitoriale** » in luogo della preesistente **potestà** dei genitori. Il concetto era già presente in atti del legislatore sovranazionale come a titolo indicativo nel Regolamento n. 2201/2003, cosiddetto Bruxelles II *bis* sulla disciplina in Unione Europea, della competenza, riconoscimento ed esecuzione delle decisioni in materia matrimoniale e in materia di responsabilità genitoriale, dove esso è inteso in senso ampio, come «insieme di diritti e doveri di cui è investita una persona fisica o giuridica in virtù di un provvedimento giudiziario, della legge o di un accordo riguardanti la persona o i beni di un minore. Il termine ricomprende il diritto di affidamento e il diritto di visita». La mancata scelta di dare una ulteriore definizione normativa del concetto, è risultata una scelta consapevole e voluta da parte del legislatore delegato della riforma per evitare in forza del primato del diritto dell'Unione europea, possibili conflitti fra diverse fonti del diritto. Ma anche per assicurare che il contenuto della nozione possa essere precisato con maggiore capacità di adeguamento in corrispondenza con il mutare socio-culturale dei rapporti genitori-figli nel corso del tempo e possa risultare più facilmente idoneo a recepire il progressivo delinearsi dell'evolversi di tali rapporti. Mentre il concetto sostituito di « potestà » rifletteva nel suo specifico lessico terminologico un « potere » attribuito ad un soggetto nell'interesse altrui (il figlio), a cui corrispondeva perlomeno fino al 1975, un vero e proprio stato di soggezione del figlio stesso, il linguaggio impiegato dalla riforma ed il nuovo termine intendono riflettere la mutata prospettiva, in cui ai diritti dei figli posti in primo piano, corrispondono i doveri e i compiti dei genitori, al cui adempimento appare, dunque, preordinata l'assunzione della correlativa responsabilità genitoriale.

La disciplina sulla responsabilità genitoriale introdotta dalla novella di novella è — come detto — contenuta tutta nel titolo IX del primo libro del codice, che già nella rubrica « Della responsabilità genitoriale e dei diritti e doveri del figlio » sottolinea la stretta correlazione fra la prima ed i secondi, essendo la responsabilità dei genitori preordinata all'adempimento dei loro doveri nell'assicurare i diritti spettanti al figlio. Nel capo primo trova collocazione l'unitaria disciplina sulla responsabilità genitoriale strumentalmente volta ad assicurare al figlio i diritti che gli spettano, con inerenza alla fase per così dirsi fisiologica del rapporto genitoriale, mentre nel capo secondo, si regola l'esercizio della responsabilità genitoriale in caso di dissolvimento della coppia genitoriale (prima variamente contenute sia nel codice civile, sia in altre leggi speciali).

La responsabilità genitoriale spetta ad entrambi i genitori; essa è esercitata « di **comune accordo** » dai medesimi, tenendo conto delle capacità, delle inclinazioni naturali e delle aspirazioni del figlio, con focalizzazione a garanzia del pieno rispetto della sua persona. Il principio è dunque quello dell'esercizio congiunto della responsabilità genitoriale con funzione strumentale alla tutela degli interessi del figlio. Se si tratta di figlio riconosciuto, l'esercizio della responsabilità genitoriale spetta al singolo e unico genitore che ha fatto il riconoscimento, mentre spetta ad entrambi nel caso di riconoscimento da parte di tutti e due.

L'attuale norma a differenza di quella precedente non pone più limiti temporali alla durata della responsabilità genitoriale (mentre la potestà di cui alla disciplina anteriore, era espressamente prevista « sino alla maggiore età o all'emancipazione del figlio »). La scelta non intende modificare la prospettiva in proposito, che nell'attuale sistema di complessità delle fonti normative è comunque *aliunde* ricavabile (ad esempio, art. 2, n. 7 del citato Regolamento CE n. 2201/2003, in cui la responsabilità è espressamente preordinata a tutela « della persona o dei beni di un minore »). Del resto, trattandosi di istituto preordinato ad assicurare i diritti del figlio, esso, di regola, cessa naturalmente, qualora il figlio stesso, sia in grado di decidere e provvedere in **completa autonomia**. È comunque evidente che rispetto a diritti del figlio quali, a titolo indicativo, quelli relativi all'educazione, e alla salute non possa perdurare una correlativa responsabilità da parte dei genitori del figlio ormai maggiorenne (v. in proposito, infatti art. 337 *ter*, comma

3°). Ciò non toglie che, se si tratti di specifici diritti come quello al mantenimento che non cessano affatto, nella corrispondente componente economica, con il raggiungimento della maggiore età del figlio, ma vengono meno solo per altri e diversi presupposti quale il raggiungimento dell'indipendenza economica del figlio stesso, permarrà, sino allo stesso termine in capo ai genitori la correlativa responsabilità genitoriale. Analoga regola, vale per i figli maggiorenni portatori di *handicap* grave, per i quali si applicano le disposizioni previste in favore dei figli minori, e rispetto all'assicurazione dei corrispondenti diritti, permarrà comunque in essere, ove possibile, la responsabilità dei genitori.

In caso di contrasto su questioni di particolare importanza ciascuno dei genitori può ricorrere senza formalità al giudice indicando i provvedimenti che ritiene più idonei (art. 316, comma 2°). Il giudice, sentiti i genitori e disposto l'ascolto del figlio **dodicenne**, o anche di età inferiore se capace di discernimento « suggerisce » le determinazioni che ritiene più utili nell'interesse del figlio e dell'unità familiare. Viene ripresa così la regola di un procedimento articolato eventualmente in due fasi: nella prima, che può rimanere anche l'unica, di carattere conciliativo, in cui il giudice **dà suggerimenti**, a garanzia dell'interesse del figlio, ma anche dell'unità familiare, fase diretta ad evitare che l'organo dello stato provveda d'imperio, e si sostituisca ai genitori, anche se in disaccordo fra loro, nell'esercizio della responsabilità genitoriale, prerogativa fondamentale e inalienabile, riconosciuta oggi dalla legge in tutte le famiglie, intese quali formazioni sociali (art. 2 Cost.), sia in quelle matrimoniali (come prima), ma anche in quelle delle coppie di fatto. Se il contrasto permane, si apre la seconda fase ed il giudice attribuisce il potere di decisione a quello dei genitori che nel singolo caso ritiene il più idoneo a curare l'interesse del figlio. **La deroga** al principio dell'esercizio comune della responsabilità genitoriale, è quindi nell'eventualità ammessa, ma solo in riferimento a questioni **specifiche** e **determinate**, e non già in relazione all'esercizio complessivo della stessa responsabilità genitoriale (art. 316, comma 3°, ult. parte). In caso di impedimento, lontananza o incapacità, che renda impossibile ad uno dei genitori l'esercizio della responsabilità questa è esercitata in modo esclusivo dall'altro.

Il **genitore che non esercita la responsabilità genitoriale** mantiene tuttavia un potere di **vigilanza** sull'istruzione, sull'educazione e sulle condizioni di vita del figlio.

I genitori, in correlazione con la responsabilità genitoriale, hanno la **rappresentanza** dei figli minori (artt. 320 ss.), che è rappresentanza legale, attribuita loro dalla legge; e possono, quali rappresentati legali, continuare l'esercizio dell'impresa commerciale di cui il figlio sia titolare (art. 320, comma 5°). Essi hanno, altresì, sempre in correlazione con l'esercizio della responsabilità genitoriale, **l'usufrutto legale** sugli eventuali beni dei figli minori (purché non emancipati), esclusi i beni acquistati dai figli con i proventi del proprio lavoro (oltre che quelli ad essi pervenuti per successione o per donazione con la specifica destinazione alla carriera, ad un'arte o ad una professione del minore), ma debbono destinare i frutti che percepiscono al mantenimento della famiglia ed alla istruzione ed educazione dei figli (art. 324).

La disciplina sulla responsabilità genitoriale non è generalmente applicabile ai figli **non riconosciuti** e **giudizialmente non accertabili**. Essi possono solo ottenere che il genitore biologico provveda al loro mantenimento, o, se questo sia venuto meno, e il figlio si trovi in stato di bisogno, agli alimenti. Alla morte del genitore il figlio ha diritto ad un assegno vitalizio, se il genitore non aveva disposto per testamento o per donazione a suo favore.

In riferimento ai **profili** cosiddetti **patologici della coppia**, i punti oggetto di intervento sono stati fondamentalmente due, fra loro strettamente collegati: l'affidamento della prole e la responsabilità genitoriale. Il giudice adotta provvedimenti concernenti i figli, con riguardo ad entrambi i segnalati profili, con esclusivo riferimento all'interesse morale e materiale della prole. Viene fatto comunque salvo, il principio generale attinente al diritto del figlio minore a mantenere un rapporto equilibrato e continuativo con ciascuno dei genitori, di ricevere cura educazione, istruzione e assistenza morale da entrambi, oltre che conservare rapporti significativi con gli ascendenti e con i parenti di ciascun ramo genitoriale. Il che significa, che la fase di disgregazione della coppia genitoriale (senza considerazione per la causa generatrice della rottura fra loro) non può avere incidenza diretta sui figli, che non devono subire ripercussioni nell'esercizio dei diritti loro spettanti, come conseguenza dei sentimenti eventualmente di rancore, che i genitori possano nutrire reciprocamente.

Per quanto riguarda l'aspetto dell'**affidamento** della prole, la regola prioritaria è quella dell'affidamento **condiviso** (già introdotta dalla legge del 2006).

Rimane del tutto residuale, l'opzione dell'affidamento ad un solo genitore, da disporsi solo se, l'applicazione dell'affidamento ad entrambi i genitori, risulti nel concreto in **contrasto con l'interesse del minore**. Il giudice determina i tempi, le modalità della presenza dei figli presso ciascun genitore, e fissa la misura e il modo con cui ciascuno di essi deve contribuire al mantenimento, alla cura all'istruzione ed all'educazione dei figli.

La legge evita di determinare, con formulazione puntuale, i caratteri dell'affidamento condiviso o dell'affidamento monogenitoriale, nell'opzione residuale in cui questo risulti in concreto, preferibile. Certo è che non può trattarsi solo di una differenza quantitativa in termini di presenza o collocazione dei figli presso l'uno o l'altro dei genitori. Piuttosto è da condividere che l'affidamento condiviso implichi uno spartire da parte di ciascun genitore con l'altro il ruolo genitoriale e l'esercizio dei doveri/diritti che ne derivano, ossia le scelte che appaiono correlate ad un siffatto ruolo. Qualora sia disposto l'**affidamento esclusivo** ad un solo genitore con **provvedimento motivato** indicativo del perché l'affidamento all'altro genitore sia in contrasto con l'interesse del minore, il **genitore affidatario** ha, l'**esercizio esclusivo della responsabilità genitoriale** per così dire relativamente all'**ordinaria amministrazione**, mentre le decisioni di maggiore interesse per il minore, di regola, saranno adottate da entrambi i genitori (salva diversa indicazione da parte del provvedimento motivato sotto il profilo dell'interesse del minore). Il genitore non affidatario mantiene però il diritto-dovere di **vigilare** sull'istruzione ed educazione dei figli e può ricorrere al giudice qualora ritenga siano state assunte decisioni pregiudizievoli al loro interesse.

In caso di temporanea impossibilità di affidare il minore ad uno dei genitori il giudice può disporre, anche d'ufficio, l'affidamento familiare.

Il giudice deve altresì provvedere, sempre «tenendo prioritariamente conto dell'interesse dei figli», anche sull'assegnazione del godimento della **casa familiare**, e se si tratta del genitore non proprietario bisogna considerare il minor valore che l'immobile subisce a causa della limitazione apportata al suo uso. Del che — precisa la norma — si dovrà tenerne conto nella regolazione dei rapporti economici tra genitori (art. 337 *sexies*).

Nel caso di affidamento condiviso per la disgregazione della coppia, la **responsabilità genitoriale è esercitata da entrambi i genitori** (art. 337 *ter*, comma 3°). Appare opportuno soffermarsi più specificamente su questo secondo aspetto della disciplina oggetto di riforma.

La formula non riprende esattamente quella contenuta nell'art. 316, che specifica trattarsi di un esercizio « di comune accordo ». Ciò consente di interrogarsi se anche nella fase di rottura della coppia genitoriale debba trattarsi di un esercizio necessariamente pienamente condiviso da entrambi i genitori, o, possa venire in gioco eventualmente un esercizio anche disgiunto della medesima. Lo stesso interrogativo emerge anche dal proseguo della stessa disposizione (art. 337 *ter*, comma 3°), la quale, richiama espressamente il « comune accordo » solo in riferimento alle decisioni di maggiore interesse per i figli (e in caso di perdurante disaccordo la decisione viene rimessa al giudice). In realtà, che anche nella fase di rottura della coppia genitoriale, la regola generale sia sempre quella di un esercizio congiunto della responsabilità, e quindi compartecipe di tutte le decisioni concernenti i figli si evince dalla ***ratio* della norma**, che è di mettere in **stretta correlazione** l'esercizio della **responsabilità genitoriale** con il principio dell'**affidamento condiviso**, che la presuppone. Si trae conferma di questa soluzione anche dalla formula di chiusura della disposizione in tema di responsabilità genitoriale, secondo cui « il giudice, può stabilire che i genitori esercitino la responsabilità genitoriale separatamente » solo per le decisioni su questioni di ordinaria amministrazione, precisando che l'eventualità di un esercizio disgiunto della responsabilità, limitato comunque solo alle dette questioni di ordinaria amministrazione, richieda comunque un provvedimento del giudice a riguardo.

Fra le decisioni di maggiore interesse per i figli, assunte di comune accordo dai genitori, è ricompresa espressamente anche quella relativa alla **scelta** della **residenza abituale del minore**.

I genitori mantengono sempre il diritto di chiedere in ogni tempo la revisione delle disposizioni concernenti l'affidamento dei figli, l'attribuzione dell'esercizio della responsabilità genitoriale e le eventuali disposizioni relative alla misura e alla modalità del contributo.

Se in seguito alla riforma lo stato di figlio è unico e la disciplina è la medesima, valgono però **diverse regole costitutive** a seconda che si tratti di ***status* basato sul fatto naturale della generazione**, e che distinguono fra figli nati nel matrimonio o figli nati fuori del matrimonio, o di ***status* che deriva da un atto giuridico**, l'**adozione**, che stabilisce un rapporto elettivo di filiazione (cosiddetta filiazione civile) fra persone non legate da vincolo di sangue.

Per i figli nati nel matrimonio è la generazione da persone fra loro coniugate a determinare in automatico il correlativo *status*. Nel caso di figli nati fuori del matrimonio, l'attribuzione dello *status* avviene attraverso un atto quale il **riconoscimento**, o in difetto, attraverso un **accertamento giudiziale** di paternità e maternità.

Le modifiche apportate dalla riforma in tema di prove, trasformano in disposizioni sulle prove della filiazione in generale quelle norme che anteriormente costituivano prove della sola filiazione legittima, e stabiliscono che il precedente regime del reclamo di legittimità diventi ora disciplina del reclamo dello stato di figlio.

Lo stato di figlio si **prova** con l'**atto di nascita**, iscritto nei registri dello stato civile (art. 236, comma 1°); in mancanza di esso, basta la prova del possesso di stato (art. 236, comma 2°). Anche sotto questo profilo la riforma è intervenuta dettando al riguardo una disciplina unitaria e modificando i **fatti costitutivi del possesso di stato**. Occorre che: il genitore abbia trattato la persona come figlio ed abbia provveduto in questa qualità al mantenimento, all'educazione ed al collocamento di essa (*tractatus*); che la persona sia stata costantemente considerata come tale nei rapporti sociali; che sia stata riconosciuta in detta qualità dalla famiglia (*fama*) (art. 237). I principi sono che il *tractatus* e la *fama* costituiscono prova del possesso di stato. Il possesso di stato ha una funzione solo probatoria se manca l'atto di nascita; ma assume una funzione addirittura costitutiva dello stato di figlio se si accompagna ad un conforme atto di nascita. La norma significativamente rubricata « Irreclamabilità di uno stato di figlio contrario a quello attribuito all'atto di nascita » stabilisce che in presenza di questo duplice supporto probatorio, atto di nascita più conforme possesso di stato, nessuno può reclamare uno stato diverso, salvo solo l'esercizio dell'azione di disconoscimento della paternità, ovvero, di contestazione o di reclamo dello stato di figlio.

Se manchino sia l'atto di nascita, sia il possesso di stato, la « prova in giudizio » della filiazione può essere data con ogni mezzo (art. 241). Questa **liberalizzazione** dei mezzi di prova in giudizio in luogo della sola prova testimoniale precedentemente ammessa in mancanza di titolo (ossia, atto di nascita) e possesso di stato, è coerente con i risultati dell'evoluzione tecnica che consentono di raggiungere, attraverso le analisi scientifiche, una prova certa della filiazione.

Lo stato di figlio nato nel matrimonio spetta, in linea di principio, a chi sia stato concepito o sia nato in costanza di matrimonio, ossia da genitori tra loro coniugati, non importa che si tratti di matrimonio valido oppure di matrimonio poi dichiarato nullo. Si determina, dunque, secondo questi criteri: *a*) spetta sia a chi sia stato concepito durante il matrimonio, anche se **nato dopo** la cessazione o la dichiarazione di nullità del vincolo matrimoniale; *b*) spetta a chi comunque sia nato durante il matrimonio, anche se **concepito prima** della sua celebrazione.

Le due ipotesi vanno considerate separatamente:

a) **concepimento** in costanza di matrimonio.

La materia è retta da regole e **presunzioni**, che si basano su alcuni dati certi, risultanti dagli atti dello stato civile: la data della nascita, la data del matrimonio e della sua cessazione o del suo annullamento, la maternità da parte di donna coniugata (*mater semper certa*). Il principio base è posto dall'art. 231: « il marito è padre del figlio concepito (o nato) durante il matrimonio ». È così introdotta una prima regola presuntiva: il figlio di donna coniugata, concepito durante il matrimonio, è figlio del di lei marito. Ma questa prima regola non sempre basta non potendosi sempre sapere la data di concepimento. Valgono, allora, due altre regole:

aa) si presume concepito durante il matrimonio il figlio nato entro 300 giorni dalla data di scioglimento del vincolo (per morte del marito o per divorzio o per cessazione degli effetti civili del matrimonio (art. 232, comma 1°). Se è nato in questo periodo, è stato, probabilmente, **concepito** in costanza di matrimonio; e questa probabilità giustifica la regola di legge, che però non opera trascorsi 300 giorni dalla separazione personale dei coniugi (art. 232, comma 2°).

La presunzione ammette, **prova contraria**, attraverso l'esperimento di un'**azione di disconoscimento della paternità**. Il marito della madre o la madre stessa o, il figlio (direttamente se maggiorenne, o, se il figlio è minorenne, da un curatore speciale nominato dal tribunale, assunte sommarie informazioni, su istanza del figlio che abbia compiuto i quattordici anni, oppure su istanza del pubblico ministero o dell'altro genitore se il figlio è di età inferiore), sono ammessi a provare che non sussiste rapporto di filiazione tra il figlio e il presunto padre (art. 243 *bis*). La riforma rispetto a prima liberalizza la prova al riguardo. In nessun caso basta però la sola dichiarazione della madre (art. 243 *bis*, comma 3°).

ab) si presume, **non concepito** durante il matrimonio il figlio nato 300 giorni dopo lo scioglimento o l'annullamento del matrimonio (o dopo la pronuncia di separazione giudiziale o l'omologazione della separazione consensuale). Tuttavia, ciascuno dei coniugi o i loro eredi e lo stesso figlio possono provare (per quanto un simile prolungamento della gravidanza sia del tutto eccezionale) che il concepimento è avvenuto durante il matrimonio (art. 234);

b) **nascita** durante il matrimonio. Su questo profilo la riforma è stata fortemente innovativa.

Prima infatti valeva la regola che il figlio nato dopo la celebrazione del matrimonio ma prima che da essa fossero trascorsi 180 giorni, era con estrema probabilità concepito **prima delle nozze**, essendo biologicamente abnorme una così breve gestazione. Nessuna presunzione di concepimento in costanza di matrimonio poteva dunque, operare. L'art. 233 vecchio testo stabiliva, tuttavia, che il figlio « è reputato legittimo se uno dei coniugi, o il figlio stesso, non ne disconoscono la paternità ». Certo è comunque che, se non veniva esercitata azione di disconoscimento, il figlio era legittimo: la nascita in costanza di matrimonio *era* di per sé sola il fondamento dello stato di figlio legittimo, autonomo titolo di legittimità della filiazione. Sotto questo profilo la riforma ha così inciso al riguardo: ha soppresso la parte della vecchia regola che riguardava la mancata presunzione di concepimento nel figlio nato prima di centottanta giorni di matrimonio, perché ormai, per l'operare della presunzione di paternità ciò che conta è comunque **la nascita in costanza di matrimonio** (e si presumono figli del marito anche i figli nati entro i primi centottanta giorni di matrimonio). Rimane salva la possibilità di esercitare eventualmente l'azione di disconoscimento.

Il **figlio nato fuori del matrimonio** è, più esattamente, il figlio al quale non spetti, in base ai criteri indicati nel paragrafo precedente, lo stato di figlio nato nel matrimonio. Il figlio nato fuori del matrimonio può restare tale oppure può essere riconosciuto da uno o da entrambi i genitori o può ottenere l'accertamento giudiziale della paternità o della maternità.

Il figlio nato fuori del matrimonio **non riconosciuto** (o di cui non sia accertata giudizialmente la genitorialità) assume il nome che gli è dato, a sua discrezione, dall'ufficiale dello stato civile (l'art. 34, comma 3°, dell'ordinamento dello stato civile vieta però di imporre nomi ridicoli, rivelanti la nascita fuori del matrimonio ecc.) ed è iscritto nei registri dello stato civile quale figlio di **ignoti**. Soluzione discutibile, giacché la madre almeno (salvo il caso di neonati abbandonati) non è ignota. Ma si è voluto rispondere sia all'interesse attuale della madre, che può desiderare di tenere occulta la maternità, sia all'interesse futuro del figlio, che può preferire di tenere occulta la propria discendenza da donna di discussa reputazione.

Riconoscimento del figlio nato fuori del matrimonio. È una libera dichiarazione del genitore o dei genitori, con l'assenso del figlio, se questi ha già compiuto 14 anni (art. 250, comma 2°), o dell'altro genitore che abbia già fatto il riconoscimento, se il figlio è infraquattordicenne (art. 250, comma 3°), o del tutore, se l'altro genitore è morto, **consenso che non può essere rifiutato** se risponde all'**interesse del figlio**. Può essere fatto in molteplici forme: nello stesso atto di nascita oppure con apposita dichiarazione, posteriore alla nascita o al concepimento, resa davanti all'ufficiale di stato civile o al giudice tutelare o espressa in un atto pubblico o in un testamento (art. 254, comma 1°). Ha natura di **dichiarazione di scienza**, non di dichiarazione di volontà, come rivela l'analogia di disciplina con la confessione (27.2): può essere impugnato, **per difetto di veridicità**, con azione imprescrittibile solo riguardo al figlio, dal figlio medesimo, ossia da « colui che è stato riconosciuto », dall'autore del riconoscimento, e da chiunque vi abbia interesse (art. 263); l'attuale disciplina ha limitato rispetto al sistema precedente la possibilità di impugnare il riconoscimento per difetto di veridicità per gli altri legittimati imponendo loro un limite temporale massimo di **prescrizione**, **di cinque anni** per promuovere l'azione, decorrenti dalla data di annotazione del riconoscimento sull'atto di nascita, al preordinato fine di contemperare il principio della tutela dell'interesse pubblico alla **verità del rapporto** di filiazione con la **tutela** per colui che è stato riconosciuto, **connessa al suo stato di figlio**, senza prolungare, come poteva avvenire prima, indefinitivamente, l'incertezza sulla durata dello stato di figlio correlata al riconoscimento. La prova della non veridicità può essere data con ogni mezzo; il riconoscimento può, inoltre, essere impugnato **per violenza** dall'autore del riconoscimento entro un anno dalla cessazione della violenza (art. 265). Una volta fatto, è **irrevocabile**: se contenuto in un testamento, produce effetto dalla morte del testatore, anche se il testamento era stato revocato (art. 256).

Possono essere riconosciuti i figli **premorti**, in favore dei loro discendenti (art. 255). I figli cosiddetti adulterini, non riconoscibili prima della riforma del 1975, possono sempre essere riconosciuti, (salvi solo i già menzionati limiti all'inserimento del figlio riconosciuto nella famiglia coniugale del genitore che ha fatto il riconoscimento); e, attualmente possono sempre essere riconosciuti, previa autorizzazione del giudice al riconoscimento, anche i figli **frutto d'incesto**, cioè nati dall'unione di un ascendente con un proprio discendente o da un fratello con la propria sorella o da due affini in linea retta (suocero e nuora), mentre ante riforma, lo potevano solo dal genitore che, al tempo in cui il figlio era stato concepito, fosse in buona fede e ignorasse di essere parente o affine dell'altro (art. 251). Il cambiamento radicale di prospettiva rispetto al divieto in proposito anteriormente formulato quale regola generale, è coerente con un sistema normativo che rifiuta di far dipendere la condizione giuridica di figlio e l'estensione di tutela che le è propria, da un aberrante principio di riprovevolezza per la condotta dei genitori, per aver posto in essere consapevolmente un fatto quale l'incesto, contrario alla morale ed al diritto. In nessun caso, invece, è ammesso un riconoscimento in contrasto con lo stato di figlio in cui la persona si trova (art. 253). Il divieto si giustifica perché altrimenti il riconoscimento si porrebbe in contrasto con le risultanze dell'atto di nascita. Il che significa che l'inammissibilità opera esclusivamente qualora si intenda riconoscere (ma in virtù del divieto non si possa) un figlio che già dall'atto di nascita in essere risulti, nato nel matrimonio, riconosciuto o giudizialmente dichiarato, e dunque, dotato del corrispondente titolo di stato. In questo caso, il riconoscimento è inefficace. Peraltro, il successivo venir meno del titolo di stato del figlio, a seguito di disconoscimento di paternità, o di impugnazione del precedente riconoscimento, consente al riconoscimento fatto nonostante il divieto di cui all'art. 253, di acquistare efficacia.

Accertamento giudiziale di genitorialità. Il figlio, se minore l'esercente la responsabilità genitoriale, o se è morto, i suoi discendenti, possono chiedere al tribunale **la dichiarazione giudiziale di paternità o di maternità**, dando la prova dell'una o dell'altra; e la prova della paternità e della maternità può essere data con **ogni mezzo**: anche con l'analisi genetica o ematologica sul rapporto biologico fra figlio e genitore. A provare la paternità non bastano però la sola dichiarazione della madre, né la prova di una relazione di questa con il presunto padre al tempo del concepimento (art. 269). L'azione è imprescrittibile riguardo al figlio; i suoi discendenti possono esercitarla entro due anni dalla sua morte (art. 270).

La sentenza che dichiara la filiazione produce gli effetti del riconoscimento (art. 277, comma 1°). Il giudice può anche dare i provvedimenti che stima utili, per l'affidamento, il mantenimento, l'istruzione e l'educazione del figlio e per la tutela dei suoi interessi patrimoniali (comma 2°).

Cenni alla filiazione non riconoscibile. La posizione del figlio nato fuori del matrimonio, riconosciuto, o giudizialmente accertato, è identica — come si è già avvertito — a quella del figlio nato nel matrimonio. Il regime sullo stato di figlio è oggi unico (art. 315). Il figlio ha, nei confronti del genitore gli stessi diritti e doveri (art. 315 *bis*). Come ha gli stessi diritti ed obblighi in rapporto agli altri parenti. Diversa tuttavia è ancora la condizione del figlio nato fuori del matrimonio non riconoscibile e giudizialmente non accertabile, anche se i casi per cui si possa ancora parlare di figli non riconoscibili o giudizialmente accertabili sono oggi presenti in misura molto più esigua e circoscritta rispetto al quadro normativo anteriforma: si tratta soprattutto di coloro per i quali *ex* art. 251, sia ancora negata l'autorizzazione al riconoscimento o alla proposizione dell'azione di accertamento della genitorialità nei confronti di un genitore, nell'interesse del figlio. Di regola, il figlio avrà comunque titolo alla pienezza dello status di figlio nei confronti dell'altro genitore (e dei suoi parenti), che lo abbia riconosciuto o che sia stato autorizzato al riconoscimento o alla dichiarazione giudiziale di genitorialità.

Il figlio che non riconoscibile si trova ancora in una posizione deteriore rispetto a coloro che hanno invece quello *status*: egli può solo ottenere che il genitore provveda al suo **mantenimento** alla sua istruzione ed educazione o, se maggiorenne e in stato di bisogno, gli corrisponda **gli alimenti**, qualora il diritto al mantenimento sia venuto meno (art. 279).

Alla morte del genitore ha diritto ad un **assegno vitalizio** (artt. 580, 594).

La procreazione medicalmente assistita. Nuovi problemi sono stati sollevati dalla fecondazione artificiale.

La legge 19 febbraio 2004, n. 40, fortemente restrittiva, ha posto i seguenti principi:

a) anzitutto, ha vietato la fecondazione eterologa (art. 4);

b) tuttavia, se in violazione del divieto, la si è ugualmente praticata, è preclusa alla coppia che vi ha fatto ricorso l'azione di disconoscimento ovvero l'impugnazione del riconoscimento; sicché il nato da fecondazione eterologa resta, incontestabilmente, loro figlio nato nel matrimonio o nato fuori del matrimonio, riconosciuto (art. 9);

c) è vietata, e anzi severamente punita (con la reclusione fino a venti anni), la clonazione (art. 13);

d) è ammessa la fecondazione artificiale omologa, medicalmente assistita, solo in assenza di terapie atte a rimuovere le cause di sterilità (art. 2) e solo a favore di coppie eterosessuali, coniugate o solo conviventi, in età potenzialmente fertile e viventi, sicché non la si può praticare con seme a suo tempo prelevato da coniuge o convivente defunto (art. 5);

e) è espressamente esclusa la fecondazione artificiale a favore di single (art. 12);

f) è vietata la maternità surrogata (art. 12, comma 6°);

g) non era consentito, secondo la legge, produrre un numero di embrioni superiore a tre (art. 14); ma la Corte Costituzionale, con sentenza del 2009, ha rimosso questa limitazione;

h) è vietato il commercio di embrioni (art. 12).

Secondo la legge il ricorso alle tecniche di procreazione medicalmente assistita è ammissibile solo sul presupposto di un'accertata (da atto medico) impossibilità di rimuovere altrimenti le cause impeditive alla procreazione quali sterilità o infertilità. In proposito è richiesto di esprimere un « consenso informato » sempre revocabile da parte del soggetto che subisce l'intervento, fino al momento della fecondazione dell'ovulo e devono comunque trascorrere almeno sette giorni fra il momento della manifestazione del consenso e l'intervento stesso.

Il rigore della disciplina e molti dei suoi limiti hanno posto interrogativi di legittimità Costituzionale in ordine, soprattutto, alla protezione dei diritti inviolabili della persona, così come in ordine alla tutela dei diritti fondamentali protetti dalla Convenzione europea dei diritti dell'uomo (Cedu). In proposito ne è scaturito un dialogo multilivello fra Corti ed il dibattito suscitato non sembra ancora avere sempre trovato soluzioni definitive. Una delle questioni ha riguardato il divieto di **fecondazione eterologa**.

La Grande Camera della Corte di Strasburgo, nel novembre del 2011, ha dichiarato l'ammissibilità del divieto, perché manca ancora un **approccio uniforme** al tema, come **mancano principi consolidati comuni**, il che giustifica una più estesa discrezionalità del legislatore nazionale. Questo si trova infatti « in più stretto contatto con le forze vitali » del Paese interessato in modo da poter riflettere nella disciplina legislativa adottata, con più sensibile adeguatezza, il rispetto per i principi della morale e dell'etica più largamente recepiti e diffusi nel territorio.

La Corte Costituzionale, sempre in riferimento al divieto di fecondazione eterologa, ha tuttavia stabilito con la sentenza n. 162 del 10 giugno 2014 che, in caso di coppia assolutamente sterile e infertile, la norma è illegittima laddove vieta l'utilizzazione della tecnica interessata perché essa realizza una disparità di trattamento ai danni di queste coppie, impedendo l'esercizio di un diritto fondamentale, quale quello di formare una famiglia con dei figli, negato solo a quelle prive delle risorse finanziarie necessarie per potere fare ricorso a tale tecnica recandosi in altri Paesi dove la medesima è ammessa.

La Cassazione, nella sentenza 30 settembre 2016 n. 19599, ha dovuto valutare il caso di un figlio nato da una coppia di donne, di cui una straniera, con donazione dell'ovocita da parte dell'una e conduzione a termine della gravidanza da parte dell'altra e donazione di gameti maschili da parte di terzo ignoto. Ha stabilito innanzitutto che la fattispecie non costituisce un'ipotesi di maternità surrogata, come finora ritenuto, ma è assimilabile piuttosto ad un'ipotesi di genitorialità realizzata all'interno della coppia assimilabile alla fecondazione eterologa.

Interrogata in merito alla possibilità di trascrivere in Italia l'atto di nascita straniero come contrastante o meno con il concetto di ordine pubblico internazionale disposto dalle norme di diritto internazionale privato, quale limite all'applicazione del diritto straniero, ha risposto positivamente argomentando che il concetto non va inteso come costituito da tutte le norme di carattere imperativo dell'ordinamento interno, ma va piuttosto inteso come complesso dei principi fondamentali caratterizzanti l'ordinamento interno in un determinato periodo storico, ispirati ad esigenze di tutela dei diritti fondamentali dell'uomo comuni ai diversi ordinamenti e collocati a un livello sovraordinato rispetto alla legislazione ordinaria.

Un'altra questione oggetto di dibattito tra Corti ha riguardato il divieto all'accesso alla PMA con diagnosi preimpianto da parte di coppie fertili affette, anche come portatrici sane, di gravi patologie genetiche ereditarie, suscettibili, secondo le evidenze scientifiche, di trasmettere al nascituro rilevanti anomalie o malformazioni.

Sulla questione la Corte di Strasburgo, con decisione 28 agosto 2012 n. 54270 (contro l'Italia), ha ritenuto il divieto interessato misura contraria al principio di proporzionalità, visto che la donna, successivamente, può ricorrere all'interruzione della gravidanza.

La Corte Costituzionale, con sentenza del 5 giugno 2015, n. 96, ha valutato "irragionevole" lo stesso divieto proprio per il profilo oggetto di focalizzazione della Corte di Strasburgo, appena ricordato, riscontrando la violazione degli artt. 3 e 32 della Costituzione.

Le azioni in materia di status. In linea generale, venute meno, con la riforma dello stato di figlio, le discriminazioni prima esistenti fra le diverse categorie di appartenenza dei figli, la disciplina ha dato luogo ad una maggiore omogeneità fra le azioni, rispettivamente, di disconoscimento della paternità e di impugnazione del riconoscimento per difetto di veridicità, al fine di garantire il più possibile il contemperamento dei due interessi in gioco, quello del *favor veritatis* correlato all'accertamento dello stato biologico e quello della certezza e stabilità della condizione giuridica acquisita dal figlio.

L'azione di disconoscimento è strumentale a dimostrare che il figlio nato nel matrimonio non è figlio del marito della madre; l'azione di contestazione di stato è finalizzata a far dichiarare l'inesistenza dello stato di figlio contro cui è rivolta e quale risulta dall'atto di nascita e presuppone in capo al figlio un titolo (o un possesso) dello stato difforme da quello corrispondente a realtà; l'azione di reclamo dello stato di figlio è finalizzata a consentire al figlio di ottenere l'accertamento dello stato di figlio non risultante dagli atti dello stato civile. All'unitarietà di collocazione della disciplina di queste azioni, fa eccezione la disciplina sull'azione relativa all'impugnazione del riconoscimento per difetto di veridicità, che mantiene ancora un'autonoma sede nell'ambito delle regole attinenti al riconoscimento dei figli nati fuori del matrimonio.

Azione di disconoscimento. L'azione di disconoscimento è diretta a provare che non sussiste rapporto di filiazione fra il figlio e il presunto padre. In nessun caso basta la sola dichiarazione della madre.

Sono legittimati il marito, la madre o il figlio (se il figlio è minorenne, ma ha compiuto i quattordici anni, su sua istanza l'azione è promossa da un curatore speciale nominato dal giudice assunte sommarie informazioni; se il figlio è di età inferiore, l'istanza è invece del pubblico ministero o dell'altro genitore).

L'azione esercitata personalmente dal figlio è per lui **imprescrittibile**. Il principio è che solo il figlio stesso può decidere a sua discrezione e senza limiti temporali se far prevalere o meno il principio di verità rispetto al principio di certezza e di tutela giuridica dipendente dal suo stato, mentre per gli altri legittimati la presenza di un termine finale all'esercizio dell'azione sottende che ad un certo punto sia più opportuno far prevalere il principio alla conservazione dello *status* acquisito dal figlio rispetto al principio di verità.

Il **marito** deve esercitare l'azione entro il termine **di decadenza di un anno** che decorre dal giorno della **nascita** quando egli si trovava nel **luogo dove questa è avvenuta**, mentre, se si trovava **lontano**, il temine decorre dal giorno del suo **ritorno** ma se prova di non aver avuto immediata notizia della nascita al suo ritorno, il termine decorre dal giorno in cui ne ha avuto **conoscenza**). Se il marito prova di aver ignorato la propria impotenza di generare o l'adulterio della moglie al tempo del concepimento il termine decorre dal giorno in cui ne ha avuto conoscenza.

La **madre** può proporre l'azione di disconoscimento della paternità nei termini di **sei mesi** dalla **nascita** del figlio, ovvero, **dal giorno** in cui ha avuto **conoscenza** dell'impotenza di generare del marito al tempo del concepimento.

In ogni caso, l'azione per entrambi si prescrive decorsi cinque anni dalla nascita.

Impugnazione del riconoscimento. L'impugnazione del riconoscimento per difetto di veridicità mira a provare che colui che ha fatto il riconoscimento non è il padre.

Sono **legittimati**, il **figlio** che è stato **riconosciuto** (se il figlio è minorenne, l'azione è esercitata da un curatore speciale nominato dal giudice, assunte sommarie informazioni, su istanza del figlio minore che abbia compiuto quattordici anni, o su istanza del pubblico ministero o dell'altro genitore che abbia validamente riconosciuto il figlio, quando si tratti di figlio di età inferiore), l'**autore del riconoscimento** (che può essere sia il padre che la madre) o **chiunque vi abbia interesse** (concreto).

Come per il disconoscimento della paternità, anche l'azione per l'impugnazione del riconoscimento per difetto di veridicità, esercitata personalmente dal **figlio**, è per lui **imprescrittibile**, per lo stesso principio già esplicato.

Il termine per promuovere l'azione è di **un anno** per l'autore del riconoscimento e **decorre** (non dalla nascita ma) dalla **data di annotazione del riconoscimento** sull'atto di nascita. Se l'autore del riconoscimento è il padre che prova di aver ignorato la propria impotenza al tempo del concepimento il temine per l'esercizio dell'azione decorre dal giorno in cui ne ha avuto conoscenza (riprendendo in proposito la stessa regola stabilita per il disconoscimento di paternità *ex* comma 2° dell'art. 244); nello stesso temine la madre, che abbia effettuato il riconoscimento, è ammessa a provare di aver ignorato l'impotenza del presunto padre.

Il **termine massimo** oltre il quale l'azione non può più essere proposta, da parte dell'autore del riconoscimento, è **di cinque anni** dall'annotazione del riconoscimento. Per gli **altri legittimati** vale sempre il termine massimo di **cinque anni** per poter promuovere l'azione.

Entrambe le azioni sono soggette a sospensione del termine in caso di incapacità del soggetto legittimato all'azione (interdizione o condizione di abituale infermità di mente tale da renderla incapace di provvedere ai propri interessi), per la durata dell'incapacità.

Azione di contestazione di stato. L'azione di contestazione dello stato di figlio, è rimasta **imprescrittibile** (art. 248): è esperibile sia da parte di chi in base all'**atto di nascita** del figlio **risulti** suo **genitore** sia da parte di **chiunque vi abbia interesse**: innanzi tutto, in continuità con il sistema pregresso può essere esercitata, per contestare la maternità, con la prova che ci sia stata supposizione di parto (viene attribuita la maternità ad una donna che, al tempo della nascita, non ha partorito) o, sostituzione di neonato (si attribuisce ad una donna che ha effettivamente partorito il figlio dato alla luce da altra donna (art. 240); o per contestare la mancanza di un valido matrimonio dei genitori, nel caso di incesto in cui la nullità del matrimonio privi i figli dello stato di figli nati nel matrimonio, salva in tal caso l'applicazione dell'art. 251.

Azione di reclamo di stato. Anche l'azione di reclamo dello stato di figlio è **imprescrittibile** e **spetta solo al figlio** (art. 249). E, in questo caso, l'imprescrittibilità, rispetto all'ipotesi precedente, mantiene maggiore coerenza logica rispetto al sistema complessivo delineato dal legislatore della riforma, perché tutte le azioni in materia riconoscono identico principio a favore del figlio legittimato all'azione. Gli spetta innanzi tutto la possibilità di reclamare uno stato diverso da quello accertato nell'atto di nascita qualora si tratti di supposizione di parto o di sostituzione di neonato, già ricordate (art. 239, comma 1°). L'azione può essere esercitata anche da chi è nato nel matrimonio ma fu iscritto come figlio di ignoti, salvo che sia nel frattempo intervenuta sentenza di adozione (art. 239, comma 2°). L'azione può essere infine proposta per reclamare uno stato di figlio conforme alla presunzione di paternità da chi è stato riconosciuto in contrasto con tale presunzione, ovvero da chi fu iscritto in conformità di altra presunzione di paternità: il primo caso è, ad esempio, quello in cui il preteso padre biologico, ai fini della formazione dell'atto di nascita, ma in via anticipata rispetto alla nascita stessa, come la legge consente, effettui il riconoscimento dopo il concepimento (art. 254) del figlio nato da coppia sposata, impedendogli di acquisire lo status di figlio nato nel matrimonio (che invece corrisponderebbe, nel concreto, a realtà); il secondo caso è, a titolo indicativo quello del conflitto di presunzioni di paternità ipotizzabile qualora la donna violando il divieto temporaneo di nuove nozze (art. 89), contragga altro matrimonio prima del decorso del termine di trecento giorni dallo scioglimento, annullamento o cessazione degli effetti civili del matrimonio precedente e dia alla luce un figlio a cui possano applicarsi due diverse presunzioni di paternità in contrasto fra loro. In ultimo si stabilisce che l'azione di reclamo dello stato di figlio, può essere esercitata, quando lo status precedente sia stato comunque rimosso.

11. L'adozione

I figli nati all'interno del matrimonio o riconosciuti o giudizialmente accertati sono legati da vincolo di sangue con il loro genitore. Il vincolo di sangue manca, invece, nei **figli adottivi**, che diventano tali **per decreto del tribunale**.

L'adozione può essere:

a) **adozione di persone di maggiore età.**

È stata introdotta dalla riforma del 1983 (l. 4 maggio 1983, n. 184 e successive modificazioni), non toccata nella sostanza dalla riforma del 2012 sullo stato di figlio per le sue specifiche finalità, ha preso il posto dell'antica adozione ordinaria, che risulta a questo modo circoscritta all'adozione di maggiorenni. Come l'antica adozione ordinaria ha, fondamentalmente, la funzione di dare un erede a chi non ne ha. Era consentita a chi, coniugato no, fosse privo di discendenti legittimi o legittimati; ma la Corte costituzionale ha innovato al riguardo permettendo l'adozione anche a chi ha già discendenza di sangue. Occorre il consenso dell'adottato e dei suoi genitori, nonché quello del coniuge dell'adottante se questi è sposato. Occorre, se l'adottante ha discendenti di sangue, il consenso di costoro. È necessario inoltre che l'adottante abbia compiuto 35 anni e abbia almeno 18 anni più della persona che vuole adottare (artt. 291 s.); ma c'è oggi una forte tendenza a superare questi limiti dati dall'età. In ogni caso al tribunale è rimessa una valutazione di merito: se l'adozione convenga all'adottando (art. 312).

L'adottato resta nella famiglia che era sua prima dell'adozione e vi conserva diritti e doveri (art. 300); ma in più assume, rispetto all'adottante, una posizione analoga a quella del figlio nato all'interno del matrimonio: aggiunge al suo il **cognome** dell'adottante; se è stato adottato dai due coniugi, aggiunge quello del marito (art. 299). Tuttavia, mentre l'adottato, come il figlio legittimo, ha diritti di successione legale verso l'adottante, questi non ha diritti di successione legale verso l'adottato (art. 304). Il nuovo art. 74, modificato dalla legge 10 dicembre 2012, n. 219, prevede espressamente che il vincolo di parentela non sorge nei casi di adozione di persone maggiori di età.

L'adozione può essere **revocata** con provvedimento del tribunale sia, su iniziativa dell'adottante o dei suoi eredi, per indegnità dell'adottato sia, su iniziativa dell'adottato, per indegnità dell'adottante. Rendono **indegni** l'attentato dell'adottato o dell'adottante alla vita, rispettivamente, dell'adottante o dell'adottato o del loro coniuge, discendenti o ascendenti o la commissione nei loro confronti di un reato punibile con pena non inferiore a tre anni (artt. 305 s.);

b) **adozione dei minori.**

Ha preso il posto dell'antica adozione speciale ed ha, come già questa, la diversa funzione di **dare una famiglia** ai minori che siano in **stato di abbandono** o che, essendo privi di idoneo ambiente familiare, siano stati affidati ad un'altra famiglia o ad una comunità di tipo familiare oppure si trovino ricoverati presso istituzioni pubbliche o private di assistenza all'infanzia. Prescinde, perciò, da requisiti richiesti per l'altra forma di adozione; ma richiede, secondo la sua funzione, che adottanti siano coniugi fisicamente e moralmente idonei ad educare, istruire e mantenere il minore abbandonato. In particolare, è consentita ai **coniugi** uniti in matrimonio da almeno tre anni, di età non inferiore a diciotto e non superiore a quaranta anni rispetto all'adottato (ossia di età corrispondente a quella che potrebbe essere l'età dei genitori di sangue). La Corte costituzionale aveva ritenuto che, per validi motivi, l'adozione potesse essere consentita anche in presenza di una differenza di età inferiore a diciotto anni o superiore a quaranta. Al proposito è intervenuta la l. n. 149 del 2001, consentendo all'art. 6 che quei limiti possano essere superati qualora il tribunale dei minorenni accerti che dalla mancata adozione derivi un danno grave e non altrimenti evitabile per il minore, e permettendo comunque l'adozione quando il limite massimo di età è superato da uno solo dei coniugi in misura non superiore a dieci anni. La l. 76/2016 sulla regolamentazione delle unioni civili fra persone dello stesso sesso esclude espressamente la c.d. adozione piena di minori, di cui alla l. 184/1983, nella norma di chiusura della legge stessa, che, al fine di assicurare l'effettività della tutela dei diritti e il pieno adempimento degli obblighi derivanti dall'unione civile, ammette che le disposizioni che si riferiscono al matrimonio o al coniuge o ai coniugi si applichino anche ad ognuna delle parti dell'unione civile fra persone dello stesso sesso.

Occorre l'espresso consenso dell'adottando che abbia compiuto quattordici anni, mentre deve essere sentito l'adottando che ne abbia compiuto dodici, ma se ha un'età inferiore deve essere sentito in considerazione della sua capacità di discernimento. Se gli adottanti hanno propri discendenti di età superiore a dodici anni, questi debbono essere sentiti dal tribunale (artt. 6 s., legge n. 184 del 1983).

L'adozione dei minori si svolge in tre fasi: 1) il tribunale dei minorenni dichiara lo stato di adottabilità dei minori che si trovino in stato di abbandono, o perché i loro genitori sono ignoti o perché, benché noti, si disinteressano dei loro doveri familiari (artt. 8 s., legge n. 184); 2) i coniugi che abbiano i requisiti di legge per l'adozione chiedono al tribunale dei minorenni l'**affidamento preadottivo** di un minore dichiarato in stato di adottabilità (artt. 22 s., legge n. 184); 3) dopo un periodo non inferiore ad un anno di affidamento preadottivo, i coniugi possono chiedere al tribunale dei minorenni la **dichiarazione di adozione** (artt. 25 s., legge n. 184).

L'adozione spezza, definitivamente, ogni rapporto dell'adottato con la sua famiglia naturale (fatti salvi soltanto gli impedimenti matrimoniali): offre in questo modo agli adottanti la certezza di poter costituire un vincolo affettivo con il minore adottato in nessun caso minacciato da eventuali pretese dei genitori naturali. L'adottato acquista, con effetto che retroagisce alla data dell'affidamento preadottivo, lo stato di **figlio** degli adottanti, assume il cognome del padre adottivo, diventa parente degli ascendenti e dei discendenti degli adottanti ed assume la medesima posizione successoria dei figli di sangue, sia come erede sia come ereditando (art. 27, legge n. 184). Il nuovo art. 74, modificato dalla legge 10 dicembre 2012, n. 219, prevede che l'adozione di persona minore d'età, costituisca, a tutti gli effetti, vincolo di parentela all'interno della famiglia.

Qualsiasi attestazione di stato civile deve escludere qualsiasi riferimento alla paternità e alla maternità di sangue dell'adottato; e lo stesso rapporto di adozione deve restare **occulto**, essendo vietato all'ufficiale di stato civile, salvo autorizzazione espressa dell'autorità giudiziaria, di fornire notizie dalle quali possa **comunque** risultare il rapporto di adozione.

Altro discorso vale quanto alla possibilità, per l'adottato, di effettuare ricerche sulla identità dei suoi genitori biologici. L'art. 28, nel testo riformato con l. 28 marzo 2001, n. 149, la concede, al comma 5°, all'adottato che abbia compiuto venticinque anni, previa autorizzazione del tribunale. Ma la ricerca era preclusa dal comma 7° nell'ipotesi in cui la madre naturale si fosse avvalsa, di fronte all'ufficiale di stato civile, della facoltà di non essere nominata. Tuttavia, di recente, la Corte Costituzionale, nella sentenza 22 novembre 2013, n. 278, ha dichiarato l'illegittimità costituzionale della citata norma, nella parte in cui non prevede, attraverso un procedimento stabilito dalla legge, che assicuri la massima riservatezza, la possibilità per il giudice, su richiesta del figlio biologico adottato, di interpellare la madre che abbia dichiarato di non voler essere nominata, ai fini di un'eventuale revoca di tale dichiarazione.

La riforma del 1983, in questa parte modificata dalla legge 31 dicembre 1998, n. 476, ha anche regolato l'adozione di **minori stranieri**, circondandola di particolari cautele, dirette ad accertare che l'ingresso in Italia del minore da adottare risponda a motivi di esclusivo interesse del minore. In particolare, i coniugi che intendono adottare un minore straniero debbono ottenere dal tribunale la dichiarazione di idoneità all'adozione, attestante il possesso dei requisiti per l'adozione; il minore straniero non può essere introdotto in Italia a scopo di adozione se l'autorità del suo paese non abbia assunto un provvedimento di affidamento preadottivo o altro provvedimento di tutela del minore che non appaia contrario ai nostri principi fondamentali sul diritto di famiglia e dei minori o, in mancanza di ciò, se non vi è il nullaosta del ministro degli esteri (artt. 29 s., legge n. 184).

Adozione in casi particolari. L'adozione in casi particolari (di cui all'art. 44 l. 184/1983) è disciplinata da regole specifiche, che prevedono presupposti meno restrittivi per gli aspiranti genitori adottivi e disposizioni di procedura semplificate. La giustificazione di questa specifica disciplina si ritrova nella circostanza che ravvisa in questa particolare tipologia di adozione, il mantenimento dei rapporti giuridici esistenti fra il minore e la sua famiglia d'origine, e (fino a prima della riforma del 2012) l'inesistenza di rapporti giuridici di parentela fra il minore e la famiglia, intesa in senso ampio, dell'adottante. Tuttavia oggi, stante la formula dell'art. 74, che ammette al vincolo di parentela i figli adottivi minori di età senza ulteriori distinzioni, rende possibile vincoli di parentela anche in questa fattispecie, escludendolo solo per l'adozione dei maggiorenni. L'adozione nei casi particolari interessa: il caso del minore orfano che unito da vincoli di parentela fino al sesto grado o da preesistente alla perdita dei genitori, con coniugi non separati o anche con persona singola può essere da costoro adottato; il caso del figlio anche adottivo del coniuge che può essere adottato dall'altro coniuge; il caso di minore orfano affetto da *handicap* che può essere adottato da persone coniugate o anche da persone singole; il caso del minore per cui vi sia la constatata impossibilità di dar luogo all'affidamento preadottivo che piò essere adottato da persone coniugate o anche da persone singole.

L'affidamento dei minori. I minori in stato di abbandono, che non siano stati adottati da alcuno, e quelli che siano temporaneamente privi di un ambiente familiare idoneo sono affidati ad altra famiglia, possibilmente con figli minori, o ad una comunità di tipo familiare o, se non sia possibile un conveniente affidamento familiare, sono ricoverati negli istituti di pubblica o di privata assistenza o sono da questi assistiti. Sul minore l'istituto esercita poteri tutelari qualora i genitori siano ignoti o siano impediti nell'esercizio della potestà o qualora, indipendentemente da queste circostanze, il giudice tutelare abbia ritenuto di deferire all'istituto la tutela (art. 402).

Il criterio di preferenza per l'affidamento familiare o a comunità di tipo familiare rispetto al ricovero in istituti è espresso dall'art. 2 legge n. 184 del 1983, che ubbidisce ai più moderni orientamenti pedagogici e di psicologia dell'infanzia, che considerano l'ambiente familiare o di tipo familiare il più idoneo all'allevamento dei minori. Del resto la legge prevedeva che il ricovero in istituto potesse venire meno.

L'affidamento ha funzione solo assistenziale: l'affidatario deve accogliere presso di sé il minore e provvedere al suo mantenimento, alla sua educazione e alla sua istruzione. Il minore resta sottoposto alla responsabilità dei genitori (o è sottoposto a tutela), e l'affidatario deve tenere conto delle indicazioni dei genitori (o del tutore), deve agevolare i rapporti fra il minore ed i genitori, deve favorire il reinserimento del minore nella famiglia di origine.

12. Gli alimenti

La famiglia in senso ampio, di cui si è detto al principio di questo capitolo, assume ancora rilievo nel diritto vigente, oltre che agli effetti delle successioni legittime e necessarie, per il diritto e dovere reciproco di **assistenza** che grava sui suoi membri.

Una persona che versi in **stato di bisogno**, priva cioè di quanto sia necessario per la vita, e che **non sia in grado** di provvedere al proprio mantenimento, non avendo risorse patrimoniali né avendo capacità al lavoro (art. 438 comma 1°), ha diritto di chiedere i mezzi di sussistenza, i cosiddetti **alimenti**, in danaro o in natura, ai membri della sua famiglia. Il diritto agli alimenti è limitato al **necessario per la vita**, avuto riguardo alla posizione sociale della persona (art. 438 comma 2°): si riferisce, perciò, alle necessità del vitto, dell'abitazione, del vestiario, delle cure sanitarie (ma, se si tratta di minori, si riferisce anche alle spese per l'educazione e per l'istruzione); non si estende fino al **mantenimento**, che comprende quanto occorre per tutte le esigenze della persona.

Il diritto agli alimenti spetta a chi versi in stato di bisogno indipendentemente dalle cause che hanno determinato questo suo stato: anche se esso sia derivato dalla sua condotta disordinata o dissoluta (se però questo prosegue, l'autorità giudiziaria può disporre, a norma dell'art. 440, una riduzione degli alimenti).

I membri della famiglia sono tenuti agli alimenti secondo il seguente ordine (art. 433):

1) il coniuge (se non tenuto all'obbligo del mantenimento per effetto della sentenza di separazione personale), o la parte in unione civile fra persone dello stesso sesso;

2) i figli, e, in loro mancanza, i discendenti prossimi (nipoti);

3) i genitori e, in loro mancanza, gli ascendenti prossimi (nonni), gli adottanti;

4) i generi e le nuore;

5) il suocero e la suocera;

6) i fratelli e le sorelle, dai quali gli alimenti sono però dovuti nella misura dello **stretto necessario**, ma incluse le spese per l'educazione e l'istruzione se si tratta di minori (art. 439).

Tra **affini** (suocero, suocera, genero, nuora) l'obbligo degli alimenti cessa se l'alimentando passa a nuove nozze o quando sono morti il coniuge da cui deriva l'affinità e i figli nati dalla sua unione con l'altro coniuge e i loro discendenti (art. 434).

I familiari obbligati possono sottrarsi al dovere di prestazione alimentare provando la loro **impossibilità economica**: l'art. 438 comma 2° dà rilievo non solo allo stato di bisogno dell'alimentando, ma anche alle «condizioni economiche» degli obbligati agli alimenti. Se non può un obbligato di grado superiore, si passa perciò all'obbligato di grado successivo.

Viene meno l'obbligo del figlio (anche adottivo) di prestare gli alimenti al genitore nei confronti del quale è stata pronunciata la **decadenza dalla responsabilità genitoriale** (art. 448 *bis*). In aggiunta, al figlio, sempre nei confronti del genitore decaduto dalla potestà, è attribuita **la facoltà** di escluderlo dalla propria **successione** anche per i fatti che non integrano i casi di indegnità (25.2).

Se la persona caduta in stato di bisogno aveva in precedenza donato i propri beni, allora l'obbligo alimentare incombe, prima che sui membri della famiglia, sul **donatario** (art. 437), nei limiti del valore dei beni ricevuti in donazione e tuttora esistenti nel suo patrimonio (art. 438 comma 3°). Il donatario, a differenza degli altri obbligati, deve gli alimenti indipendentemente dalle proprie condizioni economiche.

Chi deve somministrare gli alimenti ha, in ogni caso, la scelta se corrispondere un assegno alimentare in danaro o se accogliere e mantenere l'alimentando nella propria casa (art. 443). Gli obbligati nello stesso grado concorrono nella prestazione alimentare, ciascuno in proporzione delle proprie condizioni economiche (art. 441): il loro obbligo alimentare ha carattere **parziario** e non solidale. Può accadere che più persone abbiano diritto agli alimenti nei confronti di un medesimo obbligato, e che questi non sia in grado di provvedere ai bisogni di ciascuna di esse: decide, in tal caso, l'autorità giudiziaria, tenendo conto della prossimità della parentela e dei rispettivi bisogni, nonché della possibilità che qualcuno degli aventi diritto consegua gli alimenti da obbligati di grado ulteriore (art. 442).

Il diritto agli alimenti si suole definire **personalissimo**: non può essere ceduto, si estingue con la morte dell'obbligato, non si estingue per compensazione con il credito dell'obbligato (artt. 447 s.), non può essere sottoposto ad esecuzione forzata (art. 545 c.p.c.). È irrinunciabile ed imprescrittibile, salvo che per le annualità scadute, che si prescrivono in cinque anni (art. 2948 n. 2).

13. L'impresa familiare

È impresa familiare, per l'art. 230 *bis* (introdotto con la riforma del 1975), l'impresa nella quale prestano continuativa attività di lavoro il coniuge dell'imprenditore, o l'altra parte di un'unione civile fra persone dello stesso sesso (non per esplicito riferimento nella l. 76/2016 all'art. 230 *bis* c.c., ma per effetto dell'ampio rinvio contenuto nella norma di chiusura: art. 1, comma 20°, legge medesima), o suoi parenti entro il terzo grado o suoi affini entro il secondo. Non è detto che il lavoro dei familiari prevalga su quello di dipendenti estranei alla famiglia e che l'impresa familiare sia necessariamente, anche se ciò è frequente, una piccola impresa nel senso dell'art. 2083. Il rapporto che fra imprenditore e suoi familiari la riforma ha instaurato è qualcosa di intermedio fra il rapporto di lavoro subordinato e il rapporto di società, senza però essere né lavoro subordinato né società in senso tecnico.

Un rapporto di lavoro subordinato è, in linea di principio, compatibile con il rapporto familiare: si può essere, in base a contratto di lavoro, dipendenti del coniuge, o del genitore o del fratello o del figlio e così via. Tra membri della stessa famiglia può, d'altra parte, stabilirsi un rapporto di società, anche di fatto, in forza del quale i componenti della famiglia prestano, come soci d'opera (art. 2263 comma 2°), la propria attività lavorativa nell'impresa comune e partecipano, oltre che alla sua amministrazione, agli utili e alle perdite che ne derivano. Ma accade spesso che familiari di un imprenditore svolgano **di fatto**, ossia senza contratto di lavoro, una continuativa attività di lavoro nell'impresa; e la svolgano in una impresa che resta impresa **individuale** del loro coniuge o parente o affine. Accadeva, un tempo, per l'intera famiglia del coltivatore diretto (salvo che non ricorresse la figura, regolata dagli usi, della comunione tacita familiare); tuttora il fenomeno si manifesta, per uno o più familiari, oltre che in agricoltura, negli esercizi di vendita al pubblico, nelle minori imprese alberghiere delle località turistiche, nelle botteghe artigiane ecc. Prima della riforma del diritto di famiglia, l'attività di lavoro del familiare non riceveva alcuna protezione giuridica e dava luogo, soprattutto nei confronti dei membri più deboli della famiglia (la moglie, i figli), a forme talora brutali di sfruttamento. Il titolare dell'impresa faceva proprio il prodotto del lavoro dei familiari senza corrispondere loro null'altro che il mantenimento, sul presupposto che la prestazione lavorativa fosse da essi dovuta in conseguenza della loro soggezione alla potestà maritale e alla patria potestà o, come pure si diceva, in forza di un dovere di mutua solidarietà familiare.

La riforma del diritto di famiglia avrebbe potuto, per reprimere questi abusi, imporre la stipulazione di contratti di lavoro, considerando irrilevante il contemporaneo rapporto familiare fra le parti. Ma ha preferito battere altra strada: ha, piuttosto, valorizzato il rapporto familiare e portato a eque conseguenze il principio della mutua solidarietà nella famiglia, rendendo i familiari lavoratori partecipi dei profitti dell'impresa e della sua direzione. L'intento è stato di rafforzare, anziché di svalutare, il vincolo familiare, di sviluppare l'idea della famiglia come **comunità** (in coerenza, del resto, con l'instaurato regime legale di comunione dei beni fra coniugi), pur facendo salva l'ipotesi che, per volontà delle parti, non sia stato configurato fra i familiari un «diverso rapporto», ossia un rapporto di lavoro o di società.

Se, come accade di frequente, un diverso rapporto non è configurabile, al familiare che lavora spetta una serie di diritti, complessivamente designati come **diritto di partecipazione** all'impresa familiare, aventi contenuto sia economico sia amministrativo. Sono, diritti economici: *a*) il diritto al **mantenimento**, secondo la condizione patrimoniale della famiglia (che perciò sussiste anche quando, come nel caso dei figli di maggiore età o dei parenti o affini, manchi per altro titolo); *b*) il diritto di partecipazione agli **utili** dell'impresa, in proporzione alla quantità e qualità del lavoro prestato (e si intende che, in caso di disaccordo sulla loro valutazione, deciderà il giudice); *c*) il diritto, nella suddetta proporzione, su una quota dei **beni acquistati** con gli utili (quando questi, anziché essere distribuiti ai singoli, vengano reinvestiti); *d*) il diritto, sempre in quella proporzione, su una quota degli **incrementi** dell'azienda (come l'ampliamento del negozio, la sopraelevazione dell'albergo ecc.) compreso in essi il maggior valore di avviamento (incrementi che dovranno essere valutati, per ciascun familiare, a far data dall'inizio della sua attività lavorativa).

Il diritto proporzionale di partecipazione agli utili, a una quota dei beni acquistati con gli utili e agli incrementi dell'azienda, avviamento incluso, sono stabiliti anche a favore del convivente di fatto (230 *ter*).

L'impresa familiare non si trasforma, con ciò, in società; conserva il carattere di impresa **individuale**: i familiari che lavorano nell'impresa concorrono con l'imprenditore nella ripartizione degli utili, partecipano, inoltre, al rischio dell'impresa sotto un duplice aspetto: se l'impresa è in perdita, essi lavorano senza rimunerazione; se l'azienda è aggredita dai creditori, essi perdono anche il diritto già conseguito sui beni aziendali. Ma solo il titolare dell'impresa risponde, con tutto il suo patrimonio, nei confronti dei creditori, lui solo fallisce in caso di insolvenza. Sotto l'aspetto della **gestione** dell'impresa occorre ancora distinguere: la gestione ordinaria spetta al titolare dell'impresa e gli spetta, altresì, il **potere direttivo** sui dipendenti, compresi i familiari; mentre tutti i familiari partecipanti all'impresa deliberano a **maggioranza** (e, se sono in tutto due, in caso di disaccordo ci si dovrà rivolgere al giudice): *a*) sull'impiego degli utili e degli incrementi; *b*) sulla gestione straordinaria e sugli indirizzi produttivi dell'impresa (a quali coltivazioni adibire il fondo, quali nuove merci porre in vendita nel negozio ecc.); *c*) sulla cessazione dell'impresa.

Questo complessivo diritto di partecipazione può essere, in caso di cessazione della prestazione lavorativa, liquidato in danaro; e può essere ceduto, con il consenso unanime di tutti i partecipanti all'impresa familiare, ad altri componenti la famiglia, mentre è escluso il trasferimento ad estranei (art. 230 *bis* comma 4°). Per il caso di divisione ereditaria o di trasferimento dell'azienda l'art. 230 *bis* comma 5° riconosce a ciascun partecipante un diritto di prelazione.

Si noti che il primo comma fa riferimento al lavoro dei familiari «nella famiglia o nell'impresa familiare». Vale la considerazione per cui il lavoro della moglie o della parente casalinga dell'imprenditore libera energie lavorative a favore dell'impresa e, perciò, concorre indirettamente al lavoro nell'impresa.

Capitolo venticinquesimo

LE SUCCESSIONI A CAUSA DI MORTE

1. Le successioni in generale

Alla morte di una persona alcuni suoi diritti e alcuni suoi obblighi si estinguono; altri si trasmettono ai suoi successori. Alcuni contratti da lui conclusi si sciolgono; in altri subentrano a lui i suoi successori. Si estinguono i diritti e gli obblighi familiari; e, inoltre, alcuni diritti reali patrimoniali (come l'usufrutto, l'uso, l'abitazione). Si sciolgono i contratti che hanno per oggetto prestazioni personali: si estingue così il mandato, il contratto di lavoro, il contratto d'opera per la morte del mandatario, del prestatore di lavoro, del prestatore d'opera. Si sciolgono, ancora, i contratti basati su un rapporto di fiducia personale fra le parti: così il mandato si estingue anche per morte del mandante (i suoi eredi potrebbero non avere altrettanta fiducia nel mandatario). Tutti gli altri diritti patrimoniali, tutti gli altri contratti e tutte le altre obbligazioni (da contratto, da fatto illecito ecc.) si trasmettono ai successori.

L'insieme dei diritti (la proprietà di beni, i diritti reali su cose altrui, le garanzie reali, i crediti) che, alla morte di una persona, si trasmettono ai suoi successori, prende il nome di **asse** o **patrimonio ereditario** o, più brevemente, di **eredità**. La successione può assumere tre forme (art. 457):

a) se il defunto aveva fatto testamento, l'eredità si trasmette alla persona, o alle persone, indicate nel testamento; e si parla, in tal caso, di **successione testamentaria**;

b) se il defunto non aveva fatto testamento, sono successori i suoi **parenti**, nell'ordine che poi vedremo; e si parla, allora, di **successione legittima**;

c) se il defunto aveva fatto testamento, ma aveva parenti ai quali la legge, come poi vedremo, riserva comunque una quota di eredità (cosiddetti **legittimari**), sono successori anche questi parenti, in concorso con i successori testamentari; e si parla, in questo caso, di **successioni necessarie**.

Nel primo caso il soggetto regola, con **proprio atto di volontà**, la propria successione: dispone dei propri beni e, più in generale, dei propri diritti designando la persona, o le persone, che alla sua morte gli succederanno. È una manifestazione di quella facoltà di **disporre delle cose** che, come si è visto (4.2.), inerisce al diritto di proprietà (art. 832); è, più in generale, una manifestazione della facoltà di disporre dei propri diritti. Se ne può disporre per **atto fra vivi** (vendendo, donando ecc.), e se ne può altresì disporre per atto **a causa di morte**, ossia con testamento. Nel secondo caso, in mancanza cioè di una sua dichiarazione di volontà, acquista rilievo il rapporto di **parentela** con il defunto: il principio è che il patrimonio di una persona vada, dopo la morte, ai membri della sua famiglia; e sarebbe, del resto, assai difficile immaginare una diversa soluzione. La terza forma di successione costituisce, per contro, un limite alla facoltà di disporre dei propri diritti a causa di morte: questa facoltà può essere liberamente esercitata solo per una quota, detta **quota disponibile**, del proprio patrimonio; un'altra quota è, invece, riservata per legge a determinati parenti, e spetta loro **anche contro la volontà** del defunto. A determinati parenti, e vedremo poi quali, è così riconosciuto un **diritto** a succedere, quanto meno, in una quota del patrimonio.

Per la Costituzione «la legge stabilisce (...) i limiti della successione (...) testamentaria» (art. 42 comma 4°); e sono limiti che toccano il diritto di **proprietà**: l'individuo non ha, quando dispone per testamento (o per donazione), un potere sulle cose pari a quello che gli spetta quando ne dispone a titolo oneroso. Egli può consumare o investire in operazioni rischiose l'intero suo patrimonio, senza che i parenti possano impedirglielo; non è, invece, altrettanto libero di essere generoso con il suo prossimo, sacrificando i parenti.

Occorre distinguere, ancora, fra successione a titolo universale e successione a titolo particolare:

1) successore a **titolo universale** è colui al quale vanno **tutti i beni** del morto o una **quota**, ossia una frazione aritmetica, di essi (un mezzo, un terzo ecc.). Egli è **erede** (testamentario o necessario o legittimo) o, se concorre con altri, è **coerede**. È successore **universale** perché succede, per intero o per quota, nella **totalità** dei rapporti trasmissibili del defunto, ne prende il posto quale titolare, o contitolare, del patrimonio; e succede, oltre che nei rapporti attivi, **anche nei debiti** del defunto;

2) successore **a titolo particolare** è, invece, la persona alla quale vanno, per **legato** contenuto nel testamento, uno o più **beni determinati**: egli non è erede, ma **legatario**, e non risponde dei debiti del defunto (art. 588).

2. Apertura della successione e delazione dell'eredità

La successione si apre **al momento della morte**: questo è il momento rispetto al quale si stabilisce chi ha diritto di succedere, per testamento o per legge. E si apre nel luogo dell'**ultimo domicilio** del defunto (che può essere diverso dal luogo della morte): qui si compiono le prime formalità e si fanno gli atti di accettazione dell'eredità, di rinuncia ecc. (art. 456).

La morte di una persona fa sì che i diritti e le obbligazioni del defunto perdano il loro titolare, ma ancora non determina, di per sé sola, la loro trasmissione ai successori: gli eredi hanno, come vedremo, un termine per accettare l'eredità (e tra breve vedremo anche che, in certi casi, si deve addirittura attendere che l'erede nasca). Di per sé la morte del soggetto produce solo una situazione giuridica che è detta **delazione**, o devoluzione, **dell'eredità** (art. 457): i suoi diritti e le sue obbligazioni sono **destinati alla successione**, ma ancora non si sa se gli eredi, legittimi o testamentari o necessari, accetteranno (o se l'erede che deve ancora nascere nascerà) e, perciò, chi succederà. Si parla, a seconda che il defunto avesse o no fatto testamento, di delazione testamentaria o di delazione legittima: nel primo caso l'eredità è **destinata**, salvo poi a vedere se effettivamente andrà, all'erede o agli eredi testamentari, nel secondo caso a quelli legittimi. Con riferimento ai legittimari si parla di delazione necessaria.

Si suole anche dire che la morte di una persona determina la **vocazione**, o chiamata, dei successori, distinguendo anche qui fra vocazione testamentaria, necessaria e legittima: la vocazione è il titolo in base al quale l'erede è **chiamato** a succedere, ossia il testamento o, in mancanza di testamento, la qualità di parente del defunto che giustifica la successione legittima o impone la successione necessaria. Delazione e vocazione sono due aspetti della medesima situazione provocata dalla morte di un soggetto: si parla di delazione se si ha riguardo, in senso oggettivo, alla destinazione dell'eredità alla successione; si parla di vocazione se si considerano i soggetti ai quali, per testamento o per legge, è offerta l'eredità.

Non tutti coloro che sono indicati nel testamento o dalla legge possono succedere. Perché succedano occorre che siano capaci di succedere e, inoltre, che non ne siano indegni. Sono **capaci di succedere** sia le persone fisiche sia gli enti (associazioni, fondazioni, società). Quanto alle persone fisiche, sono capaci di succedere non soltanto le persone già nate al tempo in cui si apre la successione, ma anche quelle che a quel tempo siano solo **concepite**: se così non fosse, il figlio nato dopo la morte del padre non concorrerebbe con i fratelli e gli altri eredi nella successione.

Per testamento, inoltre, si possono lasciare i propri beni al figlio **non ancora concepito** di una data persona già vivente (art. 462, comma 3°): il figlio di questa acquisterà l'eredità se e quando nascerà; ma, se quella persona morirà senza avere il figlio, si darà luogo alla successione legittima, facendo riferimento alla data di apertura della successione.

Indegne di succedere sono le persone che abbiano commesso gravi reati nei confronti del defunto o dei suoi parenti (chi ha commesso contro di lui oppure contro un suo ascendente, discendente, coniuge o altra parte di un'unione civile fra persone dello stesso sesso, omicidio, anche se tentato, o calunnia o falsa testimonianza) e chi ha falsificato, soppresso, alterato, celato il testamento o ha indotto il testatore, con violenza o inganno, a fare testamento o a revocarlo o a mutarlo (non solo non succede in forza del testamento falsificato, alterato ecc., ma neppure quando, come parente, ne avrebbe diritto per legge) (art. 463). Perché costoro succedano, occorre che il defunto, nel testamento o in atto pubblico, li avesse **riabilitati**. La l. 10 dicembre 2012, n. 219 ha introdotto la facoltà del figlio, anche per fatti che non integrano i casi di indegnità (art. 463), di escludere dalla propria successione il genitore nei confronti del quale sia stata pronunciata la decadenza dalla responsabilità genitoriale (art. 448-*bis*).

Si ha **successione per rappresentazione** nel caso che una persona, la quale per testamento o per legge dovrebbe succedere a un'altra, **non voglia** o **non possa** succedere. Non voglia: cioè non accetti l'eredità o vi rinunci; non possa: cioè muoia prima dell'apertura della successione o sia indegno di succedere. Se chi non vuole o non può succedere ha discendenti (figli o, in mancanza, nipoti), costoro prenderanno il posto di lui (art. 467).

Quando non si può fare luogo alla successione per rappresentazione, se gli eredi sono più di uno e sono eredi in parti uguali, si attua **l'accrescimento**: i beni che sarebbero spettati a chi non può o non vuole accettare vanno agli altri eredi. Infine, se non sono possibili né la rappresentazione né l'accrescimento, i beni andranno agli eredi legittimi, come se quel successore non fosse esistito (artt. 674 s.).

3. La successione necessaria

Chi fa testamento non sempre può liberamente disporre di tutto il suo patrimonio (ad esempio, lasciandolo per intero ad una istituzione di beneficienza). Quando ha un coniuge, o l'altra parte in unione civile fra persone dello stesso sesso, o discendenti o ascendenti, una parte dei suoi beni è, come si è già avvertito, **riservata** per legge a costoro, anche contro la sua espressa volontà. Questa parte, che non è fatta di beni determinati, ma è una frazione aritmetica del patrimonio, si chiama **legittima** o **riserva** (disponibile è detto tutto il resto del patrimonio).

Legittimari sono le persone che ne beneficiano: esse sono il coniuge o l'altra parte di un'unione civile fra persone dello stesso sesso, i figli, gli ascendenti.

Va infatti tenuto presente che la legge sulle unioni civili n. 76 del 2016 ha esteso alle parti di un'unione civile fra persone dello stesso sesso l'applicazione delle norme sui legittimari, dove ogni qualvolta la norma richiama il coniuge, si deve considerare ricompresa anche la parte di un'unione civile.

I legittimari (artt. 536 ss.) succedono nel modo seguente:

1) al **coniuge,** o all'altra parte di un'unione civile fra persone dello stesso sesso, è riservata la metà del patrimonio (che si riduce a un terzo o a un quarto se c'è un figlio o più di un figlio), oltre al diritto di abitazione sulla casa adibita a residenza familiare;

2) ai **figli** (o, se costoro non possono o non vogliono, ai loro discendenti, secondo i principi sulla rappresentazione) vanno un mezzo o due terzi del patrimonio, da dividersi in parti uguali, a seconda che essi siano uno o più;

3) in mancanza di figli, agli **ascendenti** del morto, cioè ai suoi genitori o, se non ci sono genitori, ai nonni ecc. è riservato un terzo dei beni.

La quota di riserva si calcola non soltanto sul patrimonio quale era alla morte del testatore, ma su quel patrimonio aumentato dalle **donazioni** da lui elargite quando era in vita: altrimenti chiunque potrebbe, in vita, donare tutti i propri beni e così frustrare i diritti dei legittimari.

Se il legittimario ha avuto, per testamento, meno di quanto gli spetta, c'è **lesione di legittima**: il legittimario ha diritto allora di conseguire dall'erede testamentario la quota che gli è dovuta, e la consegue chiedendo la **riduzione** delle disposizioni testamentarie o delle donazioni: integrerà la sua quota a spese degli altri successori ed, eventualmente, dei donatari (artt. 553 s.).

Prima, tuttavia, di ridurre le disposizioni testamentarie o le donazioni, bisogna tenere conto di quelle donazioni che, a sua volta, il legittimario avesse ricevuto dal defunto: egli deve **imputarle** alla quota di riserva. In altre parole, la sua quota di riserva deve essere diminuita delle donazioni di cui egli ha beneficiato, fino al punto di perdere il diritto alla successione se aveva già ricevuto, per donazione, beni di valore pari alla legittima.

4. La successione testamentaria

Il testamento è un atto giuridico **unilaterale**, con il quale si dispone dei propri beni per dopo la propria morte. È un atto **a causa di morte** (e in ciò differisce dagli atti unilaterali **fra vivi** di cui all'art. 1324): lo si può formare in qualsiasi momento, purché si sia raggiunta la maggiore età: ma acquista efficacia solo al momento della morte del testatore, la quale opera, dunque, come condizione (legale) sospensiva della efficacia del testamento.

Il testamento è sempre **revocabile**: può in ogni momento essere reso inefficace per volontà di chi l'ha fatto, sia **espressamente**, con un atto pubblico o con altro testamento, sia **tacitamente**, distruggendolo o cancellandolo o ritirando presso il notaio il testamento consegnatogli. Ancora: se il testatore fa un nuovo testamento, diverso dal precedente e incompatibile con esso, quello precedente perde efficacia. Fra più testamenti di una stessa persona, vale sempre l'ultimo.

La revocabilità, in ogni momento, del testamento spiega perché siano nulli i **patti successori**, cioè i contratti con i quali una persona si obbliga a lasciare i propri beni, in tutto o in parte, ad un'altra (art. 458). È nullo, per la stessa ragione, il testamento **congiuntivo**, con il quale due o più persone dispongono, insieme, dei propri beni (ciascuna non potrebbe, da sola, revocare le proprie disposizioni testamentarie); ed è nullo anche quello **reciproco**, nel quale due o più persone si istituiscono, insieme e reciprocamente, l'una successore dell'altra (art. 589).

In deroga al divieto di patti successori l'art. 768 *bis* ammette la validità del **patto di famiglia**, che è stipulato fra l'imprenditore, o il titolare di partecipazioni sociali, ed i propri discendenti ed ha la funzione di anticipare, in tutto o in parte, la trasmissione della ricchezza familiare. L'effetto traslativo è immediato, sicché l'atto equivale a una donazione, e deve rivestire la forma dell'atto pubblico; al tempo stesso, l'atto anticipa la futura successione, sicché ad esso debbono necessariamente partecipare il coniuge e tutti i legittimari, cui gli assegnatari dell'azienda, o delle partecipazioni sociali, debbono liquidare la quota di loro spettanza. Il patto può prevedere la facoltà di recesso del disponente (art. 768 *septies*).

Il testamento può assumere tre forme:

a) testamento **olografo**: è scritto, datato e sottoscritto tutto **di mano** del testatore (art. 602).

b) testamento **pubblico**: è scritto dal notaio dopo che il testatore gli ha esposto le sue ultime volontà davanti a due testimoni: il notaio lo rilegge e annota il luogo e la data; lo sottoscrivono il testatore, i testimoni e il notaio, che indica anche l'ora della sottoscrizione. Una copia va all'archivio notarile (art. 603);

c) il testamento **segreto**: è scritto in qualunque foglio di carta anche da persona diversa dal testatore e perfino a stampa; il testatore in persona, davanti a due testimoni, consegna il foglio, sigillato o chiuso in una busta sigillata, a un notaio; questi annota all'esterno del foglio o della busta tutte le formalità compiute davanti a lui, appone la data e sottoscrive insieme al testatore e ai testimoni.

Il testamento olografo e il testamento segreto debbono essere **pubblicati** davanti a un notaio dopo l'apertura della successione: altrimenti non possono essere fatti valere (artt. 620 s.).

5. Continua: il contenuto del testamento

Il testamento è solo la forma dell'atto a causa di morte: esso ha per contenuto l'**istituzione di erede**, di uno o più eredi, ossia del successore, o dei successori, **a titolo universale** (se sono più di uno, succedono per la quota determinata dal testatore o, altrimenti, per quote uguali); e può, altresì, contenere uno o più **legati**, ossia disposizioni **a titolo particolare** che hanno per oggetto beni determinati (ad esempio: istituisco miei eredi A e B, ma lascio quel determinato immobile a C). Ancora: per testamento si può disporre, in tutto o in parte, dei propri beni per costituire una **fondazione** (art. 14 comma 2°), sempre nel rispetto dei diritti dei legittimari. Infine, il testamento può contenere anche disposizioni di carattere non patrimoniale, come il **riconoscimento di figlio naturale** (art. 254).

Sia l'istituzione di erede sia il legato possono essere sottoposti a **condizione**, sospensiva o risolutiva (art. 633). Ad esempio: ti lascio il mio patrimonio a condizione che ti sposerai e avrai un figlio; ti lascio la mia azienda a condizione che ne continuerai personalmente la gestione. Solo i legati possono essere sottoposti a **termine**, iniziale o finale. Le condizioni impossibili o illecite e il termine apposto alla istituzione di erede si considerano come **non apposti** (artt. 634, 637): principio diverso, quando si tratta di condizione sospensiva, da quello vigente per i contratti e gli atti unilaterali fra vivi (la condizione sospensiva impossibile rende nullo il contratto; quella illecita lo rende sempre nullo, sia essa sospensiva o risolutiva).

Peculiare delle disposizioni testamentarie (oltre che, come si vedrà, della donazione) è la possibilità di sottoporre l'istituzione di erede e il legato ad **onere** (art. 647), che consiste in un comportamento imposto all'erede o al legatario (ad esempio: ti lascio il mio patrimonio, ma dovrai destinarne una parte alla costruzione di un ospedale o alla costituzione di un istituto di assistenza; ti lascio la mia casa, ma dovrai conservarne inalterate le caratteristiche architettoniche; ti lascio il mio fondo, ma dovrai dare a Tizio un terzo della rendita).

La disposizione testamentaria resta, anche se gravata da onere, una disposizione a titolo gratuito e, in particolare, un atto di **liberalità**: l'onere non ne diventa il corrispettivo; costituisce, piuttosto, una limitazione o una riduzione del valore di ciò che, a titolo gratuito, si attribuisce ad altri (e, se l'onere apposto al legato supera il valore della cosa legata, il legatario adempie nei limiti del valore della cosa). La **riso-**

luzione della disposizione testamentaria per inadempimento dell'onere può essere pronunciata dal giudice solo se prevista dal testatore o se l'adempimento dell'onere era il solo motivo determinante della disposizione testamentaria (art. 648).

Le persone dell'erede o del legatario devono essere determinabili in base al testamento (art. 628); tuttavia, le disposizioni generiche a favore dei **poveri** vanno a vantaggio dei poveri del luogo dove il testatore ha avuto l'ultimo domicilio (art. 630). Anche la quota d'eredità o la cosa legata devono essere determinabili in base al testamento: se la loro determinazione è lasciata all'arbitrio di altri, la disposizione è nulla (artt. 631, 632).

Sostituzioni. È possibile che il testatore nomini, oltre al successore, una persona destinata a prendere il posto del successore per il caso che questi non voglia o non possa accettare (cosiddetta **sostituzione ordinaria**) (artt. 688 s.). Non è però possibile nominare successore il proprio figlio o il proprio fratello, ma ordinando che essi **conservino** i beni ricevuti e li passino, alla loro morte, a un loro figlio (**sostituzione fedecommissaria**). In antico era lecito disporre fedecommessi perpetui, ossia ordinare al proprio figlio o fratello di conservare il patrimonio ereditario e di lasciarlo, alla propria morte, al loro figlio, che a sua volta dovrà conservarlo e lasciarlo al suo figlio, e così in perpetuo. Con questi fedecommessi si mirava, un tempo, a conservare intatto il patrimonio della famiglia e così a perpetuare lo splendore e la potenza dei grandi casati nobiliari. In epoca moderna i fedecommessi perpetui sono inammissibili; essi contrastano con quelle esigenze di libera circolazione della ricchezza che abbiamo più volte segnalato: sono tollerati solo i fedecommessi disposti a favore di una persona o di un ente che si sia preso cura di un interdetto, discendente o coniuge del testatore (art. 692).

Esecutori testamentari. Spesso il testatore designa nel testamento una o più persone incaricate di eseguire le disposizioni che vi sono contenute: sono gli esecutori testamentari, persone di fiducia del testatore. L'esecutore testamentario, se accetta l'incarico, deve fare tutto ciò che è necessario alla conservazione del patrimonio ereditario, compresa l'apposizione dei sigilli e l'inventario dei beni quando fra gli eredi vi siano assenti o incapaci o persone giuridiche. Salvo diversa volontà del testatore, l'esecutore testamentario deve amministrare i beni nell'interesse delle persone a cui sono stati lasciati e dovrà consegnarli all'erede che li domandi e garantisca di eseguire gli obblighi e gli oneri ereditari (pagamento dei debiti, esecuzione dei legati ecc.). Se gli esecutori sono più di uno e non si trovano d'accordo, interviene l'autorità giudiziaria (artt. 700 s.).

L'invalidità del testamento può essere, come per i contratti e gli atti unilaterali fra vivi, nullità o annullabilità. Sono **nulli**, come si è visto, i testamenti congiuntivi o reciproci, le disposizioni indeterminate o rimesse all'arbitrio di un terzo; una ulteriore causa di nullità è il **motivo illecito**, che risulti dal testamento e sia il solo che ha determinato il testatore a disporre (art. 626): ad esempio, lascio il mio fondo a Tizio per manifestargli la mia gratitudine per avermi fatto ottenere una concessione edilizia non consentita dalla legge o per avermi aiutato ad evadere le imposte. Ancora, la nullità può derivare da difetti di **forma**: così è nullo il testamento olografo scritto a macchina anziché a mano; è nullo il testamento pubblico privo della firma del testatore o del notaio.

È, invece, **annullabile** il testamento viziato da violenza (morale), dolo, errore. L'errore sul motivo, di fatto o di diritto, è causa di annullamento solo se il motivo risulta dal testamento ed è il solo motivo che ha indotto il testatore a disporre (lascio, ad esempio, il mio laboratorio chimico a mio nipote perché, avendo egli conseguito la laurea in chimica, può continuare la gestione; ma il nipote si era laureato in altra disciplina). L'azione di annullamento si prescrive in **cinque anni** da quando si è avuta notizia della violenza, del dolo o dell'errore (quella di nullità è, invece, imprescrittibile) e può essere esercitata da qualsiasi interessato (art. 624).

6. La successione legittima

Se una persona muore senza aver fatto testamento, o se il testamento è invalido, i beni ereditari andranno al coniuge, o all'altra parte di un'unione civile fra persone dello stesso sesso, e ai parenti.

In proposito va tenuto conto, infatti, che la legge sulle unioni civili n. 76 del 2016 ha esteso alle parti di un'unione civile fra persone dello stesso sesso l'applicazione delle norme sulle successioni legittime, dove ogni qualvolta la norma richiama il coniuge, si deve considerare ricompresa anche la parte di un'unione civile.

L'ordine previsto per la successione legittima è il seguente (artt. 566 s.):

1) se ci sono figli, i beni vanno a loro in parti uguali; al coniuge, o all'altra parte in unione civile fra persone dello stesso sesso, se ancora in vita, va metà del patrimonio oppure un terzo a seconda che concorra con un figlio o con più figli;

2) se non ci sono figli, due terzi vanno al coniuge, o all'altra parte in unione civile fra persone dello stesso sesso, e un terzo a genitori, fratelli e sorelle (ma, se mancano genitori, fratelli e sorelle, va tutto al coniuge, o all'altra parte in unione civile fra persone dello stesso sesso);

3) se non ci sono né figli né coniuge superstite, o altra parte in unione civile fra persone dello stesso sesso, succedono i genitori, i fratelli e le sorelle (se mancano i genitori, va tutto a fratelli e sorelle; se mancano fratelli e sorelle, va tutto ai genitori);

4) se nessuno di costoro sia sopravvissuto, i beni vanno ai parenti, senza distinzione di linea (diretta o collaterale), a cominciare dal grado più prossimo e fino al sesto grado. Ciascun grado esclude il successivo (se ci sono parenti di terzo grado essi succedono, in parti uguali fra loro, con esclusione dei parenti di quarto grado, e così via). Si tenga però presente che con queste concorrono le norme sulla **rappresentazione**: così, se una sorella è premorta, succedono i figli della sorella, in concorso con gli altri successibili dello stesso ordine (i fratelli, i genitori ecc.); e, se mancano altri successibili dello stesso ordine, tutto andrà ai figli della sorella premorta.

Quando non ci sono parenti entro il sesto grado, i beni vanno **allo Stato**. Questo li acquista senza bisogno di accettazione; non può rinunciarvi, ma risponde dei debiti ereditari solo entro il valore dei beni ereditati. Ma prima che allo Stato vanno, come ha ritenuto la Corte costituzionale, agli eventuali fratelli e sorelle naturali.

La l. 10 dicembre 2012, n. 219 ha implicitamente abrogato la cosiddetta commutazione (artt. 537 comma 3°, 542 comma 3°, 566 comma 2°) perché in base alla unicità dello stato di filiazione (art. 74), le relazioni di parentela non presuppongono più il vincolo matrimoniale dei genitori e pertanto si configura il rapporto di parentela anche tra fratelli naturali o, come si esprime la nuova legge, tra fratelli nati al di fuori del matrimonio, ovvero tra questi e quelli nati all'interno del matrimonio, ovvero tra essi e gli adottati minori d'età.

La stessa legge ha previsto che il riconoscimento produce effetti sia riguardo al genitore da cui fu fatto sia riguardo ai parenti di esso (art. 258). Ne deriva che, una volta conseguito lo stato di figlio a seguito della nascita da genitori coniugati, ovvero a seguito del riconoscimento, ovvero a seguito della dichiarazione giudiziale, ovvero a seguito della adozione di persone minori di età, il figlio entra a far parte della famiglia, indipendentemente dalla circostanza di fatto che sia stato concepito all'interno o all'esterno del matrimonio. Ne deriva, inoltre, che agli effetti **successori** i figli nati fuori dal matrimonio sono equiparati a quelli nati all'interno del matrimonio non solo rispetto ai genitori, ma anche in relazione ai loro interni rapporti successori. Essi succedono tra loro, come succedono i fratelli nati all'interno del matrimonio (art. 570). In precedenza, solo se mancavano di altri parenti entro il sesto grado, piuttosto che dare luogo alla successione dello Stato (art. 586), ereditava il fratello nato fuori dal matrimonio (così, pur in mancanza di una norma di legge, aveva deciso la Corte costituzionale). Diversa è la condizione del figlio nato al di fuori del matrimonio non riconoscibile e giudizialmente non accertabile: egli può solo ottenere che il genitore provveda al suo **mantenimento** o, se maggiorenne e in stato di bisogno, gli corrisponda gli **alimenti** (art. 279). Alla morte del genitore ha diritto ad un **assegno vitalizio**, se il genitore non aveva disposto per testamento o per donazione a suo favore (artt. 580, 594).

Capitolo ventiseiesimo

L'ACQUISTO DELL'EREDITÀ E DEI LEGATI. LE DONAZIONI

1. L'accettazione

Nel precedente capitolo abbiamo ricostruito la vicenda successoria da un solo lato: quello della **delazione** dell'eredità, ossia dalla destinazione di questa alla successione testamentaria, necessaria o legittima. Il momento della delazione, anche questo si è visto, coincide con quello della apertura della successione, ossia della morte della persona della cui successione si tratta. L'altro lato della vicenda successoria riguarda, invece, l'atteggiamento che assumono i chiamati alla successione: è **l'accettazione** dell'eredità da parte del chiamato o dei chiamati, che è atto necessario perché la successione si realizzi.

L'accettazione, una volta intervenuta, produrrà poi i suoi effetti retroattivamente, **dal momento dell'apertura della successione** (art. 459): anche se l'accettazione, pertanto, interviene dopo molto tempo, la successione si attua sempre al momento della morte, e non c'è mai soluzione di continuità nella titolarità dei rapporti che facevano capo al defunto.

L'accettazione è necessaria solo per l'acquisto dell'eredità; i legati, invece, si acquistano immediatamente, senza bisogno di accettazione, salva la facoltà del legatario di rinunciare al legato (art. 649). Il legatario, se non intende rinunciare, deve chiedere all'erede (che nei suoi confronti assume il nome di **onerato**) la consegna del bene legatogli dal testatore: egli consegue dal testatore, per successione a titolo particolare, la proprietà del bene, ma ne consegue il **possesso** dall'erede.

Può accadere che, ancor prima di accettare, l'erede prenda possesso dei beni: egli ha, in tal caso, diritto di custodirli e di amministrarli. Se, invece, non ne prende possesso, l'eredità viene a trovarsi nella condizione di **eredità giacente** (artt. 528 s.): per la sua custodia e la sua amministrazione il pretore, su domanda di chi ne abbia interesse o di propria iniziativa, nomina un **curatore**: il decreto di nomina si pubblica nel foglio degli annunci legali e si iscrive nel registro delle successioni. Il curatore deve procedere all'inventario dei beni, amministrarli, se necessario agendo anche in giudizio, depositare il danaro in banca o nelle casse postali, infine dare il rendiconto della propria gestione. Cessa dal suo incarico quando l'eredità viene accettata.

L'erede ha **dieci anni** di tempo per accettare, decorrenti dal giorno di apertura della successione o, per chi è erede sotto condizione, dal giorno in cui questa si avvera (art. 480).

L'accettazione può essere espressa o tacita (artt. 474 s.): quella **espressa** si fa per atto pubblico o scrittura privata; è un atto unilaterale, che consiste nella sola dichiarazione dell'erede. Quella **tacita** si ha quando l'erede si comporta di fatto come erede (ad esempio, paga i debiti ereditari o riscuote i crediti ereditari). Se nel patrimonio ereditario ci sono beni immobili, si può trascrivere l'accettazione (art. 2648).

Quando l'erede tarda ad accettare, il giudice, su domanda degli interessati (di chi sarebbe, a sua volta, erede se l'erede non accettasse), può fissargli un termine perché si decida. Se l'erede muore prima dell'accettazione, il diritto di accettare passa ai suoi eredi.

Accettazione con beneficio di inventario. L'accettazione dell'eredità può essere un'accettazione pura e semplice oppure un'accettazione con beneficio di inventario (artt. 484 s.). La prima fa sì che i beni del defunto si confondano con il patrimonio dell'erede, con la conseguenza che questi dovrà pagare i **debiti del defunto**, oltre che con i beni ereditati, anche con il proprio patrimonio, se i beni ereditati sono insufficienti a pagare i debiti ereditari. Per scongiurare questo pericolo l'erede può accettare l'eredità con beneficio d'inventario: il patrimonio del defunto diverrà suo, ma restando **separato** dagli altri suoi beni; e i creditori del defunto non potranno pretendere più di quanto corrisponde al valore dell'eredità. Sul patrimonio ereditario potranno soddisfarsi anche i creditori dell'erede ma solo dopo che si sono soddisfatti i creditori del defunto.

Questa accettazione (detta anche accettazione beneficiata) si fa con atto pubblico, presso un notaio o presso la cancelleria dell'ufficio giudiziario del luogo in cui si è aperta la successione; va trascritta, se nell'eredità ci sono beni immobili, e inserita nel registro delle successioni. Perché essa abbia effetto occorre che, entro tre mesi, si compia **l'inventario** dei beni ereditari: i beni inventariati potranno essere venduti con l'autorizzazione del giudice, e i creditori del defunto verranno soddisfatti con il ricavato della vendita. Quando erede è un **incapace** o un **ente** che non sia una società, sia esso un ente riconosciuto o non riconosciuto, chi lo rappresenta è **obbligato** ad accettare con beneficio d'inventario.

Non solo l'erede ha interesse a tenere separato il patrimonio del defunto da quello proprio. Un analogo interesse possono avere anche i **creditori del defunto**, che dalla confusione dei due patrimoni potrebbero ricevere danno: se, ad esempio, l'eredità è di 100 milioni con debiti per 100 milioni e l'erede, per parte sua, ha un patrimonio di 100 milioni con 200 milioni di debiti, i creditori dell'erede potrebbero aggredire anche i 100 milioni ereditati, che perciò non basteranno più a soddisfare i creditori del defunto. Perciò, questi possono chiedere, entro tre mesi dall'apertura della successione, la **separazione** dei due patrimoni: la conseguenza sarà che sul patrimonio ereditario potranno soddisfarsi soltanto loro e, se questo non sarà sufficiente, potranno aggredire anche i beni propri dell'erede, che abbia accettato senza beneficio d'inventario (artt. 512 s.).

L'erede, prima che sia decorso il termine per accettare, può **rinunciare** all'eredità: la rinuncia va fatta con le stesse formalità che sono richieste per l'accettazione beneficiata (art. 519). Nonostante la rinuncia, l'erede conserva per dieci anni dall'apertura della successione il diritto di accettare l'eredità; ma potrà esercitarlo solo se altri eredi, accettando, non abbiano già preso il suo posto (artt. 525).

All'erede che abbia accettato l'eredità spetta, contro il possessore di tutti o di parte dei beni ereditati, una specifica azione: la **petizione di eredità** (artt. 533 s.). Con essa l'erede chiede l'accertamento della sua qualità di erede e, quindi, la consegna dei beni ereditari. Differisce dall'azione di rivendicazione perché non si basa sulla prova del diritto di proprietà, ma su quella della qualità di erede; come l'azione di rivendica, è **imprescrittibile** (salvi, naturalmente, gli effetti dell'altrui usucapione).

2. La comunione ereditaria e la divisione

Se gli eredi, testamentari o legittimi sono due o più, tra essi si instaura una **comunione ereditaria**, regolata dalle norme sulla comunione, ma con alcune particolarità (artt. 732 s.), i coeredi, comproprietari delle cose che fanno parte dell'eredità in proporzione della loro quota ereditaria, nella stessa proporzione acquistano tutti i **crediti** e rispondono di tutti i **debiti** del defunto;

a) i crediti e i debiti ereditari danno luogo ad **obbligazioni parziarie**, e non solidali: ciascuno dei coeredi può esigere i crediti e può essere costretto a pagare i debiti solo in proporzione della propria quota;

b) il coerede può alienare la sua quota, ma, prima che ad altri, deve offrirla ai suoi coeredi (**diritto di prelazione**): se non lo fa e la aliena ad un terzo, i coeredi potranno riscattarla presso l'acquirente rimborsandogli il prezzo pagato (cosiddetto **retratto successorio**);

c) ciascuno dei coeredi può chiedere la **divisione**: ma questa non ha luogo se il testatore l'ha vietata (il divieto non può però valere più di cinque anni dall'apertura della successione) o se qualcuno dei coeredi è un concepito non ancora nato.

Alla **divisione** del patrimonio ereditario devono partecipare tutti i coeredi, compresi quelli che abbiano alienato ad estranei la propria quota. La divisione può essere di tre specie (artt. 713 s.):

1) **amichevole**: è quella fatta con il consenso di tutti i coeredi ed è un contratto (contratto di divisione) sottoposto a tutte le cause di invalidità ed inefficacia dei contratti;

2) **giudiziale**: se i coeredi non sono d'accordo sull'opportunità o sul modo di attuare la divisione, uno qualunque di loro può chiederla all'autorità giudiziaria. In questo caso, il giudice istruttore o un notaio delegato da lui dirigono le operazioni divisionali, provvedendo alla determinazione dell'attivo e del passivo dell'eredità, disponendo la vendita di beni per il pagamento dei debiti ereditari e procedendo alla formazione delle porzioni da assegnare ai singoli condividenti. Se i coeredi hanno quote uguali, le porzioni di ciascuno vengono estratte a sorte. In caso contrario, quando i beni non siano divisibili, il coerede con maggior quota può chiederne l'assegnazione in natura, con conguaglio in danaro a favore degli altri; altrimenti si vendono i beni e si divide fra i coeredi la somma ricavata;

3) **fatta dal testatore**: quest'ultimo, anche senza indicare le quote, forma le porzioni da assegnare a ciascuno.

La divisione, comunque fatta, non può essere annullata per errore; a meno che non siano toccati a uno dei condividenti beni che valgono meno di tre quarti del valore della quota che gli spetta: in questo caso la divisione può essere **rescissa** (cosiddetta rescissione **per lesione oltre il quarto**). La divisione ha effetto **retroattivo**: i beni assegnati ad ogni condividente si considerano a lui appartenenti dal giorno in cui si è aperta la successione.

Se i coeredi sono discendenti del defunto (figli, nipoti), o discendenti e coniuge, o parte di un'unione civile fra persone dello stesso sesso, nell'assegnare a ciascuno la sua porzione si tiene conto delle donazioni che egli abbia ricevuto dal defunto. È la cosiddetta **collazione** (artt. 737 s.), che mira ad evitare una disparità di trattamento fra eredi. Si conteggiano tutte le donazioni avute dal discendente o dal coniuge, o dall'altra parte di un'unione civile fra persone dello stesso sesso, comprese quelle che, in apparenza, non sono donazioni (le vendite simulate); mentre non si considerano donazioni le spese di mantenimento, educazione, istruzione, né quelle fatte per malattie e le liberalità d'uso. La collazione si può fare in due modi:

1) il coerede rimette nel patrimonio ereditario i beni immobili o il danaro che gli aveva donato il defunto (cosiddetta **collazione in natura**);

2) il coerede trattiene i beni o il danaro, ma avrà tanti beni ereditari in meno per quanti ne ha avuti in più a titolo di donazione (**collazione per imputazione**).

Alla collazione non si fa luogo se il defunto l'aveva esclusa (**dispensa** dalla collazione), ma la dispensa produce effetto solo nei limiti della quota disponibile.

3. La donazione

Alla donazione abbiamo più volte avuto occasione di fare riferimento parlando dei contratti. Il codice civile la regola, anziché fra i contratti, nel libro delle successioni perché essa è, come l'istituzione di erede e il legato, un **atto di liberalità**. È il contratto (art. 769) con il quale una persona (donante) **arricchisce** un'altra persona (donatario) per spirito di liberalità.

La donazione può essere reale od obbligatoria: è **reale** quando il donante attribuisce al donatario un proprio diritto (gli trasferisce, ad esempio, la proprietà di un bene o gli concede una servitù o gli cede un credito); è **obbligatoria** quando assume una obbligazione verso il donatario. Nell'uno e nell'altro caso occorre, a pena di nullità, l'**atto pubblico** (art. 782): solo per le donazioni di **modico valore** (art. 783) l'atto pubblico non è necessario (regali, offerte, sottoscrizioni ecc.); ma la donazione, in tal caso, è un **contratto reale**, che si perfeziona con la consegna della cosa (cosiddetta **donazione manuale**).

Come l'istituzione di erede e il legato, la donazione può essere gravata da **onere**. Il donatario, come il legatario, è tenuto all'adempimento dell'onere nei limiti del valore della cosa donata. La risoluzione della donazione per inadempimento dell'onere può essere pronunciata, su domanda del donante o dei suoi eredi, solo se prevista dal contratto (art. 793).

Anche la donazione, inoltre, può essere fatta a favore del **concepito** o del non ancora concepito che nascerà da persona vivente al tempo della donazione (art. 784).

Il donante (o il suo erede) può **revocare** la donazione e riprendersi i beni (e i loro frutti) in due casi (artt. 800 s.):

a) se il donatario commette nei riguardi di lui omicidio o tentato omicidio o calunnia grave o se lo ingiuria o lo danneggia gravemente o gli nega gli alimenti (**revoca per ingratitudine**);

b) se il donante, dopo la donazione, ha o apprende di avere un figlio o discendente (**revoca per sopravvenienza di figli**).

È ammesso, nella donazione, il **patto di riversibilità**: cioè il patto per cui il donante riavrà i beni donati se il donatario o i discendenti del donatario muoiano prima di lui (artt. 791 s.).

È donazione **rimuneratoria** quella fatta per riconoscenza o in considerazione dei meriti del donatario (art. 770), che la legge rende non revocabile (art. 805); non va confusa con la **liberalità d'uso** (come la mancia al cameriere), nella quale non c'è spirito di liberalità quanto, piuttosto, la volontà di conformarsi agli usi (art. 770 comma 2°).

Capitolo ventisettesimo

LA TUTELA DEI DIRITTI

SOMMARIO: 1. La giurisdizione civile. — 2. Le prove. — 3. La pubblicità dei fatti giuridici. — 4. La trascrizione immobiliare. — 5. La trascrizione mobiliare.

1. La giurisdizione civile

I principi fondamentali della protezione giurisdizionale dei diritti sono contenuti nel codice civile; i modi e le forme di esercizio della giurisdizione civile sono regolate nel **codice di procedura civile**.

Alla tutela giurisdizionale dei diritti l'autorità giudiziaria provvede, di regola, solo su **domanda** dell'interessato (art. 2907). In casi eccezionali, previsti dalla legge, provvede su domanda di un altro organo pubblico, il **pubblico ministero**; in casi ancor più eccezionali può provvedere **d'ufficio**, ossia di propria iniziativa (così per la dichiarazione di fallimento). Ecco un minimo di nomenclatura processuale: chi, lamentando che un proprio diritto è stato leso dagli altri, si rivolge all'autorità giudiziaria è detto **attore**; la persona, contro cui questi agisce, è detta **convenuto**. L'attore e il convenuto si dicono parti. È **processo** o **procedimento** o **giudizio** l'insieme degli atti che si compiono nello svolgimento della funzione giurisdizionale, dal momento in cui l'attore si rivolge al giudice al momento in cui il giudice decide la controversia con una **sentenza**. La controversia tra attore e convenuto è detta **causa** o lite: essa forma l'oggetto del processo (o procedimento o giudizio). È detta **azione** la pretesa che l'attore vanta in giudizio. Il convenuto, se vuole contrastare la pretesa dell'attore, può opporgli una o più **eccezioni**: con queste il convenuto o contesta la pretesa dell'attore (ad esempio: il credito da te vantato non esiste; la cosa che rivendichi non è di tua proprietà) oppure adduce l'esistenza di fatti o di diritti che rendono inefficace quella pretesa (ad esempio: il credito da te vantato esiste, ma ho già pagato; oppure: la cosa che rivendichi è tua, ma io ne ho il diritto di usufrutto).

Con le eccezioni il convenuto si limita a difendersi; ma egli può, a sua volta, contrattaccare avanzando una **domanda riconvenzionale**, basata o sullo stesso titolo sul quale l'attore fonda la sua pretesa (ad esempio: l'attore fonda la sua pretesa su un contratto di vendita e, come venditore, chiede al compratore convenuto il pagamento del prezzo; il convenuto si difende con una eccezione, adducendo di avere già pagato e contrattacca con una domanda riconvenzionale chiedendo che l'attore gli consegni la cosa vendutagli) oppure sul titolo sul quale il convenuto fonda la sua eccezione (ad esempio: il convenuto oppone all'attore, che vanta un credito nei suoi confronti, l'eccezione di compensazione, dimostrandosi a sua volta creditore dell'attore; ma essendo il suo credito di importo superiore, chiede all'attore di pagargli la differenza).

Quando una sentenza non sia stata impugnata (quando, cioè, non sia proposto appello contro una sentenza di primo grado o non si sia proposto ricorso per Cassazione contro una sentenza d'appello) oppure quando siano state tentate tutte le possibili impugnazioni, fino alla fase di Cassazione, allora si dice che la sentenza **è passata in giudicato**: ciò significa che né le parti, né i loro eredi o i loro aventi causa possono più portare in giudizio la stessa azione e la stessa eccezione sulle quali la sentenza si è pronunciata (art. 2909).

2. Le prove

Chi fa valere in giudizio un diritto, ossia l'attore, deve **provare** i fatti che ne costituiscono il fondamento (art. 2697 comma 1°). È l'**onere della prova**: non basta, per ottenere il riconoscimento del proprio diritto, limitarsi ad affermare di averlo; occorre provarlo, ossia addurre **fatti** che ne costituiscano la dimostrazione. Chi, ad esempio, fa valere in giudizio un credito per il prezzo di una vendita dovrà, per provare l'esistenza del credito, produrre in giudizio il documento dal quale risulta il contratto di vendita (o, se è ammissibile la prova testimoniale, portare testimoni che dichiarino che la vendita è stata conclusa). Chi rivendichi la proprietà di un immobile dovrà provare di esserne proprietario, ossia fornire tutte le prove (testimoniali o d'altro genere) che dimostrino il suo possesso dell'immobile per almeno vent'anni, secondo le note regole dell'usucapione.

Chi, all'opposto, contrasta la pretesa dell'attore, ossia il convenuto, deve a sua volta provare i fatti su cui l'**eccezione si fonda** (art. 2697 comma 2°). Egli potrà eccepire, ad esempio, che il contratto di vendita dedotto dall'attore a fondamento del suo credito per il prezzo è invalido, ma dovrà provare il **fatto** (ad esempio, il dolo del venditore) che adduce come causa di invalidità del contratto. Oppure potrà eccepire d'avere già pagato, e in tal caso dovrà produrre in giudizio la quietanza di pagamento o, comunque, dare altra prova del **fatto** dell'avvenuto pagamento.

Le prove si distinguono in:

a) prove **documentali** o **scritte**.

Le prove scritte sono atti pubblici o scritture private. Di questi si è già parlato a proposito della forma e della prova del contratto (11.6.).

Qui precisiamo che:

1) l'**atto pubblico** (artt. 2699 ss.) è un documento redatto, con date formalità, da un pubblico ufficiale nell'esercizio delle sue funzioni; normalmente da un notaio, oppure, in certi casi, dall'ufficiale di stato civile. Gli atti pubblici fanno piena prova fino **a querela di falso**: per mettere in dubbio le attestazioni che contengono, bisogna impugnarli per falsità davanti al giudice civile (nelle forme previste dal codice di procedura civile per la querela di falso);

2) la **scrittura privata** (artt. 2702 ss.) fa piena prova, **contro chi l'ha sottoscritta**, se questi non la disconosca con querela di falso o se la sottoscrizione sia autenticata da notaio (scrittura privata autenticata). Può avere per contenuto un contratto, un atto unilaterale, ma anche una quietanza di pagamento ecc.

La sottoscrizione deve, in linea di principio, essere **autografa**, ossia di pugno della parte il cui nome risulti dalla sottoscrizione, quale prova certa della sua paternità. Non è ammessa, di regola, la sottoscrizione per riproduzione meccanica della firma, ma la regola conosce eccezioni: così le azioni di società possono essere sottoscritte dagli amministratori mediante riproduzione meccanica della firma; ma la paternità della sottoscrizione è qui assicurata dal fatto che l'originale della firma è depositato presso il registro delle imprese (art. 2354 comma 2°). Norme analoghe valgono per i titoli del debito pubblico.

Altra eccezione costituisce il portato dell'elettronica: è la **firma digitale**, ammessa dal Codice dell'amministrazione digitale, e basata sul meccanismo, analogo a quello del bancomat o dei telefoni cellulari, del codice personale e segreto, noto solo a chi firma.

Quando si voglia addurre un documento contro persone estranee alla sua redazione (ad esempio, ai creditori del compratore con riserva di proprietà), bisogna che esso abbia **data certa**; ed ha data certa quando è stato presentato al notaio per l'autenticazione o, in mancanza, quando è stato registrato presso l'ufficio del registro o quando avvengono fatti (ad esempio, la morte del sottoscrittore) che ne provano sicuramente la già avvenuta redazione: in tali casi il documento si considera scritto, rispettivamente, il giorno della presentazione al notaio o della registrazione o il giorno in cui sono avvenuti quei fatti.

Hanno valore di scritture private anche i **telegrammi**, se l'originale è stato sottoscritto o consegnato o fatto consegnare all'ufficio telegrafico dal mittente; i **registri domestici**, quando enunciano un pagamento ricevuto; le **riproduzioni meccaniche**, (ad esempio, la fotocopia di un contratto), se colui contro il quale sono prodotte non ne disconosce la conformità all'originale. Al telegramma si tende ad equiparare il telex. Il citato d.p.r. 10 novembre 1997, n. 513, che regola i criteri e le modalità per la formazione, l'archiviazione e la trasmissione di documenti con strumenti informatici e telematici, stabilisce che il **documento informatico** che segua determinate regole tecniche è valido e rilevante a tutti gli effetti di legge come documento scritto.

b) prove **testimoniali** (artt. 2721 ss.).

La prova dei fatti può raggiungersi anche con le dichiarazioni di persone che siano state presenti al loro verificarsi o che ne abbiano avuto notizia (**testimoni**). Questa prova è esclusa:

1) per i contratti in genere, salvo che il giudice non la ritenga ammissibile, tenuto conto della qualità delle parti, della natura del rapporto e di ogni altra circostanza;

2) quando si vuole provare l'esistenza di un patto aggiunto o contrario alle clausole di un contratto scritto.

In questi casi la prova testimoniale è però ammessa se c'è un **principio** di prova scritta (ad esempio una lettera, nella quale si ammette implicitamente l'esistenza del contratto e del patto aggiunto) o quando la prova scritta si è perduta senza colpa del contraente (ad esempio, l'incendio della sua casa l'ha distrutta) o se egli era nella impossibilità materiale o morale di procurarsela.

Per il codice di procedura civile non potevano testimoniare a favore di una parte né i minori di 14 anni, né il coniuge, né i parenti o gli affini in linea retta; ma la Corte costituzionale ha giudicato illegittime queste limitazioni;

c) **la confessione**.

È una dichiarazione che una parte fa, in giudizio (confessione giudiziale) o fuori del giudizio (confessione stragiudiziale), della verità di fatti **a sé sfavorevoli** e favorevoli alla controparte (artt. 2730 ss.). Ha per oggetto **fatti** (ad esempio ero alla guida dell'automobile, oppure non ho pagato il debito), non rapporti giuridici (ad esempio, riconosco di essere tuo debitore; riconosco che tu hai una servitù sul mio fondo). La distinzione è importante a questi effetti: la confessione, che è relativa a fatti, è una **dichiarazione di scienza** (di conoscenza, cioè, di un dato fatto), e può essere impugnata solo per errore di fatto o per violenza (art. 2732). Il riconoscimento dell'altrui diritto è, invece, una **dichiarazione di volontà**, che produce l'effetto di invertire, come si è già visto per la ricognizione di debito, l'onere della prova (11.4.). In quanto atto unilaterale fra vivi (sottoposto, come tale, alle norme sui contratti, in quanto compatibili), è impugnabile in tutti i casi di invalidità del contratto;

d) **il giuramento**.

È una confessione pronunciata, **in giudizio**, con una formula solenne (giuro di dire la verità): è fatto da una delle parti su invito (deferimento) dell'altra o del giudice (artt. 2736 s.). Chi giura il falso commette un reato, ed in ciò sta l'importanza di questa prova.

Il giuramento può essere suppletorio o decisorio: 1) **suppletorio**, se è il giudice che invita una delle parti a giurare per completare una prova insufficiente; 2) **decisorio**, se una parte invita l'altra a giurare e dal giuramento fa dipendere la decisione totale o parziale della causa: la parte, che ne è invitata, o giura o può a sua volta, quando il fatto su cui dovrebbe giurare riguarda anche la controparte, riferirlo a quest'altra, cioè invitarla a prestarlo (ad esempio: sostengo di averti venduto un bene mobile; tu lo neghi e mi inviti a giurare; io posso girare a te questo invito: e, se giuri che il contratto non è stato mai stipulato, perdo la causa; se non giuri affatto, la perdi tu).

Non si può provare con giuramento l'esistenza di un atto che richiede la forma scritta;

e) le **presunzioni**.

Sono mezzi di prova indiretti, dette anche prove critiche, in antitesi alle altre, che sono dette prove storiche. Consistono nel dedurre da fatti noti l'esistenza di un fatto ignoto (artt. 2727 ss.). Le presunzioni possono essere legali o semplici. Sono **legali** quando è la stessa legge che da un fatto noto, ad esempio la nascita di un figlio dopo 300 giorni dallo scioglimento del matrimonio, deduce un fatto ignoto, nel nostro esempio il concepimento non in costanza di matrimonio. Sono **semplici** quelle lasciate al prudente apprezzamento del giudice: debbono essere gravi, precise, concordanti; deve esserci cioè un rigoroso rapporto di consequenzialità logica fra il fatto storico noto e il fatto da provare. Non sono ammesse quando per il fatto da provare la legge esclude la prova per testimoni.

Possono essere, inoltre, assolute e relative. È **assoluta** quella che non ammette la prova contraria: ad esempio, il possesso di stato, ossia il risultare come figlio di una data persona dall'atto di nascita e l'essere stato trattato sempre come tale, fa presumere che sia figlio di quella persona, senza possibilità di provare il contrario. È **relativa** la presunzione che ammette, invece, la prova contraria: così si può dare la prova che il figlio, sebbene nato 300 giorni dopo lo scioglimento del matrimonio, è stato concepito (è un caso eccezionale, ma non impossibile, di gravidanza prolungata) durante il matrimonio (art. 234).

Di regola, il giudice valuta **liberamente** le prove: è libero, ad esempio, di ritenere attendibile o non attendibile un testimone; è libero di dedurre da un fatto noto, per presunzione semplice, un fatto ignoto. Ma alcune prove sono vincolanti per il giudice e si parla allora di **prova legale**: così è la confessione (nel processo civile, ma non altrettanto accade in sede penale, per la confessione dell'imputato), così il giuramento, così le prove documentali, così le presunzioni legali, se non è ammessa o non è data dall'interessato la prova contraria.

3. La pubblicità dei fatti giuridici

La legge appresta diversi mezzi per dare pubblicità a determinate serie di fatti giuridici, ossia per rendere questi fatti **conoscibili** da chiunque:

a) i **registri dello stato civile**, che rendono conoscibile lo stato della persona fisica: la nascita e la morte; la cittadinanza; il matrimonio; la sentenza dichiarativa della sua nullità e quella di divorzio; il riconoscimento del figlio naturale e le sentenze di accertamento giudiziale della paternità e della maternità; l'adozione;

b) il **registro delle persone giuridiche**, che rende conoscibili le vicende relative alle associazioni e alle fondazioni riconosciute come persone giuridiche;

c) il **registro delle imprese**, che dà pubblicità alle vicende relative alle imprese e alle società commerciali;

d) i **registri immobiliari**, che danno pubblicità ai fatti costitutivi, traslativi ed estintivi della proprietà e degli altri diritti reali su beni immobili (eccezionalmente anche di fatti relativi a diritti di obbligazione, come le locazioni e i conferimenti in godimento ultranovennali);

e) i registri che danno pubblicità ai medesimi fatti relativi a determinate categorie di beni mobili: il **pubblico registro automobilistico, il registro navale, il registro degli aeromobili**.

La pubblicità dei fatti giuridici può svolgere funzioni diverse; se ne distinguono tre fondamentali:

1) **pubblicità — notizia.**

Vale a rendere i fatti giuridici conoscibili a chiunque ne abbia interesse; ed è funzione assolta da **ogni mezzo** di pubblicità. Così dai registri dello stato civile si può apprendere se la persona con la quale si contratta è maggiorenne o se la persona che si dichiara libera da vincoli matrimoniali è veramente tale. Così, dal registro delle imprese, presso il quale è stato depositato il bilancio di una società di capitali, i terzi possono trarre elementi di conoscenza sulla situazione economica della società. Così dai registri immobiliari chi si accinge a fare credito ad una persona può desumere se questa è proprietaria di beni immobili e se i suoi beni immobili sono liberi da ipoteche o da altri diritti reali altrui.

Determinati mezzi di pubblicità hanno **solo questa funzione** di pubblicità-notizia: è il caso, in particolare, dei **registri dello stato civile**. Il fatto soggetto a registrazione (ad esempio, la celebrazione del matrimonio) produce le medesime conseguenze giuridiche sia che la sua registrazione sia avvenuta, sia che non sia avvenuta (e, nel nostro esempio, il vincolo di precedente matrimonio è causa di nullità del matrimonio successivo anche se il precedente matrimonio non era stato registrato ed era, perciò, ignoto all'altra parte). Va detto però che l'annotazione in questi registri assume funzione di pubblicità dichiarativa quanto alle convenzioni matrimoniali. Funzione di sola pubblicità-notizia ha l'iscrizione delle piccole imprese nelle apposite sezioni speciali del registro delle imprese.

2) **pubblicità dichiarativa.**

Ha la specifica funzione di rendere **opponibile ai terzi** il fatto giuridico del quale è stata data pubblicità, indipendentemente dalla circostanza che i terzi ne abbiano avuto effettiva conoscenza. Essa trasforma la conoscibilità del fatto, resa possibile dalla sua pubblicità, in **conoscenza legale**: una volta che del fatto è stata data pubblicità, nessuno può eccepire di ignorarlo. Così, se la revoca dell'amministratore di una società commerciale è stata iscritta nel registro delle imprese, chi contrae con l'amministratore revocato non acquista diritti verso la società, neppure se ignorava, di fatto, che quell'amministratore era stato revocato.

Entro la pubblicità dichiarativa occorre però introdurre una distinzione, rilevante per il caso in cui **non sia stata data pubblicità** del fatto giuridico:

2*a*) in alcuni casi la pubblicità è **mezzo sufficiente**, ma non mezzo necessario, per l'opponibilità del fatto giuridico ai terzi. Così è, di regola, per la pubblicità che si attua con il registro delle persone giuridiche e con il registro delle imprese: se il fatto (ad esempio, la revoca dell'amministratore) è iscritto nel registro, ciò basta a renderlo opponibile ai terzi, quantunque essi in concreto lo ignorassero (onde la pubblicità è mezzo **sufficiente** a rendere opponibile il fatto pubblicato); se, invece, il fatto non è iscritto, esso può essere **ugualmente** opposto al terzi, ma solo con la prova che essi, pur in mancanza di pubblicità, ne erano a conoscenza (si prova, nel nostro esempio, che essi sapevano dell'avvenuta revoca dell'amministratore); onde la pubblicità non è mezzo necessario per l'opponibilità del fatto ai terzi;

2*b*) in altri casi, la pubblicità è il **mezzo necessario**, oltre che sufficiente, per l'opponibilità del fatto ai terzi. Così è per la **trascrizione** nei registri immobiliari o mobiliari: la trascrizione di una vendita, ad esempio, basta a rendere opponibile ai terzi l'avvenuto trasferimento della proprietà; la mancata trascrizione, invece, **impedisce** di opporre ai terzi l'avvenuto trasferimento, senza possibilità di provare altrimenti la sua conoscenza di fatto. In materia di convenzioni matrimoniali la trascrizione degrada a mera pubblicità-notizia;

3) **pubblicità costitutiva.**

Ricorre nei casi in cui l'iscrizione di un fatto giuridico nel registro è requisito necessario perché si producano i suoi effetti giuridici. È il caso della **iscrizione di ipoteca**: il diritto reale di garanzia è costituito sul bene solo dal momento della iscrizione del titolo nei registri immobiliari; è, inoltre, il caso delle **società di capitali e cooperative**: la società esiste solo dal momento della iscrizione dell'atto costitutivo nel registro delle imprese.

4. La trascrizione immobiliare

Si debbono rendere pubblici per mezzo della trascrizione nei registri immobiliari: i **contratti** che trasferiscono la proprietà di beni immobili o che costituiscono, trasferiscono, modificano o estinguono diritti edificatori comunque denominati (previsti da normative statali, regionali, ovvero da strumenti di pianificazione territoriale), ovvero diritti reali di godimento su di essi, nonché le locazioni ultranovennali e i contratti di società o di associazione con i quali si conferisce il godimento di immobili per oltre nove anni o a tempo indeterminato; gli **atti unilaterali**, come la dichiarazione di riscatto nella vendita con patto di riscatto, che producano i medesimi effetti; le sentenze e gli altri provvedimenti giudiziari che producano i medesimi effetti (artt. 2643, 2645, 2653).

La trascrizione ha funzione di pubblicità dichiarativa: il contratto o l'atto soggetto a trascrizione è perfettamente **valido ed efficace fra le parti**, anche in mancanza di trascrizione; questa assolve la già descritta (15.2.) funzione di risolvere, a vantaggio di chi **per primo** ha trascritto l'atto a proprio favore, il **conflitto fra più acquirenti** della proprietà del medesimo bene da un medesimo dante causa, o fra chi ha acquistato la proprietà di un bene e chi dal medesimo dante causa e sul medesimo bene ha acquistato un diritto reale (cosiddetto principio di **priorità**).

È opportuno avvertire che la trascrizione esaurisce la propria funzione nel rendere **opponibili ai terzi** gli atti che, per legge, vi sono soggetti. Essa non aggiunge nulla al diritto che, per mezzo dell'atto trascritto, si è acquistato. Chi, ad esempio, ha acquistato una servitù su un immobile ha con ciò stesso acquistato un diritto reale su cosa altrui, per sua natura opponibile a tutti i successivi acquirenti della proprietà dell'immobile. Se, tuttavia, non trascrive l'atto di acquisto della servitù, non potrà opporre l'atto a chi abbia successivamente conseguito la proprietà dell'immobile: questi la conseguirà libera da pesi (salvo che la servitù non fosse stata menzionata nel suo atto di acquisto: in tal caso egli ha acquistato un bene che sapeva gravato da servitù). Se, per contro, si è acquistato un diritto di obbligazione, come ad esempio nel caso di chi ha venduto con il patto di non rivendere, oppure con il patto di retrovendita, non sarà la trascrizione del contratto, nel quale questi patti figurano, a rendere il vincolo opponibile al terzo acquirente: simili patti hanno efficacia solo obbligatoria, e conservano efficacia solo obbligatoria anche se trascritti.

Sono, inoltre, soggette a trascrizione, sempre agli effetti della opponibilità ai terzi, le **domande giudiziali** riguardanti atti soggetti a trascrizione (art. 2652). Si parla a questo riguardo di effetto **prenotativo** della trascrizione, la quale fa retroagire al momento della trascrizione della domanda giudiziale l'effetto della successiva trascrizione della sentenza di accoglimento della domanda.

Se la domanda sarà accolta, la sentenza di accoglimento potrà essere opposta ai terzi dalla **data di trascrizione della domanda**. Così, se il simulato venditore ottiene l'accertamento della simulazione di una vendita immobiliare, ed aveva trascritto la domanda giudiziale, potrà opporre la sentenza al terzo che avesse acquistato dal simulato compratore dopo la trascrizione della domanda giudiziale.

Trascrizione sanante. È una regola che non vale per il **contratto nullo**: la sentenza che dichiara la nullità travolge, in linea di principio, anche i diritti acquistati dai terzi di buona fede (12.6.), e ciò quantunque il terzo avesse trascritto il proprio acquisto prima della trascrizione della domanda giudiziale di nullità. A questo principio è però apportato un temperamento per l'ipotesi in cui il contratto nullo (o annullabile per incapacità legale) sia stato trascritto e siano trascorsi **cinque anni** senza che risulti eseguita la trascrizione della domanda giudiziale di nullità (o di annullamento per incapacità legale). In tal caso, la sentenza che dichiara la nullità (o pronuncia l'annullamento) non pregiudica i diritti acquistati dai terzi di buona fede in base ad un atto trascritto anteriormente alla domanda giudiziale (art. 2652 n. 6).

Ad esempio: A vende un immobile a B e il contratto è trascritto; passano cinque anni e B vende o dona a C, che trascrive; dopo di che A trascrive la domanda giudiziale di nullità della sua vendita a B: l'eventuale sentenza di accoglimento della domanda non pregiudicherà il diritto acquistato da C. A questo temperamento, che la legge apporta al rigore dei principi sulla nullità del contratto, si dà il nome di **pubblicità sanante**. L'espressione è impropria: la nullità non è qui sanata; la sentenza che la dichiara non è opponibile al terzo, ma è pienamente efficace fra le parti.

Trascrizione del preliminare. Una ulteriore forma di trascrizione con effetto prenotativo è stata introdotta dall'art. 2645 *bis* per il **contratto preliminare**, ma limitatamente ai preliminari di contratti traslativi o costitutivi o modificativi di diritti reali su beni immobili; inclusi gli edifici da costruire o in corso di costruzione. La trascrizione del contratto preliminare fa sì che la successiva trascrizione del contratto definitivo o della sentenza che accoglie la domanda giudiziale di esecuzione in forma specifica **ex** art. 2932 prevalga sulle trascrizioni ed iscrizioni eseguite contro il promittente alienante dopo la trascrizione del contratto preliminare (art. 2645 *bis* comma 2°).

L'effetto prenotativo cessa, tuttavia, se entro un anno dalla data convenuta nel preliminare per la conclusione del contratto definitivo e, comunque, entro tre anni dalla trascrizione del preliminare non è eseguita la trascrizione del contratto definitivo o della sentenza che accoglie la domanda giudiziale di esecuzione in forma specifica (art. 2645 *bis* comma 3°).

Trascrizione di atti di destinazione. Gli atti in forma pubblica con cui beni immobili o beni mobili iscritti in pubblici registri sono destinati, per un periodo non superiore a novanta anni o per la durata della vita della persona fisica beneficiaria, alla realizzazione di interessi meritevoli di tutela riferibili a persone con disabilità, a pubbliche amministrazioni, o ad altri enti o persone fisiche ai sensi dell'articolo 1322, secondo comma, possono essere trascritti al fine di rendere opponibile ai terzi il vincolo di destinazione; per la realizzazione di tali interessi può agire, oltre al conferente, qualsiasi interessato anche durante la vita del conferente stesso. I beni conferiti e i loro frutti possono essere impiegati solo per la realizzazione del fine di destinazione e possono costituire oggetto di esecuzione, salvo quanto previsto dall'articolo 2915, primo comma, solo per debiti contratti per tale scopo (art. 2645-*ter*). Con la suddetta disposizione si prevede in sostanza la possibilità di trascrivere gli atti in forma pubblica con cui un soggetto (qualificato come "conferente") costituisce, su beni immobili o mobili iscritti in pubblici registri, un vincolo di destinazione finalizzato, per un periodo di tempo determinato (non superiore a novanta anni) o per la durata della persona fisica beneficiaria, a realizzare interessi meritevoli di tutela (art. 1322, secondo comma), riferibili ai soggetti individuati, peraltro con ampia formulazione, dalla stessa disposizione (c.d. "beneficiari").

Trascrizione di atti costitutivi di vincoli. Si devono trascrivere, se hanno per oggetto beni immobili, gli atti di diritto privato, i contratti e gli altri atti di diritto privato, anche unilaterali, nonché le convenzioni e i contratti con i quali vengono costituiti a favore dello Stato, delle regioni, degli altri enti pubblici territoriali ovvero di enti svolgenti un servizio di interesse pubblico, vincoli di uso pubblico o comunque ogni altro vincolo a qualsiasi fine richiesto dalle normative statali e regionali, dagli strumenti urbanistici comunali nonché dai conseguenti strumenti di pianificazione territoriale e dalle convenzioni urbanistiche a essi relative (art. 2645 *quater*). Il legislatore ha così introdotto una norma aperta al rinvio che consente la trascrizione di qualunque vincolo disciplinato da esplicite norme statali, regionali e comunali.

Per altri atti la trascrizione è richiesta dalla legge a meri fini di **pubblicità-notizia**: così è per gli atti di accettazione di eredità (art. 2648), per le sentenze che accertano l'avvenuto acquisto della proprietà per usucapione (art. 2651): atti che sono pienamente opponibili ai terzi anche se non trascritti. La loro trascrizione interessa, essenzialmente, i futuri aventi causa del bene, agli effetti della osservanza del principio, di cui diremo fra breve, della continuità delle trascrizioni.

Il nostro sistema della trascrizione immobiliare è a **base personale**, non reale: i registri fanno riferimento a persone, non a beni; sono corredati da un indice di nomi, non da un inventario di immobili. Il conservatore dei registri immobiliari esegue la trascrizione di ciascun atto a **favore** dell'acquirente e **contro** il suo dante causa. Perciò, le ricerche nei registri immobiliari non si possono effettuare per unità immobiliari, ma solo **per nomi di persone**, al fine di accertare se vi figura Tizio o l'ente Zeta e quali trascrizioni siano state eseguite «a favore» e quali «contro» di essi.

Così, se Tizio offre in vendita un immobile a Caio, questi vorrà sapere se Tizio ne è proprietario e, a tal fine, dovrà cercare nei registri immobiliari le trascrizioni «a favore» di Tizio ed accertare se ce n'è una che abbia per oggetto l'acquisto di quell'immobile. Se la trova, potrà da questa risalire al dante causa di Tizio o al dante causa del dante causa. Ma Caio vorrà sapere anche se Tizio per avventura non abbia già venduto l'immobile ad altri o se non si tratti di immobile ipotecato. Egli dovrà allora cercare sotto il nome di Tizio per accertare se risultino trascrizioni o iscrizioni ipotecarie «contro» e se queste abbiano per oggetto quello specifico immobile.

Sistema tavolare. A base reale è, invece, il **sistema tavolare** vigente tuttora nelle province già appartenenti all'Impero austro-ungarico e annesse all'Italia dopo la prima guerra mondiale. L'iscrizione in quei libri fondiari, detta «intavolazione», ha inoltre valore di **pubblicità costituiva**: l'atto non è efficace, neppure fra le parti, finché non sia avvenuta l'intavolazione.

Altro dai registri immobiliari è il **catasto** (che forma, invece, un tutto unico con essi dove vige il sistema tavolare): è l'inventario generale dei beni immobili situati nel territorio dello Stato, basato sul rilevamento topografico del territorio (mappe catastali) e diviso in catasto dei terreni e catasto edilizio urbano. Ha la funzione di consentire l'identificazione dei singoli beni, l'accertamento della loro consistenza, del loro reddito e della loro proprietà. Il catasto serve, essenzialmente, a **fini fiscali** (per l'applicazione dell'imposta sul reddito dei terreni e dei fabbricati), oltre che a fini urbanistici (per formare i piani regolatori, per eseguire le espropriazioni) e di rilevazione statistica. I dati catastali sono anche utilizzati per identificare gli immobili oggetto di contratti traslativi o costitutivi di diritti reali: si dice, ad esempio, che si vende l'immobile censito nel catasto edilizio di X alla partita tot, foglio tot, mappale tot. I trapassi di proprietà debbono essere denunciati all'ufficio del catasto, che esegue (normalmente dopo anni) la cosiddetta **voltura**. A richiesta degli interessati l'ufficio rilascia un **certificato storico-catastale**, che descrive le vicende giuridiche dei beni. I dati catastali non hanno però efficacia di prova circa la proprietà degli immobili, né efficacia di pubblicità dichiarativa dei loro trasferimenti. Solo in mancanza di altri elementi di prova, l'art. 950 comma 3° consente di ricavare dalle mappe catastali il confine tra i fondi.

Continuità delle trascrizioni. Il sistema della trascrizione immobiliare è basato sul principio della **continuità** delle trascrizioni: «nei casi in cui (...) un atto di acquisto è soggetto a trascrizione, le successive trascrizioni o iscrizioni a carico dell'acquirente non producono effetto, se non è stato trascritto l'atto anteriore di acquisto» (art. 2650 comma 1°). In altre parole: ad ogni trascrizione **contro** una persona (Tizio ha venduto a Caio quel dato immobile) deve corrispondere una trascrizione a **favore** della stessa persona (Tizio aveva a sua volta comprato da Sempronio quell'immobile). Perciò, se Caio vuole rendere opponibile ai terzi il contratto con il quale Tizio gli ha venduto un immobile, non basta che trascriva il suo atto di acquisto contro Tizio; deve anche provvedere, se già non vi aveva provveduto il suo dante causa, alla trascrizione del precedente atto di acquisto a favore di Tizio. Finché non lo fa, resta **inefficace** la trascrizione dell'ultimo acquisto. La ragione appare evidente, se si considera l'impostazione a **base personale** dei nostri registri immobiliari. Infatti, se Tizio aveva a sua volta acquistato da Sempronio, il quale aveva venduto sia a lui sia a Mevio, è chiaro che Caio non può, con la trascrizione isolata del suo acquisto contro Tizio, opporre questo acquisto a Mevio, il quale ha legale conoscenza solo degli acquisti trascritti contro Sempronio e non può sapere del trasferimento, non trascritto, da Sempronio a Tizio.

Una volta che, con la trascrizione del precedente atto di acquisto, sia stata ristabilita la continuità delle trascrizioni, «le successive trascrizioni o iscrizioni producono effetto secondo il loro ordine rispettivo, salvo il disposto dell'art. 2644» (art. 2650 comma 2°). Nel nostro esempio: Caio trascrive prima il proprio acquisto contro Tizio e poi, per attuare la continuità delle trascrizioni, trascrive il precedente acquisto a favore di Tizio. Orbene, la trascrizione dell'acquisto di Caio è inefficace fino a quando non sia stato trascritto il precedente acquisto di Tizio; ma la trascrizione di questo, quantunque successiva, consentirà alla trascrizione dell'acquisto di Caio di diventare efficace **dalla propria data**. Perciò, Caio potrà opporre il proprio acquisto a Mevio, ormai in grado di avere conoscenza legale del trasferimento da Sempronio a Tizio.

È però fatto «salvo il disposto dell'art. 2644»: se Mevio ha trascritto il proprio acquisto da Sempronio prima che Caio trascrivesse il trasferimento da Sempronio a Tizio, Mevio prevale su Caio. In **conclusione**: si può acquistare un immobile con tutta sicurezza solo se dai registri immobiliari risulta, partendo dal dante causa e andando a ritroso, una serie continua di trascrizioni. E si dovrà procedere a ritroso fino ad un dante causa a vantaggio del quale possa ritenersi compiuto l'acquisto per usucapione.

Titolo per la trascrizione. La trascrizione si esegue presso l'ufficio dei registri immobiliari nella cui circoscrizione sono situati i beni (art. 2663). L'atto da trascrivere deve presentare specifici requisiti formali, idonei a farne un **titolo per la trascrizione**: deve trattarsi o di una sentenza o di un atto pubblico o di una scrittura privata con firme autenticate o giudizialmente accertate (art. 2657). Perciò, chi voglia trascrivere un contratto risultante da scrittura privata non autenticata deve — se l'altra parte si rifiuta di riprodurre il documento in un atto pubblico o in una scrittura privata autenticata — promuovere un giudizio per ottenere l'accertamento giudiziale della sottoscrizione; ma intanto può trascrivere, per gli effetti già visti, la relativa **domanda giudiziale**. Il titolo per la trascrizione deve essere accompagnato da una **nota di trascrizione**, nella quale sono indicati gli estremi essenziali dell'atto e gli immobili che ne formano oggetto (art. 2659).

La trascrizione degli atti che la legge dichiara soggetti a trascrizione è solo un onere per le parti (che non potranno, in difetto della trascrizione, opporre l'atto ai terzi), ma è un **obbligo** per il notaio che abbia redatto l'atto pubblico o autenticato la scrittura privata (art.

2671). Oltre che dalle parti dell'atto, la trascrizione può essere fatta da **qualunque interessato** (art. 2666), come nel caso di chi trascriva l'acquisto del suo dante causa, o del dante causa di questo, agli effetti della continuità delle trascrizioni.

La **cancellazione** della trascrizione è circondata da particolare rigore. La trascrizione delle domande giudiziali può essere cancellata se la cancellazione è consentita dalle parti interessate o se è ordinata dal giudice con sentenza passata in giudicato (art. 2668 comma 1°); ed il giudice deve ordinarla se rigetta la domanda o se dichiara estinto il giudizio (art. 2668 comma 2°). La trascrizione del contratto preliminare può anch'essa essere cancellata se è consentita dalle parti interessate (ad esempio, perché esse hanno consensualmente risolto il preliminare) o se è ordinata dal giudice (perché ha dichiarato il preliminare nullo o perché lo ha annullato o risolto) con sentenza passata in giudicato (art. 2668 comma 4°). Si deve inoltre cancellare l'indicazione della condizione o del termine negli atti trascritti quando l'avveramento o il mancato avveramento della condizione o la scadenza del termine risulta da sentenza o da dichiarazione, anche unilaterale, della parte in danno della quale la condizione sospensiva si è avverata o la condizione risolutiva è mancata o il termine essenziale è scaduto (art. 2668 comma 3°).

Il conservatore dei registri immobiliari, che è un pubblico funzionario, è **responsabile dei danni** che cagiona a privati per l'illegittimo rifiuto di trascrizione o per il ritardo con il quale la esegue o per le omissioni o gli errori nei quali incorre. È una applicazione della personale responsabilità per danni che incombe sui pubblici funzionari in genere; e la l. 21 gennaio 1983, n. 22, regola la loro responsabilità con rinvio alle norme sulla responsabilità di questi ultimi (art. 5).

Qualora emergano gravi dubbi sulla trascrivibilità di un atto (o sulla iscrivibilità di una ipoteca), il conservatore, su istanza di parte, esegue la formalità con riserva; la parte deve quindi proporre reclamo all'autorità giudiziaria perché sciolga il dubbio (art. 2674 *bis*, introdotto con la riforma del 1985).

5. La trascrizione mobiliare

I medesimi atti che, se relativi a beni immobili, sono soggetti a trascrizione nei registri immobiliari sono assoggettati ad analoghe forme di pubblicità quando hanno per oggetto **beni mobili registrati**. Il pubblico registro automobilistico (Pra), il registro delle navi e quello degli aeromobili assolvono la medesima funzione dei registri immobiliari, rispettivamente per gli **autoveicoli** e i veicoli a motore in genere (inclusi i motoveicoli di cilindrata superiore a 50 cmc.), per le **navi** e i galleggianti in genere soggetti a immatricolazione e per gli **aeromobili** (art. 2683). La tenuta del Pra è regolata dal r.d.l. n. 436 del 1927; la tenuta degli altri due registri dal codice della navigazione (artt. 146 ss., 753 ss.).

L'**identità di funzione** è segnalata dagli artt. 2685 ss., che hanno cura di elencare gli atti soggetti a trascrizione mobiliare: la loro trascrizione è richiesta «per gli effetti stabiliti dall'art. 2644» (artt. 2684, 2686) o «ha gli effetti stabiliti per i beni immobili» (art. 2685). Anche qui la trascrizione è solo un onere per i privati interessati, ma un obbligo per il notaio rogante; anche qui vale il principio della **continuità** delle trascrizioni (art. 2688).

C'è però un importante elemento di differenziazione: il sistema della trascrizione mobiliare è a **base reale**, non personale; e ciò semplifica le ricerche nei registri mobiliari. La conoscenza degli elementi di identificazione del bene (il suo numero di matricola) permette a chiunque di accertare rapidamente a chi il bene appartiene, qual è la sua condizione giuridica e quali sono state le sue precedenti vicende traslative, senza bisogno di una preliminare identificazione delle persone, come accade per la trascrizione immobiliare, alle quali quelle vicende si riferiscono.

INDICE ANALITICO

INDICE ANALITICO ALFABETICO

(il primo e il secondo numero si riferiscono rispettivamente al capitolo e al paragrafo)

S

T